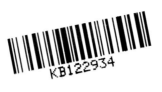

개인 투자자들을 위한
가치분석과 차트분석의 모든 것!

新(신) 차트의 脈(맥)

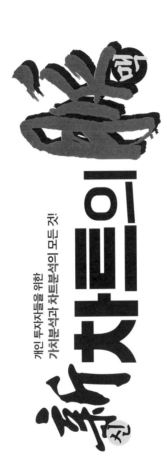

지은이 | **민경인**

국내 정상급의 투자이론가이자 실전투자가. 경제, 투자, 철학에 대해 해박한 지식과 폭넓은 경험을 자랑하면서도 남 앞에 자신을 잘 드러내지 않는 숨어있는 재야의 고수다. 대학을 중퇴하고 충무로 기획사를 거쳐 유망 벤처기업의 편집장을 지냈으며, 프리랜서로 그래픽디자이너 테크라이터 자유기고가로 활동하기도 했다. 또한 투자전문가, 애널리스트 등의 다재다능한 재능과 경력을 자랑하기도 한다. 대표 저서로는 『차트의 맥(脈)』 등이 있다.

e-mail : ad2015@naver.com

개인 투자자들을 위한 가치분석과 차트분석의 모든 것!

新 차트의 脈

초판 인쇄일 2022년 8월 11일
초판 발행일 2022년 8월 25일
3쇄 발행일 2023년 11월 13일

지은이 민경인
발행인 박정모
발행처 도서출판 혜지원
주소 경기도 파주시 회동길 445-4 302호(문발동 638)
전화 031)955-9229 팩스 031)955-9220
홈페이지 http://www.hyejiwon.co.kr

기획진행 김태호
디자인 김보리
영업마케팅 김준범, 서지영
ISBN 979-11-6764-020-8
정가 27,000원

개인 투자자들을 위한
가치분석과 차트분석의 모든 것!

新(신) 차트의 脈(맥)

최신 데이터 반영 **개정증보판**

혜지원

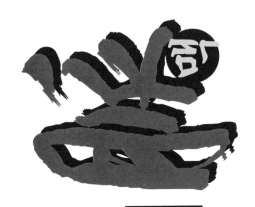

가치분석과 기술적 분석의 新패러다임!
새로운 개념의 실전 주식투자 분석!

The Stocks Investment Guide

investment | money rates | exchange rate | valuableness

프롤로그

투자의 맥(脈)

투자란 무엇일까?
그리고 왜 투자를 해야만 하는 것일까?

영국이 낳은 세계적인 극작가이자 시인 '셰익스피어William Shakespeare, 1564-1616'의 4대 비극 「리어왕King Lear」에서 다음과 같은 명대사가 나온다.

The worst is not so long as we can say, "This is the worst."
"지금이 밑바닥최악이다"라고 말할 수 있는 동안은 결코 밑바닥최악이 아닌 것이다.

'투자'란 이익을 얻기 위한 행위를 의미한다. 우리가 투자를 하는 이유는 투자행위로 얻은 이익투자수익을 통해서 생존을 하거나 부富를 축적하고자 하기 위해서다.

투자대상은 주변의 모든 사물을 포함한다. 이를테면 부모, 이웃, 친구, 동료, 배우자, 자식, 그리고 나에 대한 투자… 부동산, 주식, 가상화폐, 펀드, 채권, 파생상품, 적금, 보험… 금, 은, 곡물, 가스, 석유, 천연자원, 에너지, 환경, 미래에 대한 투자… 그리고 돈화폐에 대한 투자.

투자이익은 투자대상의 가치가 상승한 경우에만 얻을 수 있는 열매다. 자신이 투자한 만큼 받는 보상은 투자가치 상승을 통해서만 얻을 수 있으며, 투자가치 하락은 투자손실로 이어져 삶의 질이 낮아지는 원인이 되기도 한다. 눈물과 피와 땀으로 보상받은 자산이 투자가치 하락으로 인해 자산가치 하락이 발생하면 그만큼 생존에 위협받거나 부富가 사라지는 것이기 때문이다.

투자대상의 가치상승은 반드시 바닥최악을 확인한 상태에서 진행된다. '주식株式, Stocks'이라는 투자대상의 가치상승은 바닥을 확인한 이후에나 기대할 수 있으며, 따라서 주식투자는 주가바닥을 확인하고 주가상승이 진행된 이후 시세차익을 얻는 투자행위다.

주가바닥을 확인하는 작업, 주식투자자라면 반드시 기본적 분석가치분석과 기술적 분석차트분석을 배워야 하는 이유다. 기본적 분석은 재무제표를 토대로 기업의 내재가치를 분석해 저평가된 기업을 찾아내는 분석방법이며, 기술적 분석은 차트를 통해서 수급과 추세를 살펴 매매 타이밍을 잡아내는 분석방법을 말한다. 이 책은 가치분석을 통해 저평가된 종목을 선정하는 방법을 알려주며, 이어서 차트분석을 통해 주가바닥을 확인하고 수급과 추세를 살펴 매매 타이밍을 잡도록 해주는 데 큰 도움이 될 것이다.

이 책은 주식투자 초·중급자들을 대상으로 하는 만큼 크게 5가지 항목으로 구성되어 있다.

1. 가치분석의 맥 : 주식투자는 기업에 투자하는 행위이며, 기업은 자본주의 국가를 유지하는 원동력이다. 곧 투자와 자본은 서로 떼어놓을 수 없는 관계라는 뜻이다. 따라서 자본주의 경제와 자본의 흐름에 대해 우선 살펴보고, 이어서 가치란 무엇이고, 어떻게 평가해야만 하는지… 업종분석과 함께 재무제표 기준의 기업가치 선정 방법에 대해서 자세히 설명한다.

2. 차트분석의 맥 : 주식투자자라면 가치와 차트를 서로 떼어놓을 수 없을 것이다. 특히 기술적 분석이라 불리는 차트분석은 주식시장이라는 전쟁터에서 살아남기 위한 최소한의 무기와 같은 것이다. 차트분석의 핵심은 추세와 수급으로 압축할 수 있다. 추세와 수급분석을 통해 매매 타이밍을 잡아내는 작업… 이러한 기술적 분석의 처음부터 끝까지 모든 것을 다룬 만큼 주식투자자라면 반드시 이해하도록 한다.

3. 투자비법의 맥 : 오늘날 빠른 시대 변화에 맞춰 투자환경과 투자패턴도 변하는 만큼 차트분석 위주의 매매기법 또한 고정되어 있지 않다. 하지만 차트분석의 큰 틀에서 본다면 예나 지금이나 기본적인 맥(脈)은 같이 한다고 볼 수 있다. 따라서 다양한 투자기법이나 매매방법을 맹목적으로 수학공식처럼 암기할 것이 아니라 이 책에서 기술된 차트의 기본적인 개념과 다양한 투자기법을 토대로 투자자 여러분들의 경험과 노하우를

접목시키는 노력을 기울이기 바란다. 투자의 세계에서는 기법은 없지만 기본은 존재한다. 그 기본기를 이 책을 통해 단단히 다져놓기 바란다.

4. 데이트레이더를 위한 차트의 맥 : 단기매매 중심의 기본적인 데이트레이딩 매매기법과 요령을 소개한다. 그리고 스켈퍼와 스윙트레이딩에 대한 매매요령과 다양한 단기투자기법도 소개한다. 가치보다는 단기 수급을 우선시하는 만큼 초보자들은 뇌동매매에 주의하도록 한다.

5. 투자의 맥 : 투자는 100% 긍정적이고 낙관적인 관점에서는 성공할 수가 없다. 때론 의심의 눈초리를 가져야 하고 의문을 품어야만 한다. 대부분의 투자전문가나 투자서적에서는 상승만을 바라보게 하지 하락을 외치지는 않는다. 이러한 투자의 문제점을 지적하고자, 〈투자의 맥〉에서는 주식투자에서 개인투자자들이 무엇에 주의해야 하고 또 그 투자위험 요소들에 대해 어떻게 대체해야 하는지에 대해 설명한다. 더불어 투자의 원리, 그리고 차트분석의 핵심과 실전투자 요령에 대해 자세히 다룬다.

투자의 세계에서는 정답은 없지만 방법은 있다. 모쪼록 이 책을 통해 주식투자의 기법과 공식을 찾으려 하기보다 주식투자의 기본과 방법을 알아간다는 차원으로 접근하기 바란다. 초보투자자들에게는 주식투자의 전반적인 사항을 다룬 만큼 주식투자 입문서 역할을 충분히 할 것이며, 중급자 이상의 투자자들에게는 기존 주식투자의 시야를 조금이나마 넓힐 수 있는 계기가 될 것이다. 모쪼록 이 책을 접하는 모든 투자자가 성공투자로 나아가는 데 작은 도움이나마 되었으면 하는 바람이다.

지은이 민경인 올림.

목차

2. 거래량과 매물대의 맥!

3. 이평선(이동평균선)의 맥!

4. 추세와 패턴의 맥!

5. 보조지표의 맥!

/ PART 03 /
투자비법의 맥!

/ PART 04 / 데이트레이더를 위한 차트의 맥!

/ PART 05 / 투자의 맥!

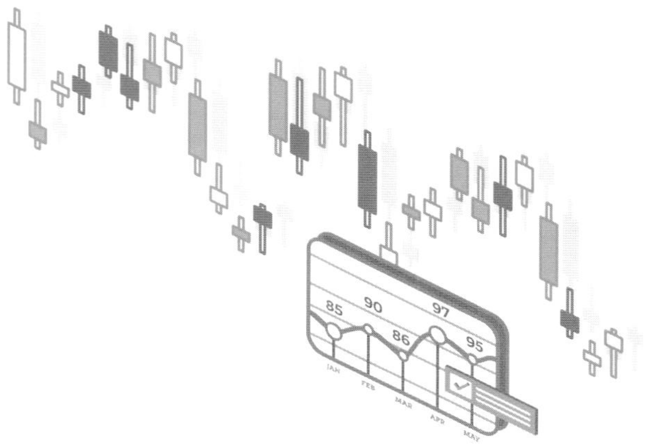

자본주의 주식시장

한때 센세이션을 일으켰던 로버트 기요사키의 『부자 아빠, 가난한 아빠』는 자본주의에서 살아가는 4가지 직업을 나열하며, 부자가 되기 위해서는 사업가나 투자가가 되라고 강조한다. 전문가들은 이를 두고 너무 부동산 투기를 조장한다는 등의 비판을 하곤 했지만, 미국의 뉴욕타임스 베스트셀러에 오를 정도로 인기가 높았다.

저자는 자본주의 체제 속에서 살아가는 인간들은 크게 4가지 직업을 갖는다고 기술한다. 봉급생활자, 자영업자, 사업가, 그리고 투자가로 살아가는데, 이 중에서 사업가나 투자가만이 진정한 부를 창출할 수 있다고 말한다.

하지만 역설적이게도 리스크위험는 투자가가 가장 크며, 이어서 사업가 〉 자영업자 〉 봉급생활자 순으로 위험에 노출되어 있다. 한마디로 투자가는 위험이 가장 큰 만큼 수익도 가장 많고, 봉급생활자는 위험은 가장 낮지만 수익은 가장 적은 이치다.

누군들 남들에게 사장이나 회장 소리를 들어가며 큰 사업체를 운영하거나 부동산이나 금융에 막강한 파워를 가진 투자가로 이름을 널리 알리고 싶지 않겠는가. 누군들 처음부터 숨 막히는 사무실이나 공장에서 매일 같이 야근을 하거나, 하루 24시간 내내 가계에 신경을 쓰고 싶어 하겠는가. 시간과 돈에 구애받지 않고 모두가 남부럽지 않은 여유로운 생활을 꿈꾸는 것은 인간의 공통된 바람이다. 그러나 모두가 하나같이 직장을 나와 사업을 하거나 부동산 및 주식투자자로 살아간다면 이 사회는 어떻게 될까. 그만큼 성공 가능성이 희박하기에 사업가나 투자가가 극소수인 것이다.

자본주의는 자본을 우선시하는 **화폐경제**貨幣經濟다. 자본주의는 이윤추구를 목적으로 자본이 사회를 지배하는 경제체제다. 자본주의는 그래서 경쟁이 심화되고, 따라서 살아남는 이와 버려지는 이가 극명히 대립하는, 어떤 의미에서 참으로 불공평한 사회 시스템인 셈이다. 이렇게 화폐, 자본, 돈이 지배하는 시스템 속에 민주주의가 결합하면서 오늘날 대부분 국가들이 채택하고 있는 정치·경제 시스템으로 자리 잡게 되었다.

자본주의에서의 경쟁은 매우 긍정적인 결과물을 생산해내지만, 그 반대급부의 수많은 눈물과 땀을 담보로 한다. 경쟁은 갈수록 치열해지면서 '결과물의 80%는 조직의 20%에 의해 생산된다'라는 **파레토의 법칙**Pareto's law이 이제는 '결과물의 90%는 조직의 10%에 의해 생산된다'라고 수정되어야 할 정도로 극심한 양극화로 치닫고 있는 것이 오늘의 현실이다. 장사나 사업을 한다는 주변인들을 둘러봐도, 아니 객관적 통계수치를 살펴봐도 매우 극소수의 이들만이 경쟁에서 퇴출당한 대다수 사람들의 부를 독식해 가고 있다. 이처럼 불

공평하고 치열하고 때로는 비열하기까지 한 시스템… 이런 자본주의 국가에서 우리는 살아가고 있다.

자본주의는 자본이 지배하는 시스템이기에, 간단히 말해 돈Money에 의해 생산과 유통과 소비가 이루어진다. 서비스나 어떤 상품을 거래할 때는 수요와 공급의 법칙에 의해 가격이 결정되고, 돈이라는 매개체를 통해 매매가 이루어진다. 거래되는 상품은 가전제품이나 농산물처럼 실체가 있을 수도 있고, 육체노동이나 지식노동 등의 보수 형태로 거래되기도 한다. 그런데 자본주의 시스템에서는 또 하나 거래되는 것이 있다. 그것이 바로 '자본'이다. 서비스나 두 상품 간의 거래 매개체가 오히려 거래의 주체가 되곤 한다.

돈(자산)을 돈과 거래한다

금이나 은이나 부동산이나 집과 자동차 등의 자산은 실체가 분명하다. 그러나 환율, 금리, 선물, 옵션, 그리고 주식과 가상화폐는 실체가 없다. 눈으로 보고 손으로 만질 수도 없다. 특정 기업의 주주株主라고 찍힌 종이로 된 증명서도 없다. 그저 사이버 공간을 오가는 디지털 숫자들뿐이다.

이러한 디지털 자산의 가치를 놓고 돈과 거래를 한다. 현재 1만 원의 가치가 내일에는 2만 원이 될 수 있다고, 혹은 5천 원이 될 수 있다면서 어떤 이는 1만2천 원에서 사고 또 어떤 이는 9천 원에 팔기도 한다. 눈에 보이지 않는 자본 자산 화폐라는 돈을 돈과 거래하는 것이다.

자본주의 사회는 자본이 지배한다. 여기서 '자본資本'은 여러 의미에서 사용되기 때문에 쉽게 정의하기 어렵다. 재화와 용역에서 사용되는 자산의 개념도 있고, 돈뿐만이 아닌 노동력이나 무형의 자산의 개념도 있기 때문이다. 어쨌든 간단히 '자본은 곧 돈'이라고 정의해 보겠다. 또한 화폐貨幣의 개념도 '돈Money'과 같이 동일시하겠다.

자본 = 화폐 = 돈

옛말에 호랑이를 잡으려면 호랑이 굴에 들어가야 한다고 했다. 자본이 지배하는 자본주의 사회에서 살아가려면 돈이 있어야 하고, 돈을 벌기 위해서는 돈을 알아야 하고, 돈의 흐름을 파악해야만 남들과의 경쟁에서 유리한 고지를 점령하게 된다.

앞서 자본주의에서 살아가는 사람들은 기본적으로 4가지 직업을 선택한다고 언급한 바 있다. 봉급생활자, 자영업자, 사업가, 투자가… 그렇다면 이들의 공통점은 무엇일까? 그것은 바로 '기업'이다.

봉급생활자는 기업의 일원이고, 소규모 자영업자프리랜서 포함도 나름대로 작은 기업의 사장이며, 사업가 또한 한 기업의 임원이고, 투자가 또한 특정 기업에 투자하기 때문이다. 결론적으로 말해 자본주의에서 중추적 핵심은 바로 '기업'이라는 사실이다.

기업企業의 사전적 의미는 국민경제의 기본 단위이면서, 이윤획득을 목적으로 운영되는 자본의 조직단위를 말한다. 이것은 곧 자본주의 경제는 '기업체제'임을 의미한다.

흔히들 "자본주의의 꽃은 주식시장"이라고 이야기한다. 왜냐하면 한 나라의 경제주체가 되는 대표적인 기업들이 '주식시장'이라는 곳에서 거래가 되기 때문이다. 따라서 돈자본의 성질과 흐름은 주식시장에서 가장 먼저 민감하게 반응한다.

주식회사 상장회사

"직업이 뭡니까?" 어느 누가 묻는다.

"회사원입니다."

회사원… 참 평범한 직업이다. 그런데 그 회사가 주식회사라면? 거기다 주식시장에 상장된 주식회사에 다닌다면? 평범보다는 조금은 비범해 보일 것이다. 그렇다면 기업과 회사의 차이점은? 실상 회사나 기업이나 영리를 목적으로 하는 단체나 법인이기에 큰 차이점은 없다. [법인 = 기업 = 회사] 동일한 개념이다. 다만 '주식株式=Stock'을 발행한 회사와 그렇지 않은 회사로 나눌 수는 있다.

자본주의는 어떤 재화나 서비스를 화폐라는 돈을 통해 거래하는 경제체제다. 이때 거래하는 특정 장소를 **시장**Market이라 부른다. 거래되는 상품이나 서비스 종류와 시간 등에 따라 농산물시장, 청과물시장, 의류시장, 도매시장, 소매시장, 도깨비시장, 벼룩시장, 중고시장, 부동산시장, 주식시장 등으로 나뉜다.

자본주의 사회에서의 중추적 역할은 기업이 한다. 기업은 사업자본을 마련하기 위해 주식을 발행하고 → 주식회사가 되면 → 자본금을 늘려 → 기업공개를 하고 → 주식시장에 상장해서 → 해당 기업

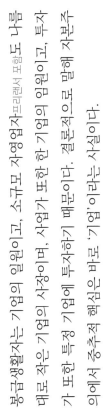

주식회사는 중기 자본금을 토대로 사업을 진행한다. 사업 수인이 뛰어난 경영진과 우수한 품질의 제품으로 다른 기업과 경쟁을 하기 시작한다. 매출이 증가하고 영업이익이 늘면 회사는 주식을 추가로 발행해 자본금을 늘릴 수도 있다. 중기 회사를 장업할 때 사용된 자본이 아닌 주가로 다른 투자자로부터 자금을 투자받는 것이다. 그 형태는 회사의 경영권을 담보로 은행에서 매출을 받는 경우, 엔젤 투자자로부터 증자를 통해 자금을 투자받는 경우, 사채업자로부터 높은 금리를 조건으로 투자받는 경우, 회사채를 통해 자금을 수혈 하는 경우, 주식시장에서 외국인이나 기관 및 개인투자자로부터 투자 자금을 마련하는 경우, 정부로부터의 지원을 받는 경우 등이 있다. 이 중 주식회사 입장에서 가장 유리한 투자금 조달 방법이 바로 중 권거래소인 주식시장을 통한 자금조달이다.

자본주의 체계에서는 시장을 통해 상품이나 서비스 등을 거래한 다. 주식회사의 주식을 거래하려면 일반적으로 증권거래소가 운영 하는 '주식시장'Stock Market'을 통해서 거래해야만 한다.

보통 주식시장을 '증권시장'이라고도 부른다. 비슷한 의미이나 주식시장은 주식을 주로 거래하지만, 증권시장은 주식 이외에 채권 도 거래하기 때문에 증권시장이 조금 더 넓은 의미를 지닌다.

주식회사가 주식시장에 발을 들여놓기 위해서는 우선 '기업공개'

이 성장·성공을 놓고 수많은 투자자들과 거래를 하게 된다. 따라서 주 식시장은 한 나라의 경제를 한눈에 살펴볼 수가 있으며, 금융시장의 핵심이 되며, 돈의 흐름을 가장 먼저 파악할 수 있는 곳이다. 그래서 주식시장이 금융의 중심 곧 '자본주의의 꽃'으로 불린다.

주식회사株式會社는 사업 자금을 마련하기 위해 '주식株式'이라는 증 권을 발행한 회사를 말한다. 해당 회사의 주식을 보유한 이를 **주주**株 主라고 말하며, 회사의 사업 자금을 **자본금**資本金이라 부른다. 주 식회사는 주식을 발행해 자본금을 마련하는데, 이때 주식 1주의 액 면가1주의 기본가격와 주식수를 정한다. 예를 들어 액면가 5천 원짜리 주식을 10만주 발행하면 자본금은 5억이 된다. 다시 말해 10만명이 각 자 5천만 원씩 모아 자본금 5억인 주식회사를 설립한다고, 주식 액면 가를 5천 원으로 정해 10만주 발행하게 되면, 주주 1명당 각각 1만 주의 주식을 보유하게 된다. 해당 회사의 주식을 보유한 주주들은 각자 보유주식에 비례해 책임과 권한을 부여받고 경영에 참여한다. 이후 회사가 성장하면 배당을 받지만, 그렇지 못할 경우에는 보유 한 주식만큼 책임을 진다.

$$\text{자본금} = \text{1주당 액면가} \times \text{발행주식수}$$

절차를 밟아야 한다. **기업공개**Initial Public Offering란 일반 투자자에게 해당 기업의 사업전망, 주식분포, 대주주 및 경영자의 현황, 회사의 지난 실적 등을 투명하게 공개하는 것을 의미한다.

기업공개IPO 절차를 통해 증권거래소가 운영하는 주식시장에 등록하는 것을 **상장**上場이라고 하며, 이렇게 상장된 주식회사를 **상장회사**上場會社라고 부른다.

[참고로 주식시장에 상장된 회사가 퇴출되는 경우는 **상장폐지**上場廢止라고 한다. 상장폐지는 상장된 주식회사가 증권거래소에서 거래되는 자격이 박탈되는 경우를 말하는데, 통상 실적부진에 따른 자본잠식, 횡령·배임, 부도, 감사의견거절 등의 상장폐지 사유에 부합되는 경우 주식시장에서 퇴출된다.]

그렇다면 일반적인 법인회사는 왜 주식회사가 되려고 하고, 주식회사는 왜 주식시장을 통해 상장회사가 되려고 할까? 많은 이유가 있지만, 그중에서도 가장 큰 이유는 돈 때문이다. 비상장 회사가 사업운영 자금을 마련하려면 보통 회사의 자산땅, 건물, 특허, 지분, 유가증권…을 담보로 은행이나 보험 등의 금융기관이나 심지어 고금리 사채시장을 통해 비싼 대출이자를 지불해 가며 자금을 조달해야만 한다.

하지만 주식시장에 상장된 회사는 일단 비상장 회사에 비해 이자 부담이 없어진다. 회사의 신용도가 높아지고, 사채발행도 수월하며, 정부지원도 받을 수 있고, 또한 수많은 투자자로부터 손쉽게 투자금을 유치받을 수 있다. 비상장 회사에 비해 훨씬 낮은 이자의 사채발행과 공모나 증자를 통해 외국인, 기관, 은행, 보험, 기타 법인체를 비롯해 수많은 개인투자자로부터 돈을 끌어모을 수 있는 장점이 있는 것이다.

그뿐만 아니라 회사 브랜드Brand 가치를 높이는 한편, 제품의 홍보에서부터 사원들의 결속력 강화 및 대내외 신용도 높아진다. 그래서 자본주의에서 사업을 하는 수많은 비상장 기업들은 주식시장에 상장하려고 많은 노력을 기울이며… 이에 따라 증권거래소는 상장등록 절차를 까다롭게 요구하고… 이미 주식시장에 상장된 회사는 상장폐지가 아닌 상장유지를 위해 갖은 노력을 아끼지 않는 것이다. 상장회사의 프리미엄은 너무나 달콤하기 때문이다.

퇴출의 비애, 상장폐지

프랑스의 철학자 사르트르는 [인생은 B와 D 사이의 C]라는 유명한 명언을 남긴다. 인생은 **탄생**Birth(B)과 **죽음**Death(D) 사이의 **선택**Choice(C)의 연속이라는 의미를 담고 있다. 그러고 보면 우리의 삶은 이 세상에 태어나는 순간 죽음을 향해 달려가는 갈등의 연속인 셈이다.

인간의 삶에서 죽음으로의 마라톤을 하듯 모든 생명체 또한 삶과 죽음을 피하기 힘든 운명이다. 기업도 마찬가지다. 여러 사람의 자금을 모아 주식회사를 설립하고, 주식시장에 상장하며, 많은 투자자를 만나고 헤어지고를 반복하면서 마지막에는 '상장폐지'라는 절차를 밟게 된다.

상장폐지는 증권시장에서 자사의 주식 및 채권 거래의 자격이 박탈되는 것을 의미하는 사형선고와 다름이 없다. 시장에서 소비자가 외면하는 제품을 퇴출당하듯이 주식시장에서도 투자자가 투자할 가치가 없는 회사는 자연히 상장폐지가 된다.

상장폐지 조건은 기본적으로 부도나 파산 등 해당 회사의 존립가치를 잃어버렸을 경우 증권관리위원회의 승인을 받아 강제로 상장폐지 절차를 밟는다.

상장폐지 사유에는 [2년 연속 매출액 30억 미만(코스닥 기준, 감사의견 거절, 영업정지, 최종부도, 경영상 타격이 큰 횡령이나 배임, 주식분산미달, 분식회계, 자본잠식 등이 있다. 이에 따라 투자자들은 주식시장에서 투자할 기업을 선택할 때에는 반드시 상장폐지 가능성이 큰 부실기업인지 아닌지부터 살펴보는 안목이 필요하다.

하지만 전문가가 아닌 일반 개인투자자 관점에서 부실기업을 일일이 확인하기에는 많은 애로사항이 있다. 기본적인 기업분석이나 차트분석도 못하는 경우… 간단히 말해 기업의 재무제표도 살펴볼 모른다면 고위험으로 눈 가리고 아웅 하는 식일 것이다. 그나마 다행인 것은, 증권거래소는 투자자들을 위해 부실기업과 상장폐지 가능성이 큰 기업에 대해 일종의 경고신호를 보내주기도 하는데, 그것이 바로 '관리종목' 지정이다.

관리종목은 주식시장에 상장된 많은 회사 중 부실한 기업이나 상장폐지가 우려해 보이는 회사의 주식에 대해 투자자들에게 주의를 환기하고자 일정기간 관리하는 종목을 말한다.

관리종목 대상기준은 상장폐지 기준과 엇비슷하지만, 규제가 다소 완화된 형식을 취하고 있는. 감사의견한 소 인정된 형식을 취하고 있다. [사업보고서 미제출, 감사의견한정, 영업활동정지, 자본금50%잠식, 공시의무위반, 연매출액 50억 미만, 4년도 연속 영업손실, 거래량 미진, 주식 액면가 미달] 등 재무상태가 악화하거나 상장요건에 미충족되는 경우 관리종목으로 지정된다.

관리종목은 일명 부실기업이기 때문에 많은 제약을 받는다. 우선 거래방식이 30분 단위로 단일가로 이루어지며, 주식의 신용거래도 중지되는 등의 불이익이 생기며, 무엇보다 투자자로부터 외면을 당하기 때문에 단기적인 주가급락이 동반되기도 한다.

삶은 선택Choice의 연속이다. 어떤 것을 선택하느냐에 따라 미래의 운명이 좌우된다. 부실기업, 관리기업, 투자환기기업, 매출도 없고 해마다 적자를 기록하는 기업, 대주주 지분도 없는 기업, 잦은 유상증자와 사채를 발행하는 기업, 회사의 자산을 뒷구멍으로 빼돌리는 기업, 지분을 담보로 대출을 받는 기업, 경영자가 침체에 놓여있는 사업에 각고의 노력을 하지는 않고 회사 내부의 돈을 임의로 사용하는 기업, 투자자들의 돈을 갈취하는 기업… 선택은 투자자 여러분들의 몫이다.

종목선정 기본조건

세상에는 많은 투자상품이 있다. 은행예금이나 적금도 일종의 투자상품이고, 부동산이나 주식이나 채권이나 펀드도 나름대로 훌륭한 투자상품이다. 모든 투자는 수익을 목적으로 한다. 다만 수익성이 큰 만큼 위험을 감수해야만 한다.

주식투자는 많은 투자상품 중에서도 위험이 가장 큰 투자 대상이다. 그나마 주식투자는 투자할 기업이라는 실체라도 있지만 비트코인과 같이 실체가 불분명한 가상화폐의 위험성은 더할 나위가 없다. 최고의 위험성을 가진 투자라면 단지 추세만을 맞추는 홀짝게임과 같은 파생상품의 일종인 선물·옵션이 되겠지만, 그나마 눈으로 보고 손으로 만질 수 있고 금고 속에 보관도 할 수 있는 대상주식증서을 기준으로 할 때 주식투자가 가장 위험한 투자상품인 셈이다.

수익을 목적으로 주식이라는 위험한 상품에 투자하려면 어떻게 해야 할까? 주식시장에 상장된 2천여 개가 넘는 수많은 기업 중 앞으로 수익을 낼 수 있는 종목을 선정하려면 어떻게 해야 할까? 비록 위험한 상품이지만 그만큼 투자수익도 크기 때문에 그 위험성을 최대한 줄여나가면 될 것이다.

테마들이 속출한다. 하지만 영원한 테마는 오직 실적을 통해 살아남는다. 해마다, 분기마다 실적이 향상되는 기업은 좋은 바람에도 흔들리지 않기 때문이다.

최소한의 기본적 분석과 기술적 분석을 겸비하라!

한순간에는 재무제표, 다른 한순간에는 차트를 말한다. 최소한의 기지(기업)분석과 차트분석은 개인투자자 입장에서 그나마 최소한의 무기를 갖춘 상태로 주식시장이라는 치열한 전쟁터로 향하는 것과 같다.

코스닥 중·소형주는 리스크(위험)를 안아라!

코스닥 중·소형주들은 대부분 안정성보다는 성장성을 무기로 상장된 기업들이다. 수익성과 리스크도는 서로 비례관계에 있다. 리스크 부담을 최소화하려면 실적이 받쳐주는 거래소 중·대형주 위주로 매매하도록 하며, 실적이 뒷받침되지 않는 코스닥 중·소형주 매매는 가급적 자제하는 것이 좋다.

나쁜(부실)기업은 멀리하라!

부실한 기업에 투자하지 않는 것이야말로 투자의 기본자세다. 경영이 부실해 이익을 내지 못하는 기업, 문어발식 사업 확장으로 수익성이 떨어지는 기업, 대주주 지분율이 매우 낮은 기업, 영업이익 흑자를 유지하거나 매출이 증가하지 않는 이른바 성장성 한계점에 도달한 기업, 사업비전도 없고 재무도 부실하고 뚜렷하게 차별화된 기술도 없고 자산도 없는 이른바 유령형 기업들은 투자대상에서 제외하도록 한다.

착한(우량)기업은 다가가라!

재무상태가 안정적이고 주주들에게 배당을 주는 기업, 매출 성장성이 돋보이는 기업, 해당 업종에서 최상위를 달리는 기업, 기술력이 뛰어난 기업, 경영자의 자질이 우수한 기업, 시장지배력이 월등한 기업, 타기업 가치에 비해 현저하게 저평가된 기업, 경제 침체 속에서도 당당히 살아남을 수 있는 기업들은 관심을 기울이면서 투자시점을 저울질한다.

실적은 영원한 테마다!

주식시장에는 수많은 테마들이 난무한다. 정부정책이나 해외이슈, 업종현황, 매일같이 터지는 수많은 사건사고들 속에서 수많은

PART 01

가치분석의 맥!

INVESTMENT

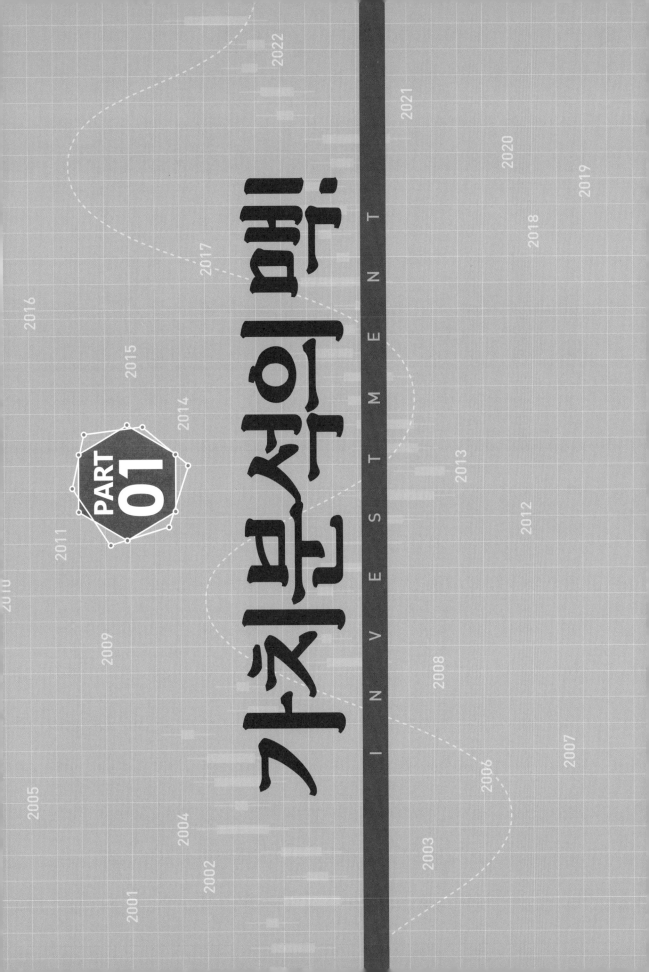

가치분석의 개념

여러분은 자신의 가치를 어떻게 높일까? 또한, 왜 가치를 높여야 할까? 여러분 자신의 가치는 학력, 자격증, 경력, 재력, 외모, 성격, 그리고 친구나 지인들의 가치에 따라 평가된다. 나 자신의 가치를 높이는 것은 명성과 돈과 같이 사회에서 인정을 받으려는 목적을 위함이다. 나 자신의 가치가 곧 '사회'라는 치열한 전쟁터에서 생존의 무기이기 때문이다.

기업도 마찬가지로 자사의 가치를 높여야 투자자로부터 사랑과 관심을 받아 투자금도 유치하고 주가도 상승하게 된다. 이러한 기업의 가치를 평가하는 작업을 **기본적 분석**가치분석이라고 한다.

가치분석은 기업의 내재가치, 곧 주식의 내재가치를 분석해 미래의 주가를 예측할 때 사용하는 전통적인 분석방법이다. 기업의 가치는 시장의 변동이나 기업 내부적인 경영상태 등에 따라 시시각각 변하게 마련이며, 그 변화에 따라 투자자들의 심리가 변하고, 결과적으로 주가가 상승과 하락의 움직임을 보인다.

가치분석의 분석 절차는 상향식과 하향식으로 나뉜다. **상향식 분석**은 먼저 [**기업분석 → 산업분석 → 경제분석**] 순으로 기업의 가치를 분석해 저평가로 판단되면 해당 기업의 주식을 매수하고, 고평가로 판단되면 보유주식을 매도하거나 관망하는 쪽으로 매매 포지션을 가져간다.

하향식 분석은 [**경제분석 → 산업분석 → 기업분석**] 순으로 주식의 가치를 평가한다. 하향식 분석은 경제라는 큰 흐름을 우선 분석하고 → 이어서 업종의 흐름을 살핀 이후에 → 마지막으로 종목을 선정한다. 반대로 상향식 분석은 기업가치가 저평가된 종목을 우선 선정한 이후 → 해당 기업의 업종현황을 분석한 다음 → 이어서 경제의 큰 흐름을 살피는 분석방법이다.

가치분석은 또한 접근 방법에 따라 '질적분석'과 '양적분석'으로 구분한다. **질적분석**은 정치, 경제, 산업, 노동, 성장성, 경영능력, 기술력 등 계량화가 불가능한 사항을 분석하는 방법이다. 반면 **양적분석**은 계량화가 가능한 것으로 경제지표, 산업지표, 재무제표 등 수치를 통해 기업의 가치를 분석하는 방법이다.

주가는 기업의 가치를 나타낸다. 주가상승은 향후 기업가치가 높아질 것으로 예상한 투자자들의 매수행동으로, 주가하락은 향후 기업가치가 낮아질 것으로 예상한 투자자들의 매도행동으로 나타나는 결과다. 이에 따라 주식을 매수할 때 기업가치가 저평가된 종목을 찾아 매수하거나, 혹은 현재보다는 앞으로 기업가치가 더 높아질 것으로 예상하는 종목을 찾아 분할로 매수한다면 향후 큰 수익을 얻을 수 있다는 것이 가치분석의 핵심이다.

01

경제분석이 뭐!

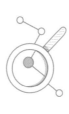

자본주의 경기순환

1989년 11월 9일. 이날은 세계 역사의 한 페이지를 장식할 만한 기념비적인 날로 독일의 베를린 장벽이 무너진 날이다. 마침내 동독과 서독의 통일로 옛 사회주의공산주의는 자본주의민주주의에 백기를 들고 만다.

사회주의는 대중을 똑같이 가난하게 만드는 체제다. 반면 자본주의는 빈부격차를 초래한다는 단점이 있지만, 모든 이들의 자유를 최대한 보장해주며 각자 능력에 따라 부富를 얻을 수 있는 장점 때문에 과거 사회주의 노선을 걸었던 많은 국가도 자본주의 체제로 전환한 상태다.

다시 말해 베를린 장벽의 붕괴는 사회주의 붕괴를 의미했으며, 자유시장 자본주의로의 대안에 눈뜨게 만드는 한편 인도, 중국, 브라질, 구舊소련 같은 지역에 사는 수많은 사람에게 새로운 희망의 불꽃을 틔우는 계기가 되었다. 이는 곧 베를린 장벽 붕괴가 세계화의 물꼬를 튼 직접적인 촉매가 되었다 할 수 있다.

2001년 12월 11일. 중국이 드디어 세계무역기구WTO에 공식적으로 가입한다. 과거 사회주의의 폐쇄적인 경제체제에서 중국 경제는 더 이상 성장하지 못하였고, 오히려 경제가 후퇴하면서 많은 국민들을 굶어 죽게 만들었다. 견디다 못한 중국은 마침내 1980년 초 덩샤오핑등소평이 중국의 개방정책을 시행하기에 이른다.

일명 **흑묘백묘**黑猫白猫론을 펼치게 되는데, 이것은 '흰 고양이든 검은 고양이든 쥐를 잘 잡는 고양이가 좋은 고양이다'라는 의미로 '공산주의든 자본주의든 간에 배를 곪지 않는돈을 잘 벌 수 있는 체제가 좋은 체제다'라는 것을 의미한다.

그 이후 중국은 정부 주도의 사회주의 경제체제에서 시장경제체제로 전환하면서 세계무역기구WTO에 공식 가입하기까지 이른다. 이것은 중국 정부가 수출입, 해외투자 등에 관해 세계 대부분 국가들이 따르는 무역규범을 준수하겠다는 것을 의미하는 동시에 중국 시장을 세계에 개방하겠다는 의지를 나타낸 것이다.

2012년 8월 22일. 최초로 사회주의 이념체제를 실시한, 자본주의를 대표하는 미국과 함께 한때 양대산맥을 구축했던 러시아가 마침내 세계무역기구 156번째 회원국으로 가입한다. 이로써 현재까지 사회주의 노선을 버리지 않는 북한을 제외한 세계 대부분 국가들이 자본주의 경제 시스템을 받아들이게 됨에 따라 세계 단일화 무역체제가 완벽히 구축되기에 이른다.

이것은 사회주의냐 자본주의냐 하는 구태의연한 정치이념 전쟁의 종말을 고하는 것으로, 이제 세계의 모든 국가들이 세계의 모든 국가들을 상대로 하는 무역전쟁의 시대가 도래했음을 의미한다.

정치이념의 민주주의는 아직도 일부 사회주의 국가에서 진행 중이지만, 시장경제 자본주의는 당당히 사회주의를 누르고 승리했다. 하지만 자본주의는 시장개방에 따른 경제성장과 국민들의 빈부격차를 논하기에 앞서 '경기변동'이라는 치명적 결함을 안고 있다. 이 때문에 자본주의가 성숙하기 이전에는 **세계대공황**1929~1939년 무렵 미국과 유럽을 중심으로 전 세계 산업지역에서 광범위하게 지속된 경기침체과 같은 심각한 경기불황기를 겪기도 했다.

이후 자본주의는 보다 성숙해지기 시작했지만 시시때때 찾아오는 세계 각국의 경제위기는 피할 수 없었다. 1973년과 1978년 두 차례 세계 경제를 뒤흔들었던 오일쇼크석유파동, 1976년 자본주의 종주국으로 불리던 영국의 IMF 경제위기, 1990년부터 본격화된 일본의 장기불황, 1990년 말 동아시아 외환위기, 2007년 하반기부터 본격화된 '서브프라임 사태글로벌 경제위기', 서브프라임 사태로 촉발되어 현재까지 진행 중인 유럽 재정위기, 미국의 재정절벽, 코로나19, 러시아-우크라이나 전쟁과 같이 세계적으로 큰 영향을 주는 경기변동을 오늘날에도 겪고 있는 실정이다.

특히 2020년 전세계에 충격파를 던진 중국발 **코로나바이러스**COVID-19로 인해 일시적인 경기침체를 겪기도 했다. 이후 전세계의 공조하에 대규모 양적완화를 통해 침체된 경기를 단시일에 회복시켰으나, 실제 일반 국민들이 체감하는 실물경기는 오히려 뒷걸음질치는 결과를 낳곤 했다.

자본주의 체제는 통상 경기 4계절이 있다. 자본주의 경제는 장기적으로는 성장을 지향하지만, 끊임없이 경기의 상승과 하락이라는 순환적 변동을 반복한다. 이러한 변동을 **경기변동** 또는 **경기순환**이라고 부른다.

자본주의 경기순환은 일단 한 방향으로 탄력이 붙어 움직이기 시작하면 같은 방향으로 지속적으로 나아가려 하는데, 이때 정점에 도달하게 되면 지속력이 떨어져서 마침내 반대 방향으로 역전하는 경향을 갖고 있다.

자본주의 경기순환은 경기 회복기와 활황기라는 호황국면이 있고, 이어서 경기 호황이 한계에 도달해 후퇴기를 맞게 되며, 마침내 불황국면에 들어가는 침체기를 맞게 된다.

① **회복기**는 경기를 부양하기 위해서 통화긴축을 완화하고 고용을 증진시킴으로써 서서히 소비가 되살아나는 국면을 말한다.

② **활황기**는 경기회복에 힘입어 생산 및 소비가 증가하며 자금의 초과수요가 발생하여 물가와 이자율이 상승하고 이를 억제하기 위해서 긴축금융정책이 시행되는 국면이다.

③ **후퇴기**는 소비의 위축으로 생산량이 감소하여 실업과 기업도산이 발생하는 국면이다.

④ **침체기**는 신규투자가 크게 위축되고 실업률, 재고율, 부도율이 최고조에 달하게 되는 국면을 말하며 '불황기'로 불리기도 한다. 이 불황기가 심해지면 이른바 '대공황장기침체'에 직면한다.

경기순환을 4계절로 비유해 보면 [**회복기**봄 → **활황기**여름 → **후퇴기**가을 → **침체기**겨울]라 할 수 있다.

자본주의 경기 사이클순환은 금융시장에서도 그대로 적용되어 금융 사이클이 존재한다. 일반적으로 금융시장주식시장은 [**금융장세** → **실적장세** → **역금융장세** → **역실적장세**] 순으로 순환한다.

① **금융장세**는 경기가 침체 국면에 빠져 소비가 위축되고 투자가 축소되면서 시장 전반에 걸쳐 비관적인 경기 전망이 지배적일 때, 정부의 재정지출 증가와 금리인하 정책으로 오히려 경기에 선행하는 특성을 갖고 있는 주식시세가 상승하는 장세를 말한다.

② **실적장세**는 경기 침체기를 벗어나 본격적인 경기 회복기를 맞이하기 시작하면서 실적이 좋은 기업들을 중심으로 주가상승이 이루어지는 장세를 말한다.

③ **역금융장세**는 경기 호황이 지속되면서 기업들의 자금 수요 압박과 인플레이션, 국제수지 불균형 등의 우려로 정부의 재정지출 축소와 금리인상이 이어지면서 풍부한 유동성을 기반으로 한 금융장세와는 반대로 주식시세가 하락하는 장세를 말한다.

④ **역실적장세**는 본격적인 경기 후퇴기를 맞이하면서 기업들의 실적 악화 우려가 현실화되고, 향후 미래의 불확실성이 더욱 커지기 시작함에 따라 주식시세가 가파르게 추가 하락을 하는 장세를 말한다.

자본주의 경기순환

회복기(봄)→활황기(여름)→후퇴기(가을)→침체기(겨울)

주식시장 순환국면

금융장세(봄)→실적장세(여름)→역금융장세(가을)→역실적장세(겨울)

성장지표, 국내총생산(GDP)

TV뉴스나 언론매체에서 경제가 좋아진다거나 나빠진다고 할 때 흔히 'GDP국내총생산' 수치를 언급하곤 한다. 경제가 좋아진다는 것은 성장한다는 것을 뜻한다. 경제가 성장한다는 것은 투자가 활성화되고 생활에 필요한 상품과 서비스가 확대되어 소득이 증가하고 소비가 늘면서 경제규모가 확대되는 것을 말한다. GDP국내총생산는 바로 이러한 경제성장률을 나타내는 대표적인 지표다.

국내총생산을 나타내는 **GDP**Gross Domestic Product는 외국인과 내국인 할 것 없이 국내에서 이루어지는 모든 생산활동을 시장가격으로 평가한 합계를 말한다. 통상 GDP가 증가하면 기업의 생산과 서비스 증가로 경제규모가 활성화되는 것으로 해석하며, 반대로 GDP가 감소한다면 경제가 침체되는 것으로 해석한다.

GDP는 나아가 국가의 경제력 순위로도 활용된다. 세계에서 GDP 1위는 단연 미국이며(2020년 기준으로 약 21조4천억 달러), 이어 2위는 중국(14조4천억), 3위 일본(5조), 이어서 독일(3조8천억), 인도(2조9천억), 영국(2조8천억), 프랑스(2조7천억), 이탈리아(2조), 브라질(1조8천억), 캐나다(1조7천억), 러시아(1조7천억), 그리고 한국(1조6천억) 순으로 전세계 GDP 순위 12위에 자리하고 있다.

GDP는 해마다 측정하기 때문에 경제규모가 비슷한 나라들끼리는 순위가 바뀌곤 한다. 현재 다른 나라들에 비해 경제규모가 비약적으로 커진 국가로는, 한동안 미국에 맞설 유일한 나라로 자부하던 일본을 제치고 당당히 2위로 올라선, 오늘날 세계의 제조업체로 불리는 중국이다.

중국의 비약적인 경제성장의 원동력은 풍부한 천연자원에 세계 최대 인구노동력, 그리고 정부의 시장개방정책이라 할 수 있다. 풍부한 원자재와 저임금 노동력이 결합하니 값싼 제품을 대량으로 생산하게 되고, 시장개방WTO가입에 따라 세계 모든 국가들과 교역을 시작하면서 이제는 '메이드 인 차이나Made In China' 제품이 아닌 것을 찾아보기 힘들 정도로 세계의 공장 역할을 중국이 도맡아 하고 있는 실정이다. 이로 인해 중국의 GDP는 가파른 성장세를 보였고, 한때 세계의 제조업체로 군림했던 독일과 일본을 차례로 제치고 당당히 세계 2위의 경제대국으로 등극한 것이다.

주식시장은 기업의 가치를 투자자로부터 평가받는 시장으로 한 나라의 경제규모도 나타낸다. 국내총생산GDP이 증가한다면 그만큼 경제가 성장하는 것을 뜻하기 때문에 주식시장도 생기가 넘치게 된다. 반대로 국내총생산이 감소한다면 경제성장률이 낮아지는 것을 뜻하기 때문에 주식시장에는 악재로 작용하게 된다.

무역지표, 환율

환율은 '외환시세'라고도 하며, 외국 돈과 국내 돈을 서로 교환하는 비율을 말한다. 환율은 국가 간의 교역에 있어서 절대적 영향을 미치는데, 무엇보다 수출과 수입을 통한 경상수지에 직접적인 영향을 준다.

[국제수지표]

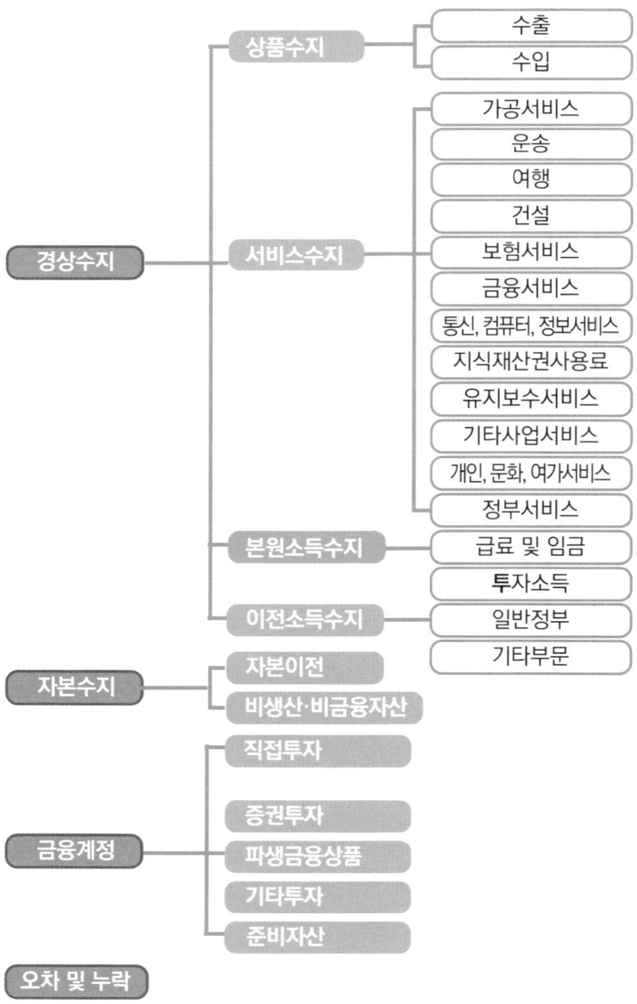
경상수지
상품수지
수출
수입
서비스수지
가공서비스
운송
여행
건설
보험서비스
금융서비스
통신, 컴퓨터, 정보서비스
지식재산권사용료
유지보수서비스
기타사업서비스
개인, 문화, 여가서비스
정부서비스
본원소득수지
급료 및 임금
투자소득
이전소득수지
일반정부
기타부문
자본수지
자본이전
비생산·비금융자산
금융계정
직접투자
증권투자
파생금융상품
기타투자
준비자산
오차 및 누락

경상수지란 한마디로 수출과 수입의 차이를 말한다. 수출이 수입보다 많으면 [경상수지 흑자]라고 하고, 반대로 수입이 수출보다 많으면 [경상수지 적자]라고 한다.

단순히 수출액과 수입액의 차이만을 뜻할 때는 **무역수지**[상품수지와 같은 의미로 사용 : 상품수지는 상품의 소유권이 이전되어야 수출입으로 집계되지만, 무역수지는 해당 관세기관을 통과하는 즉시 실시간으로 집계되는 것이 특징]라고 한다. 여기에 운송, 여행 등의 '서비스수지'와 노동과 자본의 '소득수지' 등을 합쳐 '경상수지'라 부른다. 따라서 경상수지는 무역수지보다 상위의 개념으로 국가의 경제 상황을 보여준다.

환율은 국가 간의 수출과 수입의 무역거래에 있어서 절대적 영향을 미친다. 쉽게 설명해 환율이 상승하면 수출이 유리하고 수입은 불리해지고, 반대로 환율이 하락하면 수입이 유리한 대신에 수출이 불리해진다.

우리나라 화폐인 원화의 가치를 평가할 때는 달러[미국화폐], 유로[유로존의 공동화폐], 엔[일본화폐], 위안[중국화폐]이 기준통화가 된다. 대표적인 기준통화인 달러를 예로 들면 1달러를 1,200원에 서로 바꿀 수 있는데, 환율상승으로 1달러가 1,300원에 교환되면 수출기업은 달러당 원화를 100원 더 많이 받게 되어 환율상승에 따른 재산상이 좋아지면서 흑자구조가 이루어진다. 환율하락인 경우 1달러당 1,100원이 된다. 환율하락 시 수출기업은 달러당 100원을 손해 보기 때문에 해외영업에 있어

가격경쟁력이 떨어진다. 이와 반대로 수입업체는 환율하락에 따른 차이만큼 수입을 보게 된다.

종합해보면 일반적인 상황에서의 환율상승은 달러당 원화 가치가 떨어지기 때문에[원화약세] 수출은 증가하고 수입은 감소하게 되어 무역수지가 좋아지고 이는 곧 경상수지에 영향을 미친다. 반대로 환율하락은 달러당 원화 가치가 높아지기 때문에[원화강세] 수출은 감소하고 수입은 증가해 무역수지가 나빠지게 된다.

환율은 주식시장에 어떤 영향을 미칠까? 환율상승은 수출기업에 유리하기 때문에 증시에 호재로 작용하지 않을까? 왜냐하면 우리나라는 내수시장이 적어 해외시장을 공략하는 수출형 국가이기에…

그렇다면 왜 우리나라는 내수보다 수출에 비중을 높일까? 그 이유는 바로 천연자원이 거의 없기 때문이다. 그중에서도 공업생산의 원료가 되는 구리, 알루미늄, 철광석, 석탄, 석유, 가스 등의 원자재가 전무하기 때문이다.

자원이 부족해 해외에서 수입을 해야 하는데 문제는 미국이나 일본, 중국처럼 내수시장이 크지 않다는 데 있다. 국가도 기업처럼 영업을 해서 이익을 남겨야 운영이 된다[경상수지 흑자/적자]. 이에 따라 우리나라는 해외에서 원자재를 수입해 → 가공하고 → 제품을 만들어 → 흑자구조를 이루는 수출국이다. 다시 해외에 수출하는 수출주도형 경제구조를 갖게 될 것이다. 쉽게 예를 들면 [원유수입 → 원화가공 → 석유화학제품 생산 → 해외

수출]과 같은 산업구조라 할 수 있다.

따라서 환율상승은 수출기업에게는 일시적인 호재로 인식될 수는 있어도 중·장기적으로 보면 로열티Royalty 증가, 해외 부품 수입 증가 등 수입업체의 재정악화를 필두로 수출하는 상품의 원가 압력을 가져온다. 또한 해외여행 비용이 증가하고, 유학을 보낸 이들에게도 해외에 송금을 하는 비용이 증가하게 된다.

다른 나라는 몰라도 특히 해외 의존도가 높고 수출주도형 경제구조인 우리나라인 경우에는 환율상승에 따른 단기적 이익보다는 기초 원자재를 대부분 수입해야만 하는 데서 발생하는 후유증이 더 커질 수밖에 없다. 지난 IMF 경제위기를 전후해 달러당 1,964원까지 환율이 올랐던 경험을 되새겨 보면 환율상승이 얼마나 경제를 어렵게 만드는지 쉽게 이해할 것이다. 또한 지난 미국발 서브프라임 금융위기 때나 유럽 재정위기 때도 단기간에 급격한 환율상승으로 제2의 IMF 위기를 또다시 겪어야 하지 않을까 하는 우려를 낳곤 했었다. 그뿐만 아니라 환율상승은 원화가치 하락으로 이어져 환차익을 노린 외국 핫머니 펀드의 유출로 금융권의 붕괴를 초래하기도 한다.

그렇다면 환율하락은 주식시장에 어떤 영향을 미칠까?

환율상승이 일시적으로 수출기업에게 유리한 듯 보여도 머지않아 모든 기업에게 피해를 줄 수 있듯이 환율하락도 중·장기적으로 보면 모든 기업에게 피해를 준다. 앞서 말했듯이 우리나라는 수출형 경제구조를 갖고 있기 때문에 급격한 환율하락은 해외에서 우리나라 제품에 대한 가격 경쟁력을 잃어버리게 된다. 똑같은 제품이라도 가격이 비싸지면 소비자는 보다 가격이 싼 제품으로 이동하게 마련이다.

제품의 **가격 경쟁력을 잃어버리면 → 수출은 감소하고 → 수입이 증가하면 → 무역수지는 악화되고 → 자연히 경상수지는 마이너스로 돌아서면서 → 경제는 침체**하게 된다.

모든 것이 그러하듯 환율도 양면성이 존재한다. 환율상승은 수출비중이 높은 기업에게 유리하지만 수입비중이 높은 기업에게는 큰 타격으로 다가온다. 해외에 자산이 있는 기업에게는 환율상승이 기업의 재무를 좋게 만들지만 반대로 환율하락은 재무를 악화시킨다. 해외에 부채빚가 있는 기업에게는 환율상승이 더 큰 빚으로 내몰리게 만들고, 반대로 환율하락은 빚의 탕감 효과가 있다.

기업 입장에서 환율은 급격한 상승이나 하락이 아닌 일정한 변동폭 내에서 안정적으로 유지하는 것이 가장 좋다. 그래야만 수출형 기업이나 수입형 기업 모두 중·장기적인 기업의 운영 계획을 세울 수가 있기 때문이다. 따라서 급격한 환율변동은 주식시장에 상장된 대기업들에 큰 영향을 미치기 때문에 시장 변동성이 매우 커지는 요인으로 작용한다.

자금지표, 금리

금리란 쉽게 말해 자본의 수요·공급에 따른 '이자'를 뜻한다. 대다수 기업들은 제1금융권인 은행의 자본과 제2·3금융권인 사채 등을 이용해 사업을 운영한다. 그런데 은행이자금리가 오르게 되면 은행으로부터 대출을 받은 기업들은 피땀 흘려 영업을 해서 올린 이익이 고스란히 은행이자로 빠져나가는 웃지 못할 상황이 연출된다.

금리가 오르면 → 기업들의 이자비용이 증가하고 → 기업의 재정은 악화되며 → 기업은 살아남기 위해 구조조정이나 정리해고 등을 단행하고 → 그로 인해 많은 실업자들은 허리띠를 졸라매게 되면서 → 소비가 위축되고 → 이는 다시 기업의 매출을 감소시키는 악순환을 반복하게 된다. 자연히 금리인상에 따라 주식시장에 몰려있던 자금들이 빠져나가면서자본은 안전성과 수익성을 동시에 고려하기 때문에 고금리 시대에서는 주식이라는 위험성에서 회피 금리가 높은 은행이나 채권 쪽으로 이동하려는 특성이 있다 주가는 하락하는 경향을 보인다.

자본주의 경제는 4단계의 경기순환기가 있다. 바로 [**회복기 → 활황기 → 후퇴기 → 침체기**]를 말한다. 만약 경제가 침체된 상태라면 정부는 침체된 경제를 살리기 위해 가장 먼저 금리정책을 실시한다. 우선 금리인하부터 단행해 시장에 유동성을 공급한다저금리 정책. 시중 자금은 화폐를 발행하는 한국은행중앙은행 → 제1금융권일반대형은행 → 제2금융권보험·증권·카드·신용금고 → 제3금융권사채·대부업체 순으로 유통된다. 이때 자본의 수요·공급에 의해 '이자'가 붙는다.

금리인하는 바로 정부의 은행인 한국은행이 제1금융권에 돈을 빌려줄 때 받는 이자를 이전보다 낮추는 정책을 말한다. 그렇게 되면 일반적으로 제1금융권에서 기업이나 개인들이 자금을 빌려 쓸 때 지불하는 이자가 낮아진다.

은행이자가 줄어들면 기업들은 숨통이 트이게 되고, 이자가 낮은 은행으로부터 돈을 빌려 설비를 증축하고 많은 노동자를 새로 고용함으로써 소비심리가 확장된다. 은행이자가 낮으니 그동안 은행에 적금을 든 개인들은 이자수익이 대폭 감소하게 되고, 따라서 보다 나은 수익원을 찾아 부동산이나 주식시장, 심지어는 가상화폐시장으로 자금이 몰린다. 투자자금이 몰려드니 자연히 주식시장은 호황기를 누린다.

하지만 저금리 정책은 시간이 지남에 따라 소비심리가 과열되면서 경기가 팽창하는 효과를 가져온다. 대표적인 것이 '물가상승', 즉 **인플레이션**Inflation을 유발시킨다. 이런 경기과열 현상을 막기 위해서 정부는 다시 금리를 올리면서 과열 현상을 잠재우는 정책을 쓰게 된다고금리 정책. 바로 이 과정을 통해 자본주의 경기 4계절이라는 경기 사이클이 발생하는 것이다.

이렇듯 금리는 자금의 흐름을 결정하기 때문에 통상 경제가 침체기에 빠졌을 때는 '저금리 정책'을 사용하고, 경제가 활황세일 때에는 '고금리 정책'을 사용한다. 결과적으로 주식시장은 정부의 금리인하폭과 금리인상폭에 따라 울고 웃는 현상이 나타나게 된다.

지난 2008년 서브프라임 금융위기 사태 때 전 세계 국가들이 가장 먼저 취한 정책이 바로 저금리 정책이었다. 서브프라임 금융위기는 미국발 서브프라임 모기지론신용도가 낮은 비우량 고객이나 금융 소외 계층에 대한 주택담보대출 부실로 촉발된 금융경색을 말한다.

미국은 5년 이상 지속된 저금리 정책으로 인해 인플레이션 압력이 커지자 정책금리를 올리기 시작했고, 이 때문에 대출이자 부담을 이기지 못한 파산자들이 속출하면서 금융회사 부실채권 급등 → 집값 및 주가급락 → 소비침체의 악순환을 가져왔다. 저금리로 불어난 통화가 주택가격 급등을 일으켰고, 부동산 버블이 커지면서 경기침체와 글로벌 투자은행IB들과 채권보증 회사의 부실과 금융시스템 불안을 동시에 초래한 것이다.

따지고 보면 지난 서브프라임 위기는 경기순환을 무시한 미국의 FRB연방준비제도이사회의 저금리 정책이 주범이라고도 할 수 있다. 경기가 호황일 때는 적절한 금리인상 조치로 팽창된 경기를 미리 가라앉혀야만 한다. 그런데 미국은 '신경제장기호황을 의미하는 것으로 높은 경제성장, 완전고용에 가까운 5%의 낮은 실업률, 물가안정 등을 내용으로 한다'라는 이름으로 경기가 호황을 누릴 때에도 저금리 정책을 고수하다 거품이 발생한 것이다. 뒤늦게 정책금리를 올렸지만 이미 거품은 부풀어 오른 상태였기 때문에 단기에 금융시스템이 붕괴 직전까지 간 것이다. 자본주의 정책에서 최우선적으로 중요한 것이 바로 금융정책이다. 특히 금리정책은 자본주의 금융시스템의 핵심이다.

유동성지표, 통화량

외국으로 빠져나가 통화량은 감소하는 이치다. 예를 들어 유학이나 해외여행이 증가하는 경우 서비스수지가 악화되어 경상수지에 영향을 미치는 원리다.

[참고로 단순히 외국에서 막대한 자금만 국내로 유입된다면 외환시장에서 달러의 공급이 많아지기 때문에 달러가치는 낮아지고 상대적으로 원화가치가 상승하는 효과를 나타내 하락하는 한 대적으로 원화가치가 상승하는 효과를 나타내 환율이 하락하는 한 자금이 몰려들기 때문에 주가상승의 주된 원인이 되기도 한다. 화폐거래면을 통한 자본수지는 경상수지에 포함되지 않기 때문이다.]

통화량이 증가하면 일반적으로 인플레이션과 함께 화폐가치가 떨어지면서 환율이 상대적으로 오르게 된다. 시중에 돈이 많아지니 이자가 낮아지고, 따라서 화폐가치 하락으로 물가상승 압력을 받게 되며, 화폐가치 하락은 자연히 외국화폐와 국내화폐 간의 교환비율이 높아지면서 환율이 상승하게 된다.

통화량은 금리와 마찬가지로 경기를 조율하는 정책으로 활용된다. 경기가 너무 침체된 상태라면 통화량을 늘려 시중에 유동성을 공급하고, 반대로 경기가 너무 과열된 상태라면 통화량을 줄여 시중에 풀린 유동성 자금을 회수하는 정책을 펼친다.

통화량은 시중에 돌아다니는 통화의 유통량을 뜻한다. 통화량이 많다는 것은 유동성이 풍부하다는 것으로 주식시장에서는 호재로 인식돼 '유동성 장세'를 불러오기도 한다. 통화량 증가는 통상 인플레이션을 유발하는데, 이는 물가상승률만큼이나 주식시장으로도 자금이 몰려들기 때문에 주가상승의 주된 원인이 되기도 한다.

통화량 조절은 보통 한국은행의 화폐발행과 회수, 정부의 국공채 매입매각, 그리고 은행의 **지급준비율**(금융기관의 예금총액에 대한 현금준비 비율) 조절을 통해 이루어진다. 화폐발행을 늘리면 그만큼 시중의 자금이 풀린다. 또한 은행의 지급준비율을 낮춰 대출금액을 늘리면 현금통화가 증가한다. 다시 말해 은행에 1억을 예금했을 때 은행은 1억에서 지급준비금(예를 들어 2천만 원을 뺀 나머지 자금을 대출할 수 있는데, 이 지급준비율을 낮추게 되면(2천만 원에서 1천만 원으로 그만큼 대출금액이 높아져 통화량이 증가하는 효과를 나타내는 것이다. 이것이 바로 **신용창조**다.

한편으로 경상수지에 따라 통화량이 조절되기도 한다. 다시 말해 국가 간의 무역으로 경상수지가 흑자라면 그만큼 외국에서 국내로 돈이 들어온 결과이기 때문에 통화량이 증가하게 되고, 경상수지가 적자라면 수출보다 수입이 증가한 것을 말하기 때문에 국내의 돈이

양적완화의 그림자, 유동성 함정

한때 세계를 정복했던 로마제국은 다음과 같은 원인으로 멸망의 길을 가게 된다. 게르만의 침입, 종교의 폐단, 인구감소에 따른 생산 인력의 부족, 지리적 약점, 경제의 취약성, 퇴폐적 풍조, 정치권의 탐욕과 부패… 이 중에서 화폐개혁에 실패한 것이 로마가 멸망한 결정적 원인이라는 주장도 한 목소리를 내고 있다.

좀 더 들여다보면, 로마제국은 100년에 걸쳐 번영을 구가했으나 서기 54년에 즉위한 네로 황제의 폭정으로 재정수입이 재정지출을 감당하지 못하자 화폐가치를 평가절하하는 방법으로 재정적자를 메우기 시작하면서 몰락으로 접어들었다는 주장이다.

그렇다면 화폐가치 '평가절하'란 무엇을 의미할까? 바로 화폐의 가치가 상대적으로 떨어진다는 것을 뜻하며, 이는 곧 환율상승을 의미하는 것이다. [**평가절하 = 원화가치하락 = 환율상승**] 반면 '평가절상'은 화폐가치가 높아지는 것으로 환율하락을 의미한다. [**평가절상 = 원화가치상승 = 환율하락**]

통화량과 금리는 환율에 직접적인 영향을 미친다. 나아가 인플레이션Inflation이나 디플레이션Deflation을 유발시킨다. 세계 각국은 미국의 서브프라임 사태에 이어 유럽의 재정위기 및 2019년 중국으로부터 촉발되어 2020년 전세계로 퍼진 코로나바이러스로 인한 팬데믹Pandemic: 대유행 상황에서 최우선적으로 통화량 증가와 저금리 정책으로 시중에 유동성을 공급하고 신용경색을 해소하며 침체된 경기를 부양시키려고 노력 중이다. 이렇게 무제한적으로 통화량을 늘리는 정책을 **양적완화**Quantitative Easing라 부른다.

양적완화의 장점은 신용경색으로 침체된 시장에 유동성을 공급해 소비심리를 끌어올려 경기를 활성화시키는 데에 있다. 하지만 빛이 있는 곳에 어둠이 있듯이 양적완화의 가장 큰 문제는 바로 '인플레이션'이다. 시중에 돈이 풀리니 자연히 화폐가치는 떨어지고 물가는 상승하는 이치다. 아니나 다를까, 2022년 들어 전세계 물가상승률이 연일 치솟고 있다. 코로나 사태로 풀린 막대한 통화가 비로소 실물경제에 큰 타격을 입히기 시작한 셈이다. 만에 하나 이러한 무제한적인 통화정책이 자칫 정부통제에서 벗어나기 시작한다면 곧 유동성 함정에 빠지게 된다.

유동성 함정은 시중에 풀린 자금이 제대로 그 기능을 다하지 못할 때 발생한다. 쉽게 말해 정부가 돈을 풀었는데 기업은 향후 미래가 불안해 그 돈을 가지고 투자나 생산을 하지 않고 그냥 보유하고 있게 되면 정부의 의도와 달리 침체된 경기가 살아나는 것이 아니라 오히려 정체되거나 후퇴하는 현상, 즉 '유동성 함정'에 빠지는 것이다.

유동성 함정에 빠진 대표적 사례가 일본의 장기불황이다. 1990년대 장기불황으로 일본은 유동성을 공급해 경기를 활성화시키려 했다. 그러나 앞날에 대한 경기 비관론이 지배하기 시작하면서 디플레이션이 심화되고 따라서 가계나 기업은 투자나 생산보다 현금을 보유하려는 경향이 강해져 장기불황이 현재까지도 진행 중이다. 유동성 함정에 빠진 일본은 현재 잃어버린 10년이 아닌 잃어버린 30년을 보내고 있는 실정이다.

미국발 서브프라임 모기지 사태에 이은 유럽발 재정위기와 현재의 코로나 사태까지 세계 각국의 통화정책양적완화정책은 정부 주도하에 제법 잘 운영·관리되고 있다. 그러나 과도한 양적완화에 따른 부작용이 본격화되어 유동성 함정에 빠지거나 정부의 통화정책 및 환율정책이 실패해 결국에는 우려하던 하이퍼인플레이션Hyperinflation : 물가상승이 정부 통제에서 벗어난 초인플레이션 상태이 발생하게 된다면 머지않아 21세기 로마의 멸망을 맞이하게 될 수도 있을 것이다.

유가와 원자재

우리나라는 자원이 부족한 국가로 해외 의존도가 상당히 높다. 대부분의 '원자재공업생산의 원료'를 수입해서 이를 가공해 수출하기 때문이다. 원자재는 곡물밀, 옥수수, 콩…, 철광석금, 구리, 니켈…, 석유, 석탄, 천연가스, 설탕, 고무, 우라늄 등을 말하며, 우리나라 수입품의 약 50%를 차지하고 있다.

원자재는 경제에 매우 밀접한 관계를 갖고 있는데, 국제 원자재 가격 변동에 따라 기업의 수익성이 좌우되기 때문이다. 기업은 원자재를 수입해 이를 가공하고 제조해서 완성품을 만든 다음 해외로 수출을 한다. 그런데 원자재 가격이 상승하면 → 제조원가의 상승을 불러오고 → 이는 다시 완성품 가격상승으로 이어지며 → 결국에는 수출가격 상승으로 이어지기 때문에 → 해외에서 경쟁하는 우리나라 제품의 가격경쟁력이 떨어진다. 이것은 고스란히 기업의 수익성을 악화시키기 때문에 주가하락을 불러오는 요인이 된다.

원자재 중에서 특히 우리나라 기업수지에 절대적 영향을 미치는 것이 바로 '국제유가'다. 국제유가는 현재까지 원자재 중에서 가장 큰 비중을 차지한다. 유가는 제조원가는 물론 제품이 공장에서 소비자에게 판매될 때까지 드는 물류비용에 절대적 영향력을 행사하기 때문에 [**유가상승 = 원자재 가격상승**]이라는 등식이 성립된다고 할

하기 때문에 곧 주식이 하락할 것을 암시하고, 유가하락은 경기가
침체된 것을 말하기 때문에 주식은 오히려 상승을 시도하는 이것다.
결론적으로 유가와 경기은 동행하고 주식은 경기보다 선행하기
때문에, 주식투자자 입장에서 복잡한 경기지표를 일일이 분석하기
어렵다면 단순하게 유가 움직임만 살피는 것도 하나의 방법이 될 수
있다. 유가가 바닥을 칠 때 주식을 매수해, 유가가 상투를 칠 때 매
도하는 것도 하나의 투자요령이다.

수 있다.

유가란 석유(원유+석유제품)의 가격을 말한다. 예를 들어 중동에서 1배
럴에 30달러 하던 것이 어느 날 50달러 이상으로 뛰었다. 유가가 상
승하면 자연이 기업 실적은 나빠질 수밖에 없다. 간단히 말해 석유
로 공장도 돌리고, 제품도 만들고, 운송도 하고, 또한 자동차와 배와
비행기로 여행도 하는데 국제유가가 가파르게 상승하면 어떻게 될
까? 우리나라가 지난 1973년과 1979년 두 차례의 석유파동으로 얼
마나 고생을 했느지 기억한다면 유가에 따라 경제가 얼마나 좌우되
는지 쉽게 이해될 것이다.

국제유가는 세계시장에서 거래되는 원유가격으로 산지별로 영국
북해산 브렌트유, 두바이산 원유, 미국 서부텍사스 중질유 중심으로
가격이 결정된다. 이러한 국제유가는 경기순환과 매우 밀접한 관계
를 갖고 있다.

유가도 수요와 공급에 의해 가격이 결정되기 때문에 곧 유가의 주
기는 경기순환과 동행을 한다. 경기가 활황일 때는 소비가 호황이기
때문에 석유 수요가 증가해 유가는 상승한다. 경기가 침체될 때는
소비가 불황이기 때문에 국제유가가 석유 수요가 줄어 유가는 하락한다.

그렇다면 국제유가가 주식시장에는 어떤 영향을 미칠까?

주식시장은 경기동행지표가 아니라 '경기선행지표'다. 따라서 경
기가 활황일 때는 주식은 점차 하락하고, 경기가 침체될 때는 주식
은 점차 상승한다. 경기선행 관점에서 유가상승은 경기 활황세를 말

물가와 인플레이션

자본주의 경제원칙에서 **수요와 공급의 법칙**은 가격을 결정하는 절대원칙으로 자리 잡고 있다. 대체로 가격상승은 수요증가나 공급부족으로 발생한다. 반면 가격하락은 수요감소나 공급이 증가할 때 발생한다. 자본주의는 성장을 우선시하는 정치·경제이념이다. 성장은 곧 GDP국내총생산 증가를 뜻하고 이것은 다시 자산가치의 상승, 상품가치의 상승, 물가의 상승 '인플레이션Inflation'을 의미하기도 한다.

인플레이션은 물가, 다시 말해 '생산자물가지수기업 간 대량거래 상품의 가격 변동'와 '소비자물가지수일반 가계의 소비 상품의 가격 변동'가 지속적으로 상승하는 경우를 말한다. 물가상승은 자산가치의 상승과 맞물려 화폐가치 하락을 유발한다. 보유자산이 부동산이나 금, 원자재, 주식 및 채권, 그밖에 실물에 투자한 상태라면 실물가격 상승으로 인한 자산가치 상승이 이어지기 때문이다.

최근에는 부채빚도 하나의 자산으로 취급하는 경향이 있다. 부채가 많은 상태에서 인플레이션이 발생하면 그만큼 화폐가치 하락으로 개인이나 기업, 정부의 빚 부담이 줄어들기 때문이다. 예를 들어 부채가 1억이라면 인플레이션으로 보유자산의 가치가 상승하고 소득이 상승한다면 그만큼 빚 부담은 줄어드는 원리다.

수요와 공급의 법칙에 의해 가격은 수요가 많거나 공급이 부족할 경우에 나타난다. 인플레이션은 크게 수요인플레이션과 비용인플레이션으로 분류한다. **수요인플레이션**Demand-pull inflation은 시중 통화량 증가, 소득의 증가, 금리인하 등이 원인으로 소비자의 구매력에 비해 공급물량이 부족해지면서 인플레이션을 유발하는 경우를 말한다. 반면 **비용인플레이션**Cost-push inflation은 원자재 가격상승, 환율상승, 임금상승, 세금인상 등이 원인으로 제품의 원가비용이 상승하면서 인플레이션을 유발하는 것을 말한다.

■ **수요인플레이션** = 통화량 증가 → 화폐가치 하락 → 소비 증가 → 공급 부족 → 제품가격 상승 ⇨ 인플레이션

■ **비용인플레이션** = 원자재 상승 → 생산비용 증가 → 물류비용 증가 → 인건비 상승 → 제품가격 인상 ⇨ 인플레이션

요약하면 인플레이션은 통화량 증가와 원자재 가격상승이 주된 원인임을 알 수 있다.

원론적으로 경제가 성장하면 → 통화량이 증가하고 → 화폐가치

향력을 행사하는 것이 바로 '금리'다.

금리인하는 낮은 금리로 자금을 대출받을 수 있기 때문에 기업의 투자를 높이고 일자리를 늘리고 소비수요를 촉진시키는 효과가 있다. 반면 **금리인상**은 이자비용이 높아지기 때문에 기업의 투자와 소비를 억제해 총수요를 감소시켜 물가를 낮추는 효과가 있다. 바로 이런 이유 때문에 세계 각국은 경제가 침체되면 정부 중앙은행에서 통화량을 늘리는, 유동성을 공급하는 정책의 일환으로 가장 먼저 금리인하를 통해 시중에 유통되 통화량을 늘려 기업의 투자와 개인의 소비를 촉진시키고, 반대로 경제가 과열되 인플레이션이 심화되면 금리인상으로 통화량을 흡수하는 정책을 시행하는 것이다.

가 하락하면서 → 물가상승 압력을 받는다. 하지만 인플레이션의 보다 근본적인 원인은 경제가 침체하면 → 양적완화정책을 시행하고자 → 통화량을 증가시키고 → 금리인하를 단행하면서 → 주게 원자재 가격이 상승하고 → 비용이 증가해 → 제품가격이 상승하면서 → 인플레이션이 유발된다.

완만한 인플레이션은 장기적으로 자산가치를 높이고 부채[빚]를 감소시키는 역할을 한다. 그러나 인플레이션이 장기간 지속되거나 단기적으로 과도한 고[高]인플레이션이 발생하게 되면, 이를테면 소득이 물가상승률을 따라잡지 못하게 되면 → 소비가 위축되고 → 소비가 위축되면 제품 판매가 감소하고 → 이것은 다시 기업수지를 악화시키며 → 기업은 원자재 상승비용과 이자비용이 증가하고 → 이를 감당하지 못해 임금을 삭감하거나 근로자를 해고하고 → 실업자가 늘어 → 다시 소비가 위축되면서 경제는 침체에 빠지는 악순환이 전개된다.

그렇다면 과도한 물가상승을 억제하려면 어떻게 해야 할까? 과열된 수요를 줄이거나 공급을 늘려 가격을 안정시켜야 한다.

요약해서 인플레이션의 가장 큰 원인은 통화량 증가에 있다. 따라서 시중에 유통된 통화량을 줄이면 인플레이션을 어느 정도 잡을 수 있다는 결론이 나온다.

통화량을 줄이는 방법으로는 여러 정책이 있으나 그중 가장 큰 영

국내 경제의 바로미터, 코스피(KOSPI)지수

많은 경제지표는 전문가들도 해석의 차이가 있다. 하물며 경제지식이나 금융지식이 부족한 일반인들에게는 경제란 다가서기 어려운 과목에 속한다. 뉴스에는 각종 경제지표를 토대로 경제가 좋다고, 어렵다고 말하지만 눈으로 확인하기에는 많은 어려움이 뒤따른다. 이때는 코스피KOSPI지수가 우리나라의 경제규모를 나타내는 하나의 지표가 될 수 있다. 간단히 설명하면, 코스피지수가 하락이면 경기하향세, 상승이면 경기활황세로 해석한다. 종합지수는 경기에 선행하기 때문이다.

주식투자는 '자본주의 꽃'으로 불린다. 자본주의 국가에서만 존재하는 투자 시스템이기 때문이다. 따라서 자본주의 경기변동에 따라 투자 수익률에도 직·간접적으로 영향을 미칠 수밖에 없다. 각 나라의 주식시장에는 그 나라를 대표하는 수많은 기업들이 상장되어 있다. 국내 경제를 좌우하는 대기업들이 한 곳에 모여 투자자들에게 가치를 인정받는 지표가 있다면 그것이 바로 주식시장에서의 '코스피종합지수KOSPI'다.

경기가 후퇴해 침체되기 시작하면 한 나라의 경제를 떠받치고 있는 수많은 대기업들의 실적이 안 좋아질 것이고, 이것은 대기업에 하청을 받는 많은 중소기업들의 실적에도 영향을 미칠 것이며, 이에 따라 대기업들의 주가가 하락하면 자연히 중소기업들의 주가는 더 하락하게 됨으로써 전반적으로 지수가 하락하게 된다.

반대로 경기 회복기를 지나 활황기에 접어들게 되면 세계를 상대로 영업을 하는 대기업들의 실적이 좋아질 것이고, 실적이 좋아지면 기업가치는 높아지고, 외국인이나 기관 등의 투자자들이 모여들고, 이 때문에 대기업의 주가는 상승하게 되면서 자연히 중소기업들의 주가도 동반 상승 곡선을 타게 된다.

물론 주식시장에 상장된 기업들의 주가가 모두 경기변동에 민감하게 반응하는 것은 절대 아니다. 지수와 무관하게 움직이는 종목도 많고, 지수와 반대로 움직이는 종목도 많다. 특히 우리나라의 경우 주식시장에서 삼성전자가 차지하는 비중은 절대적이기 때문에 지수와 개별종목이 서로 연동되지 않는 경우도 상당히 많다. 하지만 그렇다고 해도 일단 지수가 하락하면 시장 전체의 투자심리가 극도로 위축되기 때문에 대부분의 종목 주가가 하락하게 된다. 물론 지수가 상승하면 하락 종목보다 상승 종목 수가 많다.

한낱 개인투자자 입장에서 선불리 경기변동을 예측한다는 것은 상당히 어려운 일이다. 기껏해야 경제 뉴스만 참조할 뿐이다. 따라서 지금 장세가 호황기인지 아니면 침체기인지를 아는 가장 간단한 방법은 지수 움직임을 살피는 방법이다.

주가는 항상 미래를 선반영하는 특성을 갖고 있다. 경기가 좋아진다고 언론에서 떠들어 댈 시점에는 주가는 하락하고, 경기가 앞으로 더욱 나빠질 것이라 잔뜩 겁을 주면 주가는 상승하는 속성을 갖고 있다. 모두가 과열이라 조심해야 한다고 할 때는 주가는 더욱 멀리 달아나고, 모두가 투자해야 한다고 할 때는 주가는 한 단계 더 하락하곤 한다. 투자자들은 과거나 현재가 아니 항상 미래를 보고 베팅하기 때문이다.

미국의 힘, 달러(Dollar)

지구상에는 200여 국의 국가들이 저마다 자국의 이익을 위해 상대국과 무역을 하면서 경제를 활성화시키고자 노력하고 있다. 그중에서 경제규모가 가장 큰 단일국가는 미국으로 한때 전 세계 GDP의 절반가량을 차지했던 부국이다.

과거 1950~1960년대 미국은 전세계 GDP의 45%가량을 점유한 적도 있었다. 그러던 것이 유럽연합EU의 부상과 일본, 러시아, 중국, 그리고 2000년대 전후로 빠른 경제성장을 보였던 '브릭스BRICS : 브라질·러시아·인도·중국·남아프리카공화국' 국가들의 영향으로 점차 점유율이 하락하면서 현재 세계 GDP 기준으로 미국이 차지하는 비중은 약 20%인 상태다. 2020년 기준으로 세계 GDP 규모는 약 90조 달러에 육박한다. 여기서 미국이 약 21조 달러를 기록하고 있으니 단일국가로는 여전히 세계 1위를 차지하고 있다.

미국이라는 나라는 현존하는 다른 어떤 나라보다도 강력한 경제력과 국방력과 민족성을 갖춘 나라다. 19세기까지 세계에서 가장 큰 영향력을 행사했던 나라들을 꼽자면 바로 영국, 프랑스, 독일, 스페인 등의 강국으로 구성되어 있는 유럽 국가들이었다. 그 당시만 해도 미국은 한낱 영국 이주민들의 새로운 개척의 땅이며 서부국가일

뿐이었다. 특히 영국은 '산업혁명'의 근원지였으며, 세계에 걸쳐 가장 많은 식민지를 다스려 그야말로 '해가 지지 않는 나라(대영제국)'로 불리게 되었다.

미국은 19세기 후반기부터 기하급수적으로 팽창하기 시작한다. 오늘날 자본주의 시초라 부를 만한 '**산업자본주의**자본주의 발전 과정에서 산업자본이 사회 경제의 주축으로 자리 잡는 단계의 자본주의'가 크게 발전하기 시작하면서 대기업들이 우후죽순 생겨나 경제가 급속도로 발전하기 시작했다.

1차 원인이야 풍부한 천연자원과 인적자원 등으로 결론지을 수도 있을 것이다. 이를테면 내수시장이 활발한 인구수, 천연자원, 세계 최대 소비국, 세계 최고 국방력, 인적자원, 과학기술력, 유태계와 중동의 막대한 자본력 등. 이후 미국은 20세기 초반까지 브레이크 없는 고성장을 누리게 된다.

하지만 19세기만 해도 미국은 영국의 그늘 아래 놓여 있었고, 오늘날 자본주의 이전 단계였던 불안정한 산업자본주의의 후유증이 심화되면서 사회적 양극화 현상이 극에 달해 정치이념의 갈등으로 번지고 있었다.

20세기 초반까지 정치·경제·사회적으로 불안정한 시기를 보내던 미국이 마침내 세계에 막강한 영향력을 행사하게 되는 결정적인 사건이 터진다. 바로 1914년부터 4년간 계속되었던 '제1차 세계대전'과 1939년부터 1945년까지 치른 '제2차 세계대전'이었다. 특히 제2차 세계대전은 암울했던 미국의 경제를 최악에서 최상으로 단번에 끌어올리는 결정적인 역할을 하게 된다.

미국은 1929년부터 시작된 대공황으로 경제가 최악의 상황으로 치닫기 시작하자 1932년 새로 취임한 루스벨트 대통령에 의해 1933년 **뉴딜정책**New Deal Policy이라는 이름으로 대규모 경기부양책을 실시하게 된다. 이후 일시적 경기호황을 누리다 **출구전략**, 쉽게 말해 경기부양책의 부작용을 우려해 금리인상을 단행하면서 다시 침체기로 접어들기 시작한다. 때마침 제2차 세계대전이 발발하게 되고, 이 전쟁을 통해 잠시 흔들렸던 미국 경제는 다시 기사회생하며, 전쟁이 끝난 1945년 전후로 세계 GDP의 절반가량을 담당하는 최강국으로의 면모를 보이기 시작했다. 이때 비로소 미국은 영국의 그늘에서 벗어나 영국은 물론 유럽 전역과 전세계를 통제하기에 이른다.

미국은 1, 2차 세계대전을 승리로 이끌면서 대규모 전쟁으로 황폐화되다시피 했던 유럽에 **마셜플랜**Marshall plan이라는 '대유럽경제지원'을 하게 된다.

마셜플랜의 목적은 유럽 경제를 재건하자는 취지의 대외원조였지만 당시 초강대국으로 떠오르고 있었던 공산주의 구소련을 견제하고자 하는 또 다른 목적도 있었다.

마셜플랜을 계기로 미국은 자유시장경제체제를 기반으로 한 자본주의를 공산주의의 팽창으로부터 지켜냈으며, 독일을 통제하에 두면서 구소련의 영향력으로부터 유럽의 방어막 역할을 하게 했다. 이후 미국은 구소련과의 힘의 대결에서 압승을 거뒀으며, 세계에 걸쳐 자국의 정치·경제·문화를 전파해 오늘날까지 초강대국으로서의 위용을 잃지 않고 있다.

미국은 현재 군사력 측면에서 봐도 육지, 바다, 하늘, 심지어 우주에까지 적수가 없는 최강국이다. 과거 한때 바다를 지배하는 자가 세계를 지배한다고 한 적이 있었다. 그래서 한때 영국과 스페인, 일본 등이 바다를 통해 식민지를 개척하고자 했었다. 하지만 지금은 바다나 하늘보다도 눈에 잘 보이지 않는 영역 다툼이 치열하게 전개되고 있는 상황이다. 21세기 현재는 화폐를 지배하는 자가 진정 세계를 지배한다고 볼 수 있다.

오늘날 미국의 힘은 달러에 있다. 미국은 달러를 발행할 수 있는 권리를 가진 유일한 국가다. 달러의 진정한 힘은 바로 **기축통화**Key Currency, Basic Currency라는 사실이다.

기축통화는 군사력으로 '해상운송로'의 안전을 보장할 수 있어야만 한다. 원유나 곡물 등 부피가 상당한 무역상품은 해상운송을 통해서 거래가 이루어진다. 그런데 이 해상운송의 안전은 세계에서 유일하게 미국만이 보장할 수 있다. 군사력이 곧 기축통화의 버팀목 역할을 하고 있는 셈이다.

기축통화는 '국제통화'라고도 하며, 국제외환시장에서 금융거래 또는 국제결제의 중심이 되는 통화를 말한다. 쉽게 말해 국가 간 무역거래에서 결제되는 화폐를 말하며, 국가의 준비자산으로도 이용된다. 기축통화 역할을 하는 대표적 화폐로는 달러, 유로화, 파운드화, 엔화, 위안화, 그리고 금이 이에 해당되지만 현재 세계에서 가장 많이 사용되는 것이 바로 '달러'다.

우리나라만 보더라도 수출입 결제통화는 여전히 미국 달러가 85%를 차지하고 있으며, 나머지 10%는 유로화와 엔화가, 그리고 기타 통화가 5%를 차지하고 있다. 세계 외환보유액에서 각 통화가 차지하는 비율로 보면 2000년 달러 비중은 71.5%였으나 금융위기 이후 2020년에는 약 60% 아래로까지 떨어져 기축통화로서 달러의 지위가 다소 약화되었다.

하지만 외환보유액 비중이 아닌 국가 간 무역결제는 여전히 달러가 압도적인 상황이다. 무엇보다 현재까지 달러를 대체하는 통화가 없다는 점 때문에 앞으로도 달러가 그 막강한 지위를 고수할 것임은 분명한 사실이다. 유로가 강세를 보이지만 단일 국가가 발행하는 국채시장을 배후에 거느리지 못하고, 일본 엔화는 화폐 사용 인구 측면에서, 중국 위안화는 교화 편의성 측면에서 기축통화로선 역부족인 상태다. 이것은 미국 달러 위상에 따라 우리나라는 물론 세계 대부분의 국가 경제가 좌지우지된다는 의미로도 해석할 수 있다.

세계 증시의 바로미터, 다우(DOW)지수

우리나라의 경제지표는 코스피지수종합주가지수가 대변한다고 볼 수 있다. 우리나라를 대표하는 기업들인 삼성전자, 현대차, 포스코, 한국전력, SK하이닉스, 현대중공업, KB금융, SK텔레콤, LG화학, NHN, 셀트리온 등의 우량기업들이 높은 시가총액을 형성하고 있기 때문이다. 이들 기업들은 우리나라의 해외수출을 대부분 담당하면서 국내 GDP에 막대한 영향을 미치며, 수많은 근로자를 고용하고, 수많은 계열사와 중소기업들을 먹여살리는 데 일조하기 때문에 이들 대기업의 주가변동이 곧 우리나라의 경제상황을 대변한다 하겠다.

미국의 경제지표는 다우지수가 대변하고 있다. 미국 뉴욕증시에는 3대 지수가 있는데 다우지수, 스탠더드앤드푸어스(S&P)500, 그리고 우리나라의 코스닥 형태의 나스닥이 있다. 이중에서 '다우지수다우존스산업지수 : Dow Jones industrial average'는 1896년에 탄생했으며, 미국 주식시장을 대표하는 30개 초우량 기업의 주식만을 기준으로 삼는다. 한때 이들 소수의 기업들만으로는 미국 시장 전체를 대표하기 어렵다는 문제점이 제기되기도 했으나 그래도 현재까지 다우지수는 미국이라는 국가를 넘어 세계증시를 대표하는 지수로 자리하고 있다.

다우지수는 애플, 마이크로소프트, 맥도날드, 시스코, 인텔, 보잉, 머크 등의 미국을 대표하는 초우량 30종목으로 구성되지만 대상종목이 수시로 조정된다는 특성 때문에 경제규모가 커질수록 지수가 오르는 독특한 특성이 있다. 미국에는 1만여 개가 넘는 상장사가 있지만, 그중에서 초우량 30종목만을 대상으로 하기 때문에 기업이 부실해지거나 더 이상 해당 업종을 대표할 수 없다고 판단될 때는 과감히 퇴출시키고 다시 새로운 우량종목으로 계속 충원하는 방식을 취한다(2018년 다우지수 초기 구성종목 중 유일했던 '제너럴 일렉트릭GE'이 마침내 퇴출되었다). 따라서 125년 역사를 자랑하는 다우지수는 지속적으로 우상향을 보일 수밖에 없는 구조적 맹점을 안고 있다.

기업이 매물로는 한 나라의 경제규모를 압도하기 때문이다. 참고로 미국을 대표하는 세계 1위 기업 애플의 시가총액은 2021년 기준으로 2조 달러가 넘는다. 한화로 환산하면 무려 2,300조 원에 육박하는, 우리나라 GDP를 훌쩍 뛰어넘는 엄청난 규모를 자랑한다. 그래서 미국의 다우지수가 기침을 하면 세계증시는 중환자실로 실려 나가는 웃지 못할 상황이 계속 반복되는 것이다.

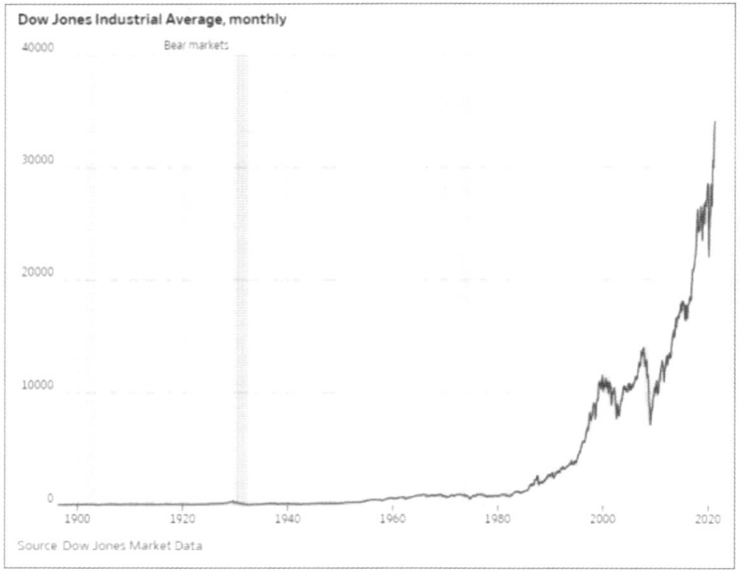

미국 다우지수(1896~2021)

다우지수는 이처럼 미국의 산업 전체를 소수의 우량기업으로만 대변하기에는 구성종목의 수가 너무 적다는 점, 그리고 경제상황에 따라 연계든지 그 구성종목이 달라져 지수의 연속성을 유지하기 어렵다는 문제점이 있다. 그럼에도 불구하고 현재까지도 다우지수는 증시에 참여하는 모든 투자자들에게 중요한 세계경제지표로 활용되고 있다.

이유는 간단하다. 미국의 상위 1% 부유층이 미국 전체 자산의 절반 이상을 차지하고 있고, 나아가 다우지수를 구성하고 있는 하나의

02

산업(업종)분석의 맥!

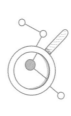

레드오션 vs 블루오션

주가에 가장 큰 영향을 미치는 요소는 영원한 테마라 불리는 기업의 '실적'이다. 기업실적은 해외경제와 국내경제, 그리고 업종흐름에 따라 큰 영향을 받는다. 기업이 제아무리 진입장벽이 높은 기술력을 갖고 있어도 환율이나 금리에 영향을 받는다거나 업황이 나쁘다면 수요가 그만큼 감소하기 때문에 실적이 나빠지고 이것은 고스란히 주가에 영향을 미칠 수밖에 없다.

산업분석은 '업종분석', '시장분석'으로도 말할 수 있으며, 경기변동에 따라 산업별 명암이 엇갈리곤 한다. 그러나 경기에 둔감한 업종도 있는데 대표적으로 음식료, 철도, 전기, 가스, 제약, 통신서비스 업종 등이 이에 해당되며, 이들 업종의 주식을 **경기방어주**라 부른다. 보통 경기방어주들은 높은 성장보다는 꾸준한 매출과 이익으로 내실을 다진 종목들이 많기 때문에 보통 자산가치에 따라 주가가 평가되는 경향이 있다.

반면 경기에 민감한 업종의 주식을 **경기민감주**라 부르며, 경기변동에 따라 기업의 실적이 크게 좌우되는 특성이 있다. 보통 수출형 기업들이 이에 해당되며, 환율·금리·유가에 민감하게 반응한다. 대표적 업종은 자동차, 조선, 건설, 화학, 항공, 반도체, 컴퓨터, IT, 모바일 업종 등이며, 회사가 보유한 땅이나 현금 등의 자산가치보다는 향후 미래의 성장가치에 따라 주가가 평가되는 특성이 있다.

산업분석에서는 또한 사양산업과 성장산업을 분류하기도 한다. **사양산업**은 과거 높은 성장률을 기록하다 성숙기를 지나면서 낮은 성장률을 기록하는 산업을 말하며, 우리나라의 경우 석탄, 섬유, 의류, 신문, 인쇄, 기계, 일반가전, 완구업체들이 이에 해당된다.

이와 반대로 **성장산업**은 이익증가율에 초점을 두고 현재보다는 미래에 보다 높은 성장성을 나타낼 수 있는 업종을 말한다. 대표적으로 스마트기기, 모바일서비스, 로봇, 게임, 금융, 생명공학, 바이오 업종 등이 이에 해당된다.

산업분석에서 사양산업과 성장산업을 분류할 때는 흔히 레드오션과 블루오션이란 용어를 사용한다. **레드오션**Red Ocean은 이미 잘 알려져 있는 기존의 모든 산업을 말한다. [레드오션 = 피의 바다]라는 의미로 경쟁이 매우 치열한 시장을 말하며, 보통 가격경쟁을 통해서만 살아남는 시장이다.

블루오션Blue Ocean은 잘 알려져 있지 않은 시장, 높은 성장 잠재력을 가진 시장을 말한다. [블루오션 = 파란바다]라는 의미로 푸르고 넓은 시장, 경쟁이 없는 틈새시장, 한마디로 성장성이 높은 산업을 비유할 때 사용하는 용어다.

산업 라이프사이클(Life cycle)

인간에게는 생애주기라는 라이프사이클Life cycle이 있다. 연령별로 [유아기 → 청년기 → 장년기 → 노년기]로 구분한다. 산업도 생명체와 같이 생성, 성장, 쇠퇴, 소멸의 과정을 거친다. 산업 라이프사이클은 마케팅 이론으로도 널리 활용되는데, 시장에 신제품이 출현하면 [도입기 → 성장기 → 성숙기 → 쇠퇴기]를 거치면서 수명이 다한다는 이론이다.

❶ **도입기** : 시장에 제품이 처음 진입하는 단계. 신제품이 소비자의 수요를 불러일으키기까지는 상당한 시간이 걸리기 때문에 매출과 이익은 저조하고 사업위험이 큰 시기다. 특히 개발비, 인건비, 고정비, 홍보비 등의 과도한 지출로 인해 큰 폭의 적자를 보기 쉬우며, 이를 견디지 못한 기업들은 시장에서 이탈되기도 한다.

❷ **성장기** : 시장에서 제품이 본격적으로 판매가 되면서 매출과 이익이 급증하는 단계. 도입기에서 살아남은 기업의 제품이 소비자의 구매 욕구를 충족하면서 매출과 이익이 대폭 증가하게 된다.

❸ **성숙기** : 제품이 시장에서 안정적인 점유율을 유지하면서 매출과 이익이 늘어나는 단계. 이익률은 원가절감, 신제품 개발, 그밖에 관리비용에 따라 달라지는데 통상적으로 다른 업체와의 경쟁이 본격화됨으로써 지출 증가로 인해 이익률이 떨어지기 시작한다.

❹ **쇠퇴기** : 경쟁이 치열해지면서 매출과 이익 모두 감소하는 단계. 특히 고정비용이 증가하면서 매출 감소율을 웃도는 이익 감소를 통해 영업이익이 적자로 전환되기 시작한다. 이후 시장에서 제품이 소비자들에게 외면을 받으면서 사양산업으로 분류된다.

■ 산업 라이프사이클에 따른 매출과 이익

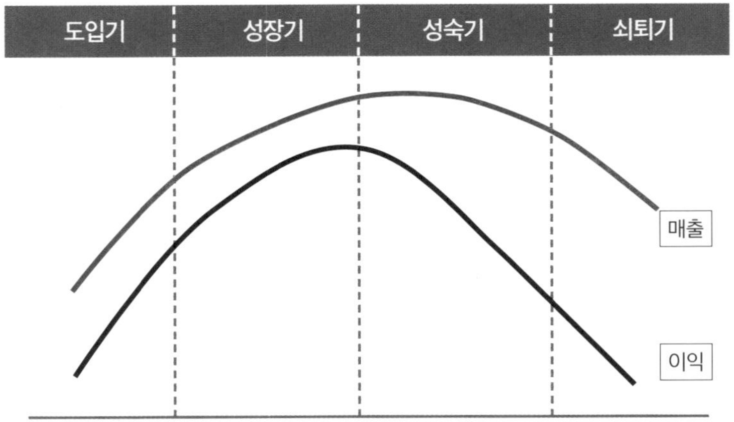

내재가치 vs 성장가치

가치분석은 크게 '내재가치'와 '성장가치'로 나눌 수 있다. 기업의 가치를 구성하는 요소는 자산가치, 수익가치, 성장가치, 그리고 무형가치로 이루어져 있다. **내재가치**는 자산가치와 수익가치를 말하고, **성장가치**는 향후 미래의 성장성과 무형가치를 말한다.

내재가치는 통상 기업의 재무상태를 나타내는데, 기업이 보유 중인 부동산토지이나 동산현금, 유가증권 그리고 현재 매출에 따른 수익성 등을 분석해 유사 기업과 비교하여 저평가인지 고평가인지를 판단해서 주식을 매매할 때 기준으로 삼는다.

성장가치는 의미 그대로 미래의 성장성을 분석해서 투자하는 방법이다. 기업의 성장성은 제품의 품질과 기술력, 시장지배력, 업종흐름, 현금자산의 흐름 등을 고려하며, 더불어 무형가치에 해당하는 특허, 유통, 대주주CEO의 자질, 기업 브랜드 등도 분석의 대상이 된다.

특히 무형가치는 단순히 수치로 계산할 수 없는 성질을 갖고 있다. 재무제표에서 기술특허, 시장지배력, 대주주 자질 등을 숫자로 표시할 수 없는 이치다. 이를테면 애플이나 코카콜라와 같은 '브랜드네임Brand name' 가치는 돈으로 계산하기 힘든 미래 성장성을 보증하는 수표인 셈이다.

정부정책과 테마

기업의 가치는 산업업종의 흐름과 단기 테마를 통해서 투자자들에게 평가를 받는다. 업종의 명암과 테마는 주로 정부정책을 통해 이루어지며, 기업의 성장가치를 높이는 촉매 역할을 한다.

예를 들어 경기가 과열되면 소비수요가 증가하는 만큼 에너지 부족 현상을 겪게 된다. 유가가 고공행진을 하면 정부는 석유 비중을 낮추기 위해 전기자동차나 해외광물탐사를 지원하는 식으로 대체에너지 개발정책을 실시한다. 전기 사용량을 줄이기 위해 LED와 같은 녹색정책을 실시하고, 에너지 효율을 높이기 위해 '신성장동력'이라는 이름하에 태양광 사업 등을 추진하게 된다.

한편 경기가 냉각되기 시작하면 그만큼 시장의 수요가 감소하기 때문에 정부는 새로운 성장사업을 신설하고 추진하기보다는 기존 사업의 경쟁력 강화를 위한 정책을 실시한다.

업종의 명암은 이런 경기흐름을 통해 극명히 갈리게 되는데, 대표적인 예로 경기가 과열되는 상태에서 태양광 산업은 정부의 총애를 한몸에 받지만, 경기가 냉각되기 시작하면 태양광은 부실산업으로 전락하는 이치다.

정부는 특히 경기 활황기보다는 침체기에 보다 많은 정책을 실시한다. 우선 환율정책, 금리인하, 세금감면, 대출완화, 정부보조금 확대 등의 재정지원을 비롯해 기술지원, 수출지원을 통해 기업의 건전성을 높이는 데 주력한다. 중·장기적으로 생명공학과 바이오에 투자하고, 세계일류상품이나 신기술 개발에 자금을 적극 지원하기도 하고, 틈새시장을 개척해 신사업을 발굴하고, 업종 간의 경쟁력 확보 차원에서 인수합병M&A 등을 활성화시키기도 한다. 또한 일자리 창출과 공공근로사업 등을 늘려 정부지출을 확대한다.

경기침체는 소비위축을 불러오고 나아가 경기불황을 가져오게 된다. 따라서 정부는 우선적으로 소비위축을 막는 데 모든 힘을 쏟는다. 기업에는 재정지원, 가계에는 각종 세제지원과 대출심사 완화, 일자리 창출과 복지혜택을 늘리면서 정부의 재정지출을 확대한다.

소비가 위축되면 경제는 결코 살아날 수가 없다.

소비가 곧 경제를 움직이는 원동력이기 때문이다.

이러한 정부정책은 주식시장에서 수많은 테마를 양산한다. 테마는 단기 이슈에 따라 투자자들이 몰려드는 현상으로 단발성 성격이 짙으며, 현재보다는 미래가치에 중점을 두기 때문에 통상 기업실적과 무관하게 움직이는 특성이 있다.

정부정책 중에서도 특히 시장규모가 매우 큰 경우에는 주식시장에서 상당한 힘을 가진 테마로 군림하기도 한다.

김대중 정부의 IT 테마, 노무현 정부의 세종시 테마, 이명박 정부의 4대강 테마, 박근혜 정부의 복지 및 ICT 테마, 문재인 정부의 소득주도성장 테마와 같이 대규모 자본이 투입되는 대선테마가 대표적인 예다. 규모가 큰 시장은 그만큼 많은 자본과 인력이 투입되는 대규모 프로젝트이기에 대기업을 필두로 많은 중소기업들도 정부혜택을 받기 때문이다.

테마는 정부정책과 함께 각종 경제뉴스를 중심으로 해외, 정치, 산업, 사회, 문화, 과학뉴스를 통해서도 양산된다. 정부부채, 유로존, 양적완화, 출구전략, 환율전쟁, 재정절벽, 금리, 경제민주화, 일자리, 하우스푸어, 원자력, 지진, 태풍, 전염병, 의약, 줄기세포, 유전자, 한류, 1인가구, 복지, 보안, 게임, 모바일, 소셜커머스, 전기차, 가상화폐, 메타버스Metaverse, 코로나19마스크, 의료기기, 백신, 치료제 등에 대한 모든 뉴스 하나하나가 트렌드Trend를 형성해 각종 테마를 양산한다.

규모의 경제

바둑에서 '대마불사大馬不死'란 격언이 있다. 큰 말은 잘 죽지 않는다는 뜻으로, 바둑돌이 많이 놓여있는 상태에서는 상대의 위협으로부터 타개할 여지가 많기 때문에 생겨난 말이다. 자본주의 국가에서 기업들이 기본적으로 몸집을 불리려는 이유가 대마불사의 신화 때문으로도 해석할 수 있다. 이른바 '규모의 경제'로 규모가 커지면 비용이 줄면서 잦은 외부환경에도 쉽게 쓰러지지 않기 때문이다.

규모의 경제 Economies of scale란 생산규모 확대에 따른 원가절감과 수익증대를 의미한다. 같은 제품이라도 대량생산과 대량판매를 한다면 그만큼 비용은 줄고 수익은 증가한다.

대기업이 많은 계열사를 거느리는 것도 '위험분산'이라는 포트폴리오 차원에서 규모의 경제를 지향한다 할 수 있다. 예를 들어 환율에 민감한 수출업체인 경우 보험사나 제3은행권 같은 금융업체를 계열사로 둘 때 환율하락에 따른 환차손을 어느 정도 방어하는 효과와 긴급 유동성 자금조달 효과가 있기 때문에 강한 외부충격에도 쉽게 흔들리지 않게 되는 이치다.

덩치가 큰 소위 공룡기업들은 주식시장에서도 몸집이 작은 중소기업과 달리 매우 큰 혜택을 누린다. 대표적으로 기업신용을 들 수 있다. 대기업인 경우에는 신용이 좋아 은행으로부터의 대출이 용이하다. 또한 사채발행이나 유상증자와 같이 주식시장에서 자금을 융통할 때도 기관이나 증권사들이 저마다 투자를 자처하기도 한다. 담보가 많고 신용도 우수해서 망할 염려가 없기 때문이다.

또한 단기 유동성이 부족한 경우나 심지어 기업의 생사가 위태로울 때도 정부에서 적극 유동성을 지원해 주기도 한다. 대기업이 무너지면 많은 실업자가 양산되고 이것은 소비침체로 이어져 경기가 위축될 우려가 있기 때문에 정부는 어떡하든 유동성 위기에 빠진 기업을 살리려고 노력을 하게 된다. 공룡기업은 이른바 대마불사인 셈이다.

대마불사의 신화는 그렇다고 영원히 지속되는 것은 아니다. 정부의 권한이 축소되고 시장의 권한이 확대되는 오늘의 자본주의에서는 날로 경쟁이 치열해지는 만큼 수많은 공룡기업들이 순식간에 무너지곤 한다. 시대의 변화에 미처 대응하지 못한 대기업들의 혁신의 부족과 예전의 영광만을 찾는 안일한 자세가 그 원인이라 할 수 있다. 시대변화 둔감, 위기관리 부재, 차세대 기술개발 실패, 그밖에 CEO의 잘못된 판단 등으로 인해 경쟁업체에 인수되거나 문을 닫는 것이다.

우리나라인 경우 대우, 동아, 삼미, 진로, 해태, 한보, 쌍용, 웅진그룹이 문어발식 무리한 사업확장과 CEO의 위기관리 부족으로 인서 물러나 현재는 시장에서 도태될 위기에 처하게 된 것이다.

21세기 현재는 글로벌Global 시대다. 자국의 내수시장만을 바라보다가는 경쟁에서 도태될 수밖에 없는 환경에 처한다. 국제화 시대에서는 모든 상품과 문화와 서비스가 국경을 초월해 빠르게 전파되고 창조되며 혁신이 이루어진다. 변화의 물결에 대처하는 기업은 성장하거나 성수기를 늘리면서 높은 성장률을 기록하지만, 과거에만 안주하고 변화의 물결을 타지 못하는 기업은 쇠퇴기에 접어들어 자멸의 길을 걷는다.

해 계열사 매각 등으로 그룹 해체 절차를 밟았다. 특히 대우그룹 간의 경우에는 IMF 금융위기 당시 계열사가 무려 24개로 당시 삼성, 현대, LG와 함께 우리나라 재계 4강을 구축하며 세계에 이름을 날리던 공룡기업이었다.

지난 2006년 얇고 세련된 디자인의 레이저Razr로 세계 이동통신 시장의 22%를 점유했던 모토로라Motorola가 스마트폰에 대한 대비를 하지 못해 구글에 모토로라 모빌리티를 매각했다.

미국의 대표적 컴퓨터 회사였던 디지털이퀴프먼트DEC는 휴렛팩커드HP와 IBM 등 경쟁업체에 밀려서 1998년 콤팩에 인수되었다.

세계 최대의 카메라 필름회사인 코닥Kodak은 지난 1990년대 초가지만 해도 초우량기업으로 일본의 후지필름과 함께 세계 카메라 필름의 쌍두마차였다. 1975년에는 최초의 디지털카메라를 개발했음에도 불구하고 필름 판매 감소를 우려해 디지털카메라 투자에 소홀히 하다 경쟁업체인 후지와 소니에 밀려 2012년 마침내 파산보호를 신청하면서 역사의 뒤안길로 사라졌다.

한때 세계 가전업계를 주름잡던 일본 가전업체 삼두마차인 소니 SONY, 샤프SHARP, 파나소닉Panasonic도 빠른 시대변화에 따른 창조적 혁신에 적응하지 못해 대규모 적자로 곤두박질치는 주가를 바라볼 수밖에 없었다. 이들 대기업들은 과거 한때 뛰어났던 기술력을 고집하고, 신제품 개발 투자를 미루며, 글로벌 트렌드를 외면하고, 거기다 CEO의 위기관리 능력도 보여주지 못하자 마침내 왕좌의 자리에

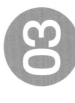

03

기억효과의 힘!

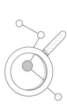

기업가치 일차기준

주식투자는 본질적으로 수익만을 목적으로 하는 게임이다. 투자수익은 현재가치보다 미래가치가 더 높아질 것이란 예상이 현실화될 때 이루어진다. 현재 저평가된 주식을 매수해 향후 적정하다고 판단되는 기업가치를 받을 때 보유주식을 매도해 시세차익을 낸다. 또는 현재 적정가치를 받고 있거나 혹은 다소 고평가된 상태이지만 향후 전망이 매우 밝아 주식을 매수한 이후, 실제 그 기업이 예상을 뛰어넘는 성장성을 보여줄 때 시세차익을 낸다. 미래의 가치, 그 꿈을 사는 행위가 곧 투자다.

기업의 현재 주가보다 앞으로 미래의 주가가 더 높아지는 경우는 크게 두 가지로 나눌 수 있다. 첫째는 현재 기업이 매우 저평가된 경우, 둘째는 향후 기업이 더 성장하는 경우다. 전자를 **가치주**라 부르고, 후자를 **성장주**라 부른다.

가치투자에 있어서 현재 기업의 가치를 분석할 때는 성장성을 따지기 이전에 우선 저평가인지 고평가인지를 먼저 분석하는 것이 기본요령이다. 기업가치가 저평가된 경우는 크게 일시적인 수급불안으로 인해 단기 급락하는 경우와 투자자들에게 소외를 받는 경우로 나눌 수 있다.

기업에 특별한 악재가 없는 상태에서 단순히 시장의 불안감으로 인해 개인들의 투매현상이 벌어졌을 때는 일시적인 경우이기에 조금만 시간이 지나면 이전 가치를 회복한다. 이 경우 기업가치가 저평가된 상태이기에 단기 급락에 따른 단기 급등시세가 연출되곤 한다.

다른 한편으로 현재 기업이 업종이 유사한 다른 기업에 비해 현저히 저평가된 상태이지만 주가는 이를 잘 반영하지 못하는 경우가 있다. 이때는 기업이 투자자들로부터 소외를 받고 있기 때문에 제대로 된 기업가치를 평가받으려면 상당 기간의 시간이 소요되곤 한다. 때문에 가치투자는 오랜 시간과의 싸움을 벌이는 예가 많기에 중·장기적으로 접근한다.

기업분석에서 저평가와 고평가의 기준은 절대적인 것이 아니기에 상대적인 개념으로 우선 '재무제표'를 기준으로 한다. 일차적으로 기업의 재정상태를 알 수 있는 재무제표를 통해 현재의 기업이 다른 유사 기업에 비해 저평가된 상태인지 아니면 고평가된 상태인지를 판별하는 것이다. 매출액, 영업이익, 부채비율, 자산현황, 현금흐름 등 이러한 수치분석으로 유사 업종에 속하는 다른 기업과 상대비교를 통해 저평가인지 고평가인지를 판단하고 다음으로 기업의 성장성을 분석하는 것이 가치분석의 핵심이다.

기업의 성장성은 단순한 재무분석과 달리 수치를 통해 상대비교가 힘든 요소들이 많다. 매출액과 영업이익은 물론이거니와 기술력, 시장지배력, CEO자질, 근로자현황, 산업동향, 정치동향, 해외경제 등을 모두 고려해야 하기에 비교적 오랜 투자 경험을 필요로 한다.

기업의 성장성, 손익계산서

재무제표에서 **손익계산서**는 기업의 성장성을 살피는 데에 가장 기본이 되는 항목이다. 기업의 매출액과 영업이익, 당기순이익 등을 통해 기업의 경영성과를 구체적으로 파악할 수 있기 때문이다.

IFRS(연결)	2018/12	2019/12	2020/12	2021/03	전년동기	전년동기(%)
매출액	**9,821**	**11,285**	**18,491**	**4,570**	**3,728**	**22.6**
매출원가	4,329	4,984	8,279	1,599	1,875	-14.7
매출총이익	5,492	6,300	10,212	2,971	1,854	60.3
판매비와관리비	2,105	2,520	3,091	894	651	37.3
영업이익	**3,387**	**3,781**	**7,121**	**2,077**	**1,202**	**72.7**
영업이익(발표기준)	**3,387**	**3,781**	**7,121**	**2,077**	**1,202**	**72.7**
금융수익	217	176	96	148	81	81.5
금융원가	182	142	377	34	30	10.9
기타수익	116	209	487	440	223	97.1
기타비용	355	233	846	41	62	-34.8
종속기업,공동지배기업및관계기업관련손익	-5	-5	26	-5	-30	적자지속
세전계속사업이익	**3,177**	**3,786**	**6,507**	**2,584**	**1,384**	**86.7**
법인세비용	642	806	1,314	612	331	84.7
계속영업이익	2,536	2,980	5,192	1,972	1,053	87.3
중단영업이익						
당기순이익	**2,536**	**2,980**	**5,192**	**1,972**	**1,053**	**87.3**
지배주주순이익	2,618	2,976	5,113	1,936	1,049	84.5
비지배주주순이익	-83	4	79	36	4	918.5

셀트리온 재무제표 〉 손익계산서

매출액은 기업이 영업활동을 통해 얻은 판매금액을 말하며, 여기서 비용매출원가 + 판매·관리비을 뺀 나머지가 영업이익으로 잡힌다. 영업이익이 흑자라면 기업이 영업을 잘한 것이고, 적자라면 그만큼 회사가 손해를 본 것이기 때문에 투자대상으로는 적합하지 않다는 것을 나타낸다. 기업이 시장에서 경쟁력을 갖고 성장한다면 해마다1년 매출액과 영업이익이 증가할 것이기 때문에 투자대상에 적합하다고 볼 수 있다.

당기순이익은 세전계속사업이익에서 세금법인세비용을 제외한 것을 말하는데, **세전계속사업이익**은 예전 용어로 '경상이익'이라고 한다. 세전계속사업이익경상이익은 영업이익에서 영업외비용을 빼고 영업외이익을 합한 것을 말한다. **영업외이익**은 기업이 영업활동을 통해 얻은 수익 이외에 이자수익, 임대수익, 외환차익환율 등 외화가치 변동에 따른 차익, 지분법평가이익자회사의 주식변동 차익 등을 말한다. 반면 영업외비용은 대출이자, 재고자산평가손실, 외환차손, 지분법평가손실 등의 영업활동 이외의 비용을 말한다.

- ▶ **영업이익 = 매출액 – 비용(매출원가 + 판매·관리비)**
- ▶ **세전계속사업이익 = 영업이익 + 영업외이익 – 영업외비용**
- ▶ **당기순이익 = 세전계속사업이익(경상이익) – 법인세비용**

손익계산서는 크게 '매출액' '영업이익' '당기순이익'으로 나뉜다. 기업이 성장한다면 통상 매출액이 증가하고 영업이익도 증가하며 당기순이익도 흑자를 기록하는 것이 일반적이다. 이때 손익계산추세를 살피는 것이 중요한데, 다시 말해 매년1년, 반기2/4, 분기1/4, 3/4별로 매출액, 영업이익, 당기순이익의 변화를 살펴서 기업가치를 평가해야만 한다. 통상 3년 이상의 손익계산서를 통해 점진적으로 매출액과 영업이익이 증가 추세에 놓여있다면 해당 기업은 성장성을 갖춘 것으로 해석해 투자대상이 된다.

기업의 안정성, 재무상태표(대차대조표)

재무상태표대차대조표는 기업의 재무상태를 나타내며 '자산', '부채', '자본'으로 구성되어 있다. 앞서 손익계산서가 기업의 성장성을 나타내는 것이라면 재무상태표는 자산과 부채 등을 통해서 기업이 얼마나 안정적으로 운영되는지를 한눈에 보여준다 하겠다.

IFRS(연결)	2018/12	2019/12	2020/12	2021/03
자산	**35,406**	**38,937**	**50,477**	**52,114**
유동자산	16,645	17,873	25,177	26,826
비유동자산	18,761	21,064	25,299	25,288
기타금융업자산				
부채	**9,078**	**9,867**	**15,925**	**15,849**
유동부채	6,781	6,572	10,568	10,610
비유동부채	2,298	3,295	5,358	5,240
기타금융업부채				
자본	**26,328**	**29,070**	**34,552**	**36,265**
지배기업주주지분	25,240	27,942	33,353	35,077
비지배주주지분	1,088	1,128	1,199	1,187

재무상태표

기업의 자산은 유동자산과 비유동자산으로 나뉜다. **유동자산**은 기업이 1년 이내에 현금화할 수 있는 자산으로 현금, 단기예금, 유가증권, 매출채권외상매출금, 어음, 재고자산판매하기 이전의 보유자산 등으로 구성되어 있다. 유동자산은 단기에 현금화가 가능한 자산이기 때문에 기업이 단기 유동성 부족을 겪을 때 부도 위험에서 벗어나게 해

사채와 장기차입금 등이 해당한다.

자본총계는 자산총계(유동자산＋비유동자산)에서 부채총계(유동부채＋비유동부채)를 뺀 것을 말한다. 따라서 자본총계가 클수록 기업은 자산이 많고 부채가 적다는 것을 의미하기에, 이것은 곧 기업의 재무상태가 우량한 것으로 해석한다.

기업은 자산과 부채를 통해서 내실을 다지고 규모를 확장시킨다. 자산이 많을수록 기업의 안정성은 우수하다는 것을 못하지만 반대로 부채가 많아지면 기업은 항상 부도위험에 노출되게 된다. 예를 들어 1년 이내에 현금화가 가능한 유동자산보다 1년 이내에 갚아야만 하는 유동부채가 훨씬 많다면 기업은 항상 유동성 부족을 겪는다. 기업 내부에 현금이 고갈되어 갚아야 할 빚을 못 갚게 되면 기업은 부도를 맞게 되고부터도 이후에도 기업이 자체가 공중분해 되는 사태까지 맞게 된다. 게 되지만 최악으로는 기업 운영에 있어서는 부채가 가장 큰 걸림돌로 작용한다. 특히 자기자본 대비 '부채비율(부채총계/자본총계)×100(%)'이 높다면 그만큼 기업의 재무상태가 불량한 것으로 투자의 위험성이 크다는 것을 못한다.

따라서 재무제표를 통해 기업의 가치를 분석할 때는 우선적으로 재무상태표(대차대조표)를 통해 기업의 안정성을 먼저 체크한 다음, 손

주는 안전망 역할을 한다.

통상 기업 입장에서는 유동자산이 많은 것이 좋으나, 부채비율에 맞춰 적정 유동자산을 보유하는 것이 기업 운영에 유리하다. 왜냐하면 유동자산이 제아무리 많아도 이를 제대로 활용하지 못한다면 그만큼 비효율적인 재무운영을 나타내는 것이기 때문에 성장성 측면에서 마이너스 효과(기업의 성장률이 인플레이션율을 따라잡지 못하는 경우를 얻기 때문이다. 통상 적정 유동자산이 기업의 총부채를 모두 감당할 정도면 기업 운영에 큰 자장은 없다.

비유동자산은 1년 이내에 현금화가 힘든 고정자산을 말한다. 대표적인 비유동자산으로는 토지, 전물, 기계설비로 구성된 **유형자산**과 기업의 영업활동이 아닌 투자목적을 위해 보유 중인 **투자자산**, 영업권, 기술특허권 같은 **무형자산** 등으로 구성되어 있다.

기업의 부채는 은행과 같은 금융권에 언젠가는 갚아야만 하는 빚을 말하는 것으로 유동부채와 비유동부채로 나뉜다. 유동자산과 마찬가지로 유동부채는 기업이 1년 이내에 갚아야만 하는 단기성 부채다. **유동부채**는 매입채무(원재료나 제품을 외상으로 구입한 일상매입금과 어음으로 매입하고 만기 때 지금하는(기로 한 지급어음, 단기차입금(금융권으로부터 1년 이내에 상환해야 하는 차입금, 유동성장기부채(비유동부채 중 1년 이내에 상환해야 하는 부채로 구성되어 있다.

비유동부채는 1년 이후에 도래하는 장기재무를 말하며, 여기에는

기업의 현금흐름, 현금흐름표

익제산서를 통해 기업의 성장성을 살피는 것이 기본 순서라 하겠다. 설령 투자하고자 하는 기업의 매출이 증가 추세에 있고 영업이익이 흑자를 기록하더라도 부채비율이 높거나 유동부채가 유동자산을 넘어선 경우에는 항상 부도위험에 노출된 상태이기에 투자 리스크는 상당히 크다는 점을 상기하기 바란다.

IFRS(연결)	2018/12	2019/12	2020/12	2021/03
영업활동으로인한현금흐름	3,821	4,740	3,507	1,125
당기순이익	2,536	2,980	5,192	1,972
법인세비용차감전계속사업이익				
현금유출이없는비용등가산	2,291	2,909	4,440	1,306
(현금유입이없는수익등차감)	128	260	416	502
영업활동으로인한자산부채변동(운전자본변동)	-114	-227	-5,063	-1,299
*영업에서창출된현금흐름	4,585	5,401	4,152	1,477
기타영업활동으로인한현금흐름	-764	-661	-644	-353
투자활동으로인한현금흐름	-1,931	-2,514	-4,720	-433
투자활동으로인한현금유입액	3,174	3,428	1,068	197
(투자활동으로인한현금유출액)	5,206	6,056	5,849	655
기타투자활동으로인한현금흐름	101	114	61	25
재무활동으로인한현금흐름	-1,981	-859	2,660	-229
재무활동으로인한현금유입액	1,306	2,315	4,585	55
(재무활동으로인한현금유출액)	3,086	3,001	1,777	242
기타재무활동으로인한현금흐름	-201	-174	-149	-42
영업투자재무활동기타현금흐름				
연결범위변동으로인한현금의증가	5	-10	-66	76
환율변동효과				
현금및현금성자산의증가	-87	1,356	1,382	539
기초현금및현금성자산	4,192	4,105	5,461	6,843
기말현금및현금성자산	4,105	5,461	6,843	7,382

현금흐름표

■ 재무상태표의 형태와 관계식

자산	부채·자본	
유동자산	부채	유동부채
		비유동부채
비유동자산	자본	자본
자산 총계	부채·자본 총계	

● 기업의 재산은 **자산** 또는 총자산이라고도 부른다. 자산은 총자본과 부채를 합한 것으로 **자본**은 기업의 주인인 주주들이 조달한 돈이기 때문에 **자기자본**이라 부르고, **부채**는 남에게 빌린 돈이기 때문에 **타인자본**이라고 부른다. 총자산에서 부채를 뺀 순수한 자산을 **순자산(자기자본)**이라고 하며, 이것은 기업의 장부가치를 나타낸다. 자본은 어떤 개념과 함께 쓰이냐에 따라 [자본 = 순자산 = 자기자본 = 자본총계]라는 용어로도 사용된다.

■ 자산(자금운용) = 자본(자기자본) + 부채(타인자본)

■ 자본 = 자산 – 부채

■ 부채 = 자산 – 자본

현금흐름표는 특정기간 동안 기업 내부에 현금이 어떻게 들어오고 나갔느지를 나타낸다. 이를 통해 기업이 현금 관리를 잘하고 있느지 아니면 잘못하고 있는지를 파악할 수 있다. 현금흐름 수치가 (+)인 경우에는 외부에서 기업 내부로 유입된 현금이 유입된 것을 말하며,

(-)인 경우에는 기업 내부의 현금이 외부로 유출된 것을 말한다.

현금흐름은 영업활동, 투자활동, 재무활동 등으로 나뉜다. 먼저 **영업활동현금흐름**은 기업 영업을 통한 제품의 판매와 원재료 및 상품 구입에 따른 현금 입·출입 상황을 나타낸다. 수치가 (+)흐름을 보인다면 그만큼 기업이 영업을 잘한 것으로 해석한다.

투자활동현금흐름은 기업이 예금이나 부동산, 유가증권 등에 투자한 현금의 입·출입 상황을 나타낸다. (+)흐름은 기업 내부에서 외부로 투자된 현금흐름이고, (-)흐름은 외부에 투자됐던 현금이 내부로 유입된 것을 뜻한다.

재무활동현금흐름은 기업의 단기차입금, 사채, 증자 등에 따른 현금의 입·출입 상황을 나타낸다. 기업이 주식시장에서 사채나 증자를 통해 자금을 조달한 경우에는 (+)흐름을 나타내며, 외부에서 빌린 차입금을 상환하는 경우에는 통상 (-)흐름을 보인다.

[참고로 재무활동현금흐름이 (-)인 경우에는 차입금을 상환한 만큼 부채가 감소되는 효과가 있기 때문에 기업 재무구조가 안정적으로 운영되는 것을 뜻한다. 반대로 기업이 단기 유동성 위기를 맞아 유가증권시장에서 사채를 발행할 경우에는 (+)흐름을 보이지만 이것은 부채 증가를 의미하기 때문에 투자자 입장에서 주의할 필요가 있다. 다만 사채가 아닌 증자인 경우에는 차입금 부담이 없기 때문에 (+)흐름을 유리하게 해석할 수 있다.]

현금성자산은 큰 거래비용 없이 쉽게 현금화가 가능한 투자자금을 말한다. 현금, 수표, 예금, 대용증권 등이 이에 해당된다. **현금및현금성자산의증가**순현금흐름는 기업의 모든 현금의 입·출입 상황을 나타낸다. 다시 말해 [영업활동 + 투자활동 + 재무활동현금흐름]을 모두 합산한 결과를 나타낸다.

기초현금은 회계상 1월 1일의 현금을 말하며, 이를 토대로 1월 1일부터 12월 31일까지 현금의 증감을 반영해 12월 31일 기준의 현금을 **기말현금**이라 부른다. 따라서 전년도 기말현금이 당해 기초현금이 된다. 정리해 보면 [기초현금 + 순현금흐름 = 기말현금]이 된다.

기업의 현재가치, 주당순이익(EPS)

기업의 가치를 평가할 때는 기본적으로 시가총액으로 판단한다. 시가총액은 주식시장에 상장된 [발행주식수 × 현재주가]로 표시한다. 시가총액이 높다면 기업가치가 크다는 것이고, 시가총액이 낮다면 기업가치가 낮다는 뜻이다. 하지만 기업가치를 단순히 시가총액으로만 평가하기에는 그 기준이 다소 모호한 것이 사실이다. 매출액이 적어도 기술력이 높다면 미래가치를 반영하여 높은 시가총액을 형성하기 때문이다. 그래서 보다 객관적인 자료를 토대로 기업가치를 평가하기 위해 EPS주당순이익, PER주가수익비율, PBR주가순자산비율, ROE자기자본이익률 등의 재무분석 요소들이 활용된다.

EPSEarning Per Share는 '주당순이익'을 나타내는 것으로 기업이 벌어들인 순이익당기순이익을 기업이 발행한 총주식수로 나눈 값을 말한다.

$$EPS = \frac{당기순이익}{발행주식수}$$

EPS는 기업의 현재가치를 나타내는 기본 지표로 기업이 1주당 이익을 얼마나 창출하는지를 보여준다. 따라서 EPS 수치가 높을수록 투자가치가 높으며, EPS 증가율이 곧 기업가치 증가율이라 해석한다.

기업의 이익가치, 주가수익비율(PER)

기업은 이익을 우선으로 하는 조직집단이다. 기업이 성장을 지속하려면 매출 증대에 따른 이익창출이 필수이기 때문이다. 이러한 기업의 이익은 재무제표에서 PER주가수익비율 수치로 판단하게 되는데, 통상 PER가 낮으면 저평가로, PER가 높으면 고평가로 해석한다.

PERPrice-Earning Ratio는 '주가수익비율'을 말하며, 기업의 현재주가를 주당순이익EPS으로 나눈 것을 말한다.

$$PER = \frac{주가}{주당순이익}$$

예를 들어 A라는 기업의 주가가 1만 원인데 1주당 이익(주당순이익)이 1천 원이라면 PER는 10이 된다. 주당순이익이 2천 원이라면 PER는 5가 된다. 따라서 PER가 낮다면 이익에 비해 주가가 낮은 것이기에 기업가치가 저평가된 것으로 해석하고(매수관점), 반대로 PER가 높으면 기업가치가 고평가된 것으로 해석한다(매도관점).

PER가 낮으면 저평가? 높으면 고평가?

시장에서는 '저PER주' 혹은 '고PER주'라 해서 가치투자의 기준으로 삼기는 하지만 절대적인 것은 아니다. PER의 기준은 짧게는 3개월분기별, 길게는 1년연도별 이전의 과거의 재무제표를 기준으로 한다. 기업이 과거에는 높은 이익을 창출했지만, 현재에는 어떤 이유로 인해 급격한 매출감소나 마이너스 성장을 기록 중이라면 제아무리 현재 PER가 낮을지라도 성공투자를 장담하기 힘들다.

이와 반대로 PER가 높아 고평가라는 해석을 한 상태일지라도 현재 기업이 과거보다 높은 성장성과 수익성을 가지고 있다면 주가는 오히려 상승추세를 이어가기도 한다. 다시 말해 과거의 재무제표를 통해 현재의 기업가치를 산정한다는 가치투자의 맹점 때문에 실전투자에서 많은 어려움이 따른다.

PER의 개념은 또한 종목과 업종, 그리고 시장에 따라 평가 기준이 달라진다. 이를테면 시장이 침체장일 때는 PER가 낮다고 주가하락이 멈추지 않으며, 시장이 강세장일 때는 PER가 높다고 주가상승세가 꺾이지 않는다. 또한 자산주예를 들어 현금이나 부동산이 많은 내수 위주의 전통 제조업체 등인 경우에는 단순히 PER가 낮다고 향후 주가가 상승한다는 보장도 없으며, 이와 반대로 성장주예를 들어 IT, 모바일, 바이오, 게임업체 등인 경우에는 단순히 PER가 높다고 주가가 고평가로 인식되는 것은 아니다.

예를 들어 우리나라를 대표하는 삼성전자의 PER가 현재 20이라고

가정하자. 그런데 투자할 종목의 PER가 5라고 해서 저평가되었다고 생각해 매수하고, 30이라고 해서 고평가되었다고 판단해 매도하는 식으로 단순하게 투자해서는 곤란하다는 얘기다. 2022년 현재 바이오 대표기업인 셀트리온의 PER는 50 정도다. PER 기준으로 삼성전자가 20이니 당연히 셀트리온은 초고평가되어야 맞다. 그러나 셀트리온이 바이오 기업이라는 특성을 감안해 보면 과연 고평가인가 하는 논란을 낳는다.

재무제표가 중심이 되는 가치분석이나 앞으로 다루게 되는 차트분석이나 어떻게 보면 과거를 기준으로 현재의 기업가치를 산정해 투자의 타이밍을 잡는 것이다. 따라서 PER가 낮고 높음만을 투자의 절대기준으로 삼지 말고 기업의 가치를 산정하는 많은 요소 중 하나의 참고지표로만 인식하기 바란다.

기업의 자산가치, 주가순자산비율(PBR)

PBRPrice on Book-value Ratio은 '주가순자산비율'을 말한다. 저평가된 기업을 선정하는 데 있어 기업의 자산가치 혹은 청산가치를 나타낼 때 주로 사용한다.

$$PBR = \frac{주가}{주당순자산}$$

PBR은 1을 기준으로 이보다 낮으면 저평가, 높으면 고평가로 해석한다. 기업은 매출과 이익도 중요하지만 보유하고 있는 기업의 자산도 가치평가에 있어서 매우 중요한 요소에 속한다. 기업의 순자산이란 기업의 재무상태를 말하기 때문에 자산이 많다는 것은 재무구조가 우량하다는 것을 뜻한다.

기업의 **순자산**이란 기업의 [총자산 - 총부채]를 말하며, 이것을 현재 주가에 1주당 자산으로 나눈 것이 바로 **주가순자산비율**PBR이다. 따라서 PBR이 낮다는 것은 기업의 자산가치에 비해 현재 주가가 저평가된 것을 뜻하고, PBR이 높다는 것은 현재 주가가 고평가된 것을 뜻한다. 대체로 부동산이나 건물, 공장, 기계기설 및 현금이나 그밖

에 투자자산이 많은 대형우량주들이 PBR이 낮은 편에 속하고, 반대로 보유 자산은 많지 않지만 높은 기술력을 지닌 벤처기업은 통상 PBR이 높게 나타난다.

기업의 경영가치, 자기자본이익률(ROE)

ROE Return On Equity는 기업의 자본금으로 어느 정도 수익을 올리는지를 나타내는 '자기자본이익률'을 말한다. 기업의 경영성과를 나타낼 때 사용하는 지표로 ROE가 높을수록 통상 15% 이상 자기자본을 통한 이익을 많이 내는 기업이기에 성장성이 높다는 것을 나타낸다.

$$ROE = \frac{당기순이익}{자기자본} \times 100$$

가치분석에서 중요한 3가지 지표를 말한다면 PER 주가수익비율, PBR 주가순자산비율, 그리고 ROE 자기자본이익율 이렇게 3가지 지표다. 현재 주가가 기업의 이익에 비해 싼지 비싼지 PER, 현재 주가가 기업의 자산가치에 비해 저평가인지 고평가인지 PBR, 그리고 기업의 수익창출능력 ROE을 통해 성장성이 낮은지 높은지를 분석한다.

기업의 안정성은 PBR, 기업의 성장성은 PER과 ROE를 통해 분석하며, 특히 ROE는 PER과 달리 단순히 기업의 수익성만을 의미하지 않고 자산과 부채활용 등의 경영능력을 엿볼 수 있는 지표이기에 가치분석에 있어서 절대 소홀히 해서는 안 되는 중요 지표에 속한다.

기업의 현금흐름
이브이에비타(EV/EBITDA)

EV/EBITDA는 기업이 '영업현금흐름 대비 주가배율'을 의미한다. 기업가치를 분석하는 PER주가수익비율, PBR주가순자산비율, ROE자기자본이익률에 비해 실전 활용도는 낮은 편이지만 기업의 영업현금흐름을 파악할 수 있다는 점에서 또다른 가치투자의 지표로 참조하기도 한다.

먼저 **EV**Enterprise Value는 기업의 총가치를 나타내는데, 쉽게 말해 기업 인수자가 해당 기업을 매수할 때 지불하는 총금액을 말한다. 시가총액은 [발행주식수 × 주당가치]으로 통상 유가증권시장에서 기업의 가치를 평가할 때 주로 사용한다.

$$EV = 시가총액 + 순차입금(총차입금 - 현금예금)$$

$$EBITDA = 영업이익 + 순금융비용 + 감가상각비$$

EBITDAEarnings Before Interest, Taxes, Depreciation and Amortization는 영업이익에 순금융비용과 감가상각비기업이 영업활동으로 수익을 올리는 데 드는 비용를 더해서 계산하며, 세금을 제외한 기업의 영업현금흐름을 나타낸 수익성 지표다.

$$EV/EBITDA = \frac{시가총액 + 순차입금}{영업이익 + 순금융비용 + 감가상각비}$$

정리하면 EV/EBITDA는 기업의 영업현금창출 능력이 기업의 총가치에 비해 얼마나 평가되고 있는지를 나타낸다. EV/EBITDA 비율이 낮으면 기업이 벌어들이는 이익에 비해 기업의 총가치가 낮게 평가되는 것이고, EV/EBITDA 비율이 높으면 고평가된 기업이고 평가되어 있다는 것을 의미한다.

지금까지 재무제표를 기준으로 대표적인 5가지의 가치평가 지표들을 살펴봤다. 이를 간단히 요약해 본다면 PER주가수익비율 PBR주가순자산비율 EV/EBITDA영업현금흐름 대비 주가배율는 낮을수록 저평가된 기업이 지표이 낮을수록 저평가된 것을 의미하고, EPS주당순이익이 ROE자기자본이익률은 지표는 수치가 높을수록 저평가된 것을 의미한다. 따라서 가치분석을 할 때는 이들 5가지 지표의 분기1/4, 3/4, 반기2/4, 연도1년별 변화에 따라 해당 기업이 성장하고 있는지 쇠퇴하고 있는지를 우선적으로 판별하는 능력을 길러야 한다.

▶ **PER, PBR, EV/EBITDA =〉 낮을수록↓ 저평가**

▶ **EPS, ROE =〉 높을수록↑ 저평가**

기업의 위험, 부채비율

부채비율은 기업의 안전성을 분석할 때 가장 중요한 요소에 속한다. '부채타인자본'는 빚의 개념으로 자기자본에 비해 얼마나 많은 빚을 지고 있는지를 나타내는 것이 **부채비율**이다.

$$\text{부채비율} = \frac{\text{부채총계(타인자본)}}{\text{자본총계(자기자본)}} \times 100$$

개인이나 기업이나 나아가 국가나 모두 빚부채은 자고로 없는 것이 가장 좋다. 자기자본 한도 내에서 생활하기 때문에 외부에 영향을 받을 필요가 없기 때문이다. 하지만 부채를 적절하게 잘 사용한다면 기대 이상의 '**레버리지효과**지렛대 원리'를 얻을 수 있는 장점이 있다. 곧 자기자본이 아닌 외부자본을 이용해 수익을 극대화할 수 있는데, 예를 들어 1억 원의 자기자본만을 활용할 경우 1천만 원의 수익을 얻는 데 반해, 외부자본 2억 원을 빌려 활용한다면 3천만 원의 수익을 올릴 수 있다. 이것이 일명 레버리지효과이며, 오늘날 부채가 빚이 아닌 자산의 개념으로 인식되는 이유이기도 하다.

부채비율은 업종마다 다르지만 통상 200% 미만이 좋으며, 부채

참고로 부채비율과 반대되는 개념으로 **유보율**이란 것이 있다. **잉여금**(회계상 자기자본 중 자본금을 초과하고 넘는 순이을 납입자본으로 나눈 비율인데, 쉽게 말해 기업 내부의 현금비율을 의미한다. 유보율이 높다는 것은 그만큼 기업이 보유한 현금이 많다는 의미로 부채비율과 함께 기업의 안정성을 평가하는 기준이 된다. 결론적으로 부채비율이 낮고 유보율이 높을수록 재무건전성이 좋은 기업이라는 것을 의미하기에 안전성 위주의 투자자들에게는 일순위 투자대상이 된다.

가 거의 없는 기업은 외부에 빚이 없이 경영을 한다고 해서 **무차입 경영**이라고 한다. 지난 IMF 시절 국내 대기업들의 평균 부채비율은 200% 이상이었으나 이후 재무건전성을 강화해 현재는 100% 내외를 유지하고 있다.

부채비율은 업종마다 편차가 크며 보통 대규모 자본이 투입되는 건설업이나 조선, 유통, 제조, 보험과 증권 및 막대한 임상실험 자본을 필요로 하는 바이오기업들이 대표적으로 부채비율이 높다. 부채는 외부자본이기에 이자비용이 들어간다. 기업이 부채를 활용해 이자 이상의 큰 수익을 얻을 수만 있다면 부채비율이 그리 큰 문제가 되지 않는다. 그러나 기업의 의도대로 외부환경이 마냥 호의적이 아니라는 것이 문제다.

경제는 항상 호경기를 누리는 것이 아니며, 엽종도 순환을 하며, 기업의 제품을 소비자가 외면한다거나 경쟁업체 출현으로 큰 타격을 받기도 한다. 호경기에는 나름대로 부채를 통한 레버리지효과를 이용해 큰 수익을 얻을 수도 있어도 불경기에는 반대로 많은 부채에 따른 이자비용 상승과 제품 판매 부진 및 투자 위축으로 인해 기업 경영에 막대한 타격을 가져온다. 때문에 경제가 급격히 위축되는 경제위기가 발생할 때면 어김없이 부채비율이 높은 건설, 조선, 보험, 유통, 증권업종이 기업들이 타기업에 인수되거나 부도를 맞아 운명을 다하기도 한다.

기업의 심장, 영업이익

기업의 재무제표를 살필 때는 **영업이익**과 **매출채권** 그리고 **재고자산** 항목을 잘 주시하도록 한다. 재무제표에서 이익이라고 하면 영업이익, 경상이익, 당기순이익으로 나눌 수 있다. 그러나 중요한 것은 과연 해당 기업이 직접 제품을 팔아 영업이익을 낸 것이냐, 아니면 유상증자 등으로 마련된 돈을 가지고 사채놀이 등을 통해 이익을 낸 것이냐영업외이익, 혹은 보유하고 있던 부동산을 팔아 이익을 낸 것이냐특별이익를 우선적으로 따져보는 것이 가장 중요하다.

기업의 존속 이유는 수익을 목적으로 회사를 설립한 것이다. 그런데 기업이 수익을 창출하지 못하고 매년 적자만 기록한다면 어떻게 될까. 그래서 기업들은 저마다 이익을 내려고 갖은 노력을 한다. 이를테면 공장도 팔고 건물도 팔고 이자놀이도 하고 어떻게든 이익을 내보려 한다. 여기서 중요한 것은 기업이 정상적인 영업활동을 통해 이익을 내지 않고 다른 경로를 통해 이익을 냈다면 일단 의심을 해봐야 한다는 것이다.

과거 코스닥의 모기업 대주주가 지분을 담보로 선물옵션 투자를 하다 실패를 본 사건이 있었다. 왜 대주주가 자기가 보유한 지분을 담보로 그렇게 위험한 투자를 했겠는가. 쉽게 생각해 보면 개인적인 욕심이 원인이 될 수도 있지만, 근본적으로 회사에서 영업이익이 안 나기 때문이다. 물건을 팔아도 손해를 보기 때문에 다른 경로로 돈을 벌어보자고 해서 일어난 사건이다.

따라서 일단 기업이 제대로 돌아가고 있는지를 판단하려면, 순수 영업이익이 흑자를 기록하고 있는지 아니면 매 분기마다 적자를 기록하는지를 확인하는 것이 기업분석에서 가장 중요하게 살펴볼 사항이다. 간혹 지분법이나 통화손실 평가 등으로 분기나 연도 재무제표에서 당기순이익이 적자가 나는 경우가 있다. 하지만 기본적으로 영업이익만큼은 흑자를 기록해야만 한다. 재무제표를 넘어 가치분석에서 가장 중요한 것 한 가지만 꼽으라면 단연 영업이익이다. 영업이익은 기업의 생존력과 경쟁력을 동시에 나타내는 기업의 심장이기 때문이다.

다음으로 재무제표에서 매출채권을 유심히 관찰해야 한다. **매출채권**이란 물건을 공짜로 주고 매출로 잡는 경우다. 쉽게 말해 회사의 제품을 대리점에 외상으로 납품하고 이것을 매출로 처리하는 것이다. 한마디로 '어음'이다. 다행히 외상으로 빌려준 물건이 다 팔리면 좋은데, 만약 경기가 나빠지거나 소비자가 제품을 외면해 매출로 잡힌 물건이 반품되면 어떻게 될까. 어음결제를 제때 하지 못하면 부도를 맞는다. 따라서 매출채권이 꾸준히 증가하는 기업이라면 그만큼 부도위험이 높다는 것을 의미한다.

매출채권 이외에 **재고자산**이라는 항목도 있다. 기업이 앞으로 판매할 제품을 미리 만들어 보관하는 경우나 반대로 반품된 제품을 자산으로 분류한 경우다. 이 역시 매출채권과 마찬가지로 급격히 증가한다면 한번 의심해봐야 한다.

재고자산도 현재는 판매가 되지 않지만 앞으로 수익을 창출할 수 있다는 측면에서 자산의 일종인 것은 사실이다. 그러나 지나치게 많은 재고자산은 제품이 많이 판매되지 않는다는 것을 뜻하고, 이를 해소하기 위해 향후 제품가격을 낮출 가능성이 크다는 것을 말하며, 곧 기업수지를 악화시키는 요인이 된다. 요약하자면 재무제표에서 순수 영업이익과 매출채권과 재고자산 항목만 잘 주시한다면 최소한의 기업분석은 끝났다고 보면 된다. 특히 영업이익이 급격히 감소하거나 매출채권 및 재고자산이 급격히 증가하는 경우에는 기업의 재무구조가 악화되는 경우이기 때문에 투자에 주의할 필요가 있다.

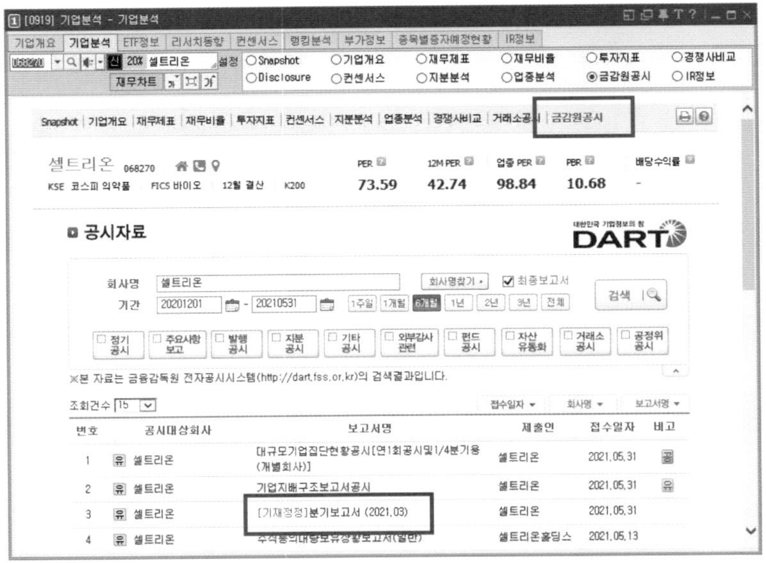

● 기업의 자세한 재무제표는 금감원 전자공시시스템(http://dart.fss.or.kr)의 '사업보고서'를 통해 확인할 수 있다.
사업보고서는 분기보고서(1/4, 3/4), 반기보고서(2/4), 결산보고서(1년)로 나누며, 기업의 자세한 정보와 재무제표를 통해 기업의 예비부채 성격의 '매출채권' 및 '재고자산'의 변화를 살펴 기업의 안전성을 체크하는 습관이 필요하다.

주나 부실 계열사를 비싼 값에 매수해 회사에 현금이 유입된 경우, 정부정책이나 사회 트렌드 등의 테마에 편승한 경우 등을 들 수 있다. 투자자들은 이 경우 기업의 재무가치가 아닌 성장가치를 보고 주식을 매수하게 된다. 자연히 시가총액은 늘어나고 그만큼 기업가치는 높아지는 원리다.

절대적인 기준은 아니지만, 일반적인 기업의 적정 시가총액을 계산할 때는 가치분석 차원에서 PER주가수익비율을 기준으로 적정 시가총액을 계산한다. 현재 글로벌 기준으로 'PER20' 정도가 적정한 시가총액으로 인식되고 있다. 참고로 장세에 따라 PER 기준은 다소 차이가 있는데, 강세장에서는 PER20, 횡보장에서는 PER15, 약세장에서는 PER10을 기준으로 삼기도 한다.

가치분석은 대체로 PER 기준으로 기업의 현재가치가 저평가된 것인지 아니면 고평가된 것인지를 평가해 매매기준으로 삼는다. 예를 들어 오랜 기간 PER10의 시가총액 1천억 원을 유지하던 A기업이 매출신장에 따른 주당순이익이 증가하면 PER가 10 이하로 낮아지게 된다. 만약 PER가 5로 낮아졌다면, 이때 투자자들은 과거 A기업의 적정 PER가 10인 상태로 인지되었기 때문에 저평가라고 판단해 A기업의 주식을 매수하게 되고 당연히 주가는 상승하고 자연히 시가총액은 증가하게 된다.

2022년 6월 기준으로 우리나라의 대표기업인 삼성전자의 시가총

기업의 가치, 시가총액

기업가치를 분석할 때 과연 그 기준을 어디에 두어야 할지 매우 난감한 경우가 많다. 그렇다면 기업가치는 시장에서 무엇으로 평가할까? 주식시장에서 기업의 가치는 오로지 '시가총액'으로만 평가받는다.

시가총액 = 발행주식수 × 현재주가

시가총액은 주식시장에서 기업가치를 나타내는 절대지표라 할 수 있다. 시가총액이 크다는 것은 그만큼 재무구조가 우수한 우량주라는 것을 뜻하며, 시가총액이 작다는 것은 그만큼 재무상태가 부실하다는 것을 뜻한다. 기업가치가 높아져 주가가 상승하면 시가총액은 자연히 급증한다. 반대로 기업가치가 낮아져 주가가 하락하면 시가총액은 줄어드는 이치다.

그렇다면 기업가치는 어느 때 높아질까?

매출이 급성장한 경우, 신기술을 개발한 경우, 우량기업 인수합병된 경우, 외부로부터 투자를 유치받은 경우, 보유 자산 및 자사

대주주(CEO)의 영향력

액은 약 400조우선주 50조 원을 기록하고 있다. 2021년 실적은 매출액 280조, 영업이익 51조, 당기순이익의 40조 원인 우리나라의 대표적 글로벌 기업의 가치인 셈이다.

그러나 시가총액이 반드시 매출액이나 PER나 그밖에 다양한 재무수치에 절대적인 영향을 받는 것은 아니다. 다시 말해 [기업가치 = 시가총액]이라는 공식은 맞지만, 주식시장에서 평가하는 기업가치가 반드시 재무제표에만 의존하지 않기 때문이다.

이를테면 재무가 부실한 바이오 기업인 경우에는 실질적인 매출도 없고, 매년 적자에, 부채비율은 200%를 상회하며, PER 수치는 50 이상의 고평가나 반대로 PER 수치가 마이너스인 적자 상태일지라도 시가총액은 몇 천억, 심지어 몇 조 단위로 형성하는 경우도 많다.

이것은 곧 주식시장에서 평가하는 기업가치라는 것이 기업의 실적을 나타내는 재무제표 이외에도 무형의 자산기술력, 시장지배력, 브랜드, CEO자질, 노사관계, 금리, 유가, 환율, 인플레이션, 나아가 세계경제의 흐름 등이 모두 녹아들면서 기업의 가치가 형성된다는 것을 반증한다고 하겠다.

기업분석은 우선 재무제표를 기준으로 기업의 가치를 판단한다. 수익성과 성장성과 재무안정성을 평가하는 기본적인 잣대이기 때문이다. 그러나 주식시장에서 기업의 가치는 계산이 가능한 재무제표의 수치만을 가지고 기업을 평가하다가는 큰 낭패를 보기 쉽다. 경제흐름이란드가 업종현황도 기업가치를 판단하는 중요한 요소지만 그보다는 기업의 주인인 대주주나 CEOChief Executive Officer의 자질과 역량에 따라 기업가치가 좌지우지되는 경향이 많기 때문이다.

대주주최대주주는 CEO가 될 수도 있고 회사임원이나 사위이거나 외국인 및 기관, 나아가 사채업자나 제3의 투자기관이나 심지어 일반 개인투자자가 상장기업의 대주주가 되는 경우도 있다.

CEO는 기업의 최고 의사결정권자이지만 대주주는 기업의 실질적 주인이다. 기업가치는 곧 시가총액, 시가총액은 주식시장에 상장된 총주식수에 주당가격을 곱한 수치, 총주식수에서 가장 많은 지분을 보유한 이가 대주주이기 때문에 기업에 대한 대주주의 영향력은 가히 독보적인 셈이다.

CEO는 기업의 최고경영자를 뜻한다. 기업의 최고 이사결정권자로 통상 사장이나 회장의 직함을 맡고 있다. 대주주가 CEO 겸 엽과 달리 주식시장에 상장된 총주식수에서 가장 많은 주식을 보유한 이름을 말한다. 대주주는 CEO가 될 수도 있고 회사임원이나 사위이거나 외국인 및 기관, 나아가 사채업자나 제3의 투자기관이나 심지어 일반 개인투자자가 상장기업의 대주주가 되는 경우도 있다.

대주주의 성향과 지분의 중요성

대주주최대주주나 CEO최고경영자의 자질을 평가하기는 쉽지 않다. 그들도 일반 개인투자자와 같은 인간이고, 인간은 항상 유동적이며 불안하며 때론 잘못된 선택을 하기 때문이다. 제아무리 과거에 주위 사람들로부터 좋은 평판을 듣고 여러 사업에 대한 우수한 경영능력을 검증받았다 해도 인간의 욕심은 측정하기 불가능하다. 때문에 주가가 단기에 급등하는 경우 보유주식을 시장에 매도하거나 배임이나 횡령을 하거나 무리한 사업 확장과 잘못된 사업 판단으로 회사에 막대한 손해를 끼치기도 한다. 어떻게 보면 기업의 성장과 쇠퇴는 경제나 업종과는 상관없이 오로지 대주주의 능력에 따라 좌우된다고 해도 크게 틀린 말이 아니다.

그렇다면 여러모로 정보가 부족한 개인투자자 입장에서 대주주나 CEO의 자질이나 능력을 어떻게 분석해야만 할까? 우선 인터넷 검색을 토대로 대주주나 CEO의 과거 약력을 살펴야 한다. 과거에 무슨 일을 했으며, 어떤 성과를 보였고, 주변인의 평가와 인맥은 어떤지, 더불어 내실을 다지는 타입인지 공격적인 타입인지 등을 지난 기사를 통해 나름대로 유추하는 능력을 길러야 한다.

다음으로 투자자에게 있어 가장 중요한 대주주 지분율을 살펴야 한다. 주식시장에서 상장된 기업의 총주식수는 대주주를 비롯해 외국인, 기관, 제3금융권, 기타법인, 그리고 개인투자자들이 골고루 나눠 갖고 있는 상태다. 당연히 대주주라면 회사의 지분을 가장 많이 소유해야 하고, 그것이 총주식수 대비 몇 %비율로 소유하고 있는지를 필히 확인해야만 한다.

대주주 지분율

앞서 언급한 대로 인간은 불안정한 주체로서 때론 잘못된 선택을 하게 된다. 그 선택의 동기는 근본적으로 인간의 욕심과 욕망에서 출발한다. 그렇다면 보유지분이 많은 대주주나 CEO라면 회사에 큰 손실을 보는 결과가 나오지 않도록 신중하게 회사를 운영할 것이고, 반대로 보유지분이 적은 대주주라면 때론 모험적이고 때론 위험한 선택을 할 가능성이 높아질 것이다.

보유지분이 낮으니 회사 돈을 개인적으로 횡령하기도 하고, 운영자금 마련을 위해 사채발행이나 유상증자도 거리낌 없이 하고, **이면계약**본계약과 다른 별도의 계약을 통해 사채업자들과 짜고 회사를 헐값에 매각하거나, 자본잠식 상태인데도 상장유지를 위해 분식회계를 일삼기도 하고, 자본금을 줄이는 감자를 단행해 개인투자자들에게만 큰 피해를 주기도 한다. 왜냐하면 보유지분이 낮아 상대적으로 다른 투자자에 비해 손해가 미미하기 때문이다.

정답은 아니지만 통계상으로 대주주 지분율은 약 25%~45% 정도가 적정하다 볼 수 있다. 통상 대주주 지분율이 15% 미만일 경우에는 자칫 경영권 장악이 힘들어질 수도 있고, 횡령이나 배임 가능성도 커지며, 사채 및 유상증자나 감자 등의 자본금 변동에도 대주주는 큰 피해가 없으며, 대주주 개인적인 사리사욕에 의한 기업의 자산매각이나 타기업 출자, 보유지분을 담보로 하는 사채놀이 등의 가능성이 커진다.

한편 대주주 지분율이 60% 이상이 되면 주식시장에 유통되는 물량이 거의 고갈된 상태이기 때문에 수급이 원활하지 않고 따라서 거래량이 부족해 개인들이 투자하기가 상당히 힘들다는 단점이 있다.

통상 대주주 지분율이 60% 이상인 기업들은 재무가치는 우수한 반면 성장성은 다소 떨어지는 업종들이 많다. 주로 제약이나 식품, 유통 등의 내수주들이 대부분을 차지하고 있으며, 고배당을 통해 대주주만 유독 큰 배당수익을 올리기 때문에 주가 움직임은 상당히 지루한 것이 특징이다. 특히 코스닥 중소형주에서는 **오너리스크**Owner risk : 오너(총수)의 독단 경영과 잘못된 판단으로 기업에 큰 손해를 끼치는 행위가 투자에 있어 가장 큰 위험요소에 속한다.

대표적인 돌발악재, 횡령·배임

주가는 기업의 가치를 반영한다. 기업의 가치가 높아질 만한 호재가 나온다면 단기에 투자자들이 몰리면서 주가는 급등한다. 반대로 기업의 가치가 낮아질 만한 악재가 나온다면 투자자들이 보유주식을 투매하기 때문에 주가는 급락한다.

대표적인 호재로는 '실적향상'을 들 수 있다. 신기술 개발이라든지 투자유치라든지 우량기업과의 인수합병이라든지 아니면 인기 테마에 편승하는 것도 호재로 작용한다.

대표적인 악재로는 기업의 '실적악화'를 들 수 있다. 그밖에 수출계약해지, 임상실패, 기술유출, 또한 자본금을 줄이는 감자라든가 주주들을 대상으로 자본금을 늘리는 유상증자도 단기적인 악재로 작용해 주가급락으로 이어지곤 한다.

악재는 기업에 나쁜 소식이다. 넓게는 해외경제에서부터 좁게는 기업 실적에 대한 부정적인 전망이 주가를 하락시키는 요인이다. 이러한 악재 중에서도 투자자들이 가장 대응하기 힘든 악재가 바로 '횡령·배임'이다.

업종부진, 실적악화, 사채발행, 과거에 맺었던 제품 계약 파기에서부터 기업의 부도라든가 자본잠식에 따른 감자 및 유증 등의 악재는 대주주 지분현황과 최소한의 재무제표만 살펴봐도 해당 기업에 잠재

참고로 거래소의 대기업인 경우와 코스닥 중소기업의 대주주 횡령·배임에는 큰 차이가 있다. 대기업의 횡령·배임은 대부분 단기 악재로 지부되지만, 중소기업의 횡령·배임은 그야말로 기업의 생사와 직결된다. 중소기업의 대주주는 보통 CEO 역할을 함께 하고 횡령·배임 발생시 자본금에 매우 큰 영향을 ※횡령 금액이 회사의 자본금을 넘어서면 자본잠식이 되기 때문에 상장폐지 대상이 되는 기 때문에 기관의 보유지분이 높고, 횡령·배임이 발생해도 자본에 큰 영향을 미치지 않기 때문에 단순히 CEO의 횡령·배임만으로 기업 자체가 흔들리는 경우는 드문 편에 속한다. 때문에 거래소 대기업의 횡령·배임은 대부분 일시적 악재로 작용하고, 코스닥 중소기업의 횡령·배임은 주권 거래정지와 함께 90% 이상 상장폐지로 직행하게 된다. 따라서 자본금이 적은 코스닥 중소형주에 투자하는 경우에는 재무제표는 물론이거니와 대주주의 자질과 대주주의 지분 변동 등에 주의를 기울여야만 한다.

횡령·배임 가능성이 높은 경우

- 대주주 지분율이 15% 미만인 기업
- 부채비율 200% 이상
- 유동비율 100% 미만
- 2년 이상 연속 적자

횡령·배임의 돌발악재로부터 피하는 방법은?

횡령과 배임은 오로지 대주주의 도덕성과 직결되는 만큼 원천적으로 대비할 수는 없다. 코스닥의 중소형주는 물론이거니와 거래소의 대형주에서도 종종 횡령과 배임 사건이 터지면서 사회적 문제로까지 지적될 정도다.

횡령橫領은 기업의 자산을 개인적으로 탈취하는 행위를 말하고, **배임**背任은 주어진 임무를 저버리는 행위를 말한다. 통상 재산상 손실이 없다면 배임죄만 묻기도 하지만 일반적으로 횡령과 배임은 한묶음으로 취급한다.

개인투자자 입장에서 가장 견디기 힘든 경우라 한다면 아마도 보유한 주식이 갑자기 거래정지 됐을 때가 아닐까 싶다. 일반적인 악재라면 손절이라도 할 수 있지만, 횡령·배임으로 인한 주권 거래정지는 자칫 손절할 기회도 없이 상장폐지의 운명을 맞이할 수 있기 때문이다.

되어 있는 리스크를 미리 대비할 수는 있다. 하지만 횡령과 배임은 미리 예고하는 법이 없다.

횡령과 배임은 부실주나 우량주를 가리지 않는다. 제아무리 기술력이 뛰어나고 재무구조가 우수한 우량기업이어라도 횡령과 배임은 전적으로 대주주의 도덕성에만 의존하는 것이기 때문에 그 어떤 투자분석도 무용지물로 만들어버리는 대표적인 악재에 속한다.

가치 분석의 빛과 그림자

가치분석의 핵심은 재무제표와 업종현황 나아가 국내 및 해외 경제흐름을 통해 기업의 가치를 평가해 투자하는 방법이다. 기업의 경영성과에서부터 경영자의 자질과 능력, 기술력, 시장점유율, 업종별 영업이익, 당기순이익, 부채비율, 유보율, PER, PBR, ROE 등을 산출하여 동종기업과 상대비교를 해서 저평가인지 고평가인지를 판단해 투자의 기준으로 삼는다. 따라서 블루오션 기업, 성장력을 갖춘 기업, 미래 성장성이 돋보이는 기업의 주식을 매수해 장기가치를 통해 수익을 극대화하는 투자패턴을 가진다.

가치분석은 투자의 올바른 방법을 제시한다는 측면에서 투자의 정석에 속한다. 그러나 가치분석에는 지명적인 오류들이 숨어 있다. 대표적인 것이 대주주의 자질과 능력을 평가하기 어렵다는 점, 재무제표의 투명성에 대한 불신분식회계 : 교의로 자산이나 이익을 부풀리는 경우 등을 들 수 있다. 그밖에 가치분석의 단점을 간략히 나열하면 다음과 같다.

- 대주주의 도덕성을 평가하는 기준이 없다.
- 횡령과 배임 리스크에 항상 노출되어 있다.
- 재무제표는 지난 과거(3개월 이상)의 데이터일 뿐이다.

- 과거 자본잠식 경험이 있는 경우
- 사명이나 경영권(대주주/CEO) 변동이 잦은 경우
- 유상증자, CB(전환사채), BW(신주인수권부사채) 발행이 잦은 경우
- 과거 우회상장한 기업
- 부실한 자회사(계열사)를 많이 보유한 기업
- 타인에 대한 채무보증이 많은 기업

횡령과 배임은 대주주나 회사 임원이 회사의 자산을 임의로 빼돌리는 행위다. 회사의 주인은 대주주가 될 수 있지만, 회사의 자산은 주주 모두의 공동 소유다. 횡령과 배임을 미리 예방하는 제도적 장치가 필요하지만 근본적으로 근절되기는 힘들다. 따라서 개인투자자들은 코스닥 중소형주에 투자하는 경우 횡령과 배임과 같은 만약의 사태에 항상 대비한다는 차원에서 한 종목에만 무모하게 투자하지 말고 반드시 분산투자를 통해 위험 관리를 해나가는 길만이 '오너리스크'를 줄이는 유일한 방법이 될 것이다.

- 재무제표의 수치만으로 기업의 성장성을 평가하기 어렵다.
- 분식회계(장부조작) 가능성을 완전히 배제하지 못한다.
- 저평가와 고평가의 기준은 절대비교가 아닌 상대비교일 뿐이다.
- 주가는 기업가치보다 투자심리에 좌우되는 경향이 많다.
- 주가의 추세 파악이 어렵다.
- 수급을 의미하는 거래량 및 매물 확인이 안 된다.
- 매매 타이밍을 잡기 힘들다.
- 주가는 상승과 하락의 반복적인 패턴을 그리는데 수치만으로는 주가흐름을 파악할 수 없다.
- 성장주나 우량주는 대체로 기업가치에 따라 주가가 움직이나 테마주나 작전주는 기업가치를 완전히 무시한다.
- 경제지표, 산업지표 모두 사실은 지난 과거의 통계에 불과하다.
- 제아무리 재무가 우량한 기업이라도 무너지는 것은 한순간이다.
- 정보의 비대칭성에서 자유롭지 못하다.

주가의 흐름은 기업가치의 흐름이며, 또한 투자자들의 심리이기도 하다. 투자자들의 심리는 수요와 공급을 아우르는 **수급**이라는 말로 표현한다. 가치분석만으로는 이 수급을 제대로 파악할 수 없다는 것이 치명적인 단점으로 지적된다. 수급은 **거래량**이라고도 표현한다. 거래량은 매수자와 매도자의 충돌이다. 주식을 거래하는 투자자들의 심리, 이러한 수급현황을 제대로 나타내지 못하는 가치분석의 단점은 차트분석을 통해 극복하게 된다. 다음 장에서부터는 수치 위주의 가치분석을 넘어 수급 위주의 차트분석에 대해 자세히 살펴보겠다.

PART 02

차트분석의 맥!

I N V E S T M E N T

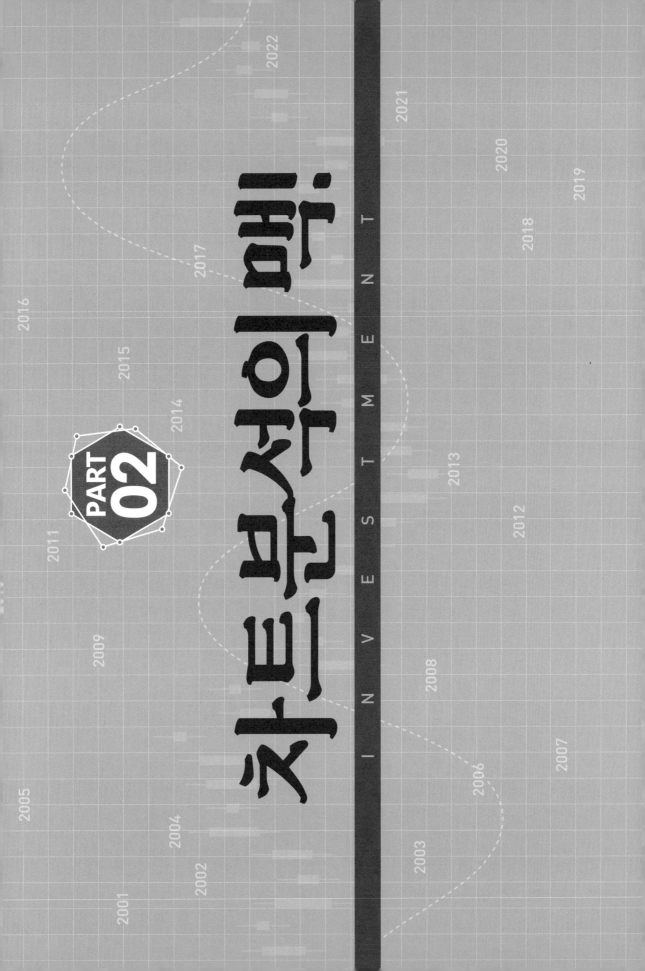

차트분석의 개념

주식투자 도구에는 2가지가 있는데, 앞서 배운 기본적 분석 그리고 이번 장에서 다룰 기술적 분석이다. 기본적 분석이라 불리는 '가치분석'은 경기, 업종, 그리고 기업의 실적을 토대로 기업의 가치를 평가한다. 반면 기술적 분석이라 불리는 '차트분석'은 투자심리, 수급을 토대로 주가 추세를 읽어내는 방법이다. 조금 비약해서 말하면 가치분석은 숫자를 통한 객관적 분석이라고 본다면 차트분석은 눈에 보이는 그림을 통한 주관적 분석이라 할 수도 있다.

차트분석은 기업의 모든 가치가 차트에 고스란히 녹아있다는 데서 출발한다. 기업의 실적을 비롯해 업황흐름, 미래비전, 투자심리, 심지어 대주주의 경영능력까지 차트에 그대로 나타난다는 것을 전제로 한다. 실제로 주가는 기업가치와는 별개로 매수자와 매도자의 투자심리에 따라 크게 좌우되는 것이 사실이다. 실전에서도 제아무리 기업의 내재가치가 우량하고 타기업에 비해 저평가된 상태라도 주가는 매우 부진한 경우가 많다. 며칠 몇 달이 아닌 몇 년에 걸쳐 지루한 횡보세를 이어가는 일명 소외주들을 보면 가치분석의 비효율성을 토로하기도 한다.

가치분석은 현재 주가가 저평가인지 고평가인지를 판단하는 데는 큰 도움이 되지만 매매 타이밍을 잡기에는 어려움이 따른다. 반면 차트분석은 현재 주가의 흐름을 눈으로 파악해 수급현황을 통해 매수와 매도시점을 잡는 데 큰 도움이 된다. 제아무리 기업의 가치가 저평가된 상태라도 매수자가 없다면 주가는 상승하지 않는다. 반대로 가치분석을 통해 현재 기업가치가 비록 고평가된 상태일지라도 매수자가 매도자보다 많다면 주가는 지속적으로 상승하게 된다.

가격은 수요와 공급의 법칙에 좌우된다. 주가도 매수자와 매도자의 합의점이다. 매수세가 매도세를 압도한다면 주가는 상승하고, 매도세가 매수세를 압도한다면 주가는 하락한다. 차트분석은 이처럼 주식을 매수하고자 하는 투자자의 심리매수세와 보유주식을 매도하고자 하는 투자자의 심리매도세를 분석하는 방법이다.

차트분석은 무엇보다 '정보의 비대칭성'에서 일어나는 불이익을 최소화시킨다. 알다시피 정보는 모든 투자자들에게 공평하고 투명하게 공개되는 법이 없다.

정보의 비대칭성은 경제적 이해관계를 가진 당사자 간의 정보가 한쪽으로 치우치면서 다른 한쪽은 큰 손해를 보는 현상을 말한다. 정보는 투자가치를 나타낸다. 주식시장에서 기업에 대한 정보는 일단 대주주(최대주주)가 가장 먼저 선점한다. 기업의 최고 의사결정권자인 만큼 기업의 경쟁력, 기업의 실적, 기업의 비전을 비롯해 투자에 결정적인 영향을 미치는 각종 정보는 우선적으로 대주주가 선점하는 것이다. 이어서 친척이나 주변인 → 회사 임원 → 투자사외국인, 증권, 은행, 사채 → 직원 → 맨 마지막으로 개인투자자 순으로 정보는 흐른다.

기업의 독점적 정보력을 소유한 대주주는 투기세력과 결탁해 시세조정을 일삼기도 하고, 과거 LG카드 유동성 위기 때처럼 기업에 악재가 발생하는 경우 가장 먼저 보유주식을 시장에 매도하기도 한다. 미국 리먼브라더스 사태 때의 한 금융회사의 긴박했던 하루를 담은 〈마진콜Margin Call〉이란 영화를 봐도 정보를 선점한 이들의 투자행태를 알 수 있다. 기업에 대한 정보를 소유한 이들이 내부자 거래를 통해 막대한 시세차익을 일삼는 것은 어제 오늘의 일만이 아니다.

인간의 욕심은 끝이 없다. 특히 투자의 세계에서는 피도 눈물도 없는 법이다. 기업은 이익을 최우선으로 하는 집단이다. 이익을 얻으려면 다른 기업과의 경쟁에서 이겨야 하고, 소비자로부터 관심과 사랑을 받아야 하며, 투자자로부터 지속적으로 자금을 수혈받아야만 한다.

만약 여러분이 부동산이나 주식시장에서 투자에 유리한 정보를 얻었다면 어떻게 할까? 부동산 값이 뛰기 전에 매입할 것이고, 주가가 급등하기 이전에 매수할 것이다. 투자에 불리한 정보를 먼저 얻었다면 보유주식을 모두 매도할 것이다. 그래서 '정보는 비대칭성'이며, 그래서 주가는 호재와 악재를 미리 반영하며, 그래서 지수는 경기에 선행한다.

수요와 공급이 가격을 결정하는 것만큼 매수자와 매도자의 심리를 분석해 주가의 흐름을 파악하는 것이 바로 차트분석의 핵심이다.

2019
2016
2010
2005
2007
20

01

주가 캔들(봉차트)의 맥!

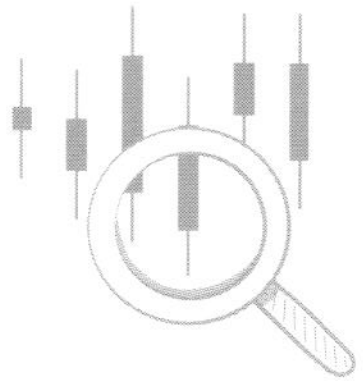

차트의 3대 지표

[0600] 키움종합차트 - KOSPI200 외국인보유[3,207,323(천)] 주식수[5,969,783(천)] 액면[100] 자본금[7,780(억)] 결산[12월] EPS[3,841] PER[21.61]
삼성전자
82,900 ▲ 2,100 +2.60% 23,200,224 141.34% 0.39% 1,912,287백만 최우선 83,000 82,900 시 81,300 고 83,000 저 81,100
매수 매도
삼성전자 종가 단순 5 10 20 60 120
주가차트는 기본적으로 캔들(봉차트), 이평선(이동평균선), 거래량 이렇게 3가지로 구성되어 있다. '캔들'은 주식의 가격 변화를 봉 형태로 나타낸 것을 말하며, '이평선'은 특정 거래기간 동안의 평균 주가를 선으로 나타낸 것을 말한다. 마지막으로 '거래량'은 주식 매매가 거래된 수량을 나타낸다. 거래량은 주식의 수요와 공급을 아울러 이르는 말로 '수급'이라 표현하기도 한다.
캔들(봉차트)
이평선(이동평균선)
차트의 3대 지표인 캔들, 이평선, 거래량은 주식시장에 상장된 기업의 현재주가, 추세, 매물대, 패턴을 비롯해 투자심리와 수급현황을 투자자들에게 시각적으로 보여준다. 이와 같이 차트를 통해 매수와 매도의 매매 타이밍을 잡는 것이 차트분석의 목적이다.
거래량
거래량 단순 0 0 0 0
59,013,307주(180.77%)
LC:58.57
HC:-1.33
87,500
85,000
82,500
80,000
77,500
75,000
72,500
70,000
67,500
65,000
62,500
60,000
57,500
55,000
50,000K
25,000K
2020/10
11
12
2021/01
01/08

■ 삼성전자 주가차트

캔들(봉차트)의 기본 구조

기술적 분석은 일명 '차트분석'이라고 한다. 차트의 가장 기본적인 요소는 '캔들봉'이다. 이러한 캔들봉차트는 일본에서 개발된 것으로 현재 전 세계적으로 가장 많이 활용되고 있는 차트 방식이다. 캔들차트의 기원은 일본 쌀 선물거래소에서 매매가 시작되면서 발달하기 시작했다. 최초에는 종가를 점으로 찍어 선으로 이은 선형차트로 출발하여, 고가와 저가를 표시하여 하루의 변동폭을 알 수 있는 현재의 봉캔들형으로 발전했다. 그밖에 미국식 봉차트가 있지만 일본식 봉캔들차트만큼 유용하게 쓰이지 않는다.

캔들은 일정 기간 동안 주식의 가격을 **시가**처음 시작 가격 = 시초가, **고가**가장 높은 가격, **저가**가장 낮은 가격, **종가**마지막 가격로 나누어 하나의 봉 형태로 표시한 것을 말한다.

캔들은 다음과 같이 세 가지 유형이 있다. 시가보다 종가가 높은 **양봉형**, 시가보다 종가가 낮은 **음봉형**, 마지막으로 시가와 종가가 같은 **십자형**이 그것이다. 양봉은 상승세의 흐름을 나타내며 매수세가 강함을 표시한다. 음봉은 하락세의 흐름을 나타내며 매도세가 강화되고 있음을 표시한다. 십자형은 매도세와 매수세가 한 치 양보도 없이 팽팽히 맞서고 있는 상태로, 그날 종가 위치에 따라 매도세가 우위인지 매수세가 우위인지를 판단하게 해준다.

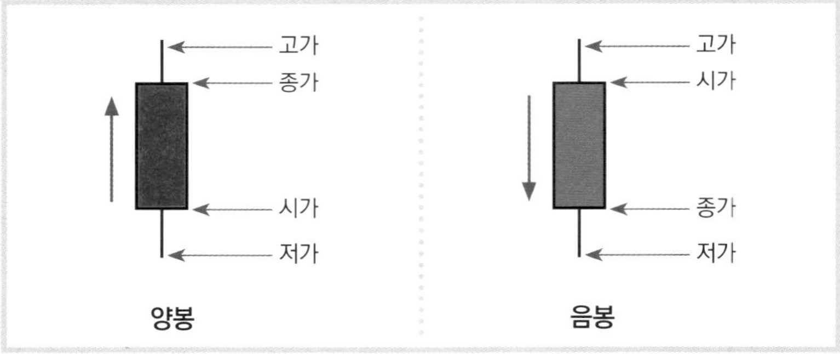

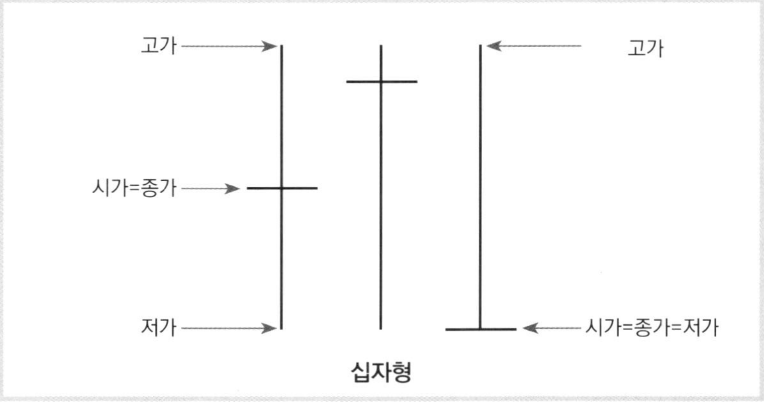

캔들의
기본 모양

주가는 당일 장시작 시초가를 기준으로 장중 상승과 하락을 반복하면서 장마감 종가로 마감된다. 이때 시초가보다 종가가 높으면 '양봉', 시초가보다 종가가 낮으면 '음봉'의 캔들이 만들어진다. 양봉은 주가가 시초가보다 상승한 것을 뜻하기 때문에 매수세가 매도세를 압도한 것을 말하고, 음봉은 주가가 시초가보다 하락한 것을 뜻하기 때문에 매도세가 매수세를 압도한 것을 말한다. 또한 장중 최고가나 최저가를 위꼬리나 아래꼬리 형태로 나타내 다음과 같은 캔들의 모형을 완성시킨다.

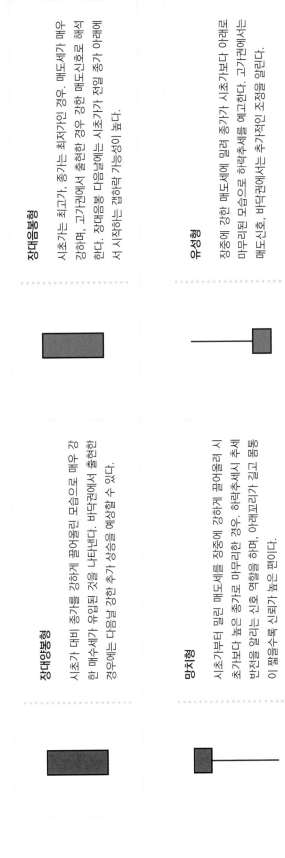

장대양봉형

시초가 대비 종가를 강하게 끌어올린 모습으로 매우 강한 매수세가 유입된 것을 나타낸다. 바닥권에서 출현한 경우에는 다음날 강한 주가 상승을 예상할 수 있다.

망치형

시초가부터 밀린 매도세를 장중에 강하게 끌어올려 시초가보다 높은 종가로 마무리한 경우. 하락추세시 추세 반전을 알리는 신호 역할을 하며, 아래꼬리가 길고 몸통이 짧을수록 신뢰가 높은 편이다.

장대음봉형

시초가는 최고가, 종가는 최저가인 경우. 매도세가 매우 강하며, 고가권에서 출현한 경우 강한 매도신호로 해석한다. 장대음봉 다음날에는 시초가가 전일 종가 아래에서 시작하는 갭하락 가능성이 높다.

유성형

장중에 강한 매도세에 밀려 종가가 시초가보다 아래로 마무리된 모습으로 하락추세를 예고한다. 고가권에서는 매도신호, 바닥권에서는 추가적인 조정을 알린다.

교수형

장중에 매수세 유입으로 시초가 아래의 매도물량을 매수하였으나 시초가를 회복하지 못하고 마물에 밀린 패턴. 일반적으로 하락추세형 캔들로 해석하며, 고가권에서는 급락의 위험도 내포하고 있다.

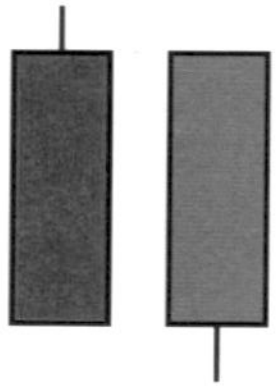

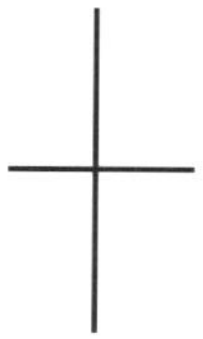

십자형

시가와 종가가 일치하는 캔들로 매수세와 매도세의 한 지 양봉가 없는 것을 의미한다. 바닥권에서는 매수신호, 고가권에서는 매도신호로 해석한다.

비석형

잠자리형과 반대로 비석이라는 단어처럼 강한 매도신호로 해석한다. 매도세가 장중 매수세를 강하게 눌러버린 패턴으로 고가권에서는 매도신호, 바닥권이나 투매권에서는 거래량에 따라 매수신호로 해석하기도 한다.

역망치형

망치형을 거꾸로 뒤집은 모습으로 장중 시세 차익 매물에 밀려 종가가 형성된 패턴. 상승추세인 차트에서 주로 출현하며, 단타성 매물이 해소된 만큼 바닥권에서는 추세전환 신호로 해석한다.

샷바형

양봉 샷바형은 상승추세, 음봉 샷바형은 하락추세에 가장 많이 출현한다. 긴 몸통은 매수세와 매도세의 치열한 공방전을 나타내며, 양봉이나 음봉이나 몸통 길이만큼 한쪽 세력의 힘이 보다 강하다는 것을 뜻한다.

잠자리형

일명 드래곤플라이 도지형으로서 장중 출현한 매도세를 강한 매수세가 이겨낸 패턴. 바닥권이나 상승 초기에는 추가 상승이 높은 신호로 해석하지만 고가권에서는 매도신호로 해석해 주의가 필요하다.

캔들의 기본 패턴

캔들은 하루 동안의 주가를 [시초가·고가·저가·종가] 이렇게 4가지 가격 변동을 기준으로 몸통과 꼬리의 형태로 차트에 보여준다. 이러한 캔들이 2개 이상 연결되면 다음과 같이 3가지의 기본 패턴으로 나눌 수 있다. 첫째는 '상승전환형 패턴'으로 매수세가 매도세를 이겨내면서 주가상승 신호를, 둘째는 '하락전환형 패턴'으로 매도세의 힘이 강해 주가하락 신호를, 셋째는 '지속형 패턴'으로 기존의 주가 추세를 이어나가는 신호 역할을 한다.

상승전환 패턴

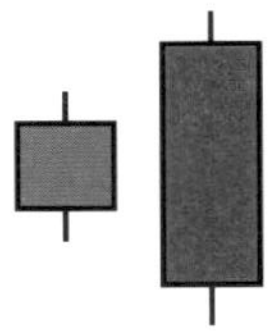

상승장악형

전일 음봉을 당일 양봉이 완전히 감싸 안은 패턴. 전일 매도세를 당일 매수세가 압도해버리는 모양으로 바닥권에서는 강력한 상승반전 신호를 알리며, 거래량이 수반될수록 상승 확률이 높다.

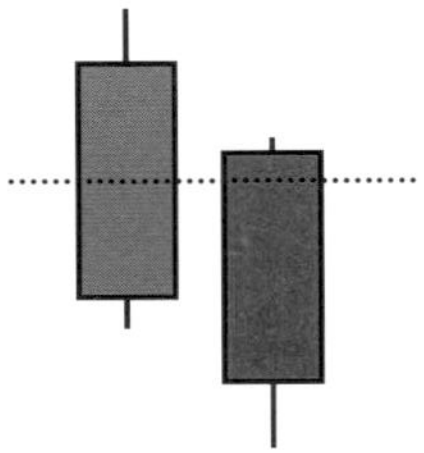

관통형

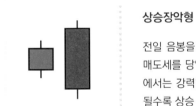

전일 종가 밑에서 당일 시초가가 형성되고, 이어서 전일 음봉의 50% 이상을 당일 양봉으로 관통한 패턴. 상승반전형으로 바닥권에서 출현하면 강력한 신규 매수세 유입을 말하기 때문에 매수관점으로 접근이 유효하다.

하락전환 패턴

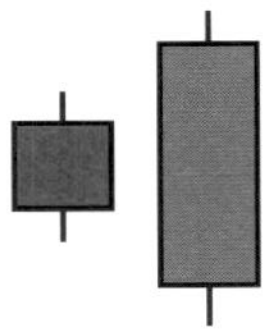

하락장악형

전일의 양봉을 당일 음봉이 완전히 덮어쓰는 패턴으로 강력한 하락추세를 예고한다. 음봉의 몸통이 길수록, 거래량이 수반될수록 하락 확률이 매우 높다.

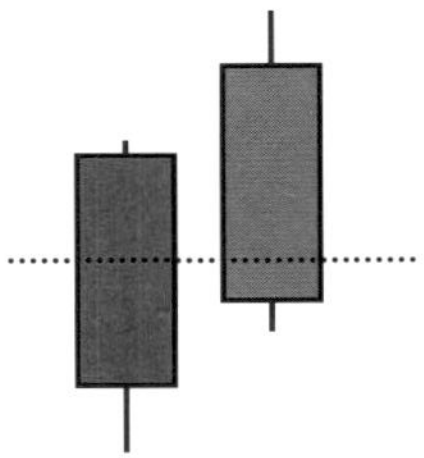

흑운형

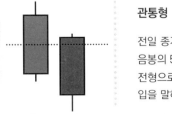

관통형과 반대로 전일 양봉의 50% 이하에서 당일 음봉의 종가가 형성된 패턴. 신뢰도는 높지 않으나 하락추세를 예고하는 패턴이기 때문에 주의할 필요가 있다.

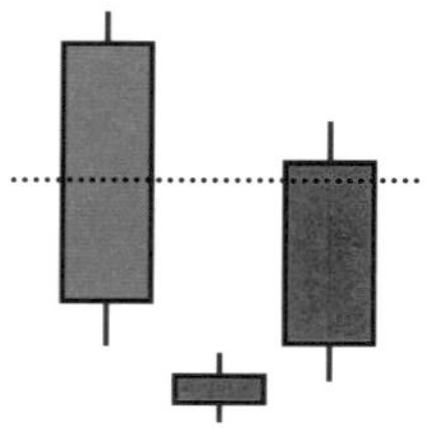

샛별형

첫 번째 장대음봉, 두 번째 갭하락성 단봉, 마지막 세 번째 양봉이 첫 번째 음봉이 50% 이상에서 종가가 형성된 패턴. 바닥권에서 강력한 상승반전 신호로 해석한다.

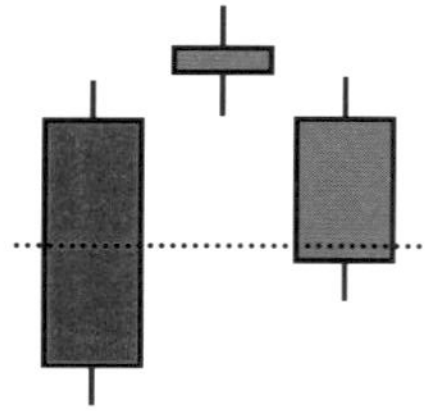

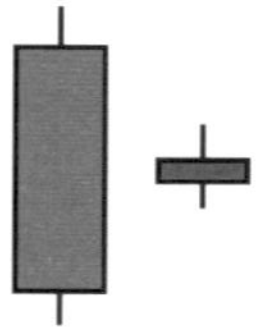

상승잉태형

전일 장대음봉 안에서 당일 몸통이 작은 양봉이 웅크리고 있는 패턴. 전일 강한 매도세에 당일 반발 매수세가 유입된 형상으로 꼬리와 몸통이 작을수록 확률이 높다.

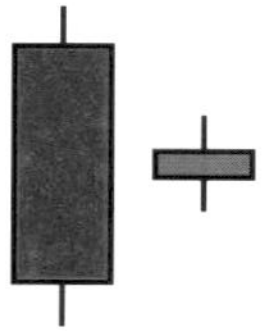

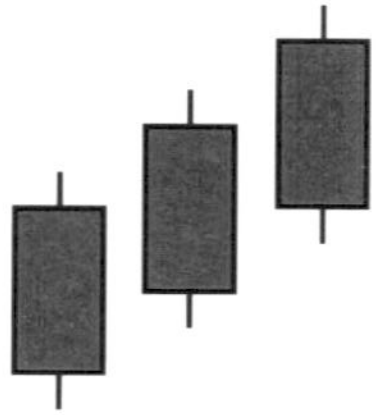

적삼병

연속된 3개의 양봉으로 시초가와 종가가 모두 이전 캔들 위에서 형성되는 패턴. 바닥권에서는 대표적으로 강력한 상승추세를 알리지만, 고가권에서는 단기 고점을 알리는 신호로 해석한다.

석별형

샛별형과 반대로 세 번째 음봉 종가가 첫 번째 양봉이 50% 이하 부근에서 형성되는 패턴. 첫 번째 양봉에서 출현한 매수세가 실종되거나 차익매물 출현으로 하락을 예고한다.

하락잉태형

전일 양봉 안에서 당일 음봉이 웅크리고 있는 형상으로 매도세 출현을 알린다. 신뢰도는 매우 낮으나 다음날 겹 하락에 주의할 필요가 있다.

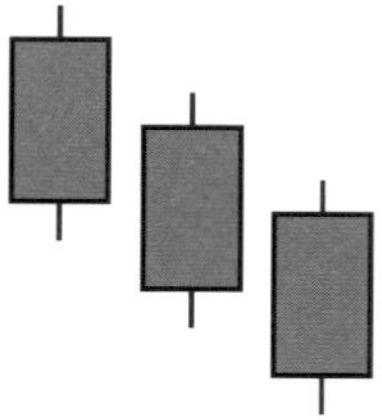

흑삼병

연속된 3개의 음봉으로 시초가와 종가가 모두 이전 캔들 아래에서 형성되는 대표적인 하락형 패턴. 고가권에서는 강력한 매도신호, 바닥권에서는 거래량에 따라 주가 하락 또는 단기 반등 속임수 패턴으로 해석할 수 있다.

지속형 패턴

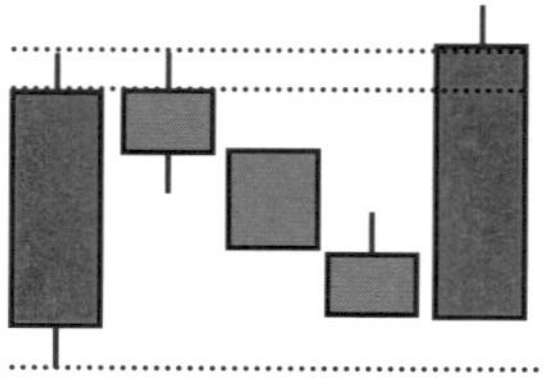

상승지속형

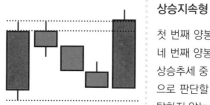

첫 번째 양봉 안에 3개의 음봉이 포함된 상태에서 네 번째 양봉이 첫 번째 양봉을 뚫고 올라온 패턴. 상승추세 중 3일에 걸쳐 매물 소화 과정을 거친 것으로 판단할 수 있으며, 첫 번째 양봉이 지지를 이탈하지 않는 것을 원칙으로 한다.

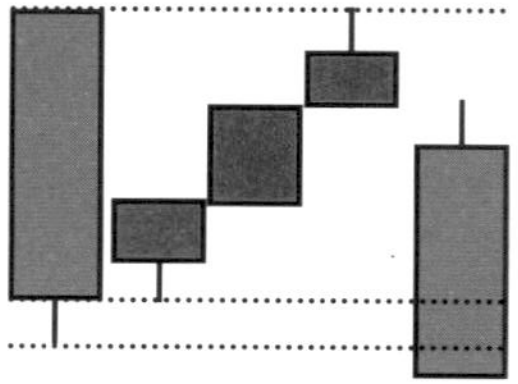

하락지속형

첫 번째 음봉 안에 3개의 양봉 음봉이 나타나고, 이어 네 번째 음봉이 첫 번째 음봉을 하향이탈한 패턴. 하락추세 중 단타성 매수세가 출현했지만 긴이 매물벽에 막혀 추가적인 상승이 어려운 것으로 해석한다.

캔들의 기본 형성

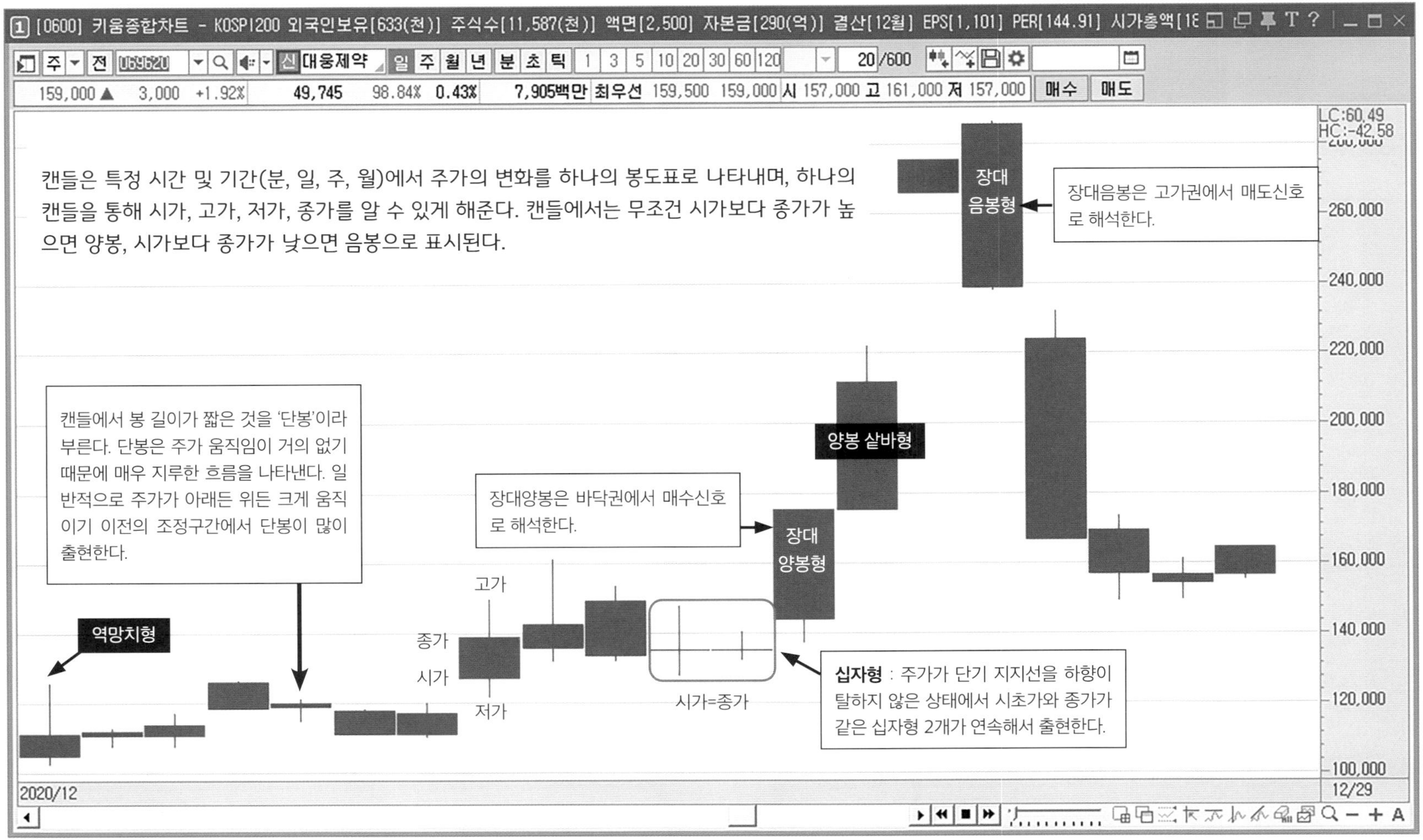
[0600] 키움종합차트 - KOSPI200 외국인보유[633(천)] 주식수[11,587(천)] 액면[2,500] 자본금[290(억)] 결산[12월] EPS[1,101] PER[144.91] 시가총액[1
대웅제약
159,000 ▲ 3,000 +1.92% 49,745 98.84% 0.43% 7,905백만 최우선 159,500 159,000 시 157,000 고 161,000 저 157,000 매수 매도
캔들은 특정 시간 및 기간(분, 일, 주, 월)에서 주가의 변화를 하나의 봉도표로 나타내며, 하나의 캔들을 통해 시가, 고가, 저가, 종가를 알 수 있게 해준다. 캔들에서는 무조건 시가보다 종가가 높으면 양봉, 시가보다 종가가 낮으면 음봉으로 표시된다.
장대 음봉형
장대음봉은 고가권에서 매도신호로 해석한다.
캔들에서 봉 길이가 짧은 것을 '단봉'이라 부른다. 단봉은 주가 움직임이 거의 없기 때문에 매우 지루한 흐름을 나타낸다. 일반적으로 주가가 아래든 위든 크게 움직이기 이전의 조정구간에서 단봉이 많이 출현한다.
양봉 샅바형
장대양봉은 바닥권에서 매수신호로 해석한다.
장대 양봉형
고가
종가
시가
저가
역망치형
시가=종가
십자형 : 주가가 단기 지지선을 하향이탈하지 않은 상태에서 시초가와 종가가 같은 십자형 2개가 연속해서 출현한다.
LC:60.49
HC:-42.58
260,000
240,000
220,000
200,000
180,000
160,000
140,000
120,000
100,000
2020/12
12/29

■ 하나의 캔들(봉)에는 무수히 많은 주가 비밀이 숨겨져 있다. 기업의 현재가치와 매수-매도 세력의 힘과 투자자의 심리를 엿볼 수 있으며, 이를 통해 향후 주가흐름을 예측하는 데 도움이 된다.

단기 주가흐름은 분봉차트를 통해서

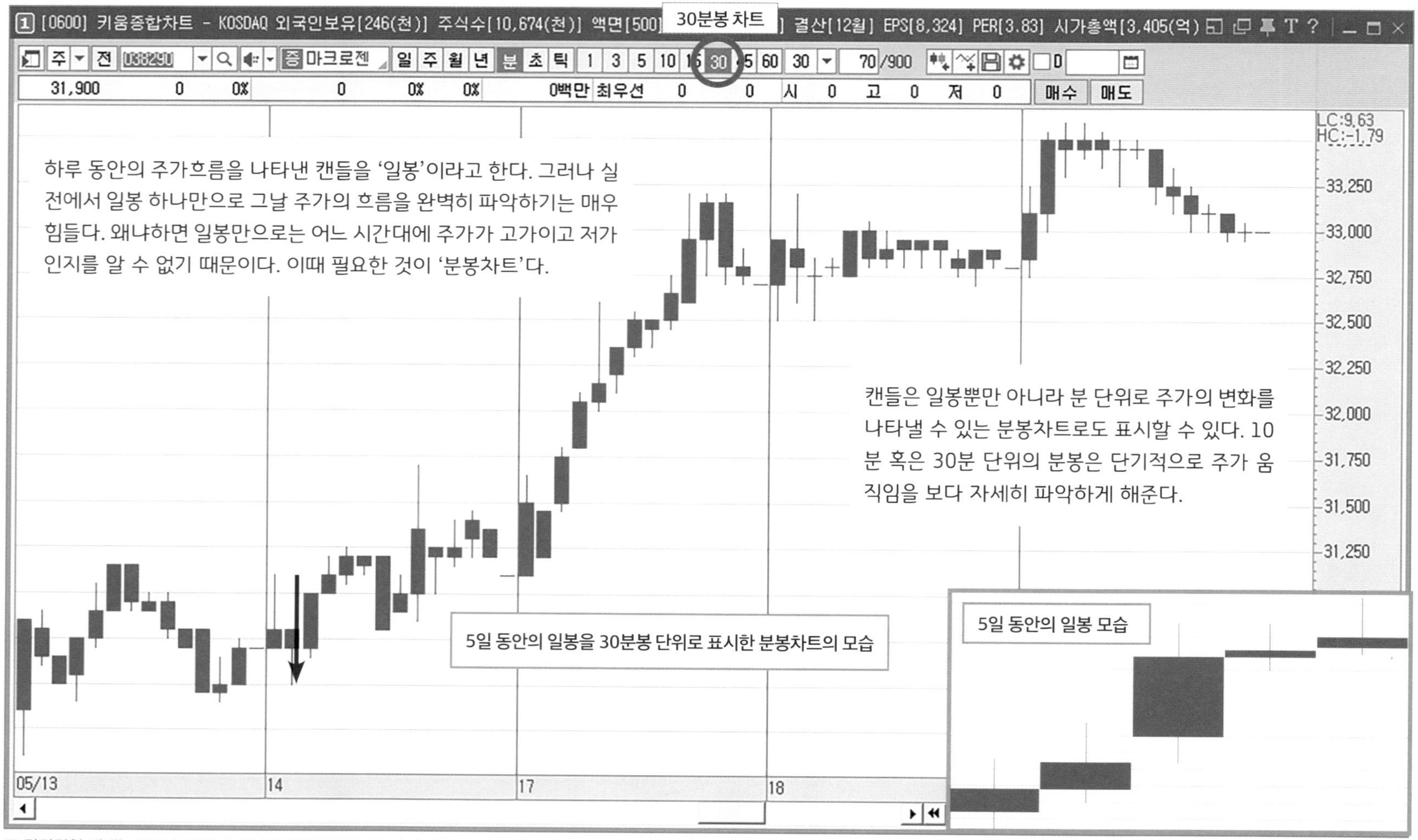
[1] [0600] 키움종합차트 - KOSDAQ 외국인보유[246(천)] 주식수[10,674(천)] 액면[500] 결산[12월] EPS[8,324] PER[3.83] 시가총액[3,405(억)]
30분봉 차트
LC:9,63
HC:-1,79
33,250
33,000
32,750
32,500
32,250
32,000
31,750
31,500
31,250
05/13
14
17
18
하루 동안의 주가흐름을 나타낸 캔들을 '일봉'이라고 한다. 그러나 실전에서 일봉 하나만으로 그날 주가의 흐름을 완벽히 파악하기는 매우 힘들다. 왜냐하면 일봉만으로는 어느 시간대에 주가가 고가이고 저가인지를 알 수 없기 때문이다. 이때 필요한 것이 '분봉차트'다.
캔들은 일봉뿐만 아니라 분 단위로 주가의 변화를 나타낼 수 있는 분봉차트로도 표시할 수 있다. 10분 혹은 30분 단위의 분봉은 단기적으로 주가 움직임을 보다 자세히 파악하게 해준다.
5일 동안의 일봉을 30분봉 단위로 표시한 분봉차트의 모습
5일 동안의 일봉 모습

■ 단기적인 매매는 주로 분봉이나 일봉을 참조하지만, 중·장기적인 매매는 '주봉'이나 심지어 한 달의 주가 변화를 하나의 봉으로 표시한 '월봉'을 참조해 추세가 상승세인지 하락세인지를 파악한다. 분봉차트의 경우에는 단기 성향이 큰 데이트레이더나 스윙트레이더가 주로 활용하는 봉차트다.

캔들 위꼬리는 매도세력, 아래꼬리는 매수세력

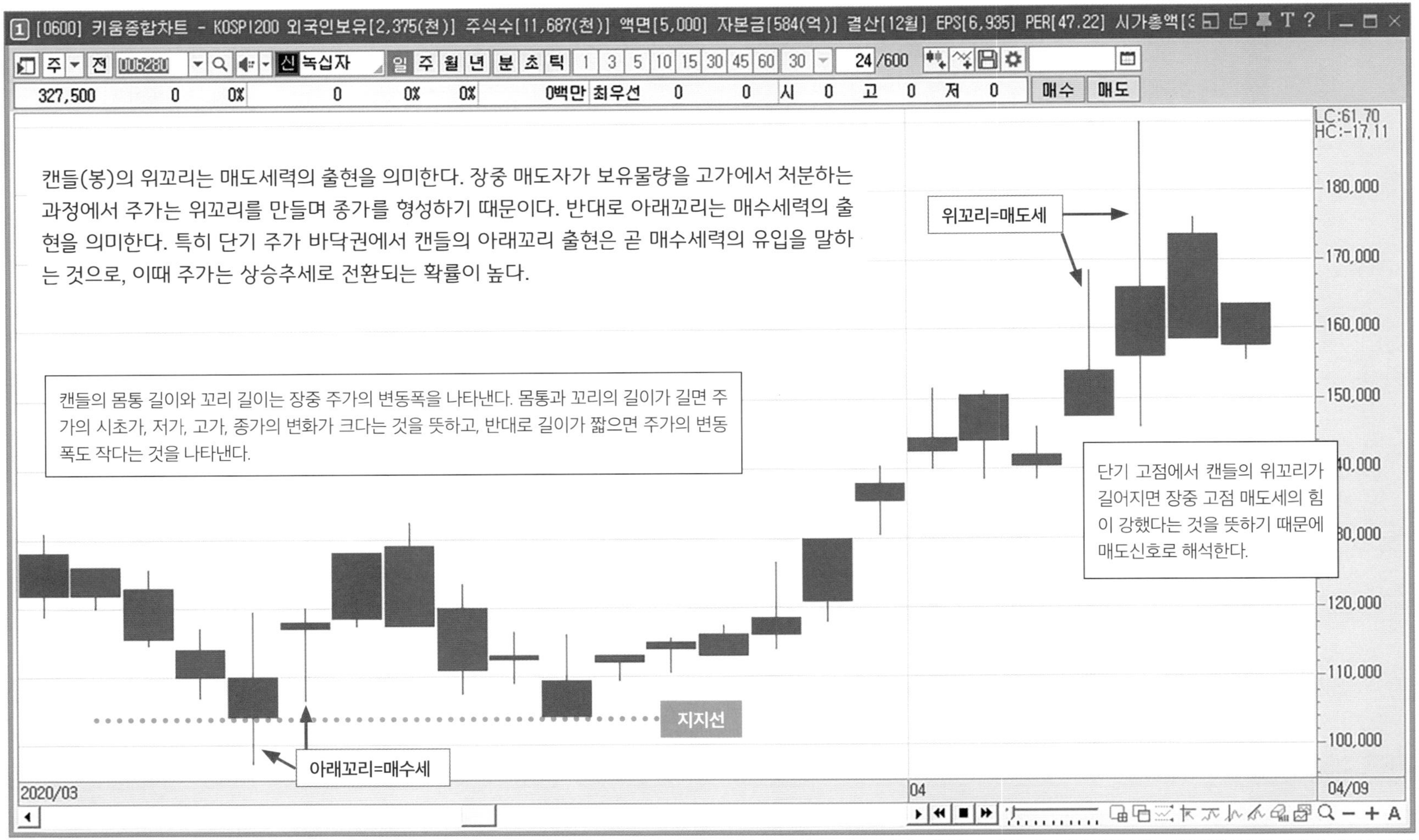
[0600] 키움종합차트 - KOSPI200 외국인보유[2,375(천)] 주식수[11,687(천)] 액면[5,000] 자본금[584(억)] 결산[12월] EPS[6,935] PER[47.22] 시가총액[
녹십자
327,500
캔들(봉)의 위꼬리는 매도세력의 출현을 의미한다. 장중 매도자가 보유물량을 고가에서 처분하는 과정에서 주가는 위꼬리를 만들며 종가를 형성하기 때문이다. 반대로 아래꼬리는 매수세력의 출현을 의미한다. 특히 단기 주가 바닥권에서 캔들의 아래꼬리 출현은 곧 매수세력의 유입을 말하는 것으로, 이때 주가는 상승추세로 전환되는 확률이 높다.
캔들의 몸통 길이와 꼬리 길이는 장중 주가의 변동폭을 나타낸다. 몸통과 꼬리의 길이가 길면 주가의 시초가, 저가, 고가, 종가의 변화가 크다는 것을 뜻하고, 반대로 길이가 짧으면 주가의 변동폭도 작다는 것을 나타낸다.
위꼬리=매도세
단기 고점에서 캔들의 위꼬리가 길어지면 장중 고점 매도세의 힘이 강했다는 것을 뜻하기 때문에 매도신호로 해석한다.
지지선
아래꼬리=매수세
LC:61.70
HC:-17.11
180,000
170,000
160,000
150,000
120,000
110,000
100,000
2020/03
04
04/09

■ 캔들의 위꼬리와 아래꼬리는 장중 매도세와 매수세의 출현을 의미하는 동시에 꼬리의 길이와 거래량에 따라서 매도-매수 세력의 힘을 파악할 수 있다. 캔들의 꼬리가 길고 거래량이 많으면 세력의 힘이 강한 것을 의미하며, 반대로 꼬리의 길이가 짧고 거래량이 적다면 세력의 힘은 약한 것으로 해석한다.

캔들의 몸통은 매수-매도 세력의 강도

캔들(봉)의 몸통은 캔들의 꼬리와 함께 매수세와 매도세의 힘을 나타내는 동시에 투자자들의 불안한 심리를 나타낸다. 캔들의 몸통이 길다는 것은 시가와 종가의 가격 차이가 크다는 것으로, 장중 주가 변동폭이 크다는 것을 뜻한다. 이것은 매수-매도 세력 간의 팽팽하던 힘의 균형이 깨지면서 한쪽으로 일방적으로 기울어지기 때문에 나타나는 현상이다. 반면에 캔들 몸통이 짧은 단봉일수록 매수-매도 두 세력 간의 팽팽한 눈치보기를 뜻하기 때문에 지루한 주가 움직임을 보이게 된다.

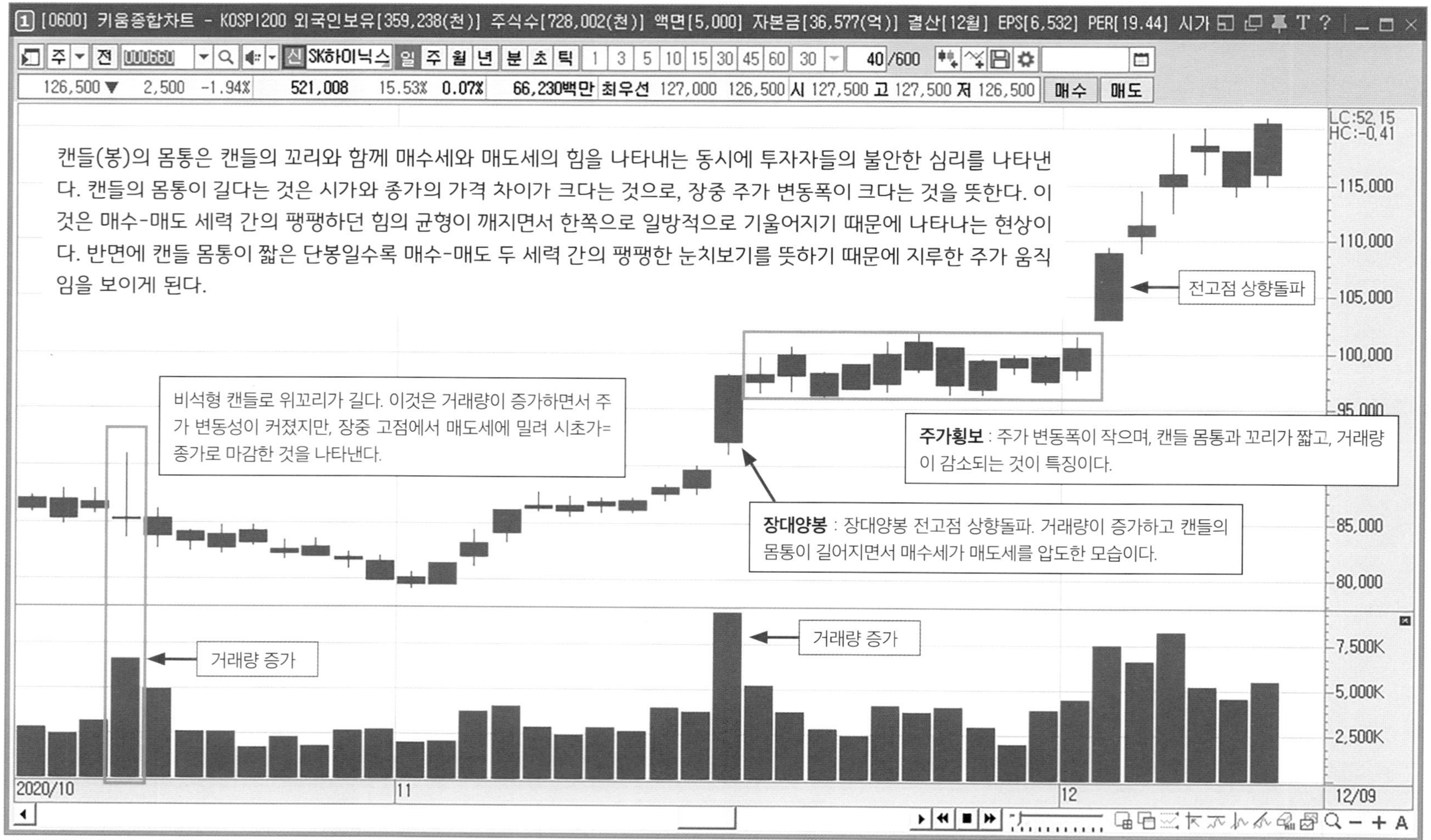
[0600] 키움종합차트 - KOSPI200 외국인보유[359,238(천)] 주식수[728,002(천)] 액면[5,000] 자본금[36,577(억)] 결산[12월] EPS[6,532] PER[19.44] 시가
SK하이닉스
126,500 ▼ 2,500 -1.94% 521,008 15.53% 0.07% 66,230백만 최우선 127,000 126,500 시 127,500 고 127,500 저 126,500
비석형 캔들로 위꼬리가 길다. 이것은 거래량이 증가하면서 주가 변동성이 커졌지만, 장중 고점에서 매도세에 밀려 시초가=종가로 마감한 것을 나타낸다.
전고점 상향돌파
주가횡보 : 주가 변동폭이 작으며, 캔들 몸통과 꼬리가 짧고, 거래량이 감소되는 것이 특징이다.
장대양봉 : 장대양봉 전고점 상향돌파. 거래량이 증가하고 캔들의 몸통이 길어지면서 매수세가 매도세를 압도한 모습이다.
거래량 증가
거래량 증가
2020/10
11
12
12/09

■ 캔들은 곧 주가 변동폭이다. 일반적으로 캔들 몸통 길이가 짧으면 그만큼 거래량이 감소하는 특성이 있다. 주가의 등락폭이 작으니 매수자가 선뜻 매수에 동참하지 못한다. 따라서 캔들 몸통이 짧으면 거래량이 감소하고, 캔들 몸통이 길어지면 거래량이 증가한다. 이것을 반대로 해석하면, 거래량에 따라 캔들의 모양이 결정된다는 의미다.

[0600] 키움종합차트 - KOSPI200 외국인보유[5,255(천)] 주식수[52,985(천)] 결산[12월] EPS[91] PER[732.41] 시가총액[35,1...

66,400 ▲ 700 +1.07% 이평가 신 신중제약 210,096 20.79% 0.40% 일 주 월 년 분 초 틱 1 3 5 10 15 30 45 60 30 ▶ 42/600 매수 매도

66,400 13,854백만 최우선 66,300 시 66,600 고 66,600 저 65,500

전고점 상향돌파 장대양봉

기간조정구간 : 주가 변동폭이 작아지면서 횡보하는 구간을 말하는데, 단기 바닥권으로 인식할 수 있다.

바닥권에서 출현하는 장대양봉은 강력한 매수신호

거래량 증가

LC:214.06
HC:-0.50

주가의 하루 변동폭은 ±30%다. 단 하루만에 투자금의 30%에서 심지어 50%까지 수익을 올릴 수 있다는 뜻이다. 반대로 단 하루만에 투자금의 -50% 이상을 잃을 수도 있다는 의미다. 캔들의 위치와 모양은 곧 주가 변동폭을 나타낸다. 주가 변동폭은 매수세와 매도세의 힘에 의해서 결정되고, 이것은 곧 거래량을 통해서 주가의 가격을 결정하게 된다. 캔들에서 매수세의 힘이 가장 잘 나타내는 것이 바로 '장대양봉'이다. 일반적으로 주가 바닥권에서 거래량이 증가하면서 장대양봉을 강력한 매수신호로 해석한다. 매수세가 매도세를 자본의 힘으로만 완전히 압도하는 모습이기 때문이다.

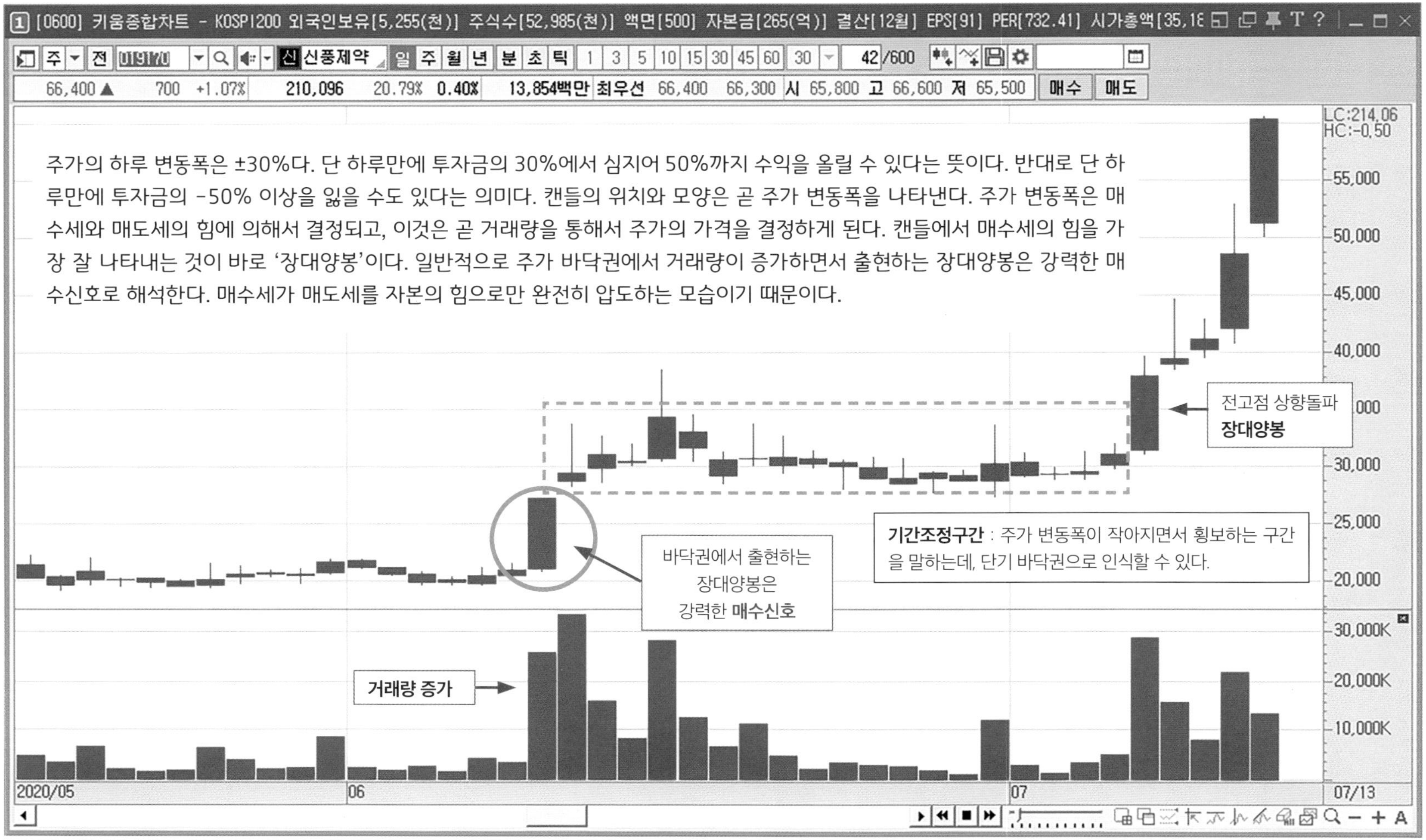

■ 주식시장에서 '바닥'이라는 뜻은 주가가 더 이상 떨어지지 않는 구간을 의미한다. 일반적으로 '주가 바닥권'이라고 하면 통상 3개월 정도, 길게는 6개월 정도, 짧게는 1개월 정도, 최근 1년 정도의 기간 동안 주가가 더 이상 하락하지 않은 상태는 옆으로 횡보하는 구간을 말한다.

상투권 장대음봉은 매도신호

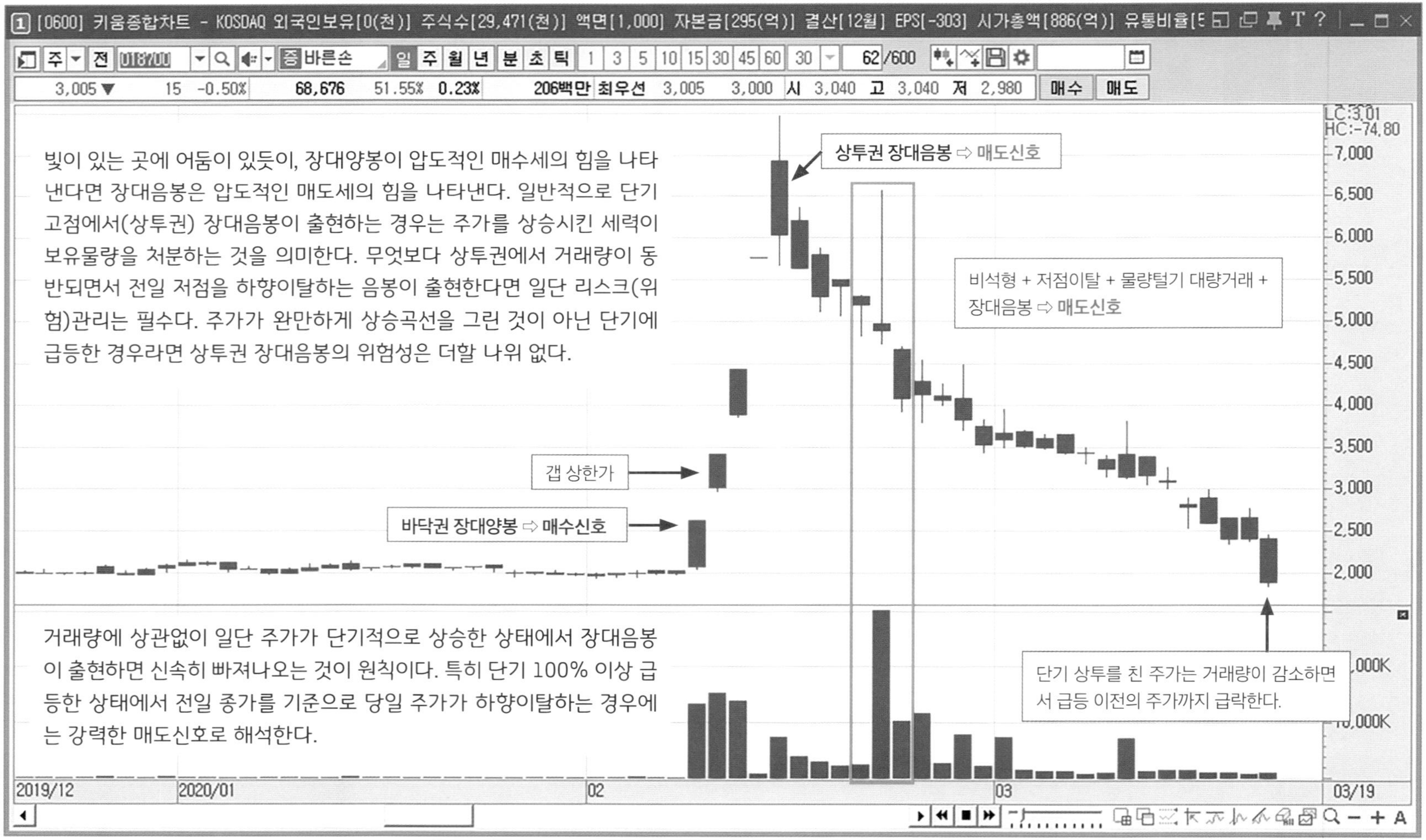
[0600] 키움종합차트 - KOSDAQ 외국인보유[0(천)] 주식수[29,471(천)] 액면[1,000] 자본금[295(억)] 결산[12월] EPS[-303] 시가총액[886(억)] 유통비율[
3,005 ▼ 15 -0.50% 68,676 51.55% 0.23% 206백만 최우선 3,005 3,000 시 3,040 고 3,040 저 2,980 매수 매도
빛이 있는 곳에 어둠이 있듯이, 장대양봉이 압도적인 매수세의 힘을 나타낸다면 장대음봉은 압도적인 매도세의 힘을 나타낸다. 일반적으로 단기 고점에서(상투권) 장대음봉이 출현하는 경우는 주가를 상승시킨 세력이 보유물량을 처분하는 것을 의미한다. 무엇보다 상투권에서 거래량이 동반되면서 전일 저점을 하향이탈하는 음봉이 출현한다면 일단 리스크(위험)관리는 필수다. 주가가 완만하게 상승곡선을 그린 것이 아닌 단기에 급등한 경우라면 상투권 장대음봉의 위험성은 더할 나위 없다.
상투권 장대음봉 ⇨ 매도신호
비석형 + 저점이탈 + 물량털기 대량거래 + 장대음봉 ⇨ 매도신호
갭 상한가
바닥권 장대양봉 ⇨ 매수신호
거래량에 상관없이 일단 주가가 단기적으로 상승한 상태에서 장대음봉이 출현하면 신속히 빠져나오는 것이 원칙이다. 특히 단기 100% 이상 급등한 상태에서 전일 종가를 기준으로 당일 주가가 하향이탈하는 경우에는 강력한 매도신호로 해석한다.
단기 상투를 친 주가는 거래량이 감소하면서 급등 이전의 주가까지 급락한다.
2019/12
2020/01
02
03
03/19

■ 단기 주가 상투를 맞은 주식이 추가로 상승하기 위해서는 일반적으로 거래량이 뒷받침되어야 한다. 이를 '수급'이라고 말하며, 바로 이 수급이 뒷받침되지 않는다면 주가는 지루한 횡보세를 보이거나, 여차하면 추가적인 급락세를 맞게 된다.

추세이탈 장대음봉

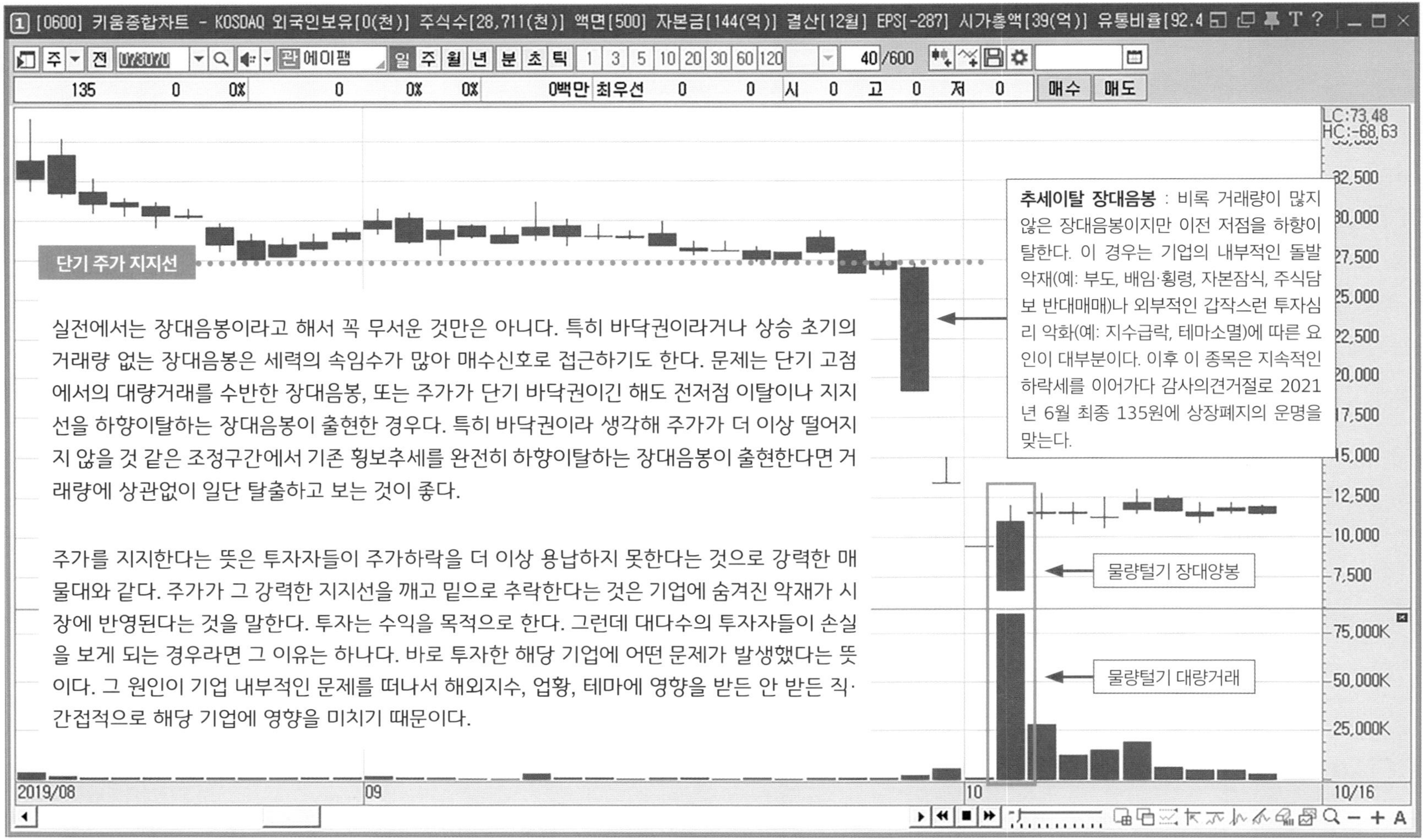
[0600] 키움종합차트 - KOSDAQ 외국인보유[0(천)] 주식수[28,711(천)] 액면[500] 자본금[144(억)] 결산[12월] EPS[-287] 시가총액[39(억)] 유통비율[92.4
단기 주가 지지선
추세이탈 장대음봉 : 비록 거래량이 많지 않은 장대음봉이지만 이전 저점을 하향이탈한다. 이 경우는 기업의 내부적인 돌발 악재(예: 부도, 배임·횡령, 자본잠식, 주식담보 반대매매)나 외부적인 갑작스런 투자심리 악화(예: 지수급락, 테마소멸)에 따른 요인이 대부분이다. 이후 이 종목은 지속적인 하락세를 이어가다 감사의견거절로 2021년 6월 최종 135원에 상장폐지의 운명을 맞는다.
물량털기 장대양봉
물량털기 대량거래
2019/08
09
10
10/16

실전에서는 장대음봉이라고 해서 꼭 무서운 것만은 아니다. 특히 바닥권이라거나 상승 초기의 거래량 없는 장대음봉은 세력의 속임수가 많아 매수신호로 접근하기도 한다. 문제는 단기 고점에서의 대량거래를 수반한 장대음봉, 또는 주가가 단기 바닥권이긴 해도 전저점 이탈이나 지지선을 하향이탈하는 장대음봉이 출현한 경우다. 특히 바닥권이라 생각해 주가가 더 이상 떨어지지 않을 것 같은 조정구간에서 기존 횡보추세를 완전히 하향이탈하는 장대음봉이 출현한다면 거래량에 상관없이 일단 탈출하고 보는 것이 좋다.

주가를 지지한다는 뜻은 투자자들이 주가하락을 더 이상 용납하지 못한다는 것으로 강력한 매물대와 같다. 주가가 그 강력한 지지선을 깨고 밑으로 추락한다는 것은 기업에 숨겨진 악재가 시장에 반영된다는 것을 말한다. 투자는 수익을 목적으로 한다. 그런데 대다수의 투자자들이 손실을 보게 되는 경우라면 그 이유는 하나다. 바로 투자한 해당 기업에 어떤 문제가 발생했다는 뜻이다. 그 원인이 기업 내부적인 문제를 떠나서 해외지수, 업황, 테마에 영향을 받든 안 받든 직·간접적으로 해당 기업에 영향을 미치기 때문이다.

■ 지지선은 단기적으로 주가 바닥권을 알리는 매수신호와 같다. 주가가 단기적으로 하락하지 않으려는 방어선이다. 만약 이 지지선을 하향이탈하는 캔들이 출현한다면 기업의 뉴스나 공시를 우선 확인해야 하며, 설령 기업의 내부적인 요인이 아닌 외부적 요인으로 판단되더라도 위험관리는 필수다. 왜냐하면 주가는 기업의 악재나 호재를 미리 선반영하는 특성이 있기 때문이다.

희망회로

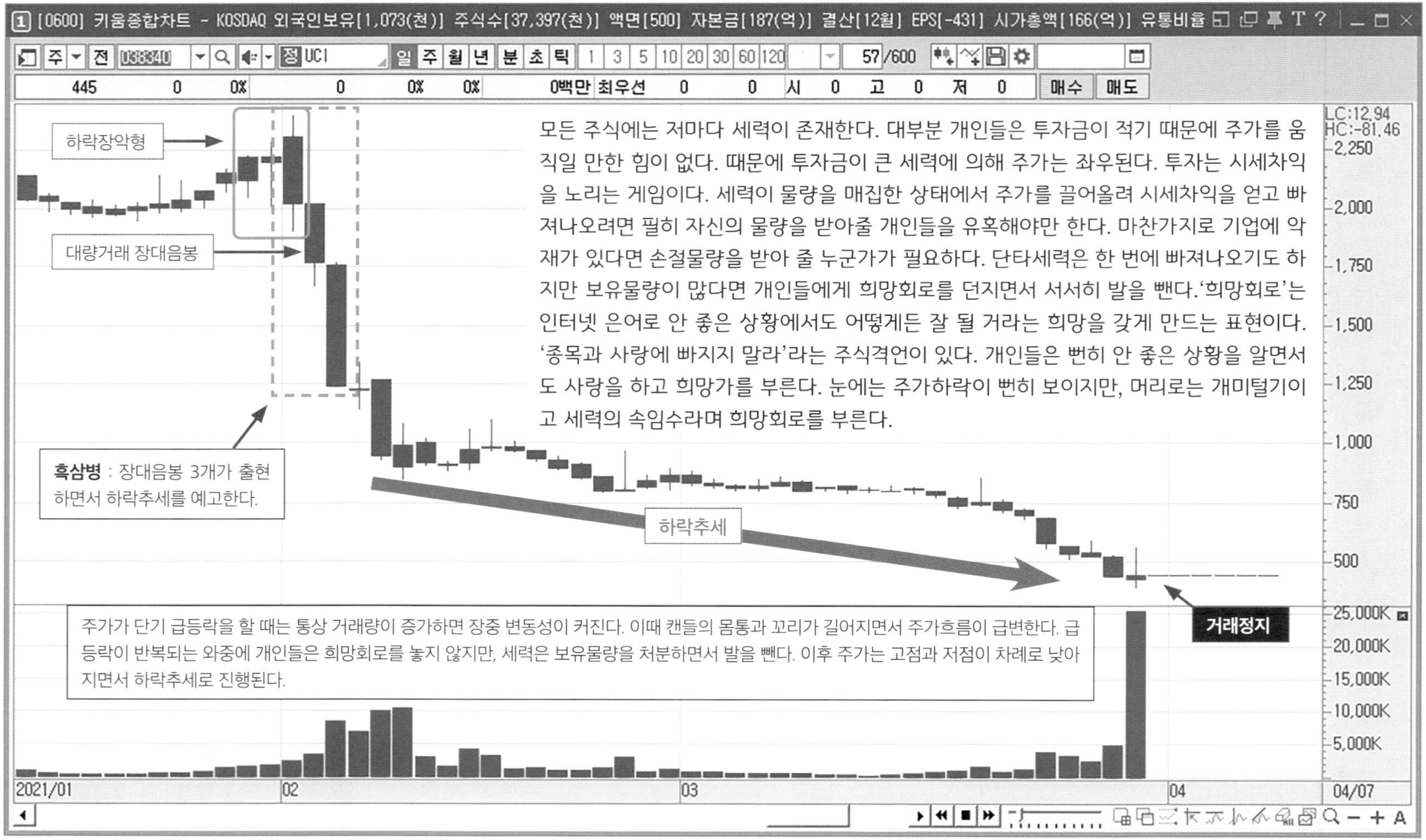

■ 가치투자나 차트투자나 실전에서는 이론대로 실천하기 매우 힘들다. 부실기업인줄 알면서도 투자하고, 차트에는 매도신호를 보이는 캔들이 출현해도 정작 매도버튼을 누를 수가 없다. 왜냐하면 당장 손실을 보기 싫기 때문이다. 익절도 안 하고, 손절도 하지 못한다. 한 종목만을 사랑하고 희망회로에 사로잡히기 때문이다.

속임수 양봉캔들

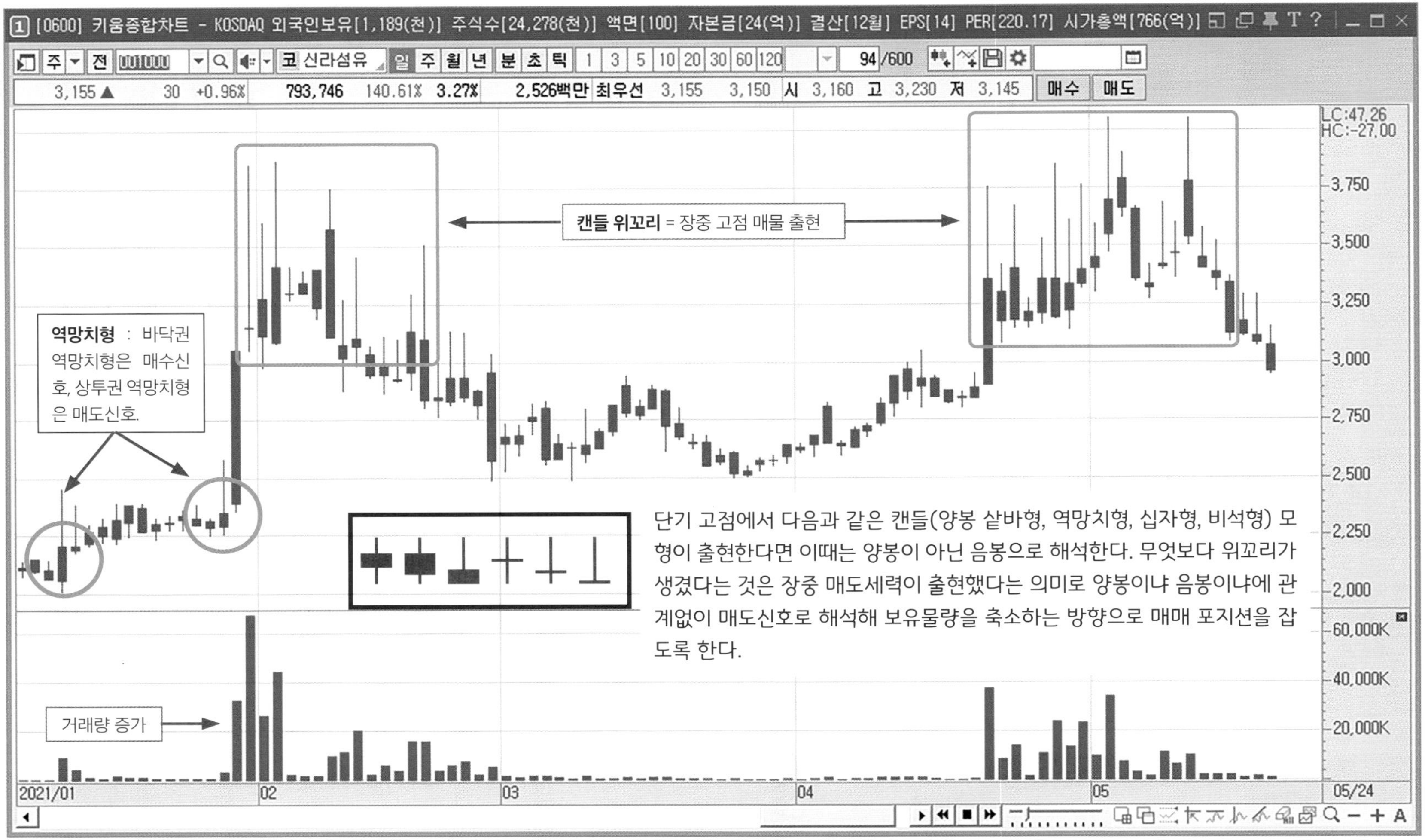

[0600] 키움종합차트 - KOSDAQ 외국인보유[1,189(천)] 주식수[24,278(천)] 액면[100] 자본금[24(억)] 결산[12월] EPS[14] PER[220.17] 시가총액[766(억)]
신라섬유
3,155 ▲ 30 +0.96% 793,746 140.61% 3.27% 2,526백만 최우선 3,155 3,150 시 3,160 고 3,230 저 3,145
매수 매도
역망치형 : 바닥권 역망치형은 매수신호, 상투권 역망치형은 매도신호.
캔들 위꼬리 = 장중 고점 매물 출현
거래량 증가
단기 고점에서 다음과 같은 캔들(양봉 샅바형, 역망치형, 십자형, 비석형) 모형이 출현한다면 이때는 양봉이 아닌 음봉으로 해석한다. 무엇보다 위꼬리가 생겼다는 것은 장중 매도세력이 출현했다는 의미로 양봉이냐 음봉이냐에 관계없이 매도신호로 해석해 보유물량을 축소하는 방향으로 매매 포지션을 잡도록 한다.
LC:47.26
HC:-27.00
3,750
3,500
3,250
3,000
2,750
2,500
2,250
2,000
60,000K
40,000K
20,000K
2021/01
02
03
04
05
05/24

■ 캔들의 위꼬리는 시초가와 장중 최고가와의 차이를 말한다. 위꼬리가 길다는 것은 그만큼 장중 최고가에서 주가가 밀렸다는 것을 뜻한다. 여기에 거래량이 많다면 장중 고가권에서 주식을 매수한 투자자들이 많다는 뜻이기에 매물 즉, 저항대 역할을 한다. 여기서 주가가 더 이상 상승하지 못한다면 이는 곧 손절물량 출회를 의미하기에 상투권에서 위꼬리가 긴 양봉은 음봉으로 해석한다.

반전형 캔들

영화에서 관객들의 예상을 뒤집는 반전이 있듯이, 차트에서도 기존 추세를 뒤집는 반전이 빈번하게 일어난다. 실전에서 많이 볼 수 있는 상승반전형 패턴으로는 크게 적삼병, 샛별형, 관통형, 상승장악형 등으로 요약할 수 있다. 이때 캔들은 주로 바닥권에서 장대양봉, 양봉샅바형, 망치형, 십자형 형태로 나타나며 아래꼬리가 생기면서 매수세력의 참여를 알린다. 하락반전형으로는 흑삼병, 흑운형, 하락장악형, 석별형 등으로 요약할 수 있다. 보통 단기 고점에서 장대음봉, 비석형, 유성형 캔들로 나타나며, 대부분 위꼬리가 길어지면서 매도세력의 출현을 알린다.

■ 실전과 이론의 갭은 상당히 크다. 이상과 현실의 차이이다. 특히 차트에서 캔들(봉차트)만으로 주가를 예측하기는 현실적으로 매우 어렵다. 다만 바닥권에서 양봉형 캔들은 매수신호, 상투권에서 음봉형 캔들은 매도신호라는 정도로만 해석하기 바란다.

캔들 꼬리 길이에 대한 투자심리

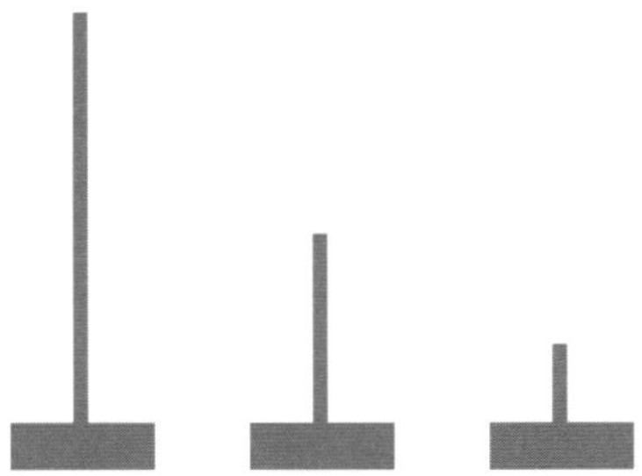

위꼬리 길이

•조건 : 캔들 몸통 같음, 거래량 동일

캔들 위꼬리 길이에 대한 매도심리

캔들의 위꼬리는 장중 고점에서 매도세가 출현해 매수세를 압도한 것을 의미한다. 음봉이든 양봉이든 상관없이 일단 매도세가 출현했다는 것에 주의한다. 위꼬리가 길다는 것은 매도 가격 변동폭이 컸다는 뜻으로 장중 고점에서 매수한 투자자들은 일단 큰 손해를 보고 있다는 뜻이다. 여기서 거래량이 증가했다면 손해를 보는 투자자들이 그만큼 많았다는 것이고, 이것은 곧 향후 주가상승에 발목을 잡는 역할을 한다. 왜냐하면 저항 역할을 하는 매물이 많아졌기 때문이다. 다시 말해 위꼬리에 대한 1차적인 매물소화를 거쳐야만 향후 주가상승을 기대할 수 있다. 결과적으로 캔들의 위꼬리는 매도심리의 강도를 나타내기 때문에 짧을수록 좋다.

아래꼬리 길이

캔들 아래꼬리 길이에 대한 매수심리

캔들의 아래꼬리는 장중 저점에서 매수세가 출현해 매도세를 압도한 것을 의미한다. 양봉이냐 음봉이냐와 몸통 길이 및 거래량에 따라 약간씩 해석하는 차이가 있지만, 어쨌든 매수세가 출현했다는 것에는 반가운 의미일 것이다. 그렇다면 아래꼬리 길이는 길수록 좋을까, 짧을수록 좋을까? 정답이 될 수는 없지만, 일반적으로 아래꼬리 길이가 몸통 길이의 50% 정도 적당한 것이 좋다. 아래꼬리가 너무 길면 매수세의 강한 힘을 나타내는 동시에, 장중 저점에서 매수한 투자자들은 이미 큰 수익을 보고 있는 상태이기에 언제든지 매도세로 돌변할 가능성이 높다. 반면 아래꼬리가 짧다면 추가 매수세의 힘이 그렇게 크지 않다는 뜻이다. 나름대로 해석의 차이는 있지만… 일반적으로 주가 바닥권에서 거래량이 증가하면서 캔들의 아래꼬리가 연속 출현한다면 상승추세전환을 예고한다고 해석한다.

위꼬리 음봉은 다음날 하락 예고

■ 실전에서 위꼬리가 길다거나 장대음봉이라고 해서 모두가 다 무서운 것은 아니다. 바닥권에서 음봉은 속임수 음봉으로 나타나거나, 상투권에서의 음봉 또한 추가 매집용으로 종종 활용되기도 한다. 속임수 음봉에 대한 대처 문제는 차트상 우선 거래량을 살피며, 다음으로 단기 지지선이나 이평선, 혹은 이격도 등을 참조한다.

바닥권 상승음봉은 추세전환 신호

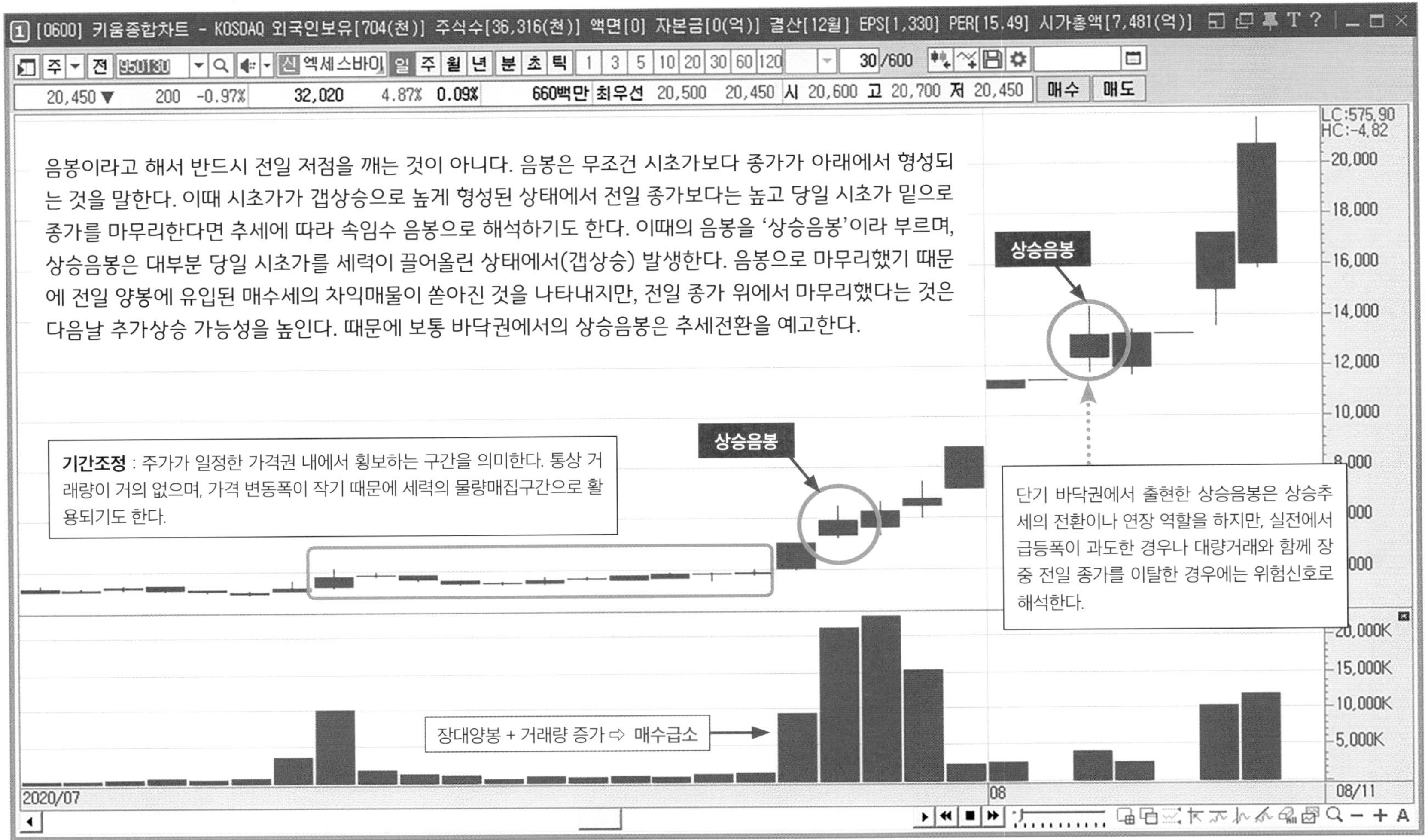

[0600] 키움종합차트 - KOSDAQ 외국인보유[704(천)] 주식수[36,316(천)] 액면[0] 자본금[0(억)] 결산[12월] EPS[1,330] PER[15.49] 시가총액[7,481(억)]
20,450 ▼ 200 -0.97% 32,020 4.87% 0.09% 660백만 최우선 20,500 20,450 시 20,600 고 20,700 저 20,450 매수 매도
음봉이라고 해서 반드시 전일 저점을 깨는 것이 아니다. 음봉은 무조건 시초가보다 종가가 아래에서 형성되는 것을 말한다. 이때 시초가가 갭상승으로 높게 형성된 상태에서 전일 종가보다는 높고 당일 시초가 밑으로 종가를 마무리한다면 추세에 따라 속임수 음봉으로 해석하기도 한다. 이때의 음봉을 '상승음봉'이라 부르며, 상승음봉은 대부분 당일 시초가를 세력이 끌어올린 상태에서(갭상승) 발생한다. 음봉으로 마무리했기 때문에 전일 양봉에 유입된 매수세의 차익매물이 쏟아진 것을 나타내지만, 전일 종가 위에서 마무리했다는 것은 다음날 추가상승 가능성을 높인다. 때문에 보통 바닥권에서의 상승음봉은 추세전환을 예고한다.
기간조정 : 주가가 일정한 가격권 내에서 횡보하는 구간을 의미한다. 통상 거래량이 거의 없으며, 가격 변동폭이 작기 때문에 세력의 물량매집구간으로 활용되기도 한다.
상승음봉
상승음봉
단기 바닥권에서 출현한 상승음봉은 상승추세의 전환이나 연장 역할을 하지만, 실전에서 급등폭이 과도한 경우나 대량거래와 함께 장중 전일 종가를 이탈한 경우에는 위험신호로 해석한다.
장대양봉 + 거래량 증가 ⇨ 매수급소
LC:575,90
HC:-4,82
20,000
18,000
16,000
14,000
12,000
10,000
15,000K
10,000K
5,000K
2020/07
08
08/11

■ 상승음봉은 세력의 '양음양' 패턴에서도 많이 볼 수 있는데, 전일 양봉에서 매수한 물량을 당일 고점에서 일단 매도한 다음 장중 저가에 다시 재매수하며 물량을 늘리는 패턴이라 할 수 있다. 이때 주가는 '양봉→음봉→양봉' 순으로 반복하며 상승추세를 그린다.

상승음봉의 비밀

상승음봉은 세력의 매집인 동시에 트릭과 같다. 세력들은 차트를 만들면서 종종 속임수 패턴으로 투기성 데이트레이더(단타세력)의 접근을 차단한다. 특히 상승음봉인 경우에는 전일 양봉으로 마감한 상태에서 익일 갭상승시키며 전날 매수세에게 이익실현 매물을 내놓으라고 강요하는 효과를 노린다. 단타세력의 물량을 받는 동시에 종가를 음봉으로 마감함으로써 단타세력의 적극적 참여를 방해하는 효과도 얻게 된다. 만약 바닥권에서 전일 종가를 이탈하지 않는 상승음봉이 출현한 경우에는 대부분 속임수 음봉으로 해석해 단기적 매수시점을 저울질할 수 있다.

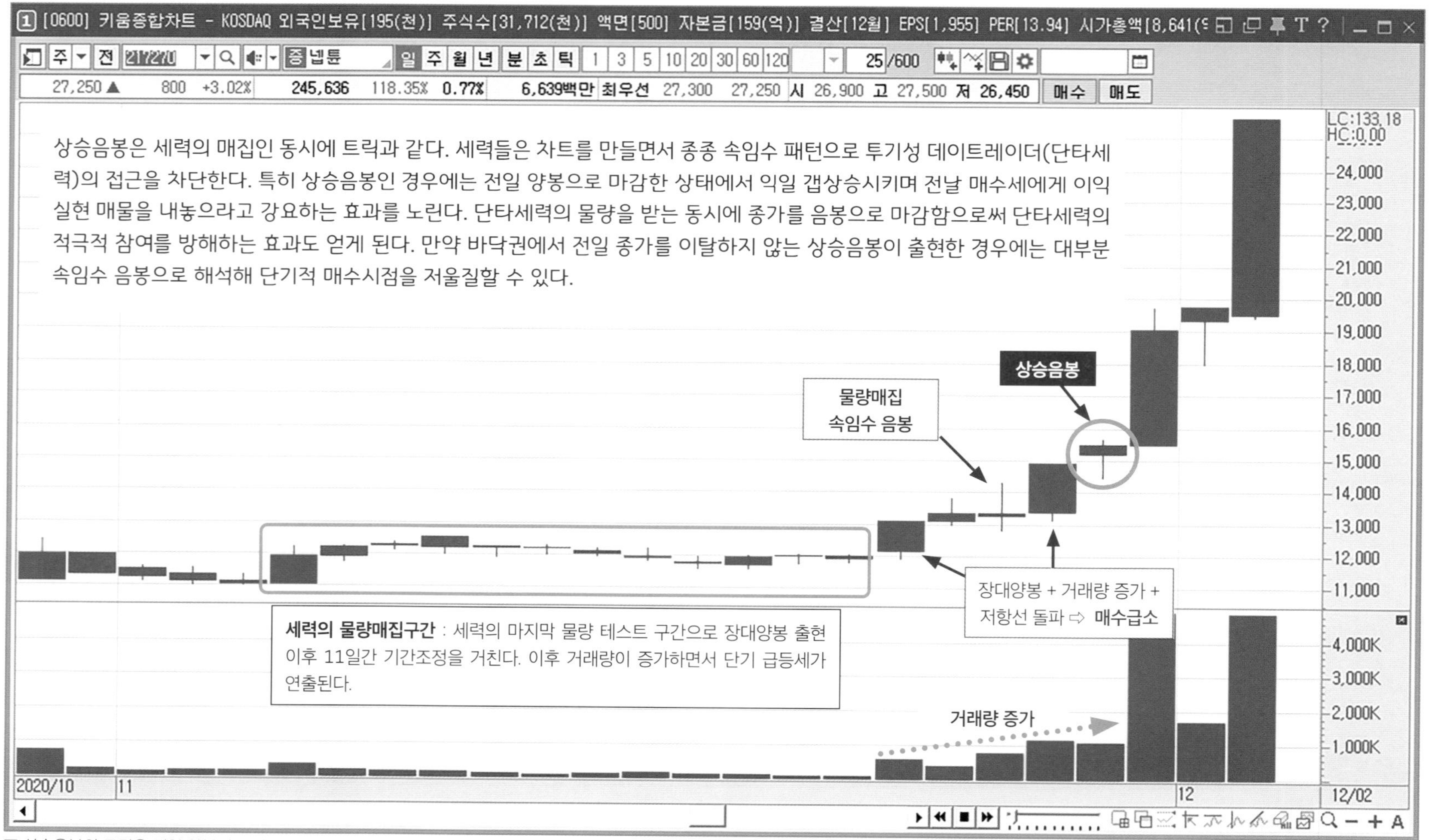

■ 상승음봉의 조건은 전일 양봉의 종가 지지 여부에 달려있다. 만약 전일 종가를 이탈한다면 단기 매물이 많아졌기 때문에 확률은 그만큼 떨어진다. 이후 상승음봉의 거래량 이상의 거래량 증가가 보이면서 단기 저항선을 돌파하는 갭이나 양봉이 출현한다면 단기 매수관점으로 접근이 가능하다.

속임수(상승)음봉 확률 높이기

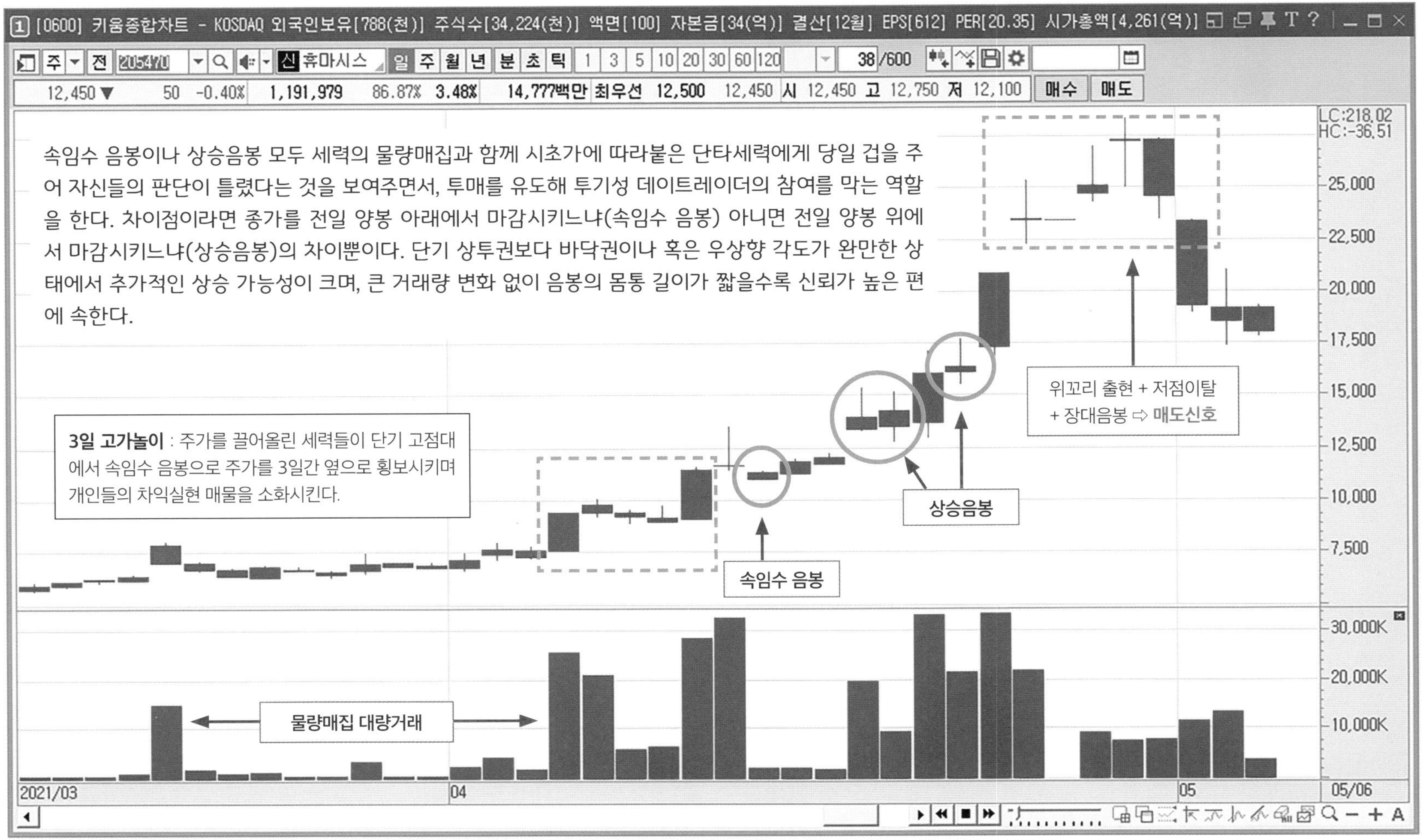
[0600] 키움종합차트 - KOSDAQ 외국인보유[788(천)] 주식수[34,224(천)] 액면[100] 자본금[34(억)] 결산[12월] EPS[612] PER[20.35] 시가총액[4,261(억)]
휴마시스
12,450 ▼ 50 -0.40% 1,191,979 86.87% 3.48% 14,777백만 최우선 12,500 12,450 시 12,450 고 12,750 저 12,100
매수 매도
속임수 음봉이나 상승음봉 모두 세력의 물량매집과 함께 시초가에 따라붙은 단타세력에게 당일 겁을 주어 자신들의 판단이 틀렸다는 것을 보여주면서, 투매를 유도해 투기성 데이트레이더의 참여를 막는 역할을 한다. 차이점이라면 종가를 전일 양봉 아래에서 마감시키느냐(속임수 음봉) 아니면 전일 양봉 위에서 마감시키느냐(상승음봉)의 차이뿐이다. 단기 상투권보다 바닥권이나 혹은 우상향 각도가 완만한 상태에서 추가적인 상승 가능성이 크며, 큰 거래량 변화 없이 음봉의 몸통 길이가 짧을수록 신뢰가 높은 편에 속한다.
3일 고가놀이 : 주가를 끌어올린 세력들이 단기 고점대에서 속임수 음봉으로 주가를 3일간 옆으로 횡보시키며 개인들의 차익실현 매물을 소화시킨다.
속임수 음봉
상승음봉
위꼬리 출현 + 저점이탈 + 장대음봉 ⇨ 매도신호
물량매집 대량거래
LC:218.02
HC:-36.51
25,000
22,500
20,000
17,500
15,000
12,500
10,000
7,500
30,000K
20,000K
10,000K
2021/03
04
05
05/06

■ 주가상승 과정에서 양봉만으로는 한계가 있다. 연속된 양봉은 무조건 매수하기만 하면 수익을 보게 되는 것을 말한다. 이런 상태에서는 제아무리 자본이 많은 세력이라도 그 많은 물량을 전부 끌고 갈 수는 없다. 따라서 세력은 물량 일부를 고가에서 던지고 저가에서 다시 받고, 다시 올리고 하는 과정을 통해 매물부담을 줄이며 주가를 상승시키는 경우가 많다.

상투권 흑삼병 = 매도신호

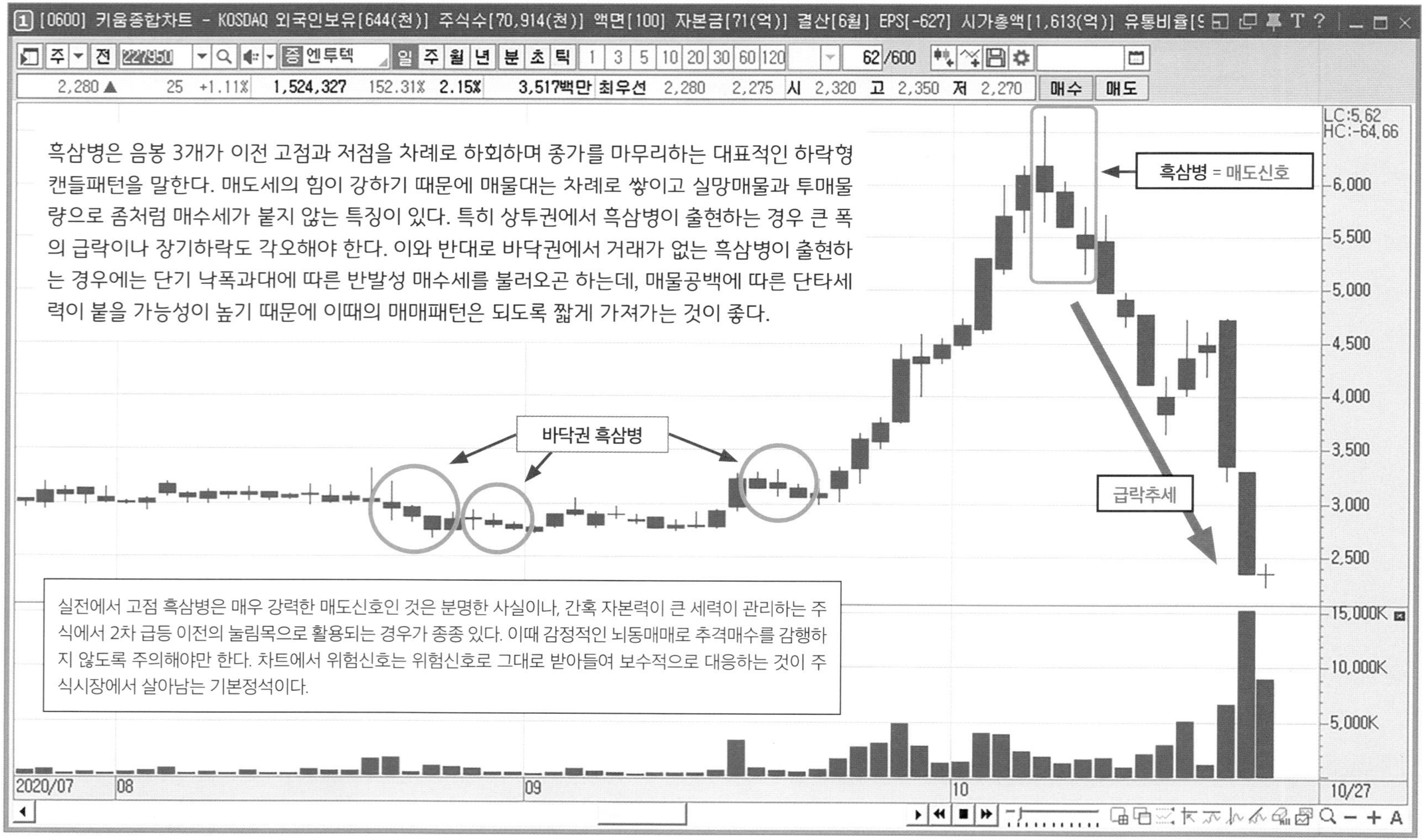

흑삼병은 음봉 3개가 이전 고점과 저점을 차례로 하회하며 종가를 마무리하는 대표적인 하락형 캔들패턴을 말한다. 매도세의 힘이 강하기 때문에 매물대는 차례로 쌓이고 실망매물과 투매물량으로 좀처럼 매수세가 붙지 않는 특징이 있다. 특히 상투권에서 흑삼병이 출현하는 경우 큰 폭의 급락이나 장기하락도 각오해야 한다. 이와 반대로 바닥권에서 거래가 없는 흑삼병이 출현하는 경우에는 단기 낙폭과대에 따른 반발성 매수세를 불러오곤 하는데, 매물공백에 따른 단타세력이 붙을 가능성이 높기 때문에 이때의 매매패턴은 되도록 짧게 가져가는 것이 좋다.

실전에서 고점 흑삼병은 매우 강력한 매도신호인 것은 분명한 사실이나, 간혹 자본력이 큰 세력이 관리하는 주식에서 2차 급등 이전의 눌림목으로 활용되는 경우가 종종 있다. 이때 감정적인 뇌동매매로 추격매수를 감행하지 않도록 주의해야만 한다. 차트에서 위험신호는 위험신호로 그대로 받아들여 보수적으로 대응하는 것이 주식시장에서 살아남는 기본정석이다.

■ 주가가 단기간에 상승(급등)한 고점에서는 음봉 3개까지 기다릴 이유가 없다. 봉 길이가 길어지고, 위꼬리가 연속해서 출현하고, 전일 저점을 하향이탈하는 순간에는 미련 없이 매도관점으로 대응하도록 한다.

바닥권 적삼병 = 매수신호

① [0600] 키움종합차트 - KOSDAQ 외국인보유 [306(천)] 주식수 [11,422(천)] 액면 [500] 자본금 [57(억)] 결산 [12월] EPS [-526] 시가총액 [11,833(억)] 유통비율 □ □ ▨ T ? |— □ ×

103,600 ▼ -3.09% | 3,300 194480 | 101,376 120.14% 0.89% | 종합매시스탬 | 일 주 월 년 분 초 틱 1 3 5 10 20 30 60 120 | 45/600 | 매수 매도

10,375백만 최우선 103,600 103,500 시 106,900 고 106,900 저 103,500

LC:345.45 HC:-8.84

갭상승 + 거래량 증가 + 저항선 돌파 ⇨ 매수급소

적삼병 = 매수신호

바닥권에서 거래량이 점진적으로 증가 하는 적삼병은 신뢰도가 높은 편이다. 그러나 주가가 단기 급등한 상태에서 조 정을 보이는 구간에서 출현하는 적삼병 은 세력의 물량털기 수임수로 많이 쓰이 는 만큼 거별히 주의해야만 한다.

적삼병은 이전 고점과 저점을 차례로 높이며 양봉이 3개 출현하는 대표적인 상 승형 캔들패턴을 말한다. 장기봉보나 하락세에서 적삼병이 출현한다면 강한 상승반전을 예상할 수도 있다. 주가 상투권인 고점에서 적삼병이 출현하더라 도 위험성이 큰 편이지만, 주가 바닥권인 저점에서는 비교적 확률이 높은 상승 형 패턴에 속한다. 주의할 것은 바닥권에서 적삼병 출현시 갭을 동반한 채 캔 들 몸통이 너무 길거나 3봉 출현시 상승폭이 너무 크다면 오히려 단 기세력의 표적이 되어 짧은 시세로 마감되는 경우가 많다. 따라서 주가가 저점 과 고점을 차례로 높이면서 저항선을 상향돌파하는 모습을 보일 때, 이 후 분할로 접근하는 것이 바람직하다.

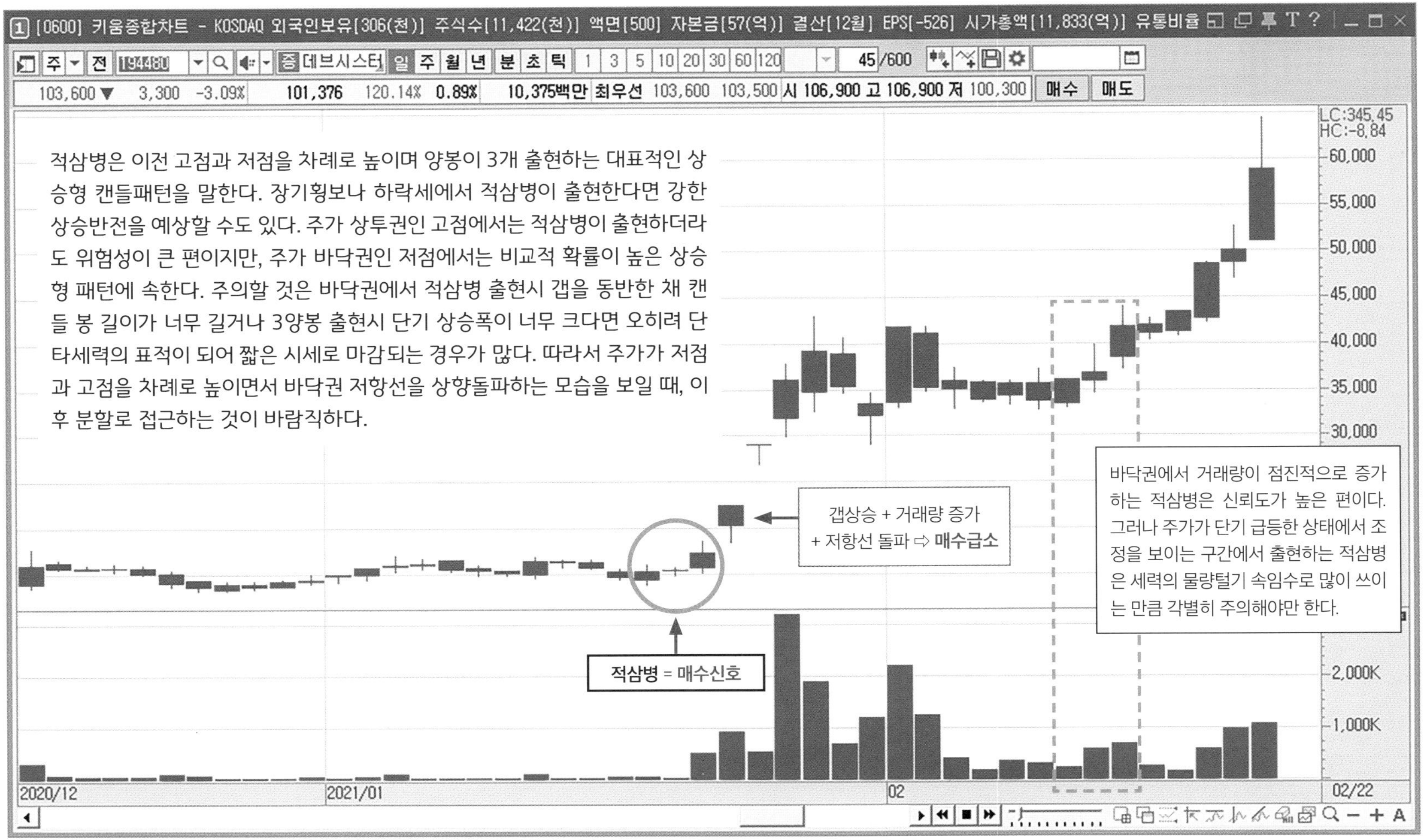

■ 적삼병과 흑삼병은 대표적인 추세전환 캔들패턴이다. 상투권이나 바닥권에서 나름대로 신뢰도를 갖추지만, 조정권(횡보권)에서는 오히려 단타세력의 표적이 되곤 한다. 이럴테면 3양봉 이후에 음봉, 3음봉 다음 에 양봉을 만들어 단타성 개인투자자들을 유혹한다. 따라서 캔들에만 너무 의존하는 매매는 실전에서 낭동매매의 원인이 되기에 최소한 거래량과 이평선을 함께 참조하도록 한다.

주가의 큰 흐름, 주봉과 월봉

[0600] 키움종합차트 - KOSPI200 외국인보유[주식수[422,482(천)] 액면[5,000] 자본금[21,124(억)] 결산[12월] EPS[-3,800] 시가총액[135,1
주봉차트
034020 두산중공업 일 주 월 년 분 초 틱
캔들차트는 기본적으로 하루의 주가를 일봉으로 표시한다. 하루 주가 변동폭에 민감하게 대응해야만 하는 데이트레이더라면 일봉보다는 분봉을 통해 발빠른 매매를 가져간다. 그러나 주가의 중·장기적인 큰 흐름을 읽기 위해서는 일봉이 아닌 주봉과 월봉으로 대세를 판단한다. 통상 주봉상 바닥권이 확인되면 이후 주가는 중·장기적으로 상승추세로 돌입하는 예가 많기 때문이다.
주봉 저항선
차트에서 '지지선'과 '저항선'은 반대개념이자 동일개념이다. 주가가 지지선을 하향이탈하면 저항선이 되고, 저항선을 상향돌파하면 지지선이 된다.
주봉 지지선
주봉 매수급소 : 장대양봉 + 거래량 증가 + 저항선 상향돌파 + 이평선 골든크로스
주봉 하락추세
주가가 상승하기 위해서는 우선 바닥을 확인해야만 한다. 주봉상 하락추세구간에서는 관망세를 유지해야 하며, 바닥을 찍고 하락추세를 마무리하는 모습을 보일 때 중기적 관점에서 접근한다.
주봉 거래량 증가
2019
2020
2021
06/07

■ 직장인들은 전업투자자와 달리 빠르게 변하는 주가를 자주 확인하기 어렵다. 때문에 단기적 매매보다 중기적으로 매매 포지션을 잡아야 하며, 이 경우 자본금이 적은 코스닥 소형주는 피하고, 재무가 우량한 거래소의 중·대형주 위주로 포트폴리오를 구성하는 것이 유리하다. 이때 대부분 중·대형주의 주가흐름은 중·소형주보다 느리기 때문에 일봉보다는 주봉을 통해 중기적 매매시점을 잡도록 한다.

02

거래량과 매물대의 맥!

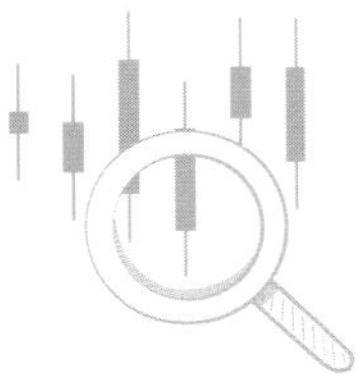

캔들은 후행성, 거래량은 선행성

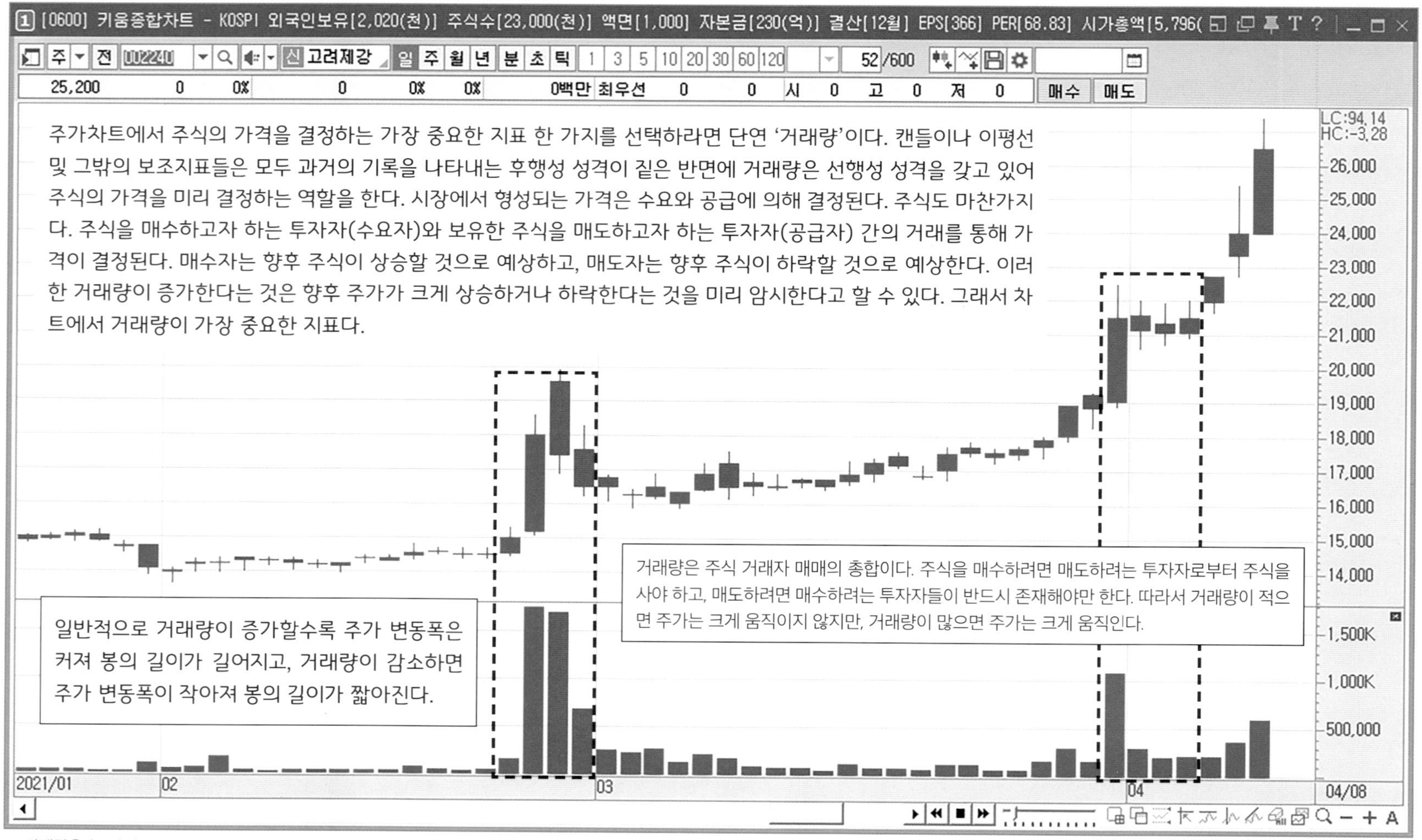
[0600] 키움종합차트 - KOSPI 외국인보유[2,020(천)] 주식수[23,000(천)] 액면[1,000] 자본금[230(억)] 결산[12월] EPS[366] PER[68.83] 시가총액[5,796(
주가차트에서 주식의 가격을 결정하는 가장 중요한 지표 한 가지를 선택하라면 단연 '거래량'이다. 캔들이나 이평선 및 그밖의 보조지표들은 모두 과거의 기록을 나타내는 후행성 성격이 짙은 반면에 거래량은 선행성 성격을 갖고 있어 주식의 가격을 미리 결정하는 역할을 한다. 시장에서 형성되는 가격은 수요와 공급에 의해 결정된다. 주식도 마찬가지다. 주식을 매수하고자 하는 투자자(수요자)와 보유한 주식을 매도하고자 하는 투자자(공급자) 간의 거래를 통해 가격이 결정된다. 매수자는 향후 주식이 상승할 것으로 예상하고, 매도자는 향후 주식이 하락할 것으로 예상한다. 이러한 거래량이 증가한다는 것은 향후 주가가 크게 상승하거나 하락한다는 것을 미리 암시한다고 할 수 있다. 그래서 차트에서 거래량이 가장 중요한 지표다.
거래량은 주식 거래자 매매의 총합이다. 주식을 매수하려면 매도하려는 투자자로부터 주식을 사야 하고, 매도하려면 매수하려는 투자자들이 반드시 존재해야만 한다. 따라서 거래량이 적으면 주가는 크게 움직이지 않지만, 거래량이 많으면 주가는 크게 움직인다.
일반적으로 거래량이 증가할수록 주가 변동폭은 커져 봉의 길이가 길어지고, 거래량이 감소하면 주가 변동폭이 작아져 봉의 길이가 짧아진다.
2021/01
02
03
04
04/08

■ 거래량은 '주가의 바로미터'라 할 수 있다. 주가의 가격을 결정하는 데 중요한 잣대이기 때문이다. 일반적으로 거래량이 바닥인 시점이 주가바닥인 경우가 많으며, 거래량 바닥에서 거래량이 증가할 때가 매수관점으로 해석한다.

거래량이 곧 차트다

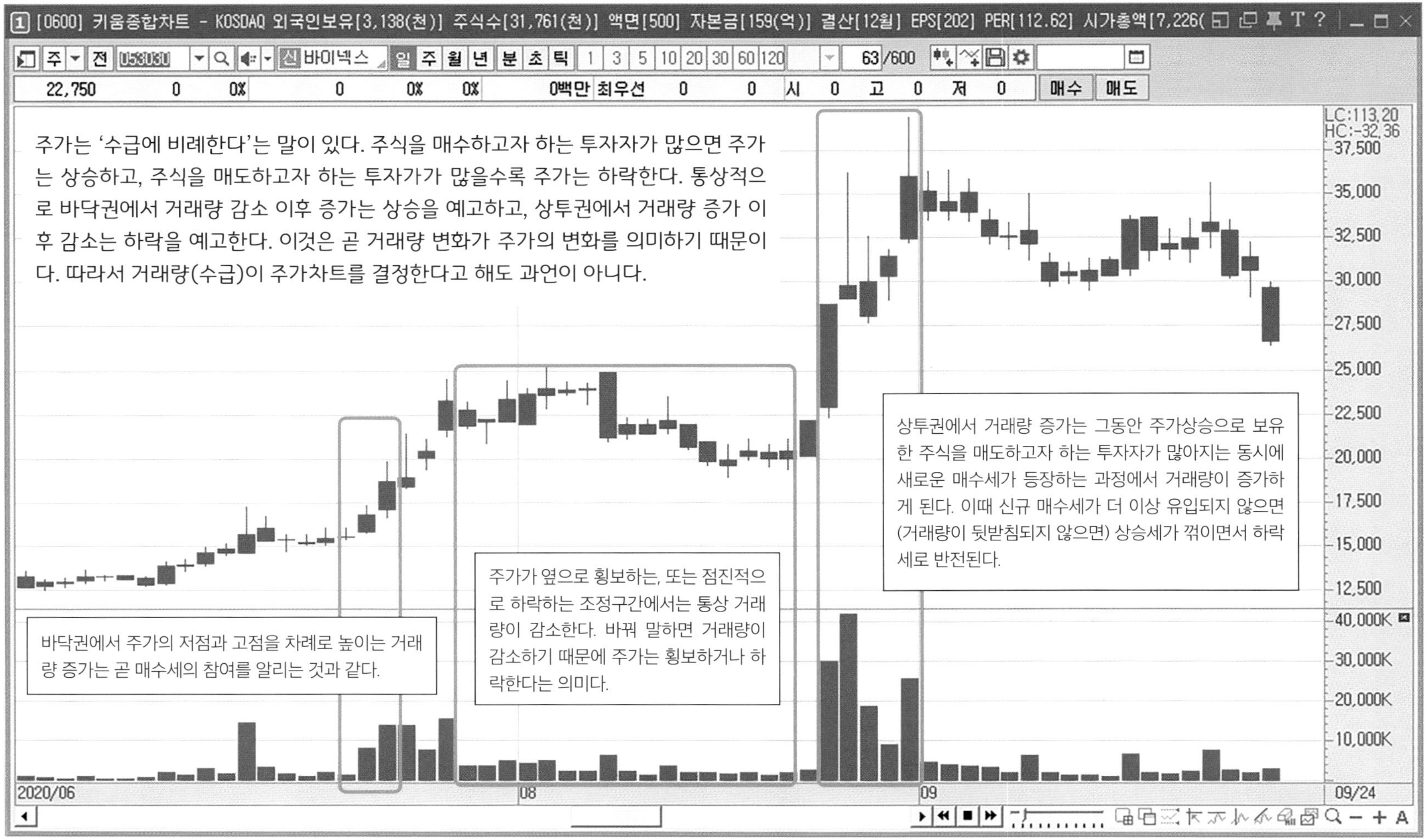

1 [0600] 키움종합차트 - KOSDAQ 외국인보유[3,138(천)] 주식수[31,761(천)] 액면[500] 자본금[159(억)] 결산[12월] EPS[202] PER[112.62] 시가총액[7,226(
주 전 053030 신 바이넥스 일 주 월 년 분 초 틱 1 3 5 10 20 30 60 120 63/600
22,750 0 0% 0 0% 0% 0백만 최우선 0 0 시 0 고 0 저 0 매수 매도
주가는 '수급에 비례한다'는 말이 있다. 주식을 매수하고자 하는 투자자가 많으면 주가는 상승하고, 주식을 매도하고자 하는 투자가가 많을수록 주가는 하락한다. 통상적으로 바닥권에서 거래량 감소 이후 증가는 상승을 예고하고, 상투권에서 거래량 증가 이후 감소는 하락을 예고한다. 이것은 곧 거래량 변화가 주가의 변화를 의미하기 때문이다. 따라서 거래량(수급)이 주가차트를 결정한다고 해도 과언이 아니다.
상투권에서 거래량 증가는 그동안 주가상승으로 보유한 주식을 매도하고자 하는 투자자가 많아지는 동시에 새로운 매수세가 등장하는 과정에서 거래량이 증가하게 된다. 이때 신규 매수세가 더 이상 유입되지 않으면 (거래량이 뒷받침되지 않으면) 상승세가 꺾이면서 하락세로 반전된다.
주가가 옆으로 횡보하는, 또는 점진적으로 하락하는 조정구간에서는 통상 거래량이 감소한다. 바꿔 말하면 거래량이 감소하기 때문에 주가는 횡보하거나 하락한다는 의미다.
바닥권에서 주가의 저점과 고점을 차례로 높이는 거래량 증가는 곧 매수세의 참여를 알리는 것과 같다.
LC:113.20
HC:-32.36
37,500
35,000
32,500
30,000
27,500
25,000
22,500
20,000
17,500
15,000
12,500
40,000K
30,000K
20,000K
10,000K
2020/06
08
09
09/24

■ 차트에서 캔들은 가격의 변화를 나타내며, 거래량은 수급의 변화를 나타낸다. 특히 거래량은 매수자와 매도자 간의 가격 쟁탈전을 말하며, 이는 수요와 공급의 법칙으로 가격이 결정되는 자본주의 시장원리와 같다. 같은 물건을 놓고 사고자 하는 사람이 많으면 가격은 상승하는 이치다. 따라서 차트에서 거래량 변화는 향후 주가흐름을 예측하는 데 가장 중요한 지표라 할 수 있다.

주식투자로 인한 시세차익은 보유주식을 시장에서 다른 투자자에게 매도해야만 수익을 확정 지을 수 있기 때문이다.

반면 주식을 매수하고자 하는 이들은 그렇지 않다. 위험을 감수하고 고가권에서 매수하기보다는 저점에서 매수하고자 하는 경향을 보인다. 비쌀 때 사는 것이 아니라 쌀 때 사려고 하는 것은 인간의 본성이다. 주가가 고평가라고 판단되면 쉽게 매수버튼을 누르지 않는다. 따라서 주식시장에서 매도세는 항상 일정하게 존재하지만 매수세는 일정하지 않다. 만약 신규 매수세가 유입되지 않는다면, 매도세는 항상 존재하기 때문에 거래량이 감소하면서 주가는 하락하게 된다.

주식시장은 매우 복잡한 생물이라 생명체와도 같다. 공통점을 보이는 점도 많지만, 예상과 어긋나게 진행되는 경우도 많다. 앞서 설명한 거래량을 예로 들면, 거래량이 없는 상태에서도 주가는 급등할 수 있고, 거래량이 점진적으로 증가하는데도 주가는 하락할 수도 있다. 세력이 많은 물량을 매집했다면 거래량 없이 주가는 상승하고, 상투권에서 거래량이 급증해도 세력이 버티고 오히려 물량을 매집한다면 주가는 한 단계 더 상승하게 된다. 결론적으로 투자자들은 주식시장에서 어떤 절대적인 법칙이나 원리만 찾으려 하지 말고, 가변적이고 상대적이며 예외적인 현상들에 대해 유연하게 대처할 수 있는 능력을 길러야 할 것이다.

주가와 거래량 변화에 대한 일반적 이론

일반적으로 주가가 상승하려면 거래량이 증가해야만 한다. 왜냐하면 주식을 매수한 투자자들이 조금만 올라도 매도하고자 하는 욕구가 강해진다. 그런데 주가가 상승한 상태에서 쏟아지는 매도물량을 누군가 계속 사들인다. 가격이 오를수록 매도세는 늘어나고, 계속 매수하고자 하는 투자자들이 많으면 당연히 거래량은 증가하게 된다. 이 과정에서 매수세가 매도세를 압도한다면 주가는 지속적으로 상승하게 되고, 결과적으로 차트에서 빨간색 양봉으로 표시된다.

반대로 거래량이 점차 감소하는 경우, 주가는 하락하는 경향이 많다. 주가하락의 근본적인 이유는 매도하고자 하는 주체보다는 매수하고자 하는 매수세가 사라지고 있다는 뜻이다. 따라서 누군가 팔려는 물량을 조금만 내놓아도 주가는 힘을 못 받고 주가 하락을 하게 되며, 거래량이 감소하는 현상을 가져온다.

일부 투자자들은 만약 매수세가 없다면 주식 보유자는 매도를 하지 않을 것이고, 이에 따라 매도물량이 없으면 주식 가격이 내려감 이유가 없을 것으로 생각할 수도 있다. 하지만 주식을 보유한 이들은 반드시 언젠가는 매도를 해야만 하는 운명을 안고 있다. 주식은 상품이나 서비스를 직접 구매할 수 있는 돈(화폐)이 아니기 때문이다.

상승추세가 임박해서는 거래량이 증가한다

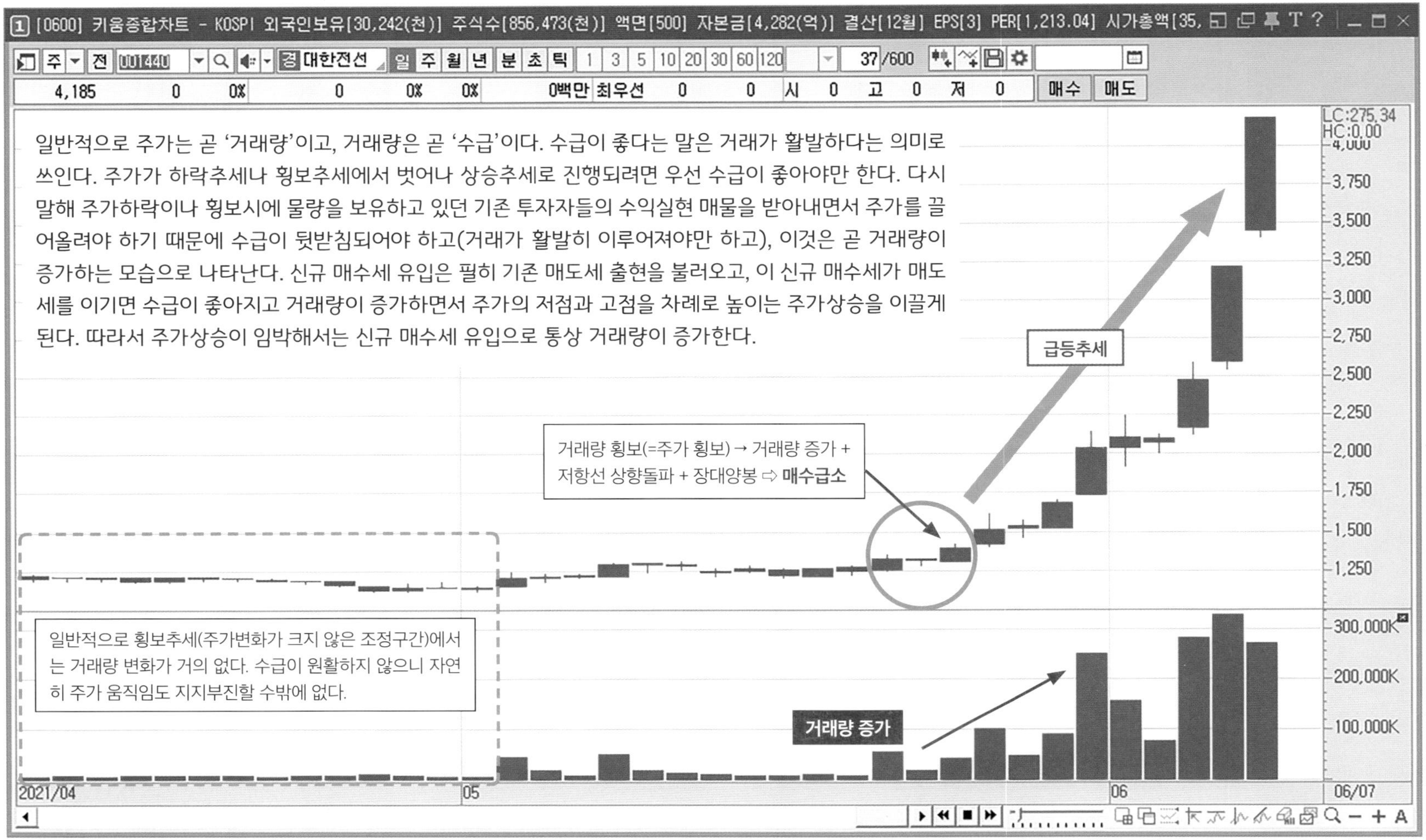

[0600] 키움종합차트 - KOSPI 외국인보유[30,242(천)] 주식수[856,473(천)] 액면[500] 자본금[4,282(억)] 결산[12월] EPS[3] PER[1,213.04] 시가총액[35,
대한전선
매수 매도
일반적으로 주가는 곧 '거래량'이고, 거래량은 곧 '수급'이다. 수급이 좋다는 말은 거래가 활발하다는 의미로 쓰인다. 주가가 하락추세나 횡보추세에서 벗어나 상승추세로 진행되려면 우선 수급이 좋아야만 한다. 다시 말해 주가하락이나 횡보시에 물량을 보유하고 있던 기존 투자자들의 수익실현 매물을 받아내면서 주가를 끌어올려야 하기 때문에 수급이 뒷받침되어야 하고(거래가 활발히 이루어져야만 하고), 이것은 곧 거래량이 증가하는 모습으로 나타난다. 신규 매수세 유입은 필히 기존 매도세 출현을 불러오고, 이 신규 매수세가 매도세를 이기면 수급이 좋아지고 거래량이 증가하면서 주가의 저점과 고점을 차례로 높이는 주가상승을 이끌게 된다. 따라서 주가상승이 임박해서는 신규 매수세 유입으로 통상 거래량이 증가한다.
급등추세
거래량 횡보(=주가 횡보) → 거래량 증가 + 저항선 상향돌파 + 장대양봉 ⇨ 매수급소
일반적으로 횡보추세(주가변화가 크지 않은 조정구간)에서는 거래량 변화가 거의 없다. 수급이 원활하지 않으니 자연히 주가 움직임도 지지부진할 수밖에 없다.
거래량 증가
2021/04
05
06
06/07

■ '수급'은 수요와 공급을 총칭하는 단어로 차트에서 매수세의 지속적인 유입을 뜻한다. 수급이 좋다거나 수급이 뒷받침되고 있다는 말은 거래량이 일정 기간의 평균 거래량 이상으로 증가하면서 이후에도 활발하게 거래가 이루어지고 있는 상황을 의미한다.

주가상승의 이상적 거래량, 계단식 거래량

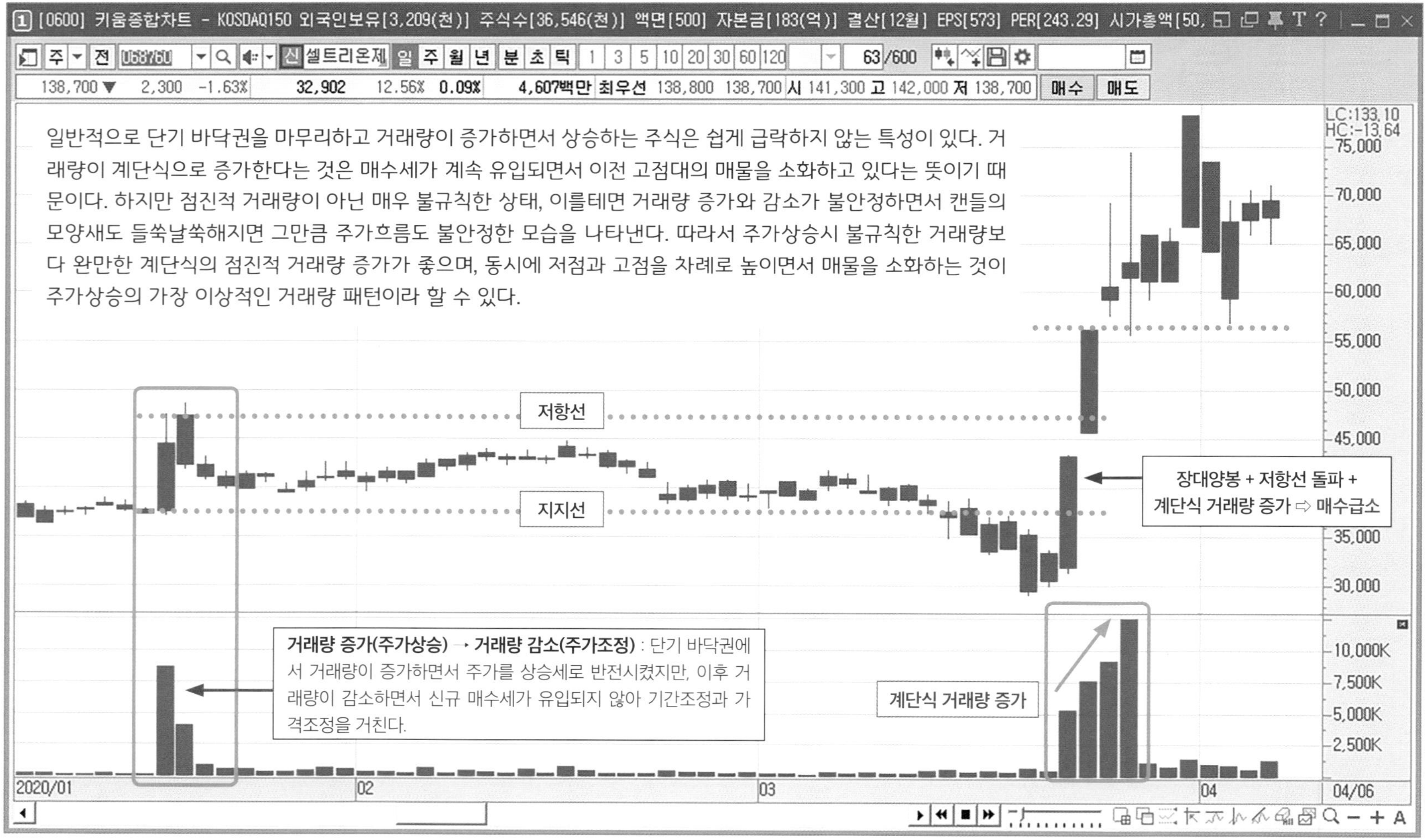
[0600] 키움종합차트 - KOSDAQ150 외국인보유[3,209(천)] 주식수[36,546(천)] 액면[500] 자본금[183(억)] 결산[12월] EPS[573] PER[243.29] 시가총액[50,
셀트리온제
138,700 ▼ 2,300 -1.63% 32,902 12.56% 0.09% 4,607백만 최우선 138,800 138,700 시 141,300 고 142,000 저 138,700
매수
매도
일반적으로 단기 바닥권을 마무리하고 거래량이 증가하면서 상승하는 주식은 쉽게 급락하지 않는 특성이 있다. 거래량이 계단식으로 증가한다는 것은 매수세가 계속 유입되면서 이전 고점대의 매물을 소화하고 있다는 뜻이기 때문이다. 하지만 점진적 거래량이 아닌 매우 불규칙한 상태, 이를테면 거래량 증가와 감소가 불안정하면서 캔들의 모양새도 들쑥날쑥해지면 그만큼 주가흐름도 불안정한 모습을 나타낸다. 따라서 주가상승시 불규칙한 거래량보다 완만한 계단식의 점진적 거래량 증가가 좋으며, 동시에 저점과 고점을 차례로 높이면서 매물을 소화하는 것이 주가상승의 가장 이상적인 거래량 패턴이라 할 수 있다.
저항선
지지선
장대양봉 + 저항선 돌파 +
계단식 거래량 증가 ⇨ 매수급소
거래량 증가(주가상승) → 거래량 감소(주가조정) : 단기 바닥권에서 거래량이 증가하면서 주가를 상승세로 반전시켰지만, 이후 거래량이 감소하면서 신규 매수세가 유입되지 않아 기간조정과 가격조정을 거친다.
계단식 거래량 증가
LC:133.10
HC:-13.64
75,000
70,000
65,000
60,000
55,000
50,000
45,000
35,000
30,000
10,000K
7,500K
5,000K
2,500K
2020/01
02
03
04
04/06

■ 수요와 공급이 만나 가격이 결정되는 시장에서 어느 날 갑자기 수요가 몰려 가격이 폭등하거나 과도한 공급물량으로 가격이 폭락할 때가 있다. 주식시장도 마찬가지다. 어느 날 대량거래가 발생해 주가가 폭등하기도 하고 폭락하기도 한다. 단기적으로 투자심리가 한쪽으로 급격하게 몰린 현상이다. 시장에서 수요자가 꾸준하면 상품도 꾸준히 팔리는 것처럼 급격한 매수세보다는 점진적인 매수세 유입이 상승추세를 강하게 유지시킨다.

불규칙한 대량거래는 단기 후유증이 크다

[0600] 키움종합차트 - KOSDAQ 외국인보유[496(천)] 주식수[18,906(천)] 액면[500] 자본금[95(억)] 결산[12월] EPS[-1,063] 시가총액[684(억)] 유통비율[
290660 네오펙트
3,620 0 0% 0 0% 0% 0백만 최우선 3,635 3,620 시 0 고 0 저 0 매수 매도
거래량이 평균 거래량(거래일수 20일 정도)의 10배 이상 폭증하는 경우는 당일 주가 변동폭이 상당히 커지게 된다. 이와 같은 대량거래는 크게 바닥권과 상투권에서 나타나며, 매수세와 매도세의 치열한 공방전 속에 데이트레이더가 몰리면서 생기는 일시적 수급 불균형 현상이다. 대량거래는 또한 세력의 자전거래의 영향도 있기 때문에 유통물량이 적은 중·소형주에서 간혹 물량 매집 목적으로 대량거래를 일으키곤 한다. 그러나 유통물량이 적은 만큼 단기 위험성도 상당히 크기 때문에 각별한 주의가 필요하다.
실전에서 유통물량이 적은 중·소형주들은 단타세력의 작전으로 대량거래 장대양봉 다음날 장대음봉이 연출되는 예가 많다. 심지어 대량거래 당일날 위꼬리가 긴 비석형도 비일비재하다. 투자자들은 코스닥 중·소형주를 매매할 때는 반드시 소액으로만 접근하되 한 종목에 올인하는 등의 무리한 투자는 하지 않도록 한다.
통상 대량거래 다음날 추가적으로 수급이 따라주지 않는다면 단기적으로 주가는 하락이나 급락 가능성이 커진다.
LC:3,61
HC:-40.85
5,250
5,000
4,750
4,500
4,250
4,000
3,750
3,500
3,250
10,000K
7,500K
5,000K
2,500K
2020/09
10
11
12
2021/01
01/25

■ 바닥권이든 상투권이든 과도한 대량거래로 당일 주가 변동폭이 상당히 큰 경우에는 대량거래 이후의 주가흐름을 주시한다. 상투권은 물론 바닥권에도 대량거래 이후 저점이 무너지는 모양새가 나온다면 추가 급락에 대비하는 자세가 필요하다. 특히 유통물량이 매우 적은 중·소형주에서 대량거래가 일어날 때는 향후 주가의 예측과 대응이 힘든 불규칙한 흐름이 나타나기 때문에 리스크 관리는 필수다.

전고점을 돌파하기 위해서는 전고점 거래량보다 많아야 좋다

거래량은 곧 '매물대'를 의미한다. 일반적으로 주가가 하락추세나 횡보추세에서 상승추세로 전환되려면 우선 거래량이 증가하며, 이후 단기 상승추세를 마무리하는 구간에서 거래량이 감소하면서 상승세를 마감한다. 주가가 상승한다는 것은 저점과 고점이 차례로 높아진다는 뜻이고, 이것은 오로지 매수세의 힘으로만 이루어진다. 주가 상승폭이 거셀수록 더 많은 매수세가 유입되어야 하고, 이것은 곧 거래량 증가를 의미한다. 단기 고점대에서 많은 거래가 이루어지면 매물이 두껍게 쌓이는 결과를 가져온다. 따라서 상승추세 중인 주가가 매물이 쌓인 이전 고점대(매물대)를 상향돌파하기 위해서는 (매물소화 측면에서 볼 때) 당연히 이전 고점대의 거래량보다 많은 것이 좋다.

이전 고점돌파를 시도하지만 ❶ 거래량보다 적어 이전 매물을 소화시키지 못한다. 이후 기간조정을 거친 다음 ❷, ❸ 거래량 증가로 이전 고점을 차례로 상향돌파한다.

계단식 거래량 증가

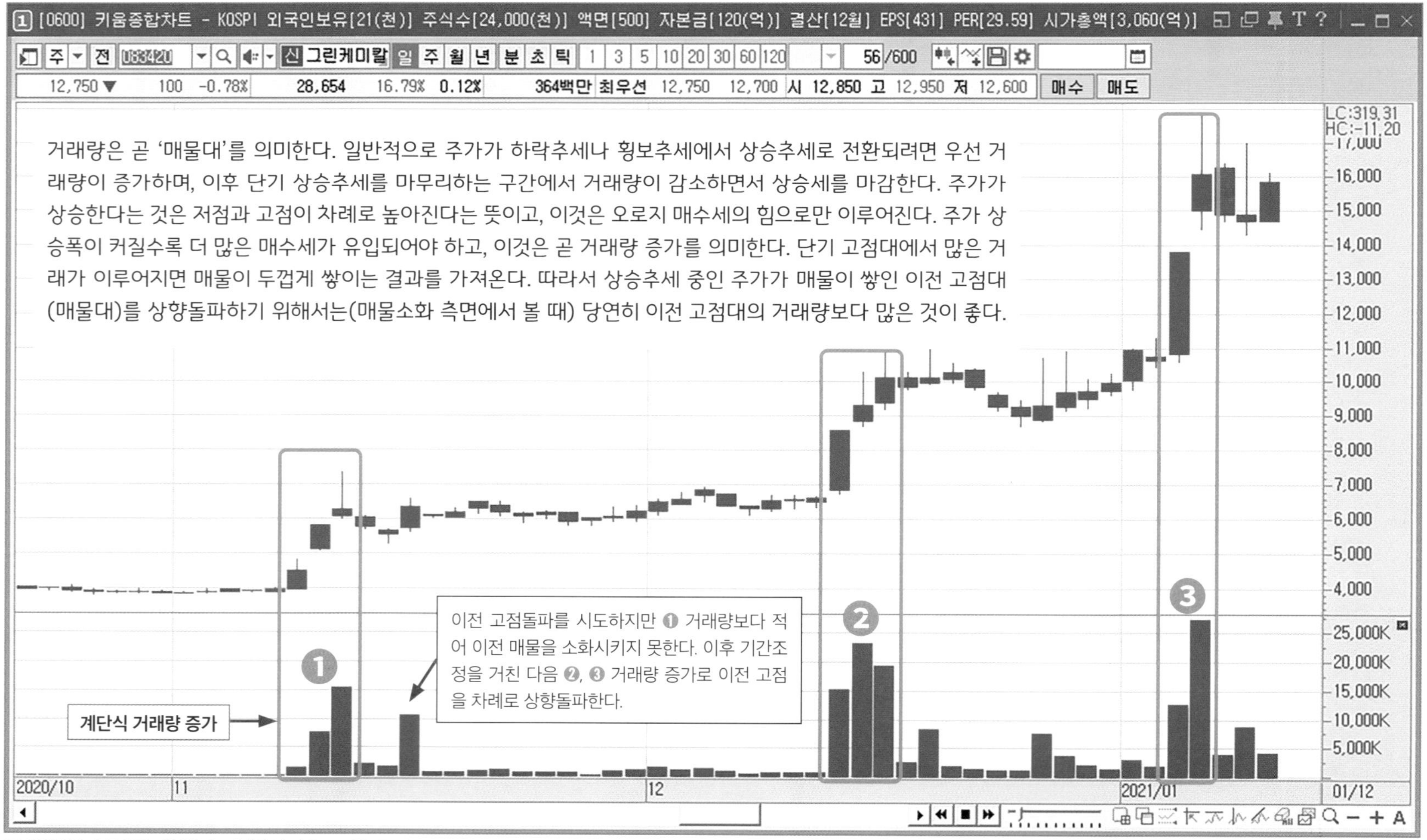

■ 거래량은 수급이자 매물이다. 거래량이 많은 구간은 매물이 많은 구간을, 거래량이 낮은 구간은 매물이 적은 구간을 의미한다. 두꺼운 매물은 지지선이자 저항선 역할을 한다. 따라서 수급 측면에서 생각해 본다면… 이전 고점에 쌓인 두꺼운 매물을 상향돌파하기 위해서는 이전 고점의 거래량보다 더 많은 거래량으로 이전 매물을 소화하는 것이 주가상승에 도움이 된다.

대량거래 이후 전저점을 지지하지 못하면 버려라

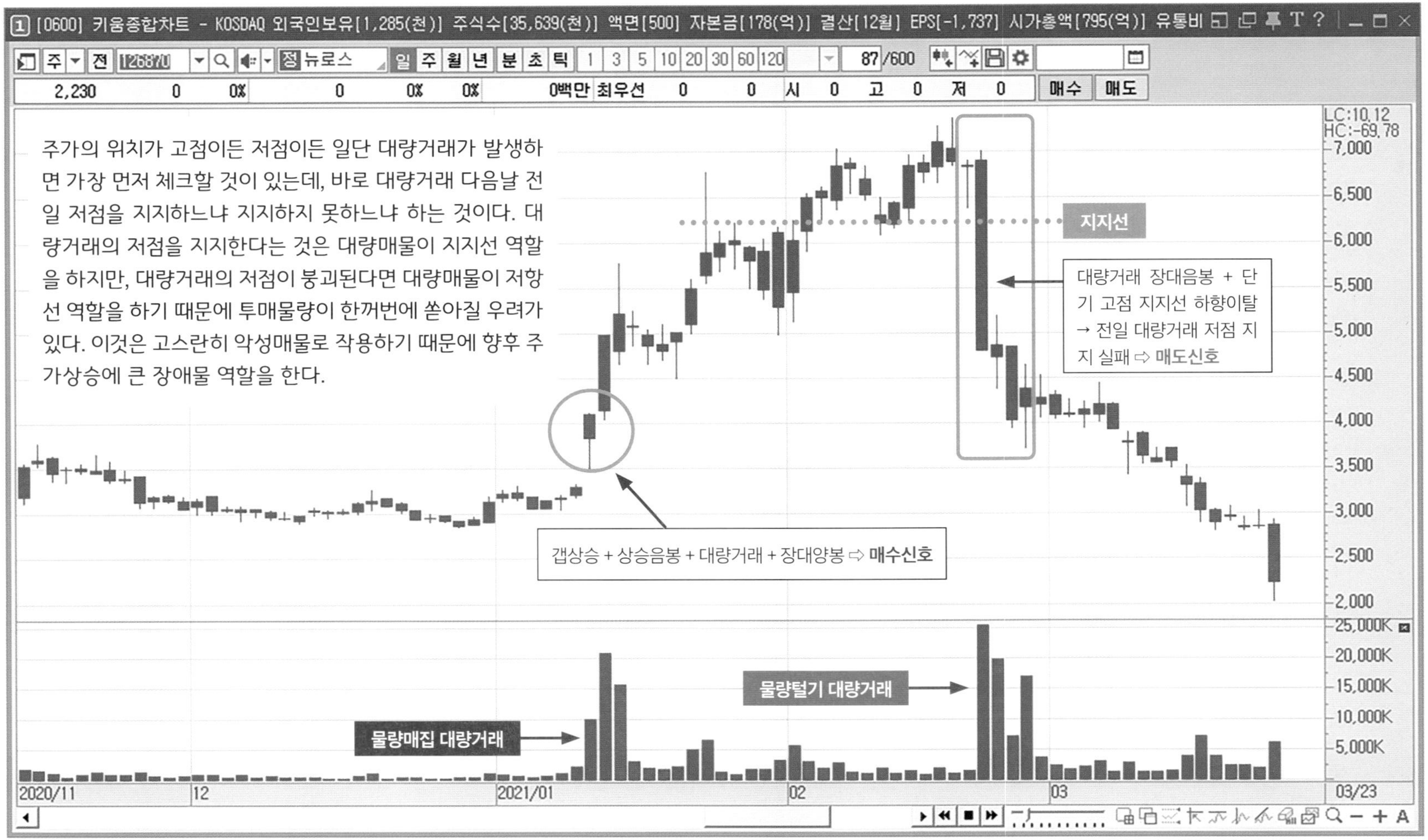
[0600] 키움종합차트 - KOSDAQ 외국인보유[1,285(천)] 주식수[35,639(천)] 액면[500] 자본금[178(억)] 결산[12월] EPS[-1,737] 시가총액[795(억)] 유통비
주가의 위치가 고점이든 저점이든 일단 대량거래가 발생하면 가장 먼저 체크할 것이 있는데, 바로 대량거래 다음날 전일 저점을 지지하느냐 지지하지 못하느냐 하는 것이다. 대량거래의 저점을 지지한다는 것은 대량매물이 지지선 역할을 하지만, 대량거래의 저점이 붕괴된다면 대량매물이 저항선 역할을 하기 때문에 투매물량이 한꺼번에 쏟아질 우려가 있다. 이것은 고스란히 악성매물로 작용하기 때문에 향후 주가상승에 큰 장애물 역할을 한다.
지지선
대량거래 장대음봉 + 단기 고점 지지선 하향이탈 → 전일 대량거래 저점 지지 실패 ⇨ 매도신호
갭상승 + 상승음봉 + 대량거래 + 장대양봉 ⇨ 매수신호
물량매집 대량거래
물량털기 대량거래
2020/11
12
2021/01
02
03
03/23

■ 주가가 상승하든 하락하든 일단 단기 저점을 지지하는 것이 매우 중요하다. 저점을 지속적으로 지지한다는 것은 주가가 단기 지지선을 하향이탈하지 않는 것으로 세력이 더 이상 주가하락을 방치하지 않겠다는 강력한 의지를 나타낸다. 따라서 저점을 지지한 상태에서 거래량 증가가 나타나야 주가상승 확률이 높다고 할 수 있다.

물량털기 대량거래

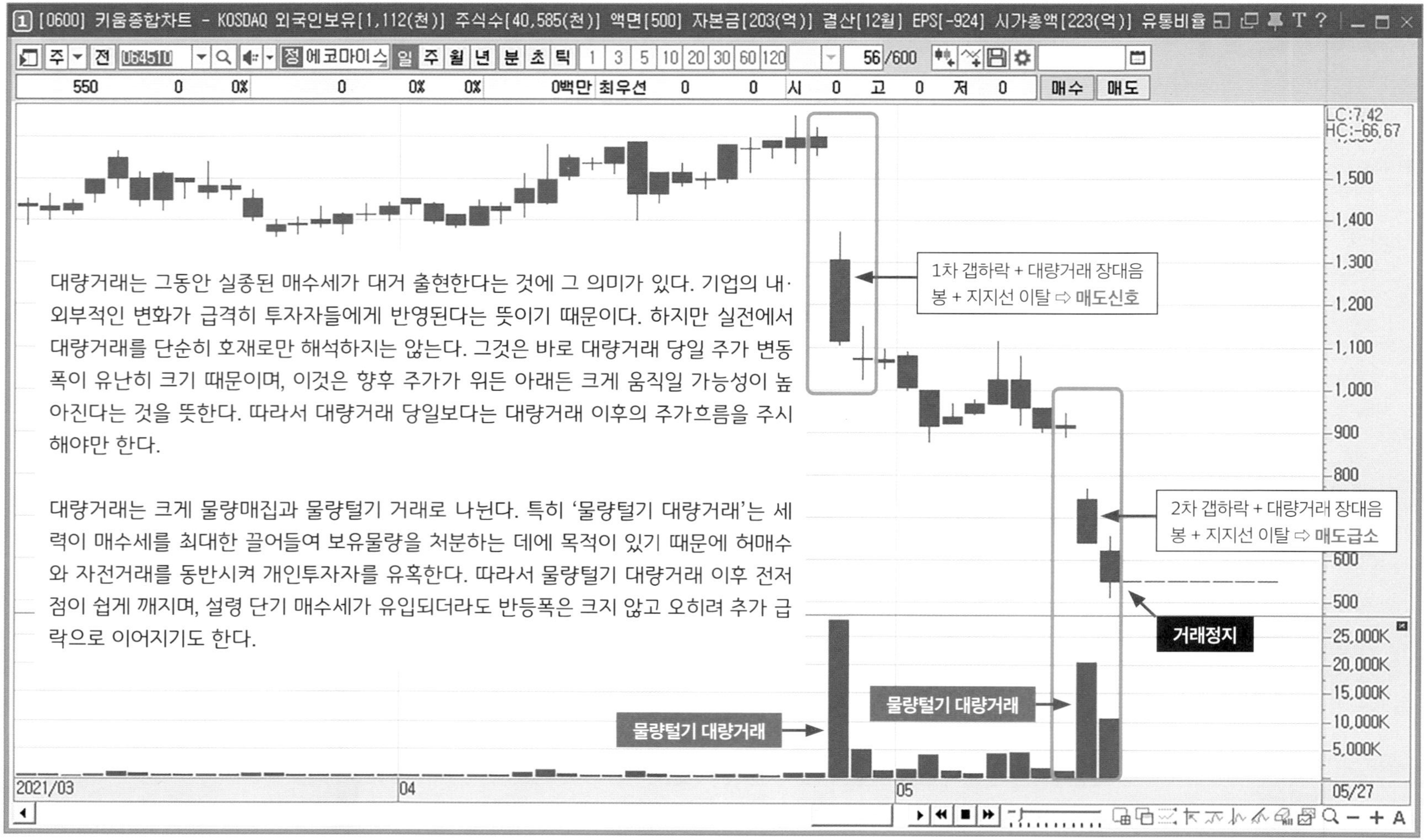

대량거래는 그동안 실종된 매수세가 대거 출현한다는 것에 그 의미가 있다. 기업의 내·외부적인 변화가 급격히 투자자들에게 반영된다는 뜻이기 때문이다. 하지만 실전에서 대량거래를 단순히 호재로만 해석하지는 않는다. 그것은 바로 대량거래 당일 주가 변동폭이 유난히 크기 때문이며, 이것은 향후 주가가 위든 아래든 크게 움직일 가능성이 높아진다는 것을 뜻한다. 따라서 대량거래 당일보다는 대량거래 이후의 주가흐름을 주시해야만 한다.

대량거래는 크게 물량매집과 물량털기 거래로 나뉜다. 특히 '물량털기 대량거래'는 세력이 매수세를 최대한 끌어들여 보유물량을 처분하는 데에 목적이 있기 때문에 허매수와 자전거래를 동반시켜 개인투자자를 유혹한다. 따라서 물량털기 대량거래 이후 전저점이 쉽게 깨지며, 설령 단기 매수세가 유입되더라도 반등폭은 크지 않고 오히려 추가 급락으로 이어지기도 한다.

■ 단기 급락권에서 물량털기 대량거래는 단기간이나마 이전 저점을 지지하거나 아니면 그대로 이전 저점을 깨면서 추가로 급락한다. 단기적으로 이전 저점을 지지할 때, 거래량이 불규칙하거나 반등폭이 미미한 경우에는 세력이 주가를 받치면서 남은 보유물량을 마저 처분하는 물량처분 목적의 주가관리구간으로 해석하도록 한다.

자본금이 적은 중·소형주의 위험성

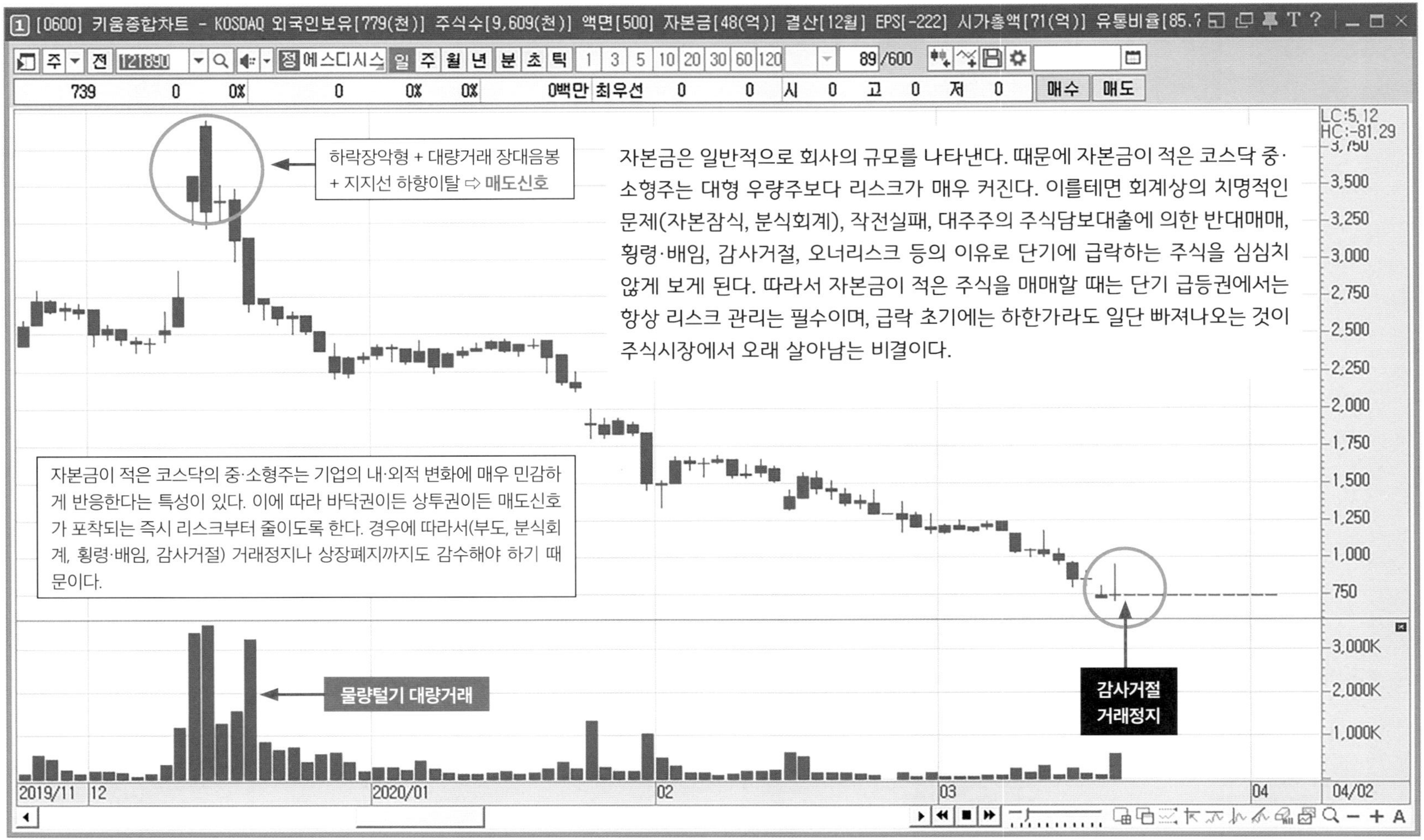
[0600] 키움종합차트 - KOSDAQ 외국인보유[779(천)] 주식수[9,609(천)] 액면[500] 자본금[48(억)] 결산[12월] EPS[-222] 시가총액[71(억)] 유통비율[85.7
하락장악형 + 대량거래 장대음봉
+ 지지선 하향이탈 ⇨ 매도신호
자본금은 일반적으로 회사의 규모를 나타낸다. 때문에 자본금이 적은 코스닥 중·소형주는 대형 우량주보다 리스크가 매우 커진다. 이를테면 회계상의 치명적인 문제(자본잠식, 분식회계), 작전실패, 대주주의 주식담보대출에 의한 반대매매, 횡령·배임, 감사거절, 오너리스크 등의 이유로 단기에 급락하는 주식을 심심치 않게 보게 된다. 따라서 자본금이 적은 주식을 매매할 때는 단기 급등권에서는 항상 리스크 관리는 필수이며, 급락 초기에는 하한가라도 일단 빠져나오는 것이 주식시장에서 오래 살아남는 비결이다.
자본금이 적은 코스닥의 중·소형주는 기업의 내·외적 변화에 매우 민감하게 반응한다는 특성이 있다. 이에 따라 바닥권이든 상투권이든 매도신호가 포착되는 즉시 리스크부터 줄이도록 한다. 경우에 따라서(부도, 분식회계, 횡령·배임, 감사거절) 거래정지나 상장폐지까지도 감수해야 하기 때문이다.
물량털기 대량거래
감사거절
거래정지
2019/11
12
2020/01
02
03
04
04/02

■ 자본금은 '액면가×총주식수'다. 예를 들어 1주당 액면가 500원에 상장주수 1천만주 상장회사의 자본금은 500×10,000,000=50억이 된다. 통상 자본금이 750억 이상이면 대형주, 350~750억은 중형주, 350억 미만은 소형주로 분류한다. 참고로 코스닥에서는 자본금이 300억 이상 되는 종목들이 많지 않기 때문에(증자를 하면 자본금이 커진다) 자본금 100억을 기준으로 대형주와 중·소형주로 간단히 분류하기도 한다.

부실주·저가주·소외주의 위험성

①[0600] 키움종합차트 - KOSDAQ 외국인보유[4,761(천)] 주식수[174,440(천)] 액면[500] 자본금[872(억)] 결산[12월] EPS[-18] 시가총액[188(억)] 유통비율

LC:5.88 HC:-86.47

횡령·배임 거래정지

물량털기 대량거래

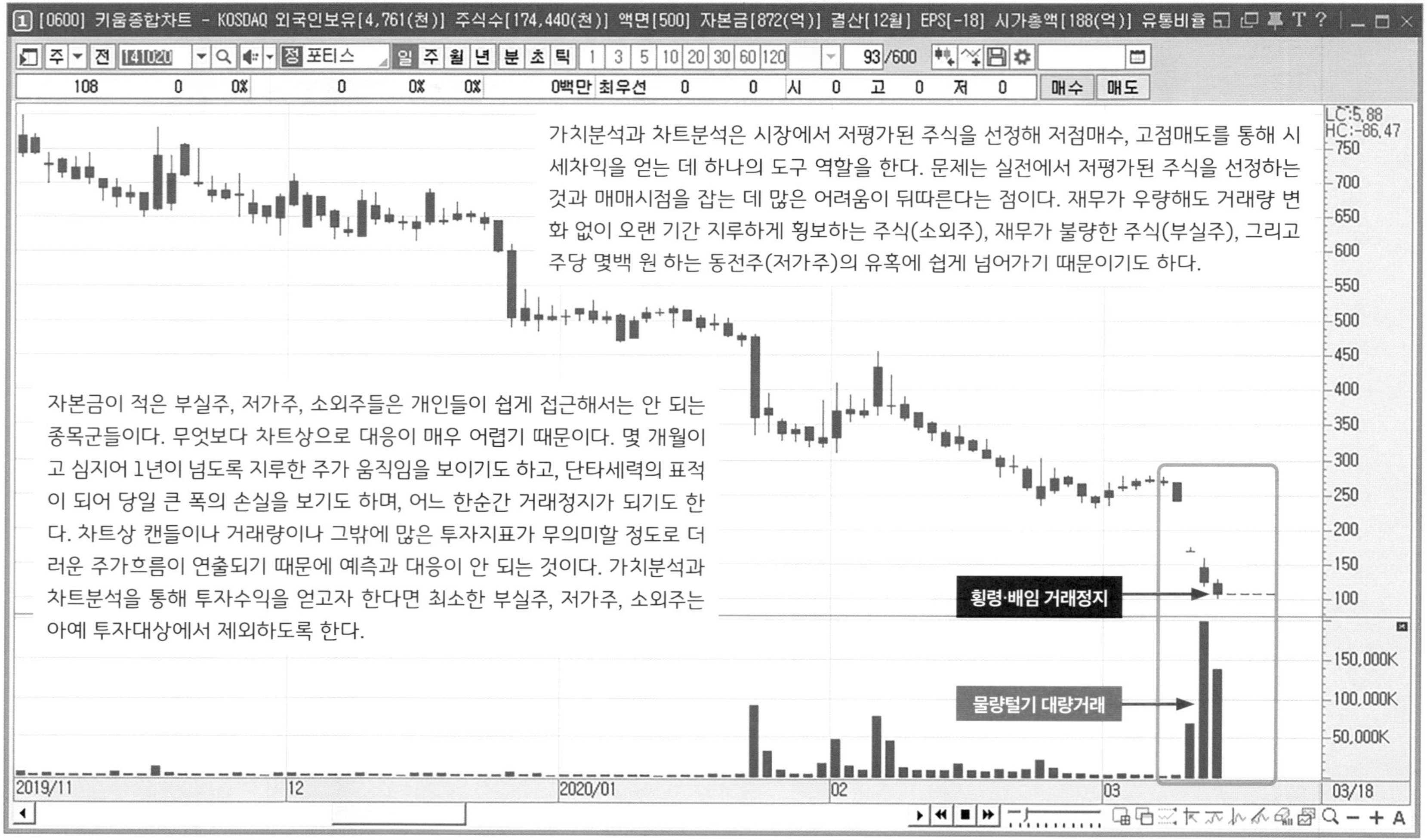

가치분석과 차트분석은 시장에서 저평가된 주식을 선정해 저점매수, 고점매도를 통해 시세차익을 얻는 데 하나의 도구 역할을 한다. 문제는 실전에서 저평가된 주식을 선정하는 것과 매매시점을 잡는 데 많은 어려움이 뒤따른다는 점이다. 재무가 우량해도 거래량 변화 없이 오랜 기간 지루하게 횡보하는 주식(소외주), 재무가 불량한 주식(부실주), 그리고 주당 몇백 원 하는 동전주(저가주)의 유혹에 쉽게 넘어가기 때문이기도 하다.

자본금이 적은 부실주, 저가주, 소외주는 개인들이 쉽게 접근해서는 안 되는 종목들이다. 무엇보다 차트상으로 대응이 매우 어렵기 때문이다. 몇 개월이고 심지어 1년이 넘도록 지루한 주가 움직임을 보이기도 하고, 단타세력의 표적이 되어 당일 큰 폭의 손실을 보기도 하며, 어느 한순간 거래정지가 되기도 한다. 차트상 캔들이나 거래량이 그만에 많은 투자지표가 무의미할 정도로 더러운 주가흐름이 연출되기 때문에 예측과 대응이 안 되는 것이다. 가치분석과 차트분석을 통해 투자수익을 얻고자 한다면 최소한 부실주, 저가주, 소외주는 아예 투자대상에서 제외하도록 한다.

■ 부도 위험성이 높고 재무가 부실한 종목, 유동물량이 극히 적은 종목, 주가가 최근 들어 크게 감소한 종목, 대주주 지분이 최근 들어 크게 감소한 종목, 주가가 지지선 없이 강밀질했다가 주가권리를 포기한 종목(세력이 주가권리를 포기한 종목)등은 가능하면 매매를 자제하도록 한다.

물량매집 대량거래

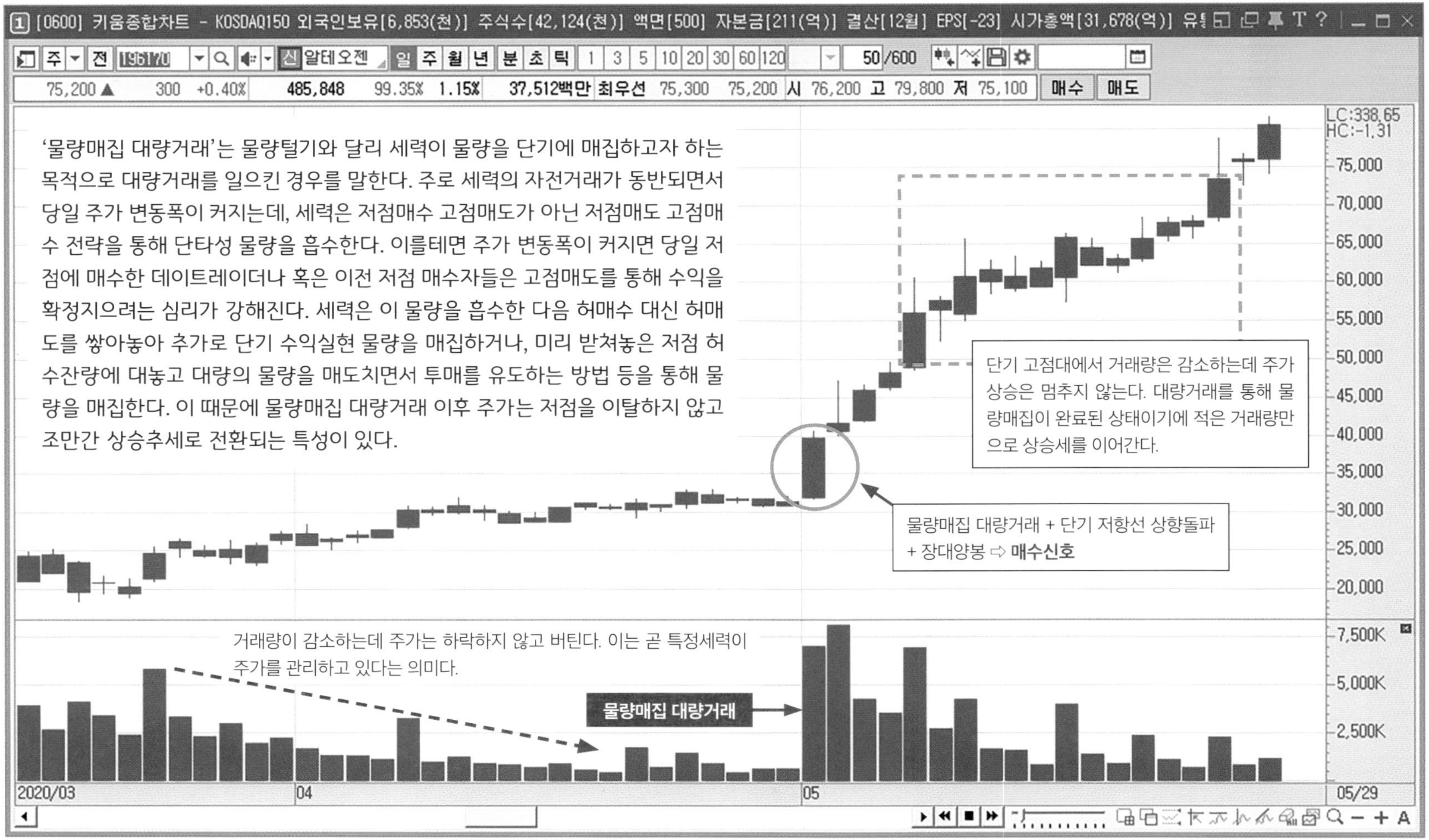

[0600] 키움종합차트 - KOSDAQ150 외국인보유[6,853(천)] 주식수[42,124(천)] 액면[500] 자본금[211(억)] 결산[12월] EPS[-23] 시가총액[31,678(억)]
75,200 ▲ 300 +0.40% 485,848 99.35% 1.15% 37,512백만 최우선 75,300 75,200 시 76,200 고 79,800 저 75,100
매수
매도
단기 고점대에서 거래량은 감소하는데 주가 상승은 멈추지 않는다. 대량거래를 통해 물량매집이 완료된 상태이기에 적은 거래량만으로 상승세를 이어간다.
물량매집 대량거래 + 단기 저항선 상향돌파 + 장대양봉 ⇨ 매수신호
거래량이 감소하는데 주가는 하락하지 않고 버틴다. 이는 곧 특정세력이 주가를 관리하고 있다는 의미다.
물량매집 대량거래
2020/03
04
05
05/29

'물량매집 대량거래'는 물량털기와 달리 세력이 물량을 단기에 매집하고자 하는 목적으로 대량거래를 일으킨 경우를 말한다. 주로 세력의 자전거래가 동반되면서 당일 주가 변동폭이 커지는데, 세력은 저점매수 고점매도가 아닌 저점매도 고점매수 전략을 통해 단타성 물량을 흡수한다. 이를테면 주가 변동폭이 커지면 당일 저점에 매수한 데이트레이더나 혹은 이전 저점 매수자들은 고점매도를 통해 수익을 확정지으려는 심리가 강해진다. 세력은 이 물량을 흡수한 다음 허매수 대신 허매도를 쌓아놓아 추가로 단기 수익실현 물량을 매집하거나, 미리 받쳐놓은 저점 허수잔량에 대놓고 대량의 물량을 매도치면서 투매를 유도하는 방법 등을 통해 물량을 매집한다. 이 때문에 물량매집 대량거래 이후 주가는 저점을 이탈하지 않고 조만간 상승추세로 전환되는 특성이 있다.

■ 대량거래가 발생하는 시점은 크게 바닥권, 상투권, 급락권 대량거래로 나눌 수 있다. 이들 대량거래는 급등이나 급락추세를 한 차례 더 연장시키거나 혹은 반대로 기존 추세를 역전시키는 시발점이 된다. 때문에 단기 투자자들은 대량거래 이후 주가 움직임에 상당히 민감해야 한다. 대량거래는 대량매물대이기에 주가가 이 매물대 위에 위치하느냐 아래에 위치하느냐에 따라 강력한 지지선 혹은 저항선 역할을 하기 때문이다.

주가 바닥권에서 거래량 증가 → 감소 → 증가 종목을 노려라

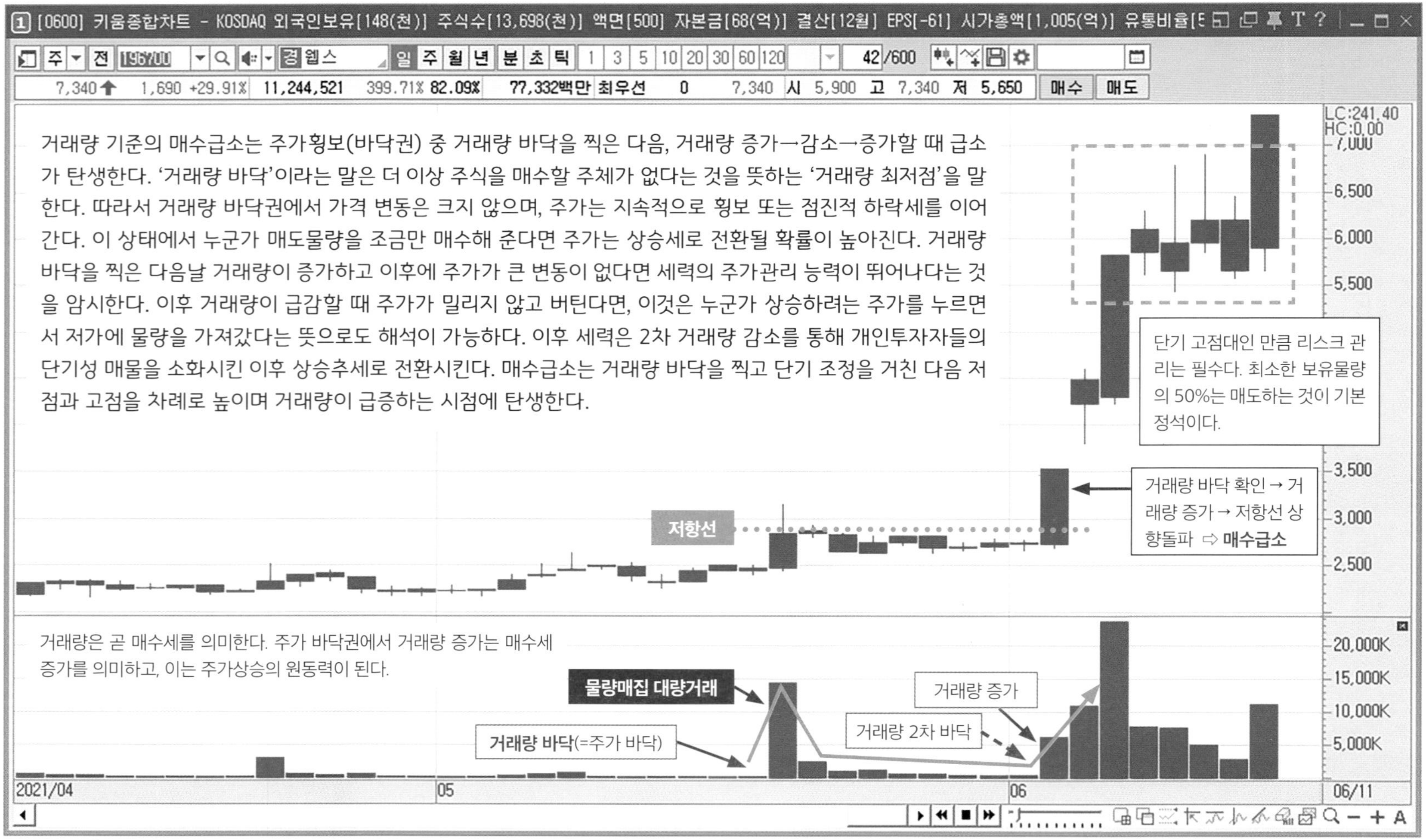
[0600] 키움종합차트 - KOSDAQ 외국인보유[148(천)] 주식수[13,698(천)] 액면[500] 자본금[68(억)] 결산[12월] EPS[-61] 시가총액[1,005(억)] 유통비율[
7,340 1,690 +29.91% 11,244,521 399.71% 82.09% 77,332백만 최우선 0 7,340 시 5,900 고 7,340 저 5,650 매수 매도
거래량 기준의 매수급소는 주가횡보(바닥권) 중 거래량 바닥을 찍은 다음, 거래량 증가→감소→증가할 때 급소가 탄생한다. '거래량 바닥'이라는 말은 더 이상 주식을 매수할 주체가 없다는 것을 뜻하는 '거래량 최저점'을 말한다. 따라서 거래량 바닥권에서 가격 변동은 크지 않으며, 주가는 지속적으로 횡보 또는 점진적 하락세를 이어간다. 이 상태에서 누군가 매도물량을 조금만 매수해 준다면 주가는 상승세로 전환될 확률이 높아진다. 거래량 바닥을 찍은 다음날 거래량이 증가하고 이후에 주가가 큰 변동이 없다면 세력의 주가관리 능력이 뛰어나다는 것을 암시한다. 이후 거래량이 급감할 때 주가가 밀리지 않고 버틴다면, 이것은 누군가 상승하려는 주가를 누르면서 저가에 물량을 가져갔다는 뜻으로도 해석이 가능하다. 이후 세력은 2차 거래량 감소를 통해 개인투자자들의 단기성 매물을 소화시킨 이후 상승추세로 전환시킨다. 매수급소는 거래량 바닥을 찍고 단기 조정을 거친 다음 저점과 고점을 차례로 높이며 거래량이 급증하는 시점에 탄생한다.
단기 고점대인 만큼 리스크 관리는 필수다. 최소한 보유물량의 50%는 매도하는 것이 기본 정석이다.
거래량 바닥 확인 → 거래량 증가 → 저항선 상향돌파 ⇨ 매수급소
저항선
거래량은 곧 매수세를 의미한다. 주가 바닥권에서 거래량 증가는 매수세 증가를 의미하고, 이는 주가상승의 원동력이 된다.
물량매집 대량거래
거래량 바닥(=주가 바닥)
거래량 2차 바닥
거래량 증가
2021/04
05
06
06/11

■ [주가 바닥]이란 [거래량 바닥]이라는 말과 같다. 거래량이 없는 상태는 매수하는 사람도 매도하는 사람도 없는 공황상태를 말한다. 일반적인 거래량 매수급소는 바로 거래량 바닥에서 거래량이 점차 증가하는 시점에서 탄생한다. 매수자가 나타나야 주가가 상승할 수 있기 때문이며, 이것은 곧 '거래량 증가'를 의미한다.

이상적 거래량 매수급소

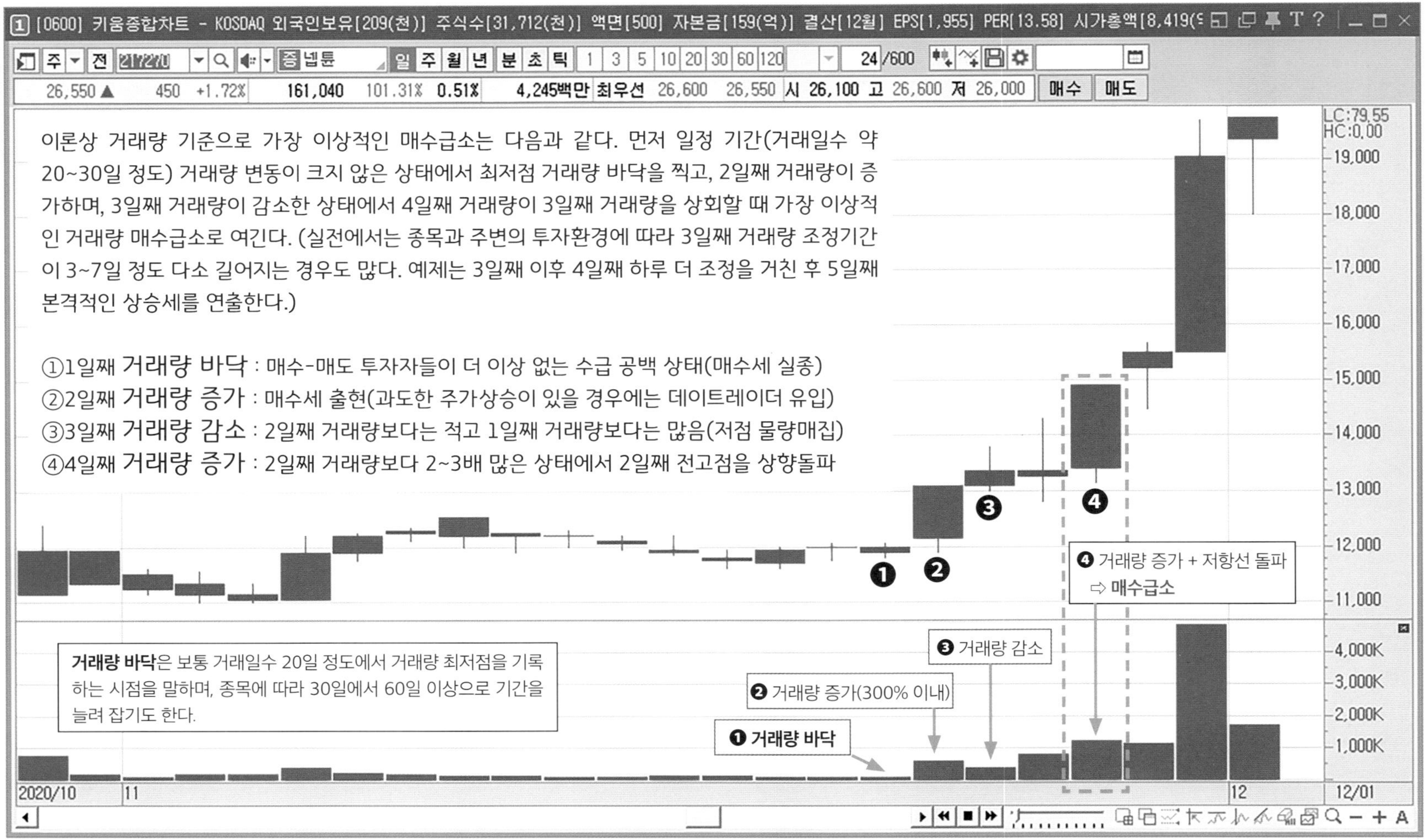
이론상 거래량 기준으로 가장 이상적인 매수급소는 다음과 같다. 먼저 일정 기간(거래일수 약 20~30일 정도) 거래량 변동이 크지 않은 상태에서 최저점 거래량 바닥을 찍고, 2일째 거래량이 증가하며, 3일째 거래량이 감소한 상태에서 4일째 거래량이 3일째 거래량을 상회할 때 가장 이상적인 거래량 매수급소로 여긴다. (실전에서는 종목과 주변의 투자환경에 따라 3일째 거래량 조정기간이 3~7일 정도 다소 길어지는 경우도 많다. 예제는 3일째 이후 4일째 하루 더 조정을 거친 후 5일째 본격적인 상승세를 연출한다.)
①1일째 거래량 바닥 : 매수-매도 투자자들이 더 이상 없는 수급 공백 상태(매수세 실종)
②2일째 거래량 증가 : 매수세 출현(과도한 주가상승이 있을 경우에는 데이트레이더 유입)
③3일째 거래량 감소 : 2일째 거래량보다는 적고 1일째 거래량보다는 많음(저점 물량매집)
④4일째 거래량 증가 : 2일째 거래량보다 2~3배 많은 상태에서 2일째 전고점을 상향돌파
❹ 거래량 증가 + 저항선 돌파
⇨ 매수급소
❸ 거래량 감소
❷ 거래량 증가(300% 이내)
❶ 거래량 바닥
거래량 바닥은 보통 거래일수 20일 정도에서 거래량 최저점을 기록하는 시점을 말하며, 종목에 따라 30일에서 60일 이상으로 기간을 늘려 잡기도 한다.

■ 거래량 기준으로, 거래량 바닥을 찍고 다음날 거래량이 거래일수 약 20일 동안 평균 거래량의 300% 이내 증가한다면 매수관점으로 접근이 가능하다. 이후 거래량이 감소→증가하면서 저점과 고점을 차례로 높일 때 매수급소가 탄생한다.

거래량 바닥에서 5일간을 주목하라

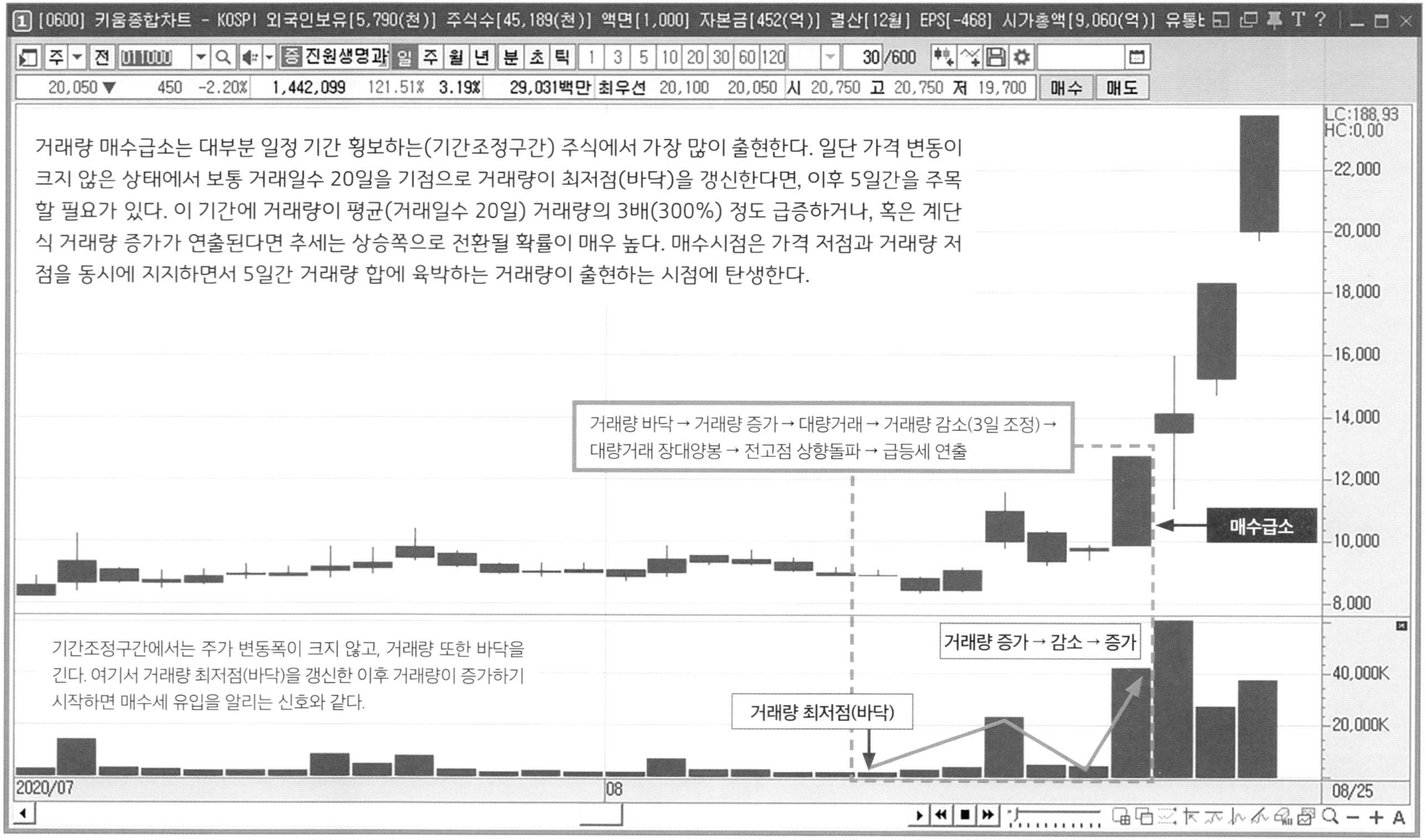
[0600] 키움종합차트 - KOSPI 외국인보유[5,790(천)] 주식수[45,189(천)] 액면[1,000] 자본금[452(억)] 결산[12월] EPS[-468] 시가총액[9,060(억)] 유통
진원생명과
20,050 ▼ 450 -2.20% 1,442,099 121.51% 3.19% 29,031백만 최우선 20,100 20,050 시 20,750 고 20,750 저 19,700 매수 매도
거래량 매수급소는 대부분 일정 기간 횡보하는(기간조정구간) 주식에서 가장 많이 출현한다. 일단 가격 변동이 크지 않은 상태에서 보통 거래일수 20일을 기점으로 거래량이 최저점(바닥)을 갱신한다면, 이후 5일간을 주목할 필요가 있다. 이 기간에 거래량이 평균(거래일수 20일) 거래량의 3배(300%) 정도 급증하거나, 혹은 계단식 거래량 증가가 연출된다면 추세는 상승쪽으로 전환될 확률이 매우 높다. 매수시점은 가격 저점과 거래량 저점을 동시에 지지하면서 5일간 거래량 합에 육박하는 거래량이 출현하는 시점에 탄생한다.
거래량 바닥 → 거래량 증가 → 대량거래 → 거래량 감소(3일 조정) → 대량거래 장대양봉 → 전고점 상향돌파 → 급등세 연출
매수급소
기간조정구간에서는 주가 변동폭이 크지 않고, 거래량 또한 바닥을 긴다. 여기서 거래량 최저점(바닥)을 갱신한 이후 거래량이 증가하기 시작하면 매수세 유입을 알리는 신호와 같다.
거래량 최저점(바닥)
거래량 증가 → 감소 → 증가
LC:188,93
HC:0,00
22,000
20,000
18,000
16,000
14,000
12,000
10,000
8,000
40,000K
20,000K
2020/07
08
08/25

■ 장기간 수렴하는 주식은 강한 하방경직성을 자랑한다. 아래로 내려가기도 싫고, 위로 올라가기도 싫은 구간이다. 세력은 주로 이렇게 장기간 횡보하는 구간(횡보추세=보합추세)에서 물량을 꾸준히 매집한다. 위로 갈 때(호재 출현)를 기다리며 긴 지루함을 참고 견더내는 것이다.

주봉 거래량 바닥에서 거래량이 증가할 때를 주시하라

주봉은 하나의 큰 추세 흐름을 나타내기 때문에 자본금이 적고 유통물량이 적은 소형주보다는 중대형주에서 신뢰도가 높다. 주봉상 거래량 분석도 마찬가지다. 우선 주가의 현재 추세를 확인한 다음 거래량 바닥을 확인한다. 이후 거래량 증감 여부를 살피면서, 주봉상 주가의 저점과 고점을 차례로 높이는지를 파악하면서 매매시점을 잡는다. 거래량은 수급을 결정하기 때문에 주가 바닥권에서 거래량이 증가할수록 상승추세를 연출할 가능성이 높아진다. 거래량이 늘어야 이전 매물을 충분히 소화하기 때문이다. 참고로 일봉이나 주봉 이외에 월봉 및 단기적 관점에서는 분봉상 거래량 바닥과 증가 시점을 파악하는 것도 매매에 큰 도움이 된다.

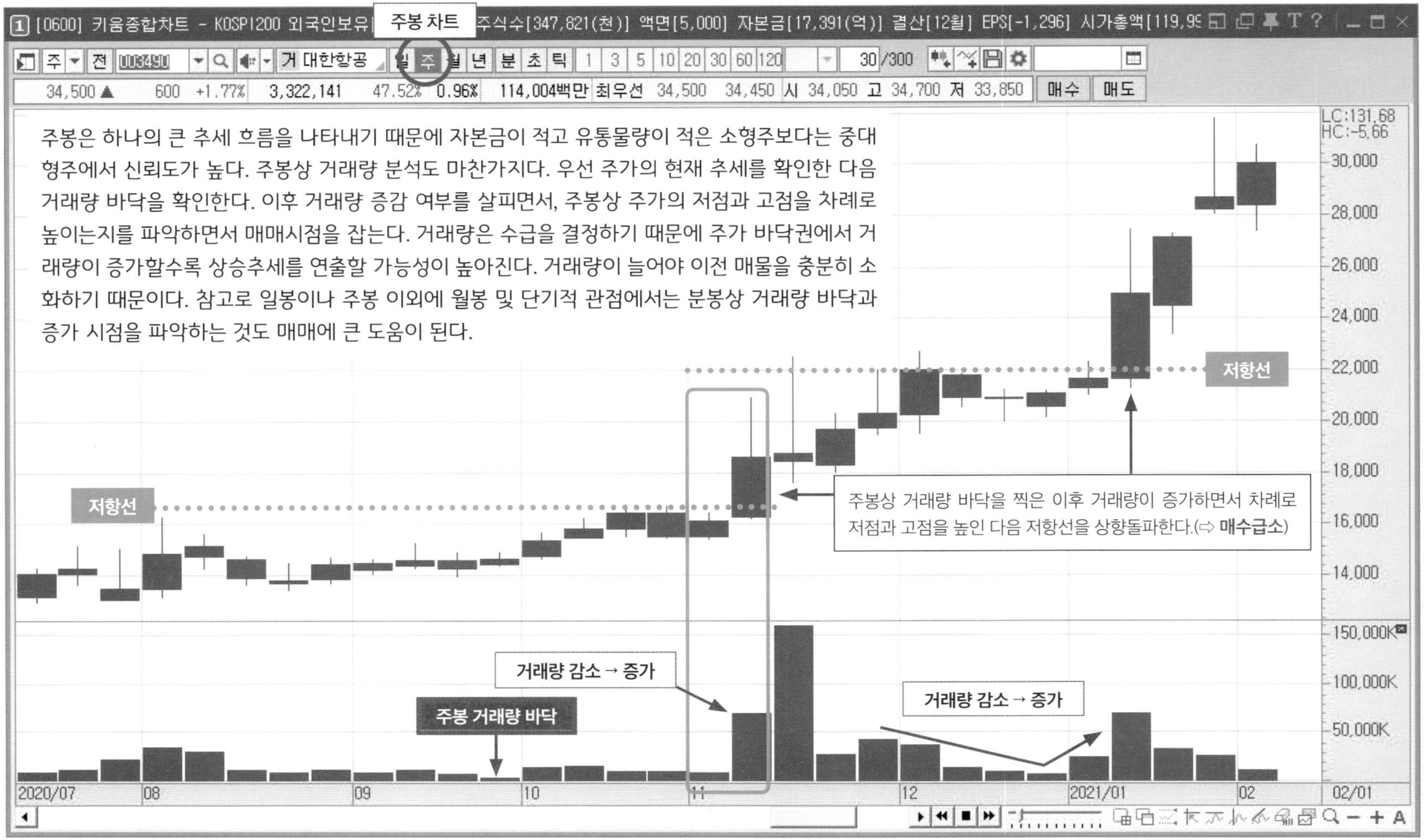

■ 주봉을 참조해 중·장기 추세 흐름을 파악하려면 일단 자본금이 적거나 유통물량이 적은 소형주는 될 수 있으면 제외하는 것이 좋다. 소형주는 시장 분위기에 너무 민감하게 반응하며, 단타세력이 적은 금액으로도 얼마든지 장난을 칠 수 있기 때문이다. 따라서 비교적 재무가 우량한 중·대형주 위주로 주봉을 참조해 추세 흐름을 파악하고 대응하도록 한다.

속임수 음봉(상승음봉)은 거래량에서 찾아라

주가가 상승하려면 양봉만으로는 한계가 있다. 그래서 세력은 양봉과 음봉을 번갈아 사용하면서 일종의 트릭을 선보인다. 속임수 음봉은 3가지 목적이 있는데 첫째, 주가상승으로 뒤늦게 진입한 개인들에게 단기 고점을 암시해 보유물량을 매도하게 만든다. 둘째, 음봉을 만들면서 단타세력의 유입을 최대한 막는 동시에 저점에서 투매물량을 확보한다. 셋째, 상승추세 중 가파른 이평선 조정(이격조정)을 통해 단기 매물을 소화시킨다. 한마디로 숨고르기 패턴이라 할 수 있다. 이런 속임수 음봉(상승음봉)은 기본적으로 거래량에서 찾아낼 수 있는데, 고점에서(저점 대비 100% 미만) 장대음봉이라도 거래량이 극히 적을 경우에는 속임수 음봉일 확률이 높다.

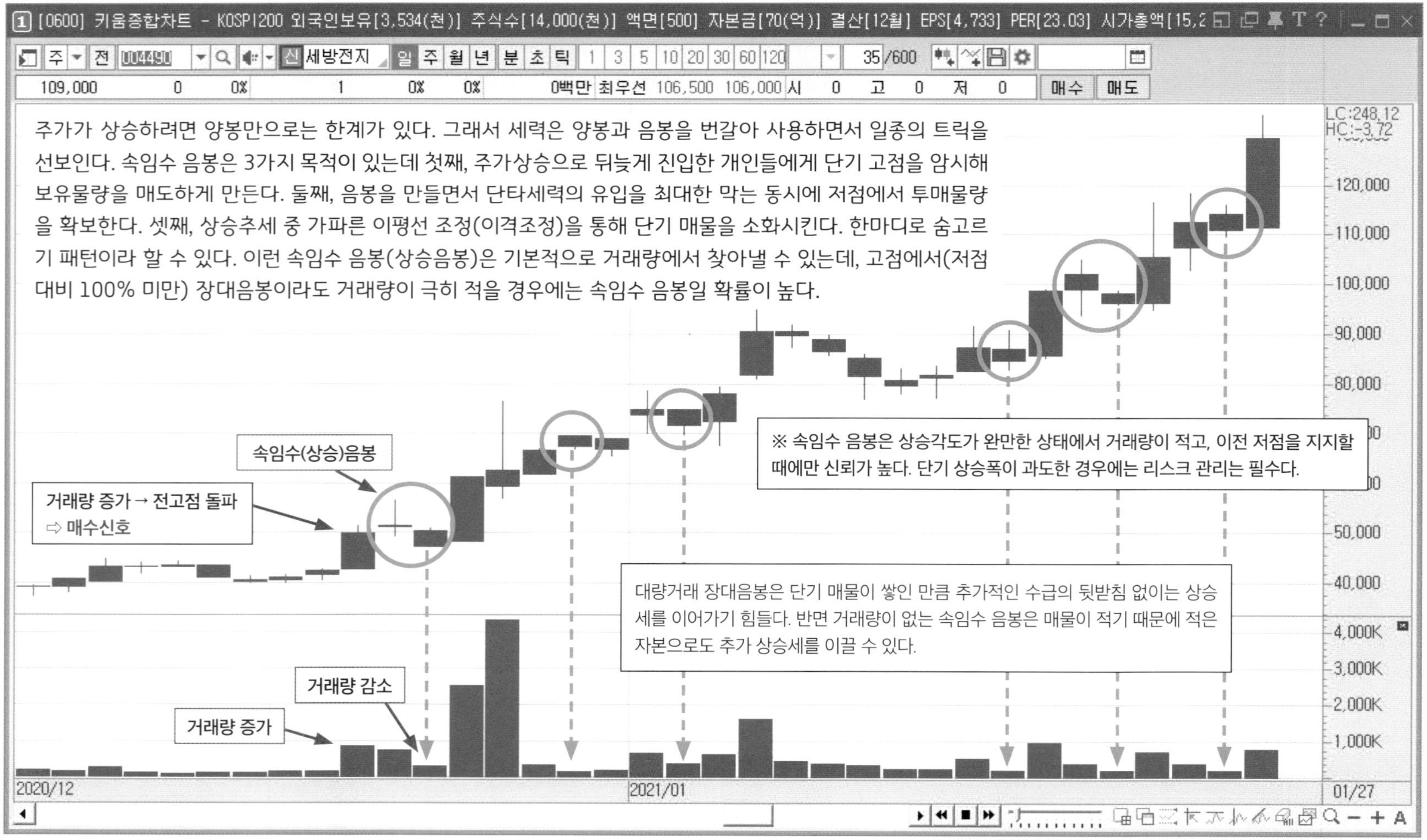

[0600] 키움종합차트 - KOSPI200 외국인보유[3,534(천)] 주식수[14,000(천)] 액면[500] 자본금[70(억)] 결산[12월] EPS[4,733] PER[23.03] 시가총액[15,2
속임수(상승)음봉
거래량 증가 → 전고점 돌파
⇨ 매수신호
※ 속임수 음봉은 상승각도가 완만한 상태에서 거래량이 적고, 이전 저점을 지지할 때에만 신뢰가 높다. 단기 상승폭이 과도한 경우에는 리스크 관리는 필수다.
대량거래 장대음봉은 단기 매물이 쌓인 만큼 추가적인 수급의 뒷받침 없이는 상승세를 이어가기 힘들다. 반면 거래량이 없는 속임수 음봉은 매물이 적기 때문에 적은 자본으로도 추가 상승세를 이끌 수 있다.
거래량 감소
거래량 증가
2020/12
2021/01
01/27

■ 주가가 단기에 급등한 상태에서 거래량이 없는 음봉을 무조건 속임수 음봉으로 해석해서는 안 된다. 속임수(상승) 음봉은 상승 초기나 완만하게 상승하는 구간에서 노리는 것이 유리하며, 짧은 단봉일수록 신뢰가 높다. 제아무리 재료가 살아있는 종목에서 속임수 음봉으로 예상되는 경우라도 매물소화를 거치지 않고 단기 100% 이상 급등한 상태에서는 거래량과 관계없이 매도관점으로 접근하는 것이 좋다.

거래량과 매물대의 불가분 관계

■ 거래량이 많은 구간에서는 매수자와 매도자가 많았다는 것을 뜻한다. 고점 대량거래인 경우, 오랫동안 주식을 보유하고 있던 투자자들(수익을 본 세력)은 매수세가 나타날 때를 노려 매도하려고 한다. 이 매도물량을 받는 투자자들은 주가가 계속 상승할 것으로 예상해 고점에서도 용감무쌍하게 매수한다. 이 상태에서 주가가 급락하면 어떻게 될까? 매물이 매물을 부른다.

거래량이 증가해야 매물대를 뚫을 수 있다

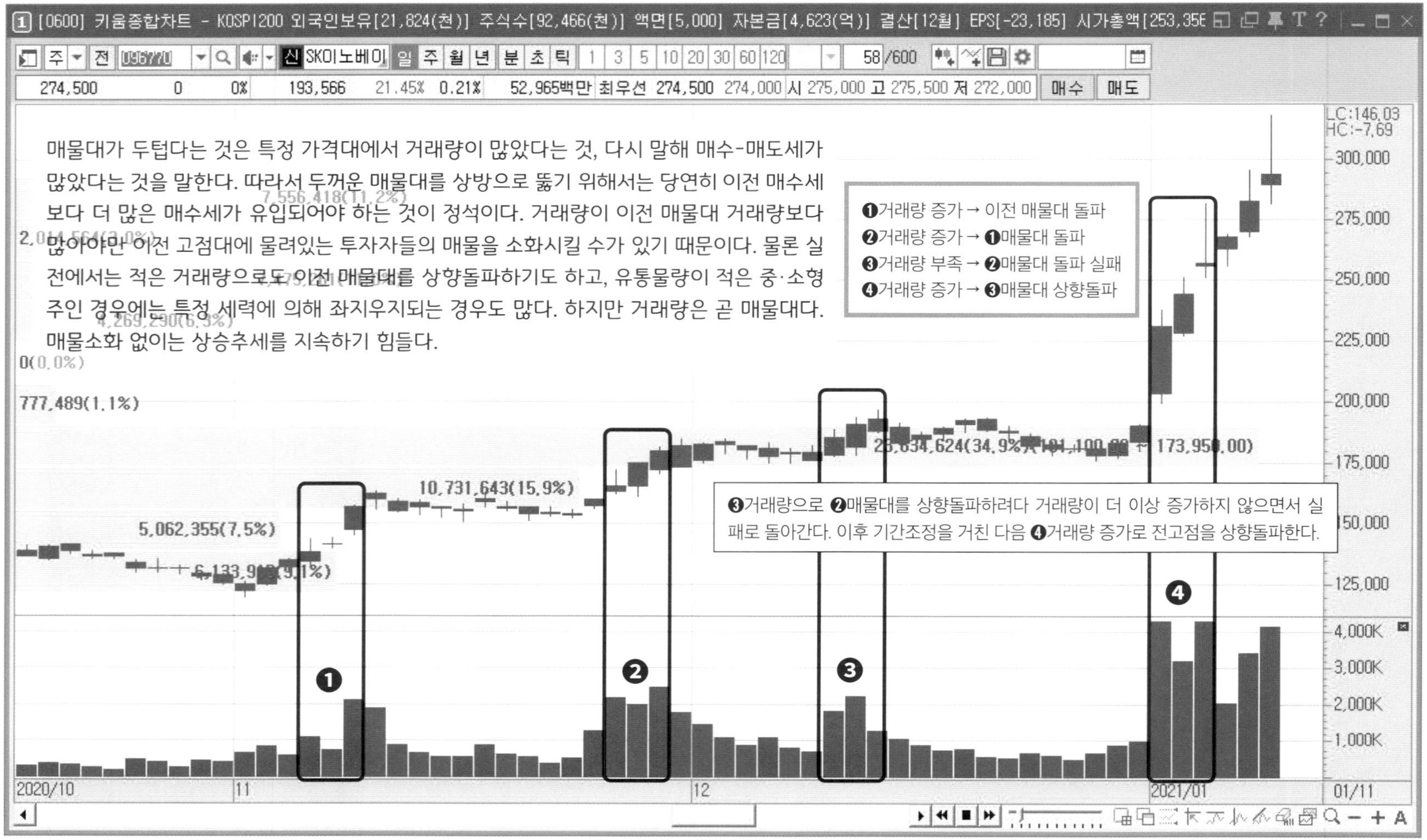

매물대가 두텁다는 것은 특정 가격대에서 거래량이 많았다는 것, 다시 말해 매수-매도세가 많았다는 것을 말한다. 따라서 두꺼운 매물대를 상방으로 뚫기 위해서는 당연히 이전 매수세보다 더 많은 매수세가 유입되어야 하는 것이 정석이다. 거래량이 이전 매물대 거래량보다 않아야 이전 고점대에 물려있는 투자자들의 매물을 소화시킬 수가 있기 때문이다. 물론 실전에서는 적은 거래량으로도 이전 매물대를 상향돌파 하기도 하고, 유동물량이 적은 중·소형주인 경우에는 특정 세력에 의해 조지우지되는 경우도 많다. 하지만 거래량은 곧 매물대다.

매물소화 없이는 상승추세를 지속하기 힘들다.

❶ 거래량 증가 → 이전 매물대 돌파
❷ 거래량 증가 → ❶매물대 돌파
❸ 거래량 부족 → ❷매물대 돌파 실패
❹ 거래량 증가 → ❸매물대 상향돌파

❸거래량으로 ❷매물대를 상향돌파하려다 거래량이 더 이상 증가하지 않으면서 실패돌파인다. 이후 기간조정을 거친 다음 ❹거래량 증가로로 전고점을 상향돌파한다.

일반적 거래량 범주에 따르면 이전 고점을 돌파하기 위해서는 매물소화 측면에서 이전 고점 거래량보다 많아야 한다. 그러나 이전 고점 거래량보다 작은 거래량으로도 고점을 돌파할 때가 있다. 이 경우는 세력의 물량매집이 완료된 상태이거나 예상치 못한 호재들로제가 충분할 때다. 이때 세력은 '돌파봉'과 '상승갭'을 통해 작은 거래량으로도 집중 매물대를 돌어낸다.

■ 물량매집이 안료된 상태이거나 예상치 못한 호재들로제가 충분할 때다.

매물대를 활용하는 지혜

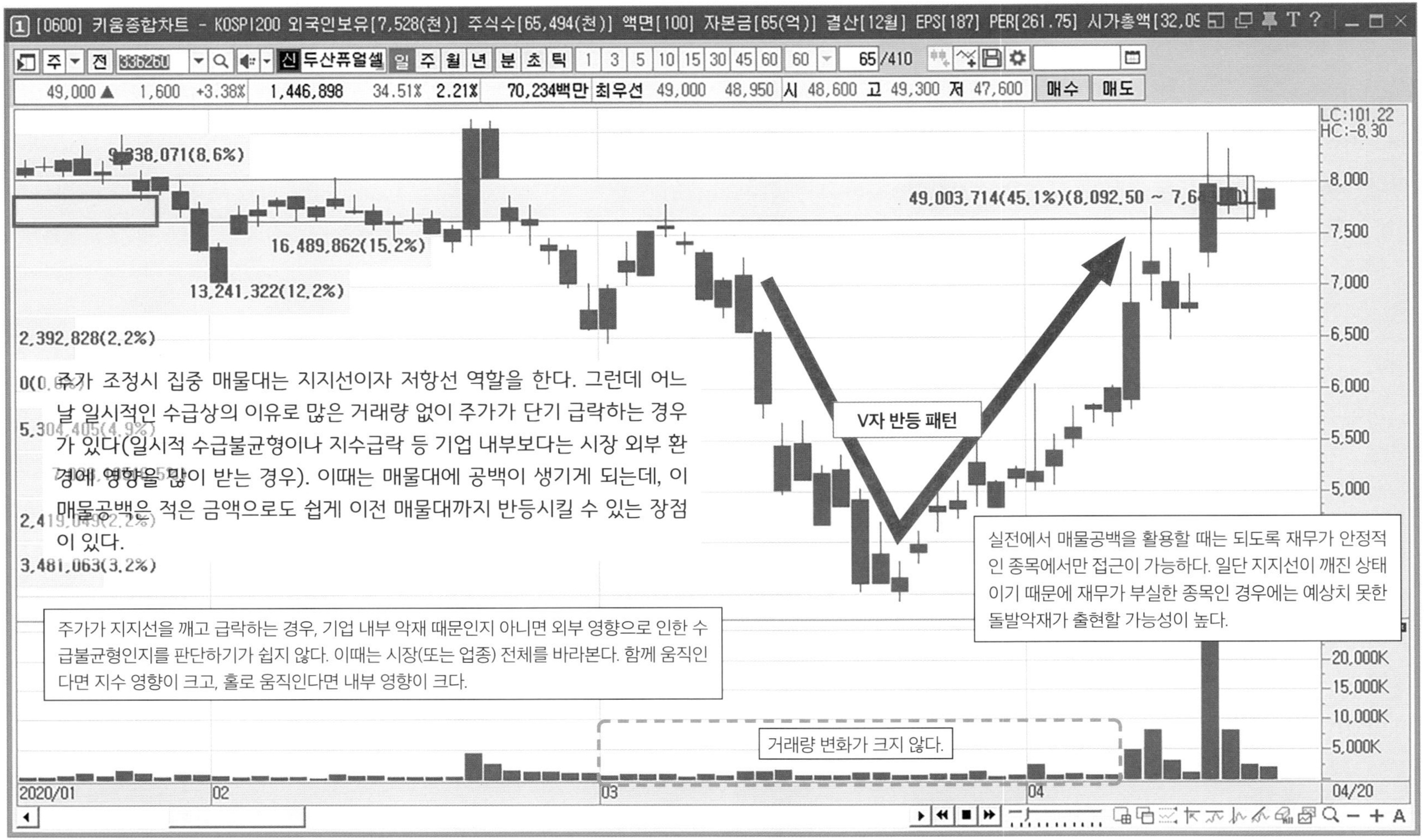

■ 매물대 공백을 활용한 매매기법은 데이트레이더가 즐겨 사용하는 투자기법 중 하나다. 단기적으로 매물대 집중 구간에서 일시적 주가급락으로 매물공백이 생긴다면, 주가는 회귀본능과 맞물려 이전에 집중된 매물대까지 급반등하려는 성질이 있다. 거래량 없이 일시적으로 밀렸으니, 이제는 적은 거래량으로도 이전 매물대까지 쉽게 상승하는 이치라 할 수 있다.

다. 그 이유는 매도자는 보유주식을 매도할 때 수익을 얻고자 하고, 매수자는 매도자로부터 사들인 주식을 더 높은 가격에 매도하고자 하는 투자자들의 이익 욕구 때문이다. 주가가 상승할수록 매도자는 늘어나는데, 이 매도물량을 매수자가 사들이는 과정에서 거래량이 증가할 수밖에 없는 현상이 벌어지는 것이다.

주가하락은 이와 반대로 통상 거래량이 감소한다. 매도자는 매수자가 보이는 즉시 보유주식을 매도하는 데 반해 주식은 반드시 보유물량을 매도해야만 현금화가 가능하기에 매수자는 매도세가 안정될 때까지 매수를 일단 보류하려는 경향이 나타나기 때문이다.

주의할 것은, 실전에서 꼭 [거래량 증가 → 주가상승], [거래량 감소 → 주가하락]을 의미하는 것은 결코 아니라는 사실이다. 거래량이 증가하는데 주가는 하락하기도 하고, 거래량이 감소하는데 주가는 상승하기도 한다.

거래량은 투자자들의 적극적인 심리를 반영하는 것으로 가격이 아닌 변동성을 의미한다. 따라서 [거래량 증가 → 변동성 확대], [거래량 감소 → 변동성 축소]라 해석하는 것이 올바른 수급분석 방법이다.

거래량은 가격이 아닌 변동성

거래량은 주식 매매량의 총합, 다시 말해 매수량과 매도량의 총합이다. 거래량은 차트에서 아래쪽 막대그래프 형태로 표시되어 거래량 증감 여부를 한눈에 알아볼 수 있다. 거래량은 수급의 의미로도 사용된다. **수급**은 수요와 공급을 아울러 이르는 말로 거래량이 많다는 것은 곧 수급이 좋다는 의미로 해석한다.

차트분석의 핵심은 매수와 매도자의 수급을 분석해 주세를 살펴 매매 타이밍을 잡는 것이다. 통상 거래량은 캔들차트와 그 궤도를 같이 한다. 이를테면 어떤 기업의 주식을 매수하려면 주식을 매도하려는 투자자로부터 주식을 사야 하고, 보유주식을 매도하려면 매수하려는 투자자들이 반드시 존재해야만 한다. 따라서 거래량이 증가하면 주가 변동성이 커지기 시작하고, 거래량이 감소하면 주가 변동성도 작아지는 것이 일반적이다.

주가는 수급에 비례한다고 볼 수 있다. 주식을 매수하고자 하는 투자자들이 많으면 주가는 상승하고 매수세가 매도세를 압도하기 때문에, 반대로 보유주식을 매도하고자 하는 투자자들이 많으면 주가는 하락한다.

일반적으로 주가가 상승하려면 거래량이 증가하는 경향을 보인다.

03

이평선(이동평균선)의 맥!

y~¤u¥ƒ} u~ƒ'?¥ƒ¡ s{'?} ¡ ~u‹⁄ qƒu¥'?u“sxq~wu⁄ qƒu'?¤ql§qr |u~u¥¥

이평선
기본 개념

이평선(이동평균선)

주가차트를 구성하는 기본 3대 지표가 있다. 첫째는 '캔들봉', 둘째는 '거래량', 셋째는 '이평선(이동평균선)'을 말한다. 그만큼 이평선은 캔들과 거래량과 함께 중요한 차트분석 요소라 할 수 있다. **이평선**은 일정한 기간 동안 이루어진 주가의 연속적인 변화과정을 특정한 주가 평균값을 내어 차트에 곡선으로 표시한 것을 말한다. 이평선은 주가의 연속적인 흐름을 나타내기에 향후 주가를 예측할 때 중요한 기준선 역할을 한다.

이평선은 차트상에서 일정 기간 주가의 변화흐름을 살펴볼 때 매우 유용하게 사용되는 지표다. 일반적으로 주가는 이평선을 따라 움직이는 특성이 있다. 단기적으로 주가는 5일선을 따라 움직이며, 20일선을 중심으로 상승과 하락추세를 반복하는 경향이 있다. 특히 5일선과 20일선은 차트에서 매우 중요한 의미가 있는데, 5일선은 주식 거래일수 5일(1주일) 동안의 평균주가를 나타내며, 투자자들이 '단기심리'를 반영한다. 이에 반해 20일선은 거래일수 20일1달 동안의 평균주가를 나타낸 것으로 주가 추세의 흐름이 강한 편이기 때문에 '세력선' 역할을 한다.

이평선 종류

차트상에서 기본적으로 활용되는 이평선은 5일, 20일, 60일, 120일선이다. 그밖에 주가 산출 기간에 따라 3일, 10일, 40일, 240일선 등으로 설정할 수 있다. 절대적 기준은 아니지만, 단기적 지표로는 3, 5, 10, 20일 이평선을, 중기적 지표로는 20, 40, 60, 120일 이평선을, 그리고 장기적 지표로는 60, 120, 240, 300일 이평선을 활용한다. 가장 많이 활용하는 이평선으로는 5일, 20일, 60일, 120일선이 있으며, 특히 5일선과 20일선은 차트분석에서 매우 중요한 의미를 가진다.

이평선 기본값

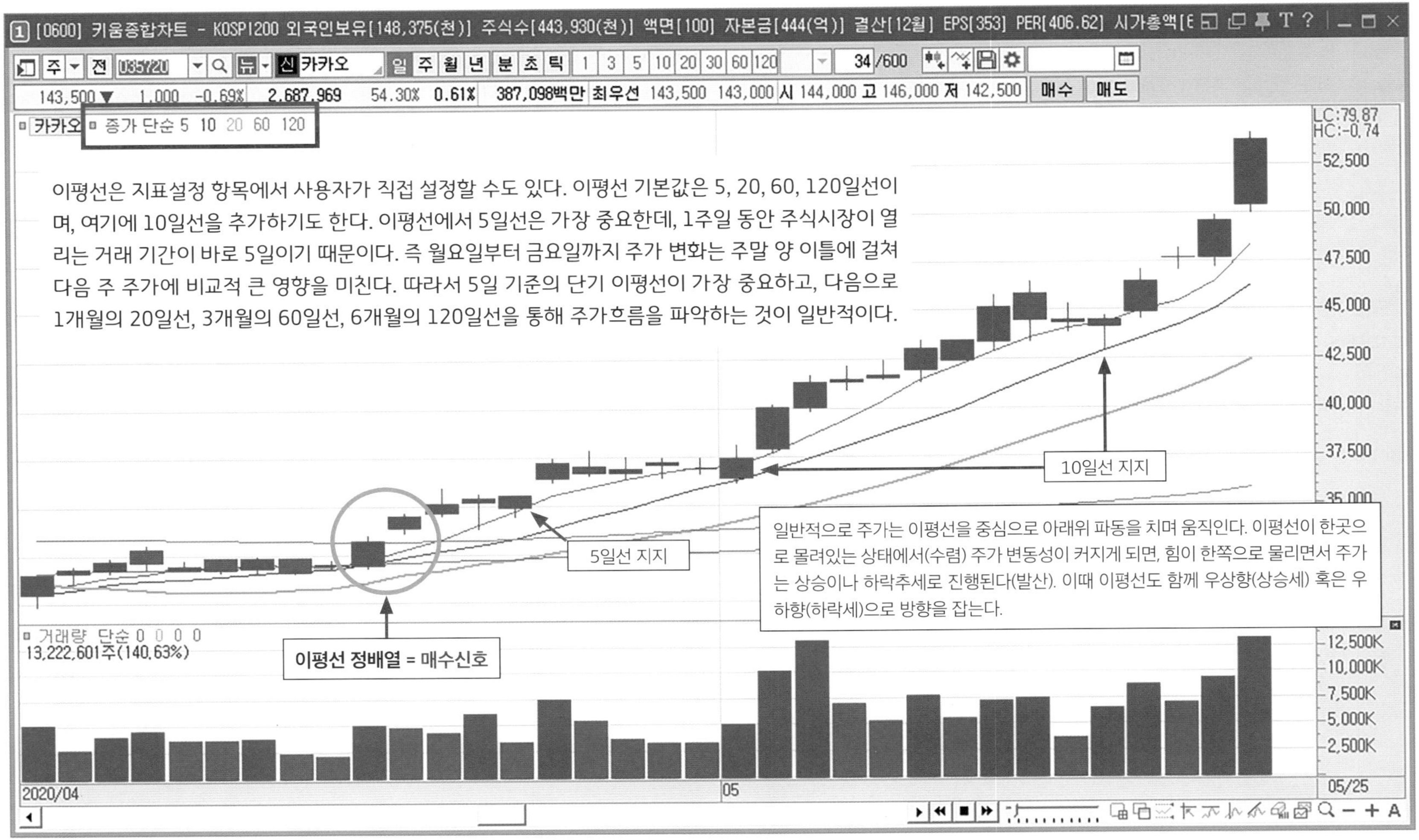

이평선은 지표설정 항목에서 사용자가 직접 설정할 수도 있다. 이평선 기본값은 5, 20, 60, 120일선이며, 여기에 10일선을 추가하기도 한다. 이평선에서 5일선은 가장 중요한데, 1주일 동안 주식시장이 열리는 거래 기간이 바로 5일이기 때문이다. 즉 월요일부터 금요일까지 주가 변화는 주말 양 이틀에 걸쳐 다음 주 주가에 비교적 큰 영향을 미친다. 따라서 5일 기준의 단기 이평선이 가장 중요하고, 다음으로 1개월의 20일선, 3개월의 60일선, 6개월의 120일선을 통해 주가흐름을 파악하는 것이 일반적이다.

일반적으로 주가는 이평선을 중심으로 아래위 파동을 치며 움직인다. 이평선이 한곳으로 몰려있는 상태에서(수렴) 주가 변동성이 커지게 되면, 힘이 한쪽으로 물리면서 주가는 상승이나 하락추세로 진행된다(발산). 이때 이평선도 함께 우상향(상승세) 혹은 우하향(하락세)으로 방향을 잡는다.

■ 단기적 매매 중심이라면 지표설정 항목에서 기본값을 3, 5, 10, 20, 40, 60일 이평선으로 설정하면 매매에 큰 도움이 된다.

그랜빌의 법칙

그랜빌의 법칙이란 미국의 유명한 주가분석사인 '죠셉 그랜빌J.E.Granville'이 제시한 투자법칙으로, 주가는 이평선에서 멀어지면 다시 가까워지려는 성질을 이용해 만든 주식매매의 8가지 투자전략을 말한다. 그랜빌의 법칙은 주로 단기추세인 20일 이평선을 기준으로 하기 때문에 장기투자보다는 중기나 단기투자에 유용한 방법이다.

그랜빌의 매수신호

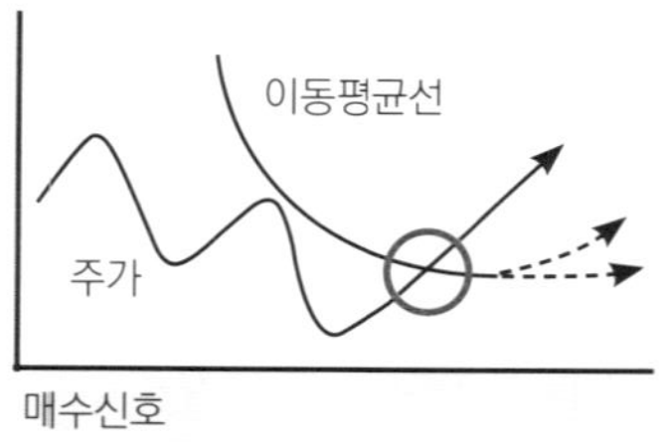

① 이동평균선이 하락세에서 벗어나 횡보나 상승하는 상황에서 주가가 이평선을 상향돌파할 때는 매수신호.

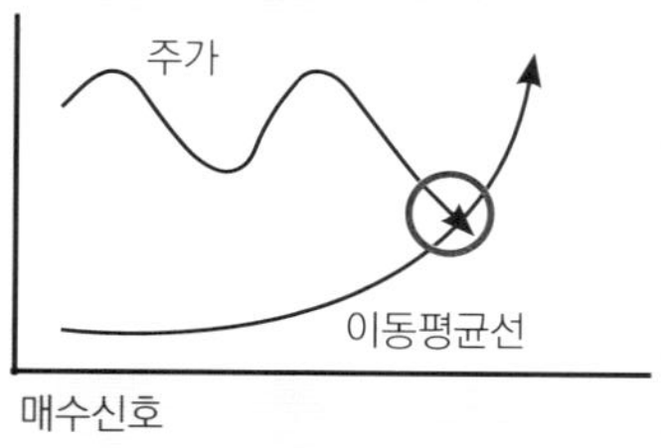

② 주가는 큰 폭의 상승이 없는 상태에서 상승 중인 이평선에 접근해 하향이탈할 때는 일단 매수신호로 해석한다. 이평선이 상승추세이기 때문에 주가하락은 일시적인 경우가 많기 때문.

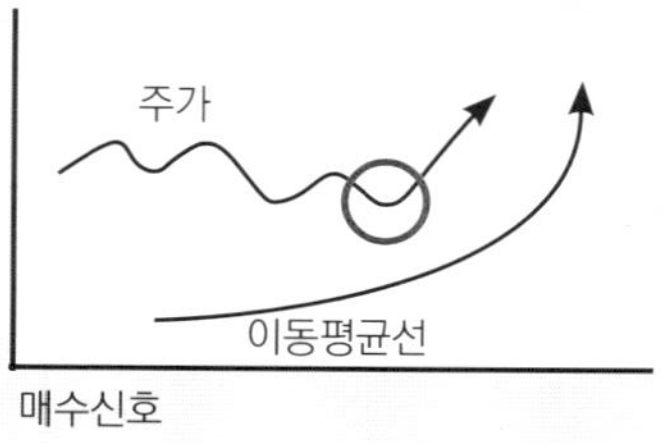

③ 상승세인 이평선을 향해 하락하던 주가가 하향이탈하지 않고 다시 상승할 때는 매수신호. 주가는 하락하고 있으나 이평선이 지지선 역할을 하고 있다는 증거로 해석한다.

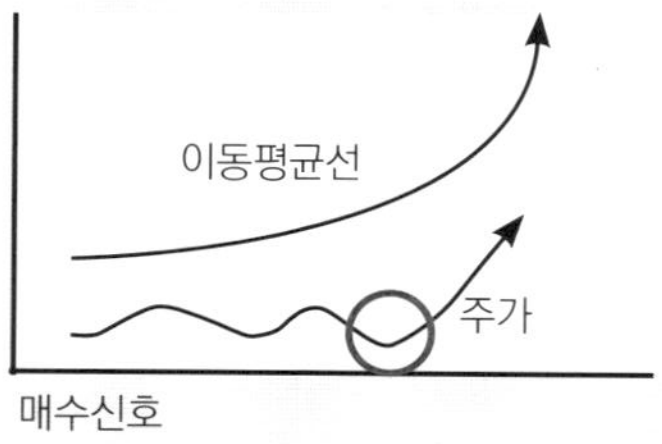

④ 상승세인 이평선보다 주가가 너무 낮은 상태에서 이평선 쪽으로 주가가 근접할 때는 매수신호. 이것은 이평선에서 멀어진 주가는 다시 이평선 근처로 다가선다는 성향을 나타낸다.

그랜빌의 매도신호

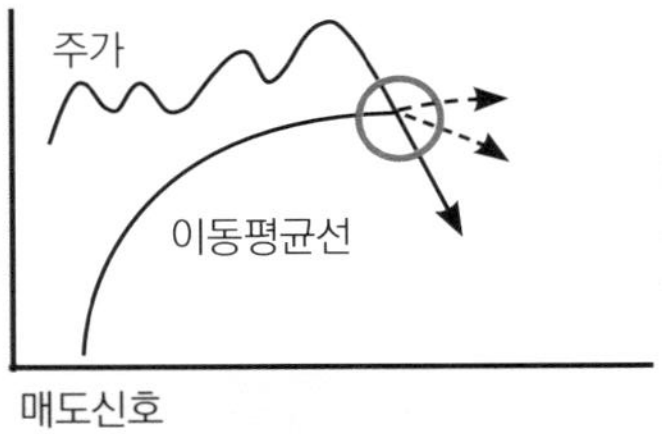

① 이평선이 상승한 상태에서 주가가 한때 출렁인 다음 이평선 아래로 뚫고 내려가면 강력한 매도신호.

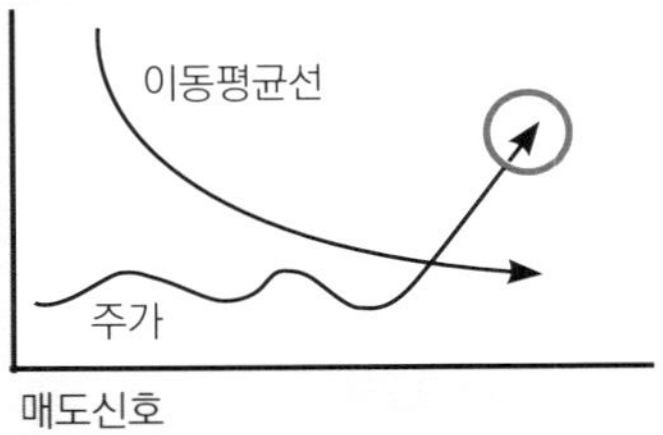

② 하락추세인 이평선에서 주가가 일시적으로 이평선 위로 돌파할 경우에는 매도신호. 이평선이 하향 곡선을 그리고 있기에 여전히 추세는 하락세이기 때문.

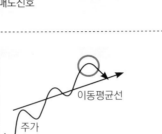

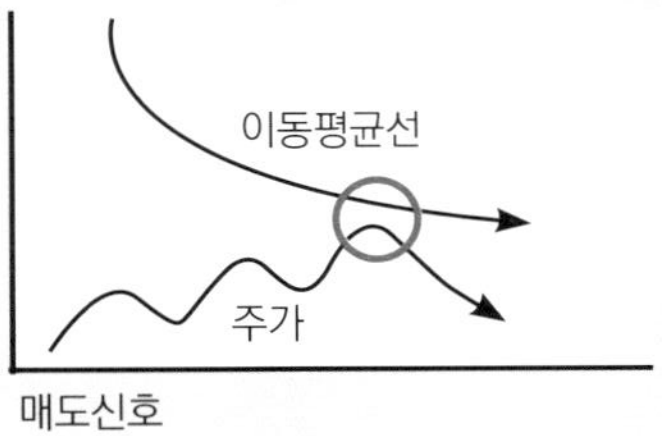

③ 주가가 하락추세인 이평선보다 크게 동떨어진 상태에서 이평선 근처까지 상승했으나, 이평선에 미치지 못하면서 다시 하락할 경우에는 매도신호.

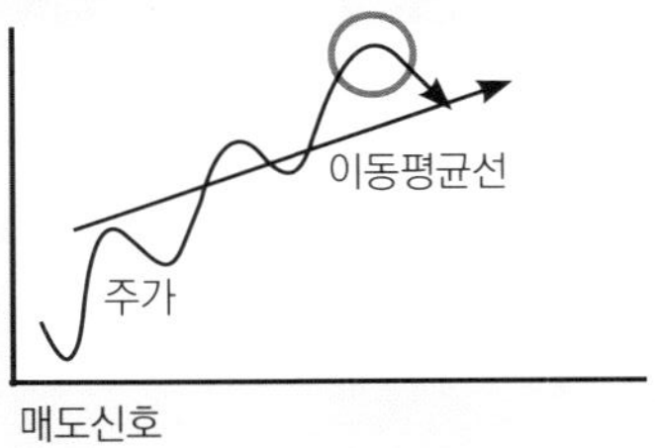

④ 이평선이 상승하고 있는 경우라도 주가가 이평선으로부터 크게 동떨어진 경우에는, 주가가 이평선을 향해 하락할 가능성이 크기 때문에 매도신호.

지수차트는 시장 전체 흐름을 나타낸다

① [0602] 업종종합차트 - 종합(KOSPI)

월봉차트

종합(KOSPI) 545,738 3,255.40 ▼ 23.28 -0.71% 거래량 종가 단순 5 10 20 60 120

일 주 월 년 틱 1 3 5 10 20 30 60 120 170 /240

거래대금 4,045,807백만시 시 3,276.20 고 3,276.20 저 3,251.32 매수 매도

LC:264.89 3,255.40 1.61%

최고 3,281.96 (06/01)

지수 골든크로스

지수급락
코로나(COVID-19) 팬데믹

거래량 증가

월봉 120선 지지

월봉 60선 지지

지수상승

지수급락
유럽 재정위기

거래량 단순 5 20 60 120

최저 892.16 (10/01)

21,428K 114.04%

30,000K

21,427.7

10,000K

이평선은 주가의 중단기적 추세를 한눈에 파악할 수 있는 가장 유용한 투자지표다. 이평선이 상승추세이냐 하락추세이냐에 따라 주가는 그 흐름을 타는 성질이 있기 때문이다. 주식시장 전체의 대세흐름은 코스피(KOSPI) 종합지수 주봉상 20선과 60선을 통해 파악한다. 중기적 관점에서 지수는 주봉 5선을 기준으로 움직이고, 20선과 60선은 중·장기추세를 나타낸다. 예제 차트는 주봉이 아닌 월봉을 통해 보다 큰 지수의 장기추세 흐름을 나타낸 모습이다.

지수차트에서 대세흐름은 최소한 주봉으로 추세를 판단한다. 생명선은 20선이며, 60선이 바닥을 확인한 상태에서 5선과 20선이 차례로 성장돌파할 경우에는 대세상승세가 연출된다. 예제는 월봉 차트로 5선과 20선, 그리고 60선을 기준으로 시장 전체의 큰 흐름을 보여주고 있다.

2007 2008 2009 2010 2011 2012 2013 2014 2015 2016 2017 2018 2019 2020 2021 06/01

■ 코스피(KOSPI)지수의 월봉은 경기변동과 매우 밀접한 연관성을 갖고 있다. 종목차트가 통상 기업의 미래를 6개월 정도 선반영을 하듯 지수차트도 경기순환에 미리 선반영하는 특성이 있다. 이를테면 경기 후퇴기에 지수는 이미 바닥을 치고, 침체기에 이르러서는 오히려 지수가 반등을 한다. 그리고 회복기에 접어들면 지수는 상투를 틀고, 활황기에 접어들면 지수는 하락추세로 접어들게 된다.

이평선은 투자심리의 기준

이평선은 특정 거래일수에 대한 평균주가를 곡선 형태로 차트에 표시한 것을 말한다. 따라서 5일선은 거래일수 5일일주일 동안의 평균주가를 말하고, 20일선은 거래일수 20일한 달 동안의 평균주가를 말한다. 이를테면 5일선은 일주일 동안의 평균주가를 말하고, 이것은 해당 종목을 일주일 동안 투자자들이 거래한 평균단가를 의미한다.

이평선 = 특정 거래일수의 평균주가 = 세력의 평균단가

통상 주가가 이평선 위로 올라선다면 단기적 투자심리가 안정되는 반면에 주가가 이평선 아래로 내려가면 투자심리가 극도로 위축되어 심한 공포심마저 가져온다.

예를 들어 5일선 위에 주가가 올라서면 5일 동안의 거래한 투자자들의 평균단가 위로 주가상승이 이루어진 것을 말한다. 5일 동안 거래한 투자자 입장에서 대다수가 수익을 본 상태라면 투자심리가 안정되면서 익절매수익확정나 보유관점으로 대응하게 된다. 이때 주식 보유자가 많고 신규 매수세가 지속적으로 유입된다면 주가는 추가적으로 상승곡선을 그린다.

하지만 주가가 5일선 아래로 내려가게 된다면 5일 동안 거래한 투자자 대부분이 손실을 보는 상태로 돌변한다. 투자손실은 일단 투자자들의 심리를 위축시킨다. 수익을 생각하는 것이 아니라 손실을 어디까지 견딜 수 있느냐에 머리가 지끈거리는 것이다.

주식을 매수한 가격대보다 주가가 더 떨어진다는 것은 투자자가 생각하는 기업가치가 고평가된 상태이거나, 기업에 개인들이 모르는 어떤 악재가 발생했거나, 아니면 급격한 시장 분위기에 편승한 개인들의 일시적 투매현상일 것이다.

문제는 이평선 아래로 내려가 있는 주가가 빠른 시간 안에 이평선 위로 회복하지 못하고 계속 저항을 받으면서 내려가는 경우다. 주가가 이평선 아래로 내려가면 자연히 단기 이평선 또한 하향곡선을 그린다. 하향하는 이평선에 계속 저항을 받으면서 덩달아 주가 하락폭이 커지게 되면 그동안 거래일수에 대한 가격대가 이제는 모두 매물대가 된다. **매물대**는 저항대이자 매도심리를 부추기는 가격대다.

손실폭이 시간이 지날수록 커지기 시작하면 투자자는 마침내 '손절매손실확정'를 감행할 것인지 아니면 떨어진 주가가 회복될 때까지 시간과의 싸움을 벌일 것인지를 놓고 갈등하게 된다. 주가하락이 가속화될수록 투자심리는 불안감을 넘어 극도의 공포감을 불러와 마지막에 이르러 바닥에서 투매하는 현상까지 나타나게 된다.

이평선 = 매물대 = 지지선 = 저항선 = 단기 투자심리선

이평선과 주가의 위치가 중요한 이유가 바로 여기에 있다. 주가가 단기이평선5일선, 중기이평선20일선, 장기이평선60일선, 120일선의 위에 위치하면 투자심리가 안정된 상태를 의미하고, 주가가 이평선 아래에 위치하면 투자심리가 불안한 상태를 의미한다. 결과적으로 이평선은 곧 투자심리를 반영하는 것이고, 때문에 지지선이자 저항선 역할을 한다.

골든크로스(Golden Cross) = 정배열

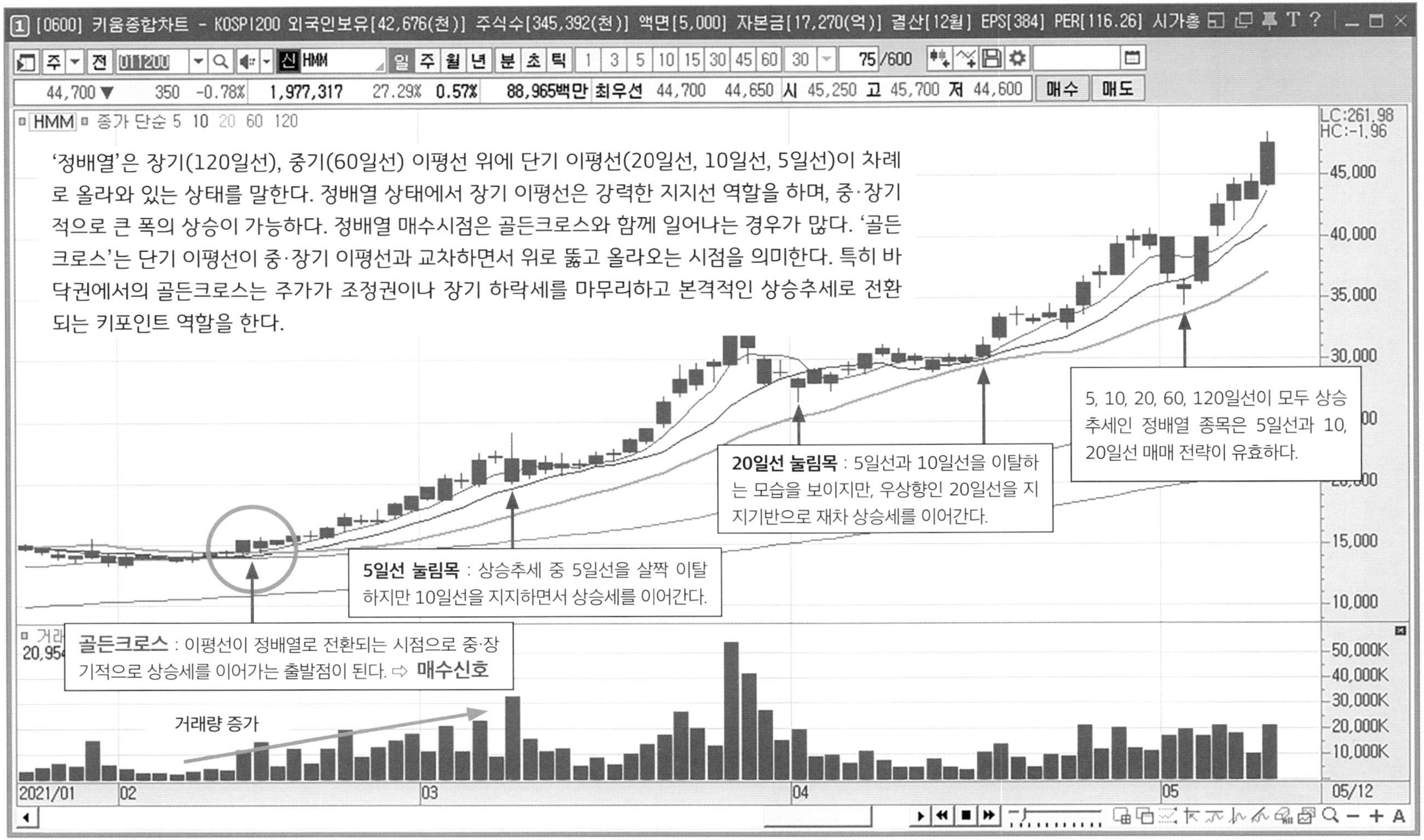

[0600] 키움종합차트 - KOSPI200 외국인보유[42,676(천)] 주식수[345,392(천)] 액면[5,000] 자본금[17,270(억)] 결산[12월] EPS[384] PER[116.26] 시가총
44,700 ▼ 350 -0.78% 1,977,317 27.29% 0.57% 88,965백만 최우선 44,700 44,650 시 45,250 고 45,700 저 44,600
HMM 종가 단순 5 10 20 60 120
'정배열'은 장기(120일선), 중기(60일선) 이평선 위에 단기 이평선(20일선, 10일선, 5일선)이 차례로 올라와 있는 상태를 말한다. 정배열 상태에서 장기 이평선은 강력한 지지선 역할을 하며, 중·장기적으로 큰 폭의 상승이 가능하다. 정배열 매수시점은 골든크로스와 함께 일어나는 경우가 많다. '골든크로스'는 단기 이평선이 중·장기 이평선과 교차하면서 위로 뚫고 올라오는 시점을 의미한다. 특히 바닥권에서의 골든크로스는 주가가 조정권이나 장기 하락세를 마무리하고 본격적인 상승추세로 전환되는 키포인트 역할을 한다.
5, 10, 20, 60, 120일선이 모두 상승추세인 정배열 종목은 5일선과 10, 20일선 매매 전략이 유효하다.
20일선 눌림목 : 5일선과 10일선을 이탈하는 모습을 보이지만, 우상향인 20일선을 지지기반으로 재차 상승세를 이어간다.
5일선 눌림목 : 상승추세 중 5일선을 살짝 이탈하지만 10일선을 지지하면서 상승세를 이어간다.
골든크로스 : 이평선이 정배열로 전환되는 시점으로 중·장기적으로 상승세를 이어가는 출발점이 된다. ⇨ 매수신호
거래량 증가
2021/01 02 03 04 05 05/12

■ 정배열은 위로부터 5일선, 10일선, 20일선, 60일선, 120일선이 차례로 버티고 있는 형상이다. 이평선은 지지선과 저항선 두 가지 역할을 한다. 주가가 이평선 위로 올라와 있는 상태에서는 강한 지지선 역할을 하며, 정배열에서는 이런 강한 지지선이 차례로 밑에서 바치고 있으니 투자자에게는 완만한 상승각도를 유지하는 정배열 종목이 비교적 안전한 투자종목이라 할 수 있다.

데드크로스(Dead Cross) = 역배열

'데드크로스'는 어휘 그대로 죽음의 십자가를 말한다. 골든크로스와 정반대 개념으로 단기 이평선이 중·장기 이평선 아래로 뚫고 내려가는 시점을 말한다. 고점에서는 매우 강력한 매도 신호로 해석하며, 상투권 정배열 종목에서 단기 이동평균선이 데드크로스가 연출되면 역배열로 전환되는 경우가 많다. '역배열'은 정배열과 달리 모든 이동평균선들이 저항선 역할을 한다. 따라서 역배열 종목은 지속적으로 주가가 하락하는 성향이 크기 때문에 되도록 매매를 자제하는 것이 좋다.

데드크로스 : 이평선이 역배열로 전환되는 시점으로 중·장기적으로 큰 폭의 하락세가 지속될 가능성이 커진다. ⇨ 매도신호

주가는 역배열 상태인 5, 10, 20일선 지항을 차례로 받으며 지속적으로 하락하다 단기 급락세를 연출한다.

□ 거래량 단순 0 0 0 0
95,534주(289.03%)

주가 위에서부터 120, 60, 20, 10, 5일선이 차례로 하락추세인 역배열 종목은 일단 관심종목에서 배제한다. 이평선이 지지선 역할을 하지 못하며 매우 강한 저항선 역할로 바뀌기 때문에 거래량을 동반한 갭상승과 같은 강력한 추세반전이 이루어지지 않는 한 시간이 흐를수록 하락추세는 깊어진다.

■ 역배열 종목에서는 모든 이평선이 강한 저항선 역할을 한다. 이런 강한 저항선을 상향돌파하기 위해서는 첫째 거래량이 증가해야 하고, 둘째 지지선이 구축되어야 한다. 마지막으로 셋째, 가파른 하락추세인 중·장기 이평선(20, 60, 120일선)이 이격을 줄이며 완만한 횡보추세로 진행하면서 하락추세를 마무리하는 모습을 보여야 한다.

중기 이평선이 하락추세에서는 단기 이평선 추세 반등은 짧다

[0600] 키움종합차트 - KOSDAQ 외국인보유[138(천)] 주식수[16,394(천)] 액면[500] 자본금[82(억)] 결산[12월] EPS[-933] 시가총액[657(억)] 유통비율[9
디엔에이링크
4,005 ▲ 5 +0.13% 129,145 55.60% 0.79% 517백만 최우선 4,015 4,005 시 3,990 고 4,085 저 3,950
디엔에이링크 종가 단순 5 10 20 60 120
20일선 저항
10일선 저항
120일선 이탈 → 기술적 반등
20일선 저항 → 5, 10, 120일선 하향이탈
중·장기 이평선(60일, 120일)은 주식시장에서 매우 긴 기간을 의미한다. 그래서 단기 투자자들은 장기 이평선을 배제한 채 매매에 임하기도 한다. 그러나 중·장기 이평선은 무엇보다 추세의 힘이 강하다. 중기 이평선이 하락세인 상태에서 간혹 단기 이평선이 뚫고 올라오는 반등세가 연출되곤 하는데, 일단 5일선이 반등하더라도 10, 20일선에서 저항을 받고 이어서 60일선에서는 더 강한 저항을 받게 된다.
역배열에서 추세반전을 위해서는 중기 이평선, 특히 20일선과 60일선이 최소한 횡보 내지는 하락추세가 마무리되는 모습을 보여야 한다. 하락추세 마무리 단계는 우선 5일선과 20일선 이격을 좁히면서 단기 지지선을 구축하고, 이어서 20일선과 60일선 간격도 좁아지게 만드는 박스권(횡보권)이 연출되어야 한다.
하락추세 중 대량거래를 통해 추세반전을 시도하지만 모두 이평선 저항에 막힌 모습이다. 단기에 거래량이 폭증했기 때문에 이것은 고스란히 매물대를 두텁게 만들고 다시 매물이 매물을 부르는 악순환을 거듭한다.
물량털기 대량거래
거래량 단순 0 0
338,758주(45.13%)
LC:9.59
HC:-77.14
22,500
20,000
17,500
10,000
7,500
5,000
3,000K
2,000K
1,000K
2020/10
11
12
2021/01
02
02/25

■ 이평선은 다르게 해석하면 매물대와 같다. 특정 기간 동안 거래된 주가의 평균값을 산출한 곡선이기에, 거래된 주가의 평균값이 곧 평균 매물대로 해석해도 크게 다르지 않다. 이 매물대를 상향돌파하려면 일반적으로 거래량이 증가해야 한다. 그러나 이에 앞서 우선적으로 지지선이 구축되어야 한다. 지지선이 없는 상태에서 거래량 증가는 자칫 큰 후유증을 남길 수 있기 때문이다.

중기 이평선이 상승추세에서는 단기 이평선 하락은 눌림목 가능성이 높다

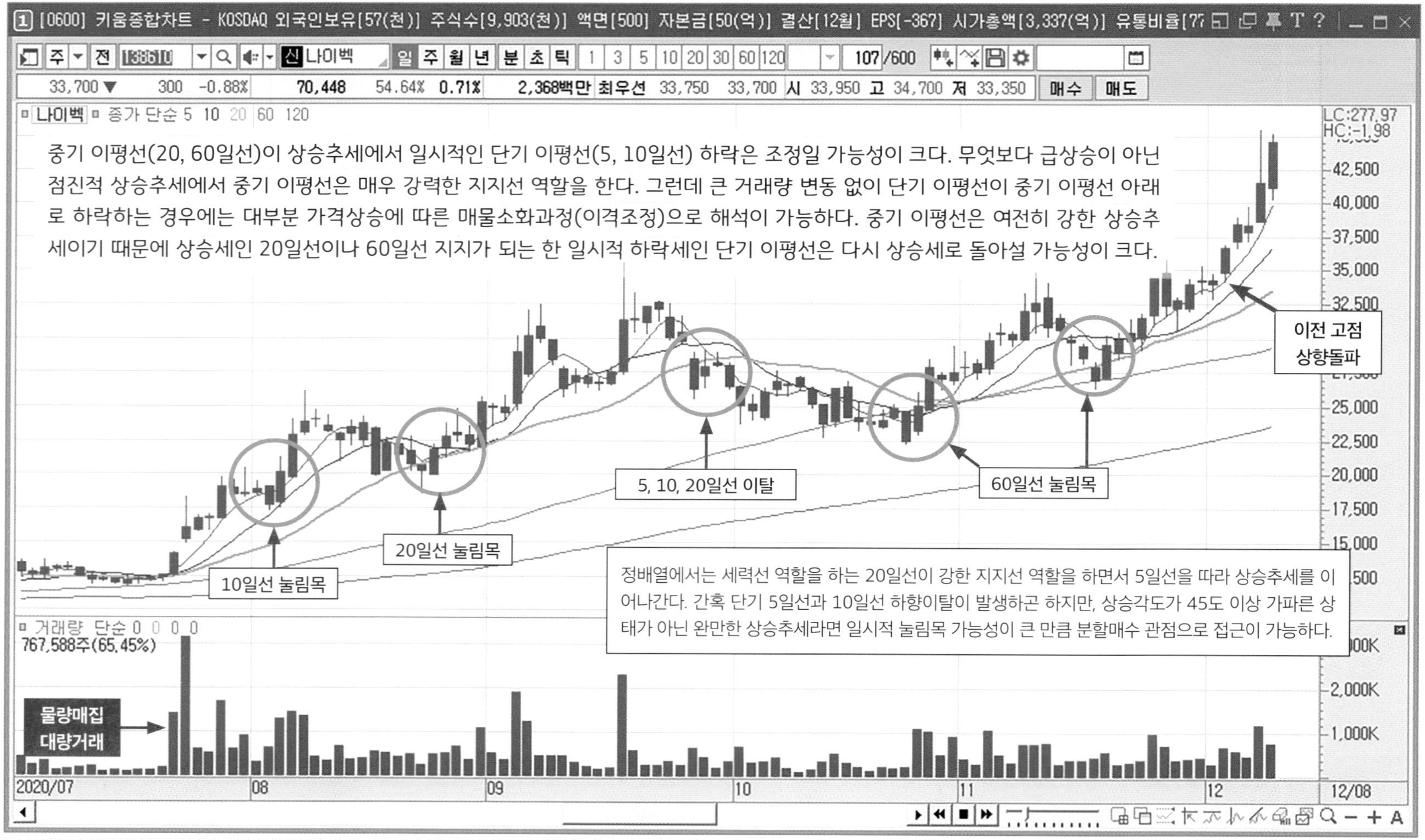
[0600] 키움종합차트 - KOSDAQ 외국인보유[57(천)] 주식수[9,903(천)] 액면[500] 자본금[50(억)] 결산[12월] EPS[-367] 시가총액[3,337(억)] 유통비율[77
33,700 ▼ 300 -0.88% 70,448 54.64% 0.71% 2,368백만 최우선 33,750 33,700 시 33,950 고 34,700 저 33,350 매수 매도
나이벡 종가 단순 5 10 20 60 120
중기 이평선(20, 60일선)이 상승추세에서 일시적인 단기 이평선(5, 10일선) 하락은 조정일 가능성이 크다. 무엇보다 급상승이 아닌 점진적 상승추세에서 중기 이평선은 매우 강력한 지지선 역할을 한다. 그런데 큰 거래량 변동 없이 단기 이평선이 중기 이평선 아래로 하락하는 경우에는 대부분 가격상승에 따른 매물소화과정(이격조정)으로 해석이 가능하다. 중기 이평선은 여전히 강한 상승추세이기 때문에 상승세인 20일선이나 60일선 지지가 되는 한 일시적 하락세인 단기 이평선은 다시 상승세로 돌아설 가능성이 크다.
10일선 눌림목
20일선 눌림목
5, 10, 20일선 이탈
60일선 눌림목
이전 고점 상향돌파
정배열에서는 세력선 역할을 하는 20일선이 강한 지지선 역할을 하면서 5일선을 따라 상승추세를 이어나간다. 간혹 단기 5일선과 10일선 하향이탈이 발생하곤 하지만, 상승각도가 45도 이상 가파른 상태가 아닌 완만한 상승추세라면 일시적 눌림목 가능성이 큰 만큼 분할매수 관점으로 접근이 가능하다.
거래량 단순 0 0 0 0
767,588주(65.45%)
물량매집 대량거래
2020/07
08
09
10
11
12
12/08

■ 고점에서 거래량 상투를 찍고 주가가 5일선을 하향이탈하고 거래량도 감소추세에 있다면 주가하락 가능성은 커진다. 향후 추가적인 주가상승을 위해서는 일단 지지선이 구축되어야 하며, 이후 거래량이 재차 증가하는 것이 좋다. 만약 거래량 감소세가 계속 진행된다면 필히 지지선 역할을 하는 중기 이평선을 기점으로 단기 박스권을 만들어 이격을 줄여줄 필요가 있다.

이평선 추월의 일반적 법칙

01 20, 60, 120일선이 상승세인 상태에서 5일선이 하락하면,
다시 상승추세로 전환될 확률이 높다.

02 120, 60, 20일선이 하락세인 상태에서 5일선이 상승하면,
다시 하락추세로 전환될 확률이 높다.

03 60일, 120일선이 완만한 상승세인 상태에서 5일, 20일선이 하락하면,
상승추세는 꺾일 확률이 높다.

04 60일, 120일선이 완만한 하락세인 상태에서 5일, 20일선이 상승하면,
하락추세를 마무리하고 추세전환을 예고한다.

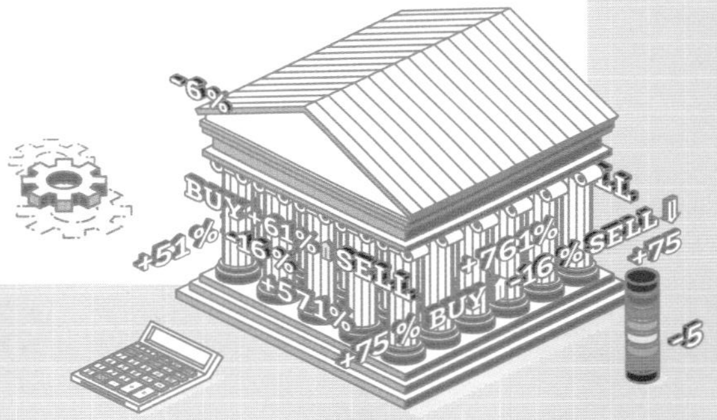

주가와 이평선의 괴리, 이격도(괴리율)

[0600] 키움종합차트 - KOSPI200 외국인보유[325(천)] 주식수[25,619(천)] 액면[5,000] 자본금[1,281(억)] 결산[12월] EPS[1,989] PER[23.71] 시가총액[1
동원시스템 일 주 월 년 분 초 틱 1 3 5 10 20 30 60 120 90/600
47,150 ▲ 1,900 +4.20% 93,829 391.35% 0.37% 4,355백만 최우선 47,150 47,100 시 45,200 고 47,150 저 44,700 매수 매도
동원시스템즈 종가 단순 5 10 20 60 120
주가는 이평선으로부터 멀어지면 언젠가는 다시 이평선으로 되돌아오려는 성질을 갖고 있다. 쉽게 말해 주가가 이평선(20일선 혹은 60일선)보다 너무 높아 괴리(서로 동떨어진 간격)가 커지면 다시 이평선으로 하향하게 되고, 반대로 이평선보다 주가가 너무 낮으면 이평선으로 다시 가까이하려는 특성이 있다. 이러한 주가와 이평선과의 괴리를 측정해 지표화한 것을 '이격도'라고 한다. 이격도는 당일의 주가를 이동평균주가로 나눈 백분율로 표시하는데(이격률 : (당일 종가/당일 이동평균주가)×100), 실전에서 구체적인 수치 적용은 무의미하다. 단지 이격도가 너무 벌어진 상태라면 추세전환 시점으로 인식하면서 매매시점을 잡는 데 참고만 하도록 한다.
이격과다
20일선 지지 + 5일선 회복 + 거래량 증가 + 전고점 돌파 ⇨ 매수신호
이평선을 기준으로 주가와의 거리가 멀수록 이격도는 커진다. 주가가 기준 이평선(20, 60일선) 아래쪽으로 크게 낮아진 경우에는 매수관점으로, 위쪽으로 크게 높아진 경우에는 매도관점으로 해석한다.
이격과다 : 주가가 20일선이나 60일선과 너무 동떨어져 있으면 주가는 이격을 좁히려는 시도를 한다.
골든크로스
거래량 단순 0 0 0 0
102,635주(62.38%)
LC:157.53
HC:-11.04
60,000
55,000
50,000
45,000
40,000
35,000
30,000
1,500K
1,000K
500,000
2020/10
11
12
2021/01
02
02/23

■ 이격도는 보통 20일선이나 60일선을 기준으로 잡는다. 이격이 크다는 것은 주가가 집중 매물대에서 벗어난 상태를 의미하기 때문에 단기 급등시에는 투자자들의 이익실현 욕구가 강해져 매도세가 출현하고, 단기 급락시에는 매물공백을 노리는 매수세가 유입된다는 뜻으로 해석하면 된다.

이평선 = 매물선 = 지지선 = 저항선

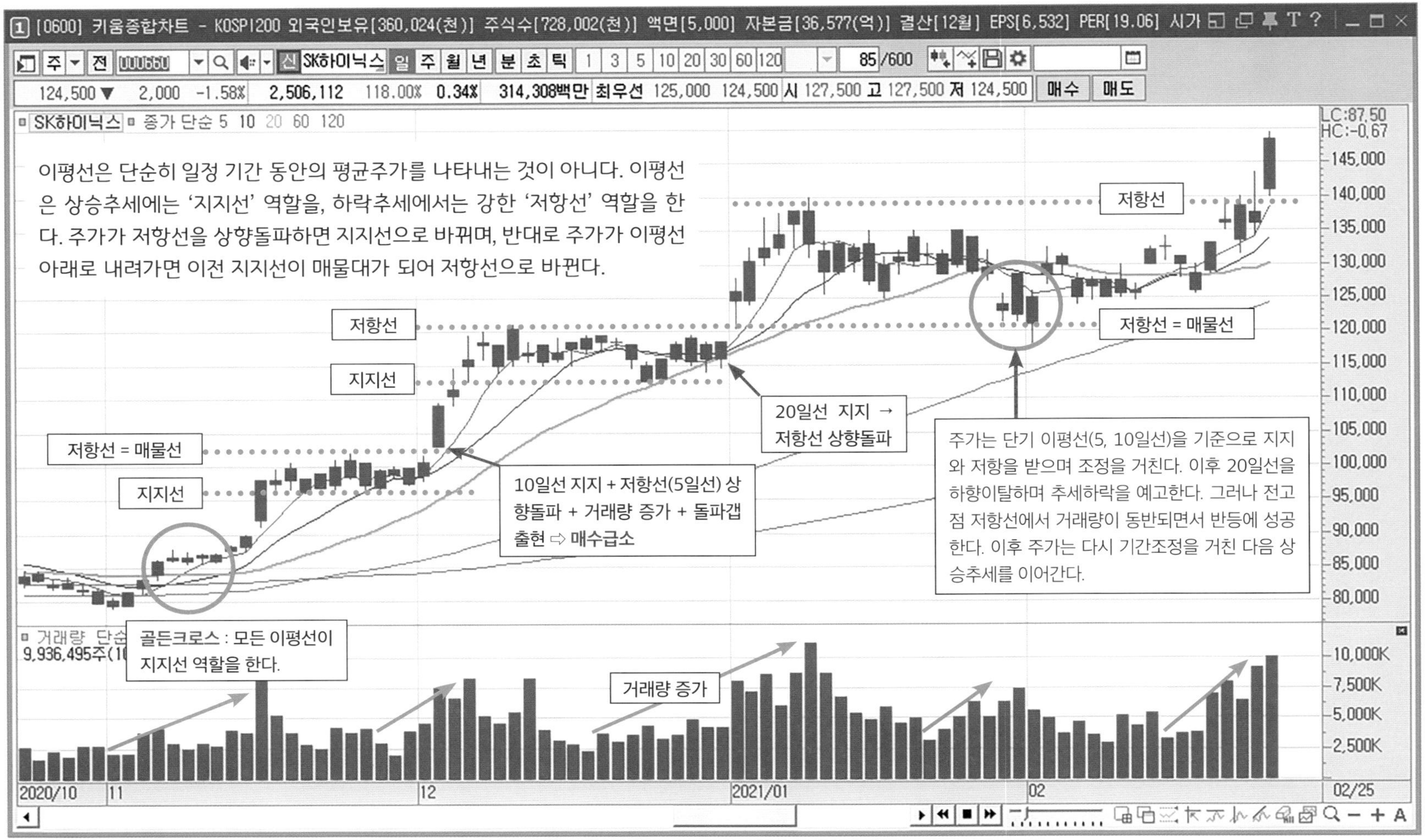

[0600] 키움종합차트 - KOSPI200 외국인보유[360,024(천)] 주식수[728,002(천)] 액면[5,000] 자본금[36,577(억)] 결산[12월] EPS[6,532] PER[19.06] 시가
124,500 ▼ 2,000 -1.58% 2,506,112 118.00% 0.34% 314,308백만 최우선 125,000 124,500 시 127,500 고 127,500 저 124,500 매수 매도
SK하이닉스 종가 단순 5 10 20 60 120
이평선은 단순히 일정 기간 동안의 평균주가를 나타내는 것이 아니다. 이평선은 상승추세에는 '지지선' 역할을, 하락추세에서는 강한 '저항선' 역할을 한다. 주가가 저항선을 상향돌파하면 지지선으로 바뀌며, 반대로 주가가 이평선 아래로 내려가면 이전 지지선이 매물대가 되어 저항선으로 바뀐다.
저항선
지지선
저항선 = 매물선
지지선
10일선 지지 + 저항선(5일선) 상향돌파 + 거래량 증가 + 돌파갭 출현 ⇨ 매수급소
20일선 지지 → 저항선 상향돌파
저항선
저항선 = 매물선
주가는 단기 이평선(5, 10일선)을 기준으로 지지와 저항을 받으며 조정을 거친다. 이후 20일선을 하향이탈하며 추세하락을 예고한다. 그러나 전고점 저항선에서 거래량이 동반되면서 반등에 성공한다. 이후 주가는 다시 기간조정을 거친 다음 상승추세를 이어간다.
골든크로스 : 모든 이평선이 지지선 역할을 한다.
거래량 증가
거래량 단순
9,936,495주
LC:87.50
HC:-0.67
145,000
140,000
135,000
130,000
125,000
120,000
115,000
110,000
105,000
100,000
95,000
90,000
85,000
80,000
10,000K
7,500K
5,000K
2,500K
2020/10
11
12
2021/01
02
02/25

■ 이평선은 곧 지지선이자 저항선 역할을 하며, 동시에 매물선 역할도 한다. 매물대는 거래가 집중된 구간이자 가격대다. 주가가 매물대 위에 있으면 지지선 역할을 하고, 매물대 아래에 있으면 저항선 역할을 한다는 뜻이다. 따라서 [이평선 = 지지선 = 저항선 = 매물선]으로 같은 개념이라 할 수 있다.

5일 변곡점은 매수신호

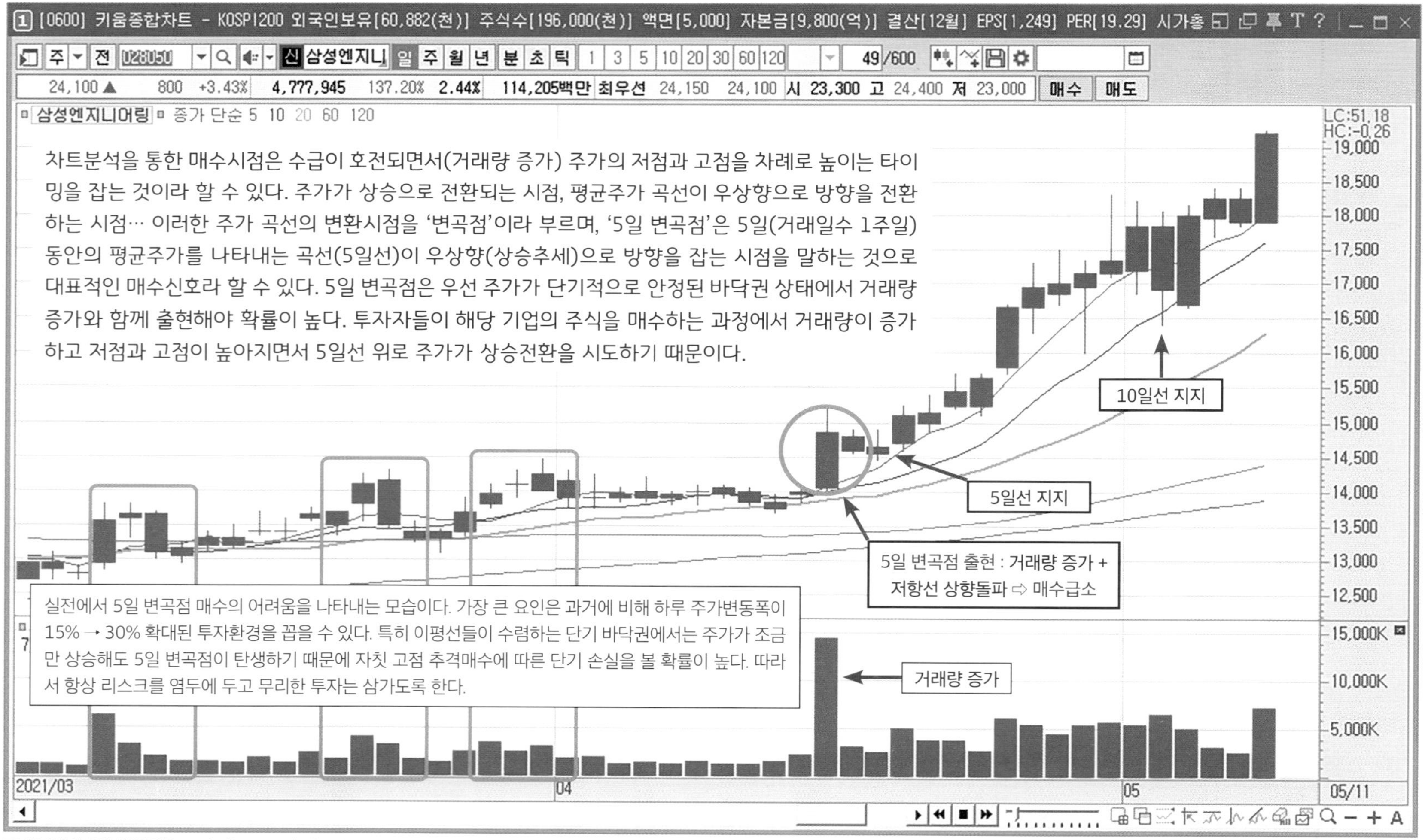
[0600] 키움종합차트 - KOSPI200 외국인보유[60,882(천)] 주식수[196,000(천)] 액면[5,000] 자본금[9,800(억)] 결산[12월] EPS[1,249] PER[19.29] 시가총
삼성엔지니어링 종가 단순 5 10 20 60 120
차트분석을 통한 매수시점은 수급이 호전되면서(거래량 증가) 주가의 저점과 고점을 차례로 높이는 타이밍을 잡는 것이라 할 수 있다. 주가가 상승으로 전환되는 시점, 평균주가 곡선이 우상향으로 방향을 전환하는 시점… 이러한 주가 곡선의 변환시점을 '변곡점'이라 부르며, '5일 변곡점'은 5일(거래일수 1주일) 동안의 평균주가를 나타내는 곡선(5일선)이 우상향(상승추세)으로 방향을 잡는 시점을 말하는 것으로 대표적인 매수신호라 할 수 있다. 5일 변곡점은 우선 주가가 단기적으로 안정된 바닥권 상태에서 거래량 증가와 함께 출현해야 확률이 높다. 투자자들이 해당 기업의 주식을 매수하는 과정에서 거래량이 증가하고 저점과 고점이 높아지면서 5일선 위로 주가가 상승전환을 시도하기 때문이다.
10일선 지지
5일선 지지
5일 변곡점 출현 : 거래량 증가 + 저항선 상향돌파 ⇨ 매수급소
실전에서 5일 변곡점 매수의 어려움을 나타내는 모습이다. 가장 큰 요인은 과거에 비해 하루 주가변동폭이 15% → 30% 확대된 투자환경을 꼽을 수 있다. 특히 이평선들이 수렴하는 단기 바닥권에서는 주가가 조금만 상승해도 5일 변곡점이 탄생하기 때문에 자칫 고점 추격매수에 따른 단기 손실을 볼 확률이 높다. 따라서 항상 리스크를 염두에 두고 무리한 투자는 삼가도록 한다.
거래량 증가
2021/03
04
05
05/11

■ 실전에서 5일 변곡점을 노릴 때는 종목의 재료와 수급 모두를 항상 주시해야만 한다. 특히 변곡점 탄생 이후의 거래량 변화를 살펴야 한다. 수급, 즉 거래량이 받쳐주지 않는 상태에서는 추가 상승 확률이 떨어지는 만큼 보수적인 대응이 필요하다.

리는 데 있다. 전문가 수준의 기업분석까지는 못해도 최소한의 가치분석을 통해 수급의 흐름을 읽어내고 대응하는 자세가 필요하다.

실전에서 5일 변곡점 매매 시 기본적으로 자본금이 큰 종·대형우량주 중심으로 하되, 코스닥인 경우 실적우량주나 차트를 예쁘게 그리는 종목 위주로 매매하도록 한다. 차트를 통해 매매할 때 다음 종목들은 필히 주의하도록 한다.

- 자본금이 적은 중·소형주
- 유통물량이 매우 적은 우선주, 소액주
- 부실주(재무악화), 관리주(관리대상), 동전주(1천원 미만)
- 단기 급등 테마주
- 차트가 너무 자주 변한 종목(세력관리가 안 되는 종목)
- 증자(유상증자), 사채발행이 잦은 종목
- 부실계열사가 많은 종목
- 매주 지분이 15% 미만인 종목

실전 5일 변곡점 매매 주의사항

이론상 5일 변곡점 매매는 차트를 활용한 대표적인 매수신호다. 하지만 실전에서 5일 변곡점만 노리고 매수했을 경우 성공확률이 생각보다 큰 편이 아니다. 가장 큰 이유는 종목을 안전히 무시한 상태로 단순히 차트만을 보고 공략하는 경우다. 제아무리 차트분석을 중요시해도 기업분석은 필수다. 기업이 어떤 사업을 벌이느지, 매출과 영업이익은 증가를 기록하느지, PER주가수익비율에 비해 너무 고평가된 상태인지, 뉴스와 공시를 통해 상승요인은 무엇인지 등은 최소한 살펴보는 자세가 필요하다.

무엇보다 5일 변곡점 매매는 자본금이 적은 코스닥의 중·소형주인 경우 단타세력의 미끼가 되곤 한다. 회사 규모가 작고, 자본금이 적고, 유통물량도 적으며, 따라서 평소 거래량도 적은 중·소형주인 경우에는 단타세력이 임의로 차트를 보기 좋게 만든 다음 한순간 개인투자자들에게 단기 매점된 물량을 떠넘기는 패턴이 비일비재하다.

기업가치와 차트 중에서 너무 한쪽으로만 편식해서는 안목강식이 지열한 주식시장에서 절대 살아남지 못한다. 차트분석의 목적은 주가의 추세와 수급의 상태를 분석해 변곡점을 노려 투자수익을 올

완만한 상승추세의 5일선 매매

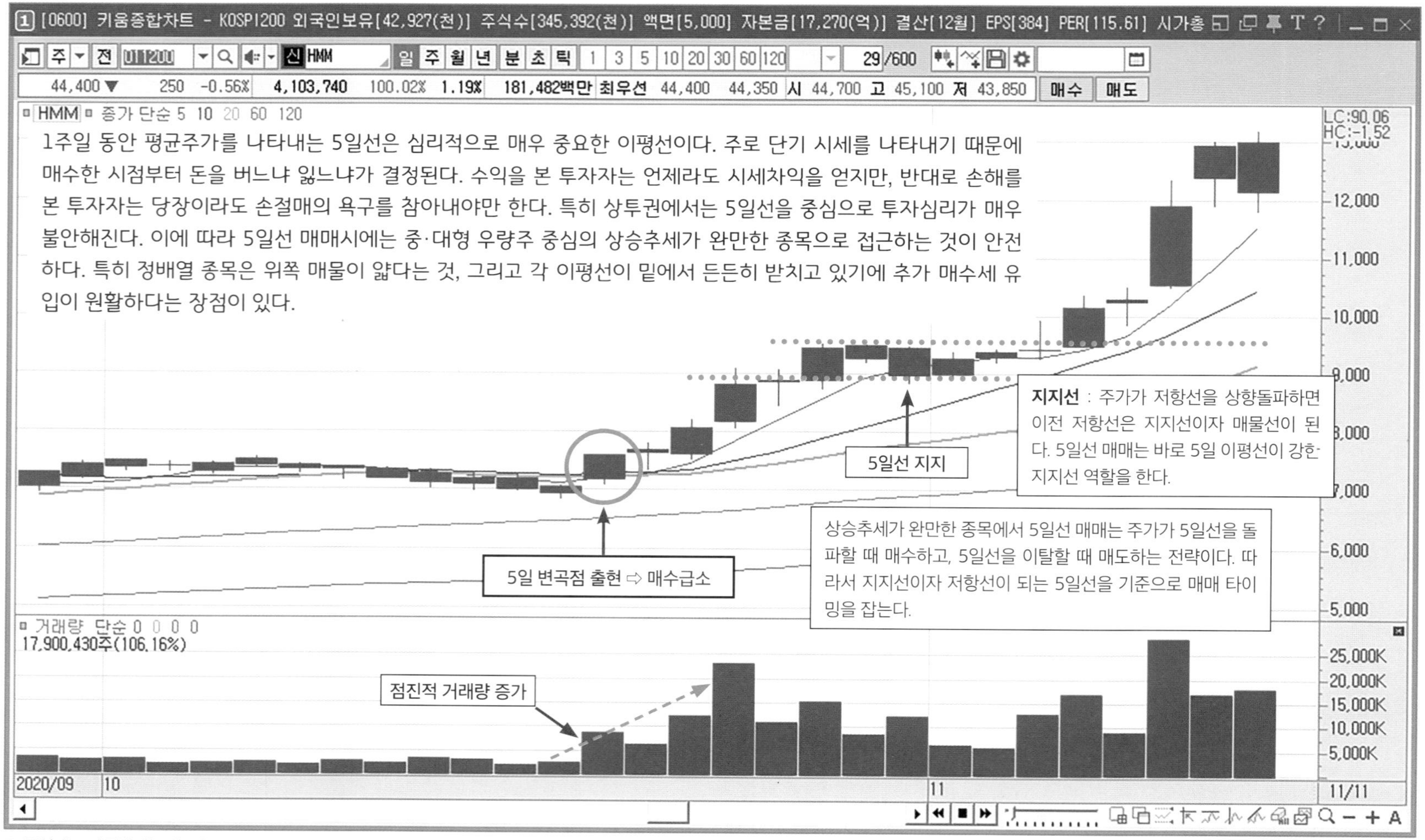
[0600] 키움종합차트 - KOSPI200 외국인보유[42,927(천)] 주식수[345,392(천)] 액면[5,000] 자본금[17,270(억)] 결산[12월] EPS[384] PER[115.61] 시가총
44,400 ▼ 250 -0.56% 4,103,740 100.02% 1.19% 181,482백만 최우선 44,400 44,350 시 44,700 고 45,100 저 43,850 매수 매도
HMM 종가 단순 5 10 20 60 120
1주일 동안 평균주가를 나타내는 5일선은 심리적으로 매우 중요한 이평선이다. 주로 단기 시세를 나타내기 때문에 매수한 시점부터 돈을 버느냐 잃느냐가 결정된다. 수익을 본 투자자는 언제라도 시세차익을 얻지만, 반대로 손해를 본 투자자는 당장이라도 손절매의 욕구를 참아내야만 한다. 특히 상투권에서는 5일선을 중심으로 투자심리가 매우 불안해진다. 이에 따라 5일선 매매시에는 중·대형 우량주 중심의 상승추세가 완만한 종목으로 접근하는 것이 안전하다. 특히 정배열 종목은 위쪽 매물이 얇다는 것, 그리고 각 이평선이 밑에서 든든히 받치고 있기에 추가 매수세 유입이 원활하다는 장점이 있다.
지지선 : 주가가 저항선을 상향돌파하면 이전 저항선은 지지선이자 매물선이 된다. 5일선 매매는 바로 5일 이평선이 강한 지지선 역할을 한다.
5일선 지지
5일 변곡점 출현 ⇨ 매수급소
상승추세가 완만한 종목에서 5일선 매매는 주가가 5일선을 돌파할 때 매수하고, 5일선을 이탈할 때 매도하는 전략이다. 따라서 지지선이자 저항선이 되는 5일선을 기준으로 매매 타이밍을 잡는다.
거래량 단순 0 0 0 0
17,900,430주(106.16%)
점진적 거래량 증가
12,000
11,000
10,000
6,000
5,000
25,000K
20,000K
15,000K
10,000K
5,000K
2020/09
10
11
11/11

■ 주식 초보자들에게는 완만한 상승곡선을 그리는 정배열 종목에서 20일선을 따라가는 5일선 매매가 가장 안전한 매매기법이다. 참고로 5일선 매매는 거래소 중·대형주가 유리하며, 코스닥 종목인 경우는 유통물량이 매우 적은 소형주, 관리주, 부실주, 소외주, 초저가주는 가급적 매매대상에서 제외한다.

이평선 수렴 후 5일 변곡점

이평선이 상승 혹은 하락이 아니라 지루하게 옆으로 횡보하고 있을 때, 이것을 흔히 '이평선 수렴'이라고 부른다. 이평선이 수렴하고 있는 까닭은 주식을 매수할 사람도 없고 매도할 사람도 없는 그야말로 주가 공황 상태이기 때문이다. 이평선 수렴 상태는 크게 시장 소외주나 세력주 등에서 나타나며, 통상적으로 이평선이 밀집된 상태이기 때문에 주가바닥을 알리기도 한다. 이런 이평선 수렴 상태에서 어느 날 거래량이 증가하면서 한순간 모든 이평선을 상향돌파하는 5일 변곡점이 출현할 때 최적의 매수급소가 탄생한다.

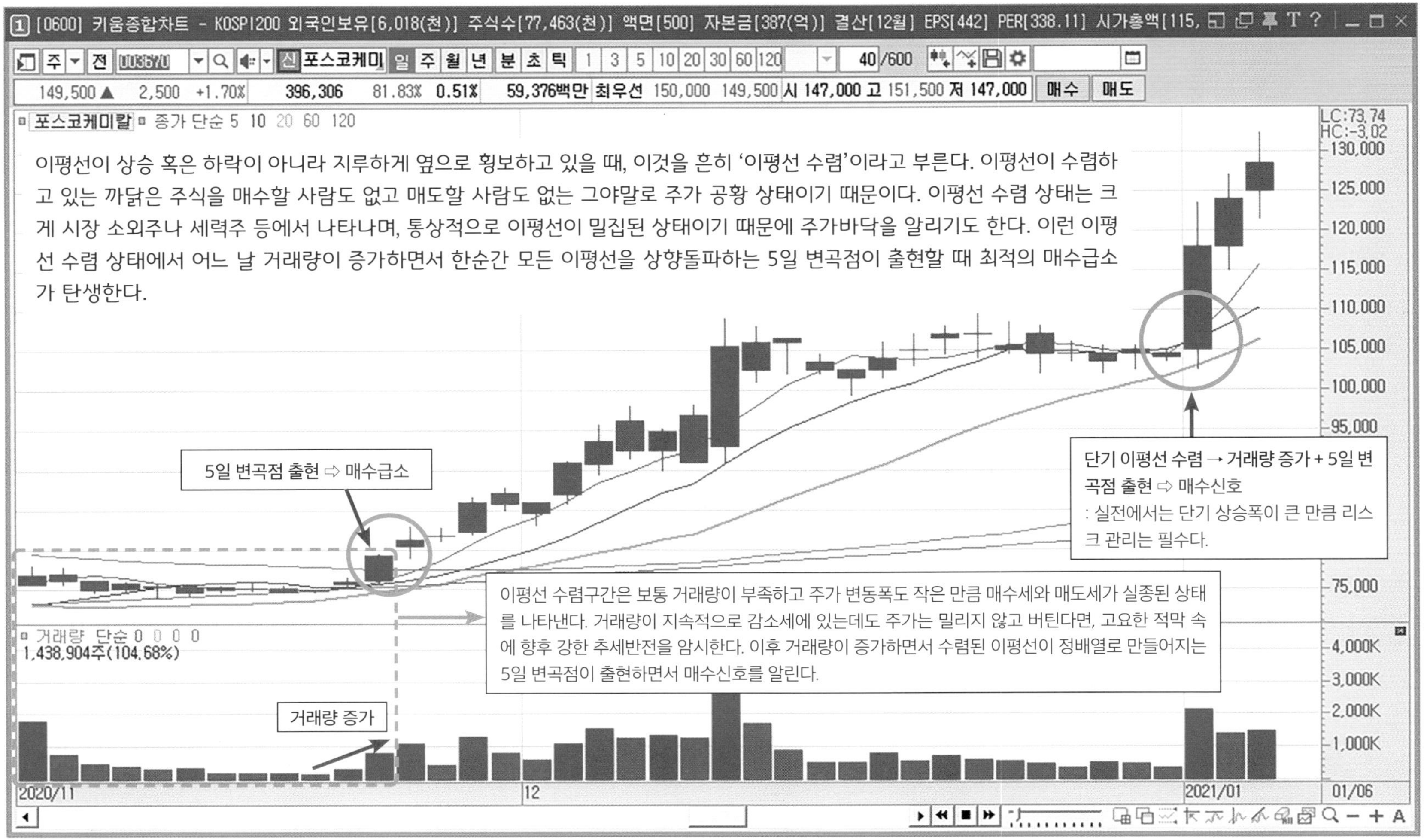

[0600] 키움종합차트 - KOSPI200 외국인보유[6,018(천)] 주식수[77,463(천)] 액면[500] 자본금[387(억)] 결산[12월] EPS[442] PER[338.11] 시가총액[115,
149,500 ▲ 2,500 +1.70% 396,306 81.83% 0.51% 59,376백만 최우선 150,000 149,500 시 147,000 고 151,500 저 147,000 매수 매도
포스코케미칼 종가 단순 5 10 20 60 120
5일 변곡점 출현 ⇨ 매수급소
단기 이평선 수렴 → 거래량 증가 + 5일 변곡점 출현 ⇨ 매수신호
: 실전에서는 단기 상승폭이 큰 만큼 리스크 관리는 필수다.
이평선 수렴구간은 보통 거래량이 부족하고 주가 변동폭도 작은 만큼 매수세와 매도세가 실종된 상태를 나타낸다. 거래량이 지속적으로 감소세에 있는데도 주가는 밀리지 않고 버틴다면, 고요한 적막 속에 향후 강한 추세반전을 암시한다. 이후 거래량이 증가하면서 수렴된 이평선이 정배열로 만들어지는 5일 변곡점이 출현하면서 매수신호를 알린다.
거래량 증가
거래량 단순 0 0 0 0
1,438,904주(104.68%)
2020/11
12
2021/01
01/06

■ 주가 변동폭이 커진다는 것은 보통 해당 기업의 내·외적 변화가 투자자들을 자극하면서 일어난다. 차트는 일단 투자자들의 심리가 실시간으로 반영되기 때문에 가장 중요한 매매기준으로 삼되 그것을 100% 신뢰해서는 절대 안 된다. 차트와 함께 기업의 공시나 뉴스, 그리고 지수의 움직임과 테마 흐름 등을 함께 고려한 매매가 되어야 할 것이다.

속임수 5일 변곡점

■ 바닥권 5일 변곡점은 데이트레이더 입장에서 매우 좋은 먹잇감이다. 실전에서 세력들은 적은 투자금으로 주가 변동폭이 매우 큰 코스닥 중·소형주를 타깃으로 이평선을 수렴시킨 후 5일 변곡점을 만들어 개인들을 유혹하고, 이후 주가를 한 단계 급락시켜 지루한 기간조정으로 투매물량을 매집하고 나서야 주가를 띄우는 예가 많기 때문에 항상 리스크 관리를 해야만 한다.

이평선이 수렴 중이라 해서 덥석 물지 마라

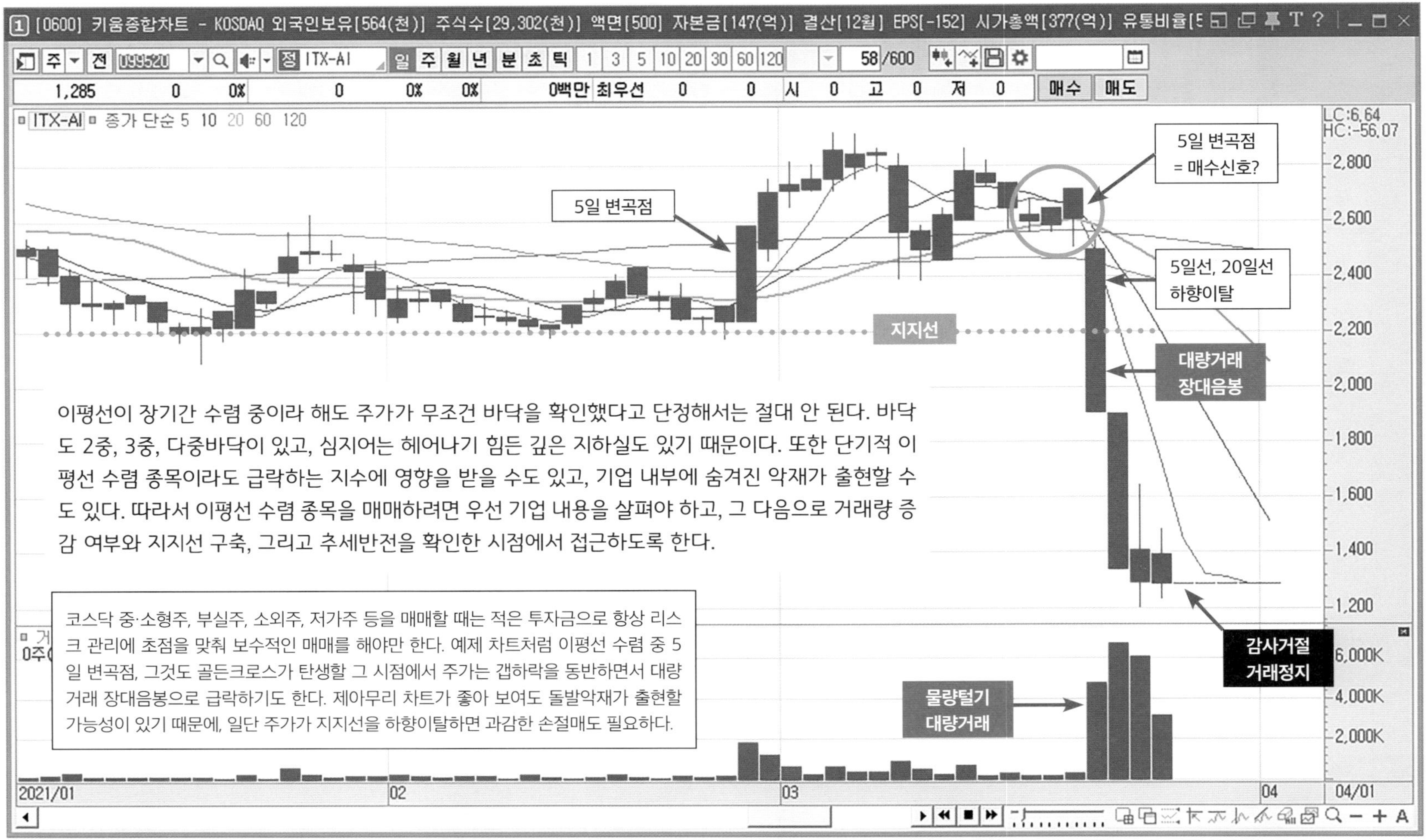

이평선이 장기간 수렴 중이라 해도 주가가 무조건 바닥을 확인했다고 단정해서는 절대 안 된다. 바닥도 2중, 3중, 다중바닥이 있고, 심지어는 헤어나기 힘든 깊은 지하실도 있기 때문이다. 또한 단기적 이평선 수렴 종목이라도 급락하는 지수에 영향을 받을 수도 있고, 기업 내부에 숨겨진 악재가 출현할 수도 있다. 따라서 이평선 수렴 종목을 매매하려면 우선 기업 내용을 살펴야 하고, 그 다음으로 거래량 증감 여부와 지지선 구축, 그리고 추세반전을 확인한 시점에서 접근하도록 한다.

코스닥 중·소형주, 부실주, 소외주, 저가주 등을 매매할 때는 적은 투자금으로 항상 리스크 관리에 초점을 맞춰 보수적인 매매를 해야만 한다. 예제 차트처럼 이평선 수렴 중 5일 변곡점, 그것도 골든크로스가 탄생할 그 시점에서 주가는 갭하락을 동반하면서 대량거래 장대음봉으로 급락하기도 한다. 제아무리 차트가 좋아 보여도 돌발악재가 출현할 가능성이 있기 때문에, 일단 주가가 지지선을 하향이탈하면 과감한 손절매도 필요하다.

■ 주식투자 경험이 많은 분들은 이평선 수렴 종목을 매수했는데 운 좋게도 며칠 만에 급등하는 경험을 한두 번 이상 겪었을 것이다. 하지만 이런 경험이 한두 번 있었다고 해서 이평선 수렴 종목만 골라 일단 중기적으로 기다리고 보자는 식의 투자는 매우 위험한 발상이다. 과거 한때의 영광만으로 밝은 빛만 생각해서는 안 된다. 고개를 살짝 돌려보면 어디선가 어둠의 그림자가 뒤따르고 있을지도 모르기 때문이다.

20일선 = 수급선 = 세력선

5일선을 '심리선'이라 한다면, 20일선은 '수급선'이다. 그만큼 20일선이 주가의 흐름을 좌지우지한다 해도 과언이 아니다. 수급선은 곧 '세력선'으로도 불린다. 주식시장에 상장된 모든 주식은 크든 작든 세력이 존재한다. 주가가 보통 20일선을 따라 방향을 잡는 것도 그 이유 때문이다. 20일선은 곧 수급선이며 세력선인 만큼 상승시에는 강한 지지선, 하락시에는 강한 저항선 역할을 한다.

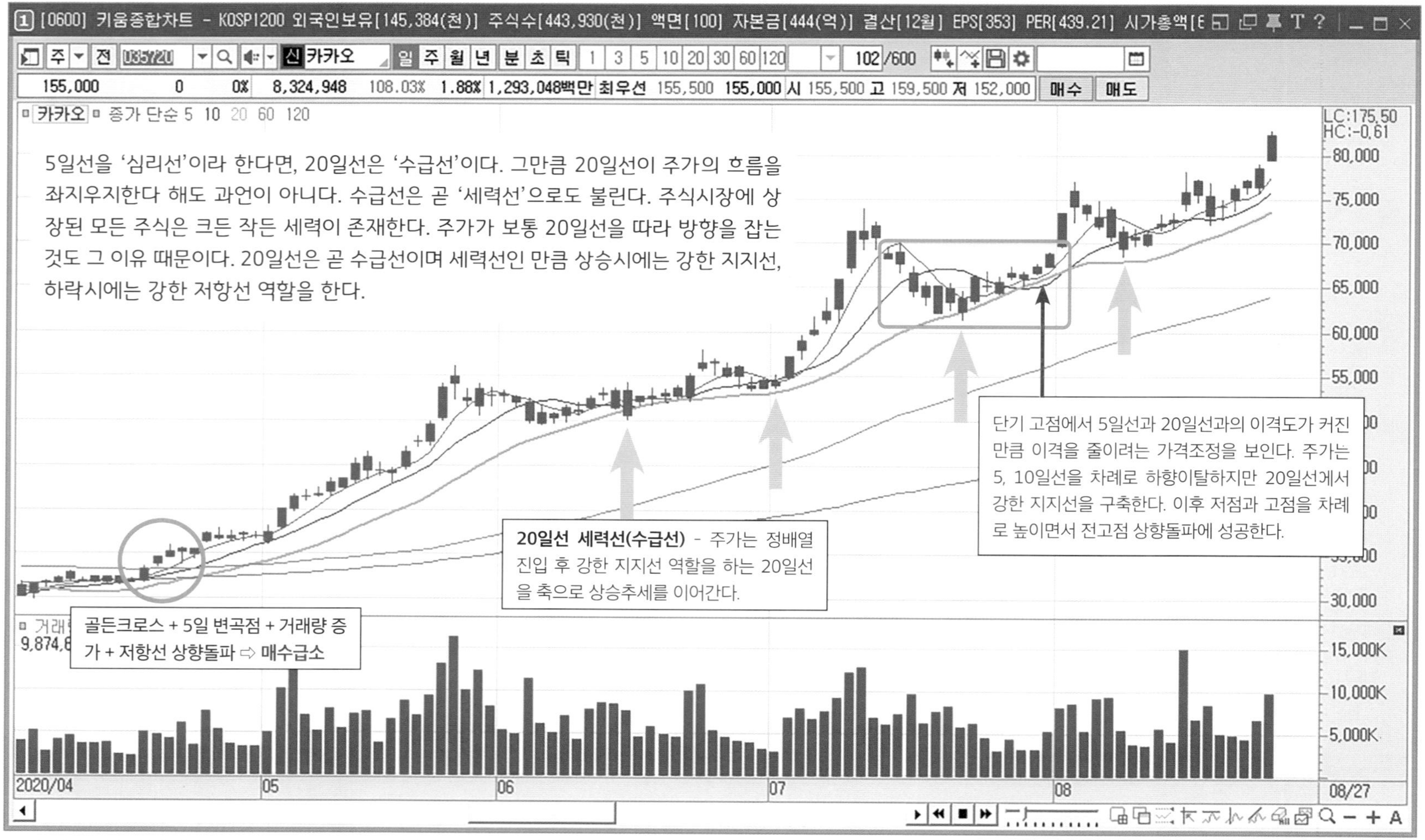

[0600] 키움종합차트 - KOSPI200 외국인보유[145,384(천)] 주식수[443,930(천)] 액면[100] 자본금[444(억)] 결산[12월] EPS[353] PER[439.21] 시가총액[
카카오
155,000 0 0% 8,324,948 108.03% 1.88% 1,293,048백만 최우선 155,500 155,000 시 155,500 고 159,500 저 152,000
매수 매도
카카오 종가 단순 5 10 20 60 120
골든크로스 + 5일 변곡점 + 거래량 증가 + 저항선 상향돌파 ⇨ 매수급소
20일선 세력선(수급선) - 주가는 정배열 진입 후 강한 지지선 역할을 하는 20일선을 축으로 상승추세를 이어간다.
단기 고점에서 5일선과 20일선과의 이격도가 커진 만큼 이격을 줄이려는 가격조정을 보인다. 주가는 5, 10일선을 차례로 하향이탈하지만 20일선에서 강한 지지선을 구축한다. 이후 저점과 고점을 차례로 높이면서 전고점 상향돌파에 성공한다.
LC:175.50
HC:-0.61
80,000
75,000
70,000
65,000
60,000
55,000
30,000
15,000K
10,000K
5,000K
2020/04
05
06
07
08
08/27

■ 차트에서 캔들은 '가격'을 나타내고, 거래량은 '수급'을 나타내며, 이평선은 '추세'를 나타낸다. 여기서 추세란 주가의 흐름(방향), 투자심리, 매물, 지지와 저항을 모두 아우르는 의미라 할 수 있다. 거래량 변동은 곧 캔들의 모양과 위치를 결정하고 그 흐름이 이평선을 통해 보인다.

20일선 눌림목 매매

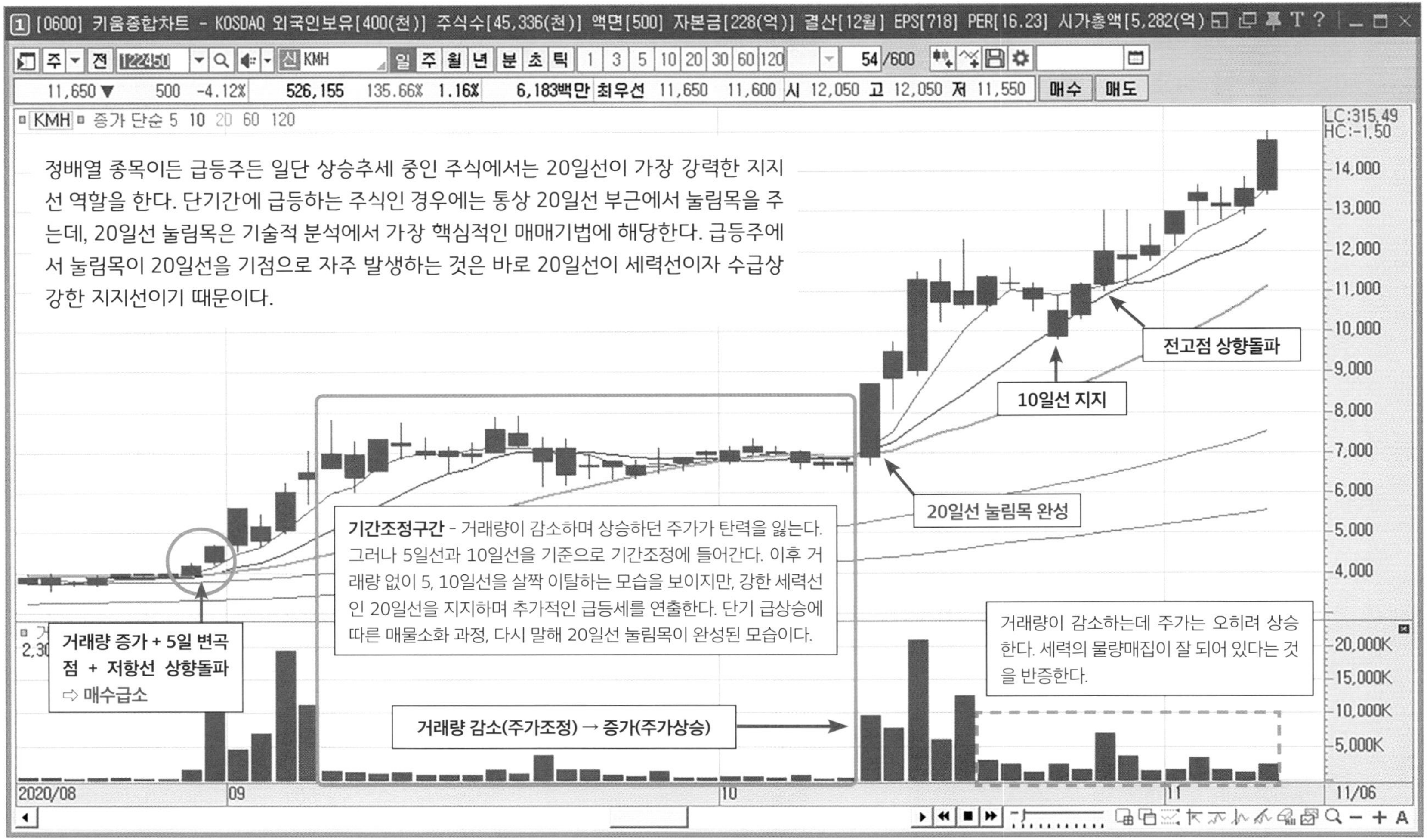
[0600] 키움종합차트 - KOSDAQ 외국인보유[400(천)] 주식수[45,336(천)] 액면[500] 자본금[228(억)] 결산[12월] EPS[718] PER[16.23] 시가총액[5,282(억)]
11,650 ▼ 500 -4.12% 526,155 135.66% 1.16% 6,183백만 최우선 11,650 11,600 시 12,050 고 12,050 저 11,550 매수 매도
KMH 종가 단순 5 10 20 60 120
정배열 종목이든 급등주든 일단 상승추세 중인 주식에서는 20일선이 가장 강력한 지지선 역할을 한다. 단기간에 급등하는 주식인 경우에는 통상 20일선 부근에서 눌림목을 주는데, 20일선 눌림목은 기술적 분석에서 가장 핵심적인 매매기법에 해당한다. 급등주에서 눌림목이 20일선을 기점으로 자주 발생하는 것은 바로 20일선이 세력선이자 수급상 강한 지지선이기 때문이다.
전고점 상향돌파
10일선 지지
20일선 눌림목 완성
기간조정구간 - 거래량이 감소하며 상승하던 주가가 탄력을 잃는다. 그러나 5일선과 10일선을 기준으로 기간조정에 들어간다. 이후 거래량 없이 5, 10일선을 살짝 이탈하는 모습을 보이지만, 강한 세력선인 20일선을 지지하며 추가적인 급등세를 연출한다. 단기 급상승에 따른 매물소화 과정, 다시 말해 20일선 눌림목이 완성된 모습이다.
거래량 증가 + 5일 변곡점 + 저항선 상향돌파 ⇨ 매수급소
거래량 감소(주가조정) → 증가(주가상승)
거래량이 감소하는데 주가는 오히려 상승한다. 세력의 물량매집이 잘 되어 있다는 것을 반증한다.
LC:315.49
HC:-1.50
14,000
13,000
12,000
11,000
10,000
9,000
8,000
7,000
6,000
5,000
4,000
20,000K
15,000K
10,000K
5,000K
2020/08
09
10
11
11/06

■ 눌림목 매매는 일반적으로 20일선을 생명선으로 잡는다. 곧 '20일선'이 강한 '세력선=수급선=매물선=지지선'이기 때문이다.

20일선이 살아있는 종목에서 확률을 높여라

[0600] 키움종합차트 - KOSPI200 외국인보유[52,761(천)] 주식수[157,301(천)] 액면[5,000] 자본금[7,865(억)] 결산[12월] EPS[8,334] PER[12.48] 시가총
104,000 ▲ 500 +0.48% 333,781 87.66% 0.21% 34,601백만 최우선 104,500 104,000 시 102,500 고 105,000 저 101,000 매수 매도
LG 종가 단순 5 10 20 60 120
차트분석을 통해 주식을 매매할 때는 최소한 20일선이 살아있는 종목만을 거래하는 것이 비교적 안전한 매매방법이다. 주식 초보자나 고수나 심지어 데이트레이더라도 5일선보다는 일단 20일선이 살아있는 종목에 관심을 갖도록 한다. 그래야 3일선, 5일선 매매, 물타기, 눌림목, 갭매매, 음봉매수 등 그밖에 다양한 매매기법이 제대로 활용되기 때문이다. 단기적으로 손실을 보더라도 20일선이 완만한 상승각도로 살아있는 종목에서는 큰 손해를 입는 일이 드물다.
20일선 하락추세
20일선 상승추세
20일선이 하락추세에서는 좀처럼 수익을 내기가 쉽지 않다. 설령 재무가 우량한 주식이라도 20일선이 하락추세 중에는 보유주식의 손실이 커진다고 해서 무모하게 물타기(물량 늘리기)를 해서는 절대 안 된다(20일선 강한 저항). 최소한 주가가 20일선 위에 위치할 때까지 관망하는 자세가 필요하다.
20일선이 상승추세에서는 단기 손해를 입어도 회복이 빠르다. 재무구조가 탄탄한 우량주에 한해서 물타기를 해도 20일선이 상승추세인 종목에서만 가능하다(20일선 강한 지지).
LC:49.00
HC:0.00
115,000
110,000
105,000
100,000
95,000
90,000
85,000
80,000
2,000K
1,500K
1,000K
500,000
2021/02
03
04
04/28

■ 주식투자는 무엇보다 위험성을 최소화한 상태에서 투자에 임해야 한다. 차트분석이 완벽하지 못하고 주변 상황에 투자심리가 크게 흔들리는 투자자들은 최소한 20일선이 완만하게 상승 중인 종목만 거래하는 것도 매매확률을 높이는 좋은 투자방법에 속한다.

04

추세와 패턴이 뭐!

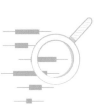

주가의 방향(흐름), 추세(Trend)

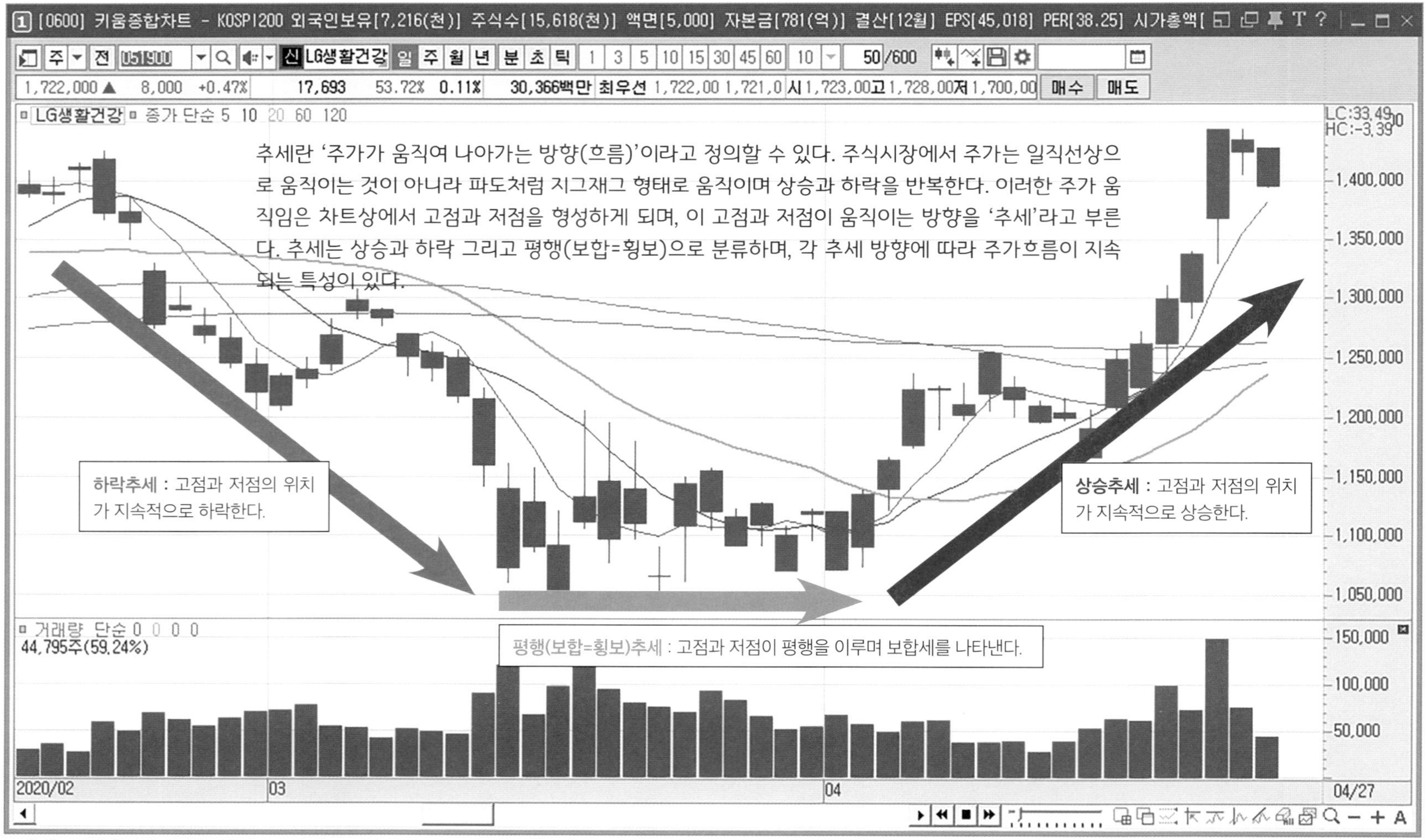
[0600] 키움종합차트 - KOSPI200 외국인보유[7,216(천)] 주식수[15,618(천)] 액면[5,000] 자본금[781(억)] 결산[12월] EPS[45,018] PER[38.25] 시가총액[
LG생활건강
1,722,000 ▲ 8,000 +0.47% 17,693 53.72% 0.11% 30,366백만 최우선 1,722,00 1,721,0 시 1,723,00 고 1,728,00 저 1,700,00 매수 매도
LG생활건강 종가 단순 5 10 20 60 120
추세란 '주가가 움직여 나아가는 방향(흐름)'이라고 정의할 수 있다. 주식시장에서 주가는 일직선상으로 움직이는 것이 아니라 파도처럼 지그재그 형태로 움직이며 상승과 하락을 반복한다. 이러한 주가 움직임은 차트상에서 고점과 저점을 형성하게 되며, 이 고점과 저점이 움직이는 방향을 '추세'라고 부른다. 추세는 상승과 하락 그리고 평행(보합=횡보)으로 분류하며, 각 추세 방향에 따라 주가흐름이 지속되는 특성이 있다.
하락추세 : 고점과 저점의 위치가 지속적으로 하락한다.
상승추세 : 고점과 저점의 위치가 지속적으로 상승한다.
평행(보합=횡보)추세 : 고점과 저점이 평행을 이루며 보합세를 나타낸다.
거래량 단순 0 0 0 0
44,795주(59.24%)
2020/02
03
04
04/27

■ 추세는 어떤 현상이 일정한 방향으로 나아가는 경향을 뜻한다. '상승추세'는 주가가 지속적으로 상승하려는 경향을(상승장세), '하락추세'는 주가가 지속적으로 하락하려는 경향을(하락장세), '평행추세'는 주가가 옆으로 횡보하려는 경향을 뜻한다(박스권장세=조정장세=횡보장세).

추세선 종류

추세선은 차트상에서 추세의 방향을 알기 쉽게 표시하기 위해 선을 그어놓은 것을 말한다.
추세의 방향이 3가지인 것과 마찬가지로 추세선 또한 '상승추세선', '하락추세선', '평행(보합)추세선'으로 나뉜다.

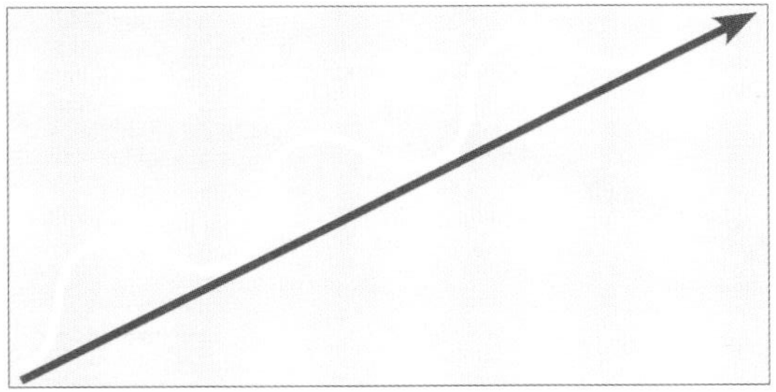

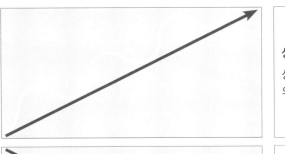

상승추세선

상승추세는 매수세가 매도세보다 강하기 때문에 일어난다. 따라서 매수세의 힘은 저점을 통해 나타나며, 상승추세 중 의미 있는 저점들을 서로 연결하면 상승추세선이 완성된다.

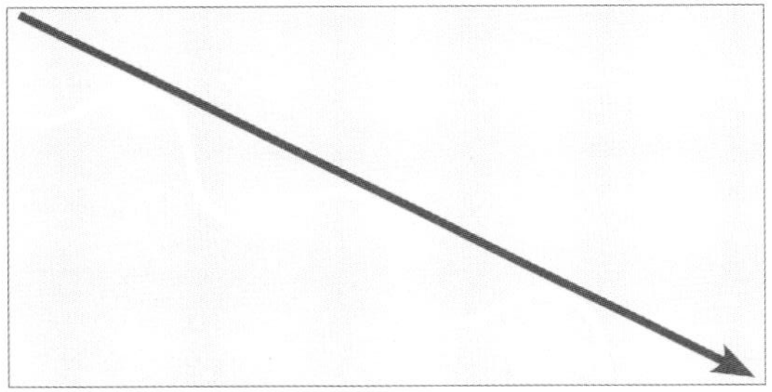

하락추세선

하락추세는 매도세가 매수세를 압도할 때 일어난다. 주가하락 중에도 매수세는 유입되지만 고점에서 매도세의 힘에 압도당하게 된다. 따라서 하락추세 중 의미 있는 고점 연결을 통해 하락추세선을 그을 수 있다.

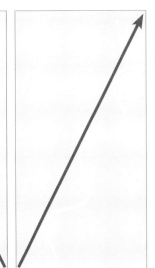

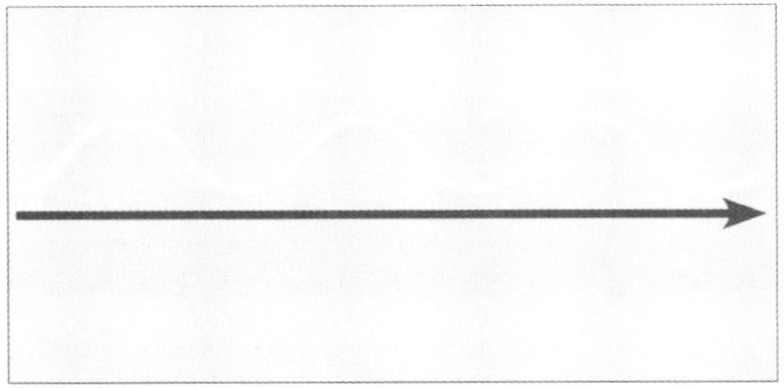

평행(보합)추세선

평행추세는 매수세와 매도세의 팽팽한 힘겨루기 구간을 나타낸다. 따라서 주가는 큰 변동 없이 옆으로 횡보하게 된다. 평행추세 중 의미 있는 저점을 서로 연결하면 평행추세선이 완성된다.

추세선 긋기

[1] [0600] 기음종합차트 - KOSPI200 외국인보유[19,701(천)] 주식수[85,954(천)] 핵면[100] 자본금[86(억)] 결산[12월]] EPS[3,647] PER[36.19] 시가총액[11ξ

132,500 ▼ 2,000 -1.49%   175,629 67.65% 0.20%   23,348백만 최우선 132,500 132,000 시 135,500 고 135,500 저 132,000

매수 매도

□ 넷마블 □ 종가 단순 5 10 20 60 120

추세선을 그으려면 최소한 2개 이상의 고점과 저점이 필요하다. 신뢰성을 높이기 위해서는 3개 이상의 의미 있는 고점과 저점, 혹은 저점과 저점을 직선으로 연결해 추세선을 긋도록 한다. 추세선은 기간에 따라 단기(1개월), 중기(3개월), 장기(6개월 이상) 추세선으로 구분할 수 있다.

평행추세선

상승추세선

하락추세선

일봉상 '단기' 추세선은 보통 1개월, '중기' 추세선은 3개월 혹은 6개월 정도 길게 잡기도 한다. '장기' 추세선은 최소 6개월에서 1년 그 이상의 의미 있는 고점이나 저점을 서로 연결해 주세흐름을 살핀다.

대량거래

거래량 추세 변화

거래량 단순 0 0 0 0
380,980주 (84.88%)

LC:32.29
HC:-40.10

■ 추세선은 봉 차트에만 적용되는 것이 아니다. 거래량 차트에서도 의미 있는 2개의 거래량 고점과 저점을 서로 직선으로 연결해 거래량 추세를 가늠할 수 있다. 거래량 바닥 시점과 거래량 중가 시점을 종가 시점을 추세선으로 그 그림으로 보면 [거래량 매수급소]가 탄생한다.

추세대 설정

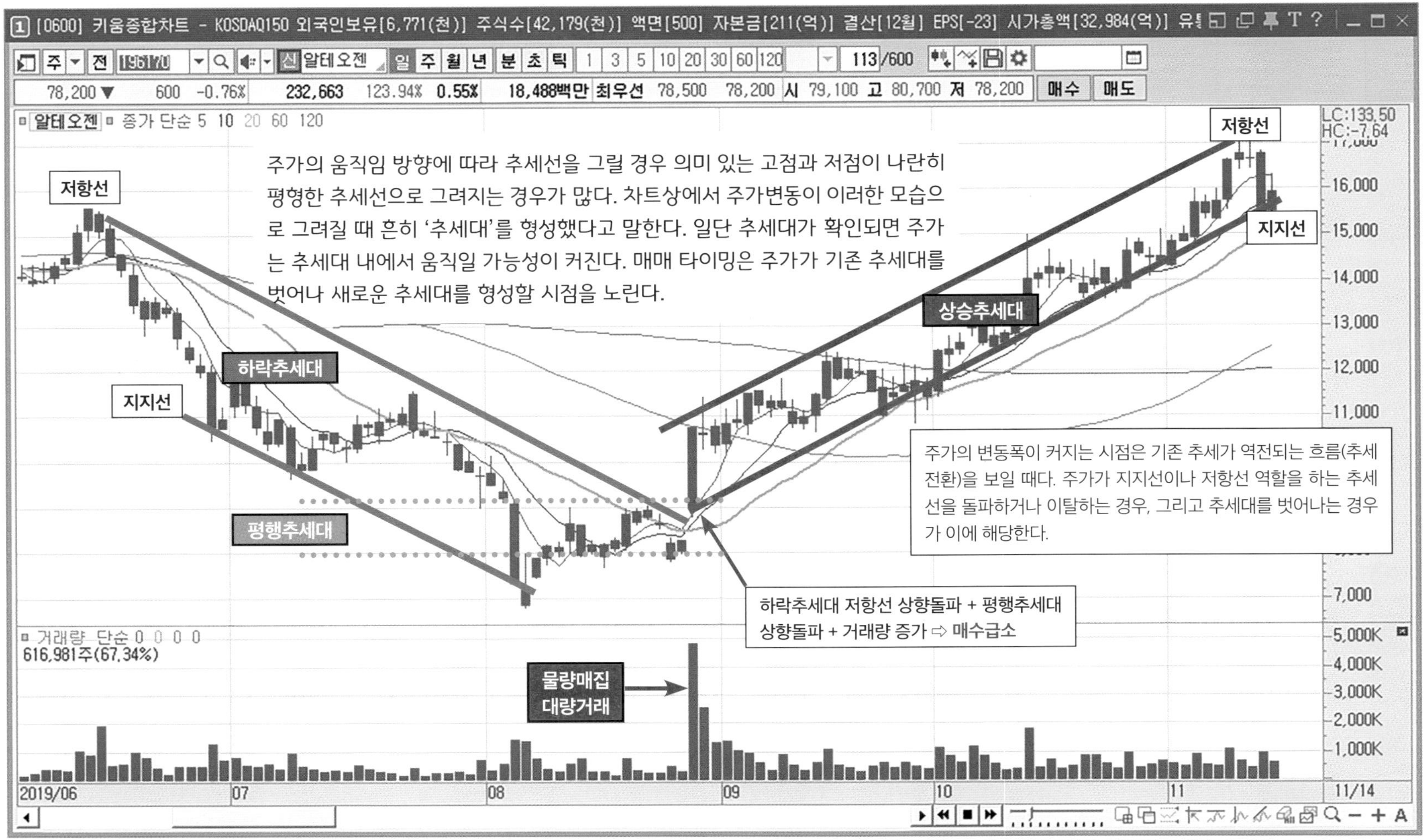

[0600] 키움종합차트 - KOSDAQ150 외국인보유[6,771(천)] 주식수[42,179(천)] 액면[500] 자본금[211(억)] 결산[12월] EPS[-23] 시가총액[32,984(억)]
78,200 ▼ 600 -0.76% 232,663 123.94% 0.55% 18,488백만 최우선 78,500 78,200 시 79,100 고 80,700 저 78,200
알테오젠 종가 단순 5 10 20 60 120
저항선
지지선
하락추세대
평행추세대
상승추세대
저항선
지지선
주가의 움직임 방향에 따라 추세선을 그릴 경우 의미 있는 고점과 저점이 나란히 평형한 추세선으로 그려지는 경우가 많다. 차트상에서 주가변동이 이러한 모습으로 그려질 때 흔히 '추세대'를 형성했다고 말한다. 일단 추세대가 확인되면 주가는 추세대 내에서 움직일 가능성이 커진다. 매매 타이밍은 주가가 기존 추세대를 벗어나 새로운 추세대를 형성할 시점을 노린다.
주가의 변동폭이 커지는 시점은 기존 추세가 역전되는 흐름(추세 전환)을 보일 때다. 주가가 지지선이나 저항선 역할을 하는 추세선을 돌파하거나 이탈하는 경우, 그리고 추세대를 벗어나는 경우가 이에 해당한다.
하락추세대 저항선 상향돌파 + 평행추세대 상향돌파 + 거래량 증가 ⇨ 매수급소
물량매집 대량거래
거래량 단순 0 0 0 0
616,981주(67.34%)
2019/06
07
08
09
10
11
11/14

■ 주가가 추세대를 이탈하거나 돌파할 경우에는 추세반전의 신호로 해석한다. 상승추세대를 하향이탈하면 '하락추세'로, 하락추세대를 상향돌파하면 '상승추세'로 전환될 확률이 높다. 만약 큰 가격 변동 없이 옆으로 횡보한다면 평행추세대 내에서 주가는 '박스권 조정'을 거치게 된다.

추세선 매수신호

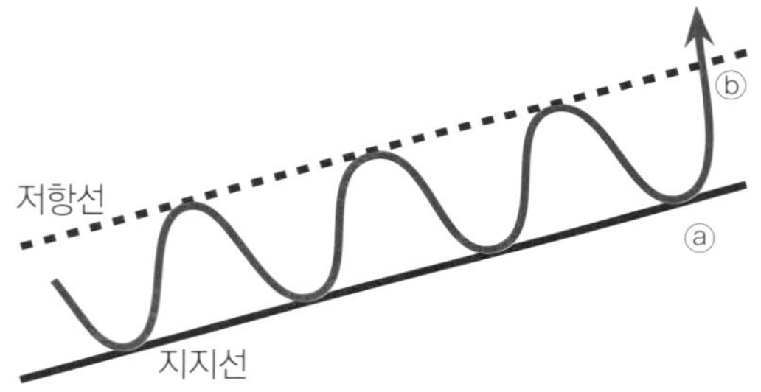

① 상승추세에서

상승 지지선 Ⓐ지점과 상승 저항선을 돌파하는 Ⓑ지점이 매수시점.

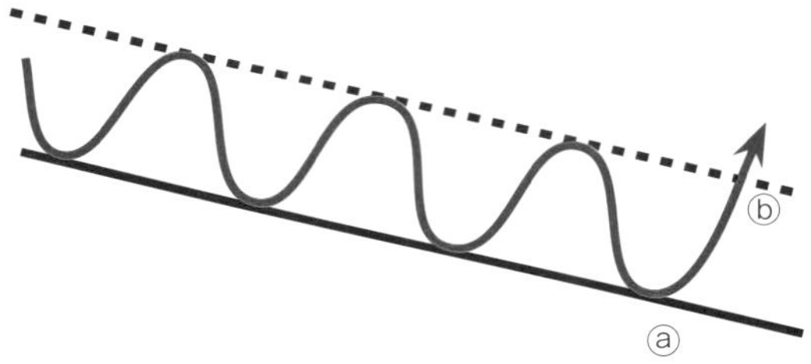

② 하락추세에서

일차적으로 지지선 Ⓐ지점이 매수시점. Ⓑ지점은 하락추세가 강한 경우에는 추가 하락 가능성이 높다. 따라서 Ⓑ지점은 일단 관망세.

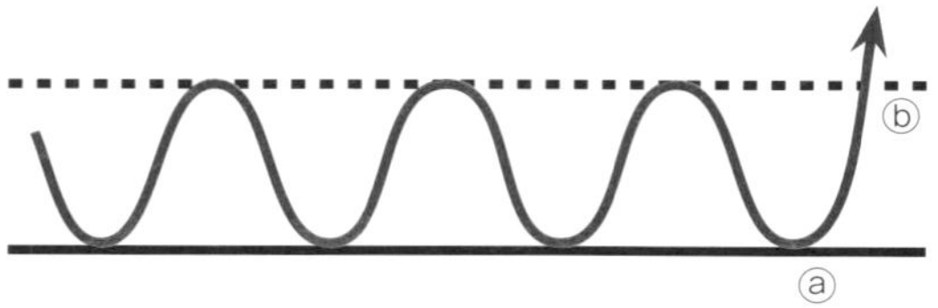

③ 평행(보합)추세에서

박스권에서는 저점 지지선인 Ⓐ지점과 박스권을 상향돌파하는 Ⓑ지점이 매수시점.

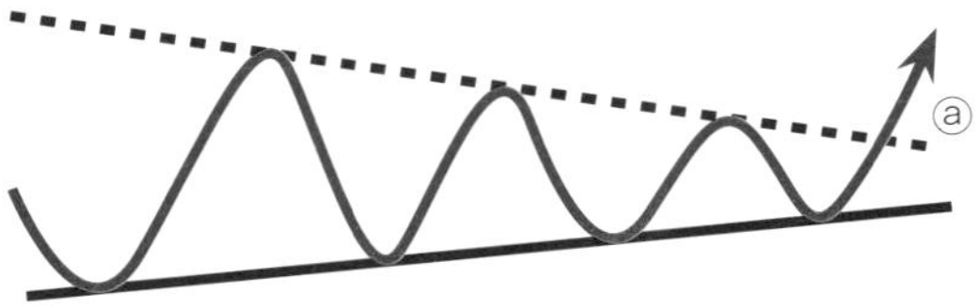

④ 삼각수렴추세에서

고점과 저점이 한 곳으로 모이는 쐐기형 패턴에서는 고점 추세선을 돌파하는 Ⓐ지점이 최고의 매수시점.

추세선 매도신호

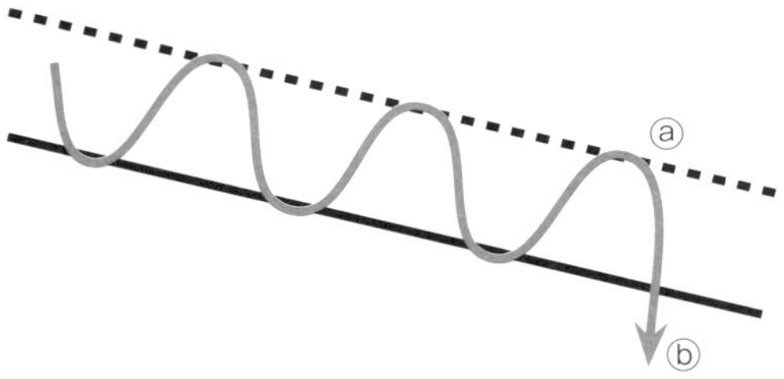

① 하락추세에서

고점 저항선인 Ⓐ지점과 저점 지지선이 무너지는 Ⓑ지점이 매도시점.

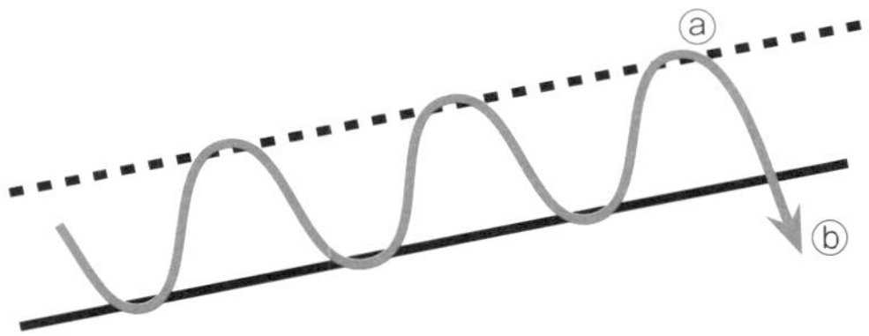

② 상승추세에서

상승추세에서는 고점 저항선인 Ⓐ지점을 일차적으로 매도시점으로 잡는다. 저점 추세선을 하향이탈하는 Ⓑ지점 또한 매도관점으로 접근한다.

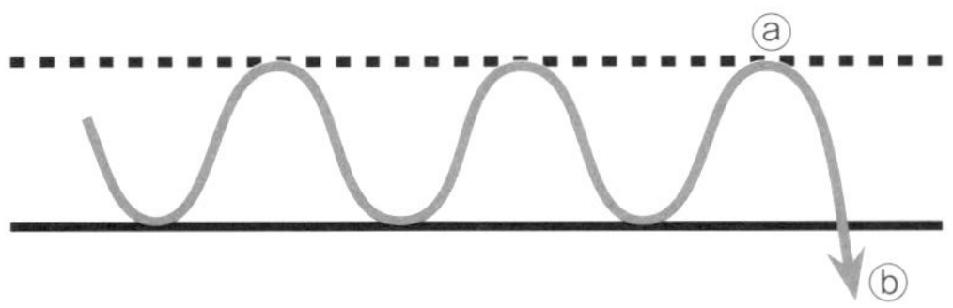

③ 평행(보합)추세에서

박스권의 고점대인 Ⓐ지점과 박스권을 하향이탈하는 Ⓑ지점이 매도시점.

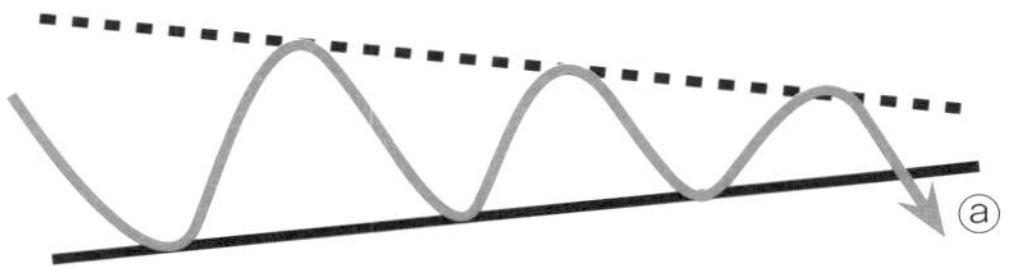

④ 삼각수렴추세에서

삼각형 패턴으로도 불리는 쐐기형에서는 일단 한쪽 방향을 잡으면 강한 추세를 형성하는 것이 일반적이다. 저점 추세선을 하향이탈하면 강한 매도시점으로 해석한다.

❸ **추세선 각도** : 급등주와 마찬가지로 추세선의 각도가 45도 이상 가파른 경우에는 추세선은 폭락이 높다. 추세선이 완만한 각도로 방향을 잡을수록 신뢰도가 높기 때문이다.

❹ **추세대 간격** : 고점 추세선과 저점 추세선을 직선으로 그리다 보면 일정한 추세대를 발견할 수 있다. 주가는 추세선을 따라 움직이기보다는 추세대 내에서 성숙과 하락을 반복하며 움직인다고 하는 것이 올바른 표현이다. 추세대의 간격이 좁다면 추세가 전환할 때 급등락이 연출될 확률이 높다. 따라서 추세대의 간격이 넓을수록 추세선의 신뢰도는 높다고 볼 수 있다.

❺ **추세선 기간** : 추세선이 탄생하는 기간은 대략 단기 2~3개월, 중기 6개월로 잡는다. 무엇보다 17개월 이내에 만들어지는 추세선은 그 생성 시간이 너무 짧아서 그만큼 신뢰성이 떨어진다. 추세선의 기간은 추세선의 길이로도 해석할 수 있다.

추세선 신뢰 분석

추세는 한번 진행되면 추세가 깨질 때까지 변하지 않는 특성이 있다. 특히 상승추세에서는 추세선이 깨질 때까지 추세흐름을 타는 것이 매우 중요하다. 그러나 추세는 영원하지 않다. 언제 어느 때 추세 반전은 급격히 일어날 수 있으며, 이에 민첩하게 대응하지 못한다면 추세분석의 의미는 퇴색될 것이다. 문제는 누구나 차트에 추세선을 그을 수 있지만, 보다 신뢰가 높은 추세선을 찾아 매매에 임해야 한다는 점이다. 주식투자는 확률 게임이다. 보다 높은 추세매매 확률을 위해서는 다음과 같은 요소들을 살펴볼 필요가 있다.

❶ **추세선 길이** : 추세선은 길이가 길수록 신뢰도가 높다. 추세선의 길이가 짧다면, 주가변동을 예상외로 급등락을 반복하게 된다. 따라서 추세선이 길어야 그만큼 주가가 진행되는 방향이 강하다는 것을 뜻한다.

❷ **추세점 횟수** : 추세선은 의미가 있다고 생각하는 고점이나 저점을 서로 직선으로 잇는 선을 말한다. 최소한 2개의 추세점을 기준으로 추세선을 긋지만, 간혹 의미 있는 고점이나 저점이 세 번째 형성될 때는 기존 추세가 전환될 가능성이 크다. 특히 상승추세에서는 추세점이 3개 형성될 때 주의를 필요가 있으며, 만약 추세반전이 없이 4개 이상 추세점이 형성된다면 그만큼 추세선의 길이가 길어지기 때문에 추세가 상승의 신뢰도는 커진다.

추세선 매수급소

[0600] 키움종합차트 - KOSDAQ150 외국인보유[12,293(천)] 주식수[49,084(천)] 액면[500] 자본금[245(억)] 결산[12월] EPS[1,993] PER[24.34] 시가총액[2
하락추세를 마무리하고 상승추세로 전환된 주식을 매수할 때는 하락추세선을 기준으로 지지와 돌파 여부를 확인한 후 매수하는 것이 안전하다. 단기 추세선이 상승세라도 연장된 하락추세선을 돌파하지 못하면 상승에 탄력을 받기 어렵기 때문이다. 또한 의미 있는 저점을 서로 연결한 평행추세선을 통해 단기 바닥이 확인되어야 한다. 즉, 하락추세선 돌파 → 평행추세선 지지 → 평행추세선 돌파 → 상승추세선 지지 → 상승추세선 돌파 순으로 주가흐름이 진행될 때, 단기 평행추세선 지지와 돌파되는 시점에서 매수급소가 탄생한다.
평행추세선
하락추세선
상승추세선
평행추세선 상향돌파
거래량 증가 + 하락추세선 저항선 상향돌파
+ 평행추세선 상향돌파 ⇨ 매수신호
거래량 감소(바닥) → 증가(5일 변곡점) →
감소(2일 조정) → 증가(돌파)
2020/07
08
09
10
11
12
12/04

■ 주가가 단기 바닥을 확인한 이후 거래량이 증가면서 하락추세선 상향돌파, 평행추세선 상향돌파, 저점과 고점을 높이는 상승추세 진입 시점 모두 매수관점으로 접근 가능하다.

중심추세선 활용하기

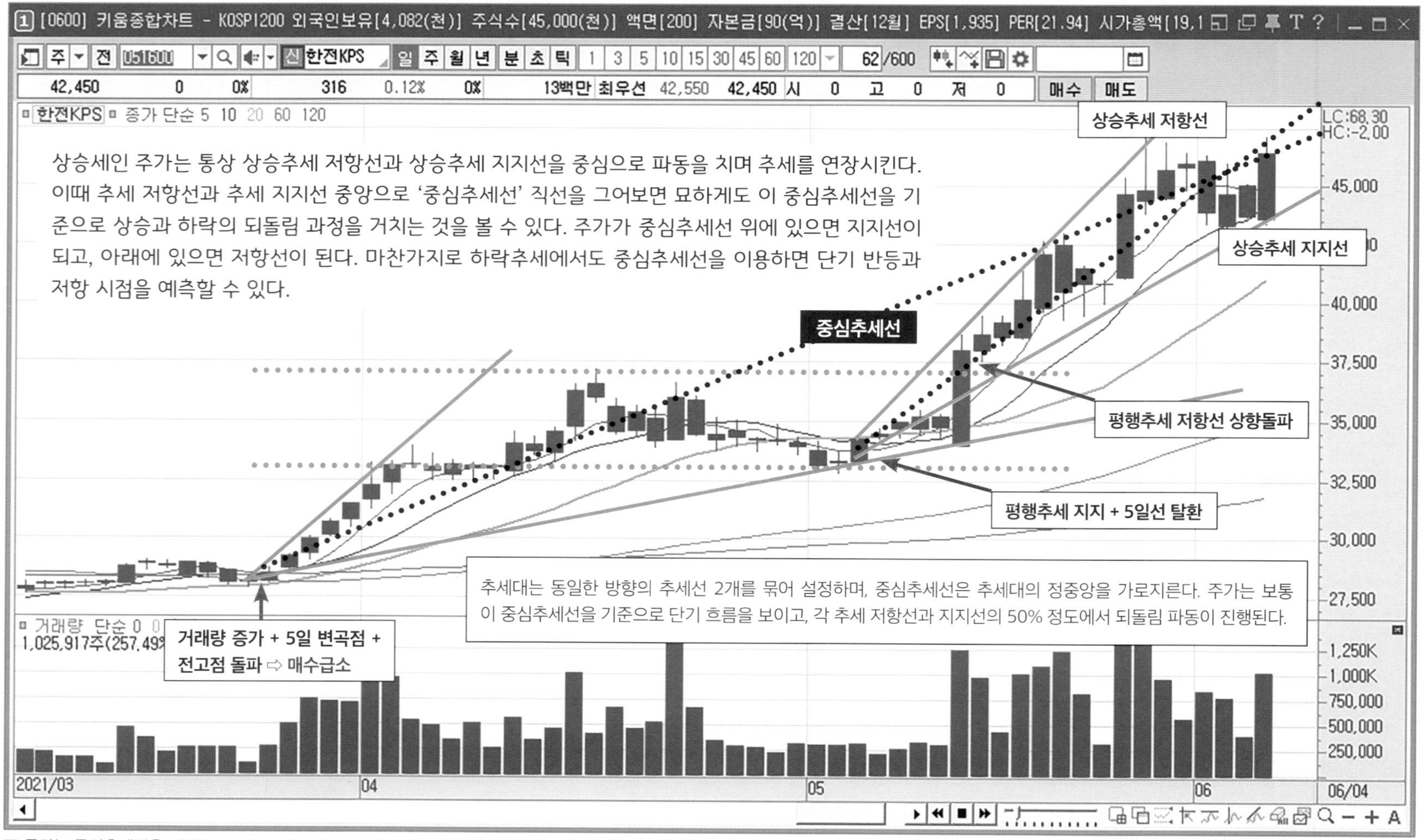

[0600] 키움종합차트 - KOSPI200 외국인보유[4,082(천)] 주식수[45,000(천)] 액면[200] 자본금[90(억)] 결산[12월] EPS[1,935] PER[21.94] 시가총액[19,1
한전KPS 종가 단순 5 10 20 60 120
상승세인 주가는 통상 상승추세 저항선과 상승추세 지지선을 중심으로 파동을 치며 추세를 연장시킨다. 이때 추세 저항선과 추세 지지선 중앙으로 '중심추세선' 직선을 그어보면 묘하게도 이 중심추세선을 기준으로 상승과 하락의 되돌림 과정을 거치는 것을 볼 수 있다. 주가가 중심추세선 위에 있으면 지지선이 되고, 아래에 있으면 저항선이 된다. 마찬가지로 하락추세에서도 중심추세선을 이용하면 단기 반등과 저항 시점을 예측할 수 있다.
상승추세 저항선
상승추세 지지선
중심추세선
평행추세 저항선 상향돌파
평행추세 지지 + 5일선 탈환
추세대는 동일한 방향의 추세선 2개를 묶어 설정하며, 중심추세선은 추세대의 정중앙을 가로지른다. 주가는 보통 이 중심추세선을 기준으로 단기 흐름을 보이고, 각 추세 저항선과 지지선의 50% 정도에서 되돌림 파동이 진행된다.
거래량 증가 + 5일 변곡점 + 전고점 돌파 ⇨ 매수급소
45,000
40,000
37,500
35,000
32,500
30,000
27,500
2021/03
04
05
06
06/04

■ 주가는 중심추세선을 기준으로 되돌림 현상이 자주 발생한다. 다시 말해 주가는 중심추세선 위에 있으면 추세 저항선에 부딪혀 다시 중심추세선으로 하락하고, 중심추세선 아래에 있으면 추세 지지선에서 반등을 시도하는 경향이 많다.

저항선 상향돌파 ⇨ 지지선

[0600] 키움종합차트 - KOSPI200 외국인보유[7,714(천)] 주식수[65,494(천)] 액면[100] 자본금[65(억)] 결산[12월] EPS[187] PER[263.89]
두산퓨얼셀
49,400
매수
매도
두산퓨얼셀 종가 단순 5 10 20 60 120
추세선은 상승이나 하락보다는 가격 변동이 적은 구간을 나타내는 평행(횡보)추세선이 중요하다. 왜냐하면 평행추세선이 주가의 지지선과 저항선을 가장 잘 나타내기 때문이다. 상승추세에서 일단 지지선을 확인하고, 이 상태에서 주가가 평행추세 저항선을 상향돌파하면 이전 저항선은 지지선으로 바뀐다. 한 단계 레벨업된 이 지지선이 바로 추가 상승의 기반이 되는 것이다.
주가가 상승할수록 이전 고점 저항선이 지지선 역할을 하며, 이 지지선을 기반으로 매물소화를 거치며 상승추세를 이어간다.
20일선 눌림목 완성
10일선 눌림목 완성
저항선 상향돌파 ⇨ 지지선
상승추세 중 거래량이 실린 장대양(음)봉은 당일 주가 변동폭이 상당히 큰 만큼 향후 주가흐름이 매우 격렬하게 진행된다. 거래량이나 캔들, 이평선만으로 단기 대응하기에는 많은 어려움이 있다. 이 경우 단기 지지선이 최우선적인 매매기준이 되어야 한다. 주가가 오르기 위해서는 밟고 올라설 버팀목이 필요하다. 그 버팀목 역할을 하는 것이 단기 평행추세선에 해당하는 지지선이다.
거래량 단순
5,408,478주(236.12%)
45,000
40,000
35,000
30,000
25,000
20,000
15,000
10,000
5,000
30,000K
20,000K
10,000K
2020/04
05
06
07
07/27

■ 평행추세대는 세력의 주가관리구간을 의미한다. 거래량이 증가하면서 평행추세대를 상향돌파한다면 세력이 주가를 본격적으로 상승시키겠다는 의지를 보이는 것이다. 매수급소는 거래량을 동반한 저항선 상향돌파 때 탄생한다.

지지선 하향이탈 ⇨ 저항선

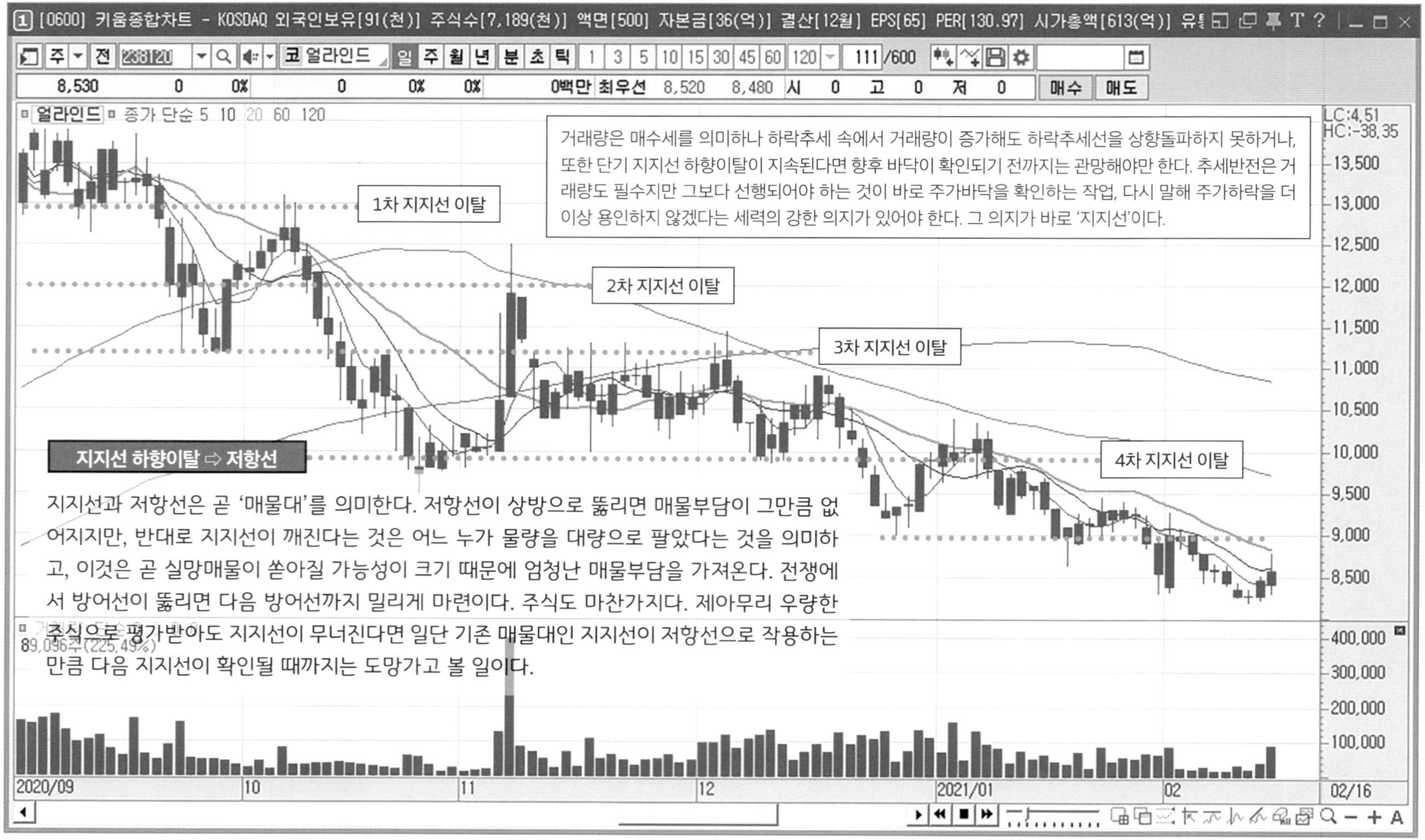

거래량은 매수세를 의미하나 하락추세 속에서 거래량이 증가해도 하락추세선을 상향돌파하지 못하거나, 또한 단기 지지선 하향이탈이 지속된다면 향후 바닥이 확인되기 전까지는 관망해야만 한다. 추세반전은 거래량도 필수지만 그보다 선행되어야 하는 것이 바로 주가바닥을 확인하는 작업, 다시 말해 주가하락을 더 이상 용인하지 않겠다는 세력의 강한 의지가 있어야 한다. 그 의지가 바로 '지지선'이다.

지지선과 저항선은 곧 '매물대'를 의미한다. 저항선이 상방으로 뚫리면 매물부담이 그만큼 없어지지만, 반대로 지지선이 깨진다는 것은 어느 누가 물량을 대량으로 팔았다는 것을 의미하고, 이것은 곧 실망매물이 쏟아질 가능성이 크기 때문에 엄청난 매물부담을 가져온다. 전쟁에서 방어선이 뚫리면 다음 방어선까지 밀리게 마련이다. 주식도 마찬가지다. 제아무리 우량한 주식으로 평가받아도 지지선이 무너진다면 일단 기존 매물대인 지지선이 저항선으로 작용하는 만큼 다음 지지선이 확인될 때까지는 도망가고 볼 일이다.

■ 지지선이 연속해서 붕괴된다는 것은 무엇을 말할까? 누군가 물량을 꾸준히 팔고 있다는 의미다. 예제 차트를 살펴보면, 누군가 단기 지지선을 구축하면서 물량을 털고, 이어서 다음 지지선을 만들어 개인들을 유혹한 다음 다시 물량을 매도하는 연속 물량털기 과정을 보여준다.

[0600] 키움종합차트 - KOSDAQ150 외국인보유[2,181(천)] 주식수[31,761(천)] 액면[500] 자본금[159(억)] 결산[12월] EPS[202] PER[107.92]
21,850 0 0% 488,200 51.68% 1.54% 10,741백만 최우선 21,850 21,800 시 22,500 고 22,500 저 21,700 매수 매도
바이넥스 종가 단순 5 10 20 60 120
주가는 상승, 하락, 횡보(보합) 이렇게 3가지 흐름이 있다. 기간조정구간으로 불리는 횡보권은 주가 변동 폭이 크지 않더라도 단기 고점과 저점이 탄생한다. 이 고점 저항선과 저점 지지선 안에서 주가가 움직일 때 이 조정구간을 '박스권'이라 부른다. 주가는 박스권을 이탈하거나 돌파할 때 추세반전이 일어나는데, 박스권 상단을 돌파하면 상승추세로, 박스권 하단이 붕괴되면 하락추세로 전환된다. 이런 박스권 매매의 핵심은 다음과 같다. 박스권 저항선 → 단기 매도, 박스권 지지선 → 단기 매수, 그리고 박스권 상향돌파 때 매수관점으로 대응한다. 특히 박스권 상향돌파 때는 필히 거래량 유무를 확인해야만 한다. 박스권은 곧 매물대이기 때문에 이전 매물소화를 위해서도 거래량이 증가해야 하기 때문이다.
박스권
박스권 상향돌파(매수급소)
박스권 저항선(=단기 매도)
박스권 중심선
박스권 지지선(=단기 매수)
박스권
예제 차트는 박스권 이탈 이후 거래량 증가로 다시 박스권 내에 빠르게 진입한 다음, 상승추세전환에 성공한 모습으로 실전매매의 어려움을 나타낸다. 하지만 박스권 하향이탈은 저항선이 깨지는 상태를 의미하기에 매도신호다. 따라서 박스권 이탈시에는 일단 관망하면서 차후 주가흐름을 살피며 대응하는 것이 바람직한 매매방법이다.
거래량 단순 0 0 0
1,857,147주(224.82%)
대량거래
LC:100.33
HC:-5.79
12,500
12,000
11,500
11,000
10,500
10,000
9,500
9,000
8,500
8,000
7,500
7,000
6,500
6,000
15,000K
10,000K
5,000K
2019/11
12
2020/01
02
03
04
05
05/08

■ 주식투자에서 박스권 매매처럼 가장 안전한 매매방법도 드물 것이다. 일단 박스권이 설정되면 반복해서 지지선 부근에서는 매수, 저항선 부근에서는 매도관점으로 대응한다. 만약 박스권 구간이 길어지면 그만큼 강한 매물대가 형성된 상태이기 때문에 박스권 하향이탈시에는 리스크 관리는 필수다.

추세매매의 핵심

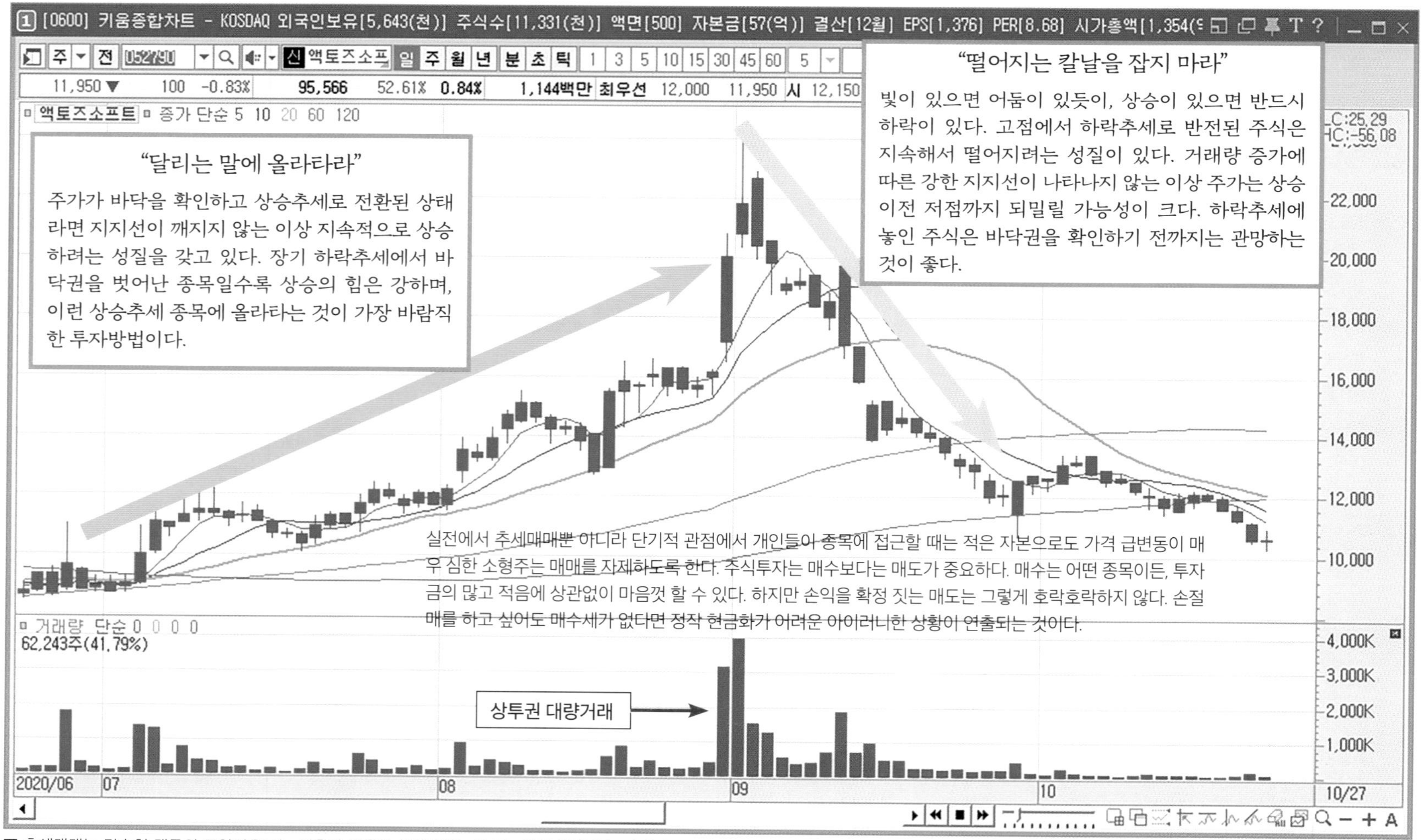

① [0600] 기음종합차트 - KOSDAQ 외국인보유[5,643(천)] 주식수[11,331(천)] 역면[500] 자본금[57(억)] EPS[1,376] PER[8.68] 시가총액[1,354(□ 車 T ? ｜— □ ×

주 ▾ 견 │ 052730 ▾ Q ◀ ▶️ 신 │ 억토즈소프 일 주 월 년 일 3 5 10 15 30 45 60 5 ▾

11,950 ▼ │ 100 -0.83% │ 95.566 │ 52.61% │ 0.84% │ 1.144백만 최우선 12,000 11,950 시 12,150

■ 억토즈소프 ■ 종가 단순 5 10 20 60 120

"달리는 말에 올라타라"

주가가 바닥을 확인하고 상승추세로 전환된 상태라면 지지선이 깨지지 않는 이상 지속적으로 상승하려는 성질을 갖고 있다. 장기 하락추세에서 바닥권을 벗어난 종목일수록 상승의 힘이 강하며, 이런 상승추세 종목에 올라타는 것이 가장 바람직한 투자방법이다.

"떨어지는 칼날을 잡지 마라"

빛이 있으면 어둠이 있듯이, 상승이 있으면 반드시 하락이 있다. 고점에서 떨어지는 하락추세로 반전된 주식은 지속해서 떨어지려는 성질이 있다. 거래량 증가에 따른 강한 지지선이 나타나지 않는 이상 주가는 상승 이전 저점까지 되밀릴 가능성이 크다. 하락추세에 놓인 주식은 바닥권을 확인하기 전까지는 관망하는 것이 좋다.

실전에서 추세매매뿐 아니라 단기적 관점에서 개인들이 종목에 접근할 때는 작은 자본으로도 가격 급변동이 매우 심한 소형주는 매매를 자제해도록 한다. 주식투자는 매수보다는 매도가 중요하다. 매수에 어떤 종목이든 투자 금이 많고 직접에 상관없이 미음것 할수 있다. 하지만 순이을 확정 짓는 매도는 그렇게 호락호락하지 않다. 손절매를 하고 싶어도 매수세가 없다면 적자 현금흡수가 어려운 아이러니한 상황이 연출되는 것이다.

상투권 대량거래

□ 거래량 단순 0 0 0 0
62,243주 (41.79%)

2020/06 │ 07 │ 08 │ 09 │ 10 │ 10/27

■ 추세매매는 단순히 캔들이 모양만으로는 예측과 매임이 쉽지 않다. 추세는 한쪽 방향으로 나아가는 성질을 나타내기 때문에 우선 지지선을 살피는 것이 중요하며, 다음으로 거래량과 이평선 순으로 추세흐름을 살펴야 한다. 마지막으로 살피는 것이 캔들이다. 상승추세에서는 장대음봉이 나와도 큰 위험은 안 되며, 마찬가지로 하락추세에서 장대양봉은 오히려 위험 관리가 필요하다.

패턴분석의 개념

오랜 세월 동안 차트분석에 매달리다 보면 다양한 패턴들을 발견할 수 있다. 이를테면 상승형 패턴에는 V자, N자, W자형이 있으며, 하락형 패턴에는 역V자, M자, 원형천정형 등의 패턴이 그것이다.

패턴Pattern이라는 사전적 의미는 일정한 모양이나 형태를 말한다. 차트분석에서 패턴을 활용한다는 것은 주가의 추세가 변화될 때 나타나는 여러 주가 변동 모형을 미리 정형화해 놓고, 실제 주가의 움직임을 각 패턴에 맞추어 봄으로써 앞으로의 주가 방향을 예상하는 것을 말한다.

차트분석은 가치분석과 마찬가지로 과거 투자자들의 매매형태를 분석해 향후 주가를 예측하고자 할 때 사용하는 도구다. 투자자들의 매매형태는 항상 똑같을 수는 없지만, 때론 유사한 형태를 띠게 된다. **패턴분석**은 이처럼 과거 유사한 주가 모형을 정형화한 다음 현재 주가흐름과 비교분석해 향후 주가 방향을 분석하는 방법이다.

주식시장에서는 유사한 형태의 패턴들을 종종 발견하게 되는데, 이러한 패턴들은 '다우이론', '파동이론', '카오스이론' 등과 같은 주식이론과 함께 차트상에서 어떤 공통적인 현상을 나타낸다. 그러나 주식시장에서 이런 패턴들은 수치로 공식화된 이론은 아니며, 다만 차트분석 과정에서 자주 발생하는 유사 패턴들에 대한 기본 정의로만 해석해야지 매매의 절대 기준으로 삼지 않도록 주의한다.

상승형 패턴 ↑

V자형(외바닥), W자형(이중바닥), 삼중바닥형, U자형, N자형, 역L자형

하락형 패턴 ↓

역V자형(외봉), M자형(쌍봉), 삼봉형, 헤드앤숄더, 역U자형

지속형 패턴 →

쐐기형, 상승삼각형, 하락삼각형, 대칭삼각형, 확대형, 깃발형, 박스형

V자형(외바닥) 패턴

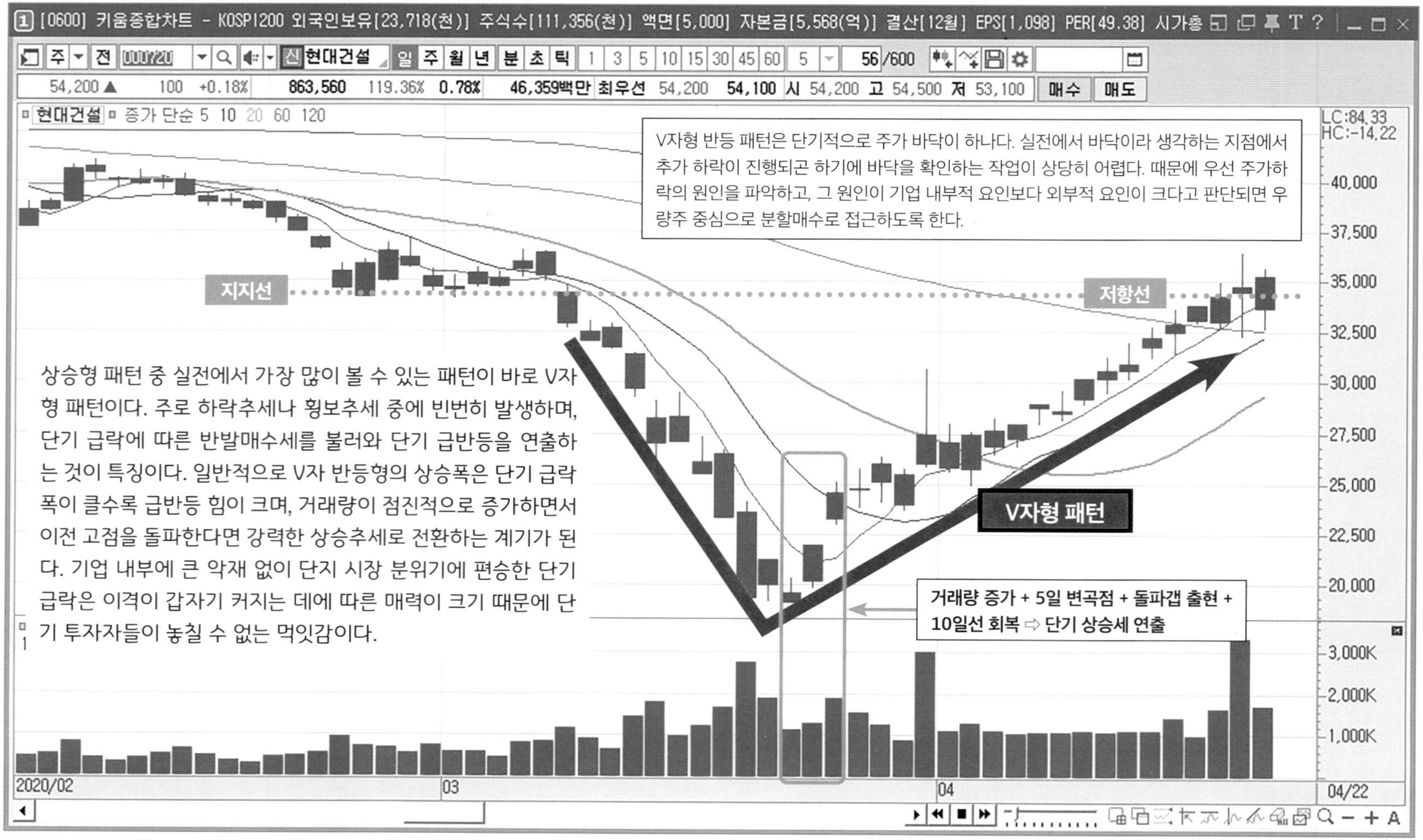
[0600] 키움종합차트 - KOSPI200 외국인보유[23,718(천)] 주식수[111,356(천)] 액면[5,000] 자본금[5,568(억)] 결산[12월] EPS[1,098] PER[49.38] 시가총
54,200 ▲ 100 +0.18% 863,560 119.36% 0.78% 46,359백만 최우선 54,200 54,100 시 54,200 고 54,500 저 53,100 매수 매도
현대건설 종가 단순 5 10 20 60 120
V자형 반등 패턴은 단기적으로 주가 바닥이 하나다. 실전에서 바닥이라 생각하는 지점에서 추가 하락이 진행되곤 하기에 바닥을 확인하는 작업이 상당히 어렵다. 때문에 우선 주가하락의 원인을 파악하고, 그 원인이 기업 내부적 요인보다 외부적 요인이 크다고 판단되면 우량주 중심으로 분할매수로 접근하도록 한다.
지지선
저항선
상승형 패턴 중 실전에서 가장 많이 볼 수 있는 패턴이 바로 V자형 패턴이다. 주로 하락추세나 횡보추세 중에 빈번히 발생하며, 단기 급락에 따른 반발매수세를 불러와 단기 급반등을 연출하는 것이 특징이다. 일반적으로 V자 반등형의 상승폭은 단기 급락폭이 클수록 급반등 힘이 크며, 거래량이 점진적으로 증가하면서 이전 고점을 돌파한다면 강력한 상승추세로 전환하는 계기가 된다. 기업 내부에 큰 악재 없이 단지 시장 분위기에 편승한 단기 급락은 이격이 갑자기 커지는 데에 따른 매력이 크기 때문에 단기 투자자들이 놓칠 수 없는 먹잇감이다.
V자형 패턴
거래량 증가 + 5일 변곡점 + 돌파갭 출현 + 10일선 회복 ⇨ 단기 상승세 연출
LC:84.33
HC:-14.22
40,000
37,500
35,000
32,500
30,000
27,500
25,000
22,500
20,000
3,000K
2,000K
1,000K
2020/02
03
04
04/22

■ V자형 패턴은 거래량 없는 단기 급락주의 매물공백을 노리는 것과 같다. 또한 단기 급락을 했으니 이격이 커진다. 이격도가 커지면 주가는 다시 벌어진 이격을 좁히려고 한다. V자형 패턴은 이런 요소들이 서로 어우러져 단기 급반등의 조건을 완성한다.

급락 중 거래량 증가 종목을 주시하라

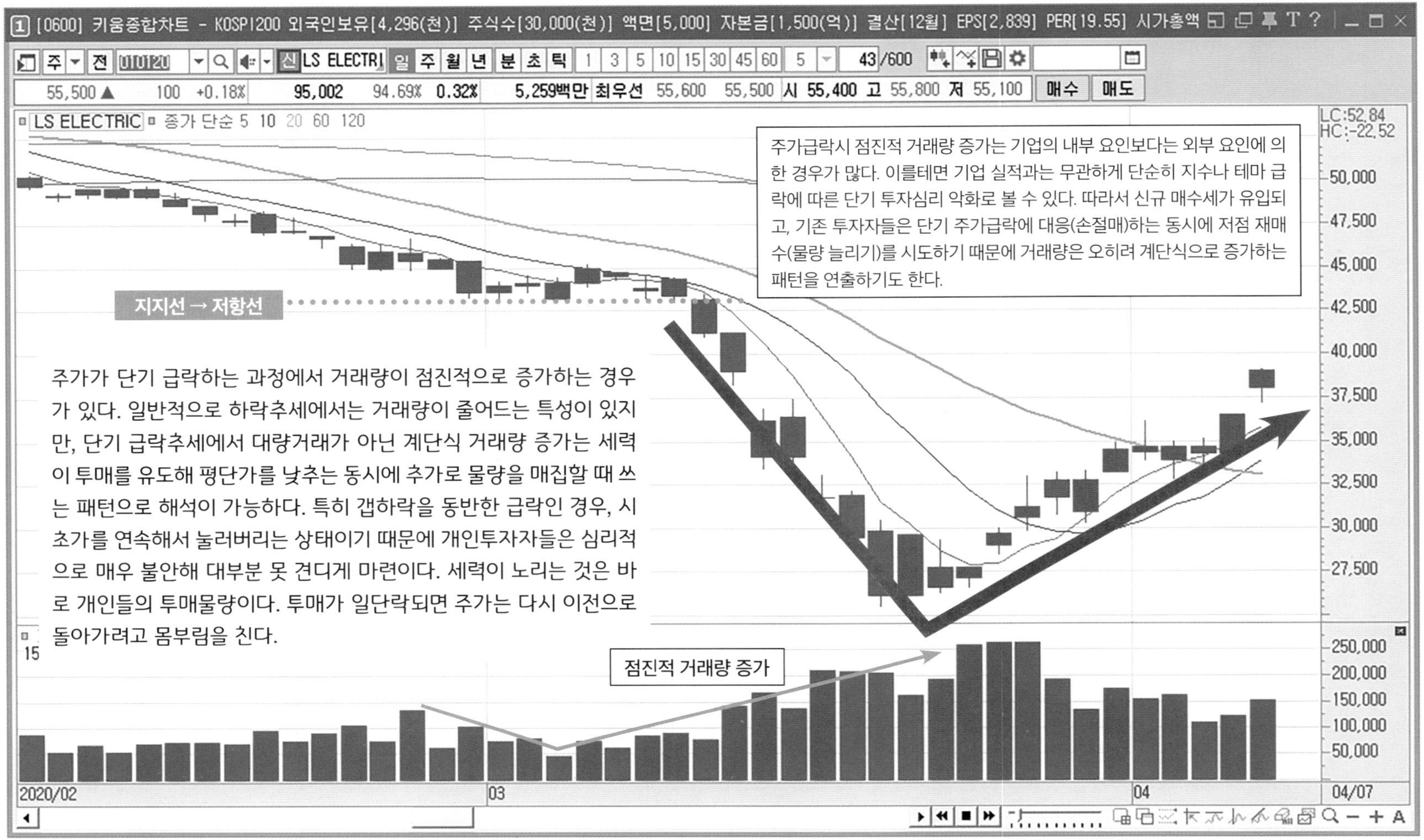
[0600] 키움종합차트 - KOSPI200 외국인보유[4,296(천)] 주식수[30,000(천)] 액면[5,000] 자본금[1,500(억)] 결산[12월] EPS[2,839] PER[19.55] 시가총액
LS ELECTRIC
55,500 ▲ 100 +0.18% 95,002 94.69% 0.32% 5,259백만 최우선 55,600 55,500 시 55,400 고 55,800 저 55,100
매수
매도
LS ELECTRIC 종가 단순 5 10 20 60 120
주가급락시 점진적 거래량 증가는 기업의 내부 요인보다는 외부 요인에 의한 경우가 많다. 이를테면 기업 실적과는 무관하게 단순히 지수나 테마 급락에 따른 단기 투자심리 악화로 볼 수 있다. 따라서 신규 매수세가 유입되고, 기존 투자자들은 단기 주가급락에 대응(손절매)하는 동시에 저점 재매수(물량 늘리기)를 시도하기 때문에 거래량은 오히려 계단식으로 증가하는 패턴을 연출하기도 한다.
지지선 → 저항선
주가가 단기 급락하는 과정에서 거래량이 점진적으로 증가하는 경우가 있다. 일반적으로 하락추세에서는 거래량이 줄어드는 특성이 있지만, 단기 급락추세에서 대량거래가 아닌 계단식 거래량 증가는 세력이 투매를 유도해 평단가를 낮추는 동시에 추가로 물량을 매집할 때 쓰는 패턴으로 해석이 가능하다. 특히 갭하락을 동반한 급락인 경우, 시초가를 연속해서 눌러버리는 상태이기 때문에 개인투자자들은 심리적으로 매우 불안해 대부분 못 견디게 마련이다. 세력이 노리는 것은 바로 개인들의 투매물량이다. 투매가 일단락되면 주가는 다시 이전으로 돌아가려고 몸부림을 친다.
점진적 거래량 증가
LC:52.84
HC:-22.52
50,000
47,500
45,000
42,500
40,000
37,500
35,000
32,500
30,000
27,500
250,000
200,000
150,000
100,000
50,000
2020/02
03
04
04/07

■ 주가는 외부 심리적 요인으로 급락하는데 오히려 거래량은 점점 더 늘어난다. 부실주도 아니며, 돌발악재가 발생한 것도 아닌데 자꾸 떨어지니까 기존 보유자들은 손절매나 저점 재매수로 대응하고, 대기 매수자들은 단기에 주가가 싸지니 좋다고 달려든다. 공포에 질려 일단 위험을 회피하고자 하는 매도세가 단기간에 다 나온다면 어떻게 될까? 공포가 해소되고 불안이 안정되면 다시 희망이 싹튼다.

급등주의 표본, N자형 패턴

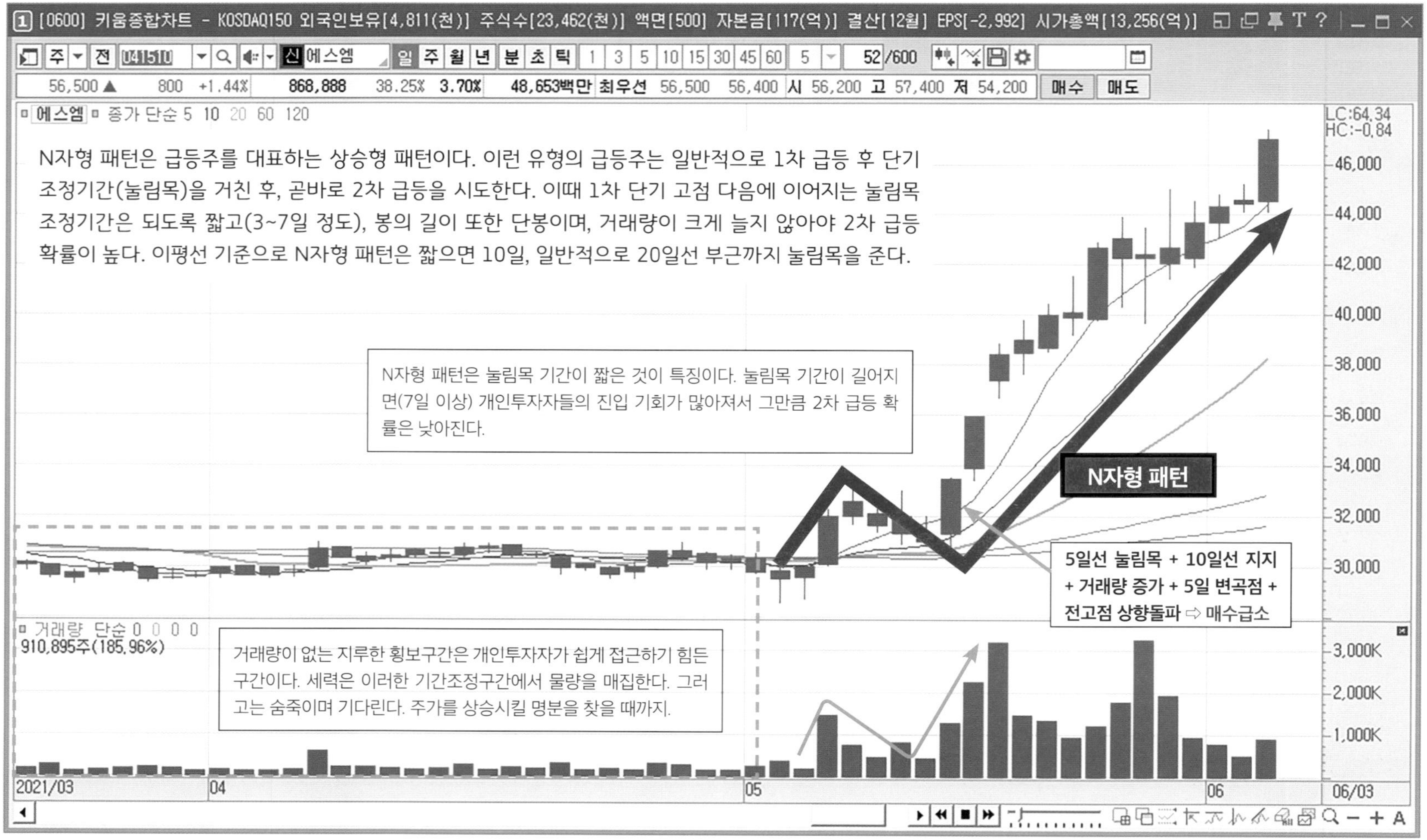

N자형 패턴은 급등주를 대표하는 상승형 패턴이다. 이런 유형의 급등주는 일반적으로 1차 급등 후 단기 조정기간(눌림목)을 거친 후, 곧바로 2차 급등을 시도한다. 이때 1차 급등 고점 다음에 이어지는 눌림목 조정기간은 되도록 짧아(3~7일 정도), 봉의 길이 또한 단봉이며, 거래량이 크게 늘지 않아야 2차 급등 확률이 높다. 이평선 기준으로 N자형 패턴은 짧으면 10일, 일반적으로 20일선 부근까지 눌림목을 준다.

N자형 패턴은 눌림목 기간이 짧은 것이 특징이다. 눌림목 기간이 길어 지면(7일 이상) 개인투자자들이 진입 기회가 많아[져서 그만큼 2차 급등 확률은 낮아진다.

거래량이 없는 자료한 횡보구간은 개인투자자가 쉽게 접근하기 힘든 구간이다. 세력은 이러한 기간조정구간에서 물량을 매집한다. 그러 고도 숙죽이며 기다린다. 주가를 상승시킬 명분을 찾을 때까지.

N자형 패턴
5일선 눌림목 + 10일선 지지 + 거래량 증가 + 5일 변곡점 + 전고점 상향돌파 ⇨ 매수급소

지루함 뒤에 희열, 역L자형 패턴

역L자형 패턴은 지루한 횡보 속에서 급상승을 위한 은밀한 작전이 진행된 다음, 어느 날 갑자기 위로 튀어 오르는 급등형 패턴이다. 이런 유형의 패턴은 이미 세력이 물량을 충분히 확보한 상태에서 개인투자자들에게 겁을 주거나(단기 급락 페인팅 모션) 지루한 횡보를 지속하며 주가를 관리하기 때문에 개인들이 급등 초기에 접근하기에는 매우 힘든 패턴이다. 일단 상승을 위한 명분을 얻게 된다면(투자자들이 예상할 수 없는 어떤 호재를 세력은 미리 알고 작전을 벌인 경우) 투자자들이 따라붙기 힘들 정도로 한순간 급등하기 시작한다. 개인투자자 입장에서는 매우 지루한 횡보구간에서 거래량이 조금이라도 증가하면서 5일 변곡점이 탄생하는 시점을 노려, 무리하지 않는 수준의 적은 투자금으로 상한가라도 따라잡을 수 있는 배짱이 필요하다. 무엇보다 이평선이 한곳으로 수렴된 상태이기 때문에 상승의 폭은 그만큼 큰 경우가 많다.

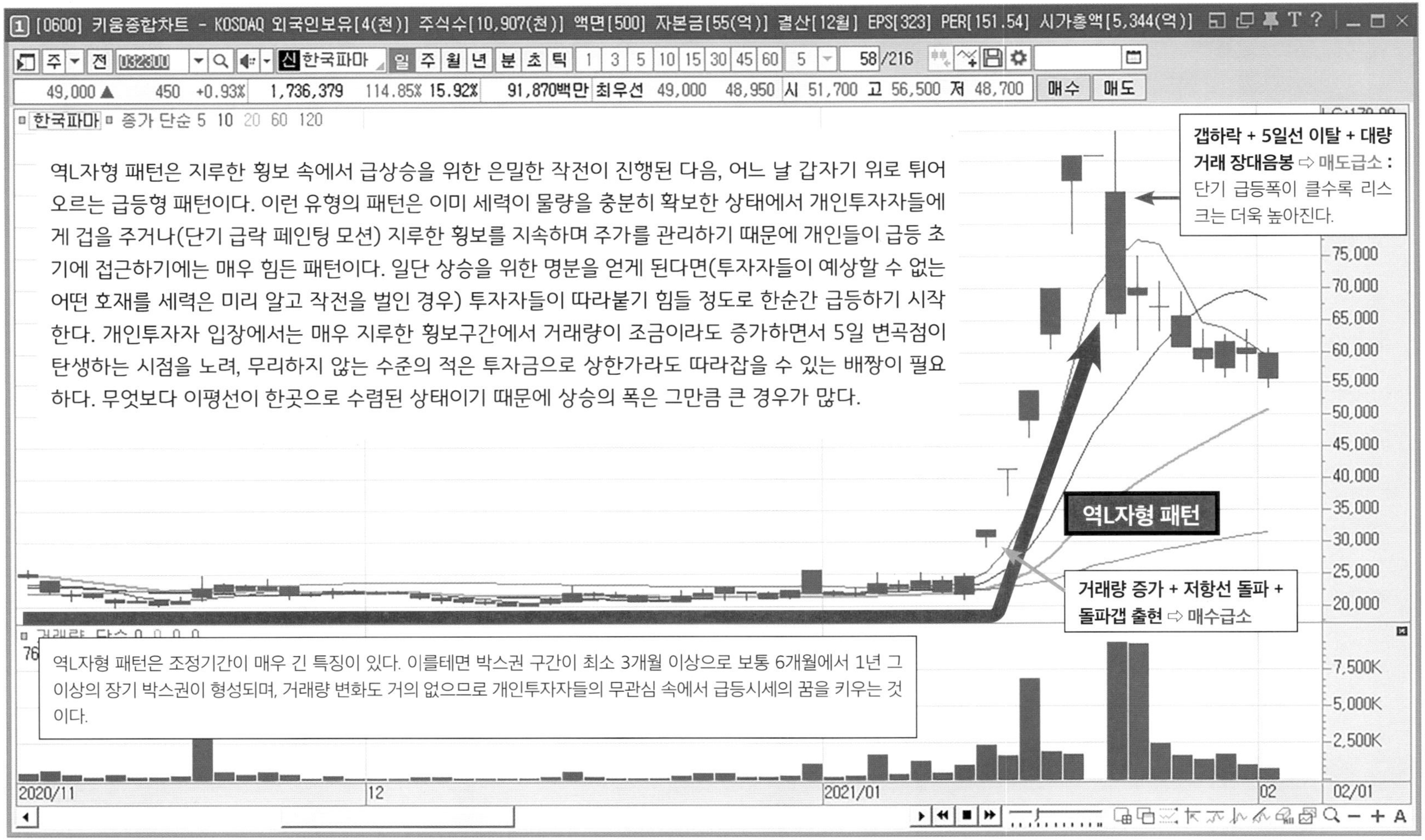

[0600] 키움종합차트 - KOSDAQ 외국인보유[4(천)] 주식수[10,907(천)] 액면[500] 자본금[55(억)] 결산[12월] EPS[323] PER[151.54] 시가총액[5,344(억)]
한국파마
49,000 ▲ 450 +0.93% 1,736,379 114.85% 15.92% 91,870백만 최우선 49,000 48,950 시 51,700 고 56,500 저 48,700
매수 매도
한국파마 종가 단순 5 10 20 60 120
갭하락 + 5일선 이탈 + 대량 거래 장대음봉 ⇨ 매도급소 : 단기 급등폭이 클수록 리스크는 더욱 높아진다.
역L자형 패턴
거래량 증가 + 저항선 돌파 + 돌파갭 출현 ⇨ 매수급소
역L자형 패턴은 조정기간이 매우 긴 특징이 있다. 이를테면 박스권 구간이 최소 3개월 이상으로 보통 6개월에서 1년 그 이상의 장기 박스권이 형성되며, 거래량 변화도 거의 없으므로 개인투자자들의 무관심 속에서 급등시세의 꿈을 키우는 것이다.
75,000
70,000
65,000
60,000
55,000
50,000
45,000
40,000
35,000
30,000
25,000
20,000
7,500K
5,000K
2,500K
2020/11
12
2021/01
02
02/01

■ 역L자형 패턴은 지루한 횡보권에서 갑자기 탄생하는 경우와 횡보권에서 잠시 추세이탈이 일어난 이후 탄생하는 경우로 나눌 수 있다. 급등 이전 단기 하락은 세력의 속임수 패턴으로 [일시적 평행추세 이탈 → 단기 하락 → 단기 이평선 역배열 → 거래량 감소]로 이어지기 때문에 개인들이 참기 힘든 구간이다. 세력은 이 속임수 눌림목 구간에서 개인들의 물량 테스트를 끝낸 다음 본격적인 급등세를 연출한다.

저점을 차례로 높인다, W자형(이중바닥) 패턴

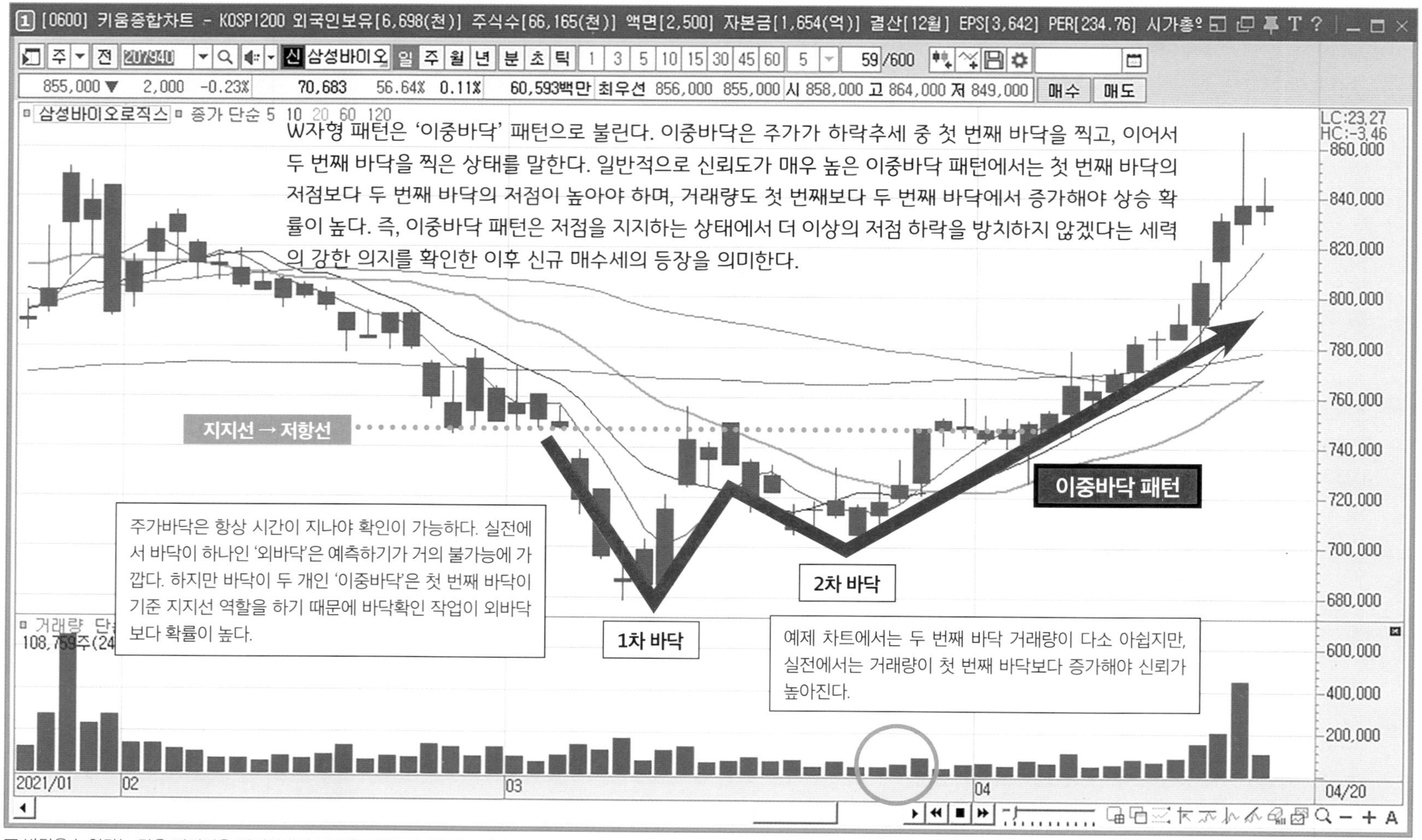
[0600] 키움종합차트 - KOSPI200 외국인보유[6,698(천)] 주식수[66,165(천)] 액면[2,500] 자본금[1,654(억)] 결산[12월] EPS[3,642] PER[234.76] 시가총
삼성바이오
855,000 ▼ 2,000 -0.23% 70,683 56.64% 0.11% 60,593백만 최우선 856,000 855,000 시 858,000 고 864,000 저 849,000
매수 매도
삼성바이오로직스 종가 단순 5 10 20 60 120
W자형 패턴은 '이중바닥' 패턴으로 불린다. 이중바닥은 주가가 하락추세 중 첫 번째 바닥을 찍고, 이어서 두 번째 바닥을 찍은 상태를 말한다. 일반적으로 신뢰도가 매우 높은 이중바닥 패턴에서는 첫 번째 바닥의 저점보다 두 번째 바닥의 저점이 높아야 하며, 거래량도 첫 번째보다 두 번째 바닥에서 증가해야 상승 확률이 높다. 즉, 이중바닥 패턴은 저점을 지지하는 상태에서 더 이상의 저점 하락을 방치하지 않겠다는 세력의 강한 의지를 확인한 이후 신규 매수세의 등장을 의미한다.
지지선 → 저항선
이중바닥 패턴
주가바닥은 항상 시간이 지나야 확인이 가능하다. 실전에서 바닥이 하나인 '외바닥'은 예측하기가 거의 불가능에 가깝다. 하지만 바닥이 두 개인 '이중바닥'은 첫 번째 바닥이 기준 지지선 역할을 하기 때문에 바닥확인 작업이 외바닥보다 확률이 높다.
1차 바닥
2차 바닥
예제 차트에서는 두 번째 바닥 거래량이 다소 아쉽지만, 실전에서는 거래량이 첫 번째 바닥보다 증가해야 신뢰가 높아진다.
LC:23.27
HC:-3.46
860,000
840,000
820,000
800,000
780,000
760,000
740,000
720,000
700,000
680,000
600,000
400,000
200,000
2021/01
02
03
04
04/20

■ 바닥을 높인다는 말은 전저점을 지지하면서 저점을 차례로 높인다는 의미다. 저점을 지지한다는 것은 이제 하락할 이유보다 상승할 이유가 생긴 것을 말한다. 여기서 거래량이 증가해 저점과 고점을 차례로 높인다면 이는 곧 매수세가 많아지는 것이고, 당연히 주가 상승 가능성은 높아진다.

집을 팔아서라도 매수한다, 삼중바닥 패턴

집을 팔아서라도 매수한다는 '삼중바닥' 패턴은 바닥을 확실히 다진 상태로 하락추세를 마무리하고 있다는 점에 큰 의미가 있다. 이중바닥과 달리 한 번 더 바닥을 다진다는 것은 그만큼 더 이상의 가격 하락을 원치 않는다는 매수세의 강력한 의지를 나타낸 것이라 할 수 있다. 삼중바닥은 일단 저점을 반드시 높여야 하며, 마지막 바닥권을 확인할 때는 거래량이 이전보다 증가하면서 저점과 고점을 차례로 높여야 상승 확률이 높다. 매수급소는 바닥을 확인한 이후 거래량이 동반되면서 단기 저항선을 상향돌파하는 모습이 나올 때 탄생한다.

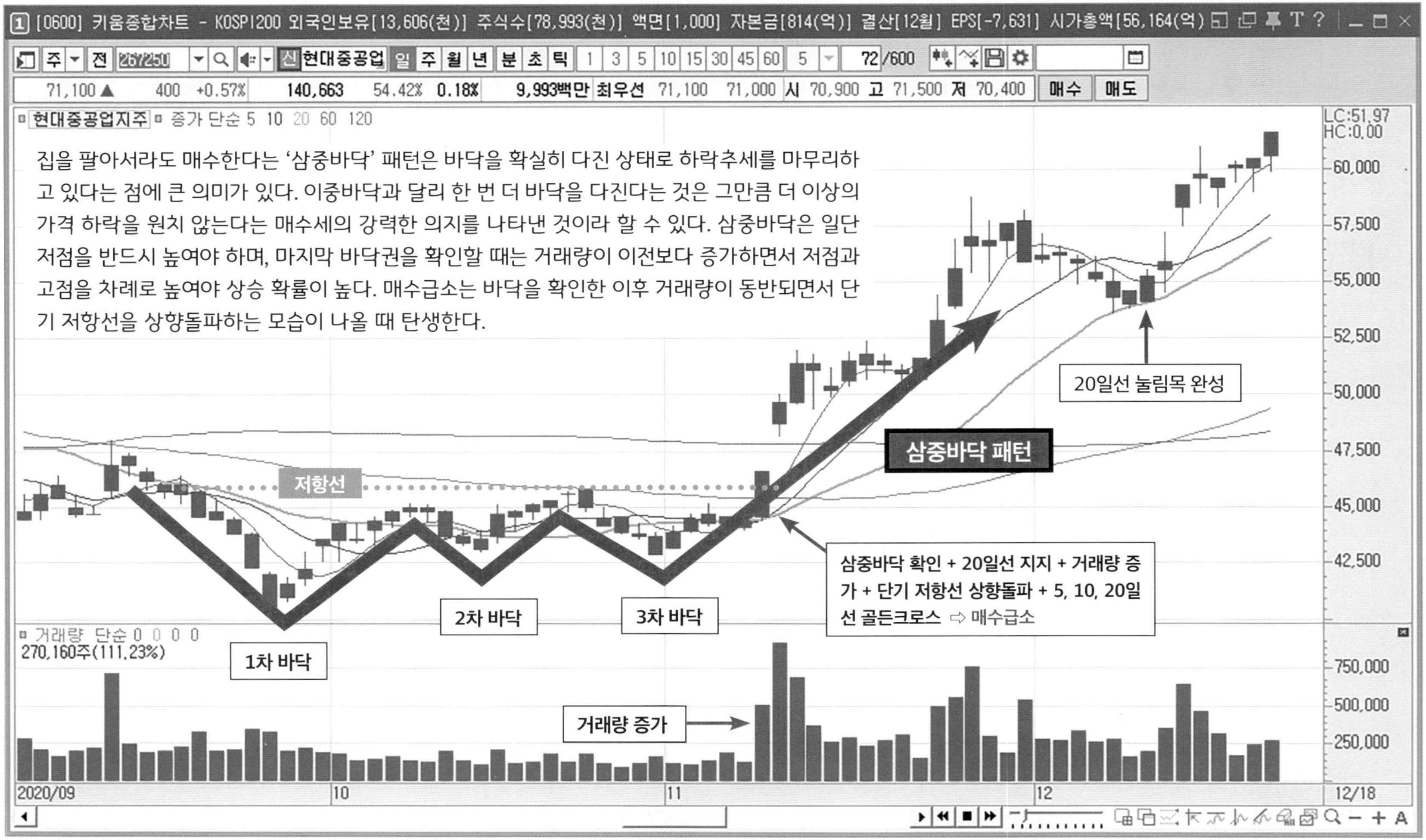

■ 삼중바닥은 바닥을 3번이나 다진 상태이기에 강한 매물대이자 지지선이 된다. 실전에서 1차 바닥보다 2, 3차 바닥의 저점이 높아야 하며, 거래량 또한 차례로 증가해야만 신뢰가 높아진다.

바닥을 여러 번 다진다, 다중바닥 패턴

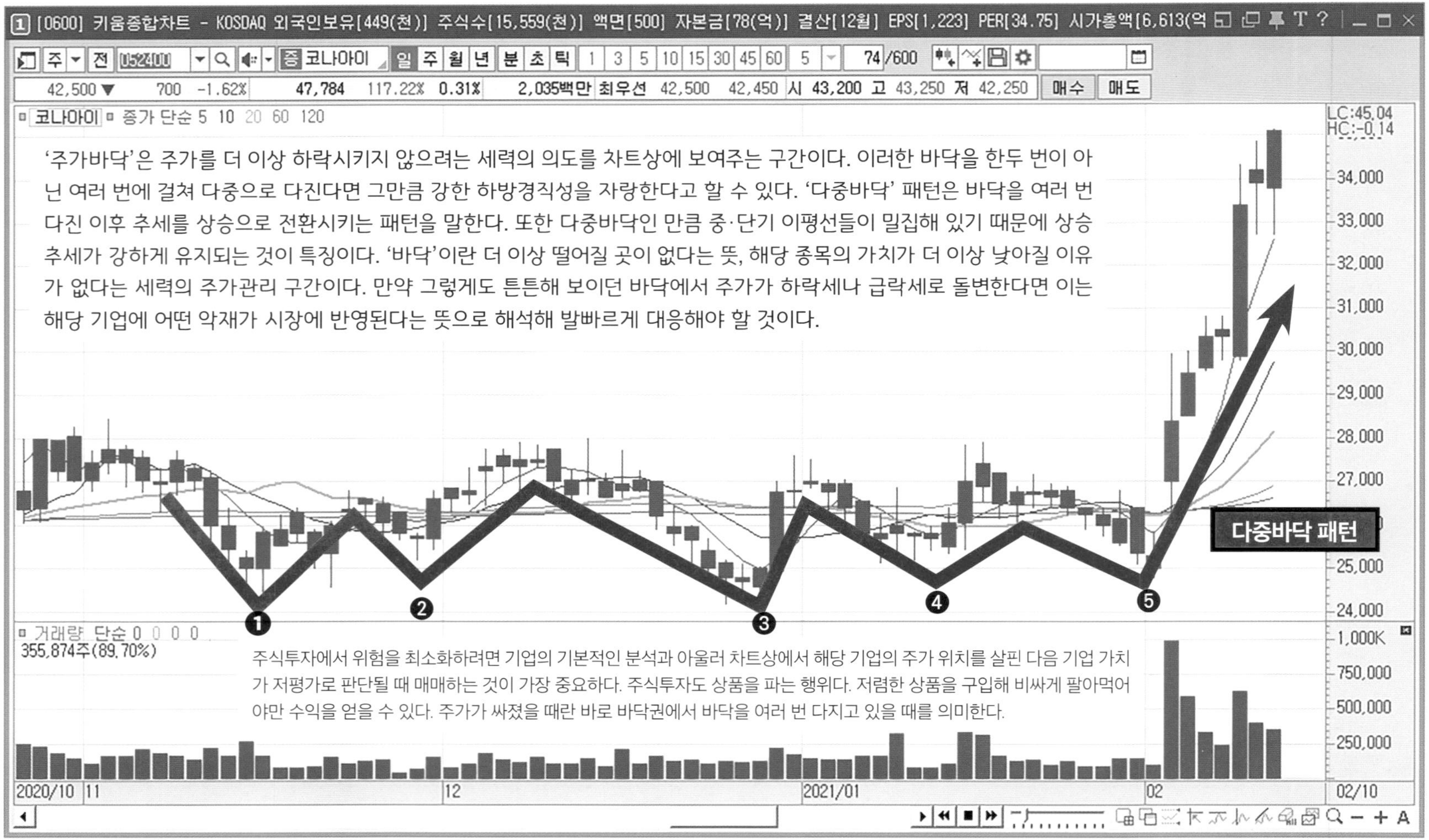

'주가바닥'은 주가를 더 이상 하락시키지 않으려는 세력의 의도를 차트상에 보여주는 구간이다. 이러한 바닥을 한두 번이 아닌 여러 번에 걸쳐 다중으로 다진다면 그만큼 강한 하방경직성을 자랑한다고 할 수 있다. '다중바닥' 패턴은 바닥을 여러 번 다진 이후 추세를 상승으로 전환시키는 패턴을 말한다. 또한 다중바닥인 만큼 중·단기 이평선들이 밀집해 있기 때문에 상승 추세가 강하게 유지되는 것이 특징이다. '바닥'이란 더 이상 떨어질 곳이 없다는 뜻, 해당 종목의 가치가 더 이상 낮아질 이유가 없다는 세력의 주가관리 구간이다. 만약 그렇게도 튼튼해 보이던 바닥에서 주가가 하락세나 급락세로 돌변한다면 이는 해당 기업에 어떤 악재가 시장에 반영된다는 뜻으로 해석해 발빠르게 대응해야 할 것이다.

주식투자에서 위험을 최소화하려면 기업의 기본적인 분석과 아울러 차트상에서 해당 기업의 주가 위치를 살핀 다음 기업 가치가 저평가로 판단될 때 매매하는 것이 가장 중요하다. 주식투자도 상품을 파는 행위다. 저렴한 상품을 구입해 비싸게 팔아먹어야만 수익을 얻을 수 있다. 주가가 싸졌을 때란 바로 바닥권에서 바닥을 여러 번 다지고 있을 때를 의미한다.

■ 통상 다중바닥은 몇 개월에 걸쳐 시간과의 지루한 싸움을 벌일 때가 많다. 주식투자는 단기로만 접근해서는 꾸준한 수익을 보장받기 어렵다. 주가가 저평가로 판단된다면 바닥을 다지는 시기에 단기로 승부를 보려 하지 말고 분할로 조금씩 모아가며 시간과의 싸움도 불사해야 한다.

완만한 상승추세, 원형바닥형 패턴

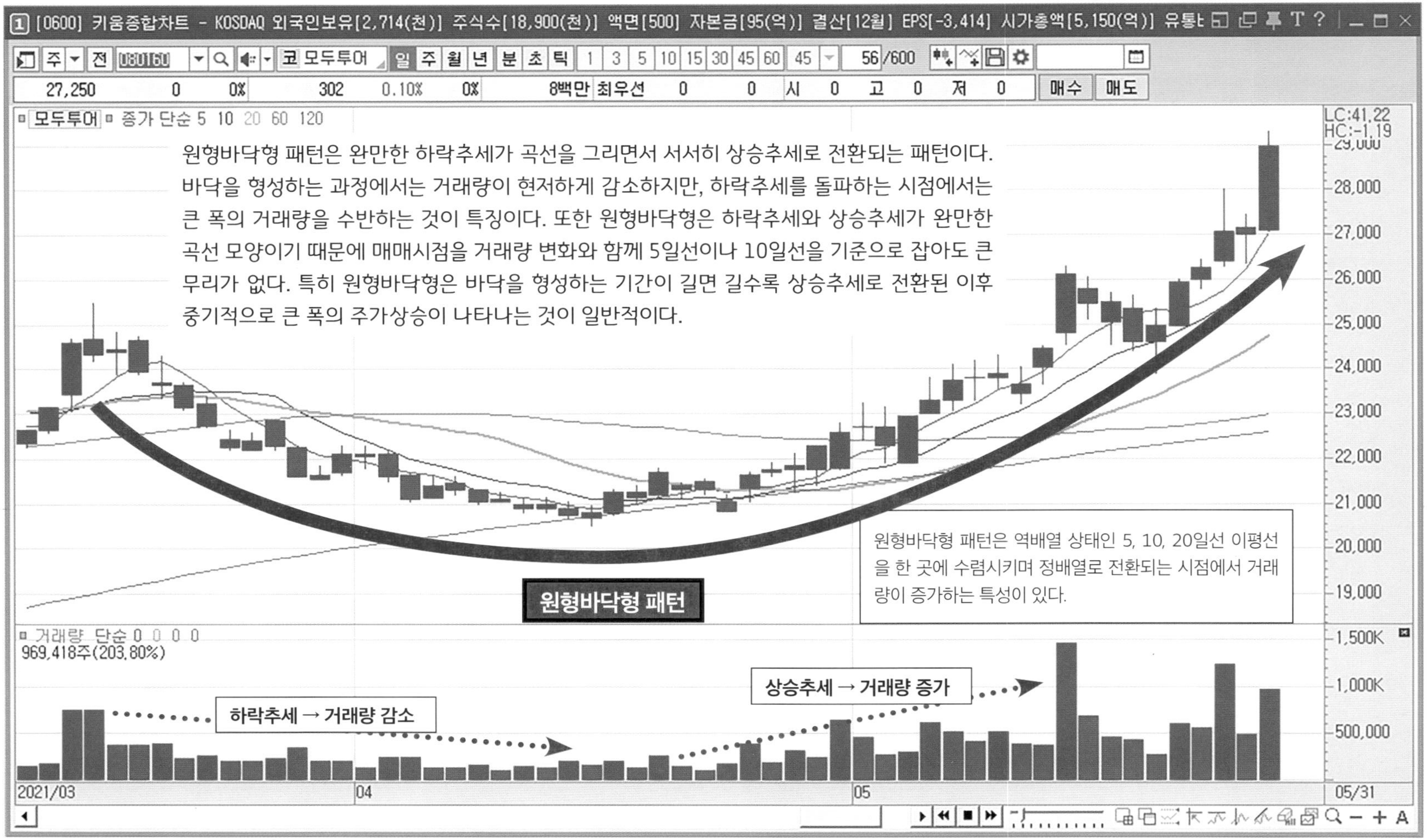
[0600] 키움종합차트 - KOSDAQ 외국인보유[2,714(천)] 주식수[18,900(천)] 액면[500] 자본금[95(억)] 결산[12월] EPS[-3,414] 시가총액[5,150(억)]
모두투어 종가 단순 5 10 20 60 120
원형바닥형 패턴은 완만한 하락추세가 곡선을 그리면서 서서히 상승추세로 전환되는 패턴이다. 바닥을 형성하는 과정에서는 거래량이 현저하게 감소하지만, 하락추세를 돌파하는 시점에서는 큰 폭의 거래량을 수반하는 것이 특징이다. 또한 원형바닥형은 하락추세와 상승추세가 완만한 곡선 모양이기 때문에 매매시점을 거래량 변화와 함께 5일선이나 10일선을 기준으로 잡아도 큰 무리가 없다. 특히 원형바닥형은 바닥을 형성하는 기간이 길면 길수록 상승추세로 전환된 이후 중기적으로 큰 폭의 주가상승이 나타나는 것이 일반적이다.
원형바닥형 패턴
원형바닥형 패턴은 역배열 상태인 5, 10, 20일선 이평선을 한 곳에 수렴시키며 정배열로 전환되는 시점에서 거래량이 증가하는 특성이 있다.
거래량 단순 0 0 0 0
969,418주(203.80%)
하락추세 → 거래량 감소
상승추세 → 거래량 증가
2021/03
04
05
05/31

■ 원형바닥형 패턴은 일반 급등주 패턴과 달리 의외로 추세의 흐름이 완만한 것이 특징이다. 중기 투자자들이 노릴 만한 상승패턴으로 단기 접근은 쉽지 않으며, 보통 20일선을 중심으로 추세의 연속성이 강하게 진행된다. 때문에 하락추세에서는 20일선이 강한 저항선, 상승추세에서는 20일선이 강한 지지선 역할을 한다.

급등 뒤에 급락, 역V자형(외봉) 패턴

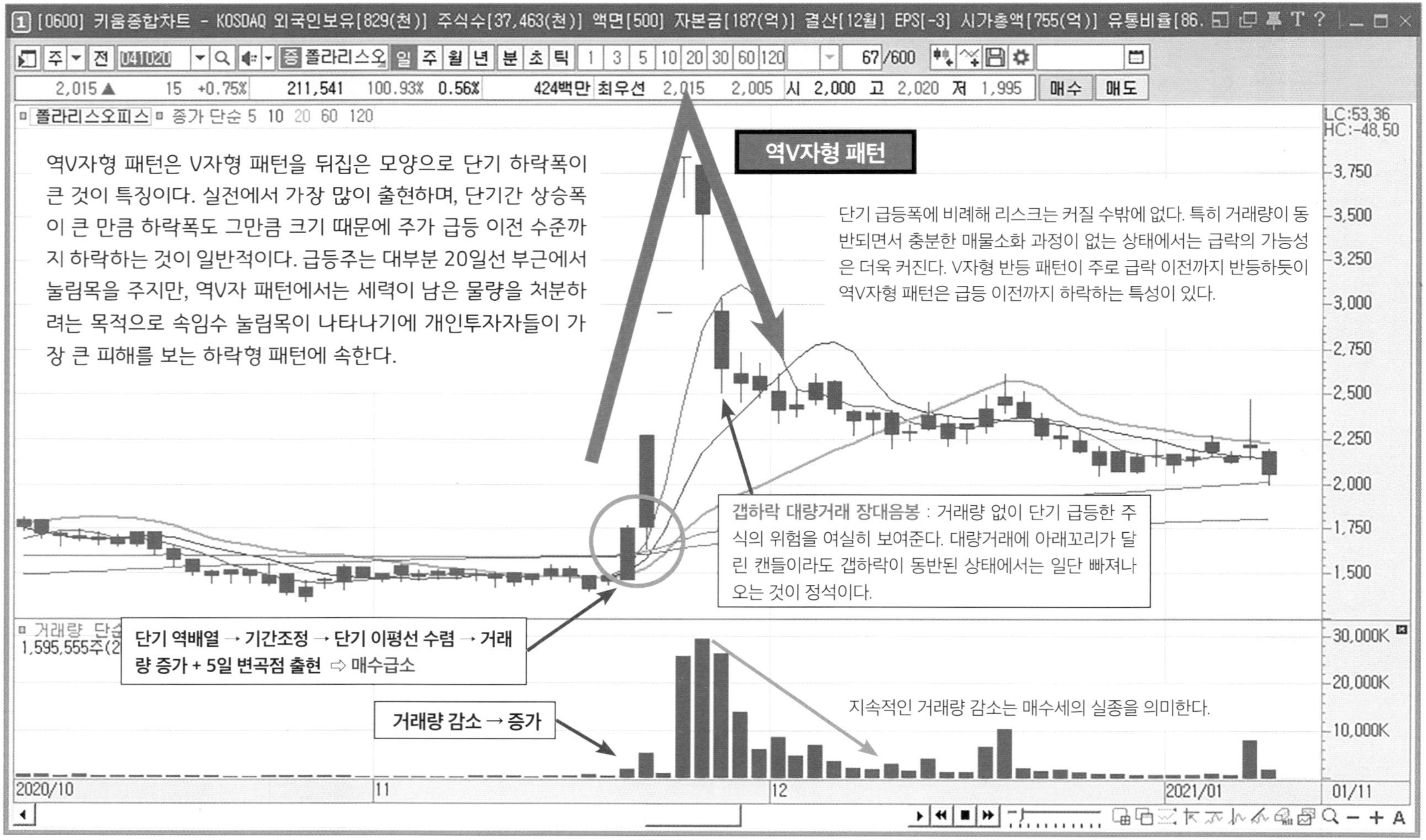
[0600] 키움종합차트 - KOSDAQ 외국인보유[829(천)] 주식수[37,463(천)] 액면[500] 자본금[187(억)] 결산[12월] EPS[-3] 시가총액[755(억)] 유통비율[86.
2,015 ▲ 15 +0.75% 211,541 100.93% 0.56% 424백만 최우선 2,015 2,005 시 2,000 고 2,020 저 1,995 매수 매도
폴라리스오피스 종가 단순 5 10 20 60 120
역V자형 패턴은 V자형 패턴을 뒤집은 모양으로 단기 하락폭이 큰 것이 특징이다. 실전에서 가장 많이 출현하며, 단기간 상승폭이 큰 만큼 하락폭도 그만큼 크기 때문에 주가 급등 이전 수준까지 하락하는 것이 일반적이다. 급등주는 대부분 20일선 부근에서 눌림목을 주지만, 역V자 패턴에서는 세력이 남은 물량을 처분하려는 목적으로 속임수 눌림목이 나타나기에 개인투자자들이 가장 큰 피해를 보는 하락형 패턴에 속한다.
역V자형 패턴
단기 급등폭에 비례해 리스크는 커질 수밖에 없다. 특히 거래량이 동반되면서 충분한 매물소화 과정이 없는 상태에서는 급락의 가능성은 더욱 커진다. V자형 반등 패턴이 주로 급락 이전까지 반등하듯이 역V자형 패턴은 급등 이전까지 하락하는 특성이 있다.
갭하락 대량거래 장대음봉 : 거래량 없이 단기 급등한 주식의 위험을 여실히 보여준다. 대량거래에 아래꼬리가 달린 캔들이라도 갭하락이 동반된 상태에서는 일단 빠져나오는 것이 정석이다.
단기 역배열 → 기간조정 → 단기 이평선 수렴 → 거래량 증가 + 5일 변곡점 출현 ⇨ 매수급소
거래량 감소 → 증가
지속적인 거래량 감소는 매수세의 실종을 의미한다.
LC:53.36
HC:-48.50
3,750
3,500
3,250
3,000
2,750
2,500
2,250
2,000
1,750
1,500
거래량 단순
1,595,555주
30,000K
20,000K
10,000K
2020/10
11
12
2021/01
01/11

■ 역V자형… 굳이 패턴 이름을 암기할 필요는 없다. 급등주라면 당연히 급락 가능성이 클 것이고, 고점에서 추세반전 신호가 포착되면 일단 빠져나오고 보는 것이 좋다. 설령 단기 조정을 거친 후 다시 2차 급등을 시도하더라도, 단기 바닥과 지지선을 확인하면서 그때 다시 분할로 따라잡아도 늦지 않다.

전고점을 못 넘는다, M자형(이중천정형, 쌍봉) 패턴

M자형 패턴은 주가가 1차 급상승한 상태에서 후속 매수세의 힘이 약해지면서 이전 고점을 뚫지 못하고 하락하는 패턴이다. 첫 번째 상투권 봉우리보다 두 번째 봉우리가 작다고 해서 '이중천정형' 혹은 '쌍봉' 패턴으로도 불린다. 통상적으로 전고점(매물대)을 돌파하기 위해서는 이전 고점보다 거래량이 많아야 한다는 것을 역설히 보여준다.

M자형 패턴 [1] [2]

거래량 증가 + 전고점 상향돌파 ⇨ 매수급소

계단식 거래량 증가 ⇨ 매수세 유입

M자형은 통상 첫 번째 봉우리두 번째 봉우리가 높이가 낮은 것이 일반적이다. 전고점 매물에 막혀 하락추세로 반전되기 때문이다. 실전에서는 종종 두 번째 봉우리 높이가 조금 더 높은 경우도 있다. 결과적으로 전고점을 실제 돌파하는 제스처를 취하지만 후속 매수세 유입이 안 되는 경우가 많아 급등 이전까지 밀리게 된다.

M자형 패턴은 이종바닥 패턴이라는 정반대의 모양을 하고 있다. 바닥을 2번 확인하면 상승확률이 높아지는 원리다. 거래량도 유사한 흐름을 보여 첫 번째 상투 거래량보다 두 번째 상투 거래량이 적은 것이 일반적이다.

M자형 패턴은 이종처럼 갓처럼 고점 돌파를 2번 실패하면 하락확률이 높아진다고 한다. 물론 실전에서 모두 다 들어맞는 것은 아니지만, 일단 한 번 해당은 이 높아지는 갓처럼 고점 돌파를 2번 실패하면 하락확률이 높아진다고 한다. 거래량도 유사한 흐름을 보여 첫 번째 상투 거래량이 적은 것이 일반적이다.

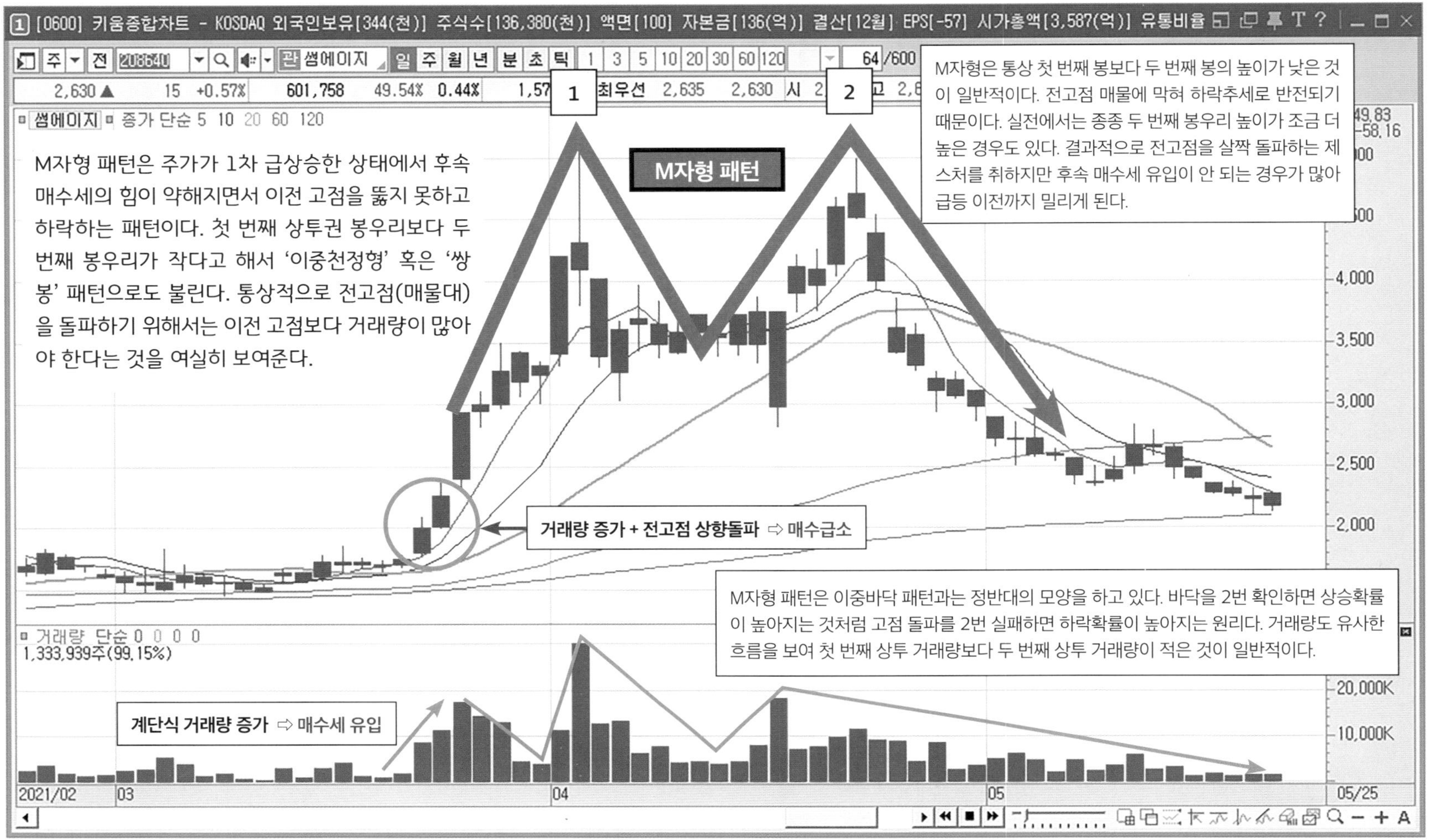

■ 일반적으로 단기에 300% 이상 급등했던 주식이 다시 급등세를 연출하기 위해서는 최소한 3개월~6개월 정도의 기간조정이 필요하다고 한다. 물론 실전에서 모두 다 들어맞는 것은 아니지만, 일단 한 번 해먹은 주식을 또 해먹기에는 그만큼 많은 시간과 차분이 필요하다는 것을 의미한다.

Part 2. 차트분석의 맥 | 173

고점을 3번 확인하고 빠진다, 삼봉형 패턴

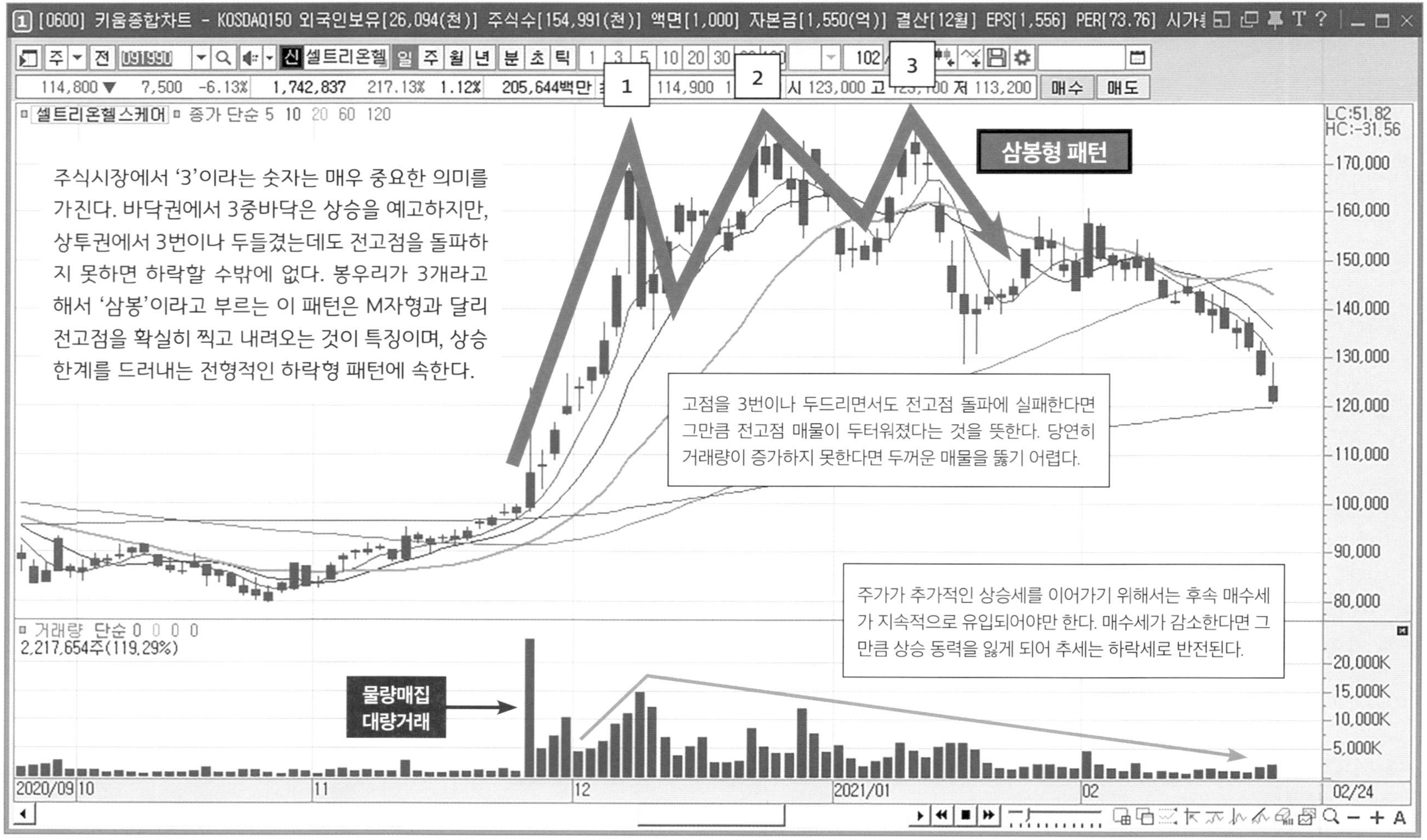
[0600] 키움종합차트 - KOSDAQ150 외국인보유[26,094(천)] 주식수[154,991(천)] 액면[1,000] 자본금[1,550(억)] 결산[12월] EPS[1,556] PER[73.76]
셀트리온헬스케어 종가 단순 5 10 20 60 120
1
2
3
삼봉형 패턴
주식시장에서 '3'이라는 숫자는 매우 중요한 의미를 가진다. 바닥권에서 3중바닥은 상승을 예고하지만, 상투권에서 3번이나 두들겼는데도 전고점을 돌파하지 못하면 하락할 수밖에 없다. 봉우리가 3개라고 해서 '삼봉'이라고 부르는 이 패턴은 M자형과 달리 전고점을 확실히 찍고 내려오는 것이 특징이며, 상승 한계를 드러내는 전형적인 하락형 패턴에 속한다.
고점을 3번이나 두드리면서도 전고점 돌파에 실패한다면 그만큼 전고점 매물이 두터워졌다는 것을 뜻한다. 당연히 거래량이 증가하지 못한다면 두꺼운 매물을 뚫기 어렵다.
주가가 추가적인 상승세를 이어가기 위해서는 후속 매수세가 지속적으로 유입되어야만 한다. 매수세가 감소한다면 그만큼 상승 동력을 잃게 되어 추세는 하락세로 반전된다.
물량매집 대량거래
거래량 단순 0 0 0 0
2,217,654주(119.29%)
2020/09 10
11
12
2021/01
02
02/24

■ 쌍봉과 달리 삼봉은 그 후유증이 유난히 큰 것이 특징이다. 최소한 3개월 이상은 하락추세가 지속적으로 이어진다. 따라서 상투권에서 일단 3번이나 전고점 돌파에 실패했다면, 고점에서 매수한 투자자들은 리스크에 노출된 만큼 매도관점으로 임해야 한다.

완만한 하락추세, 원형천정형 패턴

[0600] 키움종합차트 - KOSDAQ 외국인보유[562(천)] 주식수[23,676(천)] 액면[500] 자본금[118(억)] 결산[12월] EPS[-316] 시가총액[1,887(억)] 유통비율
7,970 ▼ 10 -0.13% 134,968 71.14% 0.57% 1,077백만 최우선 7,970 7,960 시 8,000 고 8,040 저 7,940
옵트론텍 종가 단순 5 10 20 60 120
주가는 동일한 패턴을 마치 거울을 보는 것처럼 거꾸로 반복하는 성향을 갖고 있다. 주가는 마냥 오르지도 않지만, 언제까지나 계속 내려가지도 않는다. 급락이 있으면 급등이 있고, 계단식 상승이 있으면 계단식 하락이 있다. '원형천정형' 패턴은 원형바닥형과 정반대되는 패턴으로 지속적인 주가상승 후 고점에서 완만하게 원을 그리며 지속적으로 하락하는 특성이 있다.
원형천정형 패턴
매도신호
10일선 눌림목
2차 매수신호
정배열 진입
1차 매수신호
원형천정형 패턴의 특징 중 하나는 개인투자자들이 주가 상투권에서 매도시점을 잡기가 상당히 어렵다는 데 있다. 추세가 하락세로 반전될 듯 보여도 상승과 하락을 번갈아 가며 조금씩 저점을 낮추는 스타일이기 때문에 추세가 진짜 하락세로 반전되는지 아니면 고가권에서 단기 조정을 보이는 것인지 선뜻 판단하기가 쉽지 않다. 이때는 어렵게 생각할 필요 없이 주가가 단기 지지선이나 이평선 밑으로 하락한다면 일단 미련 두지 말고 매도관점으로 대응하는 것이 리스크 관리 차원에서 현명한 매매방법이다.
거래량 단순 0 0
855,569주(117.80%)
2020/11
12
2021/01
02
03
03/05

■ 원형바닥형은 매물소화가 충분히 이루어진 만큼 상승추세의 힘은 강한 편이다. 이것은 곧 원형천정형 또한 하락추세의 힘이 강하다는 것으로 해석이 가능하다. 때문에 원형천정형 패턴은 가랑비에 옷 젖듯 장기간 하락추세를 벗어나지 못하는 것이 특징이다.

최종 방향이 중요하다, 삼각형(삼각수렴형) 패턴

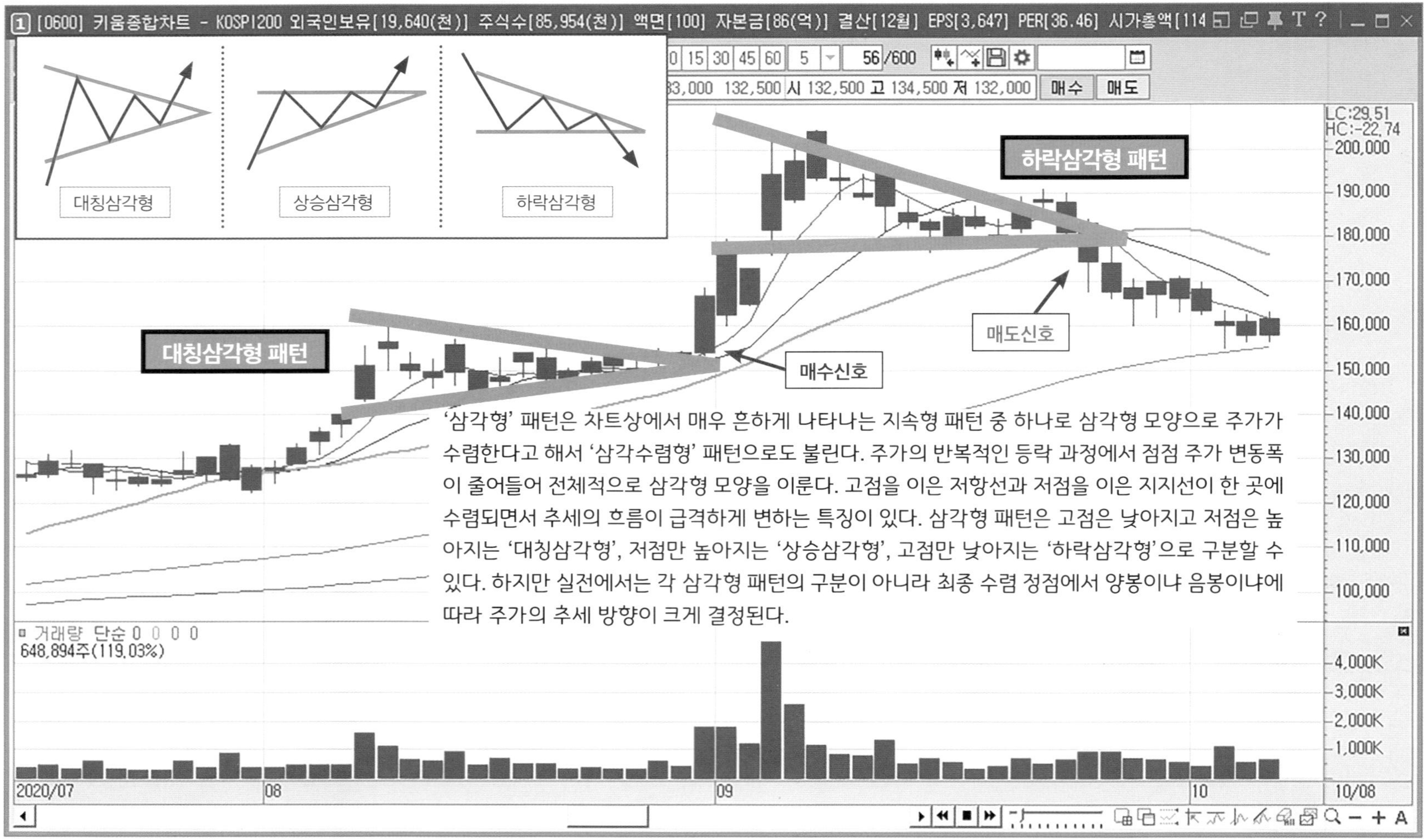

'삼각형' 패턴은 차트상에서 매우 흔하게 나타나는 지속형 패턴 중 하나로 삼각형 모양으로 주가가 수렴한다고 해서 '삼각수렴형' 패턴으로도 불린다. 주가의 반복적인 등락 과정에서 점점 주가 변동폭이 줄어들어 전체적으로 삼각형 모양을 이룬다. 고점을 이은 저항선과 저점을 이은 지지선이 한 곳에 수렴되면서 추세의 흐름이 급격하게 변하는 특징이 있다. 삼각형 패턴은 고점은 낮아지고 저점은 높아지는 '대칭삼각형', 저점만 높아지는 '상승삼각형', 고점만 낮아지는 '하락삼각형'으로 구분할 수 있다. 하지만 실전에서는 각 삼각형 패턴의 구분이 아니라 최종 수렴 정점에서 양쪽이나 아래위로 움직이는 방향이 중요하다. 따라서 주가의 추세 방향이 크게 결정된다.

■ 삼각형 패턴은 주가가 특정한 한쪽 방향으로 좁아지면서 마치 삼각형 형태를 띤다. 주가가 한 점에 수렴해 강수록 내재된 힘은 강해지는데, 삼각형 수렴 정점에서 양봉이 강하면 강수록 상승추세가 강해진다. 삼각형 수렴 정점에서 좋으면 상승추세가 연출되고, 음봉이 좋으면 하락추세가 연출된다. 따라서 삼각형 수렴 패턴에서는 주가 수렴의 정점을 유심히 관찰해가며 매매 포지션을 잡도록 한다.

추세선 방향이 같다, 쐐기형 패턴

'쐐기형' 패턴은 주가의 변동폭이 시간이 지남에 따라 점점 한 곳으로 줄어든다는 점에서 삼각형과 비슷한 패턴이다. 그러나 저항선과 지지선의 추세 방향이 삼각형과는 달리 모두 같은 방향을 취하고 있다는 점에서 차이가 있다. 쐐기형은 형태에 따라 지지선과 저항선의 저점과 고점을 차례로 높이는 '상승쐐기형'과 이와 반대로 지지선과 저항선이 동시에 하향하는 '하락쐐기형'으로 분류할 수 있다. 실전에서는 삼각형 패턴과 마찬가지로 쐐기형의 형태와 관계없이 이평선 정점에서 주가의 최종 방향에 따라 추세가 결정된다.

■ 실전에서는 삼각형 패턴과 쐐기형 패턴 모두 주가 수렴 정점에서 추세의 방향이 결정된다. 주가가 하락추세를 벗어나는 구간이거나 바닥권 조정기간의 마지막 구간에서 쐐기형 저항선을 상향돌파한다면 상승추세 확률이 매우 높은 패턴에 속한다. 이후 5일선 지지 유무와 거래량, 단기 지지선 등을 반드시 확인하면서 대응하도록 한다.

조정국면을 나타낸다, 깃발형 패턴

'깃발형' 패턴은 추세 지지선과 저항선이 평행을 이루는 상태를 말한다. 일반적으로 주가가 급등하거나 급락하는 과정에서 단기간 주가 조정국면이 출현한다. 상승추세에서는 위쪽 저항 추세선을 돌파할 때 매수시점이고, 하락추세에서는 아래쪽 지지 추세선이 뚫릴 때 매도시점이다. 깃발형 패턴도 추세 방향에 따라 상승형과 하락형으로 구분할 수 있지만, 박스권 매매와 같이 지지선과 저항선을 기준으로 매매포지션을 잡아나간다.

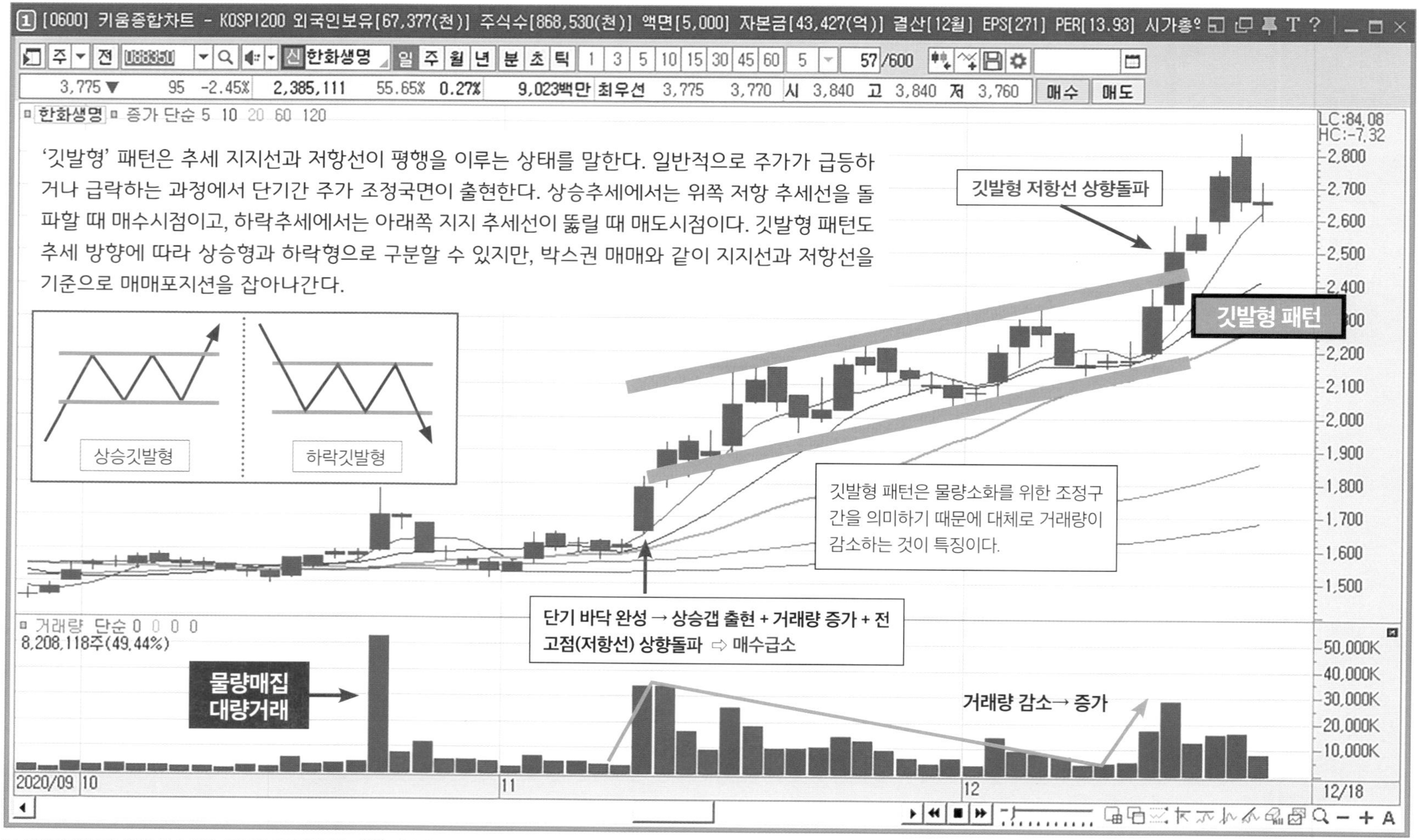

■ 깃발형 패턴은 단기 박스권과 동일한 패턴이지만, 차이점이 하나 있다면 단기 지지선과 저항선이 추세 방향에 따라 조금 기울어진 모양새를 취하기도 한다. 박스권 매매와 같이 저항선 상향돌파는 매수관점, 지지선 하향이탈은 매도관점, 지지선과 저항선 안쪽에서는 단기 파동만을 노린다.

하락추세를 암시한다, 확대형(역삼각형) 패턴

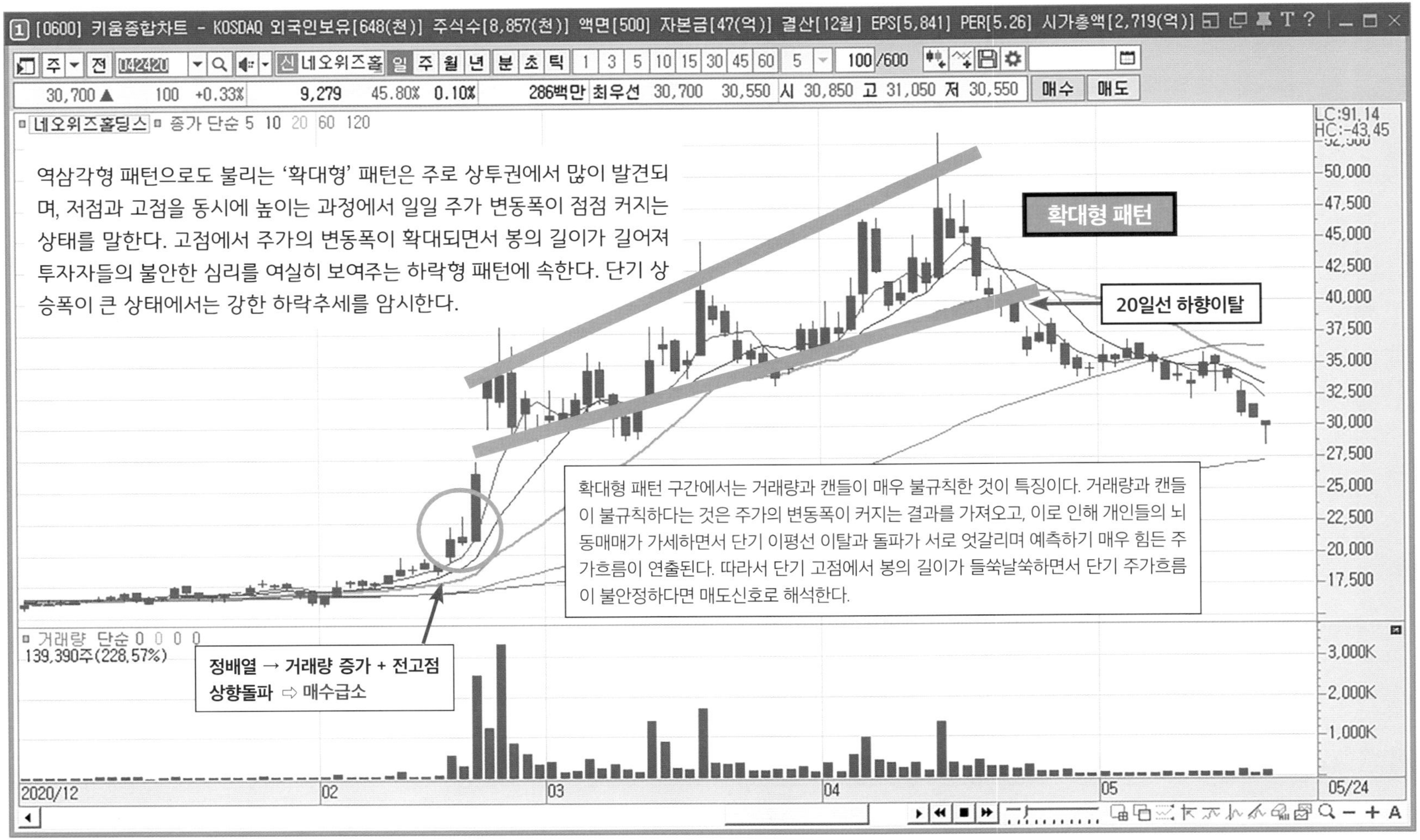

[0600] 키움종합차트 - KOSDAQ 외국인보유[648(천)] 주식수[8,857(천)] 액면[500] 자본금[47(억)] 결산[12월] EPS[5,841] PER[5.26] 시가총액[2,719(억)]
30,700 ▲ 100 +0.33% 9,279 45.80% 0.10% 286백만 최우선 30,700 30,550 시 30,850 고 31,050 저 30,550 매수 매도
네오위즈홀딩스 종가 단순 5 10 20 60 120
역삼각형 패턴으로도 불리는 '확대형' 패턴은 주로 상투권에서 많이 발견되며, 저점과 고점을 동시에 높이는 과정에서 일일 주가 변동폭이 점점 커지는 상태를 말한다. 고점에서 주가의 변동폭이 확대되면서 봉의 길이가 길어져 투자자들의 불안한 심리를 여실히 보여주는 하락형 패턴에 속한다. 단기 상승폭이 큰 상태에서는 강한 하락추세를 암시한다.
확대형 패턴
20일선 하향이탈
확대형 패턴 구간에서는 거래량과 캔들이 매우 불규칙한 것이 특징이다. 거래량과 캔들이 불규칙하다는 것은 주가의 변동폭이 커지는 결과를 가져오고, 이로 인해 개인들의 뇌동매매가 가세하면서 단기 이평선 이탈과 돌파가 서로 엇갈리며 예측하기 매우 힘든 주가흐름이 연출된다. 따라서 단기 고점에서 봉의 길이가 들쑥날쑥하면서 단기 주가흐름이 불안정하다면 매도신호로 해석한다.
정배열 → 거래량 증가 + 전고점 상향돌파 ⇨ 매수급소
거래량 단순 0 0 0 0
139,390주(228.57%)
2020/12
02
03
04
05
05/24

■ 삼각형 패턴은 고점과 저점이 한 곳으로 수렴하는 모양이지만, 역삼각형 패턴은 이와 반대로 고점과 저점이 점차 벌어지는 모양새를 취한다. 고점과 저점을 서로 연결한 추세선이 벌어진다는 것은 그만큼 추세선 내의 주가 움직임이 점차 커진다는 것을 말한다. 불안한 투자심리는 곧 주가하락을 예고한다.

정체구간을 나타낸다, 직사각형(박스권) 패턴

'직사각형' 패턴은 박스권과 같이 매도세력과 매수세력이 서로 균형을 이루고 있는 상태를 말하며, 거래가 활발하지 못하거나 가격 변동폭이 크지 않은 정체구간을 나타낸다. 직사각형 위 평행추세선은 강력한 저항선으로, 아래 평행추세선은 강력한 지지선으로 작용하기 때문에 주가는 뚜렷한 방향을 찾지 못하고 소폭의 등락만을 거듭하는 특징이 있다. 거래량 증감 여부와 함께 주가가 위쪽 저항선을 상향돌파하는 시점에서 매수 포지션을 가져간다.

[0600] 키움종합차트 - KOSDAQ150 외국인보유[4,527(천)] 주식수[21,929(천)] 액면[5,000] 자본금[1,106(억)] 결산[12월] EPS[2,596] PER[68.80] 시가총?

178,400 0 0% CJ ENM 63,629 26.96% 0.29% 매수 매도

CJ ENM ■ 종가 단순 5 10 20 60 120

11,342백만 최우선 178,500 178,400 시 178,000 고 179,800 저 176,200

거래량 단순 0 0 0 0
84,464주(155.50%)

거래량 증가 + 박스권 상향돌파 ⇨ 매수신호

직사각형 패턴

직사각형 패턴은 박스권과 같다. 수개월에 걸쳐 지루한 횡보세를 보일 수도 있기에 뚜렷한 거래량 증가세를 보이기 전까지는 매매를 자제하는 것이 좋다.

직사각형 패턴은 상투권이든 바닥권이든 대량거래는 일단 큰 의미가 있다. 향후 추세를 반전시킬 원동력이기 때문이다. 참고로 바닥권이나 조정권에서 대량거래를 물량떼짐 목적으로만 해석해서는 안 된다. 향후 주가가 대량거래 시점의 저점을 지지하느냐 못 하느냐에 따라 물량매집인지 물량털기인지가 결정되기 때문이다.

대량거래 : 바닥권이든 상투권이든 대량거래는 물량떼짐 목적이든 물량털기든 근거 무리한 배팅은 삼가기 바란다.

■ 직사각형 패턴이나 박스권 구간이나 모두 같은 구간이라 모두 같은 의미다. 주가가 옆으로 횡보하면서 기간조정을 보일 때 흔히 일어나는 패턴으로, 의미가 있는 단기 고점 저항선과 저점 지지선 사이에서 움직이며 기간조정을 나타낸다. 매매시점은 박스권 또는 박스권 동파나 이탈시에 접근이 가능하지만, 실전에서 많은 속임수 패턴이 일어나는 만큼 무리한 배팅은 삼가기 바란다.

헤드앤숄더(Head & Shoulder) 패턴

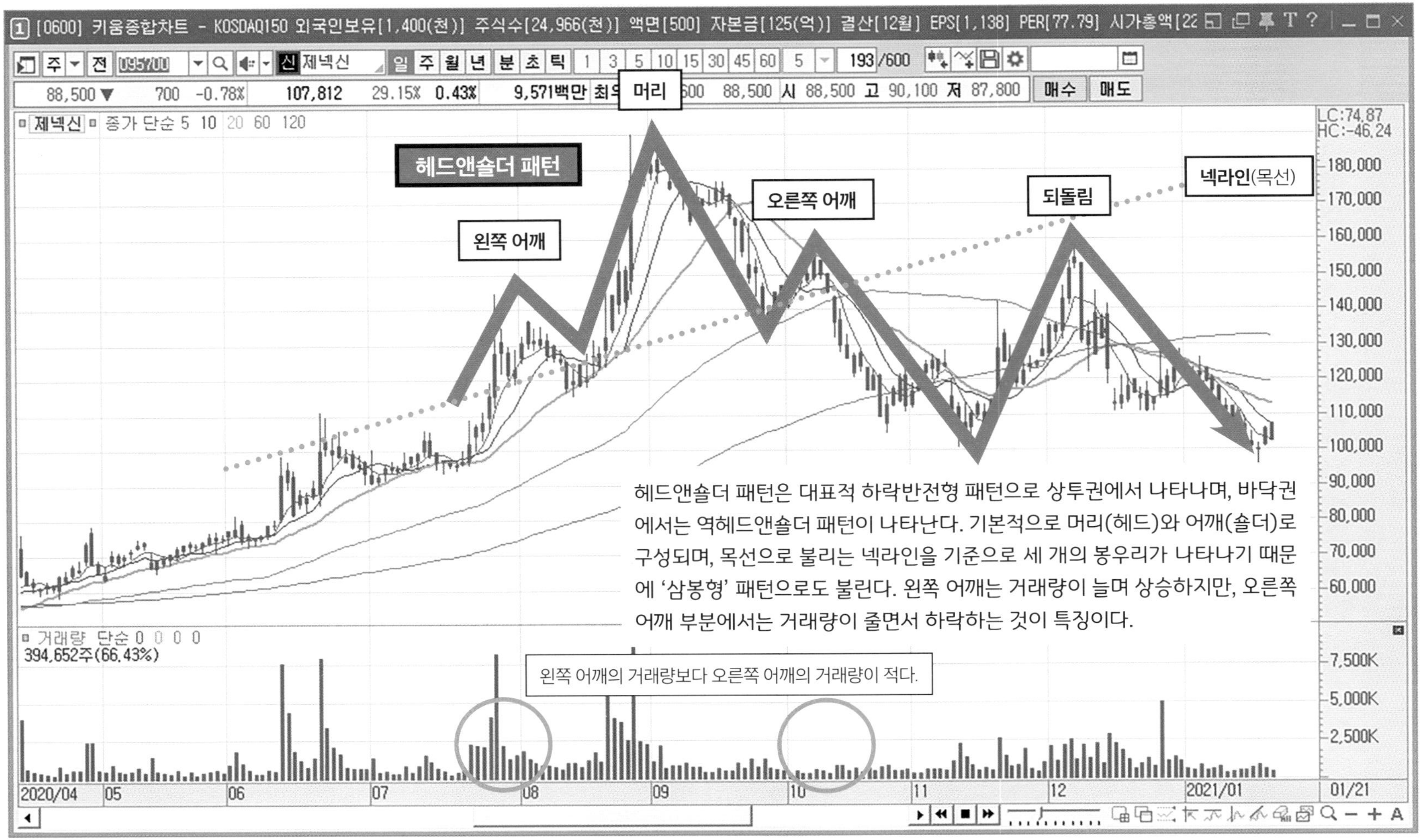
헤드앤숄더 패턴
왼쪽 어깨
머리
오른쪽 어깨
되돌림
넥라인(목선)
헤드앤숄더 패턴은 대표적 하락반전형 패턴으로 상투권에서 나타나며, 바닥권에서는 역헤드앤숄더 패턴이 나타난다. 기본적으로 머리(헤드)와 어깨(숄더)로 구성되며, 목선으로 불리는 넥라인을 기준으로 세 개의 봉우리가 나타나기 때문에 '삼봉형' 패턴으로도 불린다. 왼쪽 어깨는 거래량이 늘며 상승하지만, 오른쪽 어깨 부분에서는 거래량이 줄면서 하락하는 것이 특징이다.
왼쪽 어깨의 거래량보다 오른쪽 어깨의 거래량이 적다.

■ '헤드앤숄더' 패턴은 봉우리가 3개인 '삼봉형(삼산형)'으로 해석이 가능하며, 상투권에서 하락추세를 예고한다. 이와 반대로 '역헤드앤숄더' 패턴은 주가바닥을 3번 정도 확인한다고 해서 '삼중바닥형'으로 해석하며, 하락추세가 마무리되는 바닥권에서는 강한 상승추세를 예고한다.

05

보조지표의 맥!

보조지표에 대한 강한 신뢰는 절대 금물이다.

주가의 가격을 결정하는 것은 거래량이다.

주가의 흐름에 직접 영향을 미치는 것은 캔들과 이동평균선이다.

즉, 〈거래량 + 캔들 + 이평선 = 차트〉다.

그 이외의 것은 모두 보조지표다.

결과적으로 보조지표는 거래량과 캔들 모양과 이평선을 동시에 참조해야만 어느 정도 신뢰를 갖는 투자지표라는 뜻이다.

보조지표 하나만으로는 절대 매매기준이 되지 못한다.

이 장에서는 현재 증권사에서 제공하는 수십 종류가 넘는 보조지표 중에서 반드시 알고 있어야만 하는, 신뢰성이 제일 보장된 보조지표들만 핵심적인 사항과 함께 설명한다.

디버전스(Divergence)

■ 델파이 ■ 종가 단순 5 10 20 60 120

'디버전스'란 주가와 지표가 반대방향으로 나아가는 상태를 의미한다. 대부분 보조지표는 시장가격과 유사한 움직임을 보이는 특성이 있다. 하지만 주가는 하락하는데 지표는 오히려 저점을 높이며 상승하는 경우, 반대로 지표는 하락하는데 주가는 오히려 상승하는 경우가 있다. 이처럼 주가와 지표 움직임이 서로 반대방향으로 나타나는 것을 '디버전스 현상'이라고 부른다. 대체로 바닥권이나 상투권에서 디버전스 현상이 나타날 경우에는 조만간 추세전환이 이루어진다는 신호로 해석한다.

디버전스는 시장가격과 지표의 불일치를 의미하는 것으로 주가는 하락하는데 지표가 상승하는 경우 상승디버전스, 주가는 상승하는데 지표가 하락하는 경우에는 하락디버전스라 부른다.

□ OBV Signal 9

주가 하락세

디버전스 현상

지표 상승세

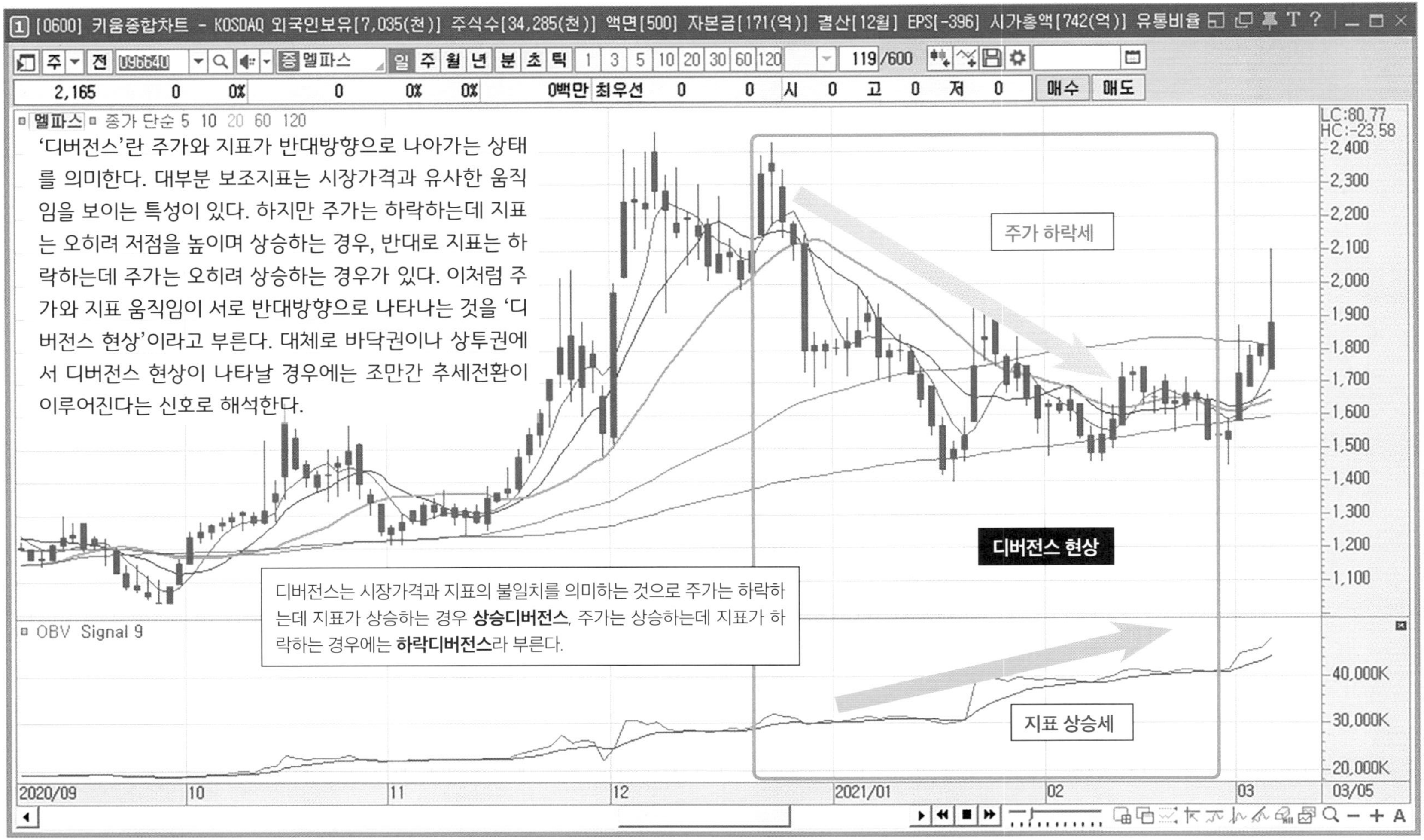

■ 보조지표 디버전스 현상은 단기보다 중기적으로 발생하는 경우가 많다. 바꿔 말하면 단기적보다 중장기적으로 보조지표는 어느 정도 신뢰를 갖는 반면에 중·장기적으로는 신뢰도가 다소 떨어진다. 이런 문제를 해결하기 위해서는 최소한 3개 이상의 각기 다른 성질의 보조지표를 서로 비교분석해서 매매에 참조하도록 한다.

대표적 거래량 지표, OBV(On Balance Volume)

[0600] 키움종합차트 - KOSPI200 외국인보유[362,556(천)] 주식수[728,002(천)] 액면[5,000] 자본금[36,577(억)] 결산[12월] EPS[6,532] PER[19.52] 시가
SK하이닉스 종가 단순 5 10 20 60 120
OBV 지표는 가격 변화에 대한 거래량을 관련시킨 대표적인 모멘텀 지표로 거래량은 주가에 선행하는 것을 전제로 그랜빌에 의해 고안되었다. OBV는 특히 시장이 매집 상태인지 아니면 분산상태인지를 파악하는 데 유용하게 활용된다. 주가가 상승추세에서는 거래량이 증가하며, 따라서 OBV 고점이 이전보다 높아진다. 하락추세에서는 거래량이 줄면서 OBV 저점이 완만하게 낮아지는 것이 특징이다. 일반적으로 주가횡보 상태에서 OBV 상승은 누군가 주식을 저점에서 매집하고 있다는 뜻으로 해석한다.
저항선 → 지지선
OBV는 수급(=거래량) 지표다. OBV는 주가가 상승한 날의 거래량에서 하락한 날의 거래량을 차감하는 방식으로 계산한다. 예를 들어 주가가 상승한 날의 거래량이 많고 하락한 날의 거래량이 적으면 OBV 지표는 상승하는 원리다. 참고로 OBV를 활용한 매수시점은 신뢰가 높은 편이지만, 주가하락시에는 OBV가 완만하게 하락한다는 점에서 매도시점을 잡기에 한 박자 느린 단점이 있다.
115,000
110,000
105,000
100,000
OBV Signal 9
OBV 매수신호 : OBV 상승추세전환, OBV선이 싱글선 상향돌파
OBV 매도신호 : OBV 하락추세전환, OBV선이 싱글선 하향이탈
OBV 하락추세
OBV 상승추세
0.00
-25,000K
2020/09
10
11
12
12/23

■ OBV 지표는 거래량이 주가를 결정한다는 논리하에 탄생한 거래량 지표다. 주가 횡보나 상승시 세력의 매집 여부를 참조할 수 있으며, 단기적으로 신뢰도가 높은 만큼 데이트레이더에게 매우 유용하게 활용되는 보조지표에 해당된다.

추세반전 신호, OBV 디버전스

[0600] 키움종합차트 - KOSPI 외국인보유[7,500(천)] 주식수[45,189(천)] 액면[1,000] 자본금[452(억)] 결산[12월] EPS[-468] 시가총액[21,374(억)] 유통
진원생명과학 종가 단순 5 10 20 60 120
OBV 지표는 주가횡보나 하락시 매집세력의 의도를 파악하는 데 하나의 참고 역할을 하며, 실전에서 다른 보조지표보다 신뢰도는 다소 높은 편에 속한다. 일단 주가가 지속적으로 하락하는 과정에서 OBV가 횡보를 하거나 상승하는 디버전스 현상이 일어나는 경우가 있다. 이 경우는 매수세가 지속적으로 버티고 있다는 것을 의미하며, 보통 OBV 디버전스 현상이 일어나면 누군가 물량을 저점에서 꾸준히 매집하는 상태로 해석하기 때문에 조만간 큰 폭의 상승을 예상하고 대응하는 데 도움이 된다.
상승갭 출현 → 전고점 저항 → 3일 눌림목 + 이평선 정배열 + 5일 변곡점 + 전고점 상향돌파 ⇨ 매수신호
OBV 디버전스
주가는 점진적 하락세를 벗어나지 못하지만 OBV 지표는 상승추세를 이어나간다. 누군가 저가에서 물량을 꾸준히 매집하는 경우로 해석할 수 있으며, 조만간 추세반전을 암시한다.
세력의 최종 속임수 구간으로 개인들의 참여가 쉽지 않다. 세력은 점진적 하락추세 속에서 일시적으로 120일선을 이탈시킨다. 그러고는 갭상승을 동반한 급반등을 연출하지만 전고점 저항선에 막혀 3일간 주가를 누른다. 이후 장대양봉으로 전고점을 순식간에 상향돌파하며 급등세를 연출한다.
OBV Signal 9
2020/05
06
07
08
08/24

■ OBV 지표는 주가상승 거래량과 주가하락 거래량을 서로 차감하는 방식으로 표시한다. 주가는 수급이 결정하며, 수급은 거래량을 의미하기 때문에 매수시점을 포착하는 경우 거래량 지표인 OBV가 여러 보조지표 중 그나마 신뢰성이 높은 편에 속한다.

OBV 지표의 한계

[0600] 키움종합차트 - KOSDAQ 외국인보유[1,366(천)] 주식수[98,807(천)] 액면[500] 자본금[494(억)] 결산[12월] EPS[-445] 시가총액[196(억)] 유통비율
소리바다
종가 단순 5 10 20 60 120
OBV 지표의 한계는 단순히 거래량만으로 지표를 계산한다는 데에 있다. 무엇보다 적은 금액으로도 거래량을 늘릴 수 있는 중·소형주인 경우 OBV 지표 하나만으로는 한계가 있다. 이를테면 OBV는 한 단계씩 지속적으로 상승하는데, 주가는 오히려 하락추세를 벗어나지 못하는 경우가 있다. 이것은 주가가 하락하는 과정 중 단기 반등시 거래량만 증가하면 OBV가 상승하기 때문이다. 상투권에서는 당연히 리스크 관리가 필수지만 바닥권이라도 단순히 거래량만 증가한다고 모두 좋은 것은 아니다. 특히 자본금이 적은 중·소형주일수록 기업가치와 공시, 그리고 거래량 변화와 함께 여러 지표를 동시에 참조해야 하는 이유가 바로 여기에 있다.
주가 하락추세
비록 바닥권이라도 거래량 증가만을 중요시해서는 안 된다. 거래량과 함께 최소한 단기 지지선을 필히 확인해야만 한다. 상승추세와 달리 하락추세가 진행 중인 상태에서 보조지표만으로는 매매에 큰 도움이 되지 못한다.
OBV 디버전스 현상
OBV 상승추세
주가는 바닥을 향해 계속 내려가는데, OBV는 오히려 계단식으로 고점을 높인다. 이것은 하락추세 중 단기 반등시 거래량이 증가할 때 일시적 OBV 급증 현상 때문이다. 하지만 단기 반등 이후 거래량이 크게 감소한다면 OBV 추세는 보합세를 나타내기 때문에 예제 차트처럼 OBV 속임수 현상이 나타난다.
2020/10
11
12
2021/01
02
03
550
500
450
400
350
300
250
200
750,000K

■ 자본금이 적은 중·소형주일수록 OBV 속임수가 많이 나타난다. 단순히 주가 바닥권에서 OBV 디버전스 현상이 나타난다고 해서 이것을 무조건 세력의 매집이라고 단정해서는 안 된다. OBV는 거래량이나 이평선 이외에 또 하나의 보조 역할을 하는 지표라는 점을 명심하자.

시세의 강약, VR(Volume Ratio)

[0600] 키움종합차트 - KOSDAQ150 외국인보유[5,885(천)] 주식수[74,620(천)] 액면[100] 자본금[75(억)] 결산[12월] EPS[1,380] PER[41.87] 시가총액[43,
카카오게임즈 종가 단순 5 10 20 60 120
VR 지표는 OBV와 함께 대표적인 거래량 지표로 일정 기간 동안 주가 상승일의 거래량을 하락일의 거래량과 비교해 시세의 강약을 분석해 준다. 보통 OBV가 기준일 선택 방법에 따라 수치상 오차가 생길 수 있기 때문에 이를 보완하기 위해서 만들어낸 지표라 할 수 있다. 기준선인 VR 100%인 경우는 일정 기간 동안 주가상승시의 거래량이 주가하락시의 거래량과 동일함을 의미하며, 보통 200 이상은 과열권(매도관점), 80 이하는 침체권(매수관점)을 나타낸다.
일반적으로 VR 300 이상은 단기 상투권, 100 이하는 바닥권을 나타낸다. 하지만 실전에서 강한 하락추세 중 70 이하로 떨어지는 경우, 극도의 침체 상태를 의미하기 때문에 오히려 추가 급락의 위험도 있는 만큼 조심스러운 접근이 필요하다.
VR 25
VR 과열권 : 추세하락시 매도관점
VR 침체권 : 추세반등시 매수관점
2020/10
12
2021/01
02
03/18

■ 매매 포지션을 잡는 요령 중에서 거래량 지표인 OBV와 VR 이 두 개의 지표를 동시에 활용하는 방법도 실전에서 매우 유용하게 활용된다. 주가는 OBV와 함께 상승추세를 이어가는데 VR 지표가 급락하는 경우에는(단기 하락), 대부분 눌림목인 예가 많다. 매수시점은 VR 지표가 단기 바닥을 찍고 상승전환을 시도할 때로 잡는다.

거래량 강도 지표, PVI(Postive Volume Index), NVI(Negative Volume Index)

[0600] 키움종합차트 - KOSPI200 외국인보유[46,951(천)] 주식수[87,187(천)] 액면[5,000] 자본금[4,824(억)] 결산[12월] EPS[18,376] PER[18.72] 시가총
344,000 ▼ 1,000 -0.29% 304,563 141.15% 0.35% 105,602백만 최우선 344,500 344,000 시 346,500 고 351,000 저 344,000
POSCO 종가 단순 5 10 20 60 120
PVI 지표는 세력은 거래량이 증가하는 시점에서 매매하고 개인들은 거래량이 감소하는 시점에서 매매한다는 가정하에 출발한 거래량 강도 지표다. 당일 거래량이 전일 거래량보다 증가했을 때만 수식에 적용한다. 일반적으로 PVI 지표가 상승한다면 거래량이 증가하면서 주가가 상승한다는 의미고, PVI 하락은 거래량이 증가하는데 주가는 하락하는 경우다. 반면 NVI 지표는 당일 거래량이 전일 거래량보다 적을 때만 수식에 적용하며, 실전에서 꼭 그런 것은 아니지만 대체로 PVI 지표와 반대 모양새를 취하고 있다.
10일선 눌림목 완성 → 20일선 지지 → 5일 변곡점 탄생 → 전고점 상향돌파
일반적으로 거래량이 증가하면서 당일 종가가 전일 종가보다 높다면 PVI 수치는 높아진다. 이와 반대로 당일 종가가 전일 종가보다 낮다면 PVI 수치는 낮아진다.
PVI 시그널 9
PVI 상승 = 거래량 증가 + 주가상승
PVI 하락 = 거래량 증가 + 주가하락
보통 PVI와 NVI 지표는 반대방향이지만, 실전에서는 동일한 방향을 가리키기도 한다. 이를테면 거래량이 감소했는데도 주가가 상승한다면 NVI 지표도 상승한다.
NVI 시그널 9
NVI 상승 = 거래량 감소 + 주가상승
NVI 하락 = 거래량 감소 + 주가하락

■ 당일 거래량이 전일보다 증가했을 경우 [PVI = 전일 PVI + 당일종가/전일종가 × 100]으로 표시하며, 당일 거래량이 전일 거래량과 같거나 감소했을 경우에는 [PVI = 전일 PVI]로 표시한다. (NVI 수식은 PVI와 정반대)

이동평균 수렴·확산 지표, MACD(Moving Average Convergence & Divergence)

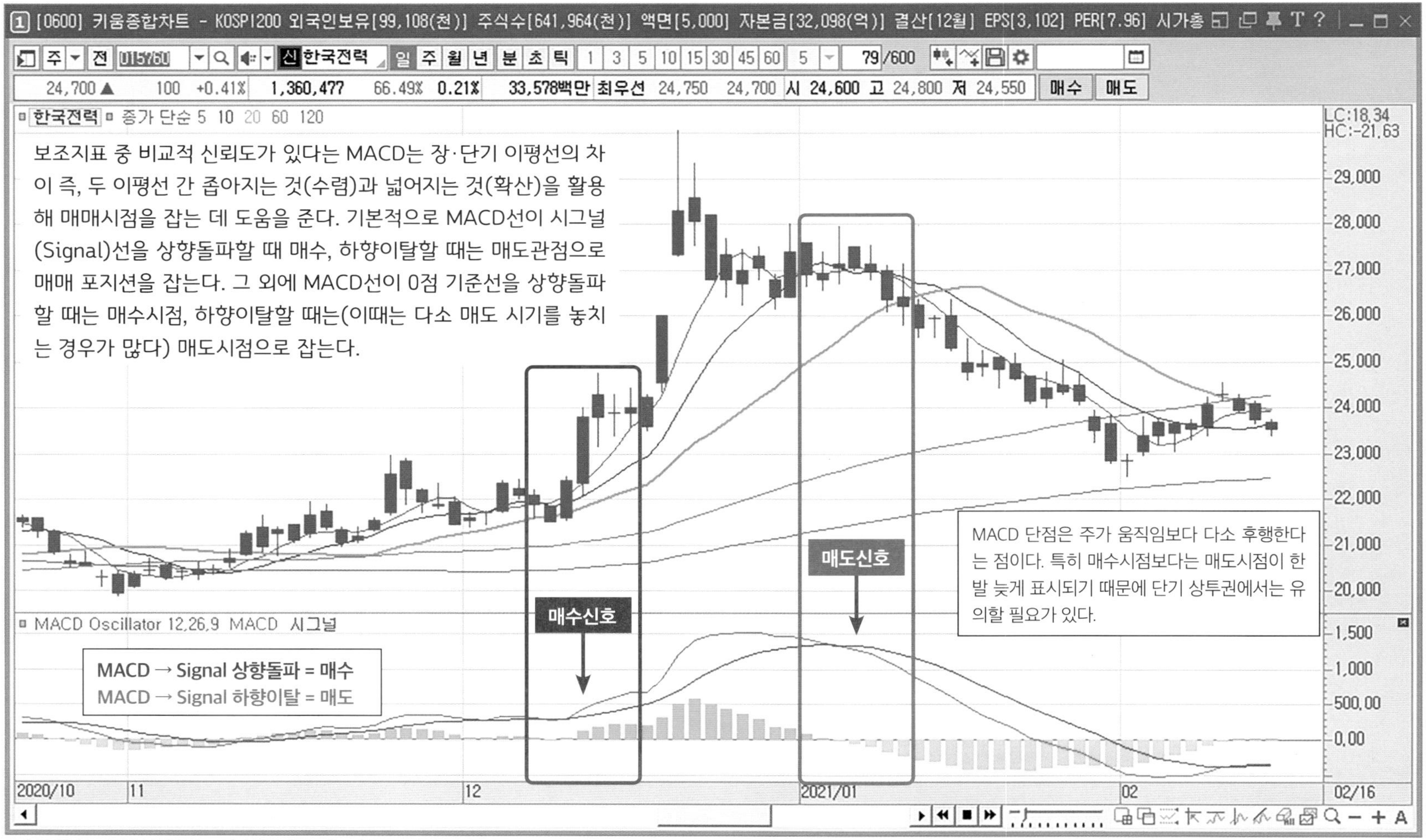

[0600] 키움종합차트 - KOSPI200 외국인보유[99,108(천)] 주식수[641,964(천)] 액면[5,000] 자본금[32,098(억)] 결산[12월] EPS[3,102] PER[7.96] 시가총
한국전력
24,700 ▲ 100 +0.41% 1,360,477 66.49% 0.21% 33,578백만 최우선 24,750 24,700 시 24,600 고 24,800 저 24,550
매수 매도
한국전력 종가 단순 5 10 20 60 120
보조지표 중 비교적 신뢰도가 있다는 MACD는 장·단기 이평선의 차이 즉, 두 이평선 간 좁아지는 것(수렴)과 넓어지는 것(확산)을 활용해 매매시점을 잡는 데 도움을 준다. 기본적으로 MACD선이 시그널(Signal)선을 상향돌파할 때 매수, 하향이탈할 때는 매도관점으로 매매 포지션을 잡는다. 그 외에 MACD선이 0점 기준선을 상향돌파할 때는 매수시점, 하향이탈할 때는(이때는 다소 매도 시기를 놓치는 경우가 많다) 매도시점으로 잡는다.
매수신호
매도신호
MACD 단점은 주가 움직임보다 다소 후행한다는 점이다. 특히 매수시점보다는 매도시점이 한 발 늦게 표시되기 때문에 단기 상투권에서는 유의할 필요가 있다.
MACD Oscillator 12,26,9 MACD 시그널
MACD → Signal 상향돌파 = 매수
MACD → Signal 하향이탈 = 매도
LC:18.34
HC:-21.63
29,000
28,000
27,000
26,000
25,000
24,000
23,000
22,000
21,000
20,000
1,500
1,000
500.00
0.00
2020/10
11
12
2021/01
02
02/16

■ MACD선 = 단기이동평균 - 장기이동평균, 시그널(Signal)선 = n일의 MACD 이동평균

MACD 오실레이터

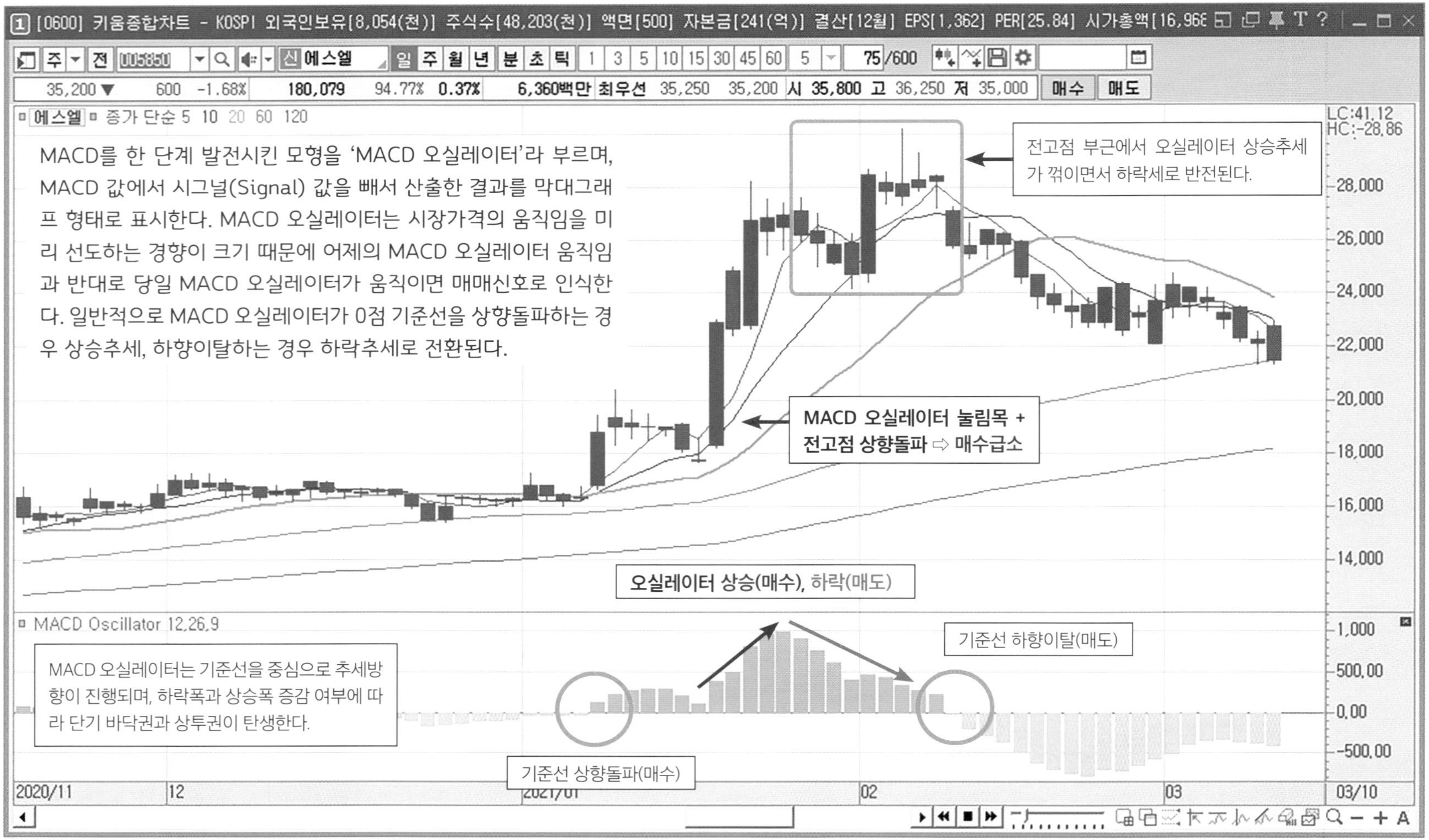

[0600] 키움종합차트 - KOSPI 외국인보유[8,054(천)] 주식수[48,203(천)] 액면[500] 자본금[241(억)] 결산[12월] EPS[1,362] PER[25.84] 시가총액[16,96
에스엘
35,200 ▼ 600 -1.68% 180,079 94.77% 0.37% 6,360백만 최우선 35,250 35,200 시 35,800 고 36,250 저 35,000
매수 매도
에스엘 종가 단순 5 10 20 60 120
MACD를 한 단계 발전시킨 모형을 'MACD 오실레이터'라 부르며, MACD 값에서 시그널(Signal) 값을 빼서 산출한 결과를 막대그래프 형태로 표시한다. MACD 오실레이터는 시장가격의 움직임을 미리 선도하는 경향이 크기 때문에 어제의 MACD 오실레이터 움직임과 반대로 당일 MACD 오실레이터가 움직이면 매매신호로 인식한다. 일반적으로 MACD 오실레이터가 0점 기준선을 상향돌파하는 경우 상승추세, 하향이탈하는 경우 하락추세로 전환된다.
전고점 부근에서 오실레이터 상승추세가 꺾이면서 하락세로 반전된다.
MACD 오실레이터 눌림목 + 전고점 상향돌파 ⇨ 매수급소
오실레이터 상승(매수), 하락(매도)
MACD Oscillator 12,26,9
MACD 오실레이터는 기준선을 중심으로 추세방향이 진행되며, 하락폭과 상승폭 증감 여부에 따라 단기 바닥권과 상투권이 탄생한다.
기준선 하향이탈(매도)
기준선 상향돌파(매수)
LC:41.12
HC:-28.86
28,000
26,000
24,000
22,000
20,000
18,000
16,000
14,000
1,000
500.00
0.00
-500.00
2020/11
12
02
03
03/10

■ 단기 고점에서 MACD 오실레이터 상승폭이 둔화되거나 감소하면 주가조정이나 추세하락을 예고하기 때문에 매도관점으로 대응하며, 반대로 주가 바닥권에서 하락폭을 줄이면서 상승반전될 때에는 매수관점으로 접근이 가능하다.

투자심리 지표, 스토캐스틱(Stochastics)

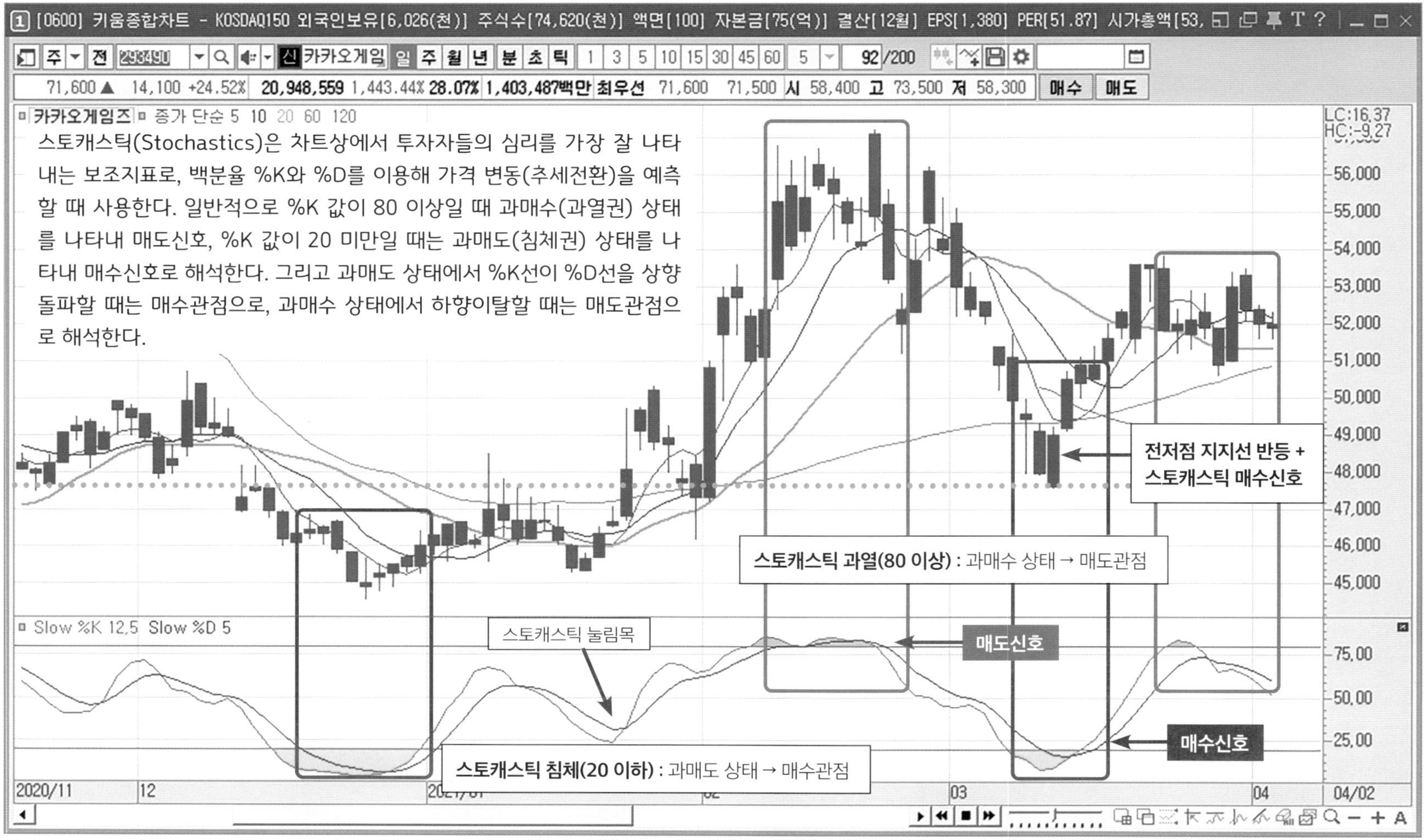
[0600] 키움종합차트 - KOSDAQ150 외국인보유[6,026(천)] 주식수[74,620(천)] 액면[100] 자본금[75(억)] 결산[12월] EPS[1,380] PER[51.87] 시가총액[53,
카카오게임
71,600 ▲ 14,100 +24.52% 20,948,559 1,443.44% 28.07% 1,403,487백만 최우선 71,600 71,500 시 58,400 고 73,500 저 58,300
매수
매도
카카오게임즈 종가 단순 5 10 20 60 120
스토캐스틱(Stochastics)은 차트상에서 투자자들의 심리를 가장 잘 나타내는 보조지표로, 백분율 %K와 %D를 이용해 가격 변동(추세전환)을 예측할 때 사용한다. 일반적으로 %K 값이 80 이상일 때 과매수(과열권) 상태를 나타내 매도신호, %K 값이 20 미만일 때는 과매도(침체권) 상태를 나타내 매수신호로 해석한다. 그리고 과매도 상태에서 %K선이 %D선을 상향돌파할 때는 매수관점으로, 과매수 상태에서 하향이탈할 때는 매도관점으로 해석한다.
전저점 지지선 반등 + 스토캐스틱 매수신호
스토캐스틱 과열(80 이상) : 과매수 상태 → 매도관점
Slow %K 12,5 Slow %D 5
스토캐스틱 눌림목
매도신호
매수신호
스토캐스틱 침체(20 이하) : 과매도 상태 → 매수관점
LC:16,37
HC:-9,27
56,000
55,000
54,000
53,000
52,000
51,000
50,000
49,000
48,000
47,000
46,000
45,000
75,00
50,00
25,00
2020/11
12
03
04
04/02

■ 스토캐스틱은 대표적인 주가 탄력성을 나타내는 지표로 보조지표 중 투자자들의 심리를 가장 잘 나타내는 편에 속한다. 스토캐스틱 지표를 통해 현시점이 과도하게 매수한 상태인지(매도관점), 아니면 과도하게 매도한 상태인지(매수관점)를 파악할 때 큰 도움이 된다. 실전에서 활용도가 높은 만큼 MACD, OBV 지표를 동시에 활용하면 그만큼 신뢰가 높다.

상승추세는 언제나 과열권

[0600] 키움종합차트 - KOSDAQ 외국인보유[522(천)] 주식수[34,224(천)] 액면[100] 자본금[34(억)] 결산[12월] EPS[612] PER[29.34] 시가총액[6,143(억)]
휴마시스 종가 단순 5 10 20 60 120
상승 각도가 완만한 상승추세(정배열)에서는 대부분 지표가 과열권을 나타낸다. 하물며 단기 급등세가 연출된다면 모든 지표는 뜨겁게 달궈진다. 당연한 얘기지만 주가가 저점과 고점을 차례로 높인다는 것은 매수세가 꾸준히 유입되고 있다는 것을 뜻하기에 대부분 보조지표가 과열권을 표시하게 된다. 따라서 단순히 특정 보조지표만을 참고해 매도신호라 해서 무조건 보유물량을 처분해 적은 수익에 만족해서는 성공투자라 할 수 없다. 상승추세는 최대한 즐기되 보조지표는 단지 참고만 하기 바란다.
상승추세
5, 10일선 하향이탈
⇨ 매도신호
상승추세에서는 스토캐스틱이 과매수 구간, 즉 투자심리 과열권을 나타낸다. 상승추세 중에는 스토캐스틱 지표보다는 단기 지지선이나 이평선 및 거래량 등을 참조해 대응하도록 한다.
스토캐스틱 과열권
Slow %K 12,5 Slow %D 5
스토캐스틱 매수신호
스토캐스틱 매도신호
2021/02
03
04
05
05/24

■ 차트상에서 스토캐스틱 지표는 투자심리를 나타내는 것으로 다른 지표보다 과열권과 침체권을 제법 잘 표시해준다. 그렇다고 과열권이나 침체권에서 조급한 마음에 무조건 매도하거나 매수하지 않도록 한다. 보조지표는 거래량, 캔들, 이평선보다 후순위임을 명심하자.

하락추세는 언제나 침체권

[0600] 키움종합차트 - KOSPI 외국인보유[6,964(천)] 주식수[45,189(천)] 액면[1,000] 자본금[452(억)] 결산[12월] EPS[-468] 시가총액[22,527(억)] 유통
49,850 ▲ 3,200 +6.86% 29,060,337 289.02% 64.31% 1,528,299백만 최우선 49,850 49,800 시 46,850 고 56,600 저 45,950 매수 매도
진원생명과학 종가 단순 5 10 20 60 120
하락추세나 급락추세에서는 그나마 신뢰도가 높다는 보조지표 모두가 힘 한 번 쓰지 못하고 무용지물로 끝나버린다. 그만큼 하락추세에서는 수익을 내기가 무척 어렵다. 이를테면 하락추세 중 일시적 주가 횡보구간이 발생한 상태에서 스토캐스틱 매수시점이 포착된들 큰 폭의 주가상승을 기대하기는 확률상 매우 낮다. 매수세가 자취를 감춘 상태이기 때문에 모든 지표는 침체권을 나타낸다. 다시 한번 강조하지만 주식매매는 어떠한 경우든 추세를 반드시 확인한 다음 매매에 임해야 한다.
매도신호
하락추세
하락추세에서는 스토캐스틱 지표가 대부분 과매도 구간을 나타낸다. 매수세가 유입되지 않기 때문이다. 이런 경우 보조지표만을 믿고 일단 매수하고 기다리는 매매는 추가 손실을 불러올 위험이 크다. 최소한 하락추세가 마무리되는 모습을 보일 때까지는 관망하는 자세가 좋다.
20일선 상향돌파로 하락추세를 벗어나려는 모습을 보인다.
Slow %K 12,5 Slow %D 5
스토캐스틱 침체권
하락추세에서는 당연히 스토캐스틱 지표가 침체권을 표시하지만, 이것이 매수신호가 되는 것은 절대 아니다.
LC:31.65
HC:-57.79
32,500
30,000
27,500
25,000
22,500
20,000
17,500
15,000
12,500
25.00
03
04
04/12

■ **스토캐스틱 지표는 상승 초기나 박스권 등락을 거듭하는 조정권에서 신뢰가 높다.** 그리고 완만한 상승이 아닌 급등주인 경우에는 스토캐스틱 매도신호가 오히려 매수신호인 경우가 많다. 따라서 스토캐스틱에 너무 의존하지 말고 우선적으로 현재 주가의 추세와 지지선, 그리고 수급을 의미하는 거래량에 보다 집중해서 매매에 대응하도록 한다.

Fast, Slow 스토캐스틱 활용방법

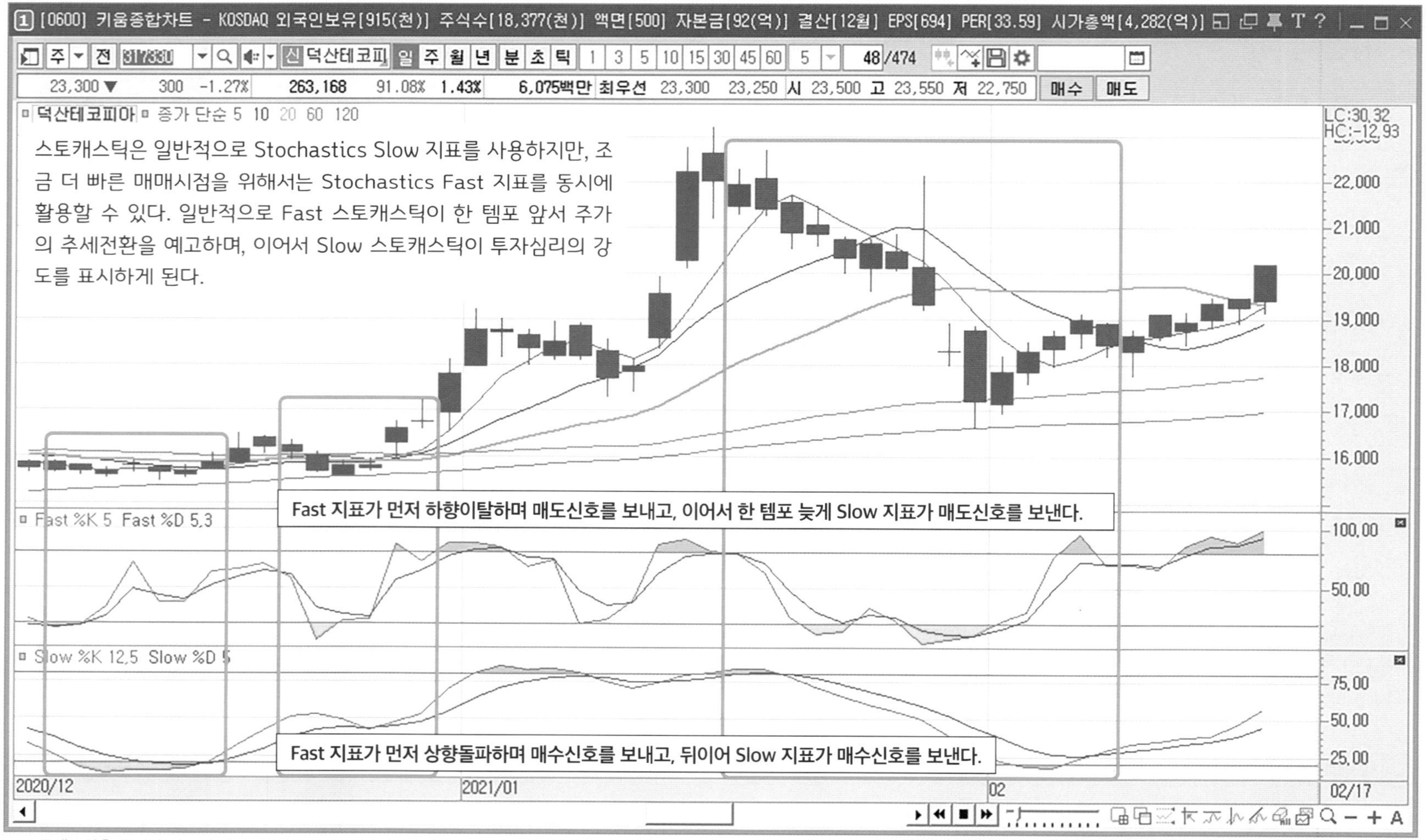
[0600] 키움종합차트 - KOSDAQ 외국인보유[915(천)] 주식수[18,377(천)] 액면[500] 자본금[92(억)] 결산[12월] EPS[694] PER[33.59] 시가총액[4,282(억)]
23,300 ▼ 300 -1.27% 263,168 91.08% 1.43% 6,075백만 최우선 23,300 23,250 시 23,500 고 23,550 저 22,750
덕산테코피아 종가 단순 5 10 20 60 120
스토캐스틱은 일반적으로 Stochastics Slow 지표를 사용하지만, 조금 더 빠른 매매시점을 위해서는 Stochastics Fast 지표를 동시에 활용할 수 있다. 일반적으로 Fast 스토캐스틱이 한 템포 앞서 주가의 추세전환을 예고하며, 이어서 Slow 스토캐스틱이 투자심리의 강도를 표시하게 된다.
Fast 지표가 먼저 하향이탈하며 매도신호를 보내고, 이어서 한 템포 늦게 Slow 지표가 매도신호를 보낸다.
Fast %K 5 Fast %D 5,3
Slow %K 12,5 Slow %D 5
Fast 지표가 먼저 상향돌파하며 매수신호를 보내고, 뒤이어 Slow 지표가 매수신호를 보낸다.
2020/12
2021/01
02
02/17

■ 스토캐스틱은 주가가 박스권 내에서 단기 파동 흐름을 보이거나, 하락추세를 벗어나 추세전환을 시도할 때 이평선 지지 여부와 함께 매우 큰 힘을 발휘하는 보조지표에 해당한다. 박스권에서 Fast, Slow 스토캐스틱 지표를 활용한다면 단기매매 확률이 높은 편이다.

이동평균 모멘텀 지표, Sonar(Sonar momentum Chart)

소나(Sonar) 지표는 이평선의 한계변화율을 나타내는 것으로 주가의 전환 시점을 파악하기 위해 일본에서 개발된 시계열 차트다. 추세지표로 활용되며, 주가 사이클의 변곡점을 찾아 매매시점으로 활용하는 모멘텀 차트라 할 수 있다. 여기서 '모멘텀 차트(Momentum Chart)'란 곡선의 한 점의 기울기를 계산하는 과정에서 그 기울기 변화를 통해 주가의 상승이나 하락의 강도를 미리 예측하게 해주는 방법을 말한다. Sonar의 핵심은 주가가 하락하는 과정에서 Sonar 기울기가 상승으로 반전하면 주가는 상승 가능성이 크고, 반대로 Sonar 기울기가 하락하면 상승 중인 주가는 하락할 가능성이 크다는 것을 나타낸다.

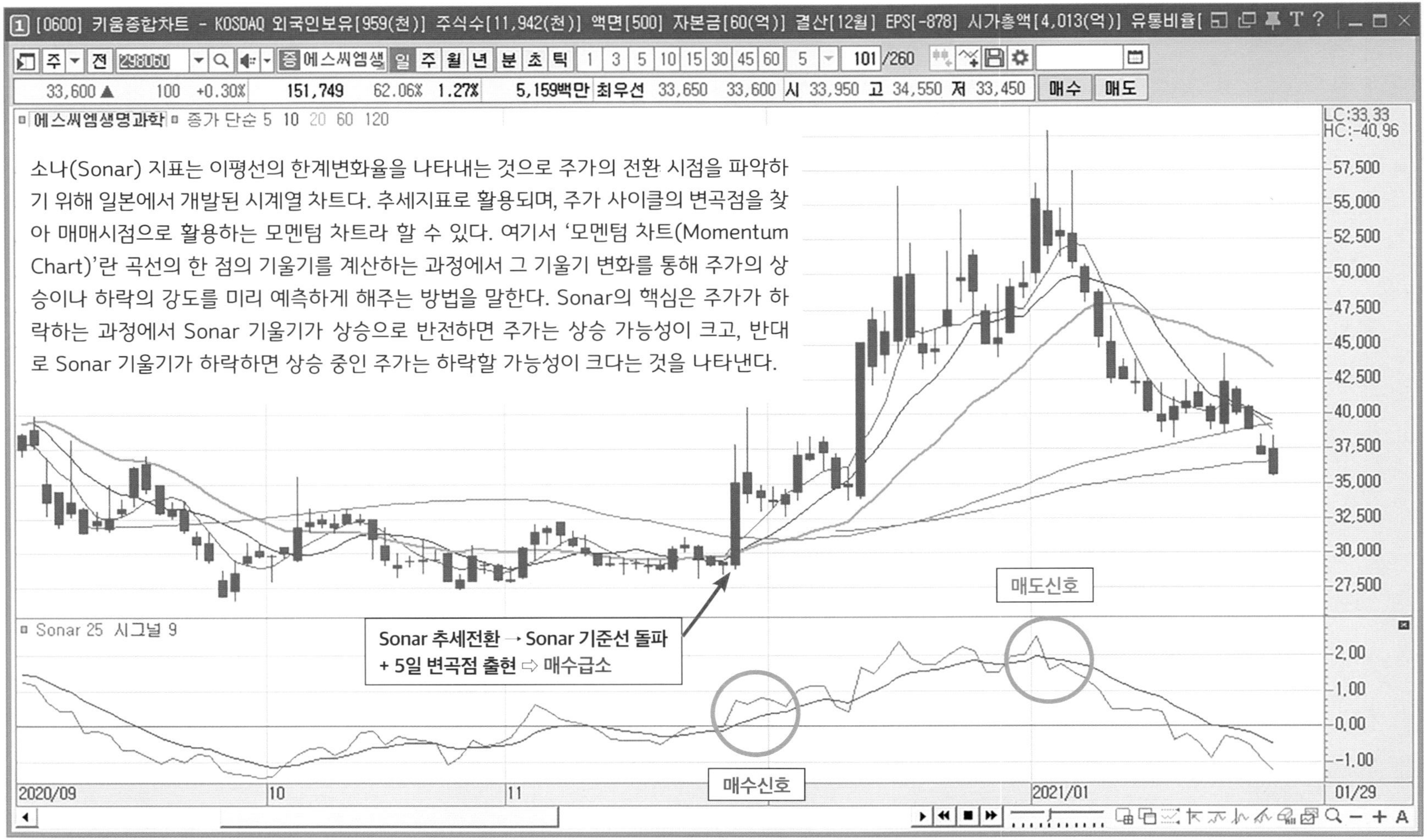

■ **Sonar 매수시점** : ① Sonar 지표가 시그널 상향돌파 ② Sonar 지표가 기준선(0점)을 상향돌파 ③ Sonar 디버전스

펀더멘털(Fundamental), 모멘텀(Momentum)

주식시장에서 펀더멘털과 모멘텀이라는 용어처럼 광범위하게 사용되는 예도 드물 것이다. 먼저 '펀더멘털(Fundamental)'은 기본이나 기초나 체력을 의미하는 것으로 대체로 한 나라나 기업이 얼마나 튼튼하고 건강한지를 나타낼 때 주로 사용한다.

'모멘텀(Momentum)'은 주식시장에서 주가의 힘이나 운동량, 상승에너지 등을 나타낼 때 사용하는 용어다. 예를 들어 주식시장에서 "금리인하는 상승 모멘텀으로, 금리인상은 하락 모멘텀으로 작용한다" 하는 식으로 표현한다.

[0600] 키움종합차트 - KOSDAQ 외국인보유[252(천)] 주식수[28,465(천)] 액면[500] 자본금[142(억)] 결산[12월] EPS[321] PER[30.58] 시가총액[2,795(억)]
동구바이오제약 종가 단순 5 10 20 60 120
LC:28.33
HC:-38.53
모멘텀 하락 = 매도신호
모멘텀 상승 = 매수신호
Momentum 12
보조지표에서 모멘텀 지표는 당일 가격과 이전 가격을 비교해 추세의 속도를 가늠하는 추세 가속도 지표다. 매매시점은 기준선 100을 기준으로 상향돌파시 매수, 하향이탈시 매도관점이나 실전 활용도는 낮기 때문에 추세의 흐름만 파악하는 정도로 참조하기 바란다.
2020/12
02
03
04
04/12

■ 주식시장의 펀더멘털이 개선되어야 주가상승을 위한 모멘텀이 형성된다.

상대강도지수, RSI(Relative Strength Index)

기술적 분석에서 가장 어려운 것은 추세가 전환되는 시점을 예측하는 것이다. 과도한 하락추세에서는 손절매가 아닌 매수관점으로 접근하고, 과도한 상승추세에서는 매도관점으로 접근해야 하는데, 이러한 주가 움직임의 강도를 측정할 때 RSI 지표가 활용된다. RSI는 현재의 주가추세가 얼마나 강한 상승추세인지 혹은 하락추세라면 얼마나 강한 하락추세인지를 %백분율로 나타낸다. 보통 70% 이상은 강세, 30% 이하는 약세로 판단한다.

평행추세선 = 매물선 = 지지선 = 저항선
RSI 70 이상 : 과매수 상태 → 매도신호
단기 바닥 확인 + 5일 변곡점 ⇨ 매수급소
RSI 30 이하 : 과매도 상태 → 매수신호

■ RSI는 MACD, OBV, Stochastics 등과 함께 데이트레이더가 주로 활용하는 보조지표에 속한다.

추세변환 지표, DMI(Directional Movement Indicator)

[0600] 키움종합차트 - KOSDAQ 외국인보유[337(천)] 주식수[14,667(천)] 액면[500] 자본금[73(억)] 결산[12월] EPS[179] PER[65.63] 시가총액[1,723(억)]
11,750 ▼ 50 -0.42% 172,992 56.87% 1.18% 2,033백만 최우선 11,800 11,750 시 11,850 고 11,900 저 11,650 매수 매도
바이오톡스텍 종가 단순 5 10 20 60 120
시장은 크게 추세적 시장과 비추세적 시장으로 구분할 수 있다. '추세적 시장'은 강세나 약세라는 추세를 가진 시장을 말하고, '비추세적 시장'은 일정한 박스권 내에서 옆으로 움직이는 횡보장세를 말한다. DMI 지표는 이러한 추세의 변화나 강도를 파악할 때 사용한다. DI+(Plus)는 주가상승폭의 비율을, DI-(Minus)는 주가하락폭의 비율을 말한다. 따라서 DI+가 DI-보다 크면 클수록 상승탄력성이 커지는 것을 의미하고, DI-가 DI+보다 커지면 하락탄력성이 커지는 것을 의미한다.
DI+와 DI- 간격이 넓어지면 각 추세의 탄력성이 커진다. 이것은 곧 DI+ 위치에 따라 상투권과 바닥권이 탄생한다고 볼 수 있다. 이를 종합하면 DI+ 추세가 곧 주가추세를 의미하고, DI+ 추세가 전환되는 시점이 주가 변동성이 커지는 시점이 된다.
주가상승 = DI+ 상승, DI- 하락
주가하락 = DI+ 하락, DI- 상승
DI Plus 14 DI Minus ADX
DI+ 지표가 DI- 지표를 상향돌파 = 매수신호
DI+ 지표 하락세, DI- 상승세 = 매도신호
2020/09
10
11
12
2021/01
01/28

■ **DMI 지표 매수신호** : ❶ DI+ 상승세 ❷ DI- 하락세 ❸ DI+ 지표가 DI- 상향돌파

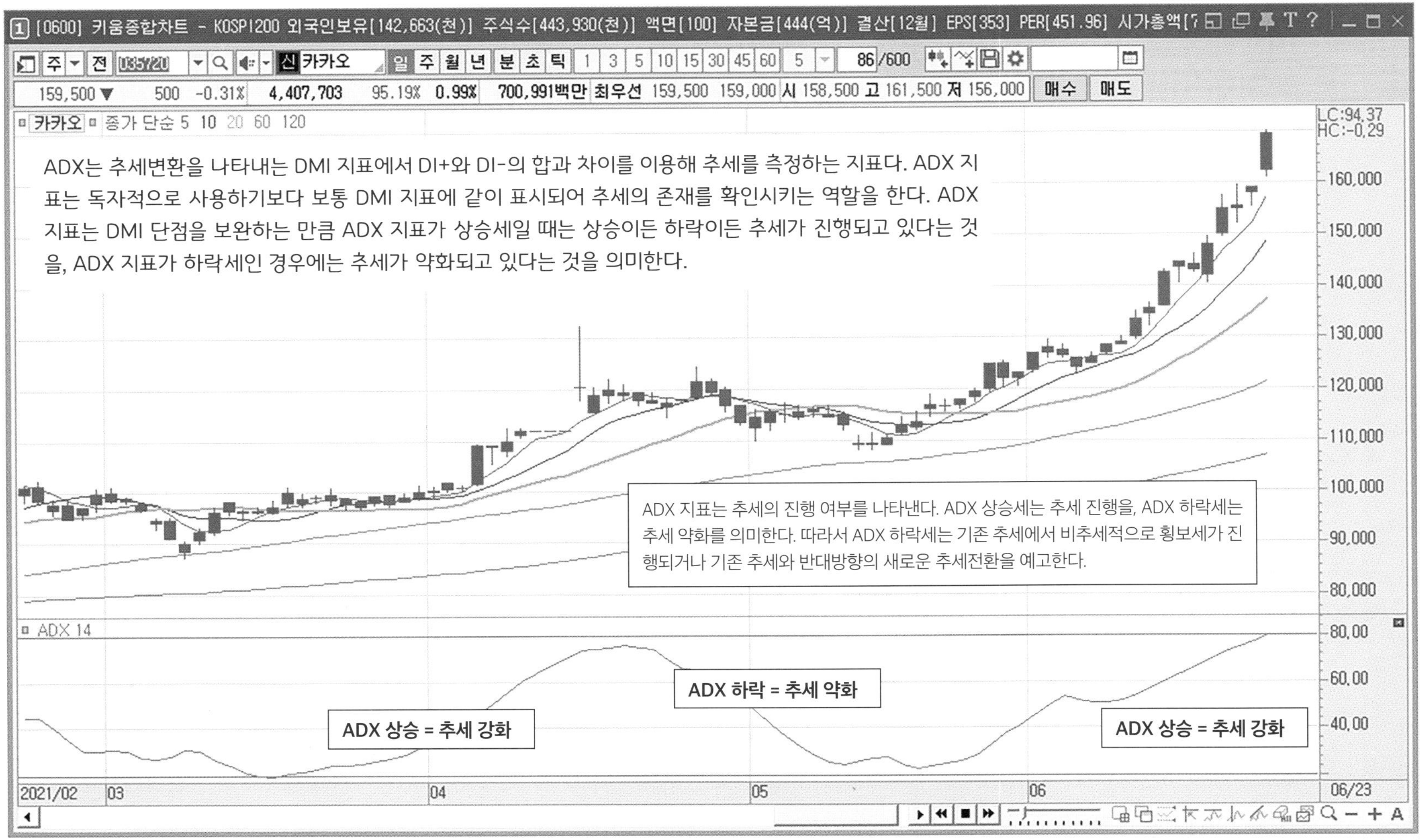
[0600] 키움종합차트 - KOSPI200 외국인보유[142,663(천)] 주식수[443,930(천)] 액면[100] 자본금[444(억)] 결산[12월] EPS[353] PER[451.96]
카카오
159,500 ▼ 500 -0.31% 4,407,703 95.19% 0.99% 700,991백만 최우선 159,500 159,000 시 158,500 고 161,500 저 156,000
매수
매도
카카오 종가 단순 5 10 20 60 120
ADX는 추세변환을 나타내는 DMI 지표에서 DI+와 DI-의 합과 차이를 이용해 추세를 측정하는 지표다. ADX 지표는 독자적으로 사용하기보다 보통 DMI 지표에 같이 표시되어 추세의 존재를 확인시키는 역할을 한다. ADX 지표는 DMI 단점을 보완하는 만큼 ADX 지표가 상승세일 때는 상승이든 하락이든 추세가 진행되고 있다는 것을, ADX 지표가 하락세인 경우에는 추세가 약화되고 있다는 것을 의미한다.
ADX 지표는 추세의 진행 여부를 나타낸다. ADX 상승세는 추세 진행을, ADX 하락세는 추세 약화를 의미한다. 따라서 ADX 하락세는 기존 추세에서 비추세적으로 횡보세가 진행되거나 기존 추세와 반대방향의 새로운 추세전환을 예고한다.
LC:94.37
HC:-0.29
160,000
150,000
140,000
130,000
120,000
110,000
100,000
90,000
80,000
ADX 14
80.00
60.00
40.00
ADX 상승 = 추세 강화
ADX 하락 = 추세 약화
ADX 상승 = 추세 강화
2021/02
03
04
05
06
06/23

■ ADX 지표는 현재 추세를 확인시켜 주는 역할만 한다. ADX 상승이 곧 주가상승을 의미하는 것이 아니라는 뜻이다. 주가가 상승추세 중에는 ADX 지표가 상승세를 나타내지만, 상승하던 주가가 횡보하거나 하락으로 반전되면 ADX 지표는 하락한다. 이 상태에서 주가가 더욱 하락하면 기존의 하락추세가 강화되고 있다는 뜻이기 때문에 ADX 지표는 상승세로 전환된다.

지수이동평균 변화율, Trix(Triple Exponential smoothed moving average)

Trix 지표는 n일 기간의 지수이동평균을 3차례에 걸쳐 부드러운 상태로 다시 지수이동평균화해 그 변화율을 나타낸 지표다. 이것은 주가의 추세 기간을 정해진 기간보다 짧게 하거나 같게 하여 추세를 유지하도록 고안한 모멘텀 지표에 속한다. 스토캐스틱보다 매매시점이 다소 늦다는 단점이 있지만, 세 차례나 평활한 만큼 곡선이 부드럽고 매끄러워서 그만큼 추세의 힘을 보다 정확히 알아볼 수 있다는 장점이 있다. 다른 지표와 유사하게 바닥권에서 시그널과 기준선(0점) 상향돌파가 매수시점이다.

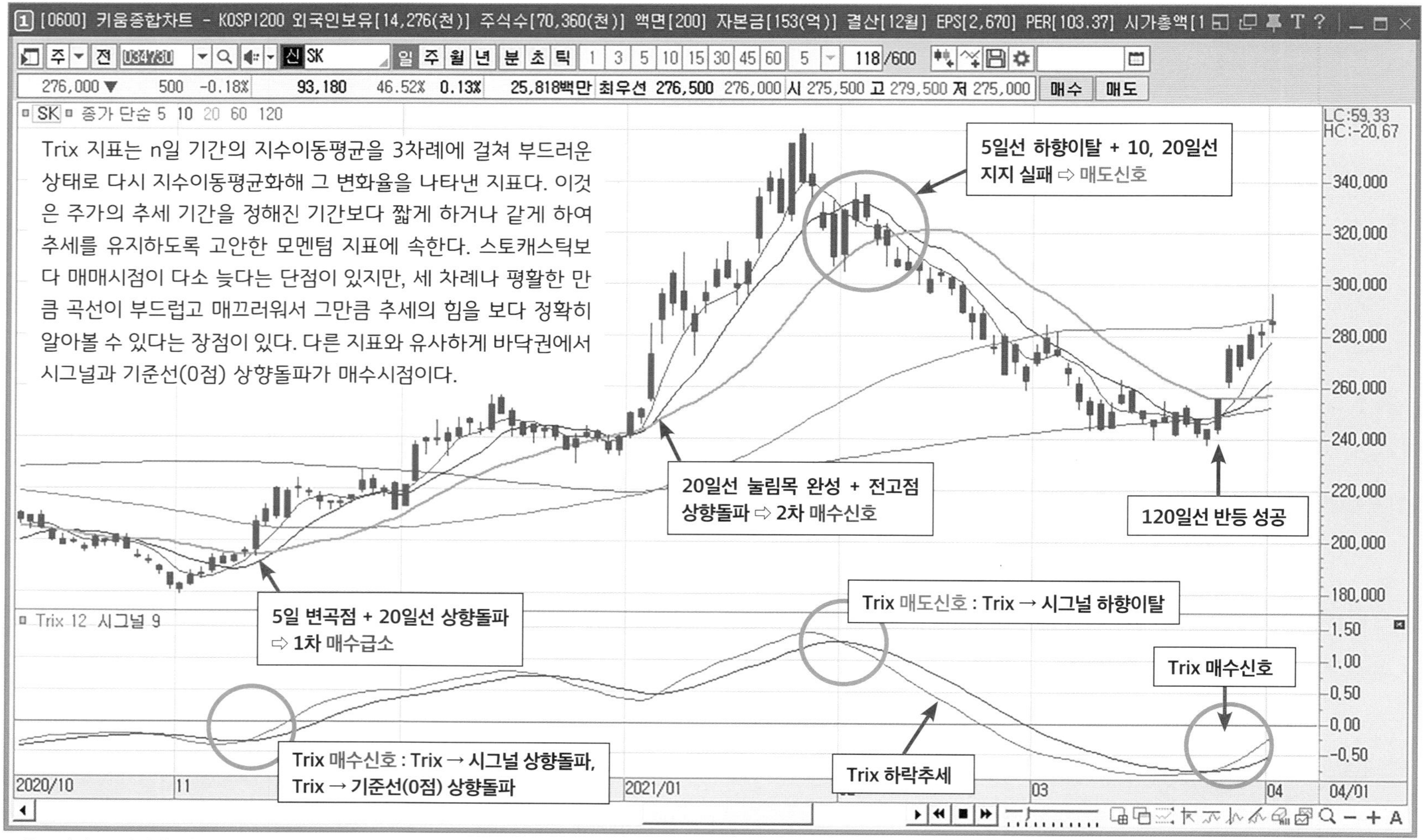

■ Trix 지표는 곡선이 완만한 만큼 추세의 힘을 파악할 수는 있지만, 그만큼 단기매매에는 적합하지 않다. 특히 Trix 지표만으로는 고점에서 매도시점을 잡기 어렵기에 지표 신뢰도는 낮은 편이다.

투자자들의 심리, 투자심리선

[0600] 키움종합차트 - KOSPI200 외국인보유[4,749(천)] 주식수[188,919(천)] 액면[5,000] 자본금[9,446(억)] 결산[12월] EPS[849] PER[20.14] 시가총액[
한화시스템
17,100
최우선 17,250 17,200
매수
매도
한화시스템 종가 단순 5 10 20 60 120
투자심리선은 단기적으로 주가가 과열상태인지 침체상태인지를 판단하는 데 유용하게 사용되는 보조지표다. 일반적인 투자심리선 기준은 25% 이하면 침체국면으로 해석해 매수관점이며, 75% 이상이면 과열국면으로 해석해 매도관점이다. 투자심리선은 단기간에 시장의 악재나 호재에 따른 심리도를 객관적으로 보여주는 단순한 지표로 신뢰도는 다른 보조지표보다 낮은 편이다. 다만 고점보다는 바닥권에서 투자심리가 살아나면서 거래량이 증가할 경우 매수관점으로 접근할 때 좋은 투자지표 역할을 한다.
10일선 눌림목
투자심리선 75는 단기 과열권으로 매도신호다. 그러나 예제 차트처럼 투자심리 과열권이 오히려 추세 연장의 시발점이 되기도 한다. 단순히 투자심리 지표만을 믿고 매도 포지션을 취했다면, 추가 수익 기회를 놓치는 결과를 낳을 수도 있다.
심리도 10
과열권?
침체권?
일반적으로는 투자심리선 25 이하에서 추세와 거래량 변화를 동시에 살피며 매수시점을 잡지만 실전에서 신뢰가 높은 편은 아니다.
LC:110.95
HC:0.00
17,000
16,000
15,000
14,000
13,000
12,000
11,000
10,000
80.00
60.00
40.00
2020/08
09
10
11
01/20

■ 실전에서 투자자들의 심리를 파악하려면, 투자심리선 지표보다는 스토캐스틱 지표를 활용하는 것이 신뢰가 더 높다.

변동성 지표, 볼린저밴드(Bollinger Bands)

[0600] 키움종합차트 - KOSDAQ150 외국인보유[2,023(천)] 주식수[31,564(천)] 액면[500] 자본금[158(억)] 결산[12월] EPS[529] PER[36.90] 시가총액[6,15
19,500 0 0% 52 0.03% 0% 1백만 최우선 19,350 19,150 시 0 고 0 저 0 매수 매도
다원시스 종가 단순 5 10 20 60 120 Bollinger Bands중심선 20,2 상한선 하한선
볼린저밴드는 일정한 기간 동안 주가의 변동성을 측정하는 데 사용되는 지표로 중심추세선, 상한밴드선, 하한밴드선 이렇게 3가지 선으로 구성되어 있다. 볼린저밴드의 상한선은 저항선 역할을, 하한선은 지지선 역할을 한다. 그리고 볼린저밴드의 폭이 좁아지는 수렴구간에서는 주가의 변동폭이 작아지고, 주가의 변동폭이 커지는 시점부터 볼린저밴드의 폭도 넓어지는 특성이 있다. 주가가 볼린저밴드의 중심추세선을 상향돌파하면 매수신호, 하향이탈하면 매도신호로 해석한다. 또한 주가가 하한밴드선 근처로 하락하면 매수관점, 상한밴드선 근처로 상승하면 매도관점으로 접근한다.
LC:43.23
HC:-5.45
22,000
21,000
20,000
19,000
18,000
17,000
15,000
중심추세선
상한밴드(저항선)
중심추세선 상향돌파 ⇨ 매수급소
밴드폭이 좁아지면, 추세전환 임박을 알린다.
하한밴드(지지선)
볼린저밴드는 주가 변동성을 이용해 상·하한밴드선을 설정하기 때문에 주가가 볼린저밴드선을 이탈하는 경우는 없으며, 만약 이탈한다면 일시적인 현상이기 때문에 밴드폭을 이용한 단기매매 전략도 가능하다.
2020/05
06
07

■ 볼린저밴드와 유사한 변동성 지표로는 '엔벨로프' 지표가 있다. 차이점이라면 볼린저밴드는 주가 변동성에 따라 밴드폭이 좁아지거나(주가 수렴) 넓어지는(주가 확장) 반면, 엔벨로프는 밴드폭을 일정하게 유지한다는 점이다. 또한 볼린저밴드는 주가가 밴드폭 안에서만 움직이지만, 엔벨로프는 주가가 상·하한밴드를 상향돌파하거나 하향이탈하기도 한다.

이격도 지표, 엔벨로프(Envelop)

[0600] 키움종합차트 - KOSDAQ150 외국인보유[5,004(천)] 주식수[19,731(천)] 액면[500] 자본금[99(억)] 결산[12월] EPS[1,939] PER[22.77] 시가총액[8,
하나머티리얼즈 종가 단순 5 10 20 60 120 Envelope중심선 20,10 저항선 지지선
엔벨로프는 볼린저밴드와 같이 주가 변동성을 측정하는 지표다. 이평선을 기준으로 일정한 간격만큼 밴드를 설정해 이 밴드 내에서 상한밴드를 저항선으로, 하한밴드를 지지선으로 여기면서 매매포지션을 취하도록 해준다. 실전에서 특정 이평선을 기준으로 상향돌파시 매수, 하향이탈시 매도하는 이평선 매매를 할 때 잦은 뇌동매매로 손실을 보게 되는 경우가 많다. 이런 이평선 매매의 단점을 극복하고자 특정 이평선(보통 20일선)을 기준으로 상·하한밴드를 설정해 매매 유연성을 높이고자 고안된 지표라 할 수 있다.
엔벨로프 상한선(=저항선) : 단기 과열권으로 판단해 매도관점
엔벨로프 하한선(=지지선) : 단기 침체권으로 판단해 매수관점
엔벨로프 지표를 활용할 때는 ❶상·하한밴드 안에서의 박스권 매매, ❷상·하한밴드 밖에서의 박스권 돌파매매로 나눌 수 있다. 실전에서는 상·하한밴드 안에서 박스권 매매가 다소 유리하다.
엔벨로프 지표를 활용할 때는 가급적 재무가 우량한 중·대형주에서 신뢰가 높다. 소형주인 경우에는 가격 급변동이 큰 만큼 단기 대응에 많은 어려움이 따르기 때문이다. 참고로 엔벨로프 지표는 종목마다 신뢰도에 큰 편차가 있기에 종목의 특성과 흐름에 맞춰 엔벨로프 수치를 설정하도록 한다.
37,500
35,000
32,500
30,000
27,500
2020/09
2021/01

■ 엔벨로프 설정 수치는 곧 이평선과 같다. 예를 들어 '엔벨로프 (20, 10)'은 20일 이평선을 10 간격으로 넓혀 상한선과 하한선을 설정한다는 의미다. 다만 가감값이 곧 엔벨로프 상한선과 하한선 간격을 나타내기 때문에 가감값에 따라 엔벨로프 상·하한밴드 폭이 결정된다. 스윙매매는 보통 20으로 설정하며, 단기매매는 10 이내로 줄여주면 된다.

그물망 차트

[0600] 키움종합차트 - KOSDAQ150 외국인보유[0(천)] 주식수[18,656(천)] 액면[500] 자본금[93(억)] 결산[12월] EPS[-651] 시가총액[20,839(억)] 유통비
111,700 ▼ 8,100 -6.76% 445,317 126.95% 2.39% 50,952백만 최우선 111,800 111,700 시 117,800 고 118,600 저 111,500 매수 매도
에스티팜 종가 단순 5 10 20 60 120
그물망 차트는 보조지표 설정항목에서 기본값으로 설정된 20일 이평선을 얼마의 간격으로 몇 개의 그물선으로 표시하는가에 따라 그물망의 형태가 조금씩 다르게 그려진다. 그물망의 목적은 주가의 추세 흐름을 예측할 때 주로 사용하며, 상승추세 중 눌림목이나 지지선과 저항선을 설정할 때 도움이 되는 지표라 할 수 있다. 대체로 그물망이 좁아지는 구간을 추세전환 시점으로 인식해 그물망이 위쪽으로 그려지면 상승추세, 아래쪽으로 그려지면 하락추세로 해석한다.
하락추세 그물망 상단 = 저항선
그물망 상향돌파 = 매수신호
주가가 수렴할 때는 그물망 간격이 좁아지면서 추세전환 임박을 알린다. 주가가 밀집된 그물망 상단을 돌파하거나 혹은 하단을 이탈할 때는 그물망이 확장되면서 강한 추세를 이어간다.
그물망 지지 + 이중바닥 완성 + 거래량 증가 + 5일 변곡점 + 상승갭 출현 ⇨ 매수급소
거래량 단순 0 0 0 0
81,152주(142.34%)
LC:132.52
HC:-8.63
30,000
27,500
25,000
22,500
20,000
17,500
15,000
500,000
250,000
2019/07
08
09
10
11
12
2020/01
01/30

■ 그물망은 쉽게 말해 특정 이평선을 특정한 간격으로 나란히 그린 선들을 말한다. 각 그물선들은 지지선이나 저항선 역할을 하며, 주가가 그물망 바깥쪽으로 이탈하는 때가 추세전환시점이 된다.

삼선전환도

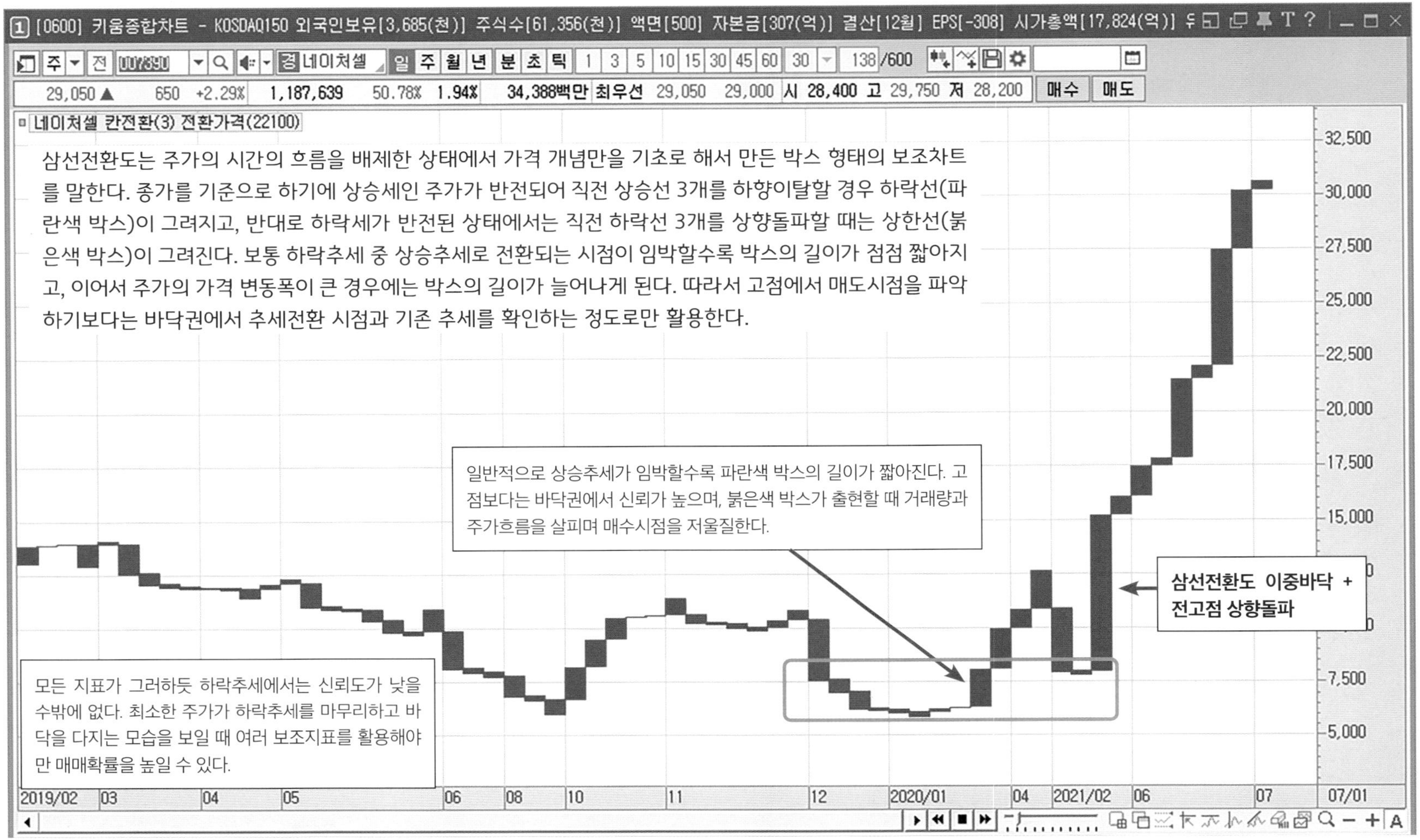
[0600] 키움종합차트 - KOSDAQ150 외국인보유[3,685(천)] 주식수[61,356(천)] 액면[500] 자본금[307(억)] 결산[12월] EPS[-308] 시가총액[17,824(억)]
29,050 ▲ 650 +2.29% 1,187,639 50.78% 1.94% 34,388백만 최우선 29,050 29,000 시 28,400 고 29,750 저 28,200
네이처셀 칸전환(3) 전환가격(22100)
삼선전환도는 주가의 시간의 흐름을 배제한 상태에서 가격 개념만을 기초로 해서 만든 박스 형태의 보조차트를 말한다. 종가를 기준으로 하기에 상승세인 주가가 반전되어 직전 상승선 3개를 하향이탈할 경우 하락선(파란색 박스)이 그려지고, 반대로 하락세가 반전된 상태에서는 직전 하락선 3개를 상향돌파할 때는 상한선(붉은색 박스)이 그려진다. 보통 하락추세 중 상승추세로 전환되는 시점이 임박할수록 박스의 길이가 점점 짧아지고, 이어서 주가의 가격 변동폭이 큰 경우에는 박스의 길이가 늘어나게 된다. 따라서 고점에서 매도시점을 파악하기보다는 바닥권에서 추세전환 시점과 기존 추세를 확인하는 정도로만 활용한다.
일반적으로 상승추세가 임박할수록 파란색 박스의 길이가 짧아진다. 고점보다는 바닥권에서 신뢰가 높으며, 붉은색 박스가 출현할 때 거래량과 주가흐름을 살피며 매수시점을 저울질한다.
삼선전환도 이중바닥 + 전고점 상향돌파
모든 지표가 그러하듯 하락추세에서는 신뢰도가 낮을 수밖에 없다. 최소한 주가가 하락추세를 마무리하고 바닥을 다지는 모습을 보일 때 여러 보조지표를 활용해야만 매매확률을 높일 수 있다.
32,500
30,000
27,500
25,000
22,500
20,000
17,500
15,000
7,500
5,000
2019/02 03 04 05 06 08 10 11 12 2020/01 04 2021/02 06 07 07/01

■ 삼선이란 말은 선이 3개라는 것을 뜻하며, 이 3개의 연속적인 선이 전환됐다고 해서 '삼선전환도'라고 부른다. 삼선전환도는 주로 중·장기적 추세흐름을 파악할 때 사용한다.

일목균형표

일목균형표는 개인투자자가 접근하기에는 좀 복잡한 지표에 해당한다. 쉽게 설명해 일목균형표는 주세의 변곡점을 예측하는 이론으로 선행스팬과 후행스 팬을 포함해 총 5개의 선으로 구성되어 있으며, 흔히 기준선과 구름대를 매매 의 기준으로 삼는다. 선행스팬1과 선행스팬2 사이를 '구름대'라고 부르며, 이 구름대를 돌파하는 시점에 따라 주세의 방향이 결정된다는 것이 기본 핵심이 다. 따라서 구름대는 시장에서 현재 저항선이자 지지선 역할을 하 게 되며, 주가가 기준선과 구름대를 상향돌파할 때를 매수시점으로 해석한다.

기준선, 전환선 하향이탈 = 매도신호

구름대 + 기준선 + 전환선 상향돌파 = 매수신호

거래량 증가 → 감소 → 증가

선행스팬, 전환선, 기준 선 하향이탈 = 매도신호

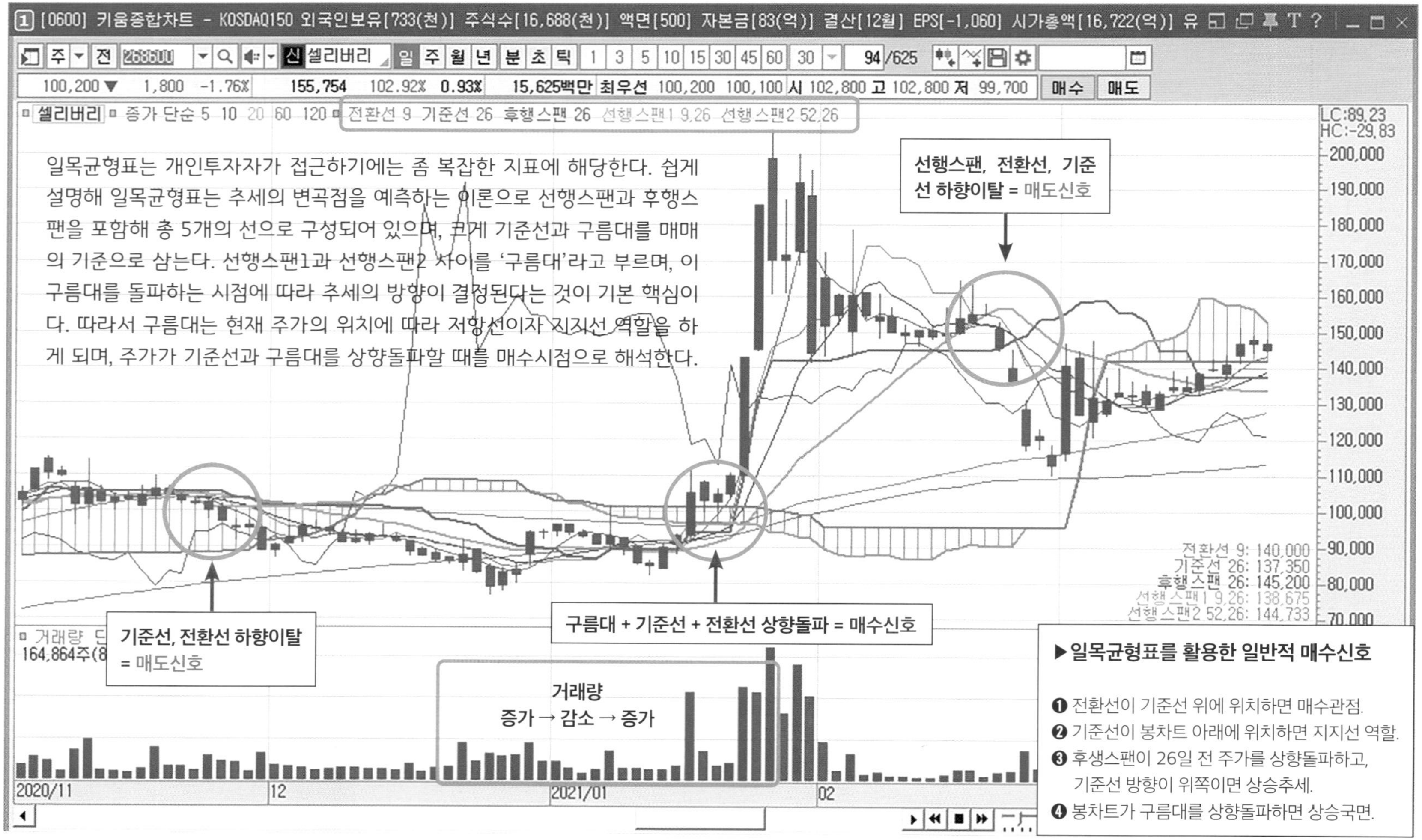

▶ 일목균형표를 활용한 일반적 매수신호
❶ 전환선이 기준선 위에 위치하면 매수관점.
❷ 기준선이 봉차트 아래에 위치하면 지지선 역할.
❸ 후행스팬이 26일 전 주가를 상향돌파하고, 기준선 방향이 위쪽이면 상승추세.
❹ 봉차트가 구름대를 상향돌파하면 상승국면.

주식시장에서는 이론이 어려울수록 실전에서는 아무런 힘도 발휘하지 못한다. 다우이론, 파동이론 등등을 비롯해 일목균형표 같은 것도 마찬가지다. 어려운 이론이나 설명일수록 핵심적인 기본 개념만 알아두면 된다. 일목균형표를 실전에서 활용하려면 기준선만 참고만 설명이 된다. 주가가 기준선 상단에 위치하느냐 하단에 위치하느냐에 따라 상승 및 하락추세가 진행된다고 봐도 큰 무리가 없다.

■ 일목균형표를 실전에서 활용하면서 기준선만 참고하면 크게 무리가 없다.

외국인-기관-개인 지분율

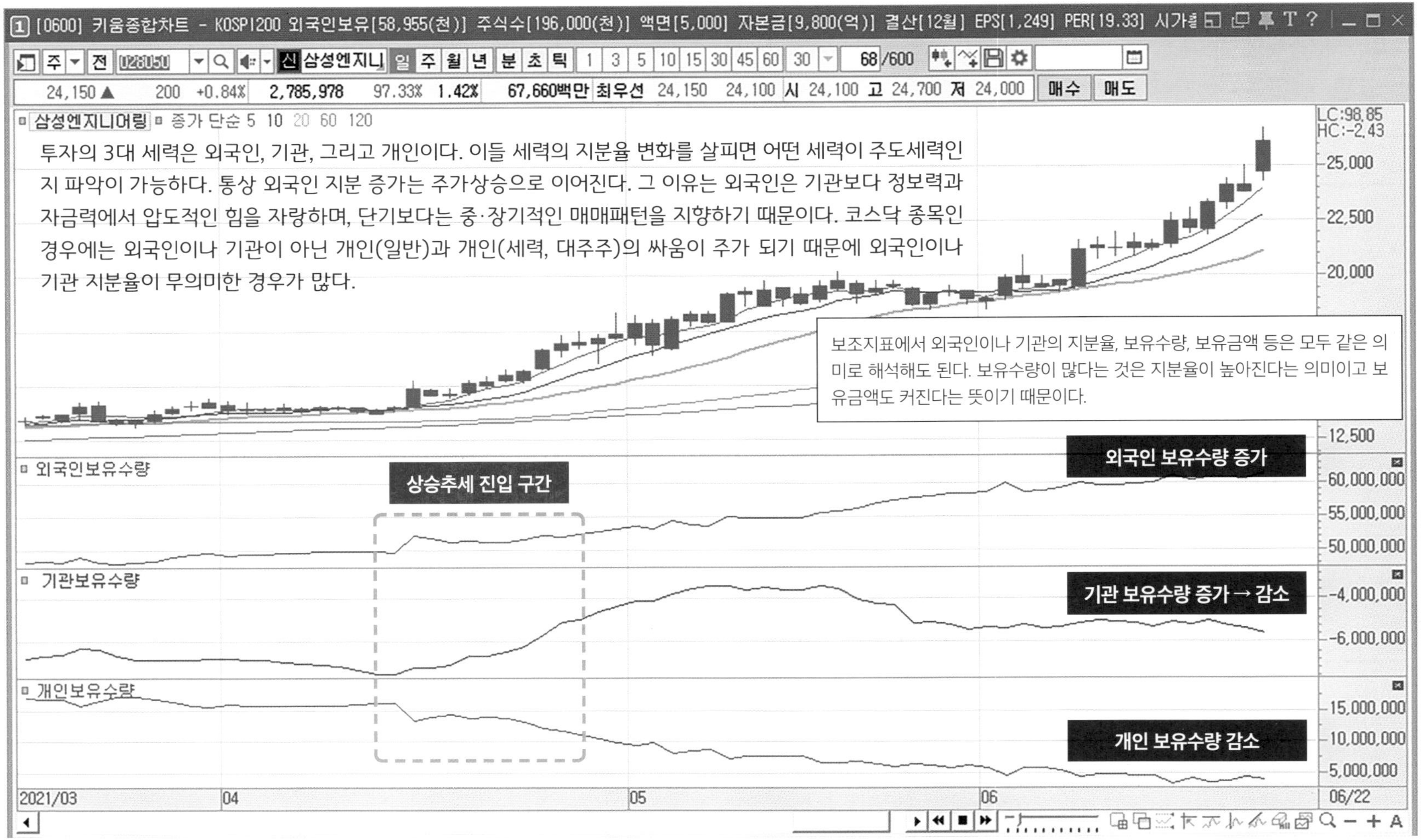
[0600] 키움종합차트 - KOSPI200 외국인보유[58,955(천)] 주식수[196,000(천)] 액면[5,000] 자본금[9,800(억)] 결산[12월] EPS[1,249] PER[19.33]
삼성엔지니어링 종가 단순 5 10 20 60 120
투자의 3대 세력은 외국인, 기관, 그리고 개인이다. 이들 세력의 지분율 변화를 살피면 어떤 세력이 주도세력인지 파악이 가능하다. 통상 외국인 지분 증가는 주가상승으로 이어진다. 그 이유는 외국인은 기관보다 정보력과 자금력에서 압도적인 힘을 자랑하며, 단기보다는 중·장기적인 매매패턴을 지향하기 때문이다. 코스닥 종목인 경우에는 외국인이나 기관이 아닌 개인(일반)과 개인(세력, 대주주)의 싸움이 주가 되기 때문에 외국인이나 기관 지분율이 무의미한 경우가 많다.
보조지표에서 외국인이나 기관의 지분율, 보유수량, 보유금액 등은 모두 같은 의미로 해석해도 된다. 보유수량이 많다는 것은 지분율이 높아진다는 의미이고 보유금액도 커진다는 뜻이기 때문이다.
외국인보유수량
상승추세 진입 구간
외국인 보유수량 증가
기관보유수량
기관 보유수량 증가 → 감소
개인보유수량
개인 보유수량 감소
2021/03
04
05
06
06/22

■ 외국인은 기관의 성격을 갖고 있다. 때문에 수익성 검증이 안 된 코스닥 중·소형주는 투자를 하고 싶어도 제한을 받는다. 따라서 코스닥 종목 중 외국인 지분이 갑자기 증가하는 경우는 외국계 증권계좌를 이용한 검은머리 세력의 장난으로 해석하는 것이 좋다. 코스닥 부실주 중에는 특히 대주주가 대차거래 방식으로 외국계 증권사를 이용해 지분을 매도하는 경우도 있으니 각별히 주의하도록 한다.

지만 그 외 지표들은 대부분 후행성을 갖는다. 주가바닥은 일단 지나고 봐야 확인이 가능하듯이, 차트분석의 최대 단점이 바로 과거의 이미 지난 지표를 토대로 미래를 예상한다는 점이다. 그밖에 차트분석의 단점을 간략히 나열하면 다음과 같다.

- 차트는 기업의 가치를 제대로 반영하지 못한다.
- 가치와 무관하게 투자심리에만 좌우되는 경향이 많다.
- 대주주의 경영능력, 재무상태, 업종현황 등을 파악할 수 없다.
- 동일한 차트라도 투자자들마다 해석이 달라진다.
- 급격한 시황변동에 너무 민감하게 반응한다.
- 단기매매에 치중되면서 뇌동매매로 이어지기 쉽다.
- 부실주, 저가주, 유통물량이 적은 소형주는 차트의 신뢰도가 낮다.
- 자금이 적은 중·소형주에서는 작전세력의 트릭이 많다.
- 차트분석은 강세장에서는 확률이 높고, 하락장에서는 확률이 낮다.
- 과거는 되풀이되지만, 항상 똑같은 것은 아니다.

"한 손엔 재무제표, 다른 한 손엔 차트!"

주식투자에서 중요한 두 가지 도구를 말한다. 제아무리 기업가치가 우량하고 저평가된 상태라도 수급이 없다면 투자수익을 얻기 힘들고, 제아무리 주식의 수급을 분석한다 해도 기업의 내재가치를

차트분석의 빛과 그림자

차트분석의 핵심은 「수급분석을 통한 추세매매」라 할 수 있다. 제아무리 재무구조가 우량하고 자산이 성장성이 월등한 기업이라도 투자자들의 관심을 보이지 않는다면 주가는 결코 상승하지 못한다. 투자란 현재가치가 아닌 미래가치를 담보로 하는 것이고, 거래란 수요와 공급의 범칙에 좌우되며, 따라서 투자수익을 올리기 위해서는 수요가 넘치는 타이밍을 노려 매수하고 공급이 넘치는 시점에서 매도해 시세차익을 얻는 것이라 할 수 있다.

수급은 거래량이며, 거래량은 주식의 가격을 좌우한다. 수급분석을 통해 주가흐름을 살피며, 주가흐름의 연속성인 추세를 통해 매매 타이밍을 잡는 것이야말로 차트분석의 핵심이다.

차트분석의 장점은 무엇보다 투자자들의 매매심리가 고스란히 차트에 녹아있기 때문에 주가의 위치와 수급(추세)거래량을 한눈에 파악할 수 있다는 점이다.

반면 차트분석의 단점은 한 마디로 '후행성'을 들 수 있다. 대체로 차트에서 가장 중요하게 여기는 거래량은 주가에 선행하는 편이

완전히 무시할 수 없다는 측면에서 가치분석이나 차트분석 어느 한 쪽을 무시하고서는 제대로 된 투자수익을 올릴 수 없다는 뜻이다.

가치분석의 단점은 차트분석으로 보완하고, 차트분석의 단점은 가치분석으로 보완하면서 투자자 나름대로 자신만의 투자기준을 세우는 것만이 약육강식의 치열한 주식시장에서 살아남는 유일한 비결일 것이다.

PART 03

투자비법의 맥!

I N V E S T M E N T

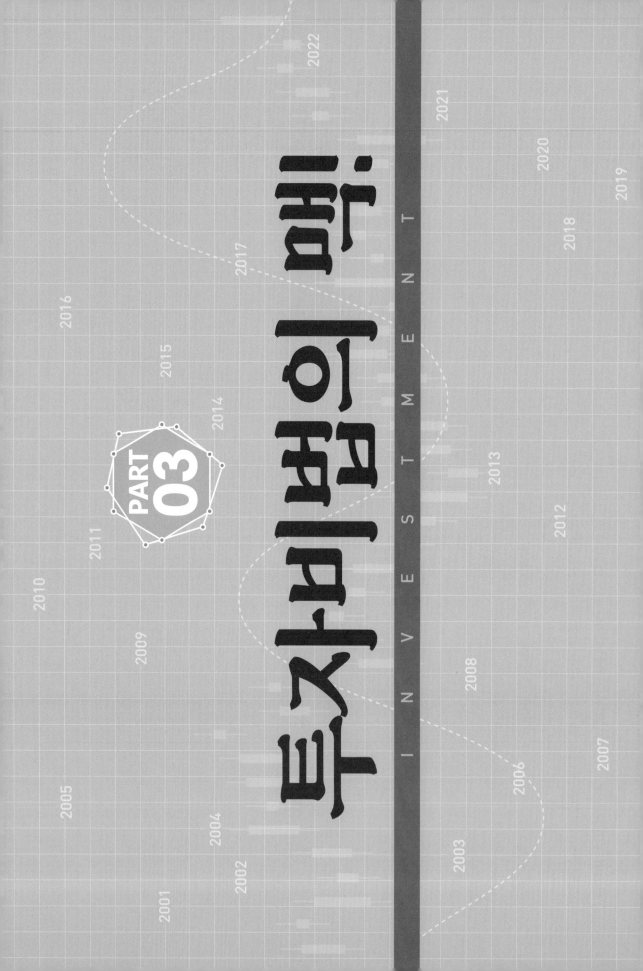

[0600] 키움종합차트 - KOSDAQ150 외국인보유[632(천)] 주식수[15,223(천)] 액면[500] 자본금[76(억)] 결산[12월] EPS[-293] 시가총액[13,000(억)] 유통
85,400 ▼ 1,700 -1.95% 254,634 78.77% 1.67% 21,786백만 최우선 85,400 85,300 시 86,100 고 86,900 저 85,000 매수 매도
박셀바이오 종가 단순 5 10 20 60 120
주식시장에서 "위험이 큰 만큼 수익이 크다" 이 말처럼 가슴 설레는 것은 없다. 단기간에 급등하는 세력주는 무엇보다 단 며칠 만에 투자 원금의 몇 배에 해당하는 엄청난 수익을 얻을 수 있다는 데에 가장 큰 매력이 있다. 주식투자의 이런 매력은 다른 투자상품에서는 찾아볼 수 없는 기쁨과 희열을 안겨준다.
급등추세
급락추세
3개월 사이 주가는 30배까지 급등한다. 수익률로 치면 단 3개월 만에 무려 3,000%에 육박하는 엄청난 수익률이다. 주식투자는 이처럼 은행이자나 부동산 투자나 심지어 고금리 사채놀이와도 비교될 수 없는 엄청난 투자마력을 지닌 셈이다. 그런데 일반 개인투자자들은 과연 이런 급등주를 평생 몇 번이나 잡아볼 수 있을까? 열에 아홉은 구경만 하고, 급등 초기에 운 좋게 올라탄 투자자마저 급등 중간에 흔들려 하차할 것이다. 그러고는 더 이상 참지 못하고 머리 꼭대기에서 추격매수를 감행할 것이다. 더 많은 바보들이 시장에 참가하길 기도하면서. 그런데 정작 그 바보가 자신인 줄 모르는 것이다.
LC:748.74
HC:-69.20
275,000
250,000
225,000
200,000
175,000
150,000
125,000
100,000
75,000
50,000
25,000
거래량 단순 0 0 0 0
25,000K
20,000K
15,000K
10,000K
5,000K
2020/10
11
12
2021/01
02
02/23

■ 급등주는 기술적 분석의 모든 것이 함축된, 그야말로 주식시장의 '꽃'으로 불린다. 급등주의 대박과 쪽박의 극단적인 상황 속에서 누군가는 기쁨의 환호성을 지르지만 다른 누군가는 절망의 눈물을 흘린다.

세력주(급등주) 리포트

1. 세력주에 대한 주관적 관점

- 주식시장의 모든 주식에는 크든 작든 세력이 존재한다.
- 세력주는 흔히 작전주투기성, 급등주단기모멘텀, 대박주중기모멘텀, 황금주장기모멘텀 등으로 불리기도 한다.
- 세력주는 개인투자자의 참여를 싫어한다. → 누군가는 잃어야 하는데, 함께 배부를 수 없다는 논리다.
- 세력주는 매집한 물량을 고점에서 떠넘길 투자자를 유혹한다. → 때문에 급등 초기에는 차트가 예쁘지만 상투권에서는 변동폭이 상당히 커진다.
- 세력주는 작전을 펼치려는 이들에게 큰 자본을 대는 물주가 따로 있다. → 주가를 움직이는 원동력이 곧 돈자본이기 때문이다.
- 세력주는 항상 팀별로 작전을 펼친다. → 거래원은 여러 증권사로 분포시켜야 눈에 잘 안 띄기 때문이다.
- 세력주도 예상치 못한 돌발 사태로 큰 손해를 보기도 한다. → 수급이 무너지면 세력도 망가질 수밖에 없다.
- 세력은 누구나 될 수 있다. → 자신이 보유한 투자금액만으로도 주가를 움직일 수 있다면, 그가 바로 세력이다.

2. 세력의 분류

세력을 크게 2종류로 분류하면 **대주주**와 **일반세력**외국인, 기관, 큰손, 개인으로 나눌 수 있다. 그러나 주식시장에서는 보통 **외국인, 기관, 개인**큰손 이렇게 3자 구도로 분류한다. 하지만 제4세력과 제5세력이 은연중에 힘을 발휘하는 것이 바로 주식시장의 원리다. 제4세력은 기관이나 동호회 중심의 '사설펀드'나 '사채업자' 등을 일컫는다. 제5세력은 바로 주가의 가격을 직접 결정하는 막대한 결정권을 가진 '대주주'를 말한다.

급등주는 통상 대주주와 결탁한 제4세력에 의해 좌지우지되는 경향이 많다. 간혹 투자동호회 같은 데서 투자금이 많은 개인들끼리 서로 의기투합해 어설픈 세력 흉내를 내보려 작전을 펼치기도 한다. 그러나 대부분 실패로 끝나는 경우가 많다. 가장 큰 이유는 바로 결속력 부족과 전문성 결여에 있다. 금융감독원의 눈을 피해야 하고, 그때그때 상황 변화에 따른 임기응변이나 노하우가 필수이기 때문이다.

도둑질도 해본 놈이 잘한다고, 어설픈 세력 흉내는 패가망신의 지름길이다. 때문에 제대로 된 세력은 작전할 주식의 정보를 미리 입수한다. 때론 CEO와 결탁하기도 하고, 증권사 직원이나 애널리스트투자분석가와도 교류를 하는 이유가 그 때문이다. 세력은 또한 투자금액에 따라 [주도세력 > 중수세력 > 하수세력]으로 구분할 수 있다. 주식시장에서는 이들 세력들이 서로 얽히고설키며 눈치작전을

벌이다 서로 공격도 하고 타협도 보며, 때에 따라 배신도 서슴지 않는다.

3. 세력의 먹이사슬

흔히 세력들은 개인투자자들을 유혹해 물량을 떠넘기는 것으로 알고 있다. 물론 정답이다. 그러나 실은 세력과 세력들 간의 싸움에서 중간에 개인들이 달라붙어 다닌다는 표현이 옳을 것이다. 중간에서 개인들은 수익도 보고 손실도 보는데, 다만 불안한 투자심리를 통제하지 못하며 정보력이나 분석력가치분석·차트분석이 취약한 대다수 개인들만이 큰 손해를 보는 것이다.

세력은 절대 일반 개인투자자들을 대상으로만 먹잇감을 노리지 않는다. 소위 악성 세력주라 불리는 '작전주'는 단기 성향이 짙은 투자자 위주로 미끼를 던지며 작전을 펼친다. 일반 개인들은 투자금액이 대부분 크지 않기 때문에 작전세력들은 중수급 정도의 작은 세력들, 이를테면 자본이 많은 개인투자자나 단타 성향이 짙은 투자동호회나 투자카페 및 사설기관 등을 노린다. 작전세력 입장에서는 투자금액이 큰 부류를 노려야만 목표로 한 수익을 충분히 낼 수 있기 때문이다. 만약 일반 개인들만을 위한 작전이라면 성공률보다 실패확률이 높아진다.

일반 개인들은 투자금액은 둘째 치더라도 대부분 주식투자 경력이 적을뿐더러 쉽게 뇌동매매를 하는 경향을 보인다. 투자심리가 불안하기 때문에 고가주보다 저가주에 매력을 느끼고, 고가권에서 매수하기보다는 저가권에서 매수하며, 작은 이익에도 쉽게 매도하려 하는 습성이 있다. 반면에 주식투자 경험이 많은 부류들은 투자금액이 평균 이상으로 많을뿐더러 나름대로 본인의 투자 노하우나 경험을 바탕으로 고가매수에도 대담한 매매패턴을 보인다.

작전세력들이 노리는 것은 바로 고가매수자들이다. 일단 주도세력이 주가를 올리기 시작하면, 어디선가 기막히게 돈 냄새를 맡는 작은 세력들이 하나둘씩 따라붙기 시작한다. 이때부터 세력들 간의 치열한 전투가 시작된다.

4. 세력주의 주가상승 과정

세력은 보통 2배 정도 수익을 남긴다. 목표가는 유통물량과 재료의 강도에 따라 다르지만 대략 저가대비 100~300%로 잡는다. 일단 세력이 주가를 끌어올릴 때는 대부분 [고가매수 저가매도] 전략을 취한다. 주가가 상승하기 위해서는 고가권에서 누군가가 매수해 주어야만 올라가는데, 높은 가격에 주식을 매수할 수 있는 것은 세력뿐이기 때문이다.

[고가매수 저가매도]는 세력 입장에서 손해라 생각할 수도 있다. **고가매수**는 주가를 한 단계 업Up시켜 저항선을 뚫는 역할을 한다. 일단 저항선이 상향돌파되면 이전 저항선은 지지선으로 탈바꿈한다.

예를 들어 유통주식수가 100만 주인 주식이 있다. 어떤 세력이 작전을 펼치기 위해 긴 시간 동안(보통 3개월 이상) 20만 주를 확보한다. 그런데 여기저기 작은 세력들 서너 명이 많이 5만 주씩 보유하고 있다고 가정해 본다. 또한 투자금이 큰 일반 개인투자자 몇몇이 1만 주씩 보유 중이다. 주도세력은 어떻게든 현 주가를 끌어올려 2배 이상 수익을 얻으려 한다. 그러려면 대략 현 주가의 3배 정도는 끌어올려야만 한다. 왜냐하면 세력은 고가에서 주식을 매수해야 하기 때문에 평균가는 매집가를(물량매집 평균단가) 이상이 되기 때문이다. 매도할 때도 마찬가지로 금융감독원의 눈을 피하기 위해 단 한 번에 매도하지 않고 여러 제각에 걸쳐 분할로 매도한다. 따라서 100% 수익을 얻기 위해서는 대략 200% 이상 주가를 급등시켜야 수지타산이 맞는다.

그런데 예상외로 만만치 않는 문제가 생기기 시작한다. 이렇게 된 일인지 주도세력이 주가를 끌어올리는 과정에서 작은 세력들이 동참해 주지 않는다. 자본이 많은 주도세력이라면 도의 힘으로 얼마든지 원하는 목표가까지 끌어올린다. 그러나 자본이 한정된 주도세력이라면 일단 적당한 선에서 작은 세력들과 타협을 해야 한다. 만약 타협이 무산되면, 주도세력이 억지를 부릴 때 작은 세력들한테 오히려 물량을 빼앗기기도 하고 도리어 물량만 과도하게 늘어나 작전행동반경이 축소된다. 그뿐만 아니라 지수 급락이나 돌발 심리적 변수로 인해 수급이 따라주지 않으면 세력도 고스란히 물려가 되는

이런 과정을 반복하면서 주가는 지속적으로 상승한다.

반면 **자기매도**는 주가를 한 단계 다운(Down)시켜 지지선을 깨트리면서 몇 호가 밑으로 주가를 일부러 끌어내리며 다른 세력에서 물량을 넘길 때 주로 사용한다.

여기서 '다른 세력'이란 서로 약속된 한통속을 말한다. 따라서 사전에 미리 계획된 작전대로 물량을 받쳐 놓는다. 다른 세력으로부터 물량을 받는 세력은 지지선을 새로이 구축하며 단타 순절매 물량을 함께 받기도 한다. 차트는 이때 분봉상 급등락을 연출하며, 새로운 주체점을 찾아가기 시작한다. 이어서 이평선 조정과 가격 조정을 가지며 숨고르기 절차를 밟은 후 제작했던 다음 작전에 돌입한다. 이를테면 서로 물량을 주거나 받거나 하는 **자전거래**를 동반시켜 거래량을 급등시키는 것이다.

이 시점에서 눈여겨 볼 것은 바로 5일선이나 10일선, 혹은 20일선, 60일선 등의 이평선을 갖고 있지 않는 특징이 있다는 점이다. 즉, 차트상에서 단기적으로 지지를 한다는 의미다. 주가가 단기에 급등(상승)한 상태에서 지지한다는 것은 무엇보다 누치 있는 다른 세력들의 급작스러운 외도를 막기 위해서다. 주도세력 혼자서는 주가를 급등시키기 어렵기 때문이며, 뜻이 있는 세력의 동참 여부를 제확인하는 절차이기도 하다. 이처럼 세력들은 서로 모르는 상태에서도 은연중에 연대감이 형성되고, 이어서 작은 세력들도 자신도 모르게 큰 세력의 움직임에 동참하는 것이다.

때가 바로 이 시점이다.

매집한 물량이 많다고 작전을 펼치기 쉬운 것은 절대 아니다. 세력은 항상 유통주식수에 맞춰 적당한 물량만 매집에 들어간다. 어떻게든 보유한 물량을 처분해야 하기 때문이다. 따라서 매집물량이 많으면 많을수록 몸짓이 무거워져 그만큼 매집물량을 매도하기 어려운 아이러니를 안고 있는 것이다. 세력은 물량을 충분히 확보해야 하면서, 동시에 넘치지도 모자라지도 않아야 금융감독원의 감시의 눈을 피해 작전을 성공시킬 수가 있는 것이다.

5. 세력은 어떻게 개인 물량을 파악하나

정답은 의외로 간단하다. 바로 세력들 본인의 물량을 알 수 있기 때문이다. 유통물량이 한정된 상태에서 대충 어림잡아 계산해 보면 일반 개인들이 어느 정도 매수를 하고 매도를 했는지를 짐작할 수 있다. 반대로 개인들은 제아무리 난다 긴다 하는 고수도 세력들 물량을 파악하기는 절대 불가능하다. 칼자루는 세력이 쥐고 있기 때문이며, 자신들의 물량을 알고 있으니 거래원 분석 등을 통해 능히 몸집이 작은 다른 세력이나 뒤따라 들어온 개인들의 물량을 유추할 수 있는 것이다.

호가창만 봐도 알 수 있다. 내가 세력인데 유통물량이 많은 저가주에서 한 10만 주 사자고 하고 몇 호가 밑으로 깔아놓는다. 그런데 어느 누가 20만 주 사자고 덤으로 올려놓는다. 이때 세력인 자신의 입장에서 과연 어떤 생각이 들까? 이런 식으로 세력은 매수-매도 강도를 측정한다. 이에 따라 주가 급등시 개인들이 따라붙는 물량 파악이 가능하고, 만약 물량을 떠넘길 몸집이 작은 세력들이나 일반 개인들이 따라붙지 않는다면 따라오게끔 단기 조정눌림목이나 고가놀이을 보이고 다시 급등시키고 하면서 주가 변동폭을 크게 만든다. 그리고 프로그램매매 및 **자전거래**증권회사가 같은 주식을 동일 가격으로 동일 수량의 매도·매수 주문을 내어 매매거래를 체결시키는 방법나 **통정거래**매수할 사람과 매도할 사람이 사전에 가격을 미리 정해 놓고 일정시간에 주식을 서로 매매하는 것를 동반해 거래량도 늘리고 하면서 개인투자자들을 유혹한다. 이 과정에서 물량분산이 어느 정도 완료되었다고 판단하면, 그때부터는 일관된 매도 작전으로 돌변한다. **허매도**매도하려는 의사도 없으면서 주문을 내는 것와 함께 **허매수**매수하려는 의사도 없으면서 주문을 내는 것도 쌓아두고 일부러 지지선이나 저항선을 깨트려도 보고 여러 가지 기술적 방법들을 동원해 매집물량을 고스란히 몸집이 작은 다른 세력이나 개인투자자들에게 떠넘긴다.

6. 세력의 매집물량 매도 방법

요즘은 세력의 작전 행태가 과거와 많이 다르지만, 일반적으로 세력은 주력세력이 있고 이를 보조하는 보조세력들이 있다. 통상적으로 3~5개 팀이 운영되며, 주력세력은 매집한 물량을 주로 파는 세력이고, 보조세력은 주력세력이 물량을 팔 수 있게끔 분위기를 띄우는 역할을 한다. 분위기를 띄우는 방법은 각종 뉴스와 루머를 시장에 유포시키거나 증권사 애널리스트와 같은 증권전문가들을 통해 공개적으로 호재를 알리기도 한다. 그밖에 인터넷 증권 카페나 동호회, 개인 증권 사이트의 전문가들을 이용해 슬금슬금 바람을 일으킨다.

분위기가 고조되기 이전에는 일단 모 주식을 A세력이 1차로 급등시킨 상태에서 B세력이 새로운 매수주체가 되어 A세력의 매도물량을 받는다. 단기 급등의 열기를 식히고자 **눌림목**주가상승 중 차익매물 소화를 위해 일시적으로 주가조정을 받는 구간과 같은 단기 조정을 거친 이후 C세력이 고가매수로 주가를 2차로 끌어올린다. 이 과정에서 남은 A물량을 B세력이 받고, 그런 다음 B와 C세력끼리 서로 물량을 주고받으며 주가를 한 차례 더 급등시킨다. 이런 반복되는 과정 속에서 주력세력은 보조세력에게 물량을 나눠주는 동시에 대량거래를 동반시켜 개인들에게 물량을 모두 처분한다.

세력들의 물량매집 평균단가는 당연히 주가가 급등하기 이전 수준이기 때문에 고가권에서 사고파는 대량거래를 일으켜 보유물량을 분산 처분하는 것이다. 자연히 주가 상투권 거래량은 바닥권 거래량보다 더 증가하는 현상이 일어난다. 또한 상투권에서 미처 다 처분하지 못한 물량은 속임수 눌림목 등의 기술적 반등을 이용해 잔여물량을 모두 처분하게 되고, 이후 주가는 급락하거나 하락추세로 반전되면서 거래량이 감소하게 된다.

세력은 절대 손해 보는 장사를 하지 않는다. 그렇다고 항상 주력세력이 큰 돈을 버는 것도 아니다. 주세력도 다른 작은 세력들에게 당하기도 하고 심지어 경험 많고 발빠른 개인들에게도 당하기도 한다. 다만 칼자루, 즉 세력은 매집된 물량을 쥐고 있다는 장점 하나로 확률상 큰 투자수익을 얻는 것이며, 그 반대급부인 엄청난 손해는 개인투자자들에게 돌아가는 것이다.

7. 세력의 의도는 차트에 그대로 드러난다

차트는 거짓말을 하지 않는다. 세력의 의도는 고스란히 차트에 드러난다. 물론 차트를 100% 분석할 줄 안다고 해서 주식시장에서 영원히 살아남는 것은 절대 아니다. 냉혹함을 자랑하는 주식시장에서는 관대함이나 넓은 아량은 추호도 없다. 무조건 수익을 위해 존재하는 치열한 전쟁터다. 때문에 남을 속이기 위한 트릭형 속임수 차트도 많이 볼 수 있으며, 돌발변수도 늘 뒤를 따르며, 투자자들의 불안한 심리적 요인도 크게 작용한다. 하지만 세력이 의도했든 의도하지 않았든 간에 시장에 참여한 불특정다수의 모든 투자심리와 투자행동은 고스란히 차트에 그려진다. 설령 차트가 지난 과거의 단순한 발자취에 불과할 뿐차트는 기본적으로 후행성이지만 동시에 선행성도 지니고 있는 투자지표이라는 생각이 들더라도 차트에는 투자자들의 자본과 고민과 심리와 희망과 절망이 모두 고스란히 녹아 있다.

세력주 차트는 특히 변동성이 상당한 만큼 일봉보다 분봉에서 세력의 의도가 조금 더 드러난다. 무엇보다 세력주급등주는 단기적으로 수익이 큰 만큼 위험도 상대적으로 높다는 단점을 안고 있다. 따라서 개인투자자들은 신용이나 미수와 같은 무리한 매매를 자제하면서 실력으로 잡았든, 아니면 운이 좋았든 간에 세력주에 올라탄 그 시점부터는 일봉과 분봉, 이평선, 지지선, 저항선, 보조지표, 공시와 뉴스, 기업현황이나 시장 분위기 등을 한순간도 한눈팔면 안 된다. 비록 하루 종일 6시간 동안 모니터만 뚫어져라 쳐다보는 고충이 있다 하더라도, 단 며칠 만에 은행에 몇 년 동안 넣어둔 이자 이상의 수익을 보장받는데 그 이상의 고통인들 왜 못 참겠는가.

투자란 리스크위험를 안아야만 한다. 세상 어디에도 리스크 없는 투자란 없다. 그 리스크를 감당할 수 있느냐 없느냐는 전적으로 본인에게 달려 있다.

주가상승(급등) 모멘텀(Momentum)

주식투자의 목적은 투자수익을 내기 위함이다. 투자수익은 현재 가치보다 미래가치가 더 높아지는 경우에만 시세차익을 기대할 수 있다. 가치가 높아진다는 것은 수요를 창출시킨다는 의미와 같다. 그렇다면 수요를 이끌어내기 위해서는 무엇인가 남과 다른 매력이 있어야 한다는 것을 말한다. 우리는 그것을 **희소성**이라고 부르며, 다른 한편으로는 **유행**테마이 될 수도 있다.

키 크고, 돈 많고, 잘 생기고, 체력 좋고, 거기다 마음까지 온화한 성품의 남자에게는 많은 여성들이 유혹을 한다. 예쁘고, 날씬하고, 능력도 좋고, 남을 배려할 줄 아는 여성에게는 많은 남성들이 구애의 손길을 뻗친다. 학급에서 공부를 잘하거나 리더십 있는 급우에게는 많은 친구들이 따른다. 사회생활에서 능력 있는 이는 그만한 대우를 받는다. 많은 대중에게 사랑과 인기를 한몸에 받는 연예인에게도 그만의 특별한 매력이 있기 때문에 수요를 불러일으킨다.

다른 이에게 찾아보기 힘든 무엇이 자신에게 있다면, 다른 이가 부러워하는 무엇이 자신에게 있다면 부富가 모이고, 명예를 얻으며, 권력까지 쥘 수 있다. 수요를 창출하는 첫 번째가 바로 '희소성'이며, 주식시장에서도 이 원리는 그대로 적용된다.

부르짖고 비현실적인 감정에만 치우치게 만든다. 오로지 자신의 부를 위해 대중에게 희망만을 부풀리는 것이다.

그렇다면 주식시장에서 주가상승(騰)의 명분에는 과연 어떤 것들이 있을까. **명분**(名分)은 일을 피하는 데에 있어 내세우는 구실이나 이유를 의미한다. 다시 말해 원인이 있어야 결과가 나타난다는 의미처럼 주가가 지속적으로 상승하거나 혹은 단기 급등할 때는 다 그만한 이유가 있게 마련이다. 주식투자자들이 다 납득할 만한 이유, 그것이 주가상승의 명분이고 **모멘텀**(Momentum:동력)으로 작용한다.

유동성

유동성이란 주식시장에 투자금이 넘치는 돈을 말한다. 이것을 **유동성장세**라 말하며, 돈의 힘만으로 대부분 종목의 주가상승을 부추기는 특성이 있다. 이때는 주식시장에 작은 호재 하나라도 나오면 투자할 곳을 찾지 못해 이리저리 헤매는 투자자들이 민감하게 반응하면서 단기 급등주들이 상당수 쏟아져 나온다. 그뿐만 아니라 웬만한 악재에도 주가는 밀리지 않고 버텨낸다 나나 할 것 없이 모든 투자자들이 수익를 게임에 참여하는, 그야말로 전종목이 겹쳐 폭발적인 주가상승이 이루어지는 장세다.

유동성의 1차 원인은 **금리**에 있다. 금리는 자본의 수요와 공급에 대한 이자를 말하기 때문에 금리가 낮아지면 시중에 돈이 풀려나와

수요를 창출하는 두 번째는 바로 '유행(테마)'이다. 자신은 남과 특별한 차이점이 없는데도 많은 사람들이 사랑을 고백하는 경우가 있다. 누군가 평범한 그에게 다가와 너를 사랑한다고 크게 말할 때 옆에 있던 사람들도 은연중에 평범해 보이던 그를 사랑하고프 마음이 생기는 경우가 있다. 특출한 재능도 없는 그에게 어느 누군가가 대시하면서 빛어지는 대중의 환상이 수요를 창출하는 것이다.

TV광고에서 모 연예인이 선전한 옷이 우연하게 유행을 타면서 불티나게 팔려나간다. 부실한 주식이라도 특정 동호회에서 루머를 흘려 대박종목이라고 선전하면, 그 소문을 타고 많은 투자자들의 귀에 흘러 들어가 출깃한 마음에 매수버튼을 누르기도 한다. 유행은 비록 한때의 영광일 수도 있지만, 영광의 그 순간만큼은 많은 이의 수요를 일으켜 가치를 높이게도 된다.

주가상승의 원인도 이와 다르지 않다. 다른 기업과 차별화된 무엇이 있다면 주가는 상승한다. 다른 기업보다 내세울 것이 없어도 입소문만으로도 주가는 상승할 수 있다. 여기서 전자를 **명분**이라 부르고, 후자를 **작전**이라고 부른다.

인간의 삶도 마찬가지다. 운이 좋아 복권에 당첨이 되었든, 열심히 땀 흘려 자신이 일하는 분야에 최고 전문가가 되었든 어떤 명분을 통해 지수성가의 길을 걸을 수 있다. 그리고 다른 하나는 바로 사기꾼이 되는 방법이다. 사기꾼은 과장된 언어와 몸짓으로 대중을 선동하며, 현실을 이성적으로 직시하는 것이 아닌 장밋빛 환상만을

다양한 투자처를 찾아 헤매게 된다. 이를테면 사업을 벌인다거나 부동산이나 기업에 투자하려고 한다. 왜냐하면 금리가 낮으니 낮은 이자로는 인플레를 감당하기 어렵다고 판단한 투자자들이 은행이자로는 만족하지 못하기 때문이다. 이 때문에 **금리인하는 자본주의 국가에 있어 침체된 경제에 유동성을 불러일으키는 최고의 금융정책**이다.

유동성의 2차 원인은 상대적으로 투자처가 부족할 때 일어난다. 쉽게 설명해 부동산시장과 주식시장이라는 두 투자시장이 서로 경쟁할 때 한쪽 부동산시장이 침체하면 부동산에 투입된 유동자금이 자연히 주식시장으로 흘러 들어가는 원리다. 같은 원리로 지난 코스닥 초창기 시절 IT붐을 타고 많은 IT종목들이 묻지마 급등하던 때가 있었다. 투자종목이 한정된 상태에서 특정 분야에 '붐Boom:호황'이 일어나면 일시적으로 해당 분야에만 유동성이 풍부해지는 것이다.

실적호전

주식회사는 철저히 총주식의 가격으로 회사가치를 평가받는다. 반대로 말하면 회사가치가 올라가면 주식도 오른다는 이치다. 그렇다면 회사가치를 높이려면 어떻게 해야 할까? 기업 입장에서는 '실적향상'이라 할 수 있다.

실적은 회사의 매출과 이익을 나타낸다. 매출이 증가하고 순이익이 늘고, 반대로 부채가 준다면 이것만큼 주가상승의 명분은 없는 셈이다. 실적호전은 회사가 점차 성장하고 있다는 직접적인 증거다. 특히나 지난 몇 년간 부진한 실적을 보인 회사가 어떤 요인으로 실적이 대폭 향상됐다면 이것만큼 주가상승의 명분이 서는 것도 없을 것이다. 주식시장에서 실적호전은 영원한 테마다.

신기술 개발(신사업 진출)

회사 운영의 3대 요소생산의 3요소는 **토지, 자본, 노동**이다. 여기에 **경영**까지 포함해 4대 요소기업의 4요소라고 부른다. 추가적으로 **기업의 5요소**는 [**토지 + 자본 + 노동 + 경영 + 정보**]를 말하기도 한다. 그러나 이것은 어디까지나 과거 20세기의 산업시대에서 불변의 진리로 간주되었지만, 현재 21세기에서는 [**기술 + 자본 + 노동**]으로 재편됐다고 해도 과언이 아닐 것이다.

현대의 산업은 과거 제조업 분야처럼 공장을 짓고 대량생산 대량유통 대량소비 위주로 회사가 운영되는 것은 아니다. 공장이 없어도 한 평 남짓한 공간만 있다면 누구나 사업을 벌인다. 그 중심에는 바로 '인터넷Internet'이 자리하고 있다.

신사업 진출이나 신기술 개발은 제조업이나 서비스업은 물론 인터넷업체에도 주가상승의 명분이 된다. IT분야에서는 광인터넷이나 이미지센서나 나노센서 개발, BT분야에서는 신약이나 신물질 및 복제기술 개발, 제조업분야에서는 신제품이나 신상품 개발 등이 이에 해당한다. 즉 새로운 신기술 개발이 해당 회사의 가치를 높이는 또 하나의 요인이 되는 것이다.

주식은 미래의 꿈을 먹고 산다. 신사업 진출이나 새로운 기술이 개발됐다는 사실은 신규 시장 진입을 알리는 신호탄 역할을 한다. 신기술은 곧 경쟁력을 말하고 → 기업이 희소성을 갖게 된다는 것을 의미한다. → 희소하다는 것은 소비자의 수요를 늘리는 매개 역할을 하고 → 이것은 시장에서 기업의 가치를 높게 평가하는 직접적인 이유가 된다. 비록 현재 개발된 신기술이 앞으로 실제 제품에 응용되기까지는 많은 시간과 자본이 필요할지 모르지만, 주식시장은 이에 아랑곳하지 않고 주가를 상승들시키는 최고 명분으로 활용한다.

우회상장(우량기업에 안착)

우회상장이란 장외기업이 증권거래소나 코스닥 시장에 상장되기 기업과의 합병을 통해 상장을 위한 심사나 공모주 청약 등의 절차를 밟지 않고 곧바로 상장되는 것을 말하며, 일명 백도어리스팅Back door listing이라고 불린다. 다른 말로 '뒷문상장'이라고도 한다.

주식시장에 상장되지 않은 비등록 기업들비상장 기업, 즉 자금이 여유는 있으나 현시점에서 상장심사 요건을 충족시키지 못하는 장외 기업들의 경우, 대주주의 지분율이 낮은 상장 거래소또는 코스닥기업 가운데 자금에 어려움을 겪고 있는 기업을 대상으로 A&D인수후 개발나 M&A인수합병를 시도한다. 이때 주식 맞교환스와핑이나 현금으로 지분을 인수한 후 상장기업과 합병을 통해 상장요건이 되지 않는 기업을 인수한 후 상장기업의 경쟁력을 높이는 요인이기 때문에 주식투자자들에게 이 우회하는 형태로 우회상장이 이루어진다. 우회상장은 기존 기업

이 새로운 기업으로 완전히 바꾸는 것을 말하기 때문에 이 또한 주가상승의 대표적인 명분에 속한다.

인수합병(경영권 매각)

인수합병M&A은 큰 의미에서 보면 경영권 매각이라든지 우회상장 개념을 모두 포괄하는 광의의 개념으로도 쓸 수 있다. 먼저 기업의 인수란 한 기업이 다른 기업의 주식이나 자산을 취득하면서 경영권을 획득하는 것이며, 합병이란 두 개 이상의 기업들이 법률적으로나 사실적으로 하나의 기업으로 합쳐지는 것을 말한다. 쉽게 말해 인수란 경영권 매각을 말하고, 합병이란 두 기업을 합쳐 새로운 경영자로 교체하는 것을 말 못한다.

이러한 M&A의 목적은 기존 기업의 내적 성장 한계를 극복하고 신규사업 참여에 소요되는 기간과 투자비용의 절감, 경영상의 노하우, 숙련된 전문인력 및 기업의 대외적 신용확보, 경쟁사 인수를 통한 시장점유율 확대, 경쟁기업의 주식 매입을 통한 M&A 대비, 자신가치가 높은 기업을 인수한 뒤 매각하여 자익을 실현하는 등 여러 가지가 있다.

M&A는 그 성격에 따라 우호적M&A기업의 인수합병에 대해 상대기업이 동의를 얻는 경우와 적대적M&A상대기업의 동의 없이 강행하는 경우가 있다. 인수합병은 곧 기업의 경쟁력을 높이는 요인이기 때문에 주식투자자들에게 환영을 받는 고급 요리에 속한다.

부실탈피(자산매각, 투자유치)

주식시장에서 '부실탈피'란 한마디로 죽음에서 삶으로 추세전환을 의미한다. 주식시장에서 **부실주**란 회사의 경쟁력이 떨어져 → 제품 판매가 안 돼 → 매출이 줄고 → 매출이 감소하니 → 적자는 늘고 → 적자가 누적되면서 → 부채빚를 감당하기 힘든 주식들을 말한다. 주식시장에서는 보통 부실주들은 **관리종목**부실한 재무상태로 상장폐지 기준에 해당할 우려가 있는 종목이나 **투자환기종목**코스닥 기업을 중심으로 상장폐지 우려가 높은 종목으로 지정해 별도로 관리한다. 이런 부실주들은 시장에서 살아남기 위해 대부분 **감자**자본금 감소 후 **유상증자**자본금 증가 등을 실시해 부실을 털어버리는 수순을 밟는다. [참고로 부동산이나 건물 등의 자산매각을 하거나 외국회사 혹은 엔젤클럽과 같은 제3의 기관으로부터 투자를 받는 경우도 단기에 부실을 탈피하는 경우에 해당된다.]

만약 재정이 부실한 회사가 그대로 상장유지를 하려 한다면 증권거래소에서는 일정 유예기간을 주게 되는데, 유예기간 이후에도 회사가 여전히 부실하다면 최종적으로 상장폐지 명령을 내린다. 인간으로 치면 조직사회에서 방출시키는 셈이다.

자본주의 경제에서 경쟁력을 상실한 부실한 회사는 존립가치가 없다는 의미와 같다. 따라서 부실한 회사가 상장을 유지하려면 매출은 뒷전이고 우선 부채비율부터 줄여야만 하는데, 이에 따라 회사는 자본금을 대폭 줄이든지감자, 추가로 자본금을 늘리든지증자, 아니면 전환사채를 발행하든지 하는 피나는 자구노력을 기울이게 된다. 어쨌든 상장폐지가 유력해 보이던 종목이 변칙적인 자금편법으로 상장폐지 위기에서 벗어나거나, 이후 경영진의 피나는 노력으로 정체되었던 매출이 증가하면서 사업이 활기를 띠고 부채를 모두 털어버리게 될 때, 이 또한 주가상승의 명분이 된다.

정부정책

자본주의는 철저히 경제성장 위주의 정책을 지향한다. **자유시장경쟁** 원리에 따라 경제성장이 만약 마이너스로 뒷걸음질 치게 되면 기업은 경쟁력을 상실해 해외 수출길이 막힌다. 수출이 막히면 내수시장만으로는 한계가 있어 기업의 부실은 늘어나고, 기업이 부실하면 가정이 부실해져 나아가 국가재정이 파탄나는 최악의 상황까지 연출될 수 있다. 따라서 성장 위주의 경제정책은 생존을 위한 자본주의 시장의 기본정책인 셈이다.

정부는 해마다 국민을 먹여 살릴 범국가적 차원에서 **신성장동력산업**을 개발하고 자금을 지원한다. 정부정책은 이처럼 국가적 사업을 찾아내 전폭적으로 지원해 주며, 대표적인 것이 과거의 조선·건설·가전·중공업·반도체에서 현재의 IT·바이오·의료·나노·로봇·LED·에너지·헬스케어·2차전지·전기차·모바일·코로나19·메타버스 분야의 사업이다. 국가적 차원의 사업은 주식시장에서 테마를 형성시킨다. 이처럼 정부정책은 테마주들의 급등 명분을 세워주는 역할을 한다.

급등주의 일반적 조건

앞서 주가가 중기적으로 상승하거나 단기에 급등하려면 일단 명분이 필요하다는 것을 간략히 다루었다. 이번에는 급등주의 일반적인 조건들에 대해 간략히 살펴보고자 한다. 급등의 조건은 다른 의미로 작전의 환경을 의미한다고 볼 수 있다. 자본이 큰 세력이 들어올 수 있는 환경, 급등 명분을 내세울 만한 환경이 바로 그것이다. 먼저 수급상의 조건들을 한번 살펴보겠다.

1. 수급상 조건

❶ **저평가 주식** : 가치분석 관점에서 타 기업에 비해 상당히 저평가된 경우

❷ **자본금이 적은 주식** : 자본금 100억 미만

❸ **시가총액이 낮은 주식** : 시가총액 200억~300억 정도의 중·소형주(강세장에서는 300억~700억)

❹ **대주주 지분이 낮은 주식** : 대주주 지분 30% 이하(M&A 대상)

❺ **유통물량이 적당한 주식** : 대략 500만주~2천만주 사이

❻ 매스컴과 시장에서 소외된 주식이나 시장 인기 테마주

❼ 장기간 횡보기간이 길어 개인들이 대부분 포기한 주식

❽ 매수-매도물량이 거의 자취를 감춘 거래량 바닥권 상태

❾ 주가 탄력성이 크고 매물부담이 적은 주식

❿ 주가가 하락할수록 거래량이 증가하거나 폭락 후 더 이상 하락하지 않는 주식

수급은 거래량의 의미로도 사용한다. 다시 말해 급등주가 탄생하기 이전에는 거래량이 거의 없는 매우 지루한 상태를 지속하는 예가 상당히 많다. 지루하다는 것은 단기적으로 가격 변동폭이 매우 적다는 것을 의미하며, 따라서 개인들이 많이 몰리지 않으며, 이때부터 세력은 물량을 매집한다.

[수급상 관점에서의 급등 조건은 과거형]

2. 기본적 조건

❶ 관리종목 탈피

❷ 반기실적 호전(매출 증가 + 영업이익 개선)

❸ 매출채권(외상매출) 급감

❹ 유동비율과 당좌비율 향상

❺ 부동산이나 자회사 매각

❻ 신기술이나 신제품 및 신상품 개발(수출)

❼ 우수한 경영자 교체 및 인수합병

❽ 경영권 매각 및 우회상장

❾ 기업의 외적 변화(금리, 유가, 환율, 해외지수…)에 따른 수혜

⑩ 정부정책이나 환경 변화에 따른 미래 기대가치 향상

급등의 기본적 관점에서의 조건은 크게 재무제표상의 기업 내재 가치 측면, 그리고 경영자나 경영권에 관련된 사항과 함께 기업의 외적 변화 등으로 나눌 수 있다. 기업의 외적인 변화로는 유동성, 금리, 유가, 환율, 해외지수, 정부정책, 업종 호황, 테마 편입, 기업 특성상 전쟁이나 자연재해나 코로나19 팬데믹에 따른 반대급부 수혜 등을 말한다.

[기본적 관점에서의 급등 조건은 미래형]

기술적 관점은 곧 차트를 말한다. 차트상 급등의 징후는 이평선 배열과 캔들 변화, 그리고 거래량 변화 등으로 파악한다. 기본적 분석은 추상적인 반면에 기술적 분석은 다소 구체적이기 때문에 주가의 변화를 눈으로 직접 확인하는 장점을 맞고 있다. 급등주는 기업의 재무제표를 완전히 무시하는 경향이 많기 때문에 기본적 분석만으로는 절대 답이 나오지 않는다. 철저히 차트분석 위주로 대응하면서 그다음 2차적으로 가치분석 관점에서 대응해야만 한다.

[기술적 관점에서의 급등 조건은 현재형]

3. 기술적 조건

❶ 이평선 박스권에서 장기간 횡보(이평선 수렴)

❷ 바닥권 거래량 급증

❸ 이평선 역배열 상태에서 이격도 과다

❹ 최저점에서 3중바닥 완성

❺ 직선병 종합 후 고점 상향돌파

❻ 신고가 투매(바닥권에서 갭하락 3번 이상)

❼ 장·단기 급락 후 쌍바닥이나 상승장악형 출현

❽ 장기 하락추세선 상향돌파

❾ 단기 이평선 역배열에서 정배열로 전환된 후 이평선 수렴

❿ 5일 변곡점 탄생과 함께 갭 상승으로 상승추세전환

주가 급등 예측 요령

시간은 과거에서 현재를 거쳐 미래를 향해 나아간다. 시간에 구속된 세계에서는 미래를 예측한다는 것은 그만큼 무의미할 수도 있을 것이다. 과거는 이미 지나간 발자취이고, 현재는 선택의 갈등 구간이며, 미래는 선택에 따른 결과물이기 때문에 어느 누구도 미래를 섣불리 장담해서는 안 된다는 것이 기본 골격이다. 현재 자신이 어떤 선택을 하느냐에 따라 미래는 달라지기 때문이며, 그 선택은 시간이 지나면서 시시각각 변화하고 이어서 또 다른 선택을 강요하기 때문이다.

흔히 시장은 예측이 불가능하다고 말한다. 시장은 살아 움직이는 생명체이기 때문에 예측보다는 대응이 중요하다고 강조한다. 틀린 말이 아니다. 그렇다고 정답도 아니다. 예측은 미래이고 대응은 현재다. 현재 밖에 비가 오면 우산을 들고 나가고, 목이 마르면 물을 마시며, 몸이 아프면 병원에 간다. 주식시장에서도 매수신호가 포착되면 매수하고, 매도신호가 나오면 매도한다. 향후 앞으로가 중요한 것이 아니라 지금 현재가 중요한 것이다.

한편으로 미래는 항상 불확실하다. 예측이란 과거에서 현재까지의 지나온 과정을 토대로 미래의 가설을 세우는 것이라 할 수 있다. 그러나 현재란 항상 선택의 연속이며, 현재 어떤 선택을 하느냐에 따라 가설은 언제든지 뒤집힌다. 당장 오늘 일도 예상하지 못하면서 어떻게 내일을 예측할 수 있느냐 하는 것이 대응의 중요성을 강조하는 이유다.

랜덤워크random walk 이론에 의하면 주가는 과거의 변화나 패턴에 제약받지 않고 독립적으로 움직인다고 한다. 그래서 오늘의 주가는 오늘의 변화 요인이 반영된 것이고, 내일의 주가는 내일의 변화 요인이 반영되는 것이기 때문에 주가 예측이 불가능하다는 이론이다. 시장은 투명하지도 않고, 효율적이지도 않고, 투자자들 또한 이성적이지 않으며, 하루가 다르게 쏟아지는 고용, 생산, 투자, 통화량, 성장률, 정책변수 등 각종 정보의 해석도 제각각이기 때문에 주가는 술에 취한 사람이 길을 걷는 것처럼 예측할 수 없다는 것이다. 나름대로 일리가 있으며, 실제로도 시장은 효율적이지 않다.

하지만 랜덤워크 이론도 가설이다. 가설이 법칙으로 확립되려면 많은 실험과 객관적 데이터를 통한 증명이 이루어져야 한다는 점에서 가설의 한계성을 벗어나지 못한다. 기술적 분석의 단점을 랜덤워크 이론으로 설명한다면, 기본적 분석도 이에 자유롭지 못하다. 주식투자에서 예측이 불가능하다면 기술적 분석은 물론 기본적 분석도 아무런 의미가 없는 것과 같다. 기술적 분석은 신뢰하지 못하면서 어떻게 기본적 분석에는 신뢰를 보낼 수 있을까? 둘 다 같은 후행성 성격이 짙은데 어떻게 한쪽만 신뢰하고 다른 쪽은 무시할 수 있을까? 무엇보다 차트를 무시하면 어떻게 매매를 해야만 할까?

최소한 현재 주식 가격의 위치나 추세 정도는 알아야 하지 않을까.

우리가 역사과거를 배우는 것은 현재보다 나은 미래를 위해서다. 설령 현재의 선택에 따른 미래의 결과를 100% 예측하지 못하더라도 최소한 확률은 높일 수 있을 것이다. 과거는 현재의 원인이고, 현재는 과거의 결과물이다. 따라서 현재는 미래의 원인이 되기 때문에 미래를 예측하지 못할 것도 없다. 과거 전쟁의 원인을 배우고 그에 따른 아픔을 경험했다면 미래를 위해서도 현재 전쟁을 하지 않으려는 노력을 보이면 된다. 같은 원리로 주식투자자가 차트를 배우는 것은 시세에 대응하려는 것인 동시에 시세를 예측하려는 노력인 것이다. 대응만으로는 남과 큰 차이를 보이지는 못하지만, 예측능력을 조금이라도 높인다면 남과의 치열한 경쟁에서 살아남는다.

앞서 주가상승의 원리와 기본 조건들을 간략히 다루었다. 이번 장에서는 크게 두 가지 관점에서 주가상승을 예측하는 요령을 살펴보겠다.

정부정책

오늘날 민주주의 국가의 자본주의 정책은 자유시장 경제를 채택하고 있다. **자유시장 경제체제**는 개인의 경제활동을 최대한 보장하고, 이에 대한 국가의 간섭을 최대한 배제하려는 정책을 말한다. 국가는 국민의 안정을 보호하고 생활을 유지시키는 의무를 안고 있으며, 이에 따라 자본주의 국가는 경제성장지상주의 이념을 삼게 된다. 왜냐하면 자본주의에서는 성장하지 못하면 철저히 도태되기 때문이다.

대표적인 경제성장정책으로는 FTA를 꼽을 수 있다. **FTA**는 〈Free Trade Agreement〉 머리글자를 따온 것으로 **자유무역협정**을 말하며, 국가 간 상품의 자유로운 이동을 위해 모든 무역장벽을 제거시키는 협정이다. 풀이하자면 국가와 국가 사이의 상호 무역 증진을 위해 물자나 서비스 이동을 자유화시키는 협정으로, 나라와 나라 사이의 제반 무역장벽을 완화하거나 철폐하여 무역자유화를 실현하기 위한 양국 간 또는 지역 사이에 체결하는 특혜무역협정이다. 국가 간 무역장벽은 '관세'이며, 이 관세를 완화해서 국가 간 무역을 최대한 자유롭게 만들자는 취지다. 대표적인 무역협정으로 〈한-미 FTA〉, 〈한-EU FTA〉, 〈한-중 FTA〉 등이 있다.

경제성장정책에는 이밖에도 국가차원의 **신성장 산업 육성책**을 들 수 있다. 앞으로 국민을 먹여 살릴 미래의 주력산업을 키우고자 진행하는 중·장기적인 정부정책에 속한다.

우리나라는 1950년 6월 25일 공산주의와 자본주의 이념 갈등의 희생양이 되면서 6.25 전쟁이 일어났으며, 1953년 7월 27일 휴전 협정을 맺었다. 이후 우리나라는 미국의 전폭적인 지원 아래 자본주의 노선의 길을 걷게 된다. 하지만 그 당시 우리나라는 선진문명을 신규 테마는 모든 투자자들의 관심과 주목을 일시에 받는다. 그러면서 투자금이 몰리고 주가는 급등하기 시작한다. 테마는 경제·사회·문화에서부터 제도·유행·선거 등에 이르기까지 다양한 형태로 주식시장을 자극한다. 이 중에서 주식시장에 가장 큰 영향력을 행사하는 것이 바로 **정부정책**과 **산업변화**다. 정치나 문화, 제설, 유행 등 사회적 이슈에 부각된 테마는 일시적이지만 정부가 주도하는 경제정책과 산업정책에 소득된 테마는 엄청난 시세분출이 이루어지곤 한다. 왜냐하면 정부가 내려는 사업은 사회 전반에 영향을 미치기 때문이다.

우리나라는 5년마다 대통령 선거를 치른다. 그리고 국회의원 선거도 치르고, 시도지사 선거도 치른다. 해가 바뀔 때마다 각종 연론에서는 정부의 신년사업계획을 발표한다. 투자자라면 그냥 한쪽 귀로 흘려들어서는 안 되는 고급정보다. 선거에서 내거는 공약은 국제사업이다. 대통령 후보가 내거는 구호에는 자본의 흐름을 함축하고 있다. 어떤 후보가 당선되면 그 후보의 노력을 할 것이고, 이것은 곧 그 후보의 공약에 포함되는 사업의 활성화가 이루어질 것이라 예상할 수 있다. 과거에서 현재까지 인기를 끌었던 테마를 살펴보면… 자동차, 조선, 건설, IT, 반도체, LCD, 휴대폰, 엔터테인먼트, 와이브로, 바이오를 필두로 나노, 로봇, 하이브리드, 자원개발, 새만금, 태양광, 풍

일찍 받아들였던 일본과 달리 중국, 러시아, 미국, 일본 4강의 패권 다툼의 희생양이 되면서 전쟁과 부정부패로 추진 국력이 속해 있었다. 그러다 1962년 '경제개발5개년계획'을 통해 마침내 고도성장의 길을 걷게 된다.

전쟁으로 경제가 마비되고 산업 전체가 무너진 상태에서 가장 면저 국가가 취할 수 있는 산업은 하나밖에 없었다. 해외자본을 투자받아 사회기반시설부터 갖추어야만 했다. 다리를 놓고, 고속도로를 만들고, 철도를 개설하고, 각 시도시마다 산업기반을 만들면서 사회 인프라 구축에 힘을 쏟았다. 일단 운송수단부터, 유통체계부터 갖춰 놓아야 사업을 할 수 있고 무역을 할 수 있기 때문이다. 그 효과는 모든 국민들이 피부로 느낄 정도로 다가서게 되면서 우리나라는 섬유·신발 등 1차 산업의 수출주도국에서 철강·건설·선박·중공업 분야의 2차 산업 수출주도국으로 변모한다. 이 과정에서 전화와 TV가 일반 가정에 보급되기 시작했고, 끝이어 가전제품·자동차·반도체·휴대폰·LCD·인터넷·LED·모바일·스마트폰·바이오 등 3차 산업의 수출주도형 국가로 탈바꿈하기에 이른다.

주식시장에서는 해마다 많고 다양한 테마가 새로 만들어진다. 하나의 재료가 여러 종목에 동시다발적으로 영향을 미치면서 한 종목이 아닌 여러 종목이 함께 움직이게 되는데 주식시장에서는 이것을

테마주로 분류한다.

력, 우주항공, 줄기세포, 4대강, 전자결제, LED, 원자력, 헬스케어, 전기자동차, 2차전지, 복지, 클라우드 컴퓨팅, SNS, 스마트 그리드, 탄소나노, 코로나19, 메타버스Metaverse, 인공지능 등 모두 선거공약에서 출발해 정부정책에서 테마가 형성된 것을 알 수 있다.

2019년 겨울 중국 우한에서 촉발된 코로나바이러스가 전 세계에 펜데믹 상황을 몰고 왔다. 세계 각국 정부는 경제침체를 우려해 금리를 낮추고 시장에 유동성을 공급했다. 시장에 돈이 넘치자 부동산은 물론 주식시장, 가상화폐시장으로 계속 돈이 몰려들었다. 주식시장에서는 코로나19 테마가 불을 뿜었다. 바이러스 감염을 1차로 막기 위한 정부정책으로 먼저 마스크 관련주가 용트림을 하기 시작했다. 이어서 의료기기, 진단, 백신, 치료제 테마가 번갈아 가며 엄청난 시세를 연출했다. 또한 재택근무가 늘면서 이에 관련된 비대면 주식들이 투자자들의 인기를 한 몸에 받았다.

정부정책은 이처럼 테마를 만들어 투자자들의 꿈을 먹고 환상의 날갯짓을 펼치게 만든다. 주식시장에서 미래를 내다보는 안목, 일단 정부정책을 주시하는 것이다.

주식투자에서 수익을 내려면 두 가지 방법밖에 없다. 앞으로의 명분을 갖고 상승할 주식을 미리 선점하든가, 현재 명분을 등에 업고 상승 중인 주식을 추격해 단기적으로 시세차익을 내는 것뿐이다. 향후 정부정책만 주시한다면 예측매매 관점에서 앞으로 상승할 주식을 미리 선점하는 데 큰 도움이 된다.

기업공시(사업보고서, 임시주주총회, 유상증자, 투자설명서…)

주식시장에 상장된 회사의 장점은 크게 '투자금 유치'와 '자사 홍보'에 있다. 상장회사는 기업 운영 자금이 부족해지면 전환사채CB나 신주인수권부사채BW 등의 사채를 발행하거나 자본금을 늘리는 유상증자 등을 통해 투자자로부터 투자금을 손쉽게 끌어모을 수 있는 장점이 있다. 또한 투자자들에게 하는 자사 제품에 대한 마케팅이나 홍보 측면에서도 상장회사의 장점은 비상장회사와 비할 바가 못 된다. 그래서 대부분의 비상장회사들은 상장심사를 통과하려 애를 쓰는 것이고, 이에 여의치 않으면 뒷문상장이라는 우회상장도 불사하는 것이다.

반면에 상장회사의 단점이라고 한다면 바로 **기업공개**IPO:Initial Public Offering를 해야 한다는 점이다. 회사의 재정상태 및 경영상태 등의 정보를 모든 투자자들에게 투명하게 공개해야만 하며, 기업공개를 하지 못하면 그 불확실성으로 인해 회사는 투자를 받지 못하기 때문이다.

그렇다면 주식회사는 어떤 방법으로 회사의 재정이나 경영 및 사업현황 등을 투자자들에게 알릴까? 바로 **공시**公示를 통해서 기업의 전반적인 사항을 투자자들에게 알린다.

주식회사는 기업에 재정이나 경영 등 그밖에 투자에 중요한 정보라 판단되는 사항은 필히 금융감독원에 신고해야 하는 의무가 있다. 예를 들면 지분변동, 사업보고서, 분기보고서, 반기보고서, 결산보고서, 합병보고서… 이 외에도 국·내외 수출체결에서부터 영업실적, 임시주총결의, 최대주주변경, 주요주주지분변동, 상호변경, 사업목적추가, 장래사업·경영계획, 타법인 지분투자, 배당, 증자, 지분현황, 인수합병, 자본금 변동 등 투자에 민감한 사항들은 모두 의무적으로 신고를 해야만 한다. 만약 상장법인이 이러한 공시의무를 성실히 이행하지 않는다면 **불성실 공시**로 낙인찍히면서 매매거래를 정지시키거나 관리종목으로 지정하고, 급기야 상장폐지라는 최악의 상황으로까지 몰리게 된다. 기업이 투명해야만 투자자들이 안심하고 투자할 수 있는 환경이 만들어진다는 자본주의 정부의 취지라 할 수 있다.

상장법인의 기업공시는 금융감독원 **전자공시시스템**http://dart.fss.or.kr을 통해 일반투자자들에게 공개되며, 각 금융언론사를 통해서도 뉴스가 전달된다. 각 증권사 HTS 화면에서 '종목뉴스'란을 살펴보면 해당 기업에 대한 지난 언론뉴스와 공시를 함께 볼 수도 있고, 공시 내용만 따로 구분해 살펴볼 수도 있다.

공시 내용 중 가장 높은 비율을 차지하는 것이 바로 **영업실적**이다. 3개월 단위의 분기, 6개월 단위의 반기, 1년 단위의 결산보고서 이외에도 계약건, 수출건, 개발건 등 실적에 직접 관련된 내용이 공시의 대부분을 차지한다. 그러나 안타깝게도 단순히 기업실적만 가지고는 투자의 기준으로 삼을 수가 없는 것이 현실이다. 왜냐하면 영업실적은 곧 재무제표를 말하며, 재무제표는 대주주 임의로 가공분식회계될 수도 있지만, 그보다 3개월 단위이든 6개월 단위이든 이미 지난 과거에 대한 실적을 확정 지은 영수증이라는 데 투자의 위험성이 존재하기 때문이다.

주식은 과거나 현재가 아닌, 미래를 반영하는 특성이 있다. 현재 기업실적이 좋지 못하다면 실적공시가 나오기 이전에 주가는 이미 하락을 한다. 기업 창사 최대의 실적을 올렸다면 이미 주가는 상승한 이후 상투를 찍는다. 기업실적 현황은 누가 가장 잘 알고 있을까? 바로 대주주를 비롯한 임원들이 가장 먼저 알게 되고, 다음으로 해당 기업에 큰 자금을 투자한 이들이 냄새를 맡는다. 그래서 주가는 호재에 미리 급등하고 악재에 미리 급락하는 특성이 있다. 바로 이 점이 가치분석, 그중에서도 특히 재무분석의 투자 단점으로 지적되곤 한다.

대다수의 개인투자자들은 공시를 처음부터 무시하려는 경향이 있다. 왜냐하면 장중에 호재성 공시를 보고 뒤늦게 추격매수하다 큰 손실을 본 경험이 많기 때문이다. 실전에서도 장중에 나오는 작은 호재성 공시는 단타세력의 기본적인 미끼인 경우가 상당히 많다. 계약체결, 수출타결, 타법인과의 기술협력 등 실제로는 대단한 것도 아닌 허접한 기술을 마치 엄청난 기술처럼 과대포장한 미끼성 공시는 그야말로 개인투자자들의 무덤이 되곤 한다.

공시를 통해 기업의 기본적 관점에서 접근을 시도할 때는 크게 2가지 중요한 사항을 주의 깊게 살펴야 한다. 먼저 실적에 관련된 공시보다는 **상호변경이나 사업목적추가를 위한 주주총회소집** 공시와 **장래사업·경영계획** 공시다.

공시 내용을 살펴볼 때는 최근 공시만 볼 것이 아니라 6개월 이상, 최소 1년 이상 지난 과거의 공시도 반드시 살피도록 한다. 이때는 단순히 숫자놀음의 재정에 관련된 공시가 아닌 대주주와 사업과 경영에 관련된 공시를 말한다. 특히 '대주주 교체'나 '상호변경' 및 '사업목적추가변경' 공시, 그리고 '장래사업·경영계획' 공시는 기업이 향후 추진할 사업에 대한 개략적인 사항을 시장 투자자들에게 미리 알리는 공시인 만큼 중기적 관점에서 주시할 필요가 있다. 단순히 경쟁이 치열한 레드오션 사업을 추가하는 정도인지, 아니면 다른 기업과 차별화되는 블루오션 사업을 새롭게 추진하는 것인지에 따라 향후 주가에 큰 영향을 미치기 때문이다.

그렇다면 기업이 대주주 교체와 더불어 사명을 변경하거나 '사업목적추가'나 '장래사업·경영계획' 공시를 통해 신규사업을 추진하고자 한다면 이후 무엇이 필요할까? 바로 '자본'이 필요해진다. 그래서 다음으로 살펴볼 공시가 바로 **증자**유상증자 공시와 함께 뒤따라 나오는 **투자설명서**다.

기업공시를 살필 때는 실적과 함께 우선적으로 증자에 관련된 공시를 눈여겨볼 필요가 있다. 증자의 종류는 일반배정 유상증자, 주주배정 유상증자, 3자배정 유상증자, 그리고 무상증자로 나뉜다. 그 밖에 전환사채CB나 신주인수권부사채BW 등의 사채발행도 광의廣義의 의미에서 일종의 증자에 해당한다. 왜냐하면 '증자增資'라는 개념이 자본금이 증가한다는 의미이기 때문이다.

회사의 자본금이 증가한다는 것은 곧 회사의 규모가 외형적으로 커진다는 것을 말한다. 회사의 규모가 커지는 만큼 이에 비례해 사업 규모가 커져야 정상이다. 주식회사가 증자를 통해 자본금을 늘리고 투자자로부터 투자금을 끌어다 쓰면 그에 맞게 투자자들에게 회사의 가치를 높이겠다는 의지를 보여주어야 하고, 그 의지가 실질적인 실적향상으로 이어지면서 반드시 좋은 열매를 맺어야만 한다. 증자에 참여한 투자자들은 회사의 미래비전을 보고 투자금을 공짜로 빌려주는 것이다. 투자자가 수익을 올리기 위해서는 당연히 투자한 회사가 이전보다 더 발전해야만 한다. 증자로 끌어모은 신규 자금으로 회사 빚이나 갚고 밀린 직원 월급이나 준다면 투자자 입장에서 그 회사에 어떤 비전이 생길까.

유상증자 공시는 각 증권사 HTS 종목뉴스 화면을 통해 확인할 수 있으며, 증자방식, 증자단위, 증자목적, 증자금액, 증자가격, 증자비율, 증자기준일, 청약일, 납입일, 신주상장예정일 등이 숨 막힐 정도로 빼곡히 표시되어 있다. 그러나 정작 중요한 증자목적에 대한 세부사항은 HTS 화면상에서는 찾기 힘들다. 이때 확인할 것이 유증공시 이후에 나오는 **투자설명서**다. 유증목적에 대한 자세한 세부사항을 설명한 이 문서는 금융감독원 **전자공시시스템**http://dart.fss.or.kr을 통해서만 확인이 가능하다.

공시를 통해 주가상승이나 급등 명분을 예상하고자 할 때는 이처럼 대주주 교체와 함께 사업목적추가나 장래사업·경영계획과 증자 공시에 관심을 기울일 필요가 있다. 증자를 통해 끌어모은 신규 자금을 어떤 목적으로 사용하느냐에 따라 회사의 가치가 크게 달라지기 때문이다. 단순히 회사의 부채빚만 갚는 데 사용하느냐, 기존 시설 확충에만 사용하느냐, 새로운 경영진이 교체되느냐, 아니면 새로운 신사업 진출 자금으로 사용되느냐에 따라 주가 급등의 명분과 실리가 결정되는 만큼 투자자들은 '유상증자' 공시와 '투자설명서'는 필히 살펴보도록 한다.

그렇다고 공시 내용을 액면 그대로 100% 신뢰해서는 절대 안 된다. 특히 코스닥 중·소형주의 유상증자는 사채업자와 끼고 벌이는 **가장납입**거짓의 주금납입 행태에 주의해야만 한다. 주주배정은 둘째 치고, 3자배정이나 일반배정인 경우에는 일단 대주주와 사채업자 사이의 **이면계약**이중계약도 비일비재하다. 따라서 유증공시는 비교적 재무가 우량한 기업에 한해서 세밀하게 검토할 필요는 있지만, 재무가 부실한 기업에 한해서는 유증에 관련된 투자설명서의 장밋빛 내용에 너무 말려들지 않도록 특별히 주의하기 바란다.

이상으로 정부정책과 기업공시를 통해 주가 급등을 미리 예측하는 요령에 대해 간략히 살펴보았다. 하지만 안타깝게도 경험이 많지 않은 개인투자자 입장에서는 정부정책이나 유상증자 분석은 단순한 재무제표 숫자를 비교하는 수준을 넘어서는 난이도 높은 가치분석에 해당하는 만큼 접근이 쉽지 않은 것이 사실이다.

또한 실전에서는 예상대로 주가가 움직이지 않는 예도 상당히 많다. 무엇보다 주식시장 특성상 [선호재·선악재]로 진행되는 만큼 개인투자자가 기업의 정보를 알고 대응하기에는 시장이 너무 빠르게 움직인다는 점이 투자실패의 원인이 되기도 한다. 이러한 이유 때문이라도 100% 신뢰할 필요도 없지만 그렇다고 차트를 완전히 무시해서는 절대 안 된다. 정보가 투자자들에게 공개되기 이전에 차트는 대부분 미리 신호를 보내준다는 점을 잊지 말고 이에 대응하고 예측하는 노력을 게을리하지 않도록 한다.

세력주는
차트가 예쁘다

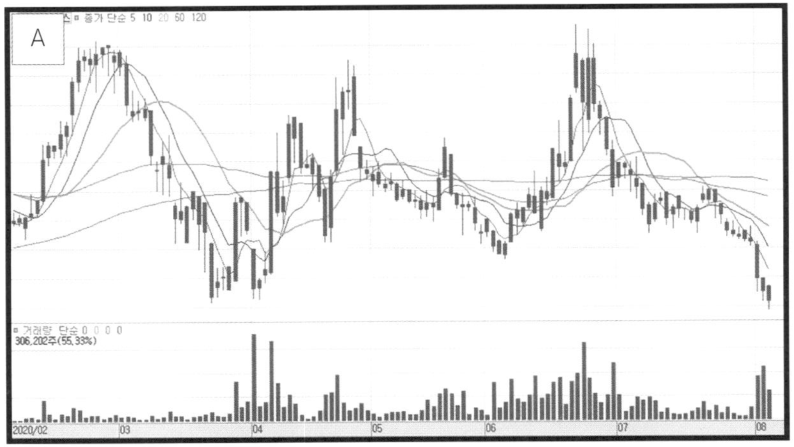

■ 차트가 예쁘지 않다는 것은 캔들이나 이평선, 거래량 변화가 매우 불규칙하게 움직이는 것을 의미한다. 세력 관리가 안 된 상태로 개인들만의 투기성 매매 위주이기 때문에 차트분석으로는 대응과 예측이 쉽지 않다.

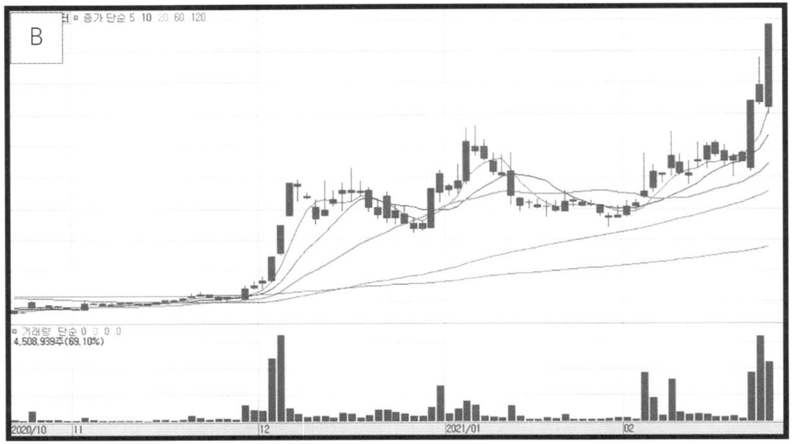

■ 세력이 관리하는 주식일수록 차트가 예쁘게 그려지기 마련이다. 주가의 추세를 비롯해 지지와 저항, 이평선, 거래량 변화 등이 예측과 대응이 비교적 수월한 편이다.

인간 사회에서도 잘생기고 예쁜 사람이 그나마 혜택을 더 받는 것처럼, 주식시장에서도 일단 차트가 예뻐야 좋다. 차트가 예쁘다는 것은 특정 세력이 주가를 관리하고 있다는 말과 상통한다. A차트를 살펴보면, 일봉의 길이가 유난히 들쑥날쑥하다. 그만큼 투자자의 심리에 매우 민감하게 반응하는 주식이라 할 수 있다. 이런 류의 차트에서는 가치분석은 물론 차트분석 또한 좀처럼 들어맞지 않는다. 즉, 세력이 있지 않으며 자본이 극히 적은 투기성 세력만이 존재한다고 볼 수 있다. 주로 재무상태가 엉망인 부실주, 흡소합주, 흡저가주, 유동물량이 매우 적은 소외주들에서 차트분석 확률이 낮아진다.

반면 B차트를 살펴보면, 주가의 횡보와 상승과 하락 과정이 유난히 예쁜 곡선으로 그려진 것을 알 수 있다. 자본이 큰 세력이 집중 관리한다고 볼 수 있다. 상승폭도 큰 만큼 하락폭도 크지만, 지지선이나 저항선 설정을 비롯해 대체로 차트분석이 어느 정도 들어맞는 차트다. 개인투자자들은 A와 같은 차트가 아닌 B와 같이 세력이 관리하는 예쁜 차트에서 매매를 해야 차트분석을 최대한 활용할 수가 있다. 차트가 예쁠수록 지지와 저항, 상승과 하락시점을 예측하고 대응할 수 있게 해주기 때문이다.

급등주 캔들은 짧아야 좋다

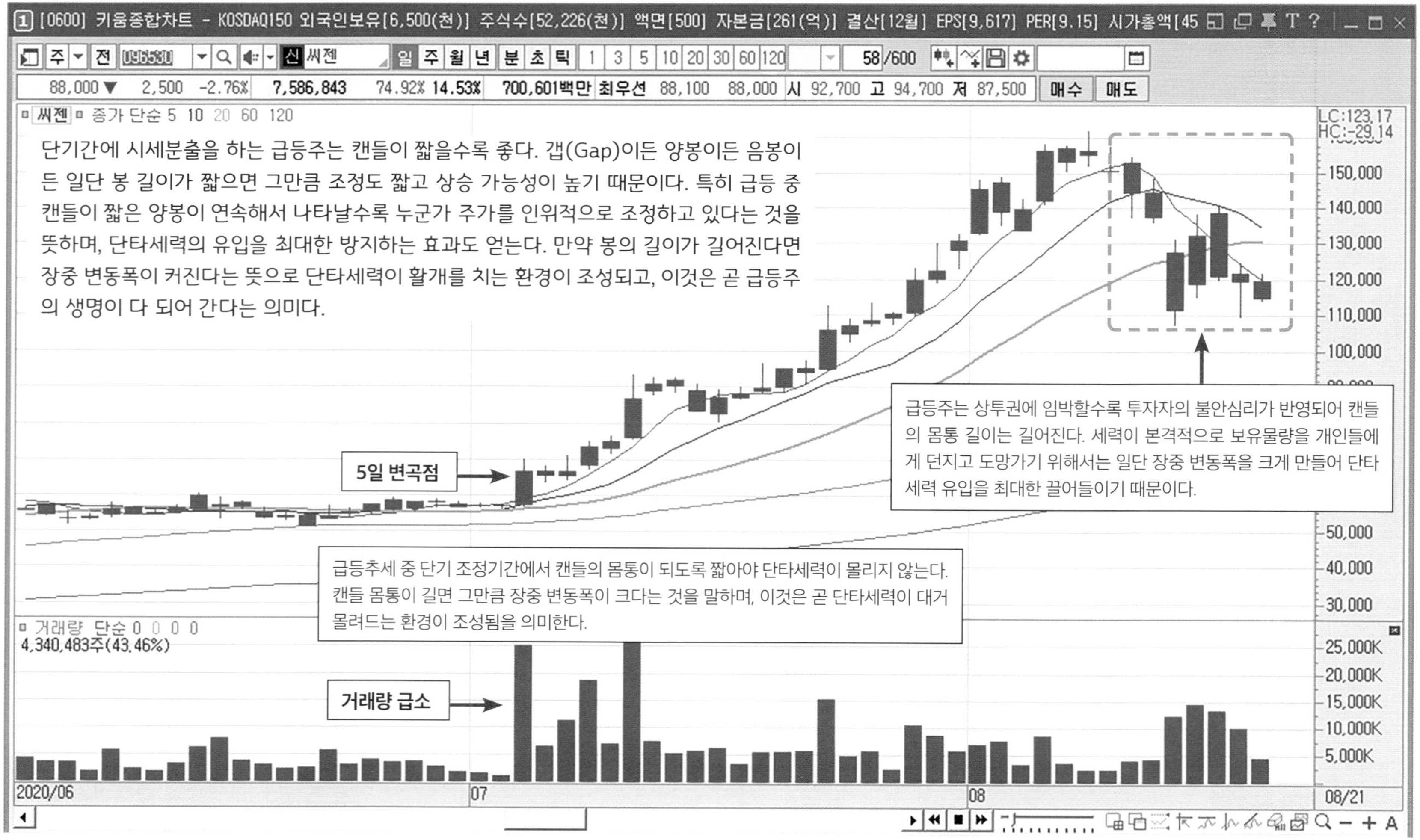
[0600] 키움종합차트 - KOSDAQ150 외국인보유[6,500(천)] 주식수[52,226(천)] 액면[500] 자본금[261(억)] 결산[12월] EPS[9,617] PER[9.15] 시가총액[45
096530 씨젠
88,000 ▼ 2,500 -2.76% 7,586,843 74.92% 14.53% 700,601백만 최우선 88,100 88,000 시 92,700 고 94,700 저 87,500
매수
매도
씨젠 종가 단순 5 10 20 60 120
단기간에 시세분출을 하는 급등주는 캔들이 짧을수록 좋다. 갭(Gap)이든 양봉이든 음봉이든 일단 봉 길이가 짧으면 그만큼 조정도 짧고 상승 가능성이 높기 때문이다. 특히 급등 중 캔들이 짧은 양봉이 연속해서 나타날수록 누군가 주가를 인위적으로 조정하고 있다는 것을 뜻하며, 단타세력의 유입을 최대한 방지하는 효과도 얻는다. 만약 봉의 길이가 길어진다면 장중 변동폭이 커진다는 뜻으로 단타세력이 활개를 치는 환경이 조성되고, 이것은 곧 급등주의 생명이 다 되어 간다는 의미다.
5일 변곡점
급등주는 상투권에 임박할수록 투자자의 불안심리가 반영되어 캔들의 몸통 길이는 길어진다. 세력이 본격적으로 보유물량을 개인들에게 던지고 도망가기 위해서는 일단 장중 변동폭을 크게 만들어 단타세력 유입을 최대한 끌어들이기 때문이다.
급등추세 중 단기 조정기간에서 캔들의 몸통이 되도록 짧아야 단타세력이 몰리지 않는다. 캔들 몸통이 길면 그만큼 장중 변동폭이 크다는 것을 말하며, 이것은 곧 단타세력이 대거 몰려드는 환경이 조성됨을 의미한다.
거래량 단순 0 0 0 0
4,340,483주(43.46%)
거래량 급소
LC:123.17
HC:-29.14
150,000
140,000
130,000
120,000
110,000
100,000
50,000
40,000
30,000
25,000K
20,000K
15,000K
10,000K
5,000K
2020/06
07
08
08/21

■ 투자자들의 심리는 캔들 몸통의 길이를 통해 드러난다. 캔들이 긴 장대봉은 변동폭이 큰 만큼 투자심리가 매우 불안해 양봉이냐 음봉이냐에 따라 투자자들이 한쪽으로 몰리게 된다. 때문에 장대봉은 현 추세를 더욱 강하게 이끌거나 반대로 현 추세를 반전시키는 역할을 한다. 반면 캔들이 짧은 단봉은 변동폭이 작은 만큼 투자심리가 비교적 안정되면서 현재 진행 중인 추세를 지속하려는 특성이 있다.

단기매집 대량거래

■ 대량거래는 [물량매집]과 [물량털기]로 나눌 수 있으며, 그 기준은 대량거래 발생 이후 주가 움직임에 달려 있다. 대량거래는 곧 장중 '매물대' 역할을 하기 때문이다.

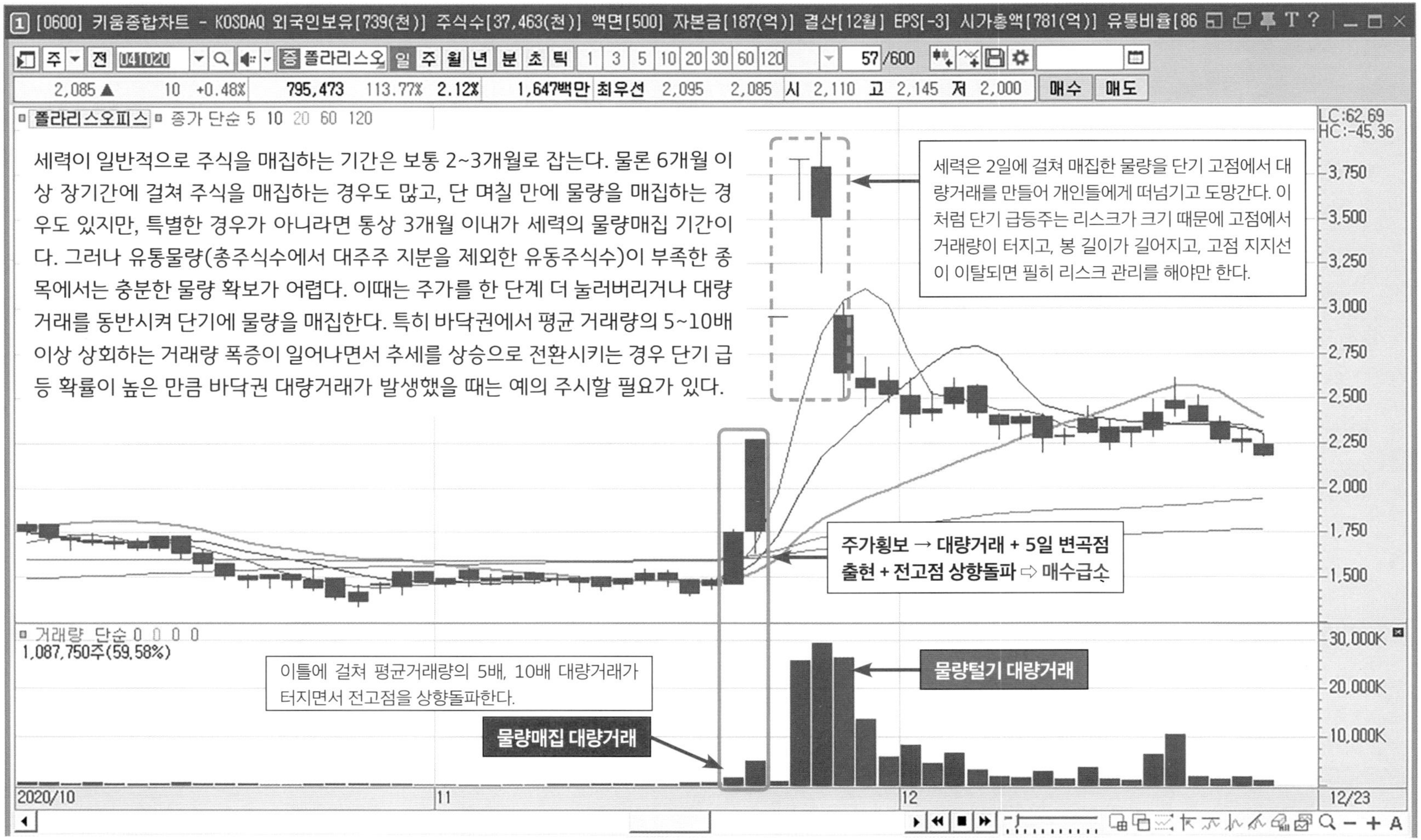

세력이 일반적으로 주식을 매집하는 기간은 보통 2~3개월로 잡는다. 물론 6개월 이상 장기간에 걸쳐 주식을 매집하는 경우도 않고, 단 며칠 만에 물량을 매집하는 경우도 있지만, 특별한 경우가 아니라면 통상 3개월 이내가 세력의 물량매집 기간이다. 그러나 유통물량(중주식수에서 대주주 지분을 제외한 유동주식수)이 부족한 종목에서는 충분한 물량 확보가 어렵다. 이때는 주가를 한 단계 더 끌어내리거나 대량 거래를 동반시켜 단기에 물량을 매집한다. 특히 바닥권에서 주세를 상승으로 전환시키는 경우 단기 급 이상 상회하는 거래량 목즘이 일어나면서 주세를 상승으로 전환시켰을 때는 예의 주시할 필요가 있다. 특히 바닥권에서 주세를 상승으로 전환시키는 경우 단기 급 이상 상회하는 거래량 목즘이 일어나면서 주세를 상승으로 전환시켰을 때는 예의 주시할 필요가 있다.

새로운 2일에 걸쳐 매집한 물량을 단기 고점에서 대량거래를 만들어 개인들에게 떠넘기고 도망간다. 이 처럼 단기 급등주는 리스크가 크기 때문에 고점에서 거래량이 터지고, 봉 길이가 길어지고, 고점 지지선 이 이탈되면 철저히 리스크 관리를 해야만 한다.

주가형보 → 대량거래 + 5일 변곡점 출현 + 전고점 상향돌파 ⇨ 매수급소

물량털기 대량거래

물량매집 대량거래

이틀에 걸쳐 평균거래량의 5배, 10배 대량거래가 터지면서 전고점을 상향돌파한다.

■ 거래량 단순 0 0 0 0 0
1,087,750주(59.58%)

물량매집 대량거래의 맥

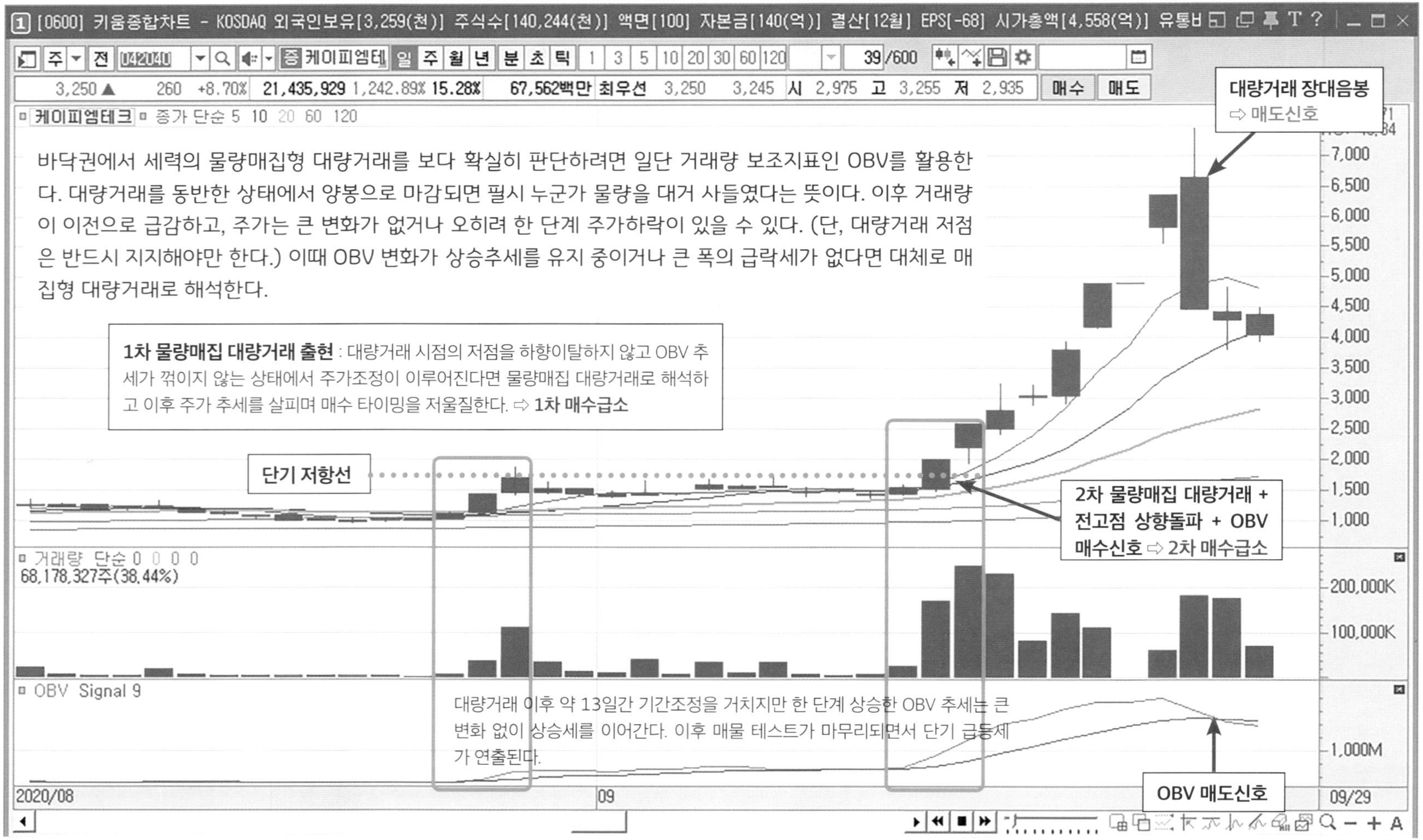

■ 보조지표를 활용할 때는 어떤 경우든 최소한 2~3개 이상의 지표를 함께 활용해야 한다. 대표적인 거래량 지표인 OBV인 경우 2~3일 내의 단기적으로는 신뢰가 높으나 중·장기적으로는 신뢰가 다소 낮다. 이런 보조지표의 오류를 최소화하는 방법은 되도록 여러 지표를 동시에 참조하면서 주가흐름을 체크하는 방법밖에는 없다.

양봉형 물량매집 대량거래

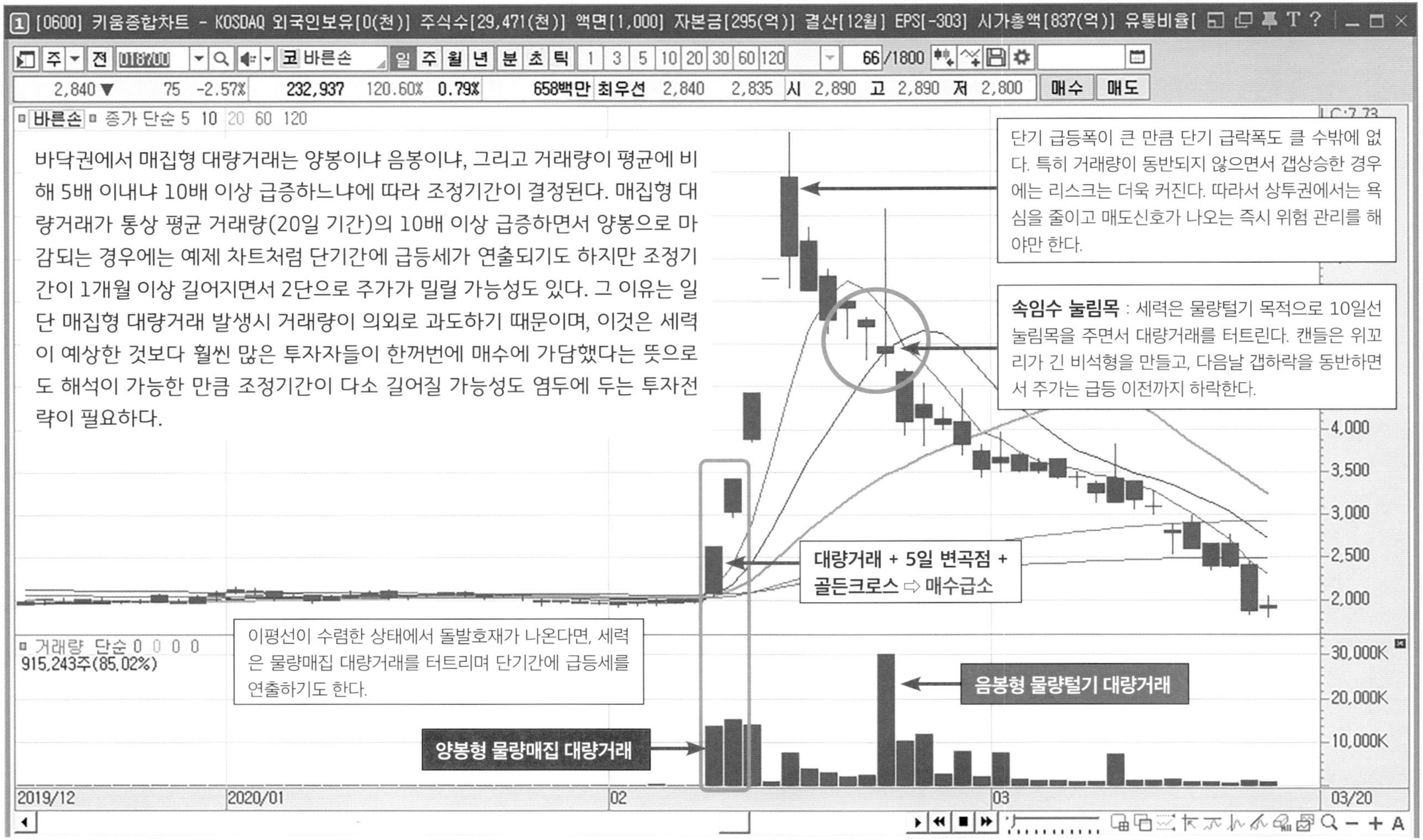
[0600] 키움종합차트 - KOSDAQ 외국인보유[0(천)] 주식수[29,471(천)] 액면[1,000] 자본금[295(억)] 결산[12월] EPS[-303] 시가총액[837(억)] 유통비율[
2,840 ▼ 75 -2.57% 232,937 120.60% 0.79% 658백만 최우선 2,840 2,835 시 2,890 고 2,890 저 2,800 매수 매도
바른손 종가 단순 5 10 20 60 120
바닥권에서 매집형 대량거래는 양봉이냐 음봉이냐, 그리고 거래량이 평균에 비해 5배 이내냐 10배 이상 급증하느냐에 따라 조정기간이 결정된다. 매집형 대량거래가 통상 평균 거래량(20일 기간)의 10배 이상 급증하면서 양봉으로 마감되는 경우에는 예제 차트처럼 단기간에 급등세가 연출되기도 하지만 조정기간이 1개월 이상 길어지면서 2단으로 주가가 밀릴 가능성도 있다. 그 이유는 일단 매집형 대량거래 발생시 거래량이 의외로 과도하기 때문이며, 이것은 세력이 예상한 것보다 훨씬 많은 투자자들이 한꺼번에 매수에 가담했다는 뜻으로도 해석이 가능한 만큼 조정기간이 다소 길어질 가능성도 염두에 두는 투자전략이 필요하다.
단기 급등폭이 큰 만큼 단기 급락폭도 클 수밖에 없다. 특히 거래량이 동반되지 않으면서 갭상승한 경우에는 리스크는 더욱 커진다. 따라서 상투권에서는 욕심을 줄이고 매도신호가 나오는 즉시 위험 관리를 해야만 한다.
속임수 눌림목 : 세력은 물량털기 목적으로 10일선 눌림목을 주면서 대량거래를 터트린다. 캔들은 위꼬리가 긴 비석형을 만들고, 다음날 갭하락을 동반하면서 주가는 급등 이전까지 하락한다.
대량거래 + 5일 변곡점 + 골든크로스 ⇨ 매수급소
4,000
3,500
3,000
2,500
2,000
거래량 단순 0 0 0 0
915,243주(85.02%)
이평선이 수렴한 상태에서 돌발호재가 나온다면, 세력은 물량매집 대량거래를 터트리며 단기간에 급등세를 연출하기도 한다.
음봉형 물량털기 대량거래
양봉형 물량매집 대량거래
30,000K
20,000K
10,000K
2019/12
2020/01
02
03
03/20

■ 주가 바닥권에서 매집형 대량거래로 의심이 되면, 그리고 5일 이내에 승부가 나지 않는다면, 이후 30일에서 통상 60일(2~3개월 전후) 정도 지나는 시점을 주시하도록 한다. 물량매집 대량거래 시점에서 후속 매수세가 유입되지 않는다면 통상 1~2개월 정도는 기간조정이 필요하기 때문이다.

음봉형 물량매집 대량거래

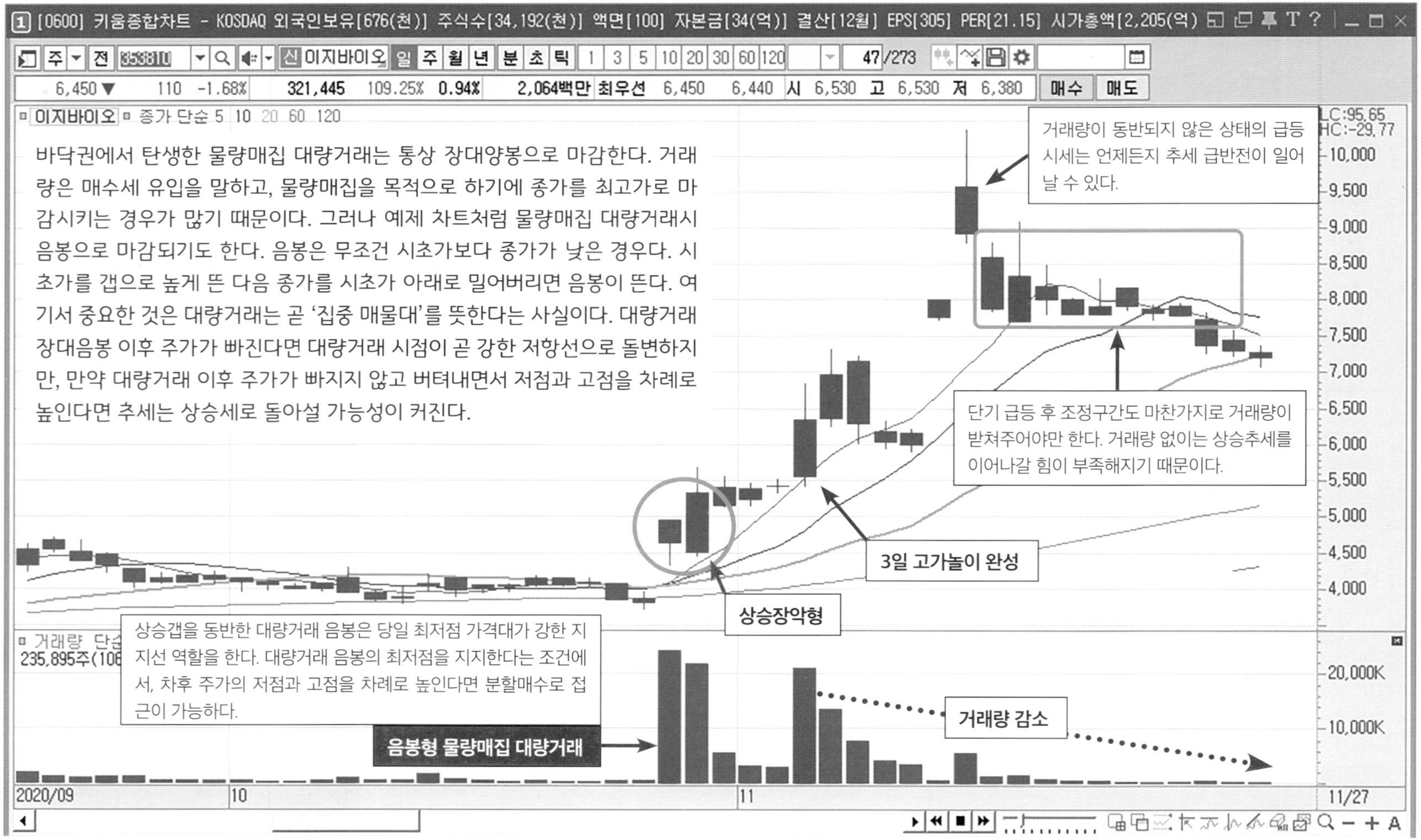

[0600] 키움종합차트 - KOSDAQ 외국인보유[676(천)] 주식수[34,192(천)] 액면[100] 자본금[34(억)] 결산[12월] EPS[305] PER[21.15] 시가총액[2,205(억)]
6,450 ▼ 110 -1.68% 321,445 109.25% 0.94% 2,064백만 최우선 6,450 6,440 시 6,530 고 6,530 저 6,380
매수 매도
이지바이오 종가 단순 5 10 20 60 120
거래량이 동반되지 않은 상태의 급등 시세는 언제든지 추세 급반전이 일어날 수 있다.
단기 급등 후 조정구간도 마찬가지로 거래량이 받쳐주어야만 한다. 거래량 없이는 상승추세를 이어나갈 힘이 부족해지기 때문이다.
3일 고가놀이 완성
상승장악형
상승갭을 동반한 대량거래 음봉은 당일 최저점 가격대가 강한 지지선 역할을 한다. 대량거래 음봉의 최저점을 지지한다는 조건에서, 차후 주가의 저점과 고점을 차례로 높인다면 분할매수로 접근이 가능하다.
음봉형 물량매집 대량거래
거래량 감소
거래량 단순
235,895주
LC:95.65
HC:-29.77
10,000
9,500
9,000
8,500
8,000
7,500
7,000
6,500
6,000
5,500
5,000
4,500
4,000
20,000K
10,000K
2020/09
10
11
11/27

바닥권에서 탄생한 물량매집 대량거래는 통상 장대양봉으로 마감한다. 거래량은 매수세 유입을 말하고, 물량매집을 목적으로 하기에 종가를 최고가로 마감시키는 경우가 많기 때문이다. 그러나 예제 차트처럼 물량매집 대량거래시 음봉으로 마감되기도 한다. 음봉은 무조건 시초가보다 종가가 낮은 경우다. 시초가를 갭으로 높게 뜬 다음 종가를 시초가 아래로 밀어버리면 음봉이 뜬다. 여기서 중요한 것은 대량거래는 곧 '집중 매물대'를 뜻한다는 사실이다. 대량거래 장대음봉 이후 주가가 빠진다면 대량거래 시점이 곧 강한 저항선으로 돌변하지만, 만약 대량거래 이후 주가가 빠지지 않고 버텨내면서 저점과 고점을 차례로 높인다면 추세는 상승세로 돌아설 가능성이 커진다.

■ 물량을 매집할 목적이든 혹은 보유물량을 매도할 목적이든 일단 대량거래 장대음봉은 고점에서나 저점에서나 후유증이 큰 편이다. 고점이라면 매도관점으로 대응하면 되지만 문제는 바닥권에서의 대량거래 장대음봉이다. 설령 매집을 목적으로 한 세력의 트릭일지라도, 지지선을 지키면 다행이지만 지지선을 이탈한다면 정석대로 매도하고 보는 것이 좋다.

물량매집 대량거래는 통상 급등 1~2개월 전에 발생한다

[1] [0600] 키움종합차트 - KOSDAQ150 외국인보유[3,806(천)] 주식수[61,356(천)] 액면[500] 자본금[307(억)] 결산[12월] EPS[-308] 시가총액[18,008(억)]
29,350 ▲ 250 +0.86% 963,266 79.83% 1.57% 27,671백만 최우선 29,400 29,350 시 28,500 고 29,550 저 28,150
매수 매도
네이처셀 종가 단순 5 10 20 60 120
일반적으로 세력은 주가를 띄우기 전 2개월 전부터 물량매집에 들어가는 경우가 많다. 특히 이 기간에는 매집형 대량거래가 종종 발생하며, 세력이 원하는 물량을 충분히 확보하지 못할 때는 개인투자자들에게 겁을 주어 보유물량을 매도하게끔 투매를 유도하기도 한다. 세력이 강하다면 자신들이 매집한 주식의 가격(평단가)을 보호하면서 겁을 주기 때문에 대량거래 이후에도 저점 가격대를 지지하지만, 세력이 약하거나 혹은 물량매집이 아닌 경우에는 2~3개월 후에도 주가 급등은 이루어지지 않고 오히려 추가 급락이 진행되는 예가 많기 때문에 주의하도록 한다.
매도신호
단기고점 대량거래 장대음봉 → 10일선 눌림목 → 거래량 감소(기간조정) → 20일선 지지 → 거래량 증가 → 전고점 상향돌파 → 급등세 연출
대량거래 장대음봉 → 전고점 상향돌파(상승추세) → 이후 주가는 대량거래 저점을 크게 이탈시키지 않고 거래량을 줄이면서 약 2달간 지루한 기간조정에 들어간다 → 거래량 증가 → 대량거래 장대양봉 → 전고점 상향돌파(2차 상승세 돌입)
물량매집 대량거래
거래량 단순 0 0 0 0
19,281,796주(301.43%)
LC:252.56
HC:-3.17
27,500
25,000
22,500
20,000
17,500
15,000
12,500
10,000
7,500
20,000K
10,000K
2021/02
03
04
05
06
06/22

■ 바닥권에서 평균 거래량의 10배가 넘는 대량거래가 터졌다면(음봉으로 마감하는 경우), 통상적으로 바닥권 대량거래가 발생한 이후 1~2개월은 세력의 주가조정기간에 해당한다. 따라서 대량거래 음봉 출현 이후 저점 지지선을 버틴다면, 대량거래 이후 거래량이 급감한 상태에서(거래량 바닥) 거래량이 다시 증가하는 시점부터 관심을 갖고 매수급소를 노리도록 한다.

대량거래 장대음봉도 관심권에 편입하라

[1] [0600] 키움종합차트 - KOSDAQ150 외국인보유[1,571(천)] 주식수[8,893(천)] 자본금[44(억)] 결산[12월] EPS[-1,584] 시가총액[11,854(억)]

133,300 ▲ 200 +0.15% 매지온 38,268 88.09% 0.43% 5,035백만 최우선 133,300 시 133,200 고 133,600 저 130,300 매수 매도

종가 단순 5 10 20 60 120

LC:186.67 HC:-5.15

대량거래 장대음봉 출현 이후 주가는 약 3달간 기간조정에 들어간다. 이어서 거래량이 증가하면서 전고점대를 회복하고, 짧은 조정으로 매물소화를 가진 후 단기 급등세를 연출한다.

2일에 걸쳐 일어난 대량거래 장대음봉으로 주세가 깨졌지만, 단기 급락에 따른 이격이 벌어지면서 기술적 반등도 기대해볼 만하다. 그러나 주가급락에 대한 원인을 확실히 파악하기 전까지는 섣부른 매매는 자제하도록 한다. 예제 차트는 단기 급락에 따른 단기 급반등이 일어나 5일선을 회복한 모습이다. 이후 2주간 기간조정에 들어간 다음, 급락 이전까지 주가를 끌어올리고 다시 기간조정에 돌입한다.

대량거래 장대음봉 : 기존 추세를 하향이탈하는 장대음봉은 당연히 매도신호다. 이때 대량거래가 연속해서 일어난다면 일단 관심권에 두면서 차후 주가흐름을 주시할 필요가 있다.

바닥권에서 거래량 증가는 매수관점으로 접근이 가능하지만 대량거래는 원칙적으로 당일 매수시점은 아니다. 양봉이든 음봉이든 대량거래 이후 주가흐름이 음봉이든 대량거래는 강력한 매물대를 말하며, 거래량이 많은 가격대가 지지나 저항대 역할을 하느냐에 따라 향후 주세를 결정한다. 실전에서는 대량거래 장대음봉도 눈여겨볼 필요가 있다. 주로 유통물량이 많지 않은 중·소형주에서 세력의 물량매집 목적이거나 단기 돌발악재로 투자자들의 투매심리가 급증되면서 일어나기도 한다. 다른 한편으로 블록딜(Block Deal: 기관이나 큰손들의 대량매매)인 경우도 있다. 물론 숙세가 까지는 대량거래 장대음봉은 강력한 매도신호다. 문제는 그 이후 주가가 하락을 하지 않고, 양호한 조정 양상을 보이다면 추세전환 확률이 높은 예의 주시하기 바란다.

■ 주가 바닥권에서 대량거래를 동반한 장대음봉이 출현한 경우에는 일단 관심종목으로 편입해 다음 주가흐름을 살핀다. 대량거래 장대음봉으로 단기 지지선이 하향이탈하는가, 아니면 장대음봉이 저점을 계속 지지하고 있는지를 주시한다. 향후 거래량이 감소하더라도 주가가 더 이상 하락하지 않을 때 매수급소가 탄생한다.

2019/05 06 07 08 09 10 10/10

물량털기 대량거래를 조심하라

① [0600] 키움종합차트 - KOSDAQ 외국인보유 [155(전)] 주식수 [11,444(천)] 액면 [500] 자본금 [57(억)] 결산 [12월] EPS [-339] 시가총액 [252(억)] 유통비율 [6

2,205   0   0%   0   0%   0%   0   재   0   시   0   고   0   저   0   매수   매도

앤지스태크널랜저   종가 단순 5 10 20 60 120

5, 10, 20일선 하향이탈 + 물량털기 대량거래
장대음봉 ⇨ 매도신호

2차 물량털기 대량거래 장대음봉
: 개인들이 속기 쉬운 패턴이다. 단기 급락에 따른 단기 반등을 노리고 들어가다가는 예상치 못한 악재에 더 큰 화를 불러올 수 있다.

감사의견거절 거래정지

물량털기 대량거래

대량거래는 기존의 추세를 연장하기보다 추세반전을 암시하는 역할을 한다. 대량거래는 보통 횡보추세에서 많이 발생하는데, 크게 물량매집을 목적으로 하거나 보유물량을 처분하려는 목적이거나 등 중 하나다. 때문에 대량거래 이후 주가는 상승추세 혹은 하락추세로 반전된다. 세력의 자전거래도 통정거래도 일단 대량거래가 발생하면 시장에 많은 투자자들의 관심을 한몸에 받게 되면서 개인들의 참여를 유도한다. 매집이라면 개인들의 물량을 뺏어오고 이후 추세를 상승으로 돌리지만, 반대인 경우라면 대량거래 이후 추세는 급격하게 하락으로 돌변한다. 특히 추세이탈형 대량거래시에는 설령 세력의 트릭일지라도 일단은 위험관리를 해야만 한다. 주식투자에서 정답은 없지만 일반적 확률을 무시해서는 결코 살아남지 못한다.

Part 3. 투자비법의 맥 | 239

■ 상투 권에서 대량거래는 상당한 위험임을 내포하고 있다. 또한 바닥권 대량거래라 해도 모두 매집형으로 단정해서는 절대 안 된다. 바닥권에서 대량거래 발생 이후 지지선이 힘없이 무너지면 추가 급각 가능성이 커진다. 지지선이 깨진 대량거래는 악재 정보를 선취매한 기존 세력의 물량털기 목적이 자전거래인 셈이다. 따라서 대량거래 당일은 일단 관망하면서 차후 흐름을 지켜보는 것이 가장 안전한 투자방법이다.

다. 다시 말해 세력들이 서로 주거니 받거니 하면서 거래량을 일부러 증가시킨다. 물론 여기에 프로그램매매도 한몫 거든다. 그럼 왜 세력들이 거래량을 폭증시킬까? 유통물량(유통주식수)이 100만주밖에 안 되는데 어제자 1,000만주 이상, 과거에는 볼 수 없었던 엄청난 거래량이 왜 단 하루 만에 발생한 것일까? 대부분의 대량거래는 일단 세력의 물량털기 거래로 해석하는 것이 리스크 차원에서 안전한 거래량 분석 방법이다. 일반 거래량으로써는 도저히 물량소화가 볼 가능하기에 인위적으로 대량거래를 연출하는 것이다.

참고로 실전에서 단기 상투권에서도 개인투자자들의 상상을 초월하는 대량거래가 발생한 이후 주가가 재차 급등하는 경우도 종종 볼 수 있다. 이것은 유통물량이 많지 않은 중·소형주에서 가끔 볼 수 있는 **고가물량매집 패턴**으로 해당 기업에 숨은 호재가 있을 경우 고가권 대량거래를 통해 저점 매수자들의 차익실현 물량과 신규매수자들의 활발한 손바뀜을 목적으로 한다. 이때는 거래량 지표와 단기 지지선, 체결강도, 추세선 등의 지표를 활용해 단기 매수관점은 가능하다. 그러나 단기 급등폭이 과도한 경우(단기 100% 이상)에는 제아무리 차트상 매수신호가 포착된다 하더라도 급등세가 하루아침에 급락세로 돌변할 가능성이 큰 만큼 반드시 리스크 관리를 해야만 한다.

모든 투자자들이 남보다 중요할 정도로 상승(급등)을 명분을 맞춘는 주식은 대량거래를 통해 주가를 바로 올리지 않는다. 예를 들어 바닥

바닥권 대량거래의 허와 실

거래량은 마치 동전과 같이 두 개의 양면성을 가지고 있다. 앞면은 항상 밝고 희망차 보이지만, 뒷면은 언제나 어둡고 불안해 보인다. 일반적으로 어떤 주식에서 특정한 저항선을 돌파할 경우에는 거래량이 많아야 좋다고 배웠다. 특히 지점에서 대량거래는 상승의 직접적인 신호탄 역할을 한다고 많이

대량거래는 매우 해석하기 어려운 여러 돌발변수가 도사리고 있다. 여러분은 대량거래의 기준을 과연 무엇이라고 생각하는가. 100만주가 대량거래일까? 1,000만주가 대량거래일까? 대량거래의 기준은 바로 '평균 거래량'에 있다. 대체로 1~2개월 정도의 평균 거래량보다 10배 이상 거래량이 급증하는 경우를 흔히 대량거래가 일어났다고 한다. 이를테면 하루 평균 100만주 미만의 종목이 어느 날 1,000만주를 훨씬 뛰어넘는 거래량 폭증이 일어났다고 하면 이때가 바로 대량거래가 일어난 시점이다.

반면 평균 거래량이 100%, 200%, 300% 정도 점차 증가하는 경우 **점진적**(계단식) **거래량 증가**라고 부른다. 흔히 5일 평균선을 매수시점으로 삼는 첫 번째 기준이 바로 거래량이 최소 100%에서 최대 300% 정도 점진적으로 증가하는 경우다.

대량거래는 무엇보다 세력들의 자전거래가 많은 비중을 차지한

권에서 폭발적으로 거래량이 증가한다. 주가는 당일 상승하거나 하락하며 양봉 혹은 음봉으로 마감한다. 그러나 다음날 언제 그랬냐는 듯이 거래량이 감소하면서 원상태로 복귀한다. 그런데 이상하게도 이 시점에서 주식을 무리하게 매수하는 개인투자자들이 유독 많다. 이때는 매수보다는 매도관점이다. 거래량이 완만하게 증가한다면 매수관점으로 접근이 가능하지만 평균 거래량의 10배 그 이상의 대량거래는 일단 단기적으로 관망하는 것이 좋다.

간혹 자본금이 적은 중·소형주 중에서 단발성 대량거래가 터진 후 급등하거나 오히려 다음날 주가가 더 하락하는 경우도 종종 볼 수 있다. 바닥권에서 대량거래는 대체로 세력의 물량매집을 목적으로 하는 경우가 많지만, 어떤 심리적 요인단발성 테마 편입, 기업 공시와 뉴스, 주식 동호회 작전 등으로 거래량이 일시에 몰리는 경우도 상당 부분을 차지한다.

한 번 거래량이 터지니 그동안 눈여겨보던 여러 개인투자자들이 너도나도 이 기회에 크게 한번 베팅이나 해보자는 식으로 몰려든다. 당일 주가 변동폭이 커지니 주변을 서성이던 스켈퍼초단타 매매자나 데이트레이더단기 투자자도 가세한다. 하지만, 단 하루 동안의 흥분이 채 가시기도 전에 다음날 주가는 그대로 주저앉거나 거래량 또한 대량거래 발생 이전과 동일하게 감소한다. 대량거래의 투기적 허매수가 사라지자 장중 고가에 추격매수한 투자자들은 그대로 단타받이가 되어 장기간 마음고생을 하는 경우가 많다는 사실이 실전에서 이를 증명해 주고 있다.

바닥권에서 발생하는 대량거래는 단기 급락한 경우에는 급반등도 노려볼 수 있지만, 주가가 강한 하락추세 중이거나 장기간 횡보 중인 경우에는 무리하게 고점 추격매수해서는 절대 살아남지 못한다. 대량거래는 매우 강한 매물대를 의미하는 만큼 대량거래 이후의 주가 움직임을 필히 살펴야 한다. 거래량 변화도 주시하고, 이평선 지지 여부도 확인하며, 단기 지지선이나 그밖에 여러 지표들을 통해 주가바닥을 확인하고서 추세전환이 확실하다고 판단이 설 때만 소액으로 매수시점을 저울질하도록 한다.

상투권이든 바닥권이든 대량거래는 분명 많은 투자자들의 시선을 단번에 사로잡는 매력이 있다. 대량거래는 분명 많은 매수세 유입을 의미한다. 그러나 그 매수세가 세력인지 데이트레이더 위주의 개인투자자인지는 대량거래 이후에 판가름이 난다. 물량매집 목적으로 세력이 주도하는 대량거래는 장중 큰 폭의 주가 변동성을 이용해 개인들의 물량을 흡수한다. 따라서 이 경우의 대량거래 시점은 강한 지지선이 되면서 이후 주가는 대량거래가 발생한 당일의 저점을 이탈하지 않고 상승추세를 시도한다.

하지만 일부 주식 동호회의 작전이라든가 투기성 데이트레이더의 유입이라든가 기업의 숨은 악재의 선반영이라든가 혹은 대주주의 주식담보 물량을 보유한 사채업자가 주도하는 대량거래라면 열이면 아홉 물량처분이 목적이기 때문에 이 경우의 대량거래는 강한 저항선이 되며, 이후 주가는 추가로 급락하거나 아주 잘해야 횡보구간으로 돌입해 시간과의 긴 싸움을 벌여야만 한다.

물론 실전 대응은 쉽지 않지만, 가능하면 바닥권 대량거래는 당일 매매하기보다 우선 관망하고 주시하는 자세가 필요하다. 확률상으로 따지면 바닥권 대량거래는 당연히 강한 지지선 역할을 할 것이다. 따라서 대량거래 이후에 추세를 살피며 매매 포지션을 잡아 나가기 바란다.

투자의 세계에서는 100% 공식도 없고 정답도 없다. 모든 투자의 승패는 확률에 대한 예측과 대응의 결과가 말해주기 때문이다. 지금까지 설명한 가치분석이나 차트분석, 또 앞으로 설명할 차트이론 역시 정답은 없다. 다만 확률을 조금 높여줄 뿐이다. 마찬가지로 대량거래에 대한 필자의 개인적 의견 또한 100% 정답은 아니다. 그러나 실전투자에서 투자확률을 높이는 데 나름대로 작은 도움은 될 것이다.

급등주 거래량 법칙

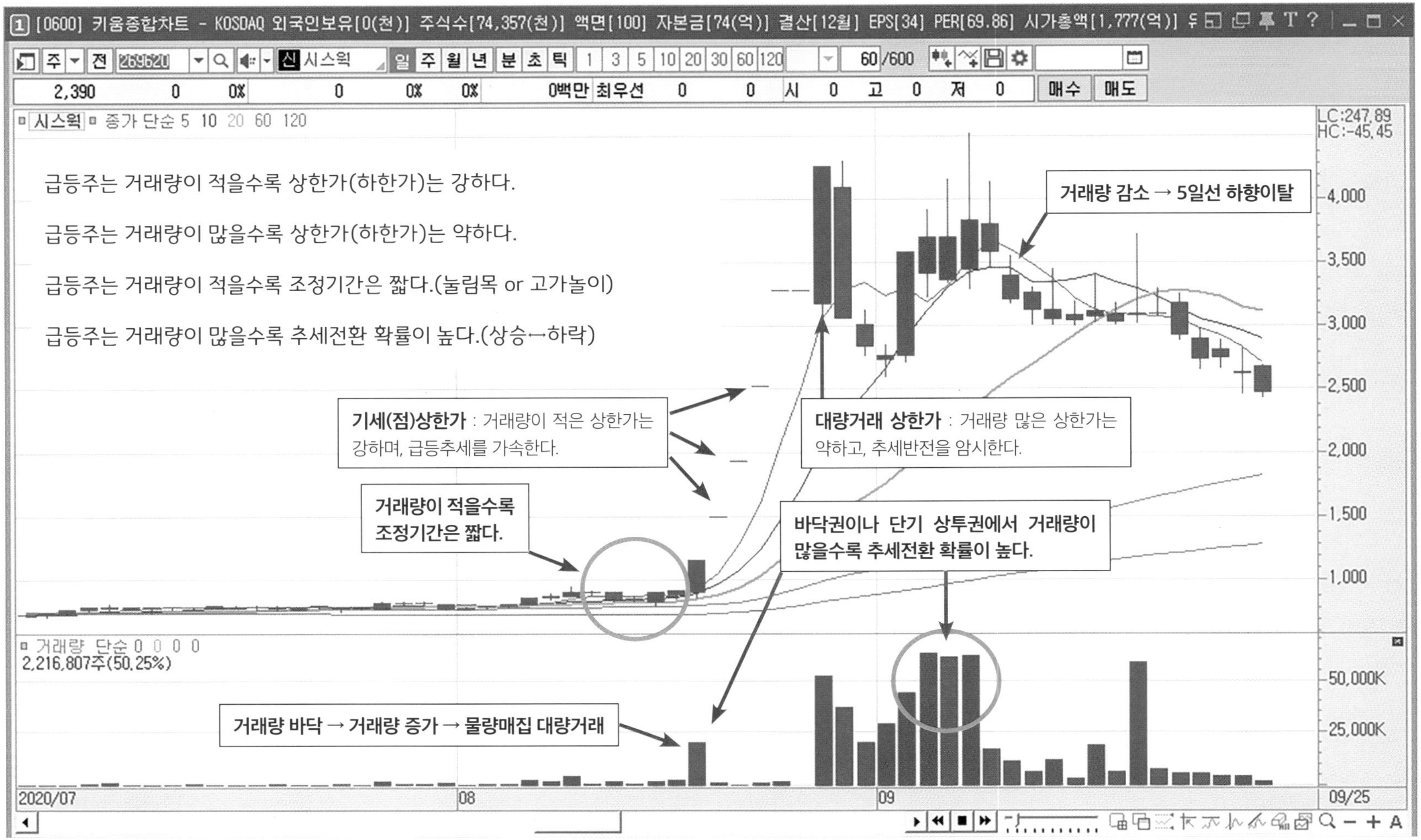
[0600] 키움종합차트 - KOSDAQ 외국인보유[0(천)] 주식수[74,357(천)] 액면[100] 자본금[74(억)] 결산[12월] EPS[34] PER[69.86] 시가총액[1,777(억)]
2,390
시스윅 종가 단순 5 10 20 60 120
급등주는 거래량이 적을수록 상한가(하한가)는 강하다.
급등주는 거래량이 많을수록 상한가(하한가)는 약하다.
급등주는 거래량이 적을수록 조정기간은 짧다.(눌림목 or 고가놀이)
급등주는 거래량이 많을수록 추세전환 확률이 높다.(상승→하락)
거래량 감소 → 5일선 하향이탈
기세(점)상한가 : 거래량이 적은 상한가는 강하며, 급등추세를 가속한다.
대량거래 상한가 : 거래량 많은 상한가는 약하고, 추세반전을 암시한다.
거래량이 적을수록 조정기간은 짧다.
바닥권이나 단기 상투권에서 거래량이 많을수록 추세전환 확률이 높다.
거래량 바닥 → 거래량 증가 → 물량매집 대량거래
거래량 단순 0 0 0 0
2,216,807주(50.25%)
LC:247.89
HC:-45.45
4,000
3,500
3,000
2,500
2,000
1,500
1,000
50,000K
25,000K
2020/07
08
09
09/25

■ 일반적으로 단기간에 상승하는 급등주는 대량거래가 동반된다. 이때의 대량거래는 추세를 급반전시키는 역할을 한다. 따라서 바닥권 대량거래는 상승추세를, 상투권 대량거래는 하락추세를 예고한다.

급등주 초기 거래량 변화

1. 급등 전 주가 변동폭은 크지 않다

주가 급등 전에는 보통 지루한 횡보세를 보인다. 급등 타이밍을 기다리는 구간으로 거래량 변화도 없고, 주가 변동폭도 그리 크지 않다. 때론 횡보 중 큰 거래량 없이 주가를 한 단계 하락시켜 개인투자자들의 투매를 유도하기도 한다.

2. 급등시점이 다가올수록 거래량 변화가 온다

급등시점이 임박할수록 거래량 변화가 온다. 거래량 증가와 감소가 반복되기도 하지만 주가는 큰 변화가 없다. 물량매집 대량거래가 발생한 경우는 기간조정을 염두에 둔다.

3. 거래량이 점진적으로 증가한다

주가가 저점과 고점을 조금씩 높이면서 20일 평균 거래량을 상회하는 계단식 거래량 증가가 일어난다면 매수관점으로 접근 가능하다. 대형주일수록 거래량 증가는 뚜렷하지만, 소형주는 적은 금액으로도 주가를 마음대로 좌지우지할 수 있기 때문에 개인투자자가 거래량만 보고 매수시점을 잡기는 거의 불가능하다. 이때는 단기 지지선과 저항선을 설정한 다음, 양호한 거래량 증가와 함께 저항선을 상향돌파할 때 매수관점으로 접근한다.

4. 거래량이 증가하다 급감한 다음 다시 증가한다

가장 정석적인 급등주 초기 거래량 모습이다. 일단 거래량이 증가하면 투자자들의 관심을 끌게 된다. 그러다 거래량이 다시 감소하면 이내 관심을 보였던 투자자들이 실망하고 매수시점을 다소 늦춘다. 이 시점에서 다시 거래량이 증가하면, 대기 매수자들은 이전과 같은 패턴을 보일 것으로 예상해 적극적인 매매를 자제한다. 세력은 이때를 노려 주가를 급등시킨다.

5. 거래량 증가와 함께 급등세 연출

대표적인 세력 관리주에서 흔히 볼 수 있는 패턴이다. 이미 물량매집이 완료된 상태이기 때문에 대기 매수자가 추격할 틈도 없이 곧바로 급등세를 연출한다. 이런 급등주는 대부분 세력이 매우 철저하게 관리를 하기 때문에 어지간해서는 개인투자자가 선취매하지 못한다. 세력은 급등시킬 명분만 찾으면 언제든지 올릴 준비가 되어 있다. 이를테면 '호재공시'가 그 대표적인 예다.

이상적 급등 거래량 패턴

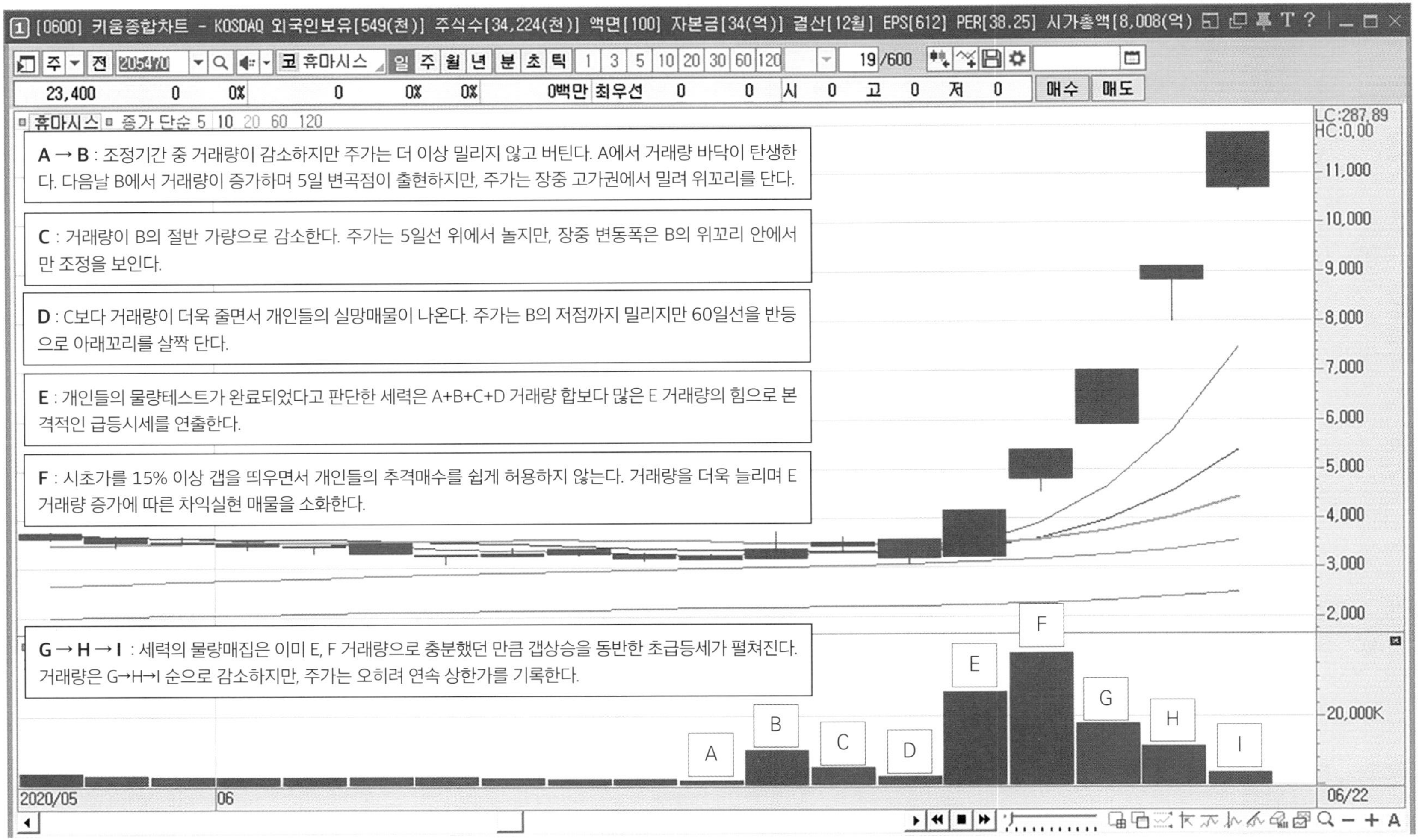
[0600] 키움종합차트 - KOSDAQ 외국인보유[549(천)] 주식수[34,224(천)] 액면[100] 자본금[34(억)] 결산[12월] EPS[612] PER[38.25] 시가총액[8,008(억)
휴마시스 종가 단순 5 10 20 60 120
A → B : 조정기간 중 거래량이 감소하지만 주가는 더 이상 밀리지 않고 버틴다. A에서 거래량 바닥이 탄생한다. 다음날 B에서 거래량이 증가하며 5일 변곡점이 출현하지만, 주가는 장중 고가권에서 밀려 위꼬리를 단다.
C : 거래량이 B의 절반 가량으로 감소한다. 주가는 5일선 위에서 놀지만, 장중 변동폭은 B의 위꼬리 안에서만 조정을 보인다.
D : C보다 거래량이 더욱 줄면서 개인들의 실망매물이 나온다. 주가는 B의 저점까지 밀리지만 60일선을 반등으로 아래꼬리를 살짝 단다.
E : 개인들의 물량테스트가 완료되었다고 판단한 세력은 A+B+C+D 거래량 합보다 많은 E 거래량의 힘으로 본격적인 급등시세를 연출한다.
F : 시초가를 15% 이상 갭을 띄우면서 개인들의 추격매수를 쉽게 허용하지 않는다. 거래량을 더욱 늘리며 E 거래량 증가에 따른 차익실현 매물을 소화한다.
G → H → I : 세력의 물량매집은 이미 E, F 거래량으로 충분했던 만큼 갭상승을 동반한 초급등세가 펼쳐진다. 거래량은 G→H→I 순으로 감소하지만, 주가는 오히려 연속 상한가를 기록한다.
A
B
C
D
E
F
G
H
I
LC:287.89
HC:0.00
11,000
10,000
9,000
8,000
7,000
6,000
5,000
4,000
3,000
2,000
20,000K
2020/05
06
06/22

■ 이상적인 급등 초기의 거래량 변화는 **거래량 바닥 → 1차 거래량 증가 → 거래량 감소 → 2차 거래량 증가** 순으로 진행된다. 또한 N자형 패턴과 같이 1차 급등 이후 2차 급등세를 내는 경우, 혹은 눌림목이나 고가놀이로 진행되는 단기 조정구간에서도 [거래량 감소 → 거래량 증가] 순으로 거래량 변화가 일어난다.

양음양 급등 패턴

① [0600] 키움종합차트 - KOSDAQ 외국인보유[1,147(천)] 주식수[23,487(천)] 자본금[235(억)] 액면[1,000] 자본금[235(억)] PER[12.13] 결산[12월] EPS[1,938] 시가총액[5, ⬜ ⬜ ▮ T ? | — ⬜ ×

세력의 양음양 패턴은 [양봉→음봉→양봉] 순으로 주가를 들었다 놨다 반복하는 과정을 통해 주가를 끌어올리는 상승 패턴을 말한다. 통상 단기 이평선 수렴 이후 거래량 증가와 함께 장대양봉이 탄생하고, 다음날 거래량이 감소하면서 음봉으로 마감한다. 전일 양봉에 추격매수를 감행한 개인들에게 당일 음봉을 만들면서 실망매물을 받는다. 그리고 3일째 다시 양봉을 만들어 음봉이 저점 매수자들의 차익실현 물량을 흡수하고, 추세를 급등으로 돌변놓는다. 이와 같은 양음양 패턴은 단기 투자자들의 물량 매집과 단기 이평선 조정 등의 목적으로 세력이 가장 많이 활용하는 상승형 패턴에 속한다.

단기 고점 대량거래 + 단기 지지선 하향이탈 → 거래량 감소 + 장대음봉 + 5일선 하향이탈 ⇨ 매도신호

갭상승 + 대량거래 + 저항선 상향돌파 ⇨ 매수신호

양음양 급등패턴

거래량 바닥 → 1차 거래량 증가 → 거래량 감소 → 2차 거래량 증가 ⇨ 매수신호

LC:24.00
HC:-41.24

18,000 / 17,000 / 16,000 / 15,000 / 14,000 / 13,000 / 12,000 / 11,000 / 10,000 / 9,000

10,000K / 5,000K

거래량 단순 0 0 0 0
838,092주(106.48%)

종가 단순 5 10 20 60 120
23,500

2019/12   2020/01   02   02/13

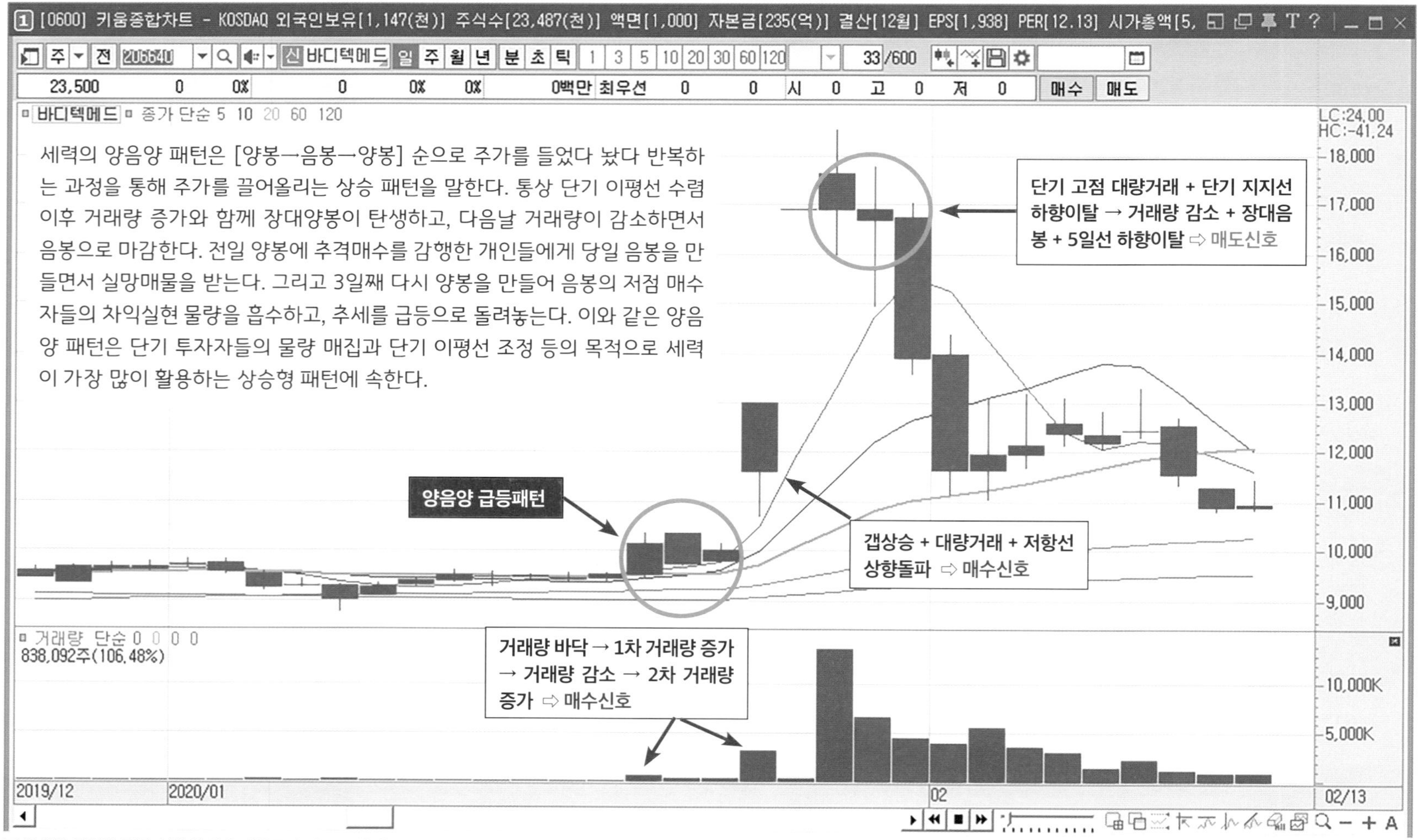

■ 양음양 패턴은 단기 성향이 짙은 개인들의 짚은 개인들이 효과와 미수, 신용을 최대한 줄인 효과와 있다. 어떤 종목이든 현금 거래뿐 아니라 빚으로 거래하는 투자자들이 있게 마련이다. 미수, 신용, 대차, 공매도 이들 거래 모두 남의 돈을 빌려 빚으로 투기하는 향이다. 양음양 패턴은 개인들의 투기행위를 최대한 억제하지만 역설적이지만, 반대로 세력의 레버리지(leverage) 효과 측면에서 가장 많이 활용되는 몰량되는 몰량패점 패턴이다.

정배열 급등 패턴

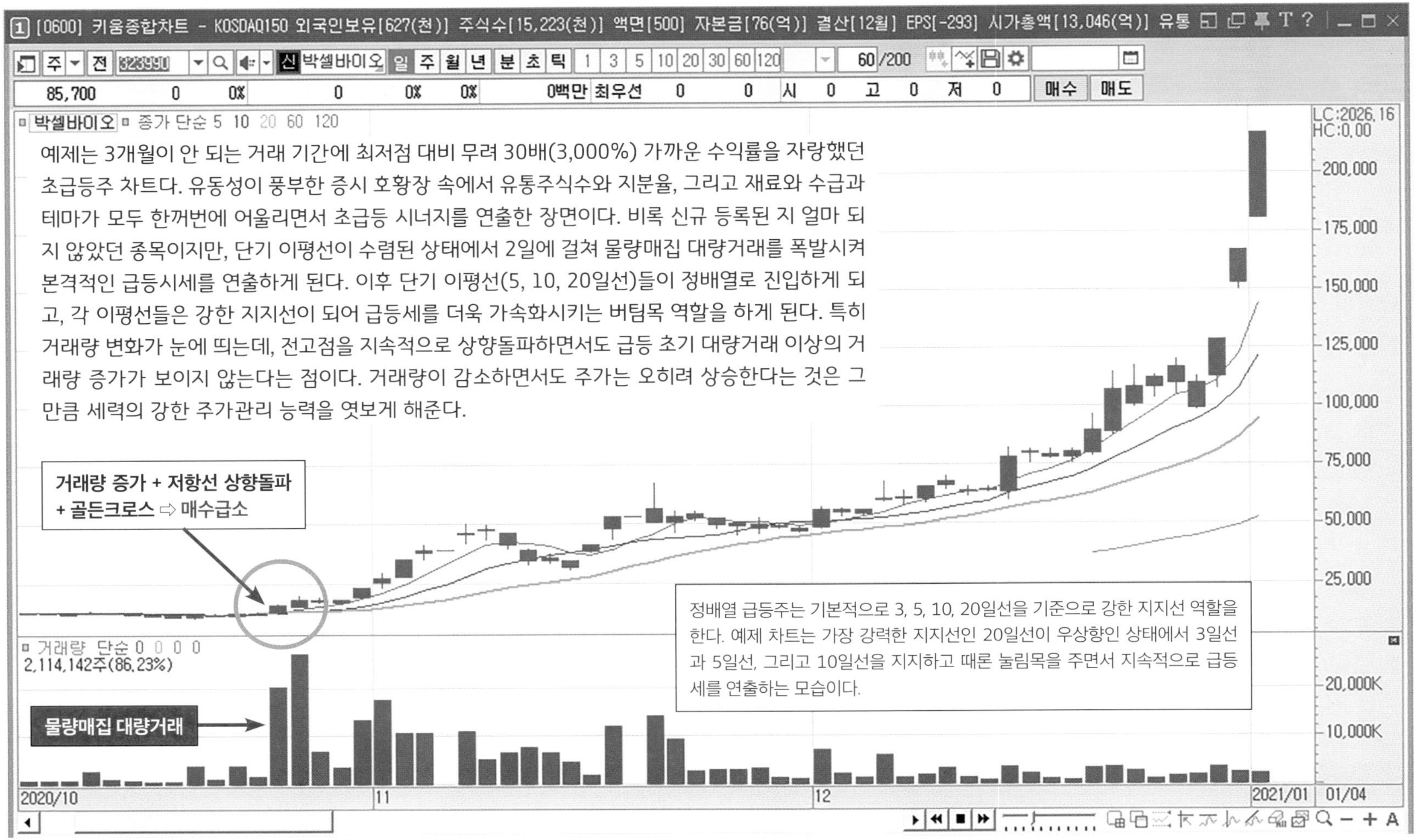

1 [0600] 키움종합차트 - KOSDAQ150 외국인보유[627(천)] 주식수[15,223(천)] 액면[500] 자본금[76(억)] 결산[12월] EPS[-293] 시가총액[13,046(억)] 유통
박셀바이오 종가 단순 5 10 20 60 120
예제는 3개월이 안 되는 거래 기간에 최저점 대비 무려 30배(3,000%) 가까운 수익률을 자랑했던 초급등주 차트다. 유동성이 풍부한 증시 호황장 속에서 유통주식수와 지분율, 그리고 재료와 수급과 테마가 모두 한꺼번에 어울리면서 초급등 시너지를 연출한 장면이다. 비록 신규 등록된 지 얼마 되지 않았던 종목이지만, 단기 이평선이 수렴된 상태에서 2일에 걸쳐 물량매집 대량거래를 폭발시켜 본격적인 급등시세를 연출하게 된다. 이후 단기 이평선(5, 10, 20일선)들이 정배열로 진입하게 되고, 각 이평선들은 강한 지지선이 되어 급등세를 더욱 가속화시키는 버팀목 역할을 하게 된다. 특히 거래량 변화가 눈에 띄는데, 전고점을 지속적으로 상향돌파하면서도 급등 초기 대량거래 이상의 거래량 증가가 보이지 않는다는 점이다. 거래량이 감소하면서도 주가는 오히려 상승한다는 것은 그만큼 세력의 강한 주가관리 능력을 엿보게 해준다.
거래량 증가 + 저항선 상향돌파
+ 골든크로스 ⇨ 매수급소
정배열 급등주는 기본적으로 3, 5, 10, 20일선을 기준으로 강한 지지선 역할을 한다. 예제 차트는 가장 강력한 지지선인 20일선이 우상향인 상태에서 3일선과 5일선, 그리고 10일선을 지지하고 때론 눌림목을 주면서 지속적으로 급등세를 연출하는 모습이다.
거래량 단순 0 0 0 0
2,114,142주(86.23%)
물량매집 대량거래
2020/10
11
12
2021/01
01/04
200,000
175,000
150,000
125,000
100,000
75,000
50,000
25,000
20,000K
10,000K

■ 외국인이든 기관이든 아니면 사채업자든 간에 특정 세력에 의해 주가가 좌우되는 주식은 통상 추세가 매우 강하다. 그들이 주가를 끌어올릴 때는 개인 매수세를 지속해서 끌어들여야만 한다. 어떻게? 바로 정배열 차트를 그리는 것이다. 지지와 저항을 통해 강성 주주의 이탈을 막으면서, 신규 개인들을 유혹하기 가장 좋은 그림이 바로 정배열 차트이기 때문이다.

역배열 급등 패턴

정배열 차트는 모든 이평선들이 우상향이기 때문에 각 이평선들이 강한 지지선 역할을 하면서 주가상승을 이끈다. 이에 반해 역배열 차트는 모든 이평선들이 우하향이기 때문에 각 이평선들은 강한 저항선 역할을 한다. 때문에 역배열 구간은 하락추세가 강하기에 대부분의 투자자들이 수익은 고사하고 시간이 지날수록 손실만 기하급수적으로 커지게 된다. 하지만 역배열 구간에서는 중·단기적으로 주가의 최저점이 탄생하는 만큼 뒤늦게 상승추세를 확인하고 진입하는 투자자들보다 수익률 측면에서 유리할 수 있다는 장점을 갖고 있다. 예제 차트는 역배열, 즉 하락추세 중인 주가가 상승세로 급반전된 이후 약 2달 정도의 가격조정과 기간조정을 거친 다음 본격적인 급등세를 연출한 모습이다. 차트에서 주의 깊게 살펴볼 사항은 각 저항선을 상향돌파할 때마다 이전보다 훨씬 많은 거래량이 증가했다는 사실이다. 이를 토대로 역배열 종목에서는 각 매물대를 상향돌파하려면 필히 거래량이 동반되어야 한다는 사실을 확인할 수 있다.

[0600] 키움종합차트 - KOSPI 외국인보유[6,555(천)] 주식수[45,189(천)] 액면[1,000] 자본금[452(억)] 결산[12월] EPS[-468] 시가총액[20,810(억)]
진원생명과학
종가 단순 5 10 20 60 120
거래량 단순
37,391,275주(289.62%)
물량매집
대량거래
비록 역배열 구간이지만, 분할매수로 접근한 일부 투자자들은 최저가에 주가를 매수한 결과를 낳는다. 그들이 만약 주식을 2~3달 정도 보유하고 있었더라면 그 이후의 수익률은 상승추세를 확인하고 진입한 투자자들과는 비교가 안 될 정도로 높은 수익을 올리게 된다.
역배열 구간에서는 모든 이평선들이 강한 저항선 역할을 하기에 웬만해서는 상승추세로 돌려놓기 어렵다. 저항선은 매물대를 말하기 때문에 두꺼운 매물대를 상향돌파하기 위해서는 해당 기업에 투자자들의 이목을 끌만한 호재 공시와 같은 강한 모멘텀이 필요하다.
04
05
06
06/23

■ 하락추세 중인 주가가 상승이나 급등으로 추세전환을 시도하기 위해서는 일반적으로 거래량 증가가 필수다. 하락추세 중에 쌓여있는 매물대를 상향돌파하려면 그만큼 대기 중인 매도세를 뛰어넘는 강한 매수세가 유입되어야 하기 때문이다.

고수는 정배열이 아닌 역배열에 관심을 둔다

① [0600] 키움종합차트 - KOSDAQ150 외국인보유[712(천)] 주식수[16,688(천)] 액면[500] 결선[12월] EPS[-1,060] 시가총액[16,655(억)] 유

LC:160.71
HC:-17.15

주식투자의 핵심은 최대한 저점에서 매수해 되도록 고점에서 매도하는 것이다. 일반적으로 정배열 종목에 투자하는 것이 안전하다고 하지만, 고수들은 역배열 종목을 주로 공략한다. 왜냐하면 역배열에서 최저점이 탄생하고, 역배열에서 매수를 해야 최대의 수익이 보장되기 때문이다. 그러나 역배열은 일단 돈을 잃기 쉬운 구간이다. 문제는 역배열의 어떤 구간에서 매수시점을 잡느냐 하는 것이다. 역배열 초기는 하락확률이 매우 높지만, 역배열 말기는 더 이상 하락할 이유가 없어 그 만큼 상승확률이 매우 높은 구간이다. 매수시점을 잡으려면 바로 역배열 말기 구간을 노려야 한다.

정배열 초기 : 정배열 구간은 비교적 안전하지만, 역배열 말기에 비해 높은 가격을 지불해야 한다.

역배열 중기 : 20일선 하락 기울기가 아직 가파른 만큼 추세를 조금 더 지켜봐야 하는 구간이다.

역배열 말기 : 거래량이 증가하면서 단기 이평선과 중기 이평선 이격을 좁혀 단기간 추세반전을 시도한다.

역배열 초기 : 단기 이평선이 꺾이면서 중기 이평선을 하향이탈한다.

역배열 말기 매도는 하락세이던 중기 이평선 기울기가 완만해진다. 이어서 전저점을 지지하는 현상(이중바닥)이 나타난다. 곧이어 단기 이평선이 수렴하고 거래량이 증가한다. 주가는 더 이상 하락할 이유가 없다는 것을 차트에 그리는 것이다. 바로 이때가 매수시점을 저울질하는 시기이다.

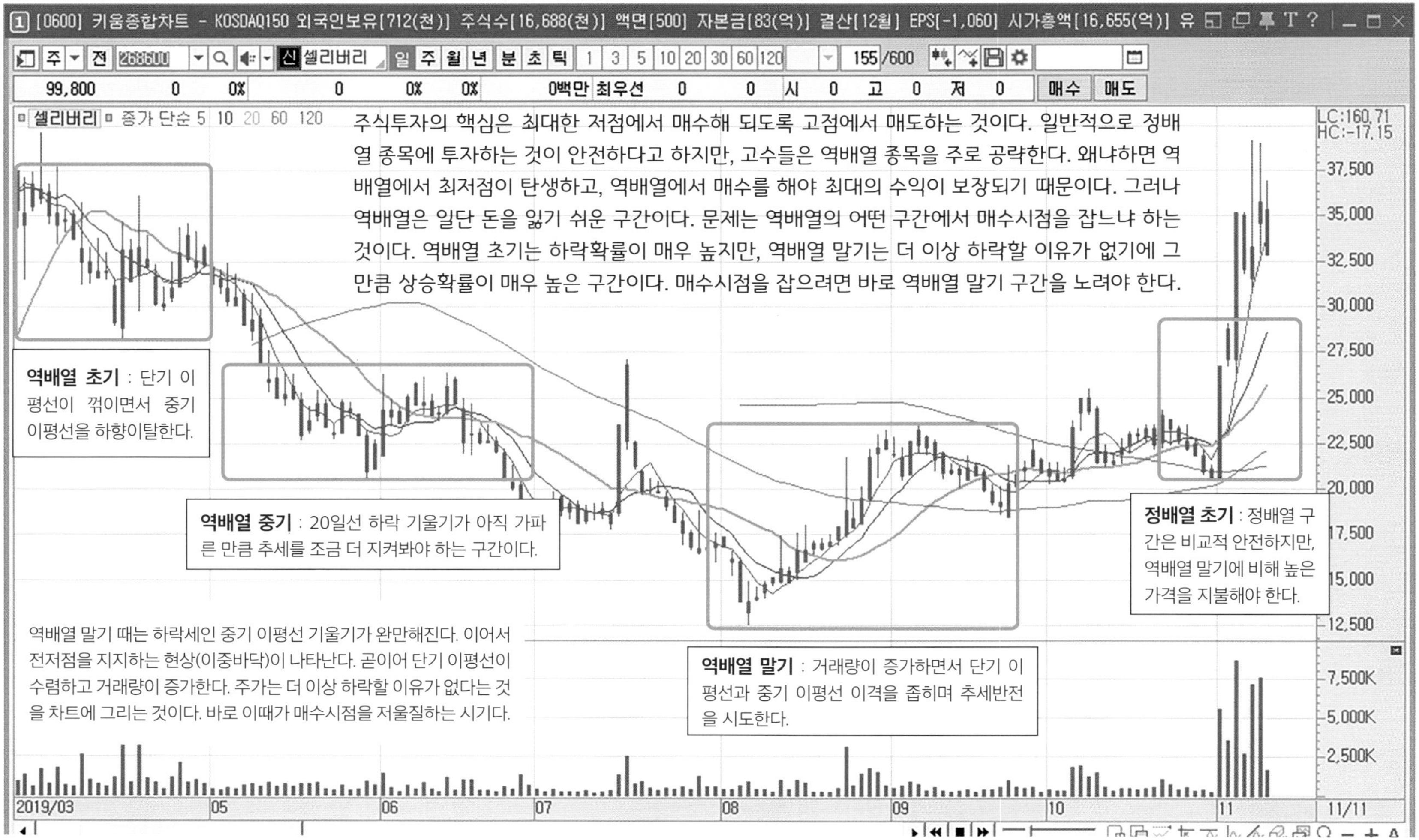

■ 추세적 관점에서 매매하기 가장 어려운 구간이 바로 '역배열 중기'다. 역배열 중기는 매도신호가 강한 만큼 매입이 수월하지만, 역배열 중기는 단기적으로 주가 바닥권이 탄생할 수 있기 때문에 단순히 주가가 싸졌다는 이유로 매수에 가담하다가는 2차 급락을 맞을 가능성이 큰 위험구간이다. 최소한 바닥을 확인하고, 거래량을 종합하는 모습을 확인한 다음 접근하도록 한다.

기술적 반등, 되돌림 공식

주가는 일정한 폭만큼 상승하면 조정을 보이거나 하락하려는 성질이 있고, 반대로 일정한 폭만큼 하락하면 반등하려는 성질이 있다. 상승추세에서 일시적으로 하락압력이 커지는 때를 '조정'이라 말하고, 하락추세에서는 상승압력이 커지는데 이를 '기술적 반등'이라고 말한다.

쉽게 설명해 기본적으로 +10% 정도 주가상승이 이루어지면 단기 하락압력을 받게 되면서 주가조정을 거친다. 단기 하락압력의 주체인 매도세를 후속 매수세가 이겨낸다면 주가는 한 단계 더 상승하게 되고, 만약 매도세가 매수세를 압도한다면 주가는 다시 하락세로 반전된다. 반면에 주가가 단기 –10%까지 하락하게 되면 상승압력이 작용하면서 반등세가 유입된다. 이런 조정과 기술적 반등이 유력한 상승폭과 하락폭을 나열해 보면 다음과 같다.

조정 가능성이 높은 상승폭

+10% : 실전에서 가장 흔히 볼 수 있는 단기 상승폭으로 통상 초단타 세력의 목표가이기도 하다.

+25% : 추세반전을 시도할 때의 1차 저항대. 상승세를 시도하는 대부분의 종목이 이 고비를 넘지 못하고 하락세로 돌변하면서 상승 이전 주가로 되돌아간다.

+50% : 본격적인 상승추세를 알리는 고비. 주가가 단기 50% 정도 상승하면 대부분 큰 조정을 거치게 된다. 거래량이 터지면서 매수-매도세의 치열한 접전 구간이기도 하다.

+75% : 투자주의, 투자경고, 투자위험의 대상이기 때문에 매도 압력이 가장 커지는 시점.

+100% : 일반적인 세력의 단기 목표가. 대부분의 급등주들이 저점 대비 2배(100%) 수익을 낸 상태에서는 상승세를 이어가지 못하고 하락추세로 반전된다.

+300% : 일시적인 단발성 호재(뉴스)가 아닌 기업 내·외부에 큰 호재가 시장에 반영되면서 시세 열기가 최고점에 이르는 시기. 기업이 신기술을 개발했거나 M&A, 혹은 이슈가 부각된 대형 테마주에 편승해 대장주급 역할을 하는 경우 단기에 3배 이상 폭등세를 연출하기도 한다.

+500% : 대주주와 결탁한 사채업자나 작전세력의 작품이거나 아니면 기업의 체질을 완전히 바꿀 만한 호재가 투자자들을 자극할 때의 급등 목표치.

+1000% : 기업의 엄청난 호재성 재료를 바탕으로 한 작전세력의 최대 급등폭. 제아무리 기업 내부의 큰 호재나 뉴스, 또는 테마에 편승했다 하더라도 단기간 10배 이상 폭등하기는 현실적으로 불가능에 가깝다. 이 경우는 통상 대주주와 기관 및 사채업자와 연동된 작전이 개인투자자들의 투기와 맞물리면서 시너지 효과를 발휘한 행운의 케이스라 할 수 있다.

야 하는 주가 하락폭이라 할 수 있다. 단기적으로 주가가 1/3 수준으로 떨어졌다는 것은 그만큼 기업이 위기상황에 놓여있다는 증거가 된다. 개인투자자들은 차트상 단지 주가가 싸졌다고 매수할 것이 아니라 차트분석과 아울러 가치분석을 통해서 주가하락의 원인을 스스로 찾아내고, 이어서 주가바닥을 확인하려는 노력이 필요하다.

기술적 반등이 유력한 하락폭

-10% : 실전에서 흔히 볼 수 있는 단기 주가 하락폭. 주로 횡보주세인 조정 구간에서 출현하며, 장중 캔들이 아래꼬리를 만들면서 단기 반등을 시도한다.

-25% : 실전에서 기술적 반등 확률이 높은 하락폭으로 상승이나 횡보추세에서 하락으로의 추세반전의 강한 지지선 역할을 한다. 주가가 이 지지선을 하향이탈 한다면 추세는 중기적으로 하락세로 하락폭이 커진다는 점에서는 확률이 높다.

-33%(1/3) : 주가가 단기에 -30% 정도 하락(급락)한 상태이기 때문에 기술적 반등이 가장 유력한 하락폭이다. 기업에 특별한 악재가 없는 상태에서 수급 상 매물공백이 발생했을 때는 단기 급반등도 가능하다. 주가하락 이전에 매수한 투자자들의 손절매 유혹이 가장 강한 시기인 동시에 기술적 반등을 노리는 대기 매수세가 강해지는 만큼 단타세력에게는 좋은 먹잇감 역할을 한다.

-50%(1/2) : 기업의 외부환경의 영향보다는 내부적인 악재가 시장에 반영되는 시점. 해외나 국내시장의 수급상 문제라든가 테마에 편승했다가 탈락한 경우 등 단순히 외부환경 변화에 따른 주가하락이라면 대부분 -33% 이내에서 추세 반등을 시도하게 된다. 그러나 단기 급등세를 연출하지 않은 상태에서 주가가 단기에 반토막(-50%) 난다는 사실은 매도압력이 그만큼 강했다는 뜻으로 대규모 수출계약 파기, 임상 실패, 영업장 폐쇄, 분식회계, 영업적자 악화, 자본잠식, 자본금 줄이는 감자, 대주주 담보주식 출회, 횡령 배임 등이 주요 원인이다. 단기적으로 소폭의 기술적 반등은 가능하지만, 워낙 하락폭이 크다 보니 상승추세로 전환하기에는 많은 자본과 시간이 필요하다.

-66%(2/3) : 기업의 존립 자체가 위태로운 시점. 상장폐지까지 염두에 두어

토대로 얼추 통계를 내본 만큼 그저 참고 사항으로만 인식하기 바란다. 또한 급등주라고 해서 언제나 상승 한계 목표가까지 주가를 끌어올리지는 않는다. 세력은 주변 증시 여건에 따라 언제든지 철수하거나 손실을 감수하고서라도 포기할 수 있다는 점을 항상 유념하기 바란다.

상장·유통주식수에 따른 급등폭 한계

정확한 구분은 될 수 없지만, 일반적으로 단기간에 2배 이상 주가가 상승하는 주식을 '급등주'라 부르고, 5배 이상 급등하는 주식을 '폭등주'라 칭한다. 일단 주가가 급등하려면 해당 회사의 재정상태가 좋으나 나쁘나, 이를테면 우량주나 부실주나를 떠나서 큰 세력이 반드시 존재해야 한다. 이때 해당 기업의 상장주식수에 따라 주가 급등폭 한계를 대략 다음과 같이 예상해 볼 수 있다.

1. 20배 폭등주 – 상장주수 200만주

2. 10배 폭등주 – 상장주수 500만주

3. 5배 폭등주 – 상장주수 1,000만주

4. 3배 급등주 – 상장주수 중 유통물량 2,000만주

5. 2배 급등주 – 상장주수 중 유통물량 3,000만주

※ 실전에서는 테마주, 작전주에 따라서 상장주식수와 실거래 유통주식수(시장에 상장된 총주식수에서 대주주 물량을 제외한 거래가 가능한 유통물량)는 그렇게 큰 의미가 없다. 다만 과거 급등주들을

시가총액으로 살펴보는 급등 조건과 한계

세력의 자본은 얼마나 될까? 몇 백억? 몇 천억? 천만의 말씀이다. 정말 큰 세력은 억 단위가 아닌 조 단위로 자금을 운영한다. 쉽게 말해 마음만 먹으면 삼성전자의 대주주가 될 수도 있다.

그럼 이런 어마어마한 자금은 도대체 어디서 나오는 것일까? 돈줄은 따로 있다. 이를테면 정부권력단체, 해외사설금융기관, 해지펀드, 대기업 비자금 관리업체, 사채업자, 부동산업자, 조직폭력배, 비제도권 보험·금융업자 등 저마다 일반인의 상상을 초월하는 자금을 특정 세력에게 대고 서로 사이좋게 개인들의 투자금을 나눠 먹는다. 자본주의 시장에서 **지하자본**비합법적인 지하경제에서 활동하는 자금은 우리가 생각하는 것 이상을 초월한다.

주식시장에서 주가의 상승이나 하락은 시가총액의 변화를 가져온다. **시가총액**은 기업의 가치를 나타내는 하나의 척도로서 [상장된 총주식수 × 주당 현재가격]으로 표시한다.

기본적으로 주식시장에 상장된 기업의 최소 시가총액은 대략 100억으로 잡는다. 그 이유는 유동성 장세에서 상장기업 중 시가총액 100억 미만의 종목은 정말이지 손에 꼽을 정도이기 때문이다. 때문에 투자자들이 흔히 말하는 부실주는 보통 시가총액 100억~200억대를 형성한다.

경기가 극도로 침체된 상태에서는 종목 대부분의 시가총액이 매우 낮게 거래가 된다. 지난 2008년 서브프라임 사태 때는 코스닥 대부분의 소형주 시가총액이 100억 미만으로 내려갔으며, 심지어 재무가 비교적 양호하다고 판단된 종목도 50억 미만으로 상장폐지에 근접할 정도로 시가총액이 낮아지곤 했었다. 이후 2009년 들어 수면 위에 떠올랐던 금융위기설이 다시 수면 아래로 가라앉으면서 급락 이전 시가총액을 회복하는 모습을 보였다.

2022년 현재는 코로나 사태를 맞아 시장에 돈이 넘쳐나는 유동성 장세가 진행 중이다. 이런 유동성 장세에서는 우량주든 부실주든 덩달아 높은 시가총액을 형성하기 마련이다. 과거에는 PER10 정도가 적정 기업가치일 때가 있었지만, 지금은 PER30도 저평가로 치부될 정도다. 때문에 현 시점과 같은 유동성 장세에서는 주식시장에 상장된 부실주나 관리주나 초소형주들도 보통 300억대 이상의 시가총액을 형성한다.

[참고로 주식시장에서는 간단히 **자본금**액면가×발행주식수 100억 미만을 대체로 중·소형주로 분류하기도 한다. 대형주와 중·소형주의 정확한 구분은 납입자본이나 시가총액 순위로 분류한다. **납입자본**자본금+자본잉여금이 350억 이하인 경우는 소형주, 350억에서 700억 사이를 중형주, 750억 이상을 대형주라고 부른다. 여기서 주의할 것은, 회사 규모가 부실한 소형주급이지만 자본금은 대형주급에 속하는 경

우가 있다. 이 경우는 부실한 회사가 유증이나 사채발행을 통해 주식수를 크게 늘린 경우다. 따라서 단순히 자본금 규모만 놓고 대형주와 중·소형주로 분류해서는 안 되며, 기초 자본금을 토대로 시가총액이나 회사의 매출 규모 등을 참조해야만 한다. 현재는 자본금보다 시가총액 순으로 구분하는데 코스피 기준으로 시가총액 순위 1위부터 100위까지를 대형주라 칭하고, 300위까지 중형주, 300위 이하를 소형주로 규정하기도 한다.]

시가총액 100억유동성 장세에서는 200억을 기준은 상장기업의 최소 가치를 나타낸다. 보통 주가가 단기 5배 이상 급등하는 주식의 시가총액은 탄력성이 상대적으로 큰 코스닥 중·소형주 위주로 대략 100억~300억대 내외다. 예를 들어 100억대 시가총액을 형성하고 있던 부실주를 5배 띄우면 약 500억대가 된다. 시가총액 관점에서 전형적인 상투권에 해당한다. 시가총액 200억 미만의 코스닥 중·소형주인 경우 급등 한계 시가총액은 대략 700억대이고, 보통 300~400억대에서 단기 작전이 종료된다. 시장에 투자금이 넘쳐나는 유동성 장세에서는 재료의 강도에 따라 시가총액 200~300억대 중·소형주를 1,000억 그 이상까지 끌어올리기도 한다.

과거나 현재나 단기 100% 이상 상승하는 급등주는 대체로 자본금이 100억 미만인 중·소형주에서 많이 탄생한다. 경기가 침체된 상태에서 시가총액 100억대 소형주를 100% 올리면 200억대다. 시가총액 200억대 주식을 100% 급등시키면 400억대다. 중요한 것은 100억대 주식을 100% 올리는 것보다 200억대 주식을 100% 올리는 데 드는 힘은 최소 2배 이상을 필요로 한다는 사실이다. 시가총액이 커질수록 주가를 끌어올리는 데 드는 투자비용은 약 2배 승수로 투입되어야 하기 때문이다.

세력 입장에서 가능하면 자본금이 적고 시가총액이 적은 중·소형주자본금 100억 미만, 시총 500억 미만를 끌어올리는 것이 자본금이 크고 시가총액이 큰 중·대형주자본금 100억 이상, 시총 1,000억 이상를 끌어올리는 것보다 한결 수월하다는 뜻이다. 바로 이 때문에 작전주, 테마주, 급등주들이 대부분 시가총액이 적은 중·소형주에서 많이 탄생한다.

세력은 자금만 많다고 좋은 것은 절대 아니다. 금감원 감시의 눈을 피하려면 거래원 분산도 중요하지만 매집물량 확보도 중요하다. 큰 자금을 들여 주식을 매집한다면 그만큼 작전 노출의 위험이 높아진다. 팔 사람이 다 판 바닥권 주식을 적은 자본을 들여 매집을 한 다음 순식간에 2배 이상 급등시키는 이유가 여기에 있는 것이다. 왜 급등주는 대체로 바닥권에서 출현하는지, 왜 중·소형주에서 많이 출현하는지, 시가총액 200~300억, 자본금 100억 미만의 주식에서 왜 그렇게 단기 급등주가 많이 나타나는지, 단순히 급등주는 이러이러한 조건을 갖추어야 한다고 하고 암기만 할 것이 아니라 먼저 왜 그럴 수밖에 없는지를 이해해야 한다.

시가총액이 100억대 주식이라면 대략 5억이면 마음대로 주가를 쥐었다 폈다 할 수 있다. 돈자본의 힘이 바로 여기에 있다. 여러분이 급등 이전 시가총액이 300억대 미만이었던 급등주를 운 좋게 잡았다고 하면 현재 시가총액 기준으로 700억대 이상은 일단 상투권인 셈이다. 200억 미만 극소형주감자가 완료된 주식이나 우선주 포함인 경우 10억이면 2배를 쉽게 만들 수 있다. 한 주당 몇 백 원도 안 되는 극소형주가 연속 상한가로 급등하고 하한가로 급락하는 이유가 무엇인가? 바로 낮은 시가총액과 주당 1천 원 미만의 낮은 가격이라는 가격 메리트 때문에 투기성 세력이 매우 적은 자본으로 주가를 마음대로 좌지우지하기 때문이다.

만약 여러분들이 급등주를 노린다면 일단 시가총액을 한번 살펴보기 바란다. 200억 미만의 극소형주는 피하며, 일차적으로 시가총액 200억~300억대 주식이 가장 작전하기 좋은 종목들이다. 이 경우 급등 한계 시가총액을 대략 500억에서 700억, 오버슈팅인 경우 약 1,000억대로 잡으면 무난하다. 예를 들어 급등 이전 시가총액이 300억대인 중·소형주가 단기 급등하면서 시가총액이 700억대로 증가한 경우라면 일단 리스크 관리가 필요해지는 구간인 셈이다.

[※침체장에서는 100~200억, 실적장세에서는 200~300억, 활황장세에서는 300~500억대 시가총액을 형성하는 중·소형주가 작전의 주 타깃이 된다.]

급등주 눌림목의 목적

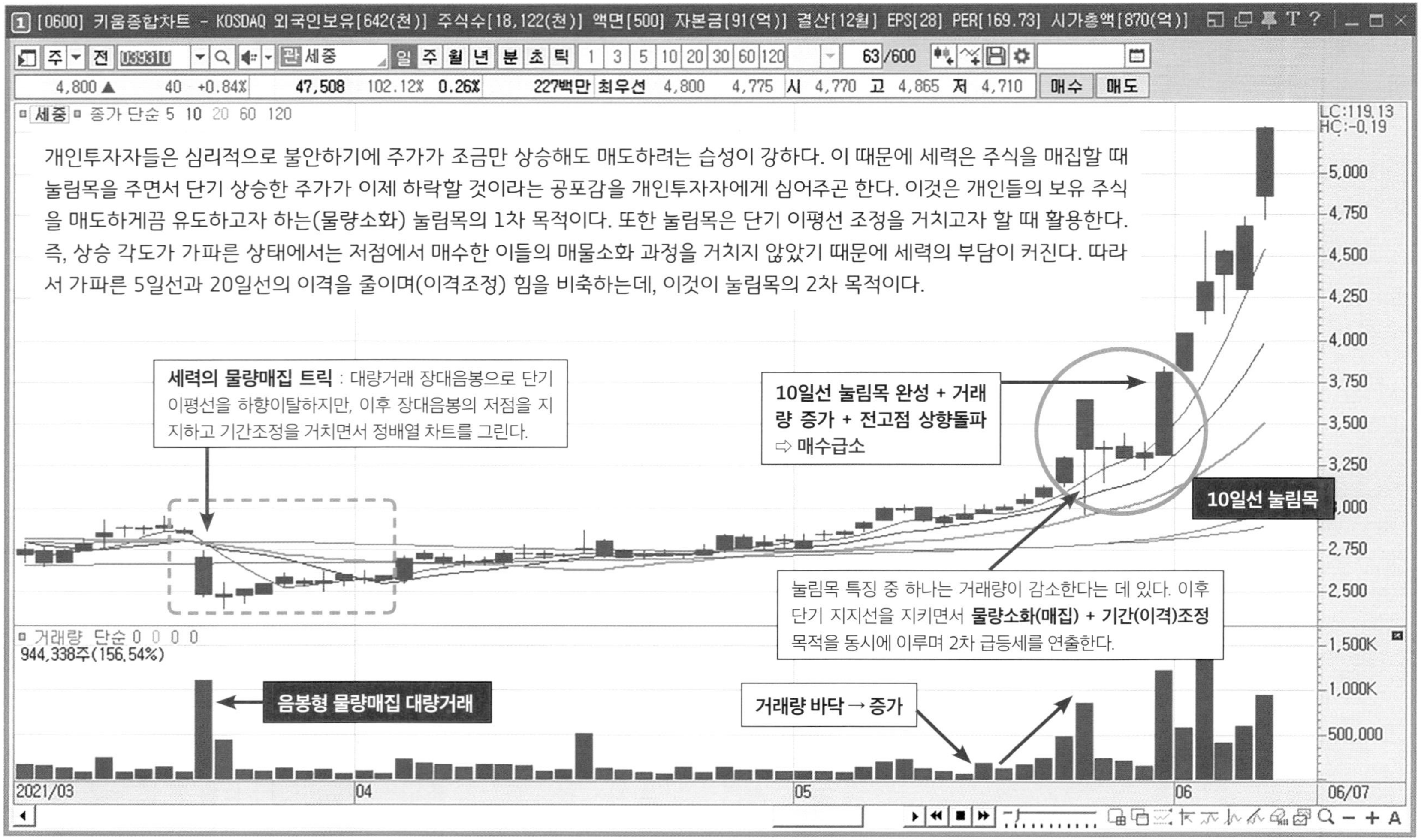
[0600] 키움종합차트 - KOSDAQ 외국인보유[642(천)] 주식수[18,122(천)] 액면[500] 자본금[91(억)] 결산[12월] EPS[28] PER[169.73] 시가총액[870(억)]
4,800 ▲ 40 +0.84% 47,508 102.12% 0.26% 227백만 최우선 4,800 4,775 시 4,770 고 4,865 저 4,710 매수 매도
세중 종가 단순 5 10 20 60 120
개인투자자들은 심리적으로 불안하기에 주가가 조금만 상승해도 매도하려는 습성이 강하다. 이 때문에 세력은 주식을 매집할 때 눌림목을 주면서 단기 상승한 주가가 이제 하락할 것이라는 공포감을 개인투자자에게 심어주곤 한다. 이것은 개인들의 보유 주식을 매도하게끔 유도하고자 하는(물량소화) 눌림목의 1차 목적이다. 또한 눌림목은 단기 이평선 조정을 거치고자 할 때 활용한다. 즉, 상승 각도가 가파른 상태에서는 저점에서 매수한 이들의 매물소화 과정을 거치지 않았기 때문에 세력의 부담이 커진다. 따라서 가파른 5일선과 20일선의 이격을 줄이며(이격조정) 힘을 비축하는데, 이것이 눌림목의 2차 목적이다.
세력의 물량매집 트릭 : 대량거래 장대음봉으로 단기 이평선을 하향이탈하지만, 이후 장대음봉의 저점을 지지하고 기간조정을 거치면서 정배열 차트를 그린다.
10일선 눌림목 완성 + 거래량 증가 + 전고점 상향돌파 ⇨ 매수급소
10일선 눌림목
눌림목 특징 중 하나는 거래량이 감소한다는 데 있다. 이후 단기 지지선을 지키면서 물량소화(매집) + 기간(이격)조정 목적을 동시에 이루며 2차 급등세를 연출한다.
거래량 단순 0 0 0 0
944,338주(156.54%)
음봉형 물량매집 대량거래
거래량 바닥 → 증가
2021/03
04
05
06
06/07

■ 급등 초기에 탄생하는 눌림목은 절호의 매수급소다. 차트에서 단기 바닥을 두 번 확인한다는 점에서 '이중바닥형', 혹은 'N자형' 패턴으로 불리기도 한다.

① [0600] 키움종합차트 – KOSDAQ 외국인보유[172(천)] 주식수[14,364(천)] 결산[12월] EPS[-61] 시가총액[935(억)] 유통비율[59 ☐ ⊡ 🔧 T ? | _ ☐ ✕

셀트▼ 195'00 ▶ 🔍 170 -2.54% ⓘ 💬 셀트리온 360,471 40.98% 2.51%

셀트▼ ⬛ 종가 단순 5 10 20 60 120

일 주 월 년 분 초 틱 1 3 5 10 20 30 60 120 ▶ 34 /600 매수 매도

봉 차 월 간 6,520 6,510 시 6,520 고 6,630 저 6,500

2,362백만 최우선 6,520 6,510 6,520 고 6,630 저 6,500

LC:169.28
HC:0.00

5,500
5,000
4,500
4,000
3,500
3,000
2,500
2,000

20,000K
15,000K
10,000K
5,000K

10일선 눌림목 매수급소

거래량 매수급소

물량매집 대량거래

2021/04 05 06 06/04

급등주가 일정한 가격조정을 받으면(피보나치에 의하면 상승폭의 1/3, 2/3 정도) 다시 상승하는 예가 많다. 이 조정기간을 흔히 '눌림목'이라 일컫는데, 눌림목은 단기 급등 후 차익매물로 단기 주가가 5일선(또는 10, 20일선) 아래로 무너진 상태에서 순방향이 이루어지는 구간이다. 그러나 모든 단기 급등주가 1차 급등하고 조정을 받는다고 다 눌림목이 아니다. 눌림목은 일반적으로 거래량이 감소한 상태에서 20일선을 지지기반으로 하며, 조정기간이 짧을수록 신뢰가 높다. 만약 주세가 하락세로 반전했는데도 눌림목인 것으로 착각해 무리하게 매수할 경우에는 마음고생이 심해질 수 있으니 가급적 단기 급등주를 추격매수할 경우에는 펼치소 역으로 접근하기 바란다. 눌림목은 때로 지루한 주가 움직임을 보일 때도 있는데, 이때 개인투자자들은 조금 더 인내하지 못하고 보유물량을 매도하곤 한다. 눌림목 구간에서는 무작정 매수하는 것이 아니라 눌림목 조정기간을 끝내고 거래량 증가와 함께 5일 변곡점이 탄생할 때가 매수시점이다.

① 예제 차트는 급등주 눌림목의 정석을 보여준다. 이평선 수렴 중에 거래량이 증가하며 5일 변곡점이 탄생하지만, 이후 거래량이 20일선까지 주가를 누르는 것이다. 그리고 다시 소폭 거래량이 증가하면서 점차 고점을 차례로 높이다가 20일선까지 눌림목을 주고, 물량매집 대량거래를 터트린다. 이후 거래량을

② 줄이며 양봉 몰동 안쪽에서 조정을 준 다음 급등세를 연출한다.

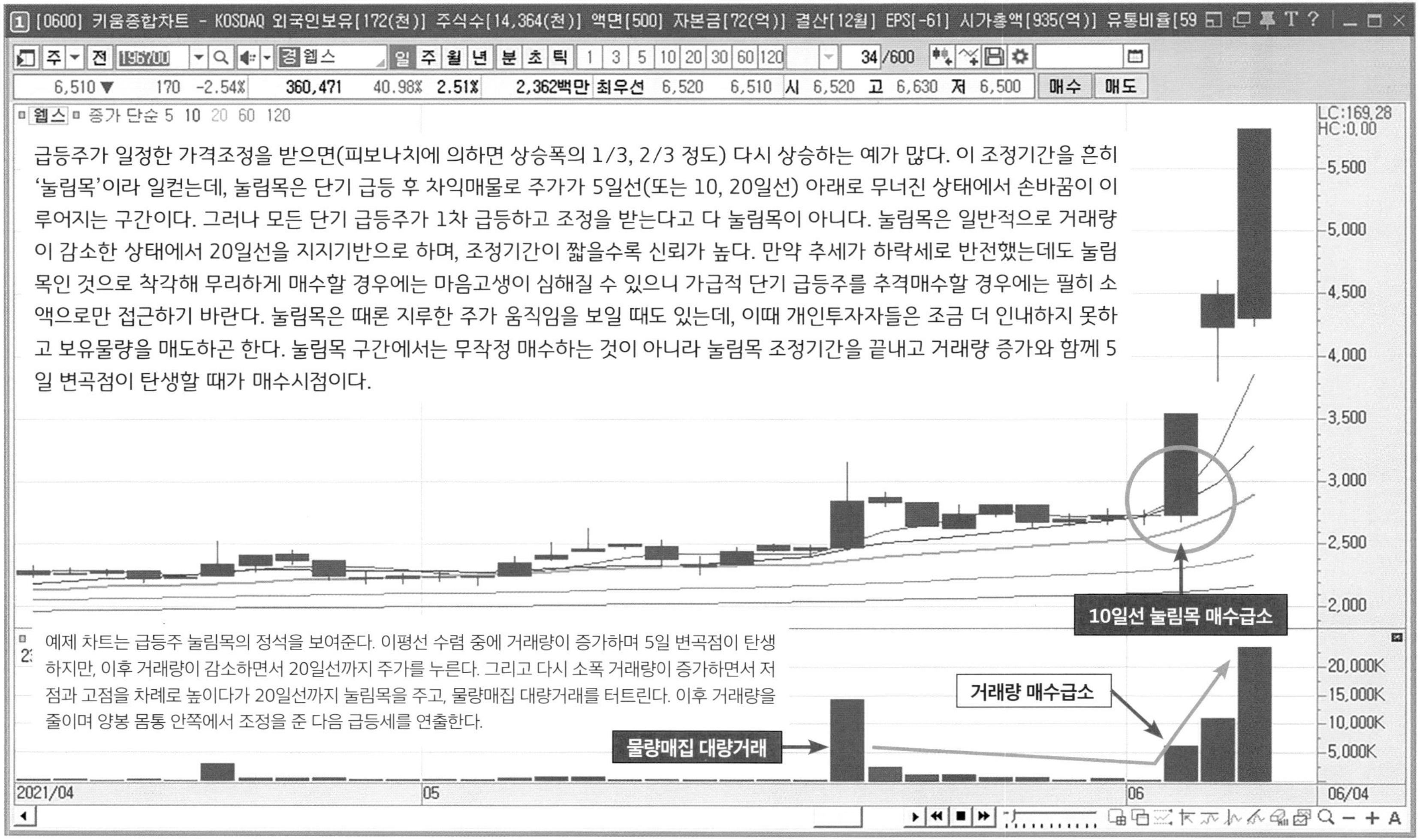

■ 실전에서 눌림목을 공략하고자 할 경우에는 예제 차트처럼 1차 상승폭이 과도하지 않은 상태에서(단기 +30% 미만, +50% 이상에서는 눌림목 가능성이 희박), 5일선을 살짝 하향이탈한 이후 거래량이 감소하면서 뒤따라 올라오는 10일이나 20일선을 지지하는 눌림목 구간에 접어들어 짧은 가격조정을 보일수록 신뢰가 높다.

Part 3. 투자비법의 맥 | 257

가격조정 vs 기간조정

주가는 상승, 하락, 횡보 이렇게 3가지 추세로 움직인다. 상승은 매수세 출현을, 하락은 매수세 감소를, 횡보는 매수-매도세의 팽팽한 신경전을 의미한다. 차트에서 조정구간이라는 것은 쉬어가는 의미인 만큼 횡보나 하락세 구간을 말한다. 주가가 횡보하면 '기간조정', 주가가 하락하면 '가격조정'으로 부른다. 기간조정구간은 이평선 수렴과 매물소화를 목적으로 하며, 가격조정구간은 개인들의 투매 유도를 통한 세력의 매집단가 낮추기를 주목적으로 한다. 주의할 것은 가격조정이 과다하면 급락을 부르기 때문에 추세하락이 강하게 진행되기도 한다. 따라서 가격조정 이전에 지지선이 하향이탈되는 시점에서는 매도관점, 이후 가격조정이 마무리되고 바닥이 확인되는 모습을 보일 때는 매수관점으로 접근한다.

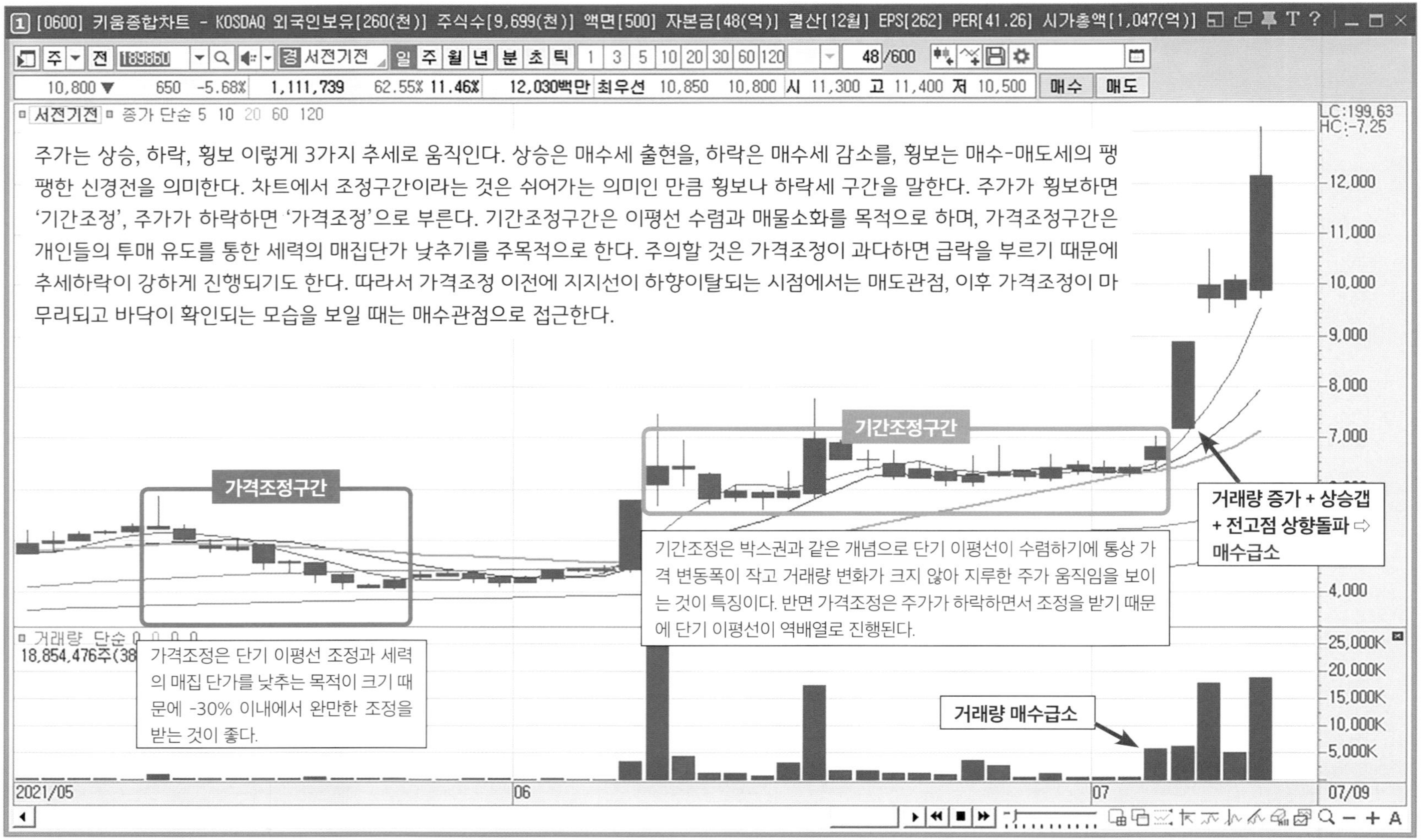

가격조정구간

기간조정구간

□ 가격조정은 단기 이평선 조정과 세력의 매집 단가를 낮추는 목적의 크기 때문에 -30% 이내에서 완만한 조정을 받는 것이 좋다.

□ 거래량 단순 0 0 0 0 0
18,854,476주(38

기간조정은 박스권과 같은 개념으로 단기 이평선이 수렴하기에 통상 가격 변동폭이 작고 거래량 변화가 크지 않아 지루한 주가 움직임을 보이는 것이 특징이다. 반면 가격조정은 주가가 하락하면서 조정을 받기 때문에 단기 이평선이 역배열로 진행된다.

거래량 매수급소

거래량 증가 + 상승갭 + 전고점 상향돌파 ⇨ 매수급소

속임수 눌림목을 항상 경계하라

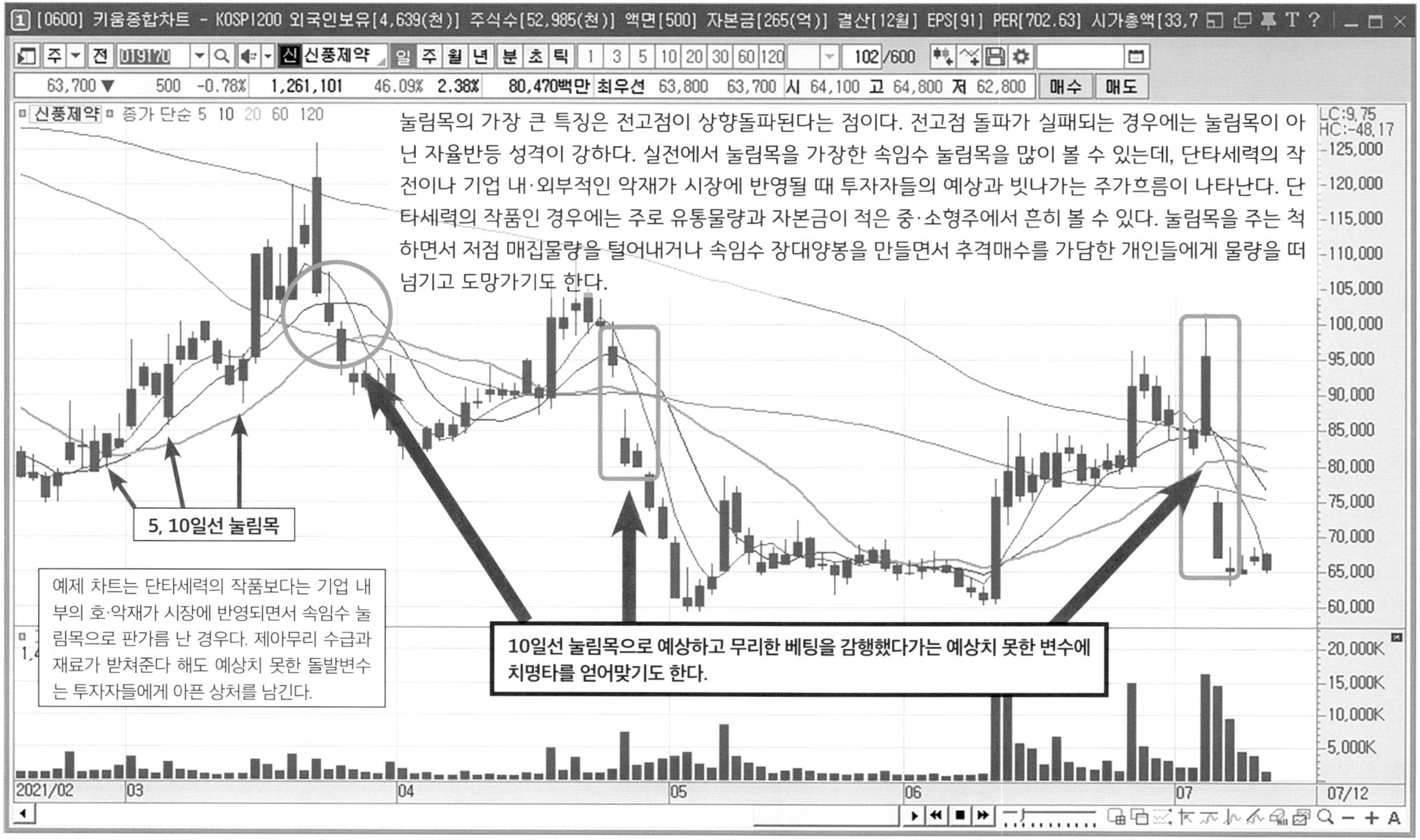
[0600] 키움종합차트 - KOSPI200 외국인보유[4,639(천)] 주식수[52,985(천)] 액면[500] 자본금[265(억)] 결산[12월] EPS[91] PER[702.63] 시가총액[33,7
신풍제약
63,700 ▼ 500 -0.78% 1,261,101 46.09% 2.38% 80,470백만 최우선 63,800 63,700 시 64,100 고 64,800 저 62,800
매수
매도
신풍제약 종가 단순 5 10 20 60 120
눌림목의 가장 큰 특징은 전고점이 상향돌파된다는 점이다. 전고점 돌파가 실패되는 경우에는 눌림목이 아닌 자율반등 성격이 강하다. 실전에서 눌림목을 가장한 속임수 눌림목을 많이 볼 수 있는데, 단타세력의 작전이나 기업 내·외부적인 악재가 시장에 반영될 때 투자자들의 예상과 빗나가는 주가흐름이 나타난다. 단타세력의 작품인 경우에는 주로 유통물량과 자본금이 적은 중·소형주에서 흔히 볼 수 있다. 눌림목을 주는 척하면서 저점 매집물량을 털어내거나 속임수 장대양봉을 만들면서 추격매수를 가담한 개인들에게 물량을 떠넘기고 도망가기도 한다.
5, 10일선 눌림목
예제 차트는 단타세력의 작품보다는 기업 내부의 호·악재가 시장에 반영되면서 속임수 눌림목으로 판가름 난 경우다. 제아무리 수급과 재료가 받쳐준다 해도 예상치 못한 돌발변수는 투자자들에게 아픈 상처를 남긴다.
10일선 눌림목으로 예상하고 무리한 베팅을 감행했다가는 예상치 못한 변수에 치명타를 얻어맞기도 한다.
LC:9.75
HC:-48.17
125,000
120,000
115,000
110,000
105,000
100,000
95,000
90,000
85,000
80,000
75,000
70,000
65,000
60,000
20,000K
15,000K
10,000K
5,000K
2021/02
03
04
05
06
07
07/12

■ 실전에서 코스닥 중·소형주의 고점 추격매수는 위험이 상당히 높은 편이다. 특히 코스닥 주가제한폭이 과거 ±12%에서 현재 ±30%로 확대된 이후 단타세력이 더욱 활개를 치면서 대부분의 종목 차트에서 위꼬리와 아래꼬리가 길어지는 캔들이 자주 출현한다. 따라서 중·소형주를 단기적으로 추격할 때는 적은 투자금으로, 또한 다음날 급락도 대비하는 위험 관리가 필수다.

전고점 돌파를 위한 눌림목 조건

[0600] 키움종합차트 - KOSDAQ150 외국인보유[236(천)] 주식수[11,450(천)] 액면[500] 자본금[57(억)] 결산[12월] EPS[-526] 시가총액[10,832(억)] 유통
94,600 ▲ 5,600 +6.29% 259,200 353.60% 2.26% 24,428백만 최우선 94,700 94,600 시 90,000 고 97,000 저 89,500 매수 매도
데브시스터즈 종가 단순 5 10 20 60 120
보편적으로 눌림목은 1차 5일선, 2차 10일선, 3차 20일선, 4차 60일선을 지지하면서 눌림목 현상이 나타난다. 특히 급등주에서 20일선 눌림목은 전고점 돌파를 위한 매우 중요한 분수령 역할을 한다. 눌림목 기간이 짧을수록, 거래량이 감소할수록, 단기 고점 지지선을 지지하며, 거래량 증가와 함께 저점과 고점을 차례로 높일수록 전고점 돌파 가능성은 큰 편이다. 이와 반대로 눌림목 기간이 길고, 거래량 추세가 불안정하며, 단기 지지선 이탈이 발생하면 추가적인 상승은 희박하다.
지시선
5일선 눌림목
10일선 눌림목
20일선 눌림목
20일선 눌림목
상승(급등)세인 주식을 눌림목 구간에서 노릴 때는 이평선이나 거래량보다 우선적으로 단기 고점대의 지지선을 중점적으로 살펴야 한다. 저항선이 돌파되면 지지선이 되고, 이 지지선이 강한 매물대 역할을 하는 만큼 향후 매물 압박을 이겨내기 위해서라도 반드시 단기 지지선을 지켜야만 추가 상승 확률이 높아진다.
거래량 단순 0 0 0 0
175,577주(69.78%)
2021/01
02
03
04
04/19

■ 눌림목 구간에서는 기본적으로 ❶이평선 ❷거래량 ❸전저점 이렇게 3가지를 중점적으로 살핀다. 거래량이 감소하고, 전저점을 지지하며 여기에 특정 이평선까지 지지한다면 눌림목 이후 거래량이 증가할 때 주가는 추가적으로 상승 가능성이 높다.

고점에서 3번 눌림목은 하락추세로 전환될 확률이 높다

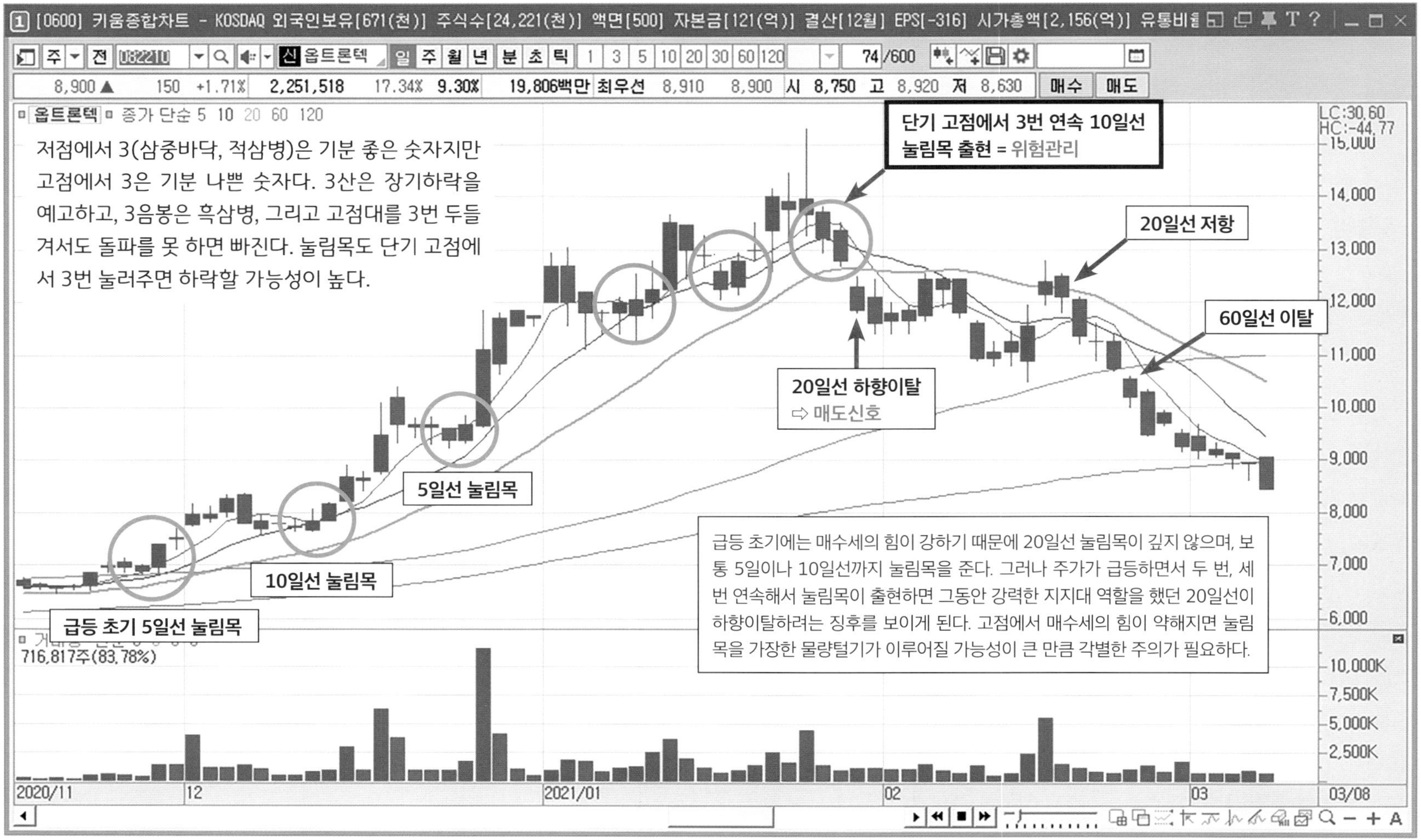
[0600] 키움종합차트 - KOSDAQ 외국인보유[671(천)] 주식수[24,221(천)] 액면[500] 자본금[121(억)] 결산[12월] EPS[-316] 시가총액[2,156(억)] 유통비율
옵트론텍
8,900 ▲ 150 +1.71% 2,251,518 17.34% 9.30% 19,806백만 최우선 8,910 8,900 시 8,750 고 8,920 저 8,630
매수 매도
옵트론텍 종가 단순 5 10 20 60 120
저점에서 3(삼중바닥, 적삼병)은 기분 좋은 숫자지만 고점에서 3은 기분 나쁜 숫자다. 3산은 장기하락을 예고하고, 3음봉은 흑삼병, 그리고 고점대를 3번 두들겨서도 돌파를 못 하면 빠진다. 눌림목도 단기 고점에서 3번 눌러주면 하락할 가능성이 높다.
단기 고점에서 3번 연속 10일선 눌림목 출현 = 위험관리
20일선 저항
60일선 이탈
20일선 하향이탈
⇨ 매도신호
5일선 눌림목
10일선 눌림목
급등 초기 5일선 눌림목
급등 초기에는 매수세의 힘이 강하기 때문에 20일선 눌림목이 깊지 않으며, 보통 5일이나 10일선까지 눌림목을 준다. 그러나 주가가 급등하면서 두 번, 세 번 연속해서 눌림목이 출현하면 그동안 강력한 지지대 역할을 했던 20일선이 하향이탈하려는 징후를 보이게 된다. 고점에서 매수세의 힘이 약해지면 눌림목을 가장한 물량털기가 이루어질 가능성이 큰 만큼 각별한 주의가 필요하다.
716,817주(83.78%)
2020/11
12
2021/01
02
03
03/08

■ 눌림목은 통상 특정 이평선 근처까지 살짝 눌러주는 것이 좋다. 강한 세력이 관리하는 주식이라면 개인들의 대기 매수세가 버티는 이평선까지 주가를 누르지 않고 그저 눌림목 제스처만 취한 다음 급등세를 이어간다. 문제는 단기 이격이 벌어진 상투권이다. 주가가 바닥권이라면 거래량이 없이 지지선이나 특정 이평선을 하향이탈해도 나름대로 버텨볼 수는 있지만, 상투권에서는 지지선 하향이탈시에는 매도관점으로 대응한다.

되돌림과 눌림목에 대한 고찰

주가는 일방적으로 상승이나 하락만을 지속하지 않으며, 시간 경과에 따라 상승과 하락을 되풀이하며 순환한다. 이 경우 주가의 지속적인 상승에 반발하여 자율적으로 반락하는 현상을 되돌림 현상이라고 한다. 되돌림 현상에는 크게 상승 되돌림과 하락 되돌림이 있지만, 통상 상승 중인 주가가 어느 특정 비율 구간까지 되밀리는 현상을 말하기 때문에 눌림목과 같은 맥락으로 이해되곤 한다. 널리 알려진 되돌림 비율은 33⅓%, 50½%, 66⅔%이며, 이 비율 구간에서 주가는 일시적으로 지지대 혹은 저항대를 구축하는 것이 일반적이다.

반면 눌림목은 주가상승 후 잠시 쉬어가는 '조정국면'을 뜻한다. 바닥을 확인한 주가가 거래량 증가와 함께 단기적으로 급등한 다음, 바닥권에서 매수한 이들의 차익매물을 소화하기 위한 조정을 거치는데 이 구간을 눌림목이라고 말한다. 눌림목 비율은 대체로 되돌림 비율과 유사하며, 상승 중인 이평선(5일, 10일, 20일, 40일, 60일, 120일)까지 주가조정을 거친 다음 재반등하는 경우가 많다. 눌림목은 또한 되돌림과 달리 전고점을 상향돌파하는 특성이 있다.

주식투자를 처음 하는 분들은 흔히 "내가 사면 내리고, 내가 팔면 오른다!"라는 말을 자주 한다. 그것은 개인들 대부분이 눌림목 구간에서 매매하기 때문이다. 대다수의 개인투자자들은 음봉이 아닌 양봉에 유혹되어 매수한다. 그러나 예상과 달리 주가가 한 단계 빠진다. 이때 대부분 단기 성향을 가진 개인투자자들은 속았다는 생각에 손절매를 감행하지만, 기막히게도 보유한 주식을 팔자마자 주가는 급등하곤 한다. 이를 통해 개인투자자들은 마치 누가 자신의 계좌를 훔쳐보는 듯한 의심이 들게 되는데, 이것이 바로 심리적으로 눌림목 현상을 말하기 때문에 대부분 매도하기 때문에 보유에 들어가는 개인투자자들이 눌림목 구간에서 매도하는 손절매가 아니라 보유물량을 그냥 순해를 보고 매도한 셈과다. 즉, 이 경우에는 손절매가 아니라 보유물량을 그냥 순해를 보고 매도한 셈과다.

▲ 되돌림은 자율반등의 성격이 짙지만, 눌림목은 인위적이다. 되돌림은 세력의 개입 없이도 자연스럽게 일어나지만(전고점 돌파 실패), 눌림목은 세력의 개입 여부에 따라 인위적으로 만들어지는 경우가 많다. 때문에 눌림목은 초-고점을 상향돌파하는 특성이 있다.

눌림목 매매의 핵심사항

❶ **눌림목은 급등 초기에 확률이 높다.** 눌림목 없이 단기 300% 이상 급상승한 상태에서는 눌림목이 깊거나 아예 눌림목 없이 급락할 가능성이 크다.

❷ **눌림목은 정배열 종목에서 자주 발생한다.** 상승 중 이평선 조정과 매물소화 과정을 위해 눌림목 구간이 발생하기 때문이다.

❸ **급등주 눌림목은 일반적으로 20일선을 지지해야 한다.** 특히 완만한 상승각도의 정배열인 경우에는 20일선 눌림목 매매가 최고의 매매기법인 셈이다. 반면 20일선이 하락추세인 경우에는 한 단계 추가 하락을 위한 자율반등 가능성이 높은 만큼 주의할 필요가 있다.

❹ **눌림목 구간에서는 주가 변동폭이 될 수 있으면 작아야 하며, 거래량 또한 감소해야 좋 다.** 거래량이 감소하지 않고 오히려 지나치게 급증하면 주가 변동폭이 커지면서 눌림목 확률은 낮아진다.

❺ **눌림목은 세력의 주가관리 능력을 보여주는 구간이다.** 이평선이 들쑥날쑥 뒤섞이거나, 캔들봉의 길이나 거래량이 불규칙하면 세력의 주가관리는 실패했다고 보는 것이 좋다.

❻ **장기 하락추세를 벗어나 거래량이 증가하면서 완만한 상승곡선을 그린다면, 눌림목 구간에서 물타기도 가능하다.** 단, 재무구조가 우량하며 외국인이나 기관이 주도하는 대형우량주에만 해당하며, 급등 이전 상승폭이 크지 않아야 하고, 상승 중인 이평선(20일선)은 반드시 지지해야 한다. 세력선인 20일 수급선이 깨지면 세력도 그만큼 부담이 커지기 때문에 추가 조정기간은 길어진다.

❼ **눌림목 매매 확률이 매우 높은 종목은 주로 외국인과 기관이 주도하는 대형우량주다.** 차트매매가 가장 잘 들어맞는 종목군인 셈이다. 코스닥 중·소형주 위주의 작전주, 테마주, 부실주, 소외주 등은 절대 큰 욕심은 금물이며, 적은 투자금으로만 스릴을 즐기는 수준에서 만족하기 바란다.

거래량이 급증하면서 급등하는 주식은 거래량 상투시 조심하라

거래량 증가는 수급의 변화를 일으키기 때문에 바닥권에서는 매수신호로 해석한다. 이를 반대로 말하면 상투권에서 거래량 증가는 매도신호로 해석할 수 있다. 일단 상승추세로 전환된 상태에서는 거래량을 줄이며 상승을 해야 상승폭이 큰 법이다. 당연하게도 세력이 물량을 매집한 상태에서는 굳이 거래량을 늘릴 이유가 없기 때문이다. 거래량이 증가하면서 계속 급등을 한다면, 이것은 기업의 상승 모멘텀이 지속적으로 유지되거나 혹은 세력의 인위적인 주가조작으로 개인들을 유혹하며 주가를 억지로 끌어올리기 때문에 나타나는 현상이다. 거래량이 점차 증가하면서 단기 급등하는 주식은 일단 거래량이 더 이상 증가하지 못하는 거래량 상투가 곧 주가 상투인 예가 많다. 왜냐하면 거래량이 증가하면서 급등하는 주식은 거래량이 계속해서 증가해야만 상승세가 유지된다. 그런데 거래량 상투를 찍고 더 이상 거래량 유입이 없으면 어떻게 될까? 거래량이 증가하기 이전 주가 수준으로 되돌아갈 가능성이 커진다.

■ 점진적으로 대량거래를 동반하면서 급상승하는 주식은 상승세가 꺾이고 하락세로 반전된 이후에 후유증이 커질 수가 있다. 일단 하락추세로 접어들면 대량거래가 이루어진 가격대 모두가 악성매물로 작용하기 때문이다. [거래량 상투 = 주가 상투]라는 격언이 괜히 나온 말이 아니다.

거래량이 급증하면서 급락하는 주식은 반등폭이 클 수도 있다

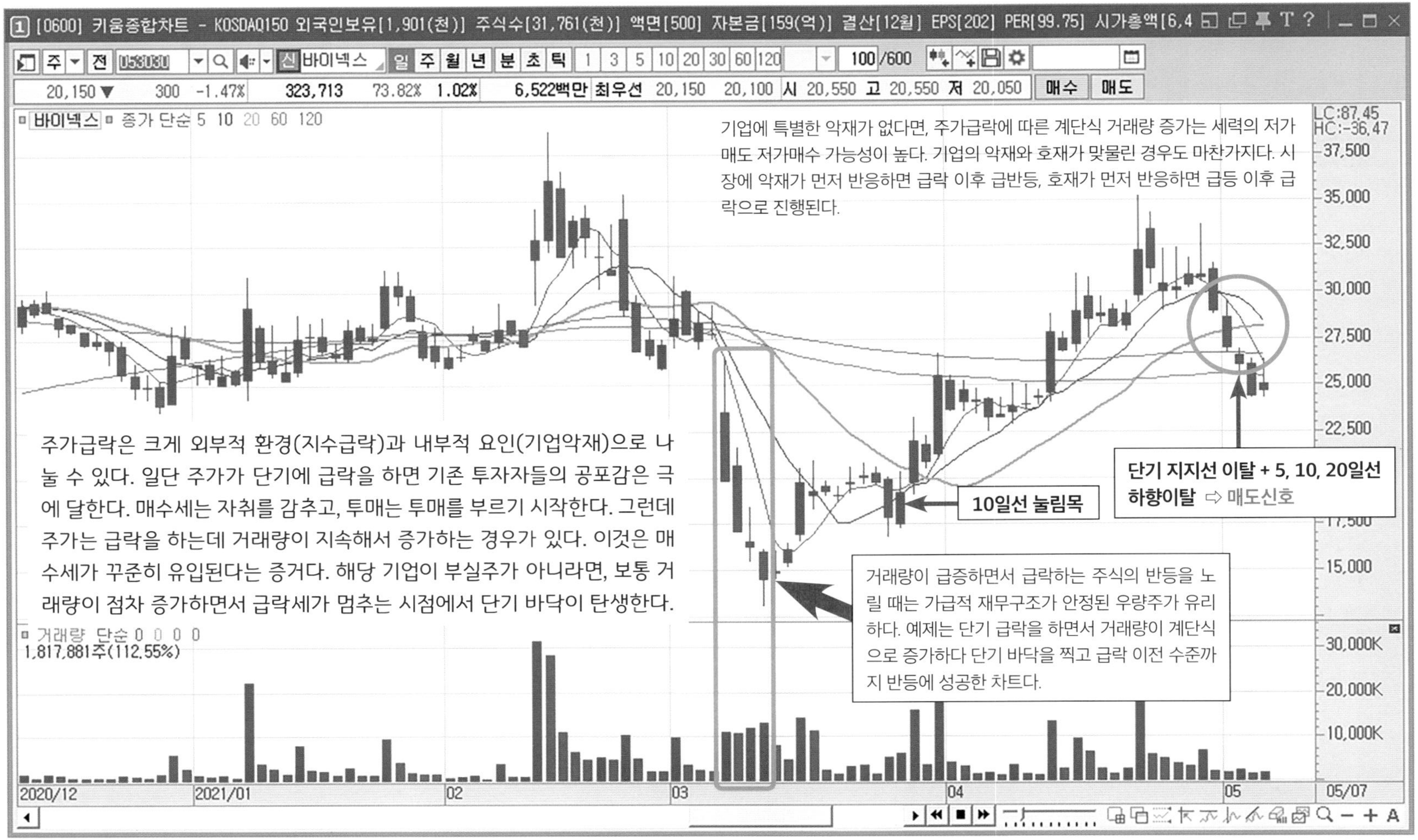
[0600] 키움종합차트 - KOSDAQ150 외국인보유[1,901(천)] 주식수[31,761(천)] 액면[500] 자본금[159(억)] 결산[12월] EPS[202] PER[99.75] 시가총액[6,4
바이넥스
20,150 ▼ 300 -1.47% 323,713 73.82% 1.02% 6,522백만 최우선 20,150 20,100 시 20,550 고 20,550 저 20,050
매수 매도
바이넥스 종가 단순 5 10 20 60 120
기업에 특별한 악재가 없다면, 주가급락에 따른 계단식 거래량 증가는 세력의 저가 매도 저가매수 가능성이 높다. 기업의 악재와 호재가 맞물린 경우도 마찬가지다. 시장에 악재가 먼저 반응하면 급락 이후 급반등, 호재가 먼저 반응하면 급등 이후 급락으로 진행된다.
주가급락은 크게 외부적 환경(지수급락)과 내부적 요인(기업악재)으로 나눌 수 있다. 일단 주가가 단기에 급락을 하면 기존 투자자들의 공포감은 극에 달한다. 매수세는 자취를 감추고, 투매는 투매를 부르기 시작한다. 그런데 주가는 급락을 하는데 거래량이 지속해서 증가하는 경우가 있다. 이것은 매수세가 꾸준히 유입된다는 증거다. 해당 기업이 부실주가 아니라면, 보통 거래량이 점차 증가하면서 급락세가 멈추는 시점에서 단기 바닥이 탄생한다.
10일선 눌림목
단기 지지선 이탈 + 5, 10, 20일선 하향이탈 ⇨ 매도신호
거래량이 급증하면서 급락하는 주식의 반등을 노릴 때는 가급적 재무구조가 안정된 우량주가 유리하다. 예제는 단기 급락을 하면서 거래량이 계단식으로 증가하다 단기 바닥을 찍고 급락 이전 수준까지 반등에 성공한 차트다.
거래량 단순 0 0 0 0
1,817,881주(112.55%)
LC:87.45
HC:-36.47
37,500
35,000
32,500
30,000
27,500
25,000
22,500
15,000
30,000K
20,000K
10,000K
2020/12
2021/01
02
03
04
05
05/07

■ 급락 중 거래량이 점차 증가한다고 무작정 매수해서는 절대 안 된다. 왜 급락을 하는지, 그 이유를 파악하는 것이 키포인트다. 단순한 외부 투자환경에 의한 심리적 요인인지, 아니면 내부적으로 큰 악재가 있는지가 최대 관건이다. 설령 급락 원인을 잘 모른다 해도, 우선은 단기 바닥을 확인한 다음 지지선을 구축하고 이어서 변곡점 탄생 여부를 살핀 이후에 비로소 매수시기를 저울질해야만 한다.

거래량이 급증하면서 급락할 때 주의사항

거래량이 계단식으로 급증하면서 급락하는 주식은 관심은 가지되 섣불리 매수세에 동참하는 우를 범하지 않도록 한다. 재무가 우량한 주식이라면 기업 내·외부적 투자환경을 살피고, 필히 단기 바닥을 확인한 이후에 적은 투자금으로 기술적 반등을 노릴 수는 있다. 그러나 재무적으로 부실 여부를 떠나서 자본금이 적은 중·소형주들은 일단 단기 지지선이 깨진 상태에서는 예상치 못한 악재를 만날 수도 있다. 특히 매년 2, 3, 4월 결산보고서 감사시즌에는 각별한 주의가 필요하다. 배임·횡령, 부도, 자본잠식, 감사보고서 미제출, 감사의견한정, 감사의견거절, 상장폐지사유 등의 이유로 하루아침에 거래정지가 되기도 한다.

■ 실전에서 거래량이 급증하면서 급락하는 종목 모두 단기 반등을 시도하는 것은 아니다. 재무구조가 취약한 종목일수록 반등 확률은 낮다. 그보다 급락의 원인이 무엇이 되었든 간에 더 이상 주가급락을 내버려 두지 않겠다는 투자자들의 의지가 나타나는 것이 중요하다. 그 의지는 차트에서 단기 바닥, 지지선, 거래량, 추세변화 등으로 나타난다.

고가놀이 패턴

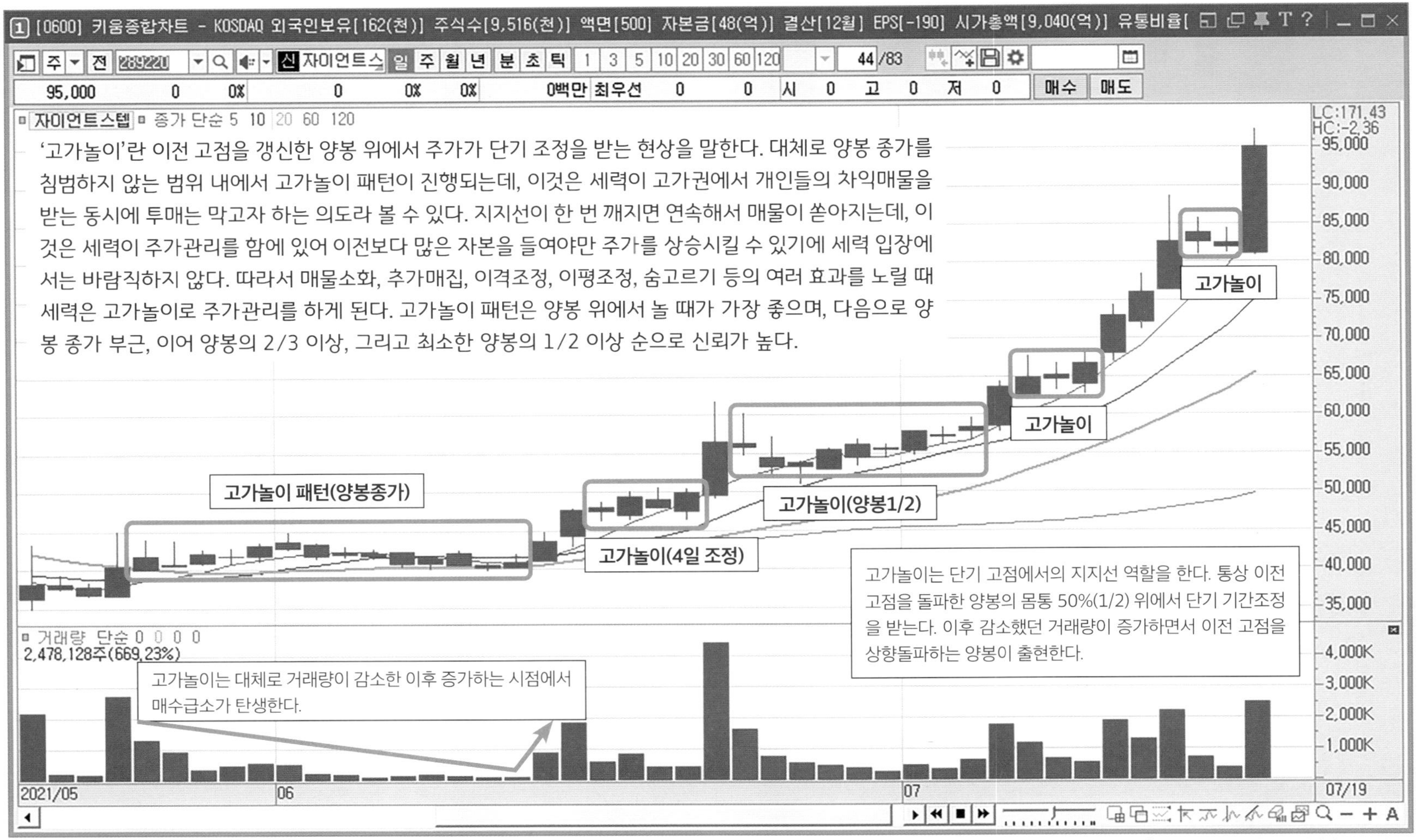
[0600] 키움종합차트 - KOSDAQ 외국인보유[162(천)] 주식수[9,516(천)] 액면[500] 자본금[48(억)] 결산[12월] EPS[-190] 시가총액[9,040(억)] 유통비율[
자이언트스텝 종가 단순 5 10 20 60 120
'고가놀이'란 이전 고점을 갱신한 양봉 위에서 주가가 단기 조정을 받는 현상을 말한다. 대체로 양봉 종가를 침범하지 않는 범위 내에서 고가놀이 패턴이 진행되는데, 이것은 세력이 고가권에서 개인들의 차익매물을 받는 동시에 투매는 막고자 하는 의도라 볼 수 있다. 지지선이 한 번 깨지면 연속해서 매물이 쏟아지는데, 이것은 세력이 주가관리를 함에 있어 이전보다 많은 자본을 들여야만 주가를 상승시킬 수 있기에 세력 입장에서는 바람직하지 않다. 따라서 매물소화, 추가매집, 이격조정, 이평조정, 숨고르기 등의 여러 효과를 노릴 때 세력은 고가놀이로 주가관리를 하게 된다. 고가놀이 패턴은 양봉 위에서 놀 때가 가장 좋으며, 다음으로 양봉 종가 부근, 이어 양봉의 2/3 이상, 그리고 최소한 양봉의 1/2 이상 순으로 신뢰가 높다.
고가놀이 패턴(양봉종가)
고가놀이(4일 조정)
고가놀이(양봉1/2)
고가놀이
고가놀이
고가놀이는 단기 고점에서의 지지선 역할을 한다. 통상 이전 고점을 돌파한 양봉의 몸통 50%(1/2) 위에서 단기 기간조정을 받는다. 이후 감소했던 거래량이 증가하면서 이전 고점을 상향돌파하는 양봉이 출현한다.
거래량 단순 0 0 0 0
2,478,128주(669.23%)
고가놀이는 대체로 거래량이 감소한 이후 증가하는 시점에서 매수급소가 탄생한다.
2021/05
06
07
07/19

■ 고가놀이는 주가 급등(상승) 중 단기적인 기간조정에 해당한다. 고가놀이는 우선 단기 과열권에 접어든 [이평선 조정 + 매물소화 + 추가적인 물량매집 + 후속 매수세 유입] 등을 목적으로 한다. 하지만 코스닥 중·소형주에서 단기 급등폭이 100% 그 이상 과도한 경우에는 고가놀이 구간이 세력의 물량털기 구간으로도 활용되기 때문에 주의가 요구된다.

고가놀이, 의미있는 숫자들

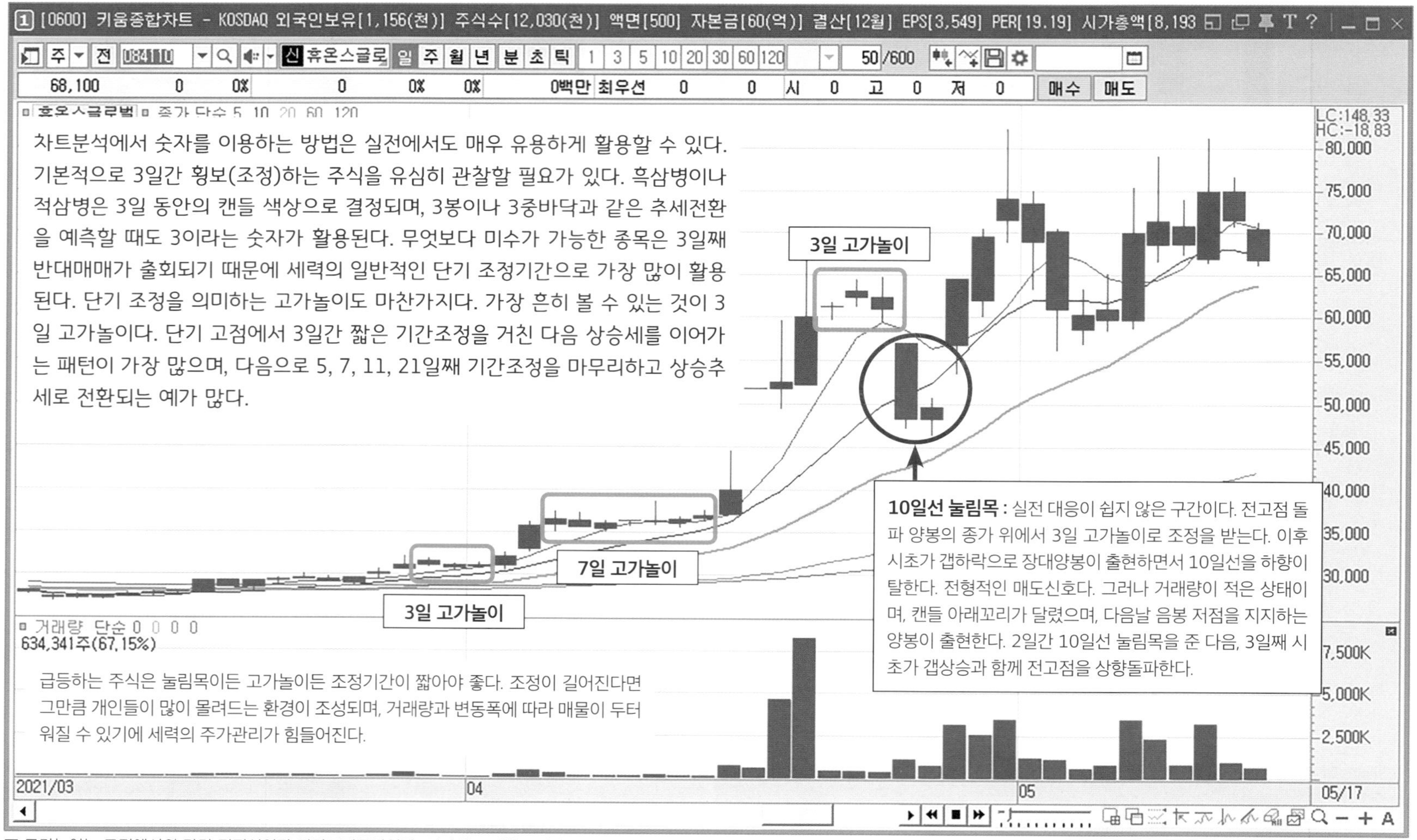
[0600] 키움종합차트 - KOSDAQ 외국인보유[1,156(천)] 주식수[12,030(천)] 액면[500] 자본금[60(억)] 결산[12월] EPS[3,549] PER[19.19] 시가총액[8,193
휴온스글로
68,100
매수 매도
차트분석에서 숫자를 이용하는 방법은 실전에서도 매우 유용하게 활용할 수 있다. 기본적으로 3일간 횡보(조정)하는 주식을 유심히 관찰할 필요가 있다. 흑삼병이나 적삼병은 3일 동안의 캔들 색상으로 결정되며, 3봉이나 3중바닥과 같은 추세전환을 예측할 때도 3이라는 숫자가 활용된다. 무엇보다 미수가 가능한 종목은 3일째 반대매매가 출회되기 때문에 세력의 일반적인 단기 조정기간으로 가장 많이 활용된다. 단기 조정을 의미하는 고가놀이도 마찬가지다. 가장 흔히 볼 수 있는 것이 3일 고가놀이다. 단기 고점에서 3일간 짧은 기간조정을 거친 다음 상승세를 이어가는 패턴이 가장 많으며, 다음으로 5, 7, 11, 21일째 기간조정을 마무리하고 상승추세로 전환되는 예가 많다.
3일 고가놀이
7일 고가놀이
3일 고가놀이
10일선 눌림목 : 실전 대응이 쉽지 않은 구간이다. 전고점 돌파 양봉의 종가 위에서 3일 고가놀이로 조정을 받는다. 이후 시초가 갭하락으로 장대양봉이 출현하면서 10일선을 하향이탈한다. 전형적인 매도신호다. 그러나 거래량이 적은 상태이며, 캔들 아래꼬리가 달렸으며, 다음날 음봉 저점을 지지하는 양봉이 출현한다. 2일간 10일선 눌림목을 준 다음, 3일째 시초가 갭상승과 함께 전고점을 상향돌파한다.
거래량 단순
634,341주(67.15%)
급등하는 주식은 눌림목이든 고가놀이든 조정기간이 짧아야 좋다. 조정이 길어진다면 그만큼 개인들이 많이 몰려드는 환경이 조성되며, 거래량과 변동폭에 따라 매물이 두터워질 수 있기에 세력의 주가관리가 힘들어진다.
LC:148.33
HC:-18.83
80,000
75,000
70,000
65,000
60,000
55,000
50,000
45,000
40,000
35,000
30,000
7,500K
5,000K
2,500K
2021/03
04
05
05/17

■ 고가놀이는 고점에서의 단기 지지선이자 기간조정구간이다. 지지하고 상향돌파하면 상승세를 이어가고, 하향이탈하면 하락추세로 반전된다.

급등주 매도신호

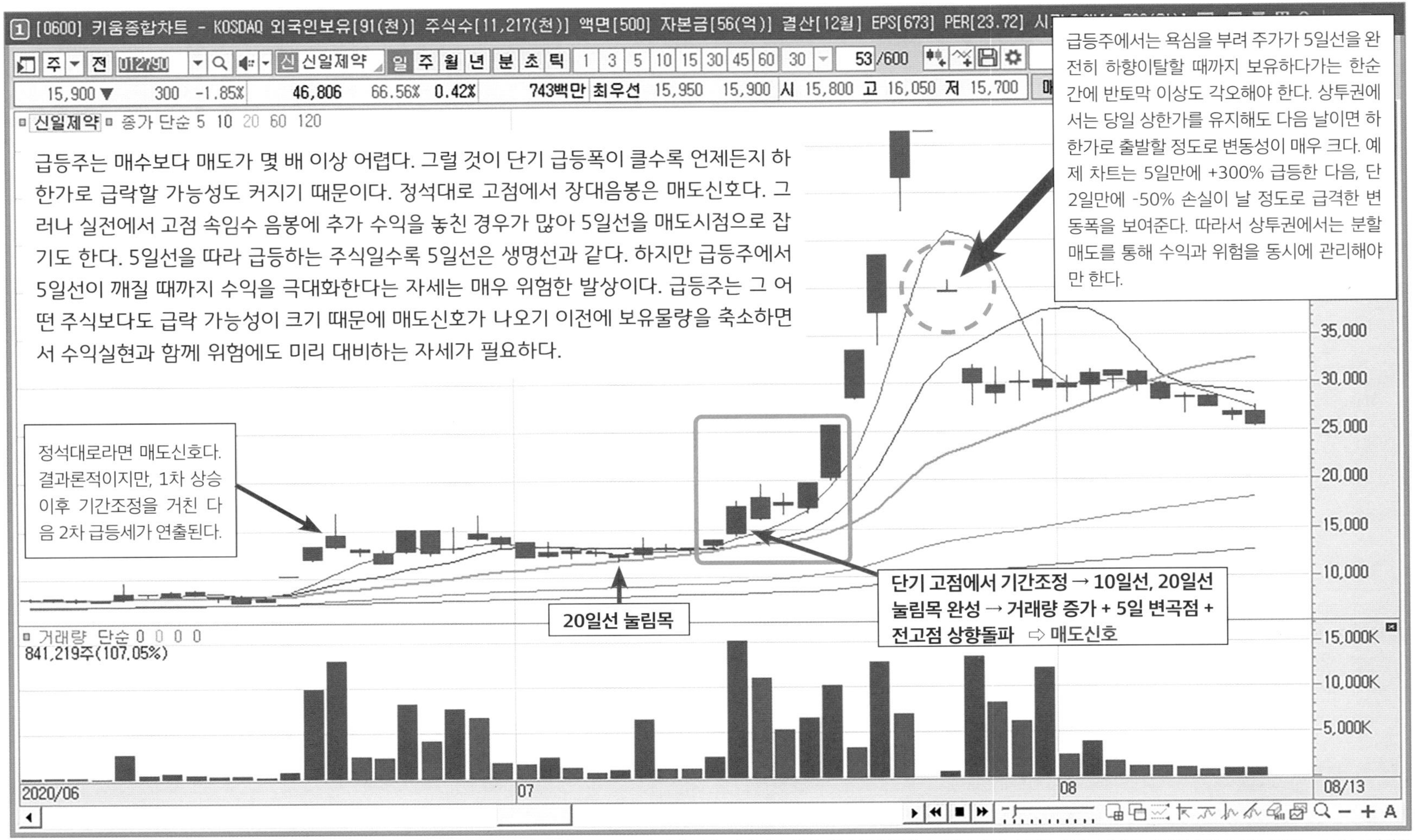

[0600] 키움종합차트 - KOSDAQ 외국인보유[91(천)] 주식수[11,217(천)] 액면[500] 자본금[56(억)] 결산[12월] EPS[673] PER[23.72]
신일제약
15,900 ▼ 300 -1.85% 46,806 66.56% 0.42% 743백만 최우선 15,950 15,900 시 15,800 고 16,050 저 15,700
신일제약 종가 단순 5 10 20 60 120
급등주는 매수보다 매도가 몇 배 이상 어렵다. 그럴 것이 단기 급등폭이 클수록 언제든지 하한가로 급락할 가능성도 커지기 때문이다. 정석대로 고점에서 장대음봉은 매도신호다. 그러나 실전에서 고점 속임수 음봉에 추가 수익을 놓친 경우가 많아 5일선을 매도시점으로 잡기도 한다. 5일선을 따라 급등하는 주식일수록 5일선은 생명선과 같다. 하지만 급등주에서 5일선이 깨질 때까지 수익을 극대화한다는 자세는 매우 위험한 발상이다. 급등주는 그 어떤 주식보다도 급락 가능성이 크기 때문에 매도신호가 나오기 이전에 보유물량을 축소하면서 수익실현과 함께 위험에도 미리 대비하는 자세가 필요하다.
급등주에서는 욕심을 부려 주가가 5일선을 완전히 하향이탈할 때까지 보유하다가는 한순간에 반토막 이상도 각오해야 한다. 상투권에서는 당일 상한가를 유지해도 다음 날이면 하한가로 출발할 정도로 변동성이 매우 크다. 예제 차트는 5일만에 +300% 급등한 다음, 단 2일만에 -50% 손실이 날 정도로 급격한 변동폭을 보여준다. 따라서 상투권에서는 분할매도를 통해 수익과 위험을 동시에 관리해야만 한다.
정석대로라면 매도신호다. 결과론적이지만, 1차 상승 이후 기간조정을 거친 다음 2차 급등세가 연출된다.
20일선 눌림목
단기 고점에서 기간조정 → 10일선, 20일선 눌림목 완성 → 거래량 증가 + 5일 변곡점 + 전고점 상향돌파 ⇨ 매도신호
35,000
30,000
25,000
20,000
15,000
10,000
거래량 단순 0 0 0 0
841,219주(107.05%)
15,000K
10,000K
5,000K
2020/06
07
08
08/13

■ 5일선 매매는 이평선이 정배열일 경우에만 확률이 높다. 양봉이냐 음봉이냐 상관없이 5일선에 따라 몸을 맡기기만 하면 되기 때문이다. 그러나 단기 100% 이상 급등한 상태에서의 5일선 매매는 수익 극대화를 주는 동시에 자칫하다가는 매도 기회를 스스로 잃어버릴 수도 있다. 때문에 급등주 상투권에서는 매도신호가 보이지 않더라도 분할매도를 통해 리스크 관리를 해야만 한다.

급등주 매도급소

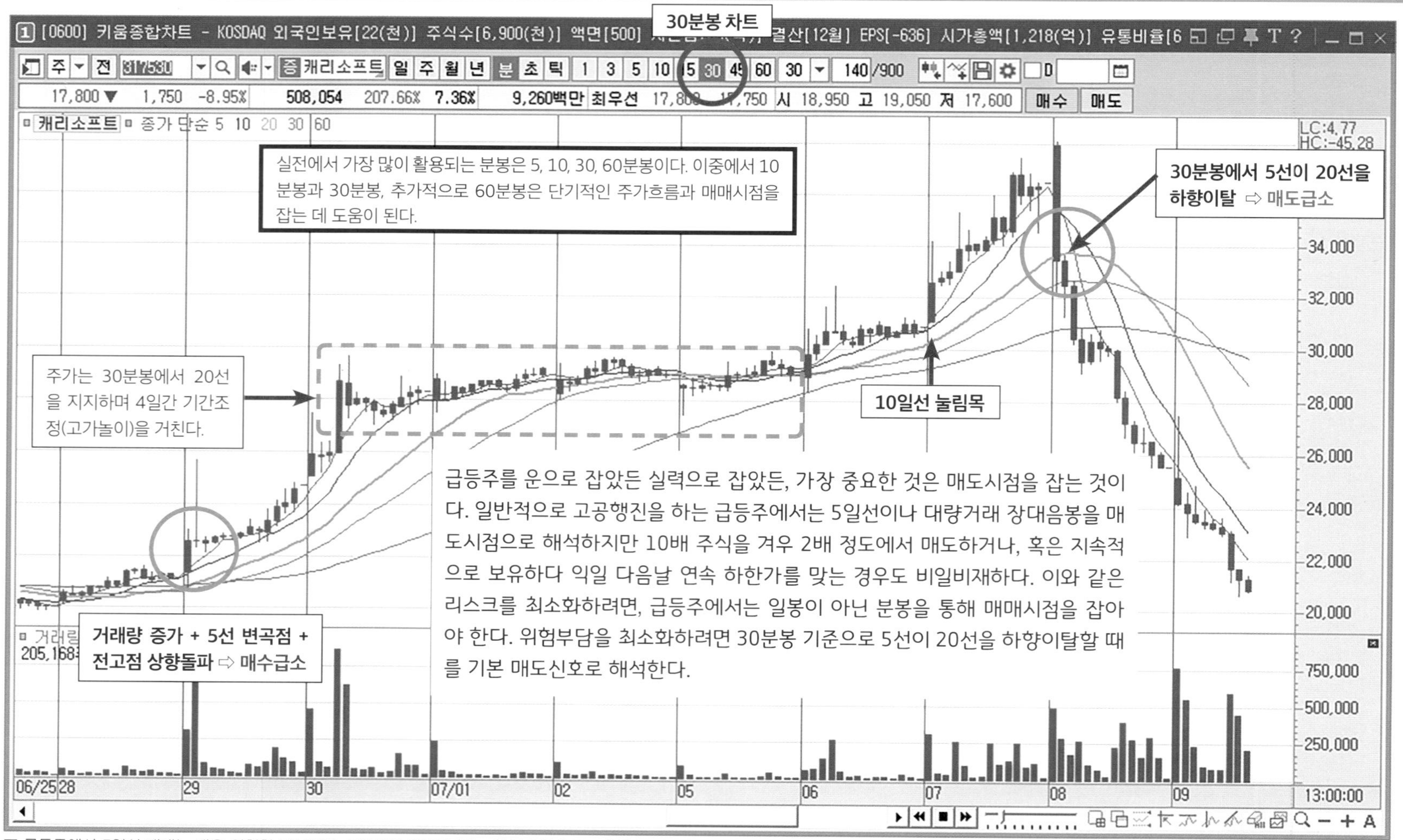
30분봉 차트
실전에서 가장 많이 활용되는 분봉은 5, 10, 30, 60분봉이다. 이중에서 10분봉과 30분봉, 추가적으로 60분봉은 단기적인 주가흐름과 매매시점을 잡는 데 도움이 된다.
30분봉에서 5선이 20선을 하향이탈 ⇨ 매도급소
주가는 30분봉에서 20선을 지지하며 4일간 기간조정(고가놀이)을 거친다.
10일선 눌림목
거래량 증가 + 5선 변곡점 + 전고점 상향돌파 ⇨ 매수급소
급등주를 운으로 잡았든 실력으로 잡았든, 가장 중요한 것은 매도시점을 잡는 것이다. 일반적으로 고공행진을 하는 급등주에서는 5일선이나 대량거래 장대음봉을 매도시점으로 해석하지만 10배 주식을 겨우 2배 정도에서 매도하거나, 혹은 지속적으로 보유하다 익일 다음날 연속 하한가를 맞는 경우도 비일비재하다. 이와 같은 리스크를 최소화하려면, 급등주에서는 일봉이 아닌 분봉을 통해 매매시점을 잡아야 한다. 위험부담을 최소화하려면 30분봉 기준으로 5선이 20선을 하향이탈할 때를 기본 매도신호로 해석한다.

■ 급등주에서 5일선 매매는 매우 위험한 발상이다. 5일선이 깨지지 않는 한 지속적으로 보유하는 전략은 자칫 그동안의 수익을 고스란히 반납할 수도 있다. 단기 급등이 과도한 주식일수록 5일선보다 최소한 30분봉이나 60분봉으로 매도시점을 잡도록 한다.

급등주 30분봉 매매신호

① [0600] 키움종합차트 - KOSDAQ150 외국인보유[6,772(천)] 주식수[52,226(천)] 역[억] 결산[12월] EPS[9,617] PER[8.33] 시가총액[41

80,100 ▲ 2,700 +3.49% 2,544,337 126.42% 4.87% 203,292백만 최우선 80,2□ 80,100 시 79,700 고 82,200 저 77,700

종가 단순 5 10 20 30 60

LC:32.96
HC:-9.24

30분봉 차트

30분봉 1차 매도신호

실전에서 주가 급등이 진행되더라도 30분봉과 60분봉을 통해 단기 대응을 하는 것이 좋다. 30분봉에서 20선을 지켜보며 하향이탈 하면 매도로 대응한다.

30분봉 20선과 30선 눌림목 완성

급등주는 일봉보다는 30분봉과 60분봉을 통해 단기 대응을 하는 것이 좋다. 특히 단기 급등폭이 큰 경우에는 일봉상 주가와 5일선 이격이 상당히 커진다. 상투권에서는 주가 변동성이 커지는 만큼 이격도가 커진 5일선이나 20일선을 기준으로 매매 포지션을 잡기에는 한 템포 느린 경우가 많다. 이때는 일봉이 아닌 분봉을 통해 위험 관리를 해야만 한다.

30분봉 매수신호

급등주에서 최상의 매도는 곧 수익의 극대화를 말한다. 급등 도중 하한가를 맞았다거나 조정이 깊다고 해서 공포에 못 이겨 덜컥 보유량을 세력들에게 고스란히 바쳐서는 수익을 얻고도 왜지 손해를 본 듯한 느낌이 들기도 한다. 급등주에서는 30분봉으로 세력의 의도를 대략 파악할 수 있다. 30분봉에서 20선이 깨지면 1차 매도신호다. 다음으로 30선이나 또는 60선이 깨지면 2차 매도신호로 해석한다.

거래량 단순 □ □ □ □
52,267주(24.32%)

06/17 18 21 22 23 24 25 28 29 11:30:00

90,000
87,500
85,000
82,500
80,000
77,500
75,000
72,500
70,000
67,500
65,000
62,500

3,000K
2,000K
1,000K

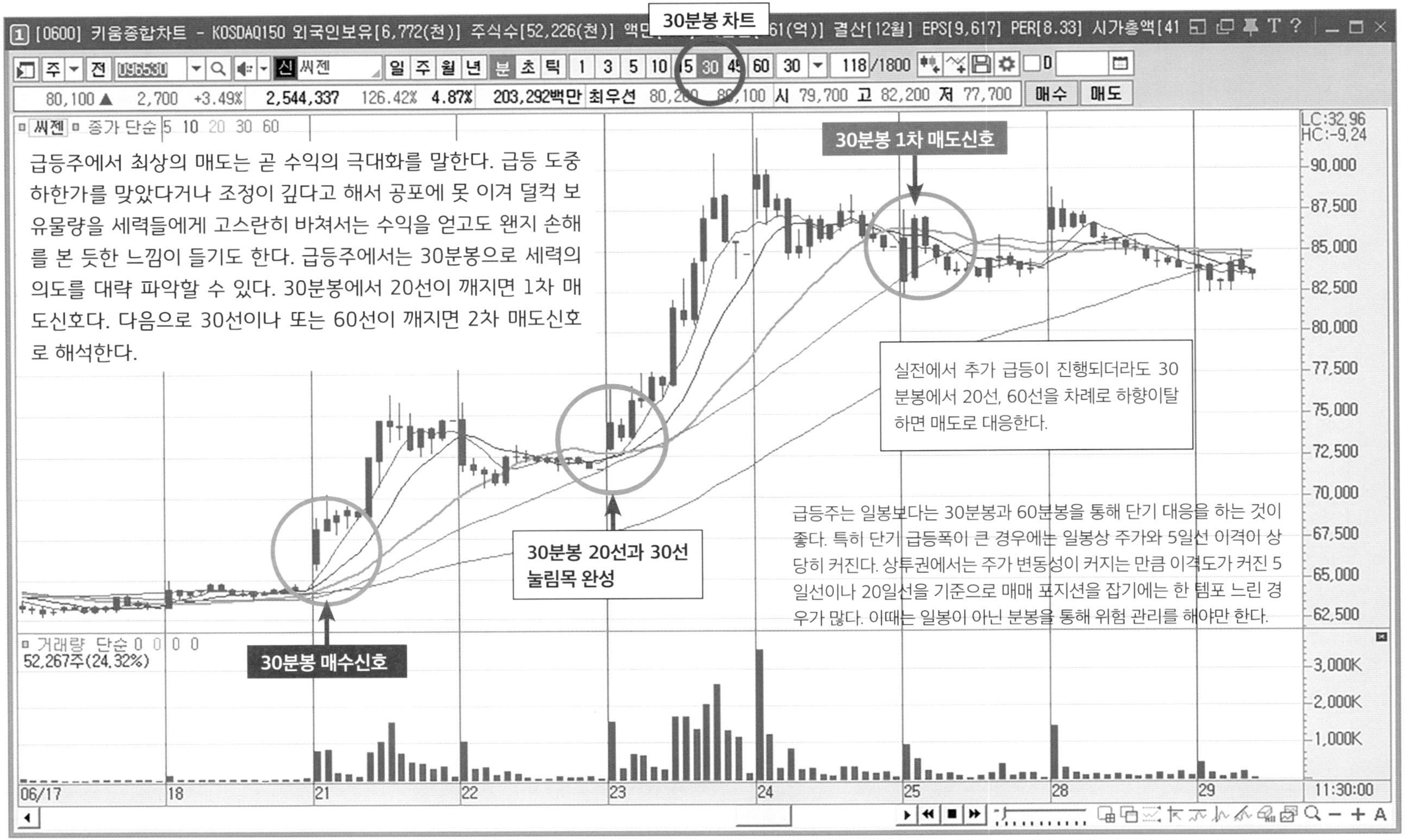

■ 급등주에서 단기 조정 중, 30분봉에서 비록 거래량이 많지 않아도 20선을 하향이탈할 때는 보유주식의 50% 매도를 원칙으로 한다. 주식은 100% 확답할 수 있는 성질이 아니다. 위험부담을 최소화하는 것이 이익을 극대화하는 지름길이다.

급등주는 분봉을 통해 세력의 의도를 파악하라

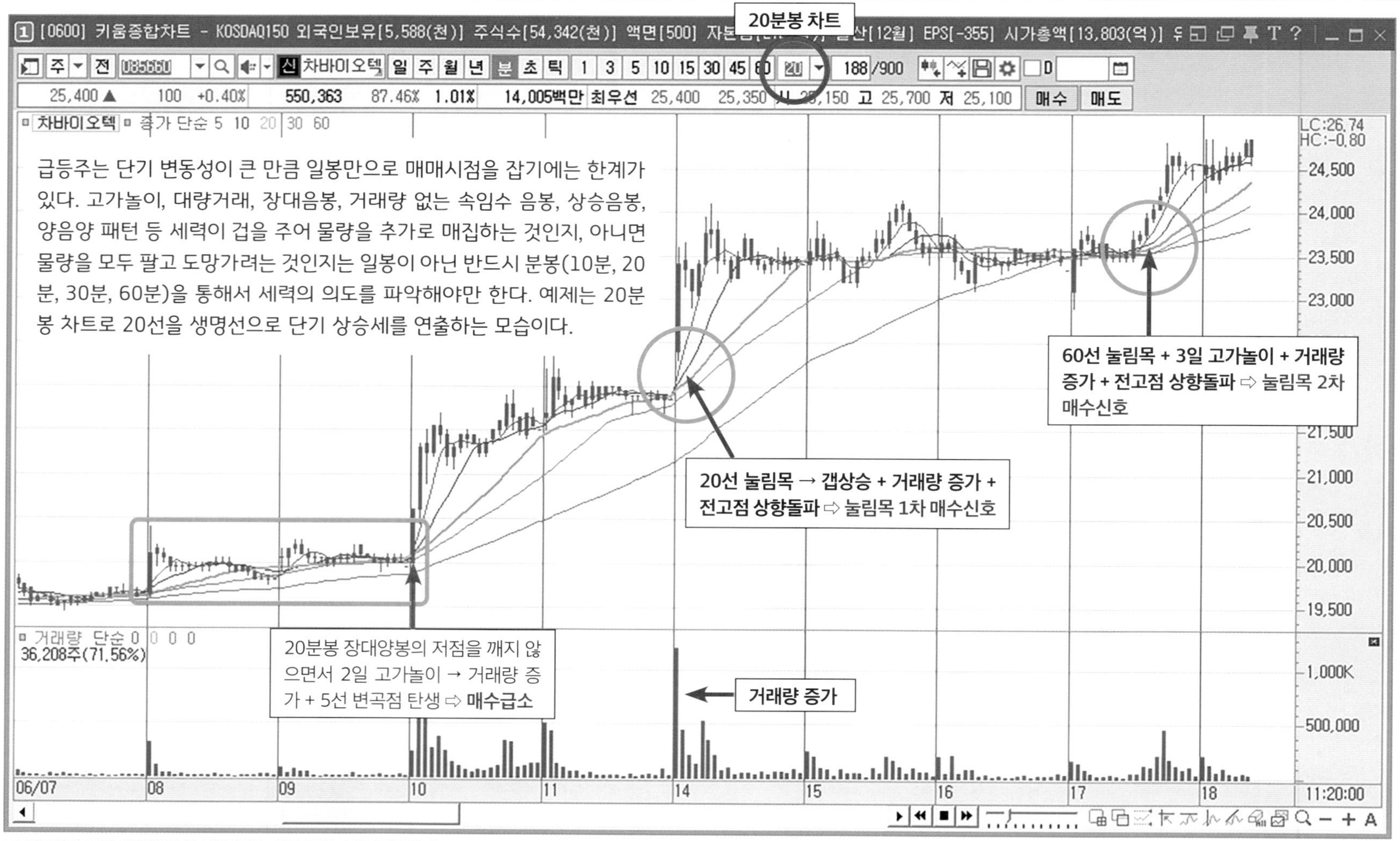
20분봉 차트
[0600] 키움종합차트 - KOSDAQ150 외국인보유[5,588(천)] 주식수[54,342(천)] 액면[500] 결산[12월] EPS[-355] 시가총액[13,803(억)]
25,400 ▲ 100 +0.40% 550,363 87.46% 1.01% 14,005백만 최우선 25,400 25,350 고 25,700 저 25,100 매수 매도
차바이오텍 종가 단순 5 10 20 30 60
급등주는 단기 변동성이 큰 만큼 일봉만으로 매매시점을 잡기에는 한계가 있다. 고가놀이, 대량거래, 장대음봉, 거래량 없는 속임수 음봉, 상승음봉, 양음양 패턴 등 세력이 겁을 주어 물량을 추가로 매집하는 것인지, 아니면 물량을 모두 팔고 도망가려는 것인지는 일봉이 아닌 반드시 분봉(10분, 20분, 30분, 60분)을 통해서 세력의 의도를 파악해야만 한다. 예제는 20분봉 차트로 20선을 생명선으로 단기 상승세를 연출하는 모습이다.
60선 눌림목 + 3일 고가놀이 + 거래량 증가 + 전고점 상향돌파 ⇨ 눌림목 2차 매수신호
20선 눌림목 → 갭상승 + 거래량 증가 + 전고점 상향돌파 ⇨ 눌림목 1차 매수신호
20분봉 장대양봉의 저점을 깨지 않으면서 2일 고가놀이 → 거래량 증가 + 5선 변곡점 탄생 ⇨ 매수급소
거래량 증가
거래량 단순 0
36,208주(71.56%)
06/07
08
09
10
11
14
15
16
17
18
11:20:00
24,500
24,000
23,500
23,000
21,500
21,000
20,500
20,000
19,500
1,000K
500,000

■ 종목마다 주가 움직임의 특성이 있다. 예를 들어 어떤 종목에서는 30분봉, 또 다른 종목에서는 20분봉 차트가 단기 주가흐름을 가장 잘 표현해 준다. 따라서 해당 종목에 맞는 분봉 차트는 개인 스스로 설정하면서 세력의 의도를 파악하는 노력이 필요하다.

세밀한 이평선 설정은 단기 대응에 도움이 된다

급등주에서 단기 변동성에 대응하는 분봉과 이평선을 보다 세밀하게 설정한다면 한결 대응이 수월하다. 주가 변동성이 커질 때는 현재 주가와 5일선, 혹은 20일선 등의 이격이 너무 벌어지게 되어 기본값으로 설정된 일봉만으로는 추세대응이 쉽지 않다. 이때 단기 이평선을 조금 더 세밀하게 설정해 주면 매매시점을 보다 수월하게 포착할 수 있다. 통상 단기 관점에서 이평선을 3, 5, 10, 20, 30일선으로 설정하면 매매에 큰 도움이 된다.

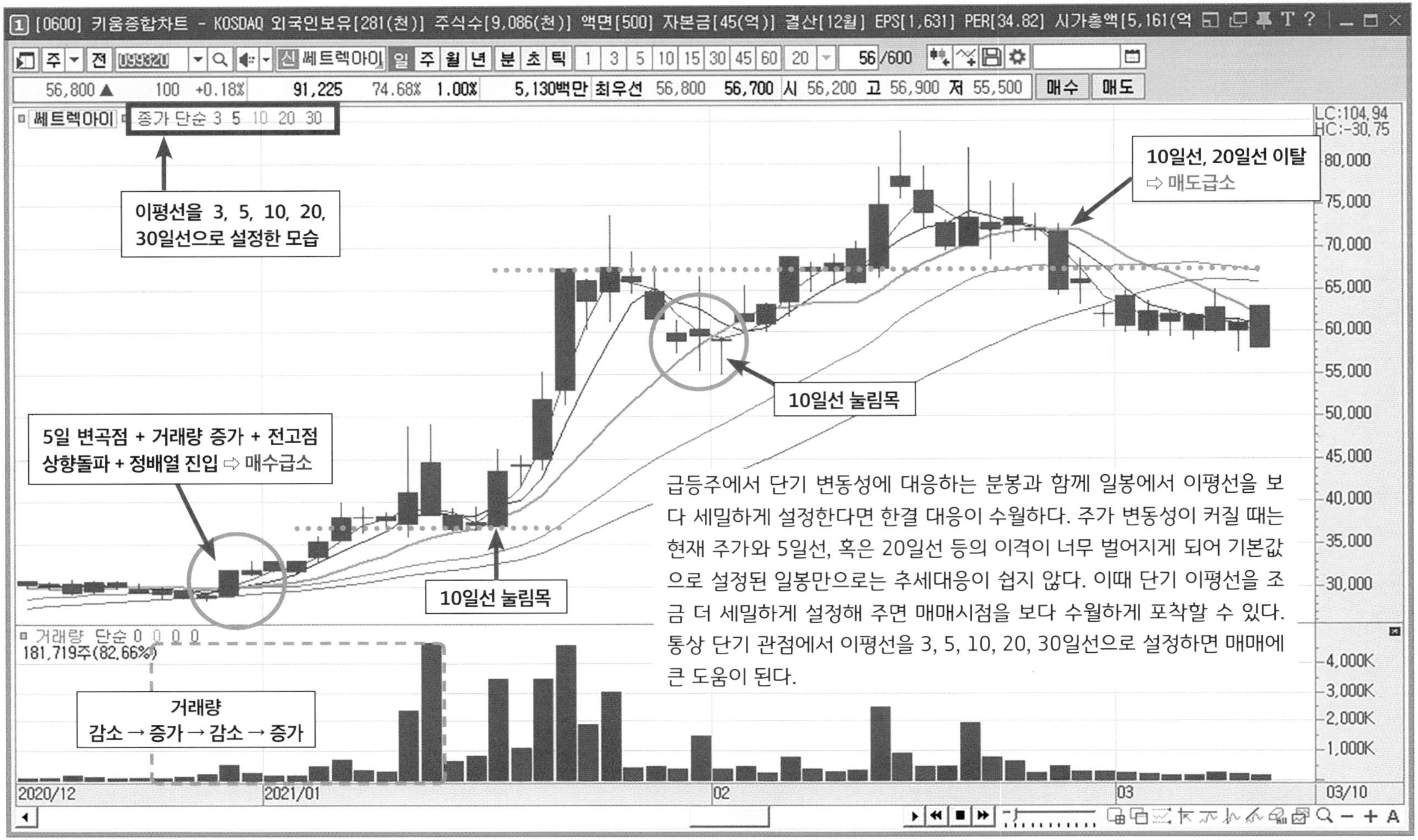

■ 변동성이 큰 종목을 노리는 데이트레이더나 스윙트레이더에게 있어 단기 이평선(이평선을 3, 5, 10, 20, 30일선으로 세밀하 설정해 준다면 단기 3, 5, 7, 10, 20일 선으로 응용해 본다면 단기 실전매매에 큰 도움이 된다. 조금 더 응용해 본다면 단기 3, 5, 7, 10, 20일 선으로 설정이 가능하다.

Part 3. 투자비법의 맥 | 273

상한가 따라잡기 1

1. 상한가 따라잡기의 매력

주식시장에는 종종 하루에도 몇 종목씩 연속 상한가 종목이 출현한다. 개인투자자에게는 3연속, 5연속 상한가 종목처럼 꿈에 그리는 종목도 없을 것이다. 급등 이전에 미리 잡았더라면, 급등 중간에라도 매수했더라면 하는 아쉬움과 함께, 나는 왜 저런 종목 하나 못 잡을까 하는 자책감이 교차하는 이중감정에 사로잡히곤 했을 것이다. 연속 상한가 종목은 그만큼 높은 수익을 안겨주기 때문에 모든 투자자들이 오늘도 눈에 불을 켜고 하이에나처럼 상한가 종목에 열을 올린다.

상한가 따라잡기는 대체로 널리 알려진 투자기법 중 하나다. 상한가 따라잡기는 강한 테마를 형성한 종목이나 좋은 재료호재가 있는 종목이 상한가에 진입할 때 과감히 추격매수를 감행해 보유한 후 시세차익을 얻고 매도하는 전략을 말한다. 그러면서도 실전투자에 쉽게 응용하지 못하는 것은 급상승에 따른 급락의 위험이 너무 크기 때문이다.

과거에는 연속 상한가 종목이 많았다. 하루 가격제한폭이 ±12%였던 시절에는 그야말로 눈만 뜨면 연속 상한가 종목이 속출했다. 그러다 1998년에 ±15%, 2015년에 현행 수준인 ±30%로 확대되었다. 가격제한폭이 확대되면 당연히 가격변동성은 커지게 된다. 변동성이 커지면서 거래량이 이전보다 더욱 증가했지만, 그만큼 리스크 또한 커질 수밖에 없다. 따라서 상한가 따라잡기는 예전과 같은 확률을 기대하기 어려운 것이 사실이다. 그럼에도 불구하고 상한가 종목의 매력은 여전히 투자자들의 시선을 사로잡기에 충분하다.

쉬운 예로 내일 상승할 가능성이 가장 높은 주식은 과연 어떤 주식일까? 정답은 오늘 상한가를 친 주식이다. 오늘 강한 매수세가 등장해 상한가로 종가를 마무리했기에 내일도 분명 상승할 확률이 매우 높다는 것이다. 그래서 단기 성향이 짙은 투자자들은 매일같이 상한가 종목을 검색한다.

상한가 따라잡기 기법은 무엇보다 상승장보다 횡보장이나 하락장에서 큰 위력을 발휘한다. 상승장에서는 대부분의 종목이 상승할 확률이 높다. 그러나 하락장세, 혹은 지루한 횡보장세에서는 개별 재료주나 테마주를 제외하고는 개인투자자들이 여간해서 투자수익을 내기 힘들다.

하락장이나 횡보장과 같이 무기력한 장세에서 혜성과 같이 등장하는 강한 상한가 종목은 모든 투자자들의 관심을 한몸에 받는다. 상한가를 기록한 종목을 보고 그동안 매수할 주식이 없어 관망만 하던 대기 투자자들은 무언가 엄청난 호재가 숨어 있을 것으로 예상해 한꺼번에 몰려드는 매우 특별한 모멘텀이 바로 상한가 종목에서 형성되는 것이다. 아마도 리스크가 큰 만큼 얻는 것도 크기 때문일 것이다.

2. 상한가의 목적

상한가는 크게 두 가지 목적이 있다. 첫째는 세력이 다음날 물량을 팔아먹기 위해 인위적으로 상한가를 만드는 경우다. 단기 투기성 성격이 짙기 때문에 당일 큰 손실을 볼 가능성도 크며, 대체로 다음날 대량거래를 동반하며 장대음봉으로 마감한다.

둘째는 세력이 매집한 물량을 며칠 후에 매도할 목적으로 만드는 상한가다. 이런 상한가야말로 진짜 상한가이며, 다음날 연속 상한가 행진도 벌일 수 있으며, 고가놀이 패턴으로 진행되거나 거래량 없는 속임수 음봉으로 추가로 물량을 매집한 후 지속적인 급등세를 연출하기도 한다. 문제는 개인투자자들이 후자의 진짜 상한가보다 전자의 가짜 상한가에 쉽게 유혹된다는 사실이다. 같은 상한가라도 힘 좋고 돈 많은 세력이 존재하는 강한 상한가를 잡도록 노력하는 자세가 필요하다.

3. 강한 상한가란?

세력이 며칠 후에 매도할 목적으로 상한가를 친 종목은 대부분 주가관리가 잘 된 종목들이다. 이런 종목들에서 나타나는 상한가는 강하게 급상승하는 공통점이 있다. 따라서 강한 상한가는 대체로 장개시 후 10시 이전에 강하게 상한가로 말아올리며, 상한가에 대량거래를 동반시키지 않는다.

강한 종목은 대체로 장시작 후 9시에서 9시 30분 사이에 상한가로 진입하는 종목이다. 상한가 따라잡기는 이처럼 장초반에 강하게 상한가로 마감하는 종목에서만 그 빛을 발한다. 또한 상한가에 진입한 이후 장마감까지 상한가를 지켜야 함은 물론, 상한가 가격대 거래량이 많지 않아야만 한다. 덧붙여서 상한가 다음날 장초반부터 대량거래가 발생하면 팔아먹는 상한가로 인식해 필히 리스크 관리를 해야만 한다.

4. 상한가 따라잡기 1차 조건 – 첫 상한가만 노려라!

주식투자 경험이 많지 않다면, 부실주를 제외한 이평선 조정기간조정이 잘 된 종목 위주로 반드시 첫날 상한가만 노리도록 한다. 2번 이상 연속 상한가는 프로의 영역이다. 일반 개인투자자가 섣불리 달려들다가는 큰 손해를 보기 쉽다. 따라서 첫째 날, 혹은 최소한 둘째 날 상한가로 급등하는 종목을 놓쳤다면 아예 포기하는 것이 좋다. 이후 재료호재의 파급력과 급등폭과 거래량 등을 고려해 고가놀이나 눌림목통상 20일선 시점에서 소액으로 한 번 도전해 보는 것도 좋은 방법이다.

재성 루머가 시장에 퍼지고 있는지, 향후 예상되는 기업의 악재는 없는지(예를 들어 현재 기업이 영업이익은 흑자를 기록하고 있으나 부채비율이 높다거나 유동물량이나 전환사채 출회 가능성 등, 인기 테마에 편입된 상태인지, 과거에 대주주 교체가 잦았는지, 단순한 단기 급등에 따른 기술적 반등인지, 공시와 뉴스 등이 기본적인 내용들을 재빨리 파악해야 한다. 이런 기본적인 가치분석 없이 무턱대고 상한가에 매수주문을 넣어서는 대부분 단타 세력의 밥줄이 된다.

주식 초보자들에게는 쉽지 않지만, 최소한 상한가 이전의 주가 위치라든지 해당 기업의 기본적인 재무상태는 꼭 확인해야만 한다. 부실주나 소형주는 접근하지 않도록 하며, 덧붙여 기업의 뉴스와 공시를 살펴 상한가의 원인을 스스로 알아보려는 노력이 반드시 필요하다.

5. 상한가 따라잡기 2차 조건 – 거래량 변화를 살펴라!

하루짜리 상한가인지 이틀 이상의 급등형 상한가인지를 구분하느는 가장 좋은 방법은 바로 거래량이다. 앞에서도 항상 강조했듯이, 조정기간은 충분했는가? 거래량 바닥은 확인했는가? 거래량이 얼마나 증가했는가? 등에 따라 상한가의 힘이 결정된다. 가장 좋은 거래량 조건의 상한가는 전날보다 적은 거래량으로 장중반 일찍 문을 닫는 상한가다. 그만큼 개인투자자와 데이트레이더의 유입을 원천 봉쇄한다는 측면에서 강한 세력이 등장했다는 것을 의미한다고 하겠다.

거래량이 전일보다 5배 이상 급증한 상태에서의 상한가는 통상적으로 다음날 조정을 받는다. 일반적으로 개인투자자들이 따라잡을 수 있는 상한가는 거래량 바닥을 확인한 상태에서 거래량이 점진적으로 증가하면서 단기 이평선을 강하게 돌파하는 상한가다. 거래량이 아예 없거나, 반대로 거래량이 폭증한 상태(대량거래)의 상한가는 장중 고점에서 절대 추격매수를 해서는 안 된다.

6. 상한가 따라잡기 3차 조건 – 기본분석은 필수다!

상한가 이전의 주가는 어떤 모습을 하고 있었는지, 지금 시점이 바닥권인지 상투권인지, 대주주 지분과 유통물량은 어느 정도인지, 해당 기업의 사업 내용과 재무사항은 괜찮은지, 기업이 과거 어떤 평가를 받았는지, 기업가치에 비해 시가총액은 적정한 것인지, 혹

상한가 따라잡기 2

1. 상한가 따라잡기(첫 상한가 기준) 기본 요령

① 첫 번째, 오전 동시호가 이전 예상체결량에서 +5% 이상 갭상승이 유력한 종목이나 아니면 하한가 근처까지 허매도가 과도한 종목을 우선적으로 살핀다.

두 번째, 오전 9시 장이 시작되자마자 당일 주가상승률 순위 등의 검색을 통해 상한가 종목이나 갭상승을 동반한 채 +5~10% 근처의 급상승한 종목들을 조회한다.

보다 리스크를 줄이기 위해서는 부실주나 유통물량이 너무 적은 소형주를 제외하고, 차트상 양호한 주가조정을 마무리하는 모습을 보인 종목들로 압축한 이후, 최소한 시초가 +5% 이상 갭상승한 종목만 노려야만 한다. 주의할 것은 장중에 절대로 시초가 가격대를 깨지 않는 것을 원칙으로 한다.

② 동시호가부터 상한가에 진입하거나 거래량이 적은 상태에서 상한가 매수잔량이 많은 주식은 매수가 불가능하므로 차후 눌림목 조정기간을 노린다.

③ 상한가 상태에서 거래량이 급증하는 종목은 장중 상한가가 깨질 가능성이 크기 때문에 주의가 필요하다.

④ +5~10% 상승한 종목 중에서 테마주를 우선 분류한다. 테마주는 항상 대장주가 있으며 나머지 동종업체 주식들이 이 대장주를 뒤따르는 성질이 있다. 일단 핵심테마 중에서 대장주가 일찍 상한가로 문을 닫은 상태라면 +7% 이상에서 공방전을 벌이는 동종업체 중 이평선 조정이 잘 마무리된 종목 위주로 분할매수에 들어간다.

⑤ 테마주가 아닌 개별 재료주인 경우에는 첫 상한가에 근접한 종목 중 바닥권 종목을 우선한다. 이전에 급등한 상태이거나 고가권인 경우라면 세력의 물량털기 속임수 상한가일 가능성도 배제하지 못하기 때문에, 최소한 바닥권에서 거래량이 증가하면서평균거래량의 300% 이내 5일선이 살아 움직이는 종목으로 압축한다.

⑥ 느낌이 오는 종목부실주, 초저가주, 극소형주 제외에 대해 발빠른 분석에 들어간다. 어떤 사업을 영위하는 기업인지는 기본적으로 알고 있어야 하며, 차트상의 거래량, 캔들, 이평선, 보조지표와 그밖에 공시, 시가총액, 유사 종목군에 대한 주가변화 등에 대한 분석을 최대한 5분 안에 끝마친다. 이어서 원금의 10% 내에서 분할매수에 들어간다.

물론 주식 경력이 많지 않은 개인투자자들은 해당 종목 분석에 많은 시간이 필요하지만, 투자 경력이 많은 고수들은 짧은 시간 안에 모든 분석을 완료한다. 그만큼 많은 노력과 경험과 철저한 분석과정을 통해 나름대로 투자 노하우가 쌓여있기 때문이다. 이런 분석 능력은 하루아침에 길러지는 것이 아니다. 아침·저녁 유튜브나 증권방송에 시간을 낭비하기보다는 그 시간에 해외시장과 종목분석과 함께 차트 하나라도 더 보고 의심을 품고 이해하려는 노력이 필요하다.

⑦ 상한가 진입 방법은 크게 두 가지로 나눌 수 있다. 첫째는 시초가를 상한가로 시작한 후 거래량이 증가하며 상한가 이탈 후 다시 상한가에 재진입하는 경우, 둘째는 +5% 이상 시초가 갭상승 후 꾸준히 상승하며 상한가에 진입하는 경우다. 이 두 가지 상한가 중에서 후자 쪽이 비교적 안전한 상한가 매수 종목이라 할 수 있다. 참고로 현재는 예전에 비해 하루 30% 이상의 변동성을 동반한 상한가도 많이 출현되고 있다. 이를테면 장초반 시초가를 마이너스로 출발하지만 대량거래를 동반시키면서 장중이나 장후반에 상한가로 끌어올리기도 한다. 하지만 변동성이 큰 상한가 종목일수록 속임수 상한가 확률이 높아질 수밖에 없다.

⑧ 강한 상한가 진입 시간은 대략 오전 9~10시까지이며, 보통 9시 30분 이내에 상한가에 진입하는 주식이 강하다. 그러나 장중이나 장마감에 호재성 공시 출현으로 데이트레이더의 물량을 잡아먹으며 상한가로 급상승하는 경우도 많이 있다. 특히 오후 2시 30분 전후로 급상승하는 종목 중에도 단기 급등주가 많이 나타나는데, 이때는 보합권에서 상한가로 급하게 밀어올리는 주식보다는 장초반 +5%대 상승한 상태에서 시초가를 깨지 않고 꾸준히 물량소화를 거치며고가놀이 상한가로 마감하는 종목이 강하다.

⑨ 상한가 진입시 거래량은 바닥권에서 전날 거래량보다 많으면 좋으나300% 이내, 전날 거래량 대비 10배 이상 대량거래가 동반될 때에서 강한 상한가가 아니므로 주의할 필요가 있다.

⑩ 상한가 매수잔량은 많을수록 좋으나, 너무 과도하게 많을 경우에는당일 거래량의 10배 이상 미끼용허매수 매수잔량일 가능성이 크기 때문에 다음날 고점에서 세력이 물량을 털어낼 우려가 있다. 반대로 상한가 매수잔량이 너무 적을 경우에는당일 거래량의 1/5 이하 당일이라도 당장 차익매물이 쏟아질 가능성이 클 뿐만 아니라, 실전에서 당일 상한가를 지킨다 해도 다음날 시초가를 -5% 이상의 갭하락으로 출발하는 예가 많기에 각별히 주의하기 바란다.

⑪ 오전 10시 이전에 일찍 문 닫은 상한가는 반드시 장마감까지 상한가를 유지해야 한다. 다행히 장마감까지 상한가를 지켜내더라도, 장중 두 번 이상 상한가 이탈 후 재진입하는 경우라면 일단 리스크를 줄이는 자세가 필요하다. 강한 상한가는 쉽게 무너지지 않기 때문이다.

⑫ 운이 좋든 나쁘든 일단 상한가를 따라잡은 다음부터는 항상 모니터를 주시해야만 한다. 일반적으로 강한 상한가는 다음날 갭상한가 혹은 +5% 이상 갭상승한 상태에서 거래량을 동반하며 상승을 이어가지만, 약한 상한가는 시초가를 보합이나 갭하락으로 출발하는 경우가 많다. 경험상 첫 상한가 다음날 보합선에서 시초가가 시작되면혹은 갭하락으로 출발한다면 일단 리스크를 줄

이는 것이 안전한 투자방법이다. 차후에 급상승이 다시 진행되더라도, 시초가가 보합이나 갭하락으로 시작한다면 거래량 증감 여부와 상관없이 당일 음봉으로 마감하는 예가 많기 때문이다.

2. 상한가가 깨지지 않는 기본 원칙

첫 상한가에 진입한 이후 당일 거래량의 10분의 1 이상 매수잔량을 즉시 쌓는 경우라면, 일단 당일 상한가는 깨지지 않는 것이 기본 원칙이다. 만약 차익매물이 쏟아지면서 일시적으로 상한가를 깨는 경우에는, 반드시 적은 거래량으로 재차 상한가에 진입해야만 상한가를 지켜낼 수 있다. 만약 대량거래가 동반되거나 상한가 이탈이 3회 이상 일어난다면, 다행히 당일 종가를 상한가로 마감시킨 경우라도 추격매수보다는 물량축소 관점으로 접근하도록 한다.

3. 상한가 따라잡기에 해당하지 않는 종목

경험이 많지 않은 개인투자자들은 유통물량이 매우 적은 극소형주, 부실주, 관리주, 초저가주 등은 절대 매매하지 않는 것을 원칙으로 한다. 더불어 차트가 지저분한 종목, 다시 말해 세력 관리가 전혀 안 된 종목은 단타세력의 표적이 되는 만큼 관심에서 제외하기 바란다.

관리주를 비롯해 주당 1,000원 미만의 초저가주나 부실주인 경우에는 부도 위험성이 상당히 높은 만큼 당일 상한가라도 다음날 연속 하한가를 맞거나 아예 그날 거래정지가 되면서 급기야는 상장폐지가 되는 최악의 상황으로까지도 몰릴 가능성이 높다. 단 한 번의 실수로 그동안의 수익은 물론 투자원금까지 고스란히 날려버리는 우를 범하지 않도록 한다.

4. 속임수 상한가에 유혹되지 말자

상한가 기법은 예전부터 널리 알려져 온 만큼 세월이 지날수록 패턴이 조금씩 변하고 있는 것은 사실이다. 이를테면 과거 코스닥 가격제한폭이 ±12%였던 시장과 지금 ±30%인 시장과는 상한가 패턴이 매우 다르다. 당시에는 첫 상한가 다음날 연속으로 상한가 행진을 많이 기록했지만, 작금의 시장은 개인투자자들의 눈높이가 높아지고 투자자들의 행태도 무조건 묻지마에서 차트와 가치를 동시에 중시하는 다소 보수적인 매매패턴을 보이기 때문에 연속 상한가 종목은 예전과 같이 기대하기 힘들다.

우후죽순 생겨난 수많은 사설 증권사이트와 저마다 전문가 행세를 하는 사기꾼들만 득실대는 증권방송, 주식동호회나 카페, 유튜브 방송, 음지에서 활동하는 사채업자와 결탁한 사설 금융기관의 작전이 빈번해진 만큼 과거와 같이 무리하게 상한가 종목만을 쫓아다니다가는 속된 말로 깡통을 차는 가장 빠른 지름길이다. 더불어 금융감독원의 감시도 많이 강화된 상태여서 조금이라도 이상급등이 감지되면 감시시스템이 작동되기 때문에 작전세력의 활동변경이 많이 축소된 상태다.

무엇보다 급등주만 노리는 개인투자자나 데이트레이더가 늘어나면서 최근에는 이들을 역이용하려는 투기성 세력도 극성을 부리곤 한다. 이들 투기성 세력은 막대한 자금력을 동원해 당일 매집한 물량을 순식간에 상한가를 만들고 대량의 허매수 잔량을 쌓아놓아 상승 기대치를 높게 만든 다음, 다음날 장시작 전에 허매수를 동원해 예상체결가를 높게 만들어 이를 보고 몰려드는 개인투자자에게 단기 매집물량을 한 번에 떠넘기는 단타기법이 늘어나고 있다. 당일 상한가로 마감될 종목은 상한가 주문 이외에 투자자들을 현혹하는 매수잔량이 그렇게 많지 않은 법이다.

이와 같은 위험을 최대한 방지하기 위해서는 우선 무리한 베팅을 자제하고, 상한가 종목을 따라잡을 때는 다 잃어도 생활에 지장이 없는 투자금으로 분할매수로만 접근하도록 한다. 또한 부실주 매매는 절대 하지 않도록 하며, 재무가 비교적 안정된 종목으로만 압축하고, 최소한 주가가 더 이상 떨어질 명분이 없다고 판단되는 바닥권 종목 위주로 매매하기 바란다.

상한가 따라잡기 - 강한 상한가를 잡아라

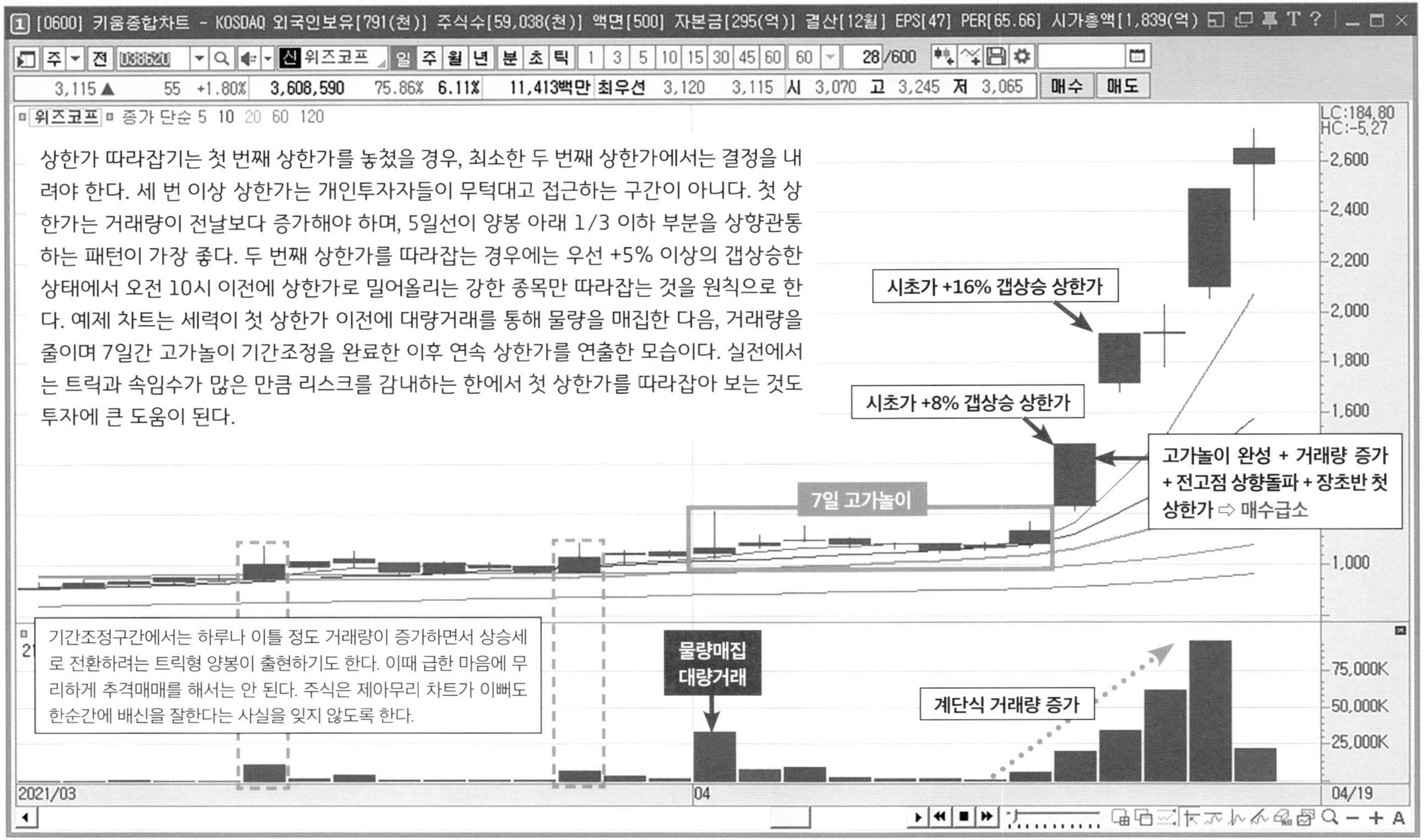
[0600] 키움종합차트 - KOSDAQ 외국인보유[791(천)] 주식수[59,038(천)] 액면[500] 자본금[295(억)] 결산[12월] EPS[47] PER[65.66] 시가총액[1,839(억)]
3,115 ▲ 55 +1.80% 3,608,590 75.86% 6.11% 11,413백만 최우선 3,120 3,115 시 3,070 고 3,245 저 3,065 매수 매도
위즈코프 종가 단순 5 10 20 60 120
상한가 따라잡기는 첫 번째 상한가를 놓쳤을 경우, 최소한 두 번째 상한가에서는 결정을 내려야 한다. 세 번 이상 상한가는 개인투자자들이 무턱대고 접근하는 구간이 아니다. 첫 상한가는 거래량이 전날보다 증가해야 하며, 5일선이 양봉 아래 1/3 이하 부분을 상향관통하는 패턴이 가장 좋다. 두 번째 상한가를 따라잡는 경우에는 우선 +5% 이상의 갭상승한 상태에서 오전 10시 이전에 상한가로 밀어올리는 강한 종목만 따라잡는 것을 원칙으로 한다. 예제 차트는 세력이 첫 상한가 이전에 대량거래를 통해 물량을 매집한 다음, 거래량을 줄이며 7일간 고가놀이 기간조정을 완료한 이후 연속 상한가를 연출한 모습이다. 실전에서는 트릭과 속임수가 많은 만큼 리스크를 감내하는 한에서 첫 상한가를 따라잡아 보는 것도 투자에 큰 도움이 된다.
시초가 +16% 갭상승 상한가
시초가 +8% 갭상승 상한가
고가놀이 완성 + 거래량 증가 + 전고점 상향돌파 + 장초반 첫 상한가 ⇨ 매수급소
7일 고가놀이
기간조정구간에서는 하루나 이틀 정도 거래량이 증가하면서 상승세로 전환하려는 트릭형 양봉이 출현하기도 한다. 이때 급한 마음에 무리하게 추격매매를 해서는 안 된다. 주식은 제아무리 차트가 이뻐도 한순간에 배신을 잘한다는 사실을 잊지 않도록 한다.
물량매집 대량거래
계단식 거래량 증가
2021/03
04
04/19

■ 상한가를 공략할 때는 되도록 바닥권에서의 첫 상한가만을 노리도록 한다. 그래야 상한가 다음날 음봉이 출현해도 이격이 크지 않기 때문에 단기 대응이 가능하다. 이와 반대로 단기 고점에서(+50% 이상) 출현하는 상한가는 세력의 물량털기로 활용될 수도 있으며, 또한 이격이 커진 만큼 음봉 출현시 단기 대응이 쉽지 않다.

상한가 따라잡기 - 분봉을 활용하라

이평선이 수렴하는 조정구간을 벗어나 저점과 고점을 차례로 높이는 완만한 상승각도(정배열 초기)에서 탄생하는 첫 번째 상한가는 재료에 따라 급등의 시발점이 되곤 한다. 강한 상한가는 장 초반에 거래량을 수반하며 강하게 주가를 밀어올린다. 우前 상한가는 장중이나 장후반에 그럴듯한 분차트를 만들어 억지로 끌어올리거나, 상한가 가격대에서 거래량이 많고, 상한가 이탈이 잦으며, 상한가 다음날 상승갭이 동반되지 않은 채 거래량이 감소하면서 주가가 밀리기도 한다. 이처럼 상한가 종목은 변동성이 매우 크기 때문에 단순히 일봉만으로는 대응이 어렵다. 상한가 종목이 아니더라도 단기 급등주는 반드시 분봉을 통해 주가의 흐름을 살펴도록 한다. 분봉상 지지와 저항, 이평선, 추세, 거래량 변화 등을 살피면서 매수신호와 매도신호가 나왔을 때 어떻게 대응해야 하는지를 스스로 분석하는 자세가 필요하다.

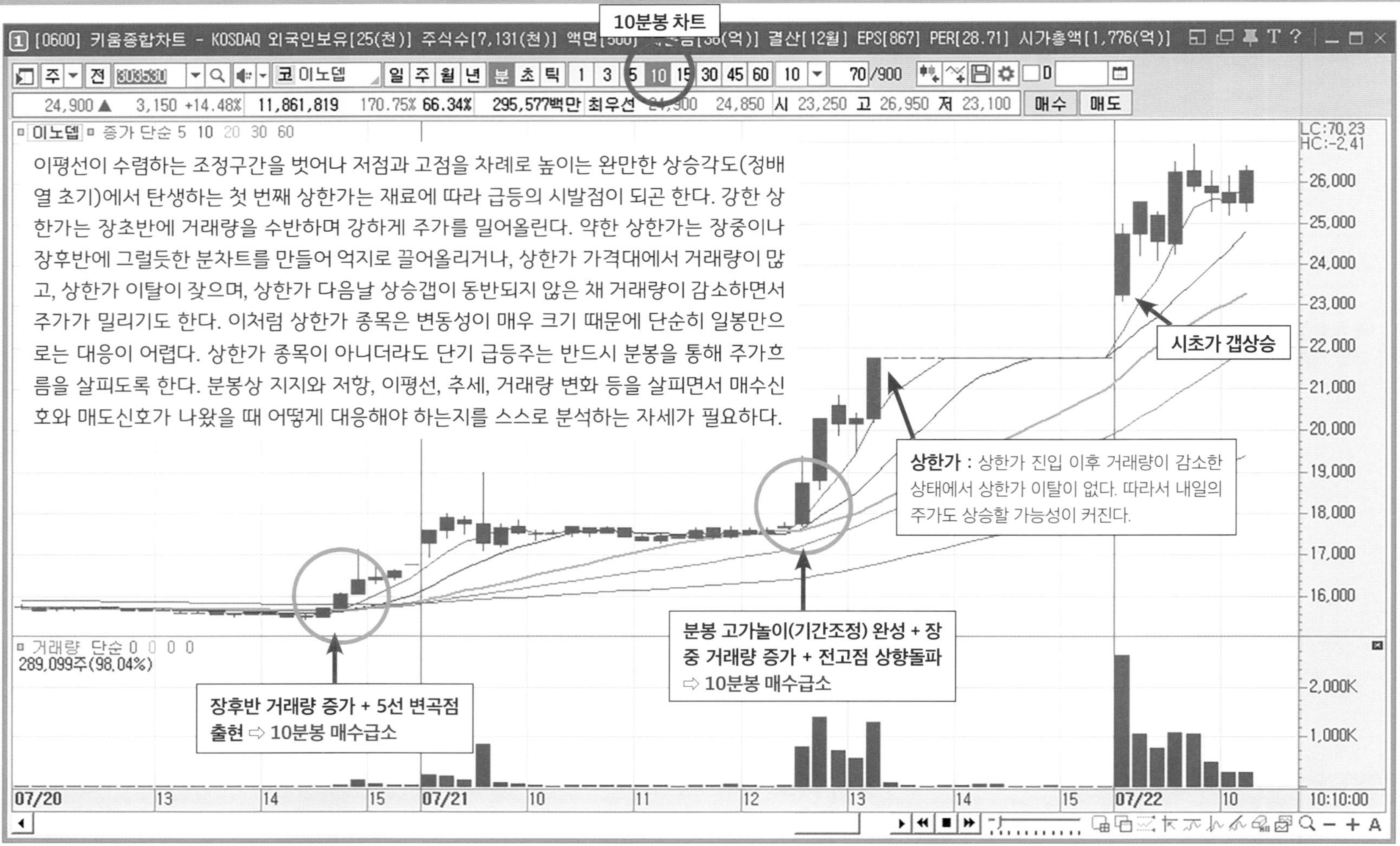

10분봉 차트

시초가 갭상승

상한가 : 상한가 진입 이후 거래량이 감소한 상태에서 상한가 이탈이 없다. 따라서 내일의 주가도 상승할 가능성이 커진다.

분봉 고가놀이(기간조정) 완성 + 장 중 거래량 증가 + 전고점 상향돌파 ⇨ 10분봉 매수급소

장후반 거래량 증가 + 5선 변곡점 출현 ⇨ 10분봉 매수급소

■ 강한 상한가는 개인들이 진입이 쉽지 않다. 반면 약한 상한가는 개인들이 쉽게 매수에 개입될 수 있는 여유를 주는 경우가 많다. 일단 상한가 거래량이 많고, 상한가 이탈이 잦거나, 상한가 이탈이 찾은 경우, 또한 장마감까지 상한가를 유지해도 시간외거래에서 대량거래가 일어나면, 다음날 상승갭 출현 혹은 상한가가 재차 나오지 않는 한 상한가 전일 상승갭 여부와 함께 상한가 가격대를 하향이탈 하향이탈시 필히 리스크 관리를 하도록 한다.

상한가 따라잡기 - 속임수 상한가에 주의하라

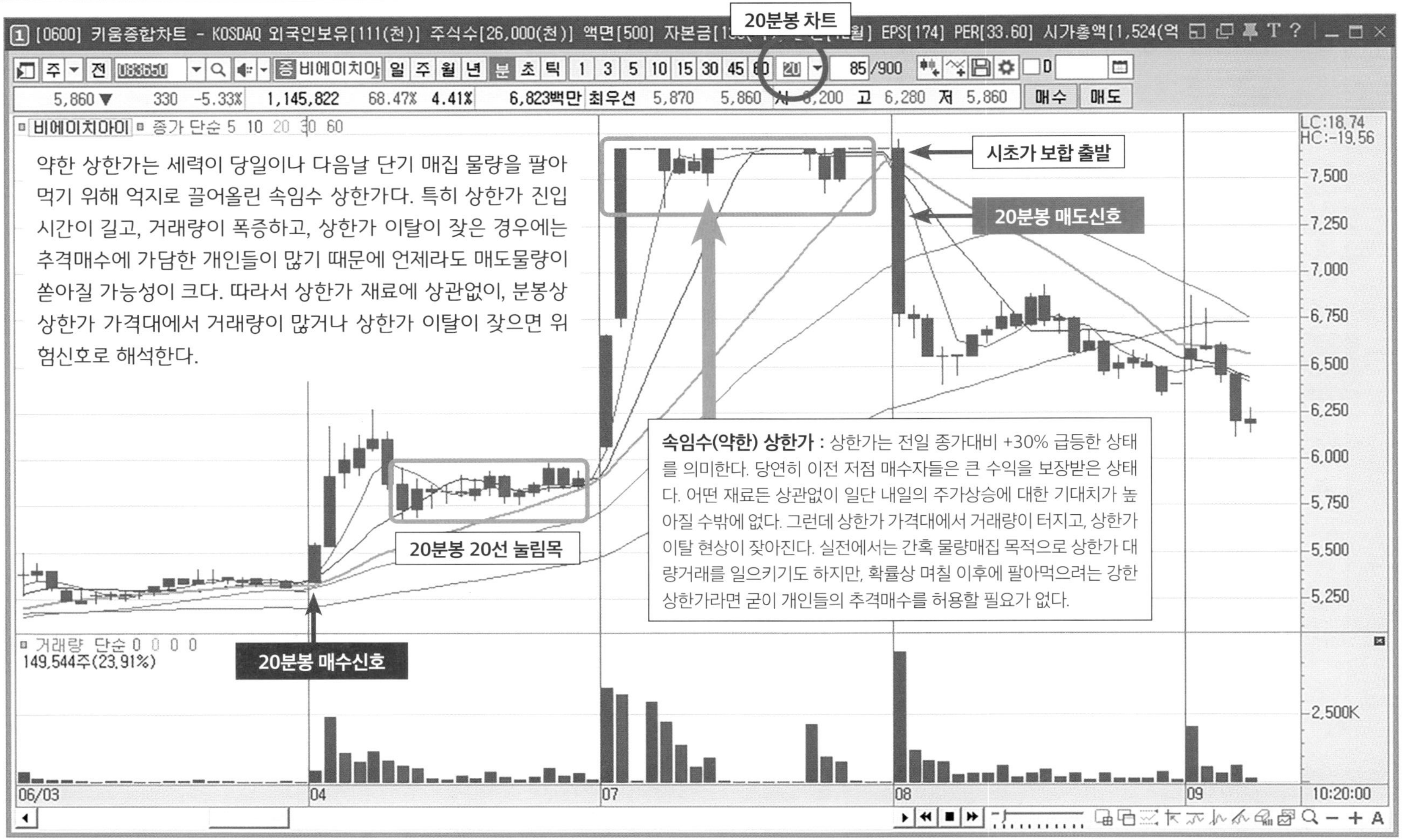
[0600] 키움종합차트 - KOSDAQ 외국인보유[111(천)] 주식수[26,000(천)] 액면[500] EPS[174] PER[33.60]
20분봉 차트
5,860 ▼ 330 -5.33% 1,145,822 68.47% 4.41% 6,823백만 최우선 5,870 5,860 고 6,280 저 5,860
매수 매도
비에이치아이 종가 단순 5 10 20 30 60
약한 상한가는 세력이 당일이나 다음날 단기 매집 물량을 팔아먹기 위해 억지로 끌어올린 속임수 상한가다. 특히 상한가 진입 시간이 길고, 거래량이 폭증하고, 상한가 이탈이 잦은 경우에는 추격매수에 가담한 개인들이 많기 때문에 언제라도 매도물량이 쏟아질 가능성이 크다. 따라서 상한가 재료에 상관없이, 분봉상 상한가 가격대에서 거래량이 많거나 상한가 이탈이 잦으면 위험신호로 해석한다.
시초가 보합 출발
20분봉 매도신호
20분봉 20선 눌림목
20분봉 매수신호
속임수(약한) 상한가 : 상한가는 전일 종가대비 +30% 급등한 상태를 의미한다. 당연히 이전 저점 매수자들은 큰 수익을 보장받은 상태다. 어떤 재료든 상관없이 일단 내일의 주가상승에 대한 기대치가 높아질 수밖에 없다. 그런데 상한가 가격대에서 거래량이 터지고, 상한가 이탈 현상이 잦아진다. 실전에서는 간혹 물량매집 목적으로 상한가 대량거래를 일으키기도 하지만, 확률상 며칠 이후에 팔아먹으려는 강한 상한가라면 굳이 개인들의 추격매수를 허용할 필요가 없다.
LC:18.74
HC:-19.56
7,500
7,250
7,000
6,750
6,500
6,250
6,000
5,750
5,500
5,250
거래량 단순 0 0 0 0
149,544주(23.91%)
2,500K
06/03
04
07
08
09
10:20:00

■ 상한가 공략이나 혹은 단기 급등 추세를 노릴 때 참고하는 대표적 보조지표로는 OBV가 있다. 단기 OBV가 하향추세로 반전된다면 주가하락시 거래량이 많다는 증거가 되기 때문에 추세이탈 가능성이 커지며, 반대로 단기 OBV가 상승추세인 경우에는 주가상승시 거래량이 많은 만큼 상승추세를 예상해 볼 수 있다.

부실주·관리주·초저가주 상한가는 리스크가 크다

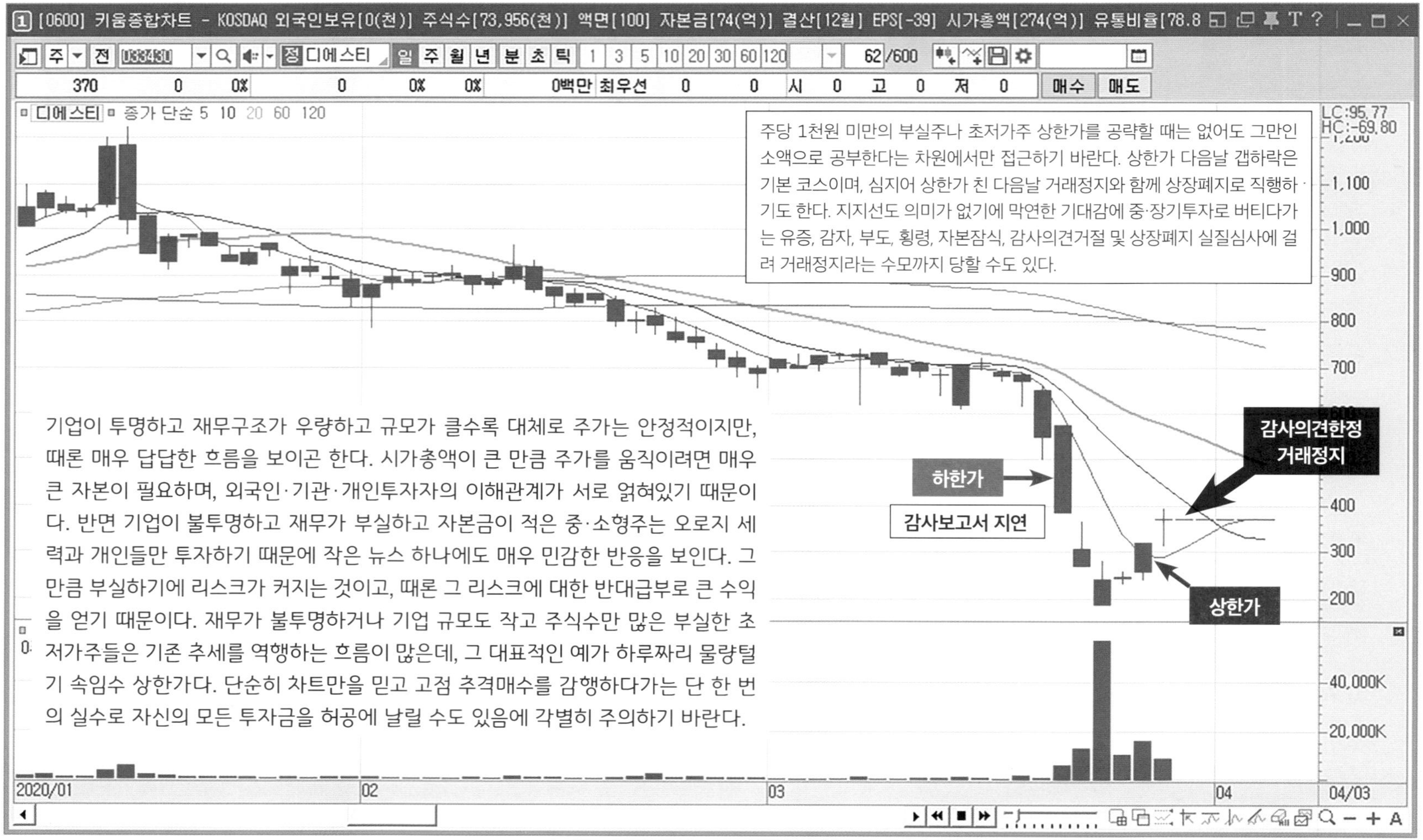

주당 1천원 미만의 부실주나 초저가주 상한가를 공략할 때는 없어도 그만인 소액으로 공부한다는 차원에서만 접근하기 바란다. 상한가 다음날 갭하락은 기본 코스이며, 심지어 상한가 친 다음날 거래정지와 함께 상장폐지로 직행하기도 한다. 지지선도 의미가 없기에 막연한 기대감에 중·장기투자로 버티다가는 유증, 감자, 부도, 횡령, 자본잠식, 감사의견거절 및 상장폐지 실질심사에 걸려 거래정지라는 수모까지 당할 수도 있다.

기업이 투명하고 재무구조가 우량하고 규모가 클수록 대체로 주가는 안정적이지만, 때론 매우 답답한 흐름을 보이곤 한다. 시가총액이 큰 만큼 주가를 움직이려면 매우 큰 자본이 필요하며, 외국인·기관·개인투자자의 이해관계가 서로 얽혀있기 때문이다. 반면 기업이 불투명하고 재무가 부실하고 자본금이 적은 중·소형주는 오로지 세력과 개인들만 투자하기 때문에 작은 뉴스 하나에도 매우 민감한 반응을 보인다. 그만큼 부실하기에 리스크가 커지는 것이고, 때론 그 리스크에 대한 반대급부로 큰 수익을 얻기 때문이다. 재무가 불투명하거나 기업 규모도 작고 주식수만 많은 부실한 초저가주들은 기존 추세를 역행하는 흐름이 많은데, 그 대표적인 예가 하루짜리 물량털기 속임수 상한가다. 단순히 차트만을 믿고 고점 추격매수를 감행하다가는 단 한 번의 실수로 자신의 모든 투자금을 허공에 날릴 수도 있음에 각별히 주의하기 바란다.

■ 자본금이 적은 중·소형주는 인기주→부실주, 또는 우량주→관리주로 변신하는 과정이 매우 빠르다. 단 3개월 만에 영업이익 흑자에서 대규모 적자로 둔갑하는가 하면, 분식회계에서부터 자본잠식으로 직행하는 과정이 순식간에 진행된다. 그뿐만 아니라 재무구조가 우량해 보이는 기업이라도 대주주의 횡령·배임으로 한순간 상장폐지 종목으로 전락하기도 한다.

시도하지 말자, 하한가 매매

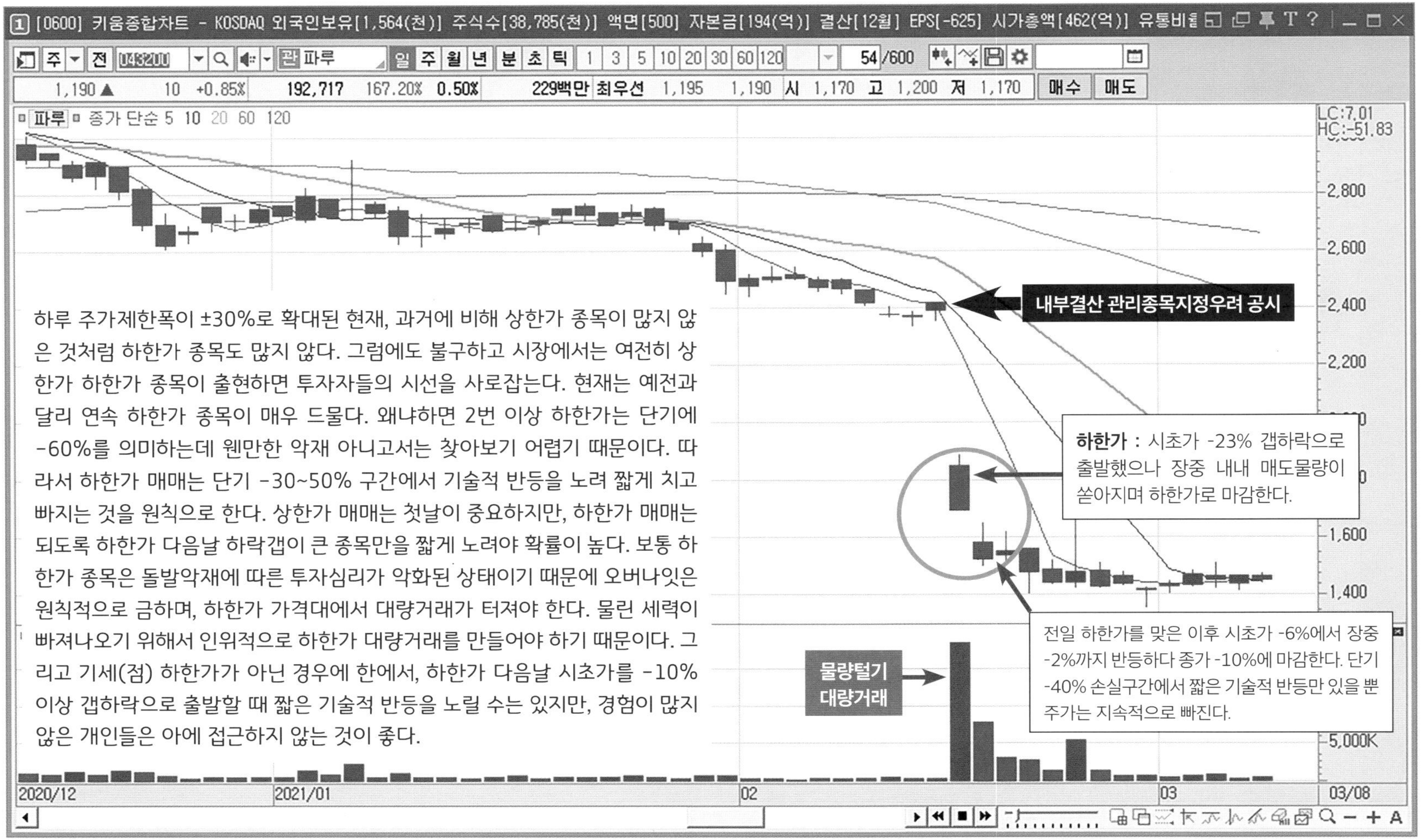

하루 주가제한폭이 ±30%로 확대된 현재, 과거에 비해 상한가 종목이 많지 않은 것처럼 하한가 종목도 많지 않다. 그럼에도 불구하고 시장에서는 여전히 상한가 하한가 종목이 출현하면 투자자들의 시선을 사로잡는다. 현재는 예전과 달리 연속 하한가 종목이 매우 드물다. 왜냐하면 2번 이상 하한가는 단기에 -60%를 의미하는데 웬만한 악재 아니고서는 찾아보기 어렵기 때문이다. 따라서 하한가 매매는 단기 -30~50% 구간에서 기술적 반등을 노려 짧게 치고 빠지는 것을 원칙으로 한다. 상한가 매매는 첫날이 중요하지만, 하한가 매매는 되도록 하한가 다음날 하락갭이 큰 종목만을 짧게 노려야 확률이 높다. 보통 하한가 종목은 돌발악재에 따른 투자심리가 악화된 상태이기 때문에 오버나잇은 원칙적으로 금하며, 하한가 가격대에서 대량거래가 터져야 한다. 물린 세력이 빠져나오기 위해서 인위적으로 하한가 대량거래를 만들어야 하기 때문이다. 그리고 기세(점) 하한가가 아닌 경우에 한에서, 하한가 다음날 시초가를 -10% 이상 갭하락으로 출발할 때 짧은 기술적 반등을 노릴 수는 있지만, 경험이 많지 않은 개인들은 아예 접근하지 않는 것이 좋다.

■ 개인들은 절대로 하한가 매매는 하지 않도록 한다. 거래량이 실렸든 혹은 거래량 없이 점하한가를 기록했든 일단 단기적으로 주가가 -50% 가까이 급락한다면 자율반등권에 진입하게 되는데, 경험이 많은 고수라면 아주 적은 금액으로 단기 급락에 따른 기술적 반등만을 짧게 노리는 매매는 가능하다.

전통적 투자기법, 사께다 전법

과거 수십 년간 투자의 비밀을 파헤치기 위해 많은 투자분석가들은 저마다 다양한 투자기법을 만들곤 했다. 그중에서 대표적인 투자기법이 바로 **사께다 전법**이다. 오늘날까지도 널리 활용되고 있는 사께다 전법은 일본 도쿠가와에도 막부 시대에 사께다 항구에서 쌀 거래로 유명한 '혼마 무네히사'가 창출한 전통적 투자기법으로 '사께다 5법'으로도 알려져 있다. 여기서 5법은 **삼산**三山, **삼천**三川, **삼공**三空, **삼병**三兵, **삼법**三法을 말한다.

1. 삼산(三山)

고점에서 봉우리가 3개라고 해서 '삼봉형'으로 불리며, 지속적인 주가상승 이후에 매수세력이 유입되지만 더 이상 상승하지 못하고 하락추세로 반전되는 패턴이다. [=헤드앤숄더Head & Shoulder 패턴]

삼산형(=삼봉형)

2. 삼천(三川)

삼천형은 삼산형의 정반대의 패턴으로 흔히 '삼중바닥형'으로 불린다. 거래량이 증가하며 바닥 저점을 높이는 것이 특징이며, 장기간 하락추세에서 상승추세로 전환되는 확률이 매우 높은 패턴이다. [=역헤드앤숄더Reverse Head & Shoulder 패턴]

삼천형(=삼중바닥형)

3. 삼공(三空)

삼공은 갭Gap을 의미하는데, 주가가 어느 날 매매거래 없이 갑자기 급등 혹은 급락함으로써 발생하는 매매가격의 빈 공간을 말한다. 갭은 '상승갭'과 '하락갭'으로 나눌 수 있으며, 이런 갭이 3회 이상 연속 출현할 때 '삼공'이라고 하며 추세반전의 신호 역할을 한다. 주가가 급등한 상태에서 삼공이 발생하면 하락추세가 임박한 것으로 해석한다.

4. 삼병(三兵)

삼병형은 적삼병과 흑삼병으로 구분한다. 일반적으로 바닥권에서 '적삼병'은 상승신호로 해석하고, 이와 반대로 상투권에서 '흑삼병'은 하락신호로 해석한다.

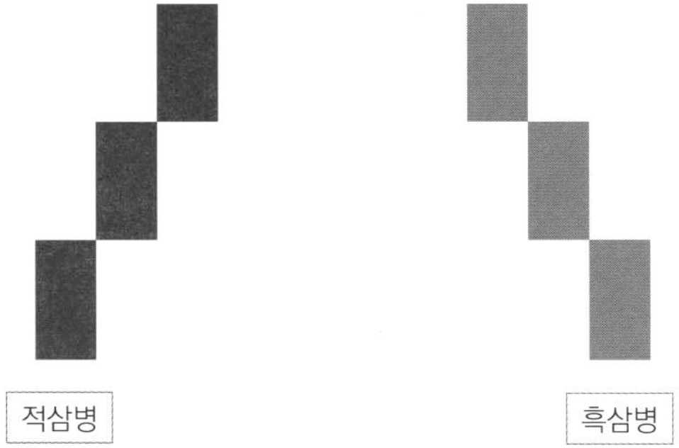

5. 삼법(三法)

삼법은 매賣:팔다 매買:사다 휴休:쉬다를 말하는 것으로, 이 중에서 매매를 잠시 쉬자는 의미의 '휴'를 강조한다. 삼법형은 주가가 상승추세나 하락추세 중에서 음봉 혹은 양봉이 3개 연속해 출현하는 것을 말하며, 상승삼법형과 하락삼법형 패턴으로 구분한다. '상승삼법형'은 주가가 상승추세에 있을 때 장대양봉 다음에 음봉 3개가 연속해서 나타나는 것을 말하며, 주로 상승 눌림목 기간에 자주 발생한다. 이에 반해 '하락삼법형'은 주가가 하락추세에 있을 때 장대음봉 다음에 양봉 3개가 연속해서 나타나는 것을 말하며, 일시적 반등 혹은 되돌림 현상이 일어날 때 자주 발생하는 패턴이다.

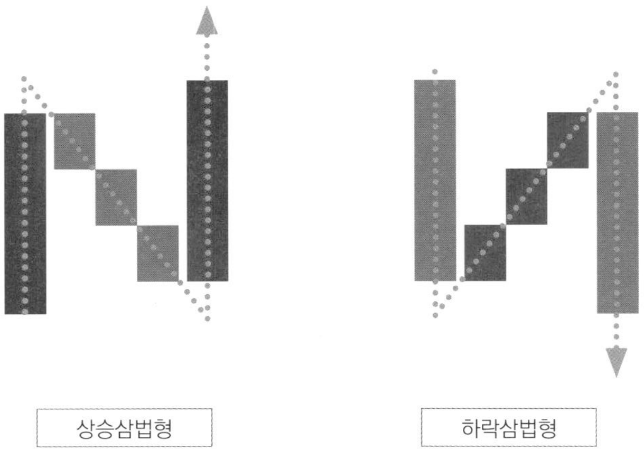

바닥을 확인하고 매수시점을 노려라

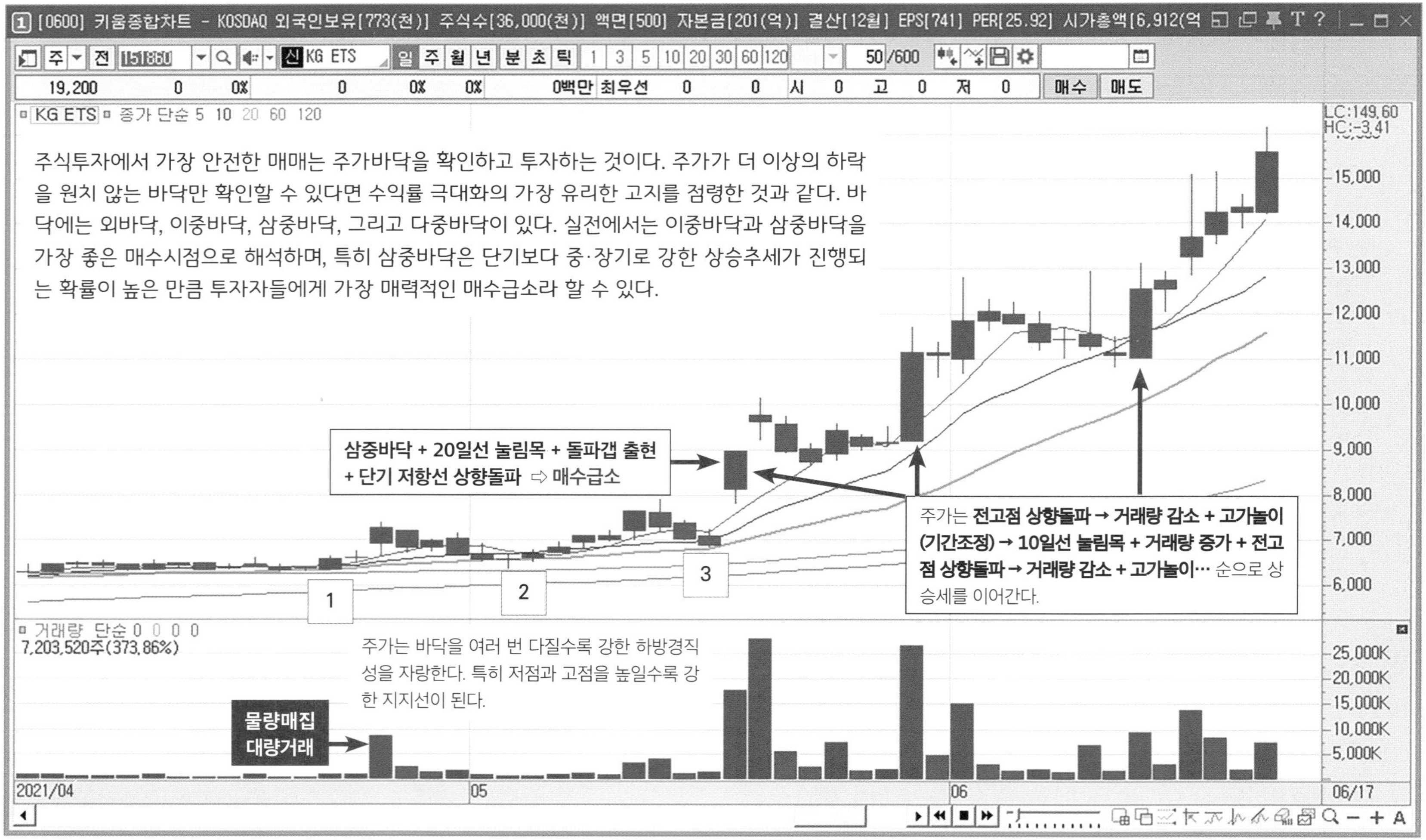
[0600] 키움종합차트 - KOSDAQ 외국인보유[773(천)] 주식수[36,000(천)] 액면[500] 자본금[201(억)] 결산[12월] EPS[741] PER[25.92] 시가총액[6,912(억
KG ETS 종가 단순 5 10 20 60 120
주식투자에서 가장 안전한 매매는 주가바닥을 확인하고 투자하는 것이다. 주가가 더 이상의 하락을 원치 않는 바닥만 확인할 수 있다면 수익률 극대화의 가장 유리한 고지를 점령한 것과 같다. 바닥에는 외바닥, 이중바닥, 삼중바닥, 그리고 다중바닥이 있다. 실전에서는 이중바닥과 삼중바닥을 가장 좋은 매수시점으로 해석하며, 특히 삼중바닥은 단기보다 중·장기로 강한 상승추세가 진행되는 확률이 높은 만큼 투자자들에게 가장 매력적인 매수급소라 할 수 있다.
삼중바닥 + 20일선 눌림목 + 돌파갭 출현 + 단기 저항선 상향돌파 ⇨ 매수급소
주가는 전고점 상향돌파 → 거래량 감소 + 고가놀이(기간조정) → 10일선 눌림목 + 거래량 증가 + 전고점 상향돌파 → 거래량 감소 + 고가놀이… 순으로 상승세를 이어간다.
1
2
3
거래량 단순 0 0 0 0
7,203,520주(373.86%)
주가는 바닥을 여러 번 다질수록 강한 하방경직성을 자랑한다. 특히 저점과 고점을 높일수록 강한 지지선이 된다.
물량매집 대량거래
2021/04
05
06
06/17

■ 주가바닥은 항상 저점과 고점을 차례로 높일수록 신뢰가 높다. 삼중바닥권에서의 매수시점은 이전 이중바닥 가격대 위에서 거래량이 증가하면서 5일 변곡점이 탄생하는 시점으로 잡으며. 손절가는 이전 강한 지지선 역할을 했던 이중바닥 가격대로 정한다.

3음봉(양봉) 단기매매

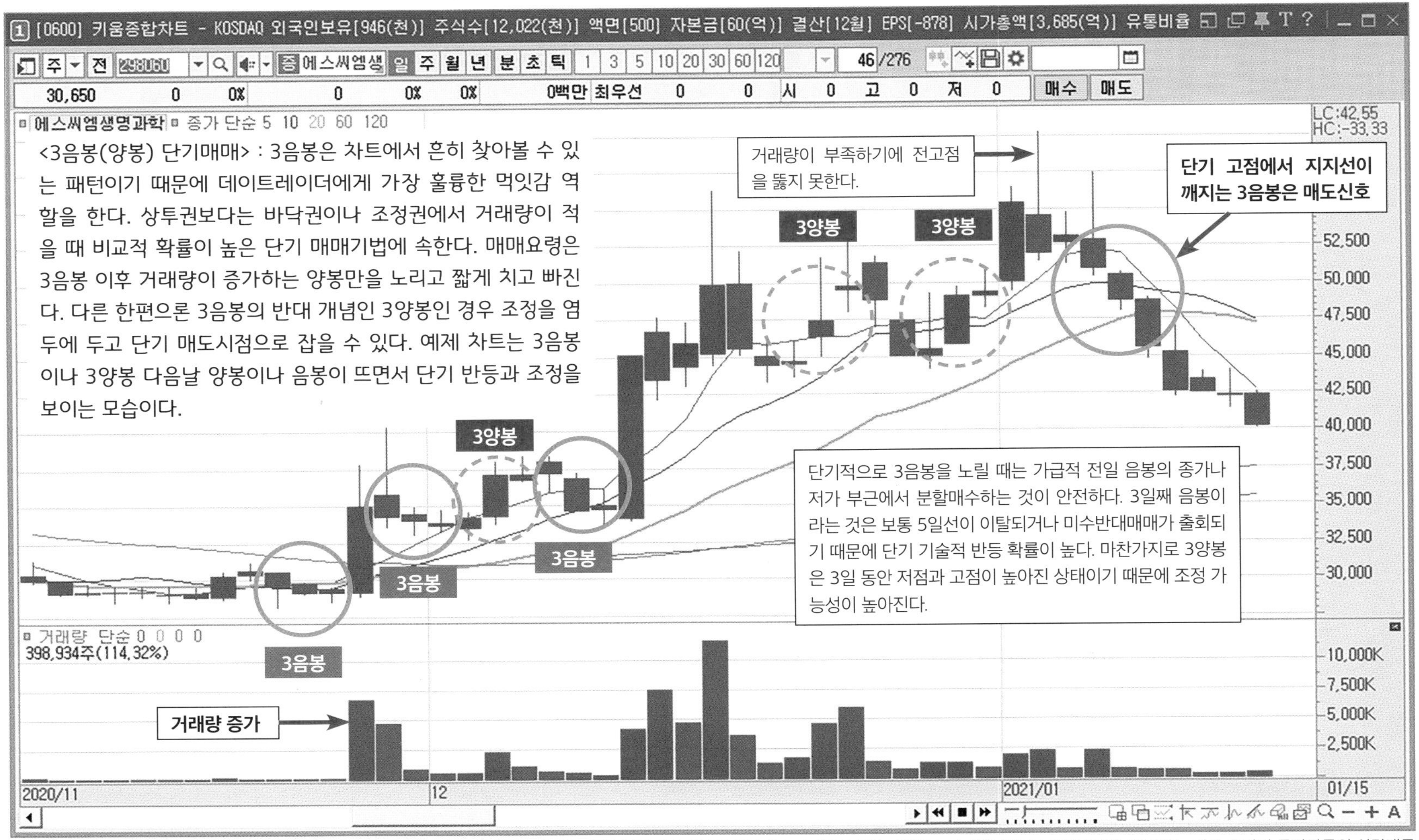
[0600] 키움종합차트 - KOSDAQ 외국인보유[946(천)] 주식수[12,022(천)] 액면[500] 자본금[60(억)] 결산[12월] EPS[-878] 시가총액[3,685(억)] 유통비율
에스씨엠생명과학 종가 단순 5 10 20 60 120
<3음봉(양봉) 단기매매> : 3음봉은 차트에서 흔히 찾아볼 수 있는 패턴이기 때문에 데이트레이더에게 가장 훌륭한 먹잇감 역할을 한다. 상투권보다는 바닥권이나 조정권에서 거래량이 적을 때 비교적 확률이 높은 단기 매매기법에 속한다. 매매요령은 3음봉 이후 거래량이 증가하는 양봉만을 노리고 짧게 치고 빠진다. 다른 한편으론 3음봉의 반대 개념인 3양봉인 경우 조정을 염두에 두고 단기 매도시점으로 잡을 수 있다. 예제 차트는 3음봉이나 3양봉 다음날 양봉이나 음봉이 뜨면서 단기 반등과 조정을 보이는 모습이다.
거래량이 부족하기에 전고점을 뚫지 못한다.
단기 고점에서 지지선이 깨지는 3음봉은 매도신호
3양봉
3양봉
3양봉
3음봉
3음봉
3음봉
단기적으로 3음봉을 노릴 때는 가급적 전일 음봉의 종가나 저가 부근에서 분할매수하는 것이 안전하다. 3일째 음봉이라는 것은 보통 5일선이 이탈되거나 미수반대매매가 출회되기 때문에 단기 기술적 반등 확률이 높다. 마찬가지로 3양봉은 3일 동안 저점과 고점이 높아진 상태이기 때문에 조정 가능성이 높아진다.
거래량 단순 0 0 0 0
398,934주(114.32%)
거래량 증가
2020/11
12
2021/01
01/15

■ 3음봉은 어떤 의미를 가질까? 보통 3일 연속해서 고점과 저점이 낮아지는 경우다. 3음봉 이전 매수자들은 3일 연속 손실을 본다는 것이고, 손실이 없어도 조정기간을 예고하는 만큼 초단기 투자자들의 실망매물이 출회될 것이고, 만약 미수를 감행했다면 자연히 반대매매 물량이 출회될 시점이다. 다들 팔고 싶어 할 때, 세력은 저가에 물량을 매집하는 것이다.

세력의 물량매집 대량거래

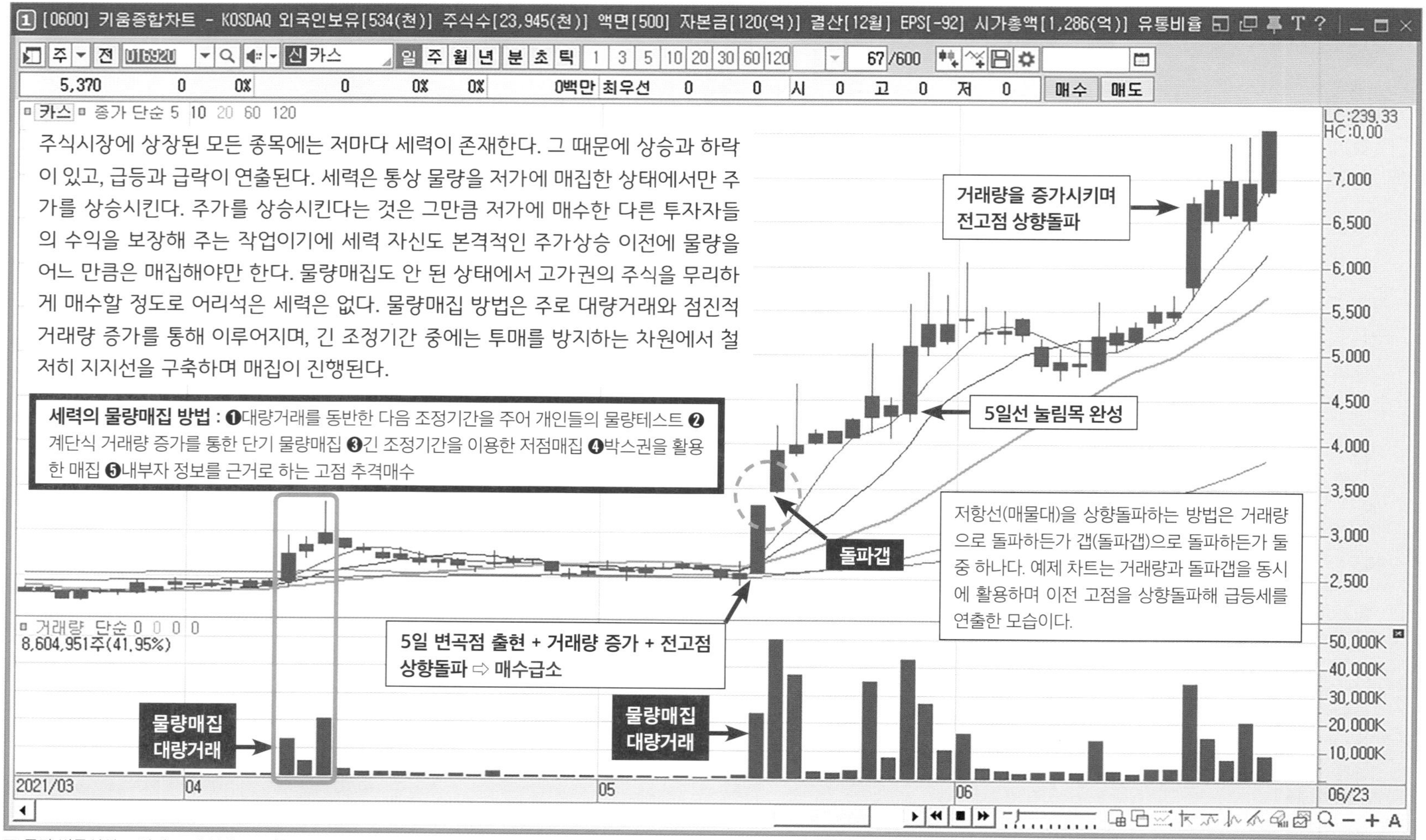
[0600] 키움종합차트 - KOSDAQ 외국인보유[534(천)] 주식수[23,945(천)] 액면[500] 자본금[120(억)] 결산[12월] EPS[-92] 시가총액[1,286(억)] 유통비율
016920 카스
5,370
카스 종가 단순 5 10 20 60 120
주식시장에 상장된 모든 종목에는 저마다 세력이 존재한다. 그 때문에 상승과 하락이 있고, 급등과 급락이 연출된다. 세력은 통상 물량을 저가에 매집한 상태에서만 주가를 상승시킨다. 주가를 상승시킨다는 것은 그만큼 저가에 매수한 다른 투자자들의 수익을 보장해 주는 작업이기에 세력 자신도 본격적인 주가상승 이전에 물량을 어느 만큼은 매집해야만 한다. 물량매집도 안 된 상태에서 고가권의 주식을 무리하게 매수할 정도로 어리석은 세력은 없다. 물량매집 방법은 주로 대량거래와 점진적 거래량 증가를 통해 이루어지며, 긴 조정기간 중에는 투매를 방지하는 차원에서 철저히 지지선을 구축하며 매집이 진행된다.
세력의 물량매집 방법 : ❶대량거래를 동반한 다음 조정기간을 주어 개인들의 물량테스트 ❷계단식 거래량 증가를 통한 단기 물량매집 ❸긴 조정기간을 이용한 저점매집 ❹박스권을 활용한 매집 ❺내부자 정보를 근거로 하는 고점 추격매수
거래량을 증가시키며 전고점 상향돌파
5일선 눌림목 완성
돌파갭
저항선(매물대)을 상향돌파하는 방법은 거래량으로 돌파하든가 갭(돌파갭)으로 돌파하든가 둘 중 하나다. 예제 차트는 거래량과 돌파갭을 동시에 활용하며 이전 고점을 상향돌파해 급등세를 연출한 모습이다.
5일 변곡점 출현 + 거래량 증가 + 전고점 상향돌파 ⇨ 매수급소
물량매집 대량거래
물량매집 대량거래
거래량 단순 0 0 0 0
8,604,951주(41.95%)
LC:239.33
HC:0.00
7,000
6,500
6,000
5,500
5,000
4,500
4,000
3,500
3,000
2,500
50,000K
40,000K
30,000K
20,000K
10,000K
2021/03
04
05
06
06/23

■ 주가 변동성이 그렇게 크지 않은 구간(횡보권, 박스권, 완만한 정배열권)에서 대량거래가 일어나거나 혹은 저점과 고점을 높이는 거래량 증가가 일어난다면 차후 주가의 방향이 상승추세로 진행될 가능성이 커지는 것을 의미한다. 거래량은 주가에 선행한다는 원리에 따라 주가가 저점을 지지하면서 거래량이 증가하는 종목은 일단 관심종목으로 편입해 중기적으로 관찰하면 투자에 큰 도움이 된다.

차트가 예쁘다는 것은 세력 관리가 잘 되어 있다는 것을 뜻한다. 관리가 잘 된 주식은 통상 차트분석 신뢰가 상당히 높다. 다시 말해 캔들, 거래량, 이평선, 패턴, 추세, 그밖에 여러 지표가 보내는 매매신호가 거의 정석대로 흘러간다. 예제도 지금까지 차트분석을 통해 배운 급등주 매턴 + 주가바닥 확인 + 물량매집 대량거래 + 이평선 지지와 저항 + 상승형 캔들 + 정배열 + 거래량 감소와 증가 + 변곡점 + 상한가 + 고가놀이 + 눌림목 + 갭상승 + 추세 + 전고점 상향돌파 조건 등 모든 것을 압축한 차트의 모습이다. 이처럼 세력 관리가 잘 되어 있는 것일수록 예쁜 주식 위주로 매매하도록 한다.

쌍봉(M자형) + 거래량 감소

20일선 하향이탈

20일선 눌림목

거래량 증가 + 5일 변곡점 + 전고점 돌파 ⇨ 매수급소

거래량 감소추세

거래량 증가

기간조정구간

지지선

물량매집 대량거래

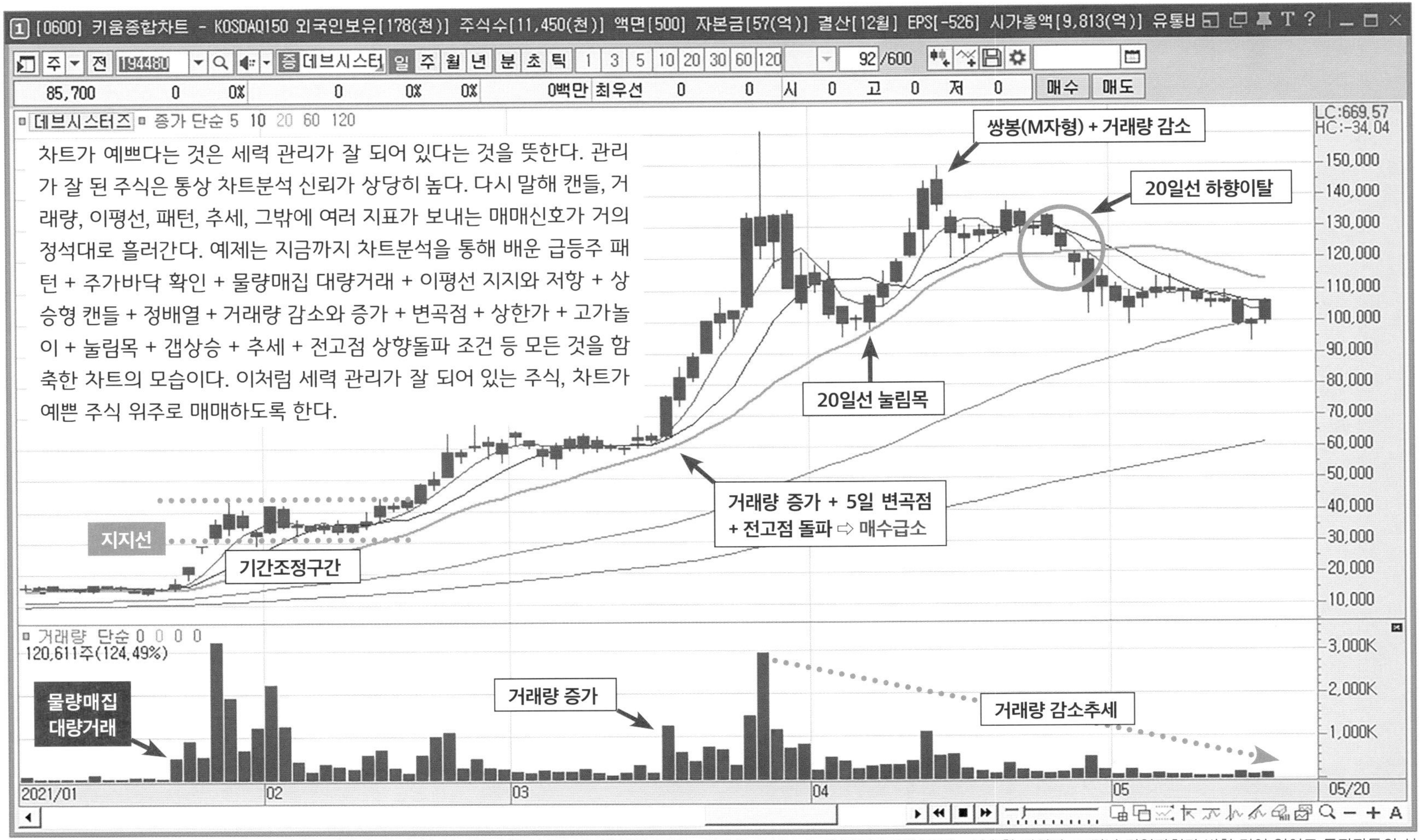

■ 기업에 대한 가치 평가는 차트에 고스란히 그려진다. 투자자들이 기업가치를 낮게 평가한다면 주가는 하락할 것이고, 높게 평가한다면 주가는 상승할 것이다. 그러나 기업가치가 변한 것이 없어도 투자자들의 심리는 변화무쌍하다. 투자자들의 심리와 주가 변동성을 가르는 변동력이다. 투자자들의 심리가 갈팡질팡한다면 주가 움직임 또한 갈팡질팡 행보를 보일 것이다. 이것이 바로 세력 관리가 잘 된 종목 위주로 거래해야 하는 변화무쌍한 주가 변동성을 가르는 변동력이다. 만 되는 이유다.

차트분석은 추세를 읽고 대응하는 것

주식투자는 '추세매매'라 할 수 있다. 주식뿐만 아니라 부동산, 외환, 금리, 환율, 유가, 원자재, 가상화폐 등 모든 투자의 수익률은 곧 추세를 읽는 능력에 좌우된다 해도 과언이 아니다. 주식만 제대로 읽을 줄 안다면 조단기 시세에 너무 연연하지 않고 보다 여유롭게 투자 수익률을 극대화할 수 있기 때문이다. 한편으로 가장 쉽고도 가장 어려운 것이 바로 추세를 읽는 능력이다. 단 하루 사이에도 오재가 악재로 둔갑하기도 하는 변화무쌍한 주식시장에서 추세를 예측한다는 것은 어쩌면 불가능한 일인지도 모른다. 그러나 일봉과 함께 주봉과 월봉을 동시에 살핀다면 추세를 읽고 대응하는 데 큰 도움이 된다.

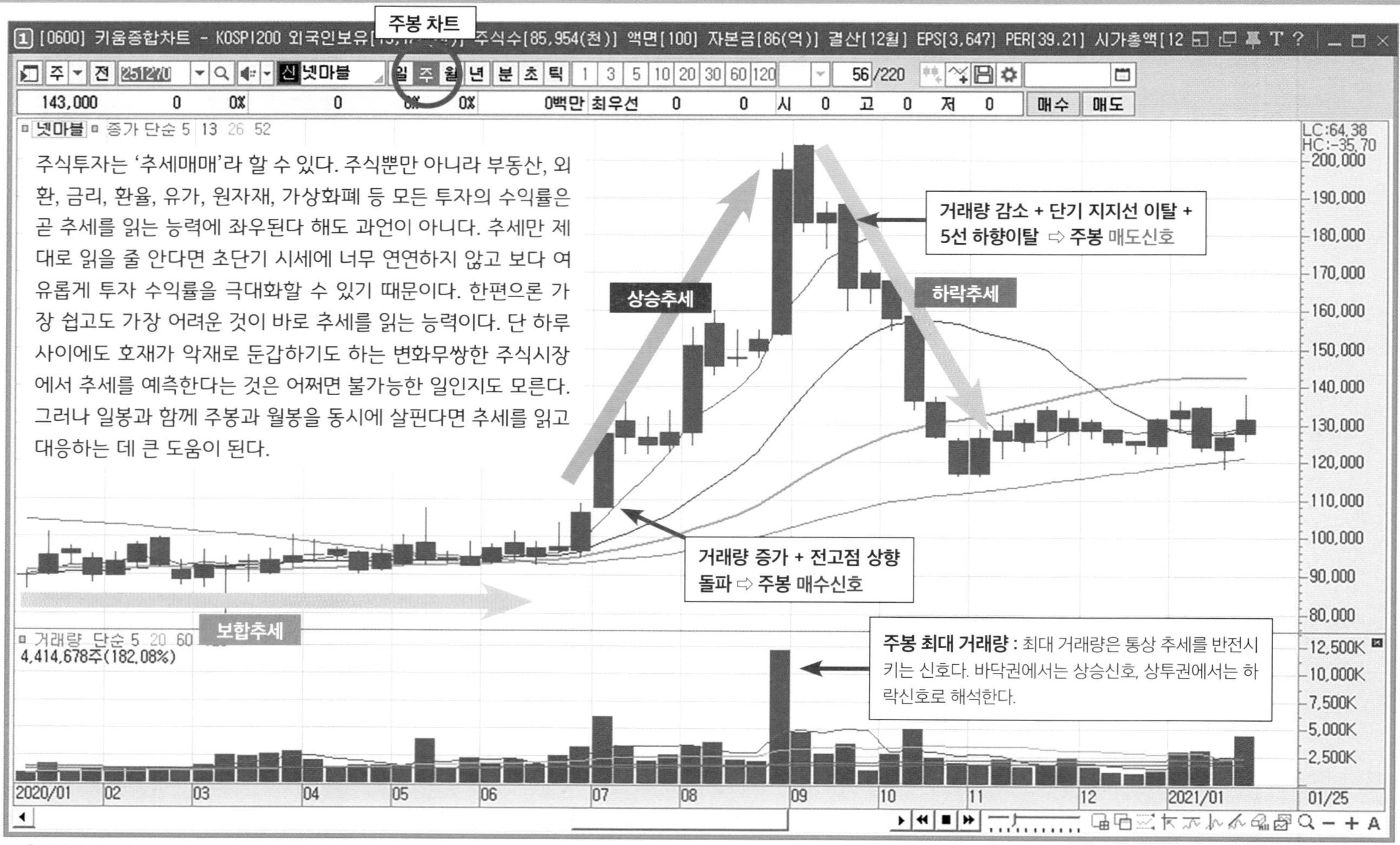

■ 주세매매의 대상이 되는 종목이 기급적 지수와 연동되는 대형우량주가 유리하다. 코스닥의 중·소형주는 단기 추세흐름이 너무 급격하게 변하는 특성 때문에 일봉은 물론 주봉과 월봉 추세에서도 그 흐름을 예측하기가 대단히 어렵다. 개인과 외국인이 함께 투자하는 종목일수록 추세를 예측하는 데 보다 수월하기 때문이다.

■ 추세매매 대상이 되는 종목은 가급적 기관적 지수와 연동되는 대형우량주가 유리하다.

갭(Gap)의 기본 개념

1. 갭(Gap)의 의미

차트를 살펴보면 어느 시점에 주가가 거래 없이 갑자기 폭등갭상승하거나 폭락갭하락하는 예가 많은데, 이때 주가와 주가 사이에 빈 공간을 **갭**Gap이라고 부른다. 차트에서 갭이 발생하는 이유는 팽팽하던 매도세와 매수세 사이의 균형이 어느 한쪽으로 급격하게 치우친 결과로, 투자자들의 급변하는 심리를 직접적으로 보여주는 단적인 예라 하겠다.

2. 갭의 특성

일반적으로 갭이 발생한 특정 가격대에서는 매매거래가 성립되지 않았기 때문에 상승추세에서는 지지선 역할을 하고 하락추세에서는 저항선 역할을 한다. 갭이 크면 클수록 지지와 저항이 더 강한 것이 일반적이다. 그러나 갭의 종류 중에서 보통갭인 경우에는 대부분 한 번 채워지기 때문에 지지와 저항의 큰 의미를 부여하지 않는다.

3. 갭의 종류

갭은 가격 변화에 따라 통상 주가가 상승하는 **상승갭**과 주가가 하락하는 **하락갭**으로 분류한다. 하지만 갭의 성격에 따라서 다음과 같이 4가지 종류로 분류한다.

❶ **보통갭 :** '일반갭'으로도 불리는 보통갭은 박스권 횡보 중에 자주 나타나며, 대부분 갭을 채우는 특성이 있다. 이에 따라 스켈퍼나 데이트레이더들은 보통갭이 출현할 때 갭을 채우는 특성을 이용한 갭채우기 단기매매를 자주 시도하기도 한다.

❷ **돌파갭 :** 장기간 바닥권에서 횡보 중 특정 저항선이나 지지선 매물대를 순간 돌파할 때 생기는 갭으로 보통갭과 달리 갭을 채우지 않는 것이 특징이다. 일단 돌파갭이 발생하면 추세반전의 강한 신호탄이 된다.

❸ **중간갭 :** 주가가 급상승(상승중간갭)이나 급하락(하락중간갭) 중에 발생하는 갭으로 추세의 힘을 더욱 가속하는 역할을 한다. 이것은 투자심리의 과도한 분출기간을 나타내기 때문에 매매를 극히 자제해야 하는 위험 구간이기도 하다.

❹ **소멸갭 :** 추세전환 시점을 알리는 최종 갭을 말하며, 과도한 주가상승이나 하락을 마무리한다는 의미에서 조만간 급락이나 급반등 출현을 예상할 수 있다. 그러나 소멸갭은 그 시점에 바로 확인하기 힘들며, 주가 정점을 지나 갭을 채우면서 비로소 판단이 가능하다.

갭(Gap)의 종류와 특징

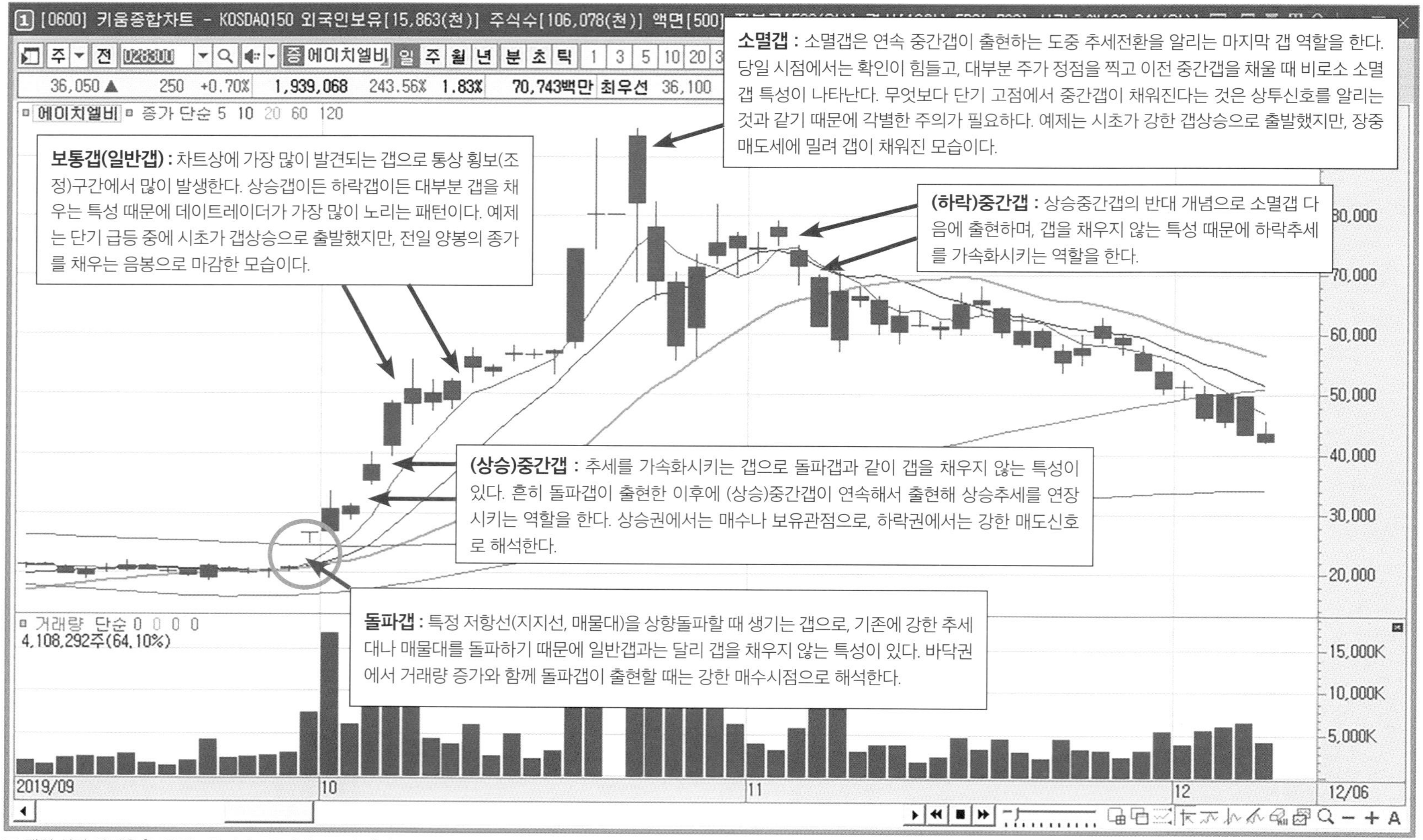
[0600] 키움종합차트 - KOSDAQ150 외국인보유[15,863(천)] 주식수[106,078(천)] 액면[500]
에이치엘비
36,050 ▲ 250 +0.70% 1,939,068 243.56% 1.83% 70,743백만 최우선 36,100
종가 단순 5 10 20 60 120
보통갭(일반갭) : 차트상에 가장 많이 발견되는 갭으로 통상 횡보(조정)구간에서 많이 발생한다. 상승갭이든 하락갭이든 대부분 갭을 채우는 특성 때문에 데이트레이더가 가장 많이 노리는 패턴이다. 예제는 단기 급등 중에 시초가 갭상승으로 출발했지만, 전일 양봉의 종가를 채우는 음봉으로 마감한 모습이다.
소멸갭 : 소멸갭은 연속 중간갭이 출현하는 도중 추세전환을 알리는 마지막 갭 역할을 한다. 당일 시점에서는 확인이 힘들고, 대부분 주가 정점을 찍고 이전 중간갭을 채울 때 비로소 소멸갭 특성이 나타난다. 무엇보다 단기 고점에서 중간갭이 채워진다는 것은 상투신호를 알리는 것과 같기 때문에 각별한 주의가 필요하다. 예제는 시초가 강한 갭상승으로 출발했지만, 장중 매도세에 밀려 갭이 채워진 모습이다.
(하락)중간갭 : 상승중간갭의 반대 개념으로 소멸갭 다음에 출현하며, 갭을 채우지 않는 특성 때문에 하락추세를 가속화시키는 역할을 한다.
(상승)중간갭 : 추세를 가속화시키는 갭으로 돌파갭과 같이 갭을 채우지 않는 특성이 있다. 흔히 돌파갭이 출현한 이후에 (상승)중간갭이 연속해서 출현해 상승추세를 연장시키는 역할을 한다. 상승권에서는 매수나 보유관점으로, 하락권에서는 강한 매도신호로 해석한다.
돌파갭 : 특정 저항선(지지선, 매물대)을 상향돌파할 때 생기는 갭으로, 기존에 강한 추세대나 매물대를 돌파하기 때문에 일반갭과는 달리 갭을 채우지 않는 특성이 있다. 바닥권에서 거래량 증가와 함께 돌파갭이 출현할 때는 강한 매수시점으로 해석한다.
80,000
70,000
60,000
50,000
40,000
30,000
20,000
거래량 단순 0 0 0 0
4,108,292주(64.10%)
15,000K
10,000K
5,000K
2019/09
10
11
12
12/06

■ 갭의 성장 과정은 [보통갭→돌파갭→중간갭→소멸갭] 순으로 진행된다. 보통갭은 단타구간이며, 돌파갭 시점이 비로소 적극적인 매수냐 매도냐를 결정하는 구간이다. (상승)중간갭은 보유나 관망, 소멸갭이 출현한다면 상투권에서 신뢰가 높기 때문에 강력한 매도신호로 해석한다.

단기매매는 일반갭

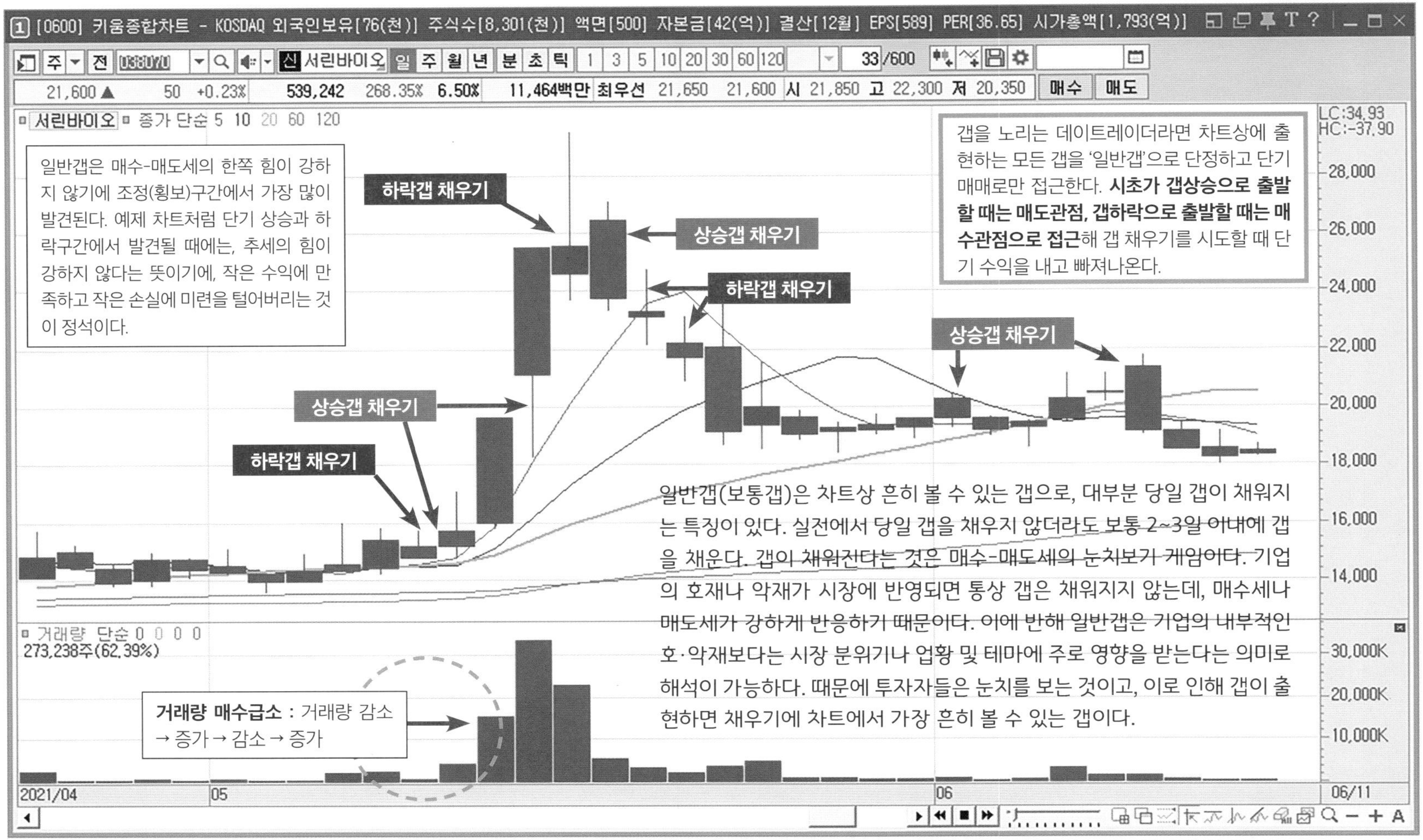
[0600] 키움종합차트 - KOSDAQ 외국인보유[76(천)] 주식수[8,301(천)] 액면[500] 자본금[42(억)] 결산[12월] EPS[589] PER[36.65] 시가총액[1,793(억)]
서린바이오
21,600 ▲ 50 +0.23% 539,242 268.35% 6.50% 11,464백만 최우선 21,650 21,600 시 21,850 고 22,300 저 20,350
매수
매도
서린바이오 종가 단순 5 10 20 60 120
일반갭은 매수-매도세의 한쪽 힘이 강하지 않기에 조정(횡보)구간에서 가장 많이 발견된다. 예제 차트처럼 단기 상승과 하락구간에서 발견될 때에는, 추세의 힘이 강하지 않다는 뜻이기에, 작은 수익에 만족하고 작은 손실에 미련을 털어버리는 것이 정석이다.
하락갭 채우기
상승갭 채우기
하락갭 채우기
상승갭 채우기
상승갭 채우기
하락갭 채우기
갭을 노리는 데이트레이더라면 차트상에 출현하는 모든 갭을 '일반갭'으로 단정하고 단기매매로만 접근한다. **시초가 갭상승으로 출발할 때는 매도관점, 갭하락으로 출발할 때는 매수관점으로 접근**해 갭 채우기를 시도할 때 단기 수익을 내고 빠져나온다.
일반갭(보통갭)은 차트상 흔히 볼 수 있는 갭으로, 대부분 당일 갭이 채워지는 특징이 있다. 실전에서 당일 갭을 채우지 않더라도 보통 2~3일 이내에 갭을 채운다. 갭이 채워진다는 것은 매수-매도세의 눈치보기 게임이다. 기업의 호재나 악재가 시장에 반영되면 통상 갭은 채워지지 않는데, 매수세나 매도세가 강하게 반응하기 때문이다. 이에 반해 일반갭은 기업의 내부적인 호·악재보다는 시장 분위기나 업황 및 테마에 주로 영향을 받는다는 의미로 해석이 가능하다. 때문에 투자자들은 눈치를 보는 것이고, 이로 인해 갭이 출현하면 채우기에 차트에서 가장 흔히 볼 수 있는 갭이다.
LC:34.93
HC:-37.90
28,000
26,000
24,000
22,000
20,000
18,000
16,000
14,000
거래량 단순 0 0 0 0
273,238주(62.39%)
거래량 매수급소 : 거래량 감소 → 증가 → 감소 → 증가
30,000K
20,000K
10,000K
2021/04
05
06
06/11

■ 일반적으로 상승이든 하락이든 갭이 출현하면 당일 채우려는 성질을 갖고 있다. 왜냐하면 갭은 거래가 실종된 구간, 매물공백이 발생한 구간이기에 거래를 성사시키려는 투자자들의 심리가 표출되기 때문이다. 따라서 차트상 일반갭이 가장 많이 발생하는 것이고, 이 때문에 단기 데이트레이더의 표적이 되곤 한다.

추격매매는 돌파갭

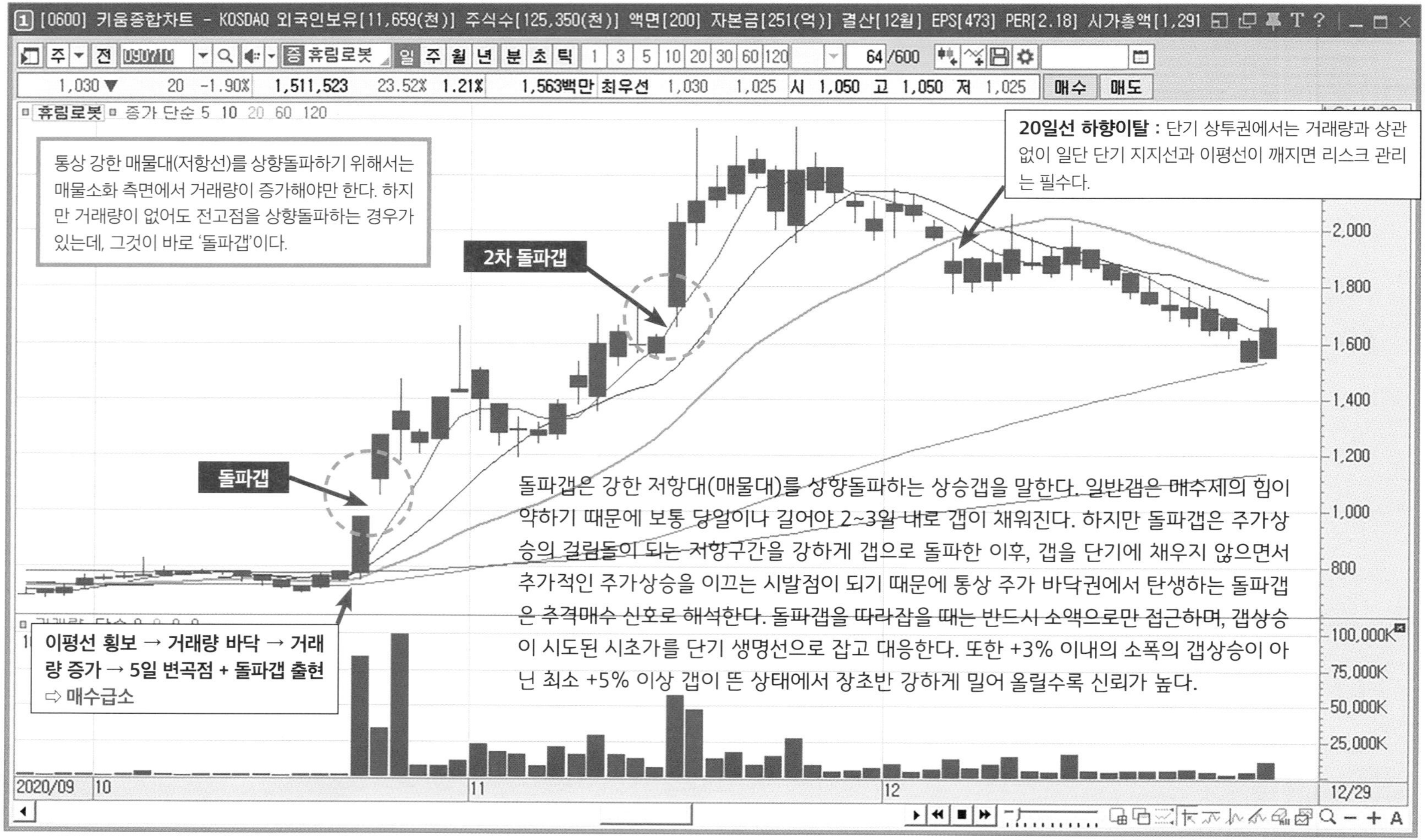
[0600] 키움종합차트 - KOSDAQ 외국인보유[11,659(천)] 주식수[125,350(천)] 액면[200] 자본금[251(억)] 결산[12월] EPS[473] PER[2.18] 시가총액[1,291
1,030 ▼ 20 -1.90% 1,511,523 23.52% 1.21% 1,563백만 최우선 1,030 1,025 시 1,050 고 1,050 저 1,025 매수 매도
휴림로봇 종가 단순 5 10 20 60 120
통상 강한 매물대(저항선)를 상향돌파하기 위해서는 매물소화 측면에서 거래량이 증가해야만 한다. 하지만 거래량이 없어도 전고점을 상향돌파하는 경우가 있는데, 그것이 바로 '돌파갭'이다.
2차 돌파갭
돌파갭
20일선 하향이탈 : 단기 상투권에서는 거래량과 상관없이 일단 단기 지지선과 이평선이 깨지면 리스크 관리는 필수다.
돌파갭은 강한 저항대(매물대)를 상향돌파하는 상승갭을 말한다. 일반갭은 매수세의 힘이 약하기 때문에 보통 당일이나 길어야 2~3일 내로 갭이 채워진다. 하지만 돌파갭은 주가상승의 걸림돌이 되는 저항구간을 강하게 갭으로 돌파한 이후, 갭을 단기에 채우지 않으면서 추가적인 주가상승을 이끄는 시발점이 되기 때문에 통상 주가 바닥권에서 탄생하는 돌파갭은 추격매수 신호로 해석한다. 돌파갭을 따라잡을 때는 반드시 소액으로만 접근하며, 갭상승이 시도된 시초가를 단기 생명선으로 잡고 대응한다. 또한 +3% 이내의 소폭의 갭상승이 아닌 최소 +5% 이상 갭이 뜬 상태에서 장초반 강하게 밀어 올릴수록 신뢰가 높다.
이평선 횡보 → 거래량 바닥 → 거래량 증가 → 5일 변곡점 + 돌파갭 출현 ⇨ 매수급소
2,000
1,800
1,600
1,400
1,200
1,000
800
100,000K
75,000K
50,000K
25,000K
2020/09
10
11
12
12/29

■ 실전에서 돌파갭을 추격매수할 때 주의할 것은, 돌파갭 다음에 상승중간갭이 반드시 뒤따르지 않는다는 사실이다. 이를테면 당일 전고점을 돌파한 돌파갭이 출현했지만 다음날 보합 출발 혹은 갭하락으로 전일 돌파갭을 당일 채워버리는 예도 많다. 무리한 투자는 어떠한 경우이든 최종 결과가 항상 좋지 않다는 사실을 명심하기 바란다.

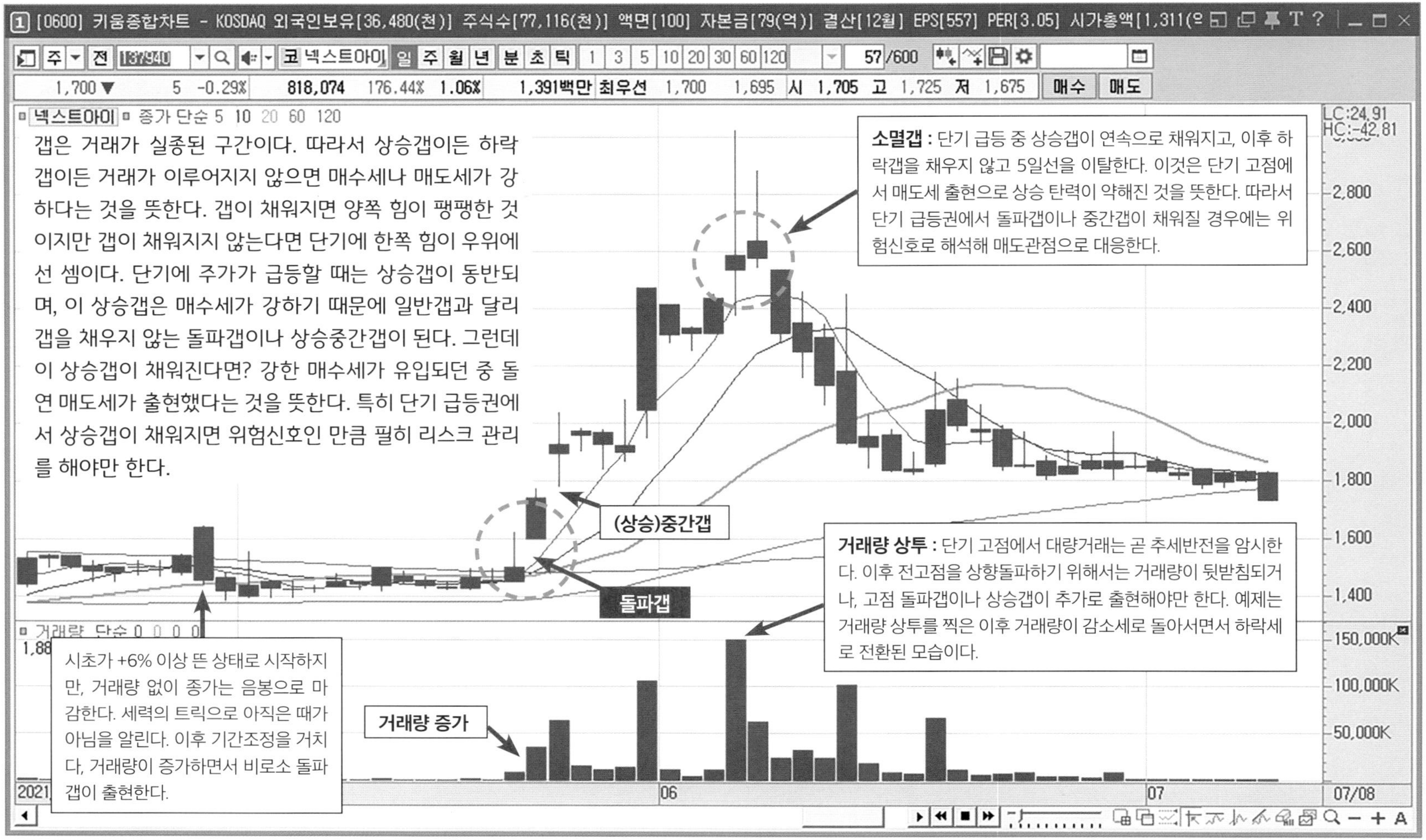

갭은 거래가 실종된 구간이다. 따라서 상승갭이든 하락갭이든 거래가 이루어지지 않으면 매수세나 매도세가 강하다는 것을 못한다. 갭이 채워지면 양쪽 힘이 평평한 것이지만 갭이 채워지지 않는다면 단기에 한쪽 힘이 우위에 선 셈이다. 단기에 주가가 급등할 때는 상승갭이 동반되며, 이 상승갭은 매수세가 강하기 때문에 일반갭과 달리 갭을 채우지 않는 돌파갭이나 상승중간갭이 된다. 그런데 이 상승갭이 채워진다면? 강한 매수세가 유입되던 중 돌연 매도세가 출현했다는 것을 못한다. 특히 단기 급등권에서 상승갭이 채워지면 위험신호이니 만큼 철이 리스크 관리를 해야만 한다.

■ 거래량 단순 0 0 0 0 0
1,88

(박스) 시초가 +6% 이상 된 상태로 시작하지만, 거래량 없이 종가는 음봉으로 마감한다. 세력이 트릭으로 이직은 매가 아님을 알린다. 이후 기간조정을 거치다, 거래량이 증가하면서 비로소 돌파갭이 좋현한다.

거래량 증가

돌파갭

(상승)중간갭

(박스) 거래량 상투 : 단기 급등 중 고점에서 대량거래는 곧 주세반전을 암시한다. 이후 전고점을 상향돌파하기 위해서는 거래량이 뒷받침되거나, 고점 돌파갭이나 상승갭의 주가로 출현해야만 한다. 예제는 거래량 상투를 찍은 이후 거래량이 감소세로 돌아서면서 하락세로 전환된 모습이다.

(박스) 소멸갭 : 단기 급등 중 상승갭이 연속으로 채워지고, 이후 하락갭을 채우지 않고 5일선을 이탈한다. 이것은 단기 고점에서 매도세 출현으로 상승 탄력이 약해진 것을 못한다. 따라서 단기 급등권에서 돌파갭이나 상승갭이 채워질 경우에는 위험신호로 해석해 매도관점으로 대응한다.

■ 실전에서 단기 매물대(저항선)를 상향돌파하는 갭 출현시 모두 돌파갭으로 단정해서는 절대 안 된다. 자본금이 적은 종 소형주인 경우 소형주인 경우 중 조단타 세력의 작전이 많은 관계로 시초가 갭상승으로 출발한 상태에서 추격매수를 감행하고자 할 경우에는 반드시 분할매수 관점으로 접근으로 접근하며, 현 주가의 위치(상투권 혹은 바닥권)에 따라 시초가를 손절라인으로 참고 대응하도록 한다.

요한 것이 아니라, 주식을 매매하기 이전에 이러한 특정 종목에 대한 접근 방법을 근본적으로 따져볼 필요가 있다. 주식매매는 하거나 고수나 어느 누구나 잘할 수 있다. 비밀번호만 입력하고 키보드만 누르면 된다. 그러나 특정 종목에 대한 접근 방법은 누구나 잘하는 것이 아니다. 오늘 하락을 해도 내일 상승할 확률이 높은 주식을 선별해야만 한다. 이렇게 종목을 분석할 것이며, 어떤 절차로 접근을 해야 할까? 차트분석 차원에서 간단히 설명하면 다음과 같다.

1단계 – 제3 투자지표

캔들 + 거래량 + 이평선

2단계 – 제4 투자지표

캔들 + 거래량 + 이평선 + 보조지표

차트의 구성 요소인 동시에 가장 기본이 되는 지표다. 이들 3개 투자지표에 대한 기본적 이해와 지식이 없다면 총 한 자루 없이 전쟁터에 나가 싸우는 것과 같다.

차트분석 차원에서
투자확률을 높이는 맥

차트분석은 어떤 방법으로 해야만 할까? 일반적으로 먼저 주세 방향을 확인하고, 지지선과 저항선을 설정하고, 거래량과 이평선을 분석하고, 매물매를 살펴보고, 기타 투자지표를 통해 상투권인지 바닥권인지 혹은 조정구간인지를 판단하고 매매를 가져갈 것이다.

주식시장은 이성적이고 논리적이지 않으며, 항상 불확실성이 공존하면서 배신을 서슴지 않는다. 주식시장에 투자하는 투자자가 바로 비이성적이고 불안정한 인간이기 때문이다. 그래서 주가는 변동성을 갖는 것이고, 그래서 흥분하는 것이고, 그래서 투매현상도 벌어진다. 만약 주식시장이 이성적이고 논리적이며, 냉철한 분석능력과 공식화된 투자지식으로 무장된 시스템만으로 거래된다면 주가는 항상 예측 가능한 범위 내에서 움직이기 때문에 어느 누구도 큰 수익을 내거나 큰 손실을 보는 이가 없을 것이다.

차트분석이나 차트분석을 제대로 해도 주가는 예상과 어긋나는 경우가 많다. 단지 내일 상승할 것이나 하락할 것이나를 놓고 볼이는 50% 확률인데도 절반 이상 예측하지 못한다면 지금까지의 투자 방법을 한 번쯤 고려해 볼 필요가 있다.

현재 50% 절반의 확률에서 60%, 70%, 80% 이상 투자확률을 높이려면 어떻게 해야 할까? 주식을 매수하거나 매도하는 방법이 중

매수관점 ⇨ 대세상승(종합지수 상승추세) + 정배열 상승추세 + 박스권 돌파 양봉 + 하락추세선 상향돌파 + 2(3)중바닥 돌파 + 캔들 아래꼬리 + 이평선 지지 + 골든크로스 + 거래량 감소 후 증가 + 저점과 고점이 패턴 + 상승음봉 + 박스권 돌파 + 주세지향선 상향돌파 + 5일 변곡점 + 10일, 20일선 눌림목 + 돌파캠 출현 + 각종 지표 상승반전···

매도관점 ⇨ 대세하락(종합지수 하락추세) + 역배열 하락추세 + 대량거래 장대음봉 + 하락추세반전 + 샛(삼)봉 + 위꼬리 장대음봉 + 숙임수 양봉 + 고가권 대량거래 + 거래량 감소 + 저점과 고점 하락 + 박스권 이탈 + 주세선(지지선) 하향 이탈 + 데드크로스 + 연속 캠하락 + 각종 지표 하락반전···

3단계 - 제5 투자지표

캔들 + 거래량 + 이평선 + 보조지표 + 심리지표

캔들, 거래량, 이평선만을 투자의 절대기준으로 삼기에는 한계가 있다. 이 한계를 극복하기 위해서 보조지표가 필요하다. 다소 귀찮기도 하고 시간이 걸리기도 하지만, 차트분석에서 결코 무시할 수 없는 지표인 만큼 개인투자자의 필수과목과도 같다.

'심리지표'란 주가는 대중의 심리와 반대로 진행된다는 원리에 근거하여 역발상 기법, 음봉매수법, 양봉매도법 등 투자심리를 역으로 활용하는 포괄적 투자방법이라고 말할 수 있다. 투자매매 확률을 최소한 51% 이상 높이기 위해서는 바로 3단계까지의 모든 지표를 최대한 활용해야 가능하다. 포커를 칠 때도 내 패만을 보고 승부를 걸어서는 안 된다. 자신의 패와 바닥에 놓인 패와 더불어 상대의 얼굴 표정과 몸짓 등을 통해서 상대방의 패를 읽어내는 능력이 있어야만 비로소 이기는 승부가 가능한 것이다.

실적은 주가를 배신하지 않는다

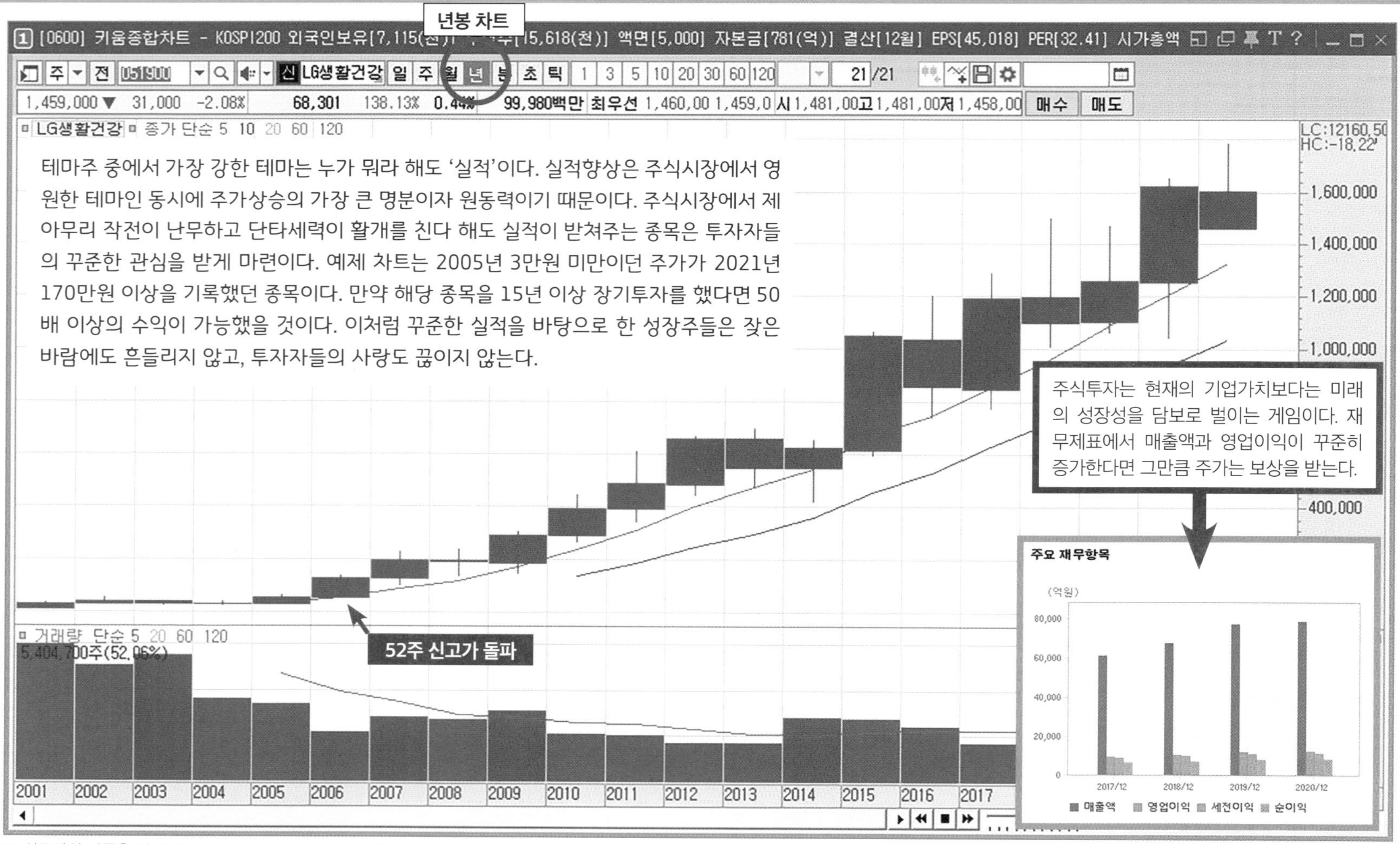

테마주 중에서 가장 강한 테마는 누가 뭐라 해도 '실적'이다. 실적향상은 주식시장에서 영원한 테마인 동시에 주가상승의 가장 큰 명분이자 원동력이기 때문이다. 주식시장에서 제아무리 작전이 난무하고 단타세력이 활개를 친다 해도 실적이 받쳐주는 종목은 투자자들의 꾸준한 관심을 받게 마련이다. 예제 차트는 2005년 3만원 미만이던 주가가 2021년 170만원 이상을 기록했던 종목이다. 만약 해당 종목을 15년 이상 장기투자를 했다면 50배 이상의 수익이 가능했을 것이다. 이처럼 꾸준한 실적을 바탕으로 한 성장주들은 잦은 바람에도 흔들리지 않고, 투자자들의 사랑도 끊이지 않는다.

■ 신고가의 기준은 기본적으로 52주로 설정하지만, 짧게는 6개월 내지 3개월로 설정하기도 한다. 신고가 매매는 실적이 받쳐주는 종목에 한해서 주가가 신고가 위로 올라섰을 경우에만 매수관점으로 접근하되, 신고가 가격대를 손절가로 잡고 중기적 대응을 한다.

보조지표 활용의 맥

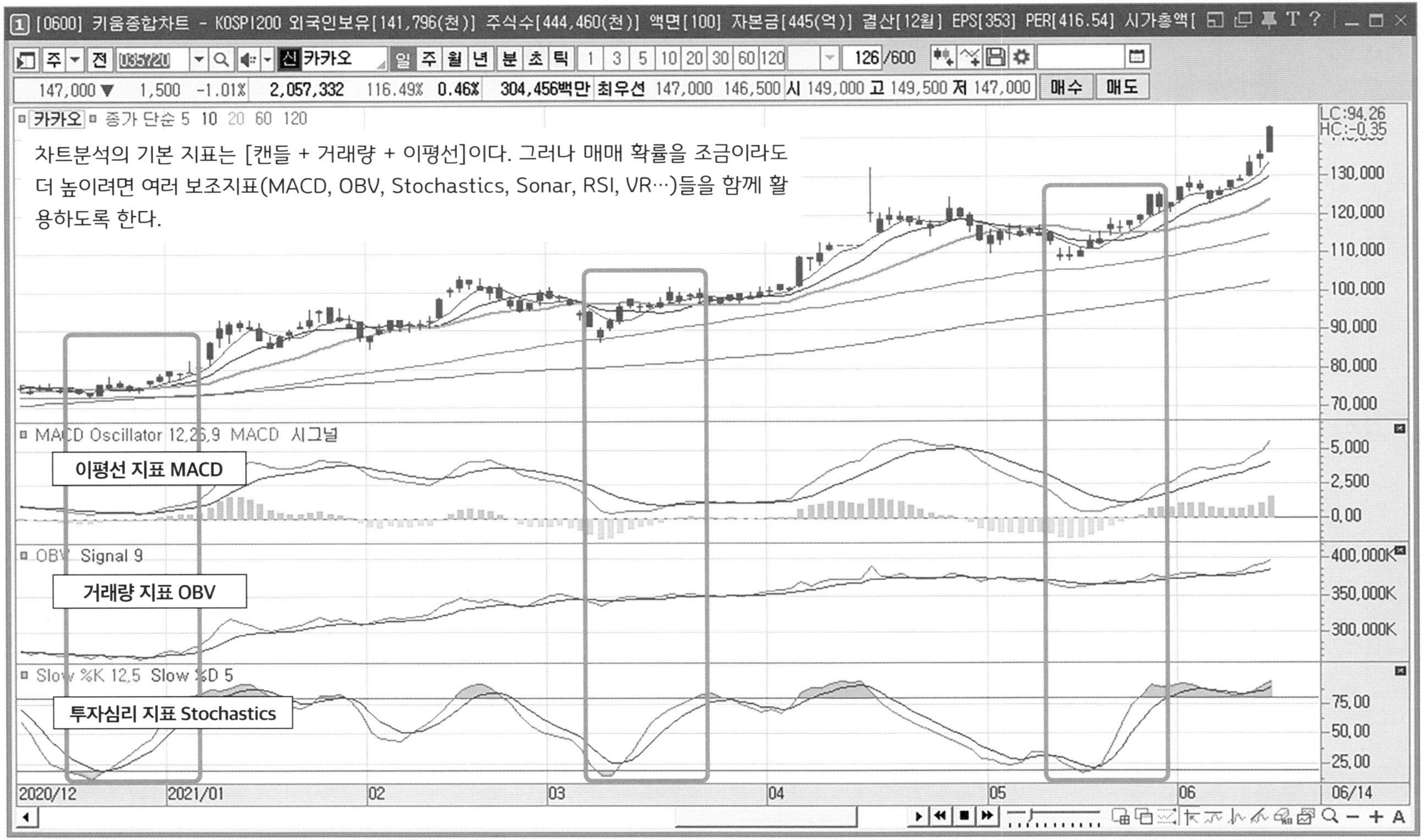

■ 보조지표를 제대로 활용하기 위해서는, 실전에서는 디버전시 현상이 많이 발생하기 때문에, 한두 개의 보조지표만으로는 신뢰성을 얻기 힘들다. 따라서 신뢰도가 높은 보조지표 위주로 3개 이상 함께 사용해야만 주가흐름에 대한 신뢰성을 높일 수 있다.

차트를 무시한다면 그 결과는 참혹할 수 있다

[0600] 키움종합차트 - KOSDAQ 외국인보유[636(천)] 주식수[12,240(천)] 액면[500] 자본금[61(억)] 결산[12월] EPS[-2,087] 시가총액[106(억)] 유통비율
차트는 속임수와 배신이 난무하는 주식시장에 뛰어든 투자자들에게 있어 가장 중요한 무기와 같다. 이는 심리분석, 가치분석, 경제분석에 우선한다. 그러나 종목을 무시한 차트는 빈번한 배신감을 경험하게 해주며, 또한 재무구조가 양호한 종목이라도 맹목적인 차트에 대한 믿음은 단기 흐름에 너무 민감한 나머지 뇌동매매의 원인이 되기도 한다. 하지만 차트가 실전에서 100% 신뢰를 보이지 않는다고 하더라도, 차트를 완전히 무시한다면 그 결과는 참혹할 수 있다. 가치분석만으로는 주가의 위치나 수급 및 추세를 읽어낼 수가 없어 매매 타이밍을 잡기 어렵지만, 차트분석은 가치를 무시하고도 실전매매가 가능한 장점이 있다. 따라서 차트를 가치보다 조금 우위에 놓고, 차트의 단점을 가치분석으로 보완하는 식의 매매가 이루어져야만 한다.
차트에서 지지선이 깨지면 (세력의 속임수든, 눌림목이든, 일시적 투매든 간에) 우선 리스크 관리를 한 다음에 이후 추세를 살피도록 한다.
물량털기 대량거래 : 단기 급락에 따른 기술적 반등을 바닥으로 오인하지 않도록 한다. 지지선이 깨지면 저항선이자 매물선이 된다. 내려갔으니 언젠가는 오르겠지 하는 막연한 기대심리는 후일에 걷잡을 수 없는 분노와 절망감을 안겨주기도 한다.
감사거절
거래정지
2019/11
12
2020/01
02
03
03/27

■ 실전에서 차트의 단점을 최소화하려면 필히 가치분석과 병행한 매매가 되어야 한다. 차트분석에서 가장 중요한 것은 지지선이다. 일단 지지선이 무너지면, 설령 다음에 더 높은 가격을 지불해 재매수를 하는 경우가 생기더라도, 세력의 속임수가 되었든 아니면 개인투자자들이 모르는 숨은 악재가 반영되었든 간에 일단 위험 관리부터 해야만 한다. 위험 관리가 안 되는 투자는 필패다.

이 장에서는 주식시장의 대표적인 투자이론 몇 가지를 간략히 살펴보고, 이에 대한 개인적인 생각을 말하고자 한다.

1. 랜덤워크 이론 (Random Walk theory)

주가는 과거와 상관없이 독립적으로 움직인다는 이론으로, 주가 예측은 불가능하다는 가설에서 출발한다. 흔히 "주가는 신도 모른다"라는 의미로 주가의 우발성과 비예측성을 강조한다. 다시 말해 주가는 해외 경제, 정책, 경기, 통화량, 물가, 금리, 원자재, 재무제표, 테마, 오너 리스크 등 각종 요인들이 복합적으로 반영되기 때문에 사실상 정확한 주가를 예측한다는 것은 불가능하다는 이론이다. 따라서 포트폴리오 방식의 분산투자를 통해 위험을 최소화하자는 것이 랜덤워크 이론의 요점이다.

2. 다우이론 (DOW theory)

미국 다우존스사의 창시자 찰스 다우Charles H.Dow가 개발한 주식 추세 판단 방법으로 주식시장의 사이클을 강세시장 3국면매집→고조→과열과 약세시장 3국면분산→공황→침체으로 구분한 대표적인 추세이론이다. 주가 추세는 주추세1년 / 중기추세3~6개월 / 소추세1일로 나뉘며, 일반적으로 주추세가 상승세면 강세장을, 주추세가 하락세면 약세장을 나타낸다.

3. 엘리어트 파동이론 (Elliott Wave Principle)

1930년대 미국의 주식 분석가인 랠프 넬슨 엘리어트Ralph Nelson Elliott가 『파동이론 : The Wave Principle』이라는 저서를 통해 발표한 대표적인 기술적 시장 분석 이론이다. 주가의 흐름은 일정한 법칙에 따라 상승 5파와 하락 3파로 구성되는데, 상승 5파는 주가가 올랐다가1파 조정받고2파 다시 오르고3파 조정받고4파 오른다5파는 것을 말한다. 상승 5파가 마무리되면 하락 3파가 시작되는데, 하락 3파는 주가가 빠졌다가1파 반등했다가2파 다시 하락할 때3파를 말한다.

4. 박스이론 (BOX theory)

미국의 아마추어 투자자인 니콜라스 다비스Nicolas Darvas의 추세 추종 기법으로, 주가의 파동은 일정한 가격폭을 왕복하는 습성이 있어 이를 이용해 투자수익을 올릴 수 있다는 이론이다. 주가가 상승추세에 돌입하는 시기에 주가가 박스의 상한을 돌파하게 되면 종래의 박스 위에 새로운 박스가 형성되고, 따라서 박스 상한을 돌파한 시점에서 해당 종목을 매입하게 되면 시세차익을 기대할 수 있다는 박스권 이론이다.

▶ 이들 대표적인 투자이론 중에서 모든 투자자들이 가장 많이 듣고, 배우고, 집착하고, 이해하려고 무던히도 애쓰는 이론은 아마도 '엘리어트 파동이론'일 것이다. 하지만 개인적으로 엘리어트 파동이론이 실전 활용도가 높아서, 혹은 주식투자자에게 매우 중요한 투자이론이라서가 아니라, 다른 투자이론과 달리 파동 하나만 가지고도 책을 쓸 수 있을 정도로 복잡한 설명이 가능하기 때문이 아닐까 하는 생각을 해본다.

엘리어트 파동이론은 상승5파 하락3파가 기본 원리이지만 여기에 **황금비율**1:1.618과 **피보나치 수열**1, 2, 3, 5, 8, 13, 21, 34…처럼 앞의 두 숫자의 합이 다음 숫자가 되는 수열에 의해 되돌림 비율을 추세의 23.6%, 38.2%, 61.8%로 가정하고, 각 파동마다 피보나치 비율을 적용시켜 이를 공식화하고 있다. 하지만 이론상 상승5파와 하락3파 안에서도 무수히 많은 잔파동이 존재하기 때문에 실전에 적용하기에는 다소 무리가 따르는 것이 사실이다.

생각해보면 단순한 파동이론 하나를 가지고 다른 투자이론과 달리 복잡하게 설명할 수 있기 때문에 일반 개인투자자들은 무언가 확실한 투자비법이 숨어 있을 것으로 오해하는 데서 비롯된 착각인 셈이다. 그래서 다른 투자이론처럼 그저 주식투자에 참고하는 정도의 단순한 이론이 어느새 주식투자자들에게 필독서가 되고 필수 투자이론으로 둔갑한 것이다.

엘리어트 파동이론은 단지 세력이 우량주를 매집하고 고가에서 주식을 매도하는 과정에서 우연히 반복되는 하나의 패턴일 뿐 그 이상도 그 이하도 아니다. 상승5파 하락3파 이론은 다른 투자이론과 마찬가지로 실전 활용에는 극히 제한적이며, 굳이 상승각도니 비율이니 조건이니 그밖에 숫자들을 암기하고 이를 종목에 하나하나 대입할 필요는 전혀 없다. 차라리 그 시간에 기업 분석과 아울러 차트 하나라도 더 분석하는 노력을 하는 것이 실전에 더 큰 도움이 된다.

투자의 세계가 다 그러하듯 주식투자도 객관화된 그 어떠한 이론도 없을뿐더러 수학 공식처럼 암기하는 것이 절대 아니다. 이론은 고정되어 있지만, 주식은 살아 움직이는 생명체이며, 투자패턴은 해마다 바뀐다. 그때그때의 투자 상황 변화에 신속하게 대처하는 임기응변 없이는 절대 살아남지 못하는 곳이 바로 주식시장이다.

고수와 하수의 매매패턴

하수투자자 매매패턴	고수투자자 매매패턴
1년 365일 하루종일 매매	1년에 4번 분기별 매매
저점 매수, 고점 매도	고점 돌파 매수, 저점 이탈 매도
올인매수 매수~매도	분할 매수~매도
신저가 저점 물타기	신고가 추세매매
저가주 물량 늘리기	우량주 물량 늘리기
앙봉 매수, 음봉 매도	음봉 매수, 앙봉 매도
상한가 관망, 하한가 매수	상한가 매수, 하한가 관망
매도 후 가격 상승 → 미련	매도 후 가격 상승 → 원인 분석
성공한 종목 재매매 → 후회	성공한 종목은 관심종목에서 삭제
오전 큰 수익, 오후 마이너스	오전 큰 수익 → 매매 종료
저가주 위주의 단기 매매	우량주 위주의 중기 매매
소외주, 부실주, 관리주 매매	인기주, 테마주, 주도주 매매
호가 위아래 보초 매매	현재가 or 시장가 매매
잡종 고가권 주식 매매	시초가와 종가 및 장중 저점 공략
상투권 주식 매수	바닥권 주가 매수
놀림목 투매 매도	놀림목 확인 매수
손실나면 장기투자 전환	예상과 빗나가면 과감한 손절매
단타 집중 → 잦은 손절매	놀림목에서 기다림의 투자전략
캔들과 이동평균선에 관심	거래량과 지지선에 관심
주관적 매매(뇌동매매)	객관적 매매(투자원칙 고수)
거래원 탐색	거래량 탐색
바닥권 종목에 무관심	바닥권 종목에 꾸준한 관심
증권방송에넣에 신경 집중	기본분석과 차트분석

"인생은 도박이다"라는 말이 있다. 그만큼 우리의 삶이 힘들고 고 달프고 위험하다는 의미일 것이다. 주식시장도 알고 보면 도박장이 다. 네가 죽어야 내가 살고 내가 죽어야 다른 사람이 살아남는 매우 지열한, 현대 자본시장에서 공식적으로 합법화된 매우 훌륭한 도박 장인 셈이다. 이런 도박장에서는 항상 돈을 잃는 하수와 그들의 돈 을 따는 고수가 존재한다.

예를 들어 화투나 포커나 심지어 바둑을 두어도 하수와 고 수의 차이는 명확히 갈린다. 하수는 일단 감으로만 승부하는 경향이 많지만, 고수는 상대의 패를 읽고 고도의 심리전을 벌이며 여러 가 지 분석을 통해 승리의 확률을 최대한 높인다. 주식시장에는 대 다수의 하수투자자들과 유사한 매매패턴으로 돈을 잃게 남의 돈을 따 지 못한다. 그것이 도박의 생리다.

이 장에서는 간략히 하수투자자와 고수투자자의 일반적인 매매 패턴 몇 가지를 소개하고자 한다.

자신만의 매매기법을 찾아라

차트분석에는 기본적으로 4가지 투자매매지표가 있다. 캔들, 거래량, 이평선, 그리고 보조지표를 말한다. 여기에 제5의 투자지표인 심리지표가 추가되기도 한다. 차트분석은 이들 5가지 매매지표를 어떻게 활용하느냐에 따라 수많은 투자기법들이 탄생한다. 지면상 대표적인 매매기법들 위주로 간략히 명칭만 표기했지만, 이외에도 수많은 기법들이 있으며, 여러분 스스로도 자신만의 차별화된 매매기법을 만들 수 있다.

여러분은 주로 어떤 매매기법으로 투자를 하는가? 자신만의 매매기법이 있는가? 최소한 여기에 소개된 매매기법 모두 알고 있는가? 그리고 실전에 활용해본 경험은 있는가? 없다면 지금부터 다시 노력하기 바란다. 음식도 자기 입맛에 맞아야 하듯이 매매기법도 본인 성향에 맞아야 한다. 실전활용을 통해서 성공 확률이 높은 매매방법이 바로 여러분 본인 성향에 맞는 매매기법이다.

기계적 매매기법(일정한 수익 발생 후 기계적 매도)

시스템 매매기법(시스템 트레이딩)

신고가 매매기법

신저가 매매기법

3일선 매매기법(한 템포 빠른 이평선 매매법)

5일선 매매기법(대표적 투자심리선)

10일선 매매기법(기간조정이나 눌림목 구간에서 활용)

20일선 매매기법(세력선)

정배열 매매기법(골든크로스)

역배열 매매기법(데드크로스)

이격도 매매기법(단기 급락이나 급등시 반등 및 조정)

변곡점 매매기법(5, 10, 20일선 변곡점 매매)

추세선 매매기법(하락추세선 상향돌파)

거래량 바닥 매매기법(거래량 바닥 = 주가 바닥)

거래량 추세 매매기법(주가 바닥이 거래량 대바닥인 경우)

추세대 매매기법(저항추세 상향돌파)

삼각패턴 매매기법(이평선 정점에서 추세확인 매매)

박스권 매매기법(지지와 저항, 그리고 돌파)

매물대 매매기법

사께다 전법

급등주 매매기법

급락주 매매기법(기술적 반등)

2단 급락주 매매기법

눌림목 매매기법(상승추세 중 5, 10, 20, 60일선 눌림목)

분차트 매매기법(3, 5, 10, 20, 30, 60분봉 위주)

외국인(기관) 지분 활용법

역발상 매매기법(남들이 생각하는 반대로 투자하는 방법)

되돌림 매매기법(25%, 33%, 50% 되돌림 비율 활용)

물타기 매매기법(우량주 눌림목이 확인되는 경우에 한해서)

물량 늘리기 매매기법(물타기와 달리 고가매수가 일반적)

매도-재매수 매매기법(세력의 겁주기성 물량 늘리기 기법)

상한가(하한가) 매매기법

시초가(종가) 매매기법

(3일)반대 매매기법(3음봉)

상승음봉 매매기법

양음양 매매기법(세력의 단기 물량매집 방법)

짝짓기 매매기법(동일한 주가흐름을 보이는 종목)

공시가 매매기법(호·악재 공시)

지수주 매매기법(지수관련 대형주 중심)

테마주 매매기법(인기 테마 편승)

왕따주 매매기법(전체 장이 상승세 속에서 혼자 하락하는 주식)

비인기주 매매기법(재무가 우량한 소외주)

신용(미수) 매매기법(부실주, 소형주, 저가주 제외)

분봉과 틱차트 매매기법(데이트레이딩 기법)

주봉(월봉) 매매기법

갭 매매기법(보통갭에서 갭 채우기, 돌파갭)

고가주(저가주) 매매기법

보조지표를 활용한 매매기법

감자주 매매기법(자본금을 줄이는 감자)

권리락, 배당락 매매기법(무상증자, 배당관련주)

유상증자(일반, 주주, 제3자) 매매기법(자본금을 늘리는 증자)

상폐주 매매기법

PART 04

데이트레이더를 위한 차트의 맥!

I N V E S T M E N T

데이트레이더(Day Trader)는 차트를 중시한다

데이트레이더는 분·초 단위의 주가흐름에 따라 매매차익을 남기는 초단타 매매자를 일컫는 말로, 장세와 상관없이 특정 종목들만 하루에 몇 번이고 거래하면서 장 종료 시점에는 내일에 대한 주식시장의 불안감에서 벗어나기 위해 보유종목을 모두 매도해 현금화하는 단기 투자자를 말한다. 최근에는 전문 데이트레이더가 증가 추세지만, 대부분 데이나 스윙매수한 주식을 당일 매도하기보다 추세에 따라서 며칠씩 보유하는 전략을 병행하며 주식을 매매하는 투자패턴을 보인다.

주식투자를 하는 개인투자자들은 크게 직장인과 전업투자자로 나눌 수 있다. 직장인 같은 경우에는 하루 종일 주식시장을 지켜볼 시간적 여유가 없기에 재무구조가 우량한 종목군에서 가치분석 위주의 중·장기 투자패턴을 보인다. 그러나 전업투자자는 하루하루가 치열한 전쟁터이기 때문에 데이나 스윙 등과 같은 단기적인 투자패턴을 보이며, 따라서 가치보다는 차트에 치중하는 경향이 있다. 특히 장시작부터 장마감 시간까지 주식시장에 직접 참여하기 때문에 차트분석의 여러 매매방법 중 분봉매매, 갭매매, 거래량매매, 박스권매매, 시초가매매, 종가매매, 상한가매매, 하한가매매 위주로 단타 수익을 목적으로 한다.

데이트레이딩(Day Trading) 종목 선정

데이트레이더는 분·초 단위의 주가흐름에 민감한 만큼 종목 선정이 가장 중요하다. 당일 매매를 통해 최소한의 수익2% 이상을 얻은 후, 장마감 이전에는 반드시 빠져나와야 하므로 제일 먼저 상승 확률이 높은 종목 위주로 선정한다. 또한 돌발변수에 따라 손절매도 감수해야 하기 때문에 거래량, 즉 유동성이 풍부하면서 가격 변동폭이 비교적 큰 인기주나 테마주 등이 주 타깃 종목군이다. 절대적 기준은 못 되지만, 기본적으로 다음과 같은 조건에 부합되는 종목이 데이트레이딩에 적합한 종목들이다.

- 시장 인기주, 테마주, 주도주
- 거래량이 활발하고 주가 변동폭이 비교적 큰 종목
- 유동성이 풍부한 주식
- 거래량 바닥을 찍고 거래량이 증가하는 종목
- 하방경직성이 강한 종목(강한 지지대 형성)
- 재무가 우량한 주식의 단기 급락주
- 정배열 초기에서 5일선이나 20일선 상승주
- 역배열 말기, 박스권, 눌림목 구간에서 수급이 받쳐주는 종목
- 돌발악재가 출현해도 리스크를 감내할 수 있는 종목
- 초저(고)가주, 부실주, 관리주, 유통물량이 매우 적은 소외주 제외

단기매매는 지수흐름에 민감하라

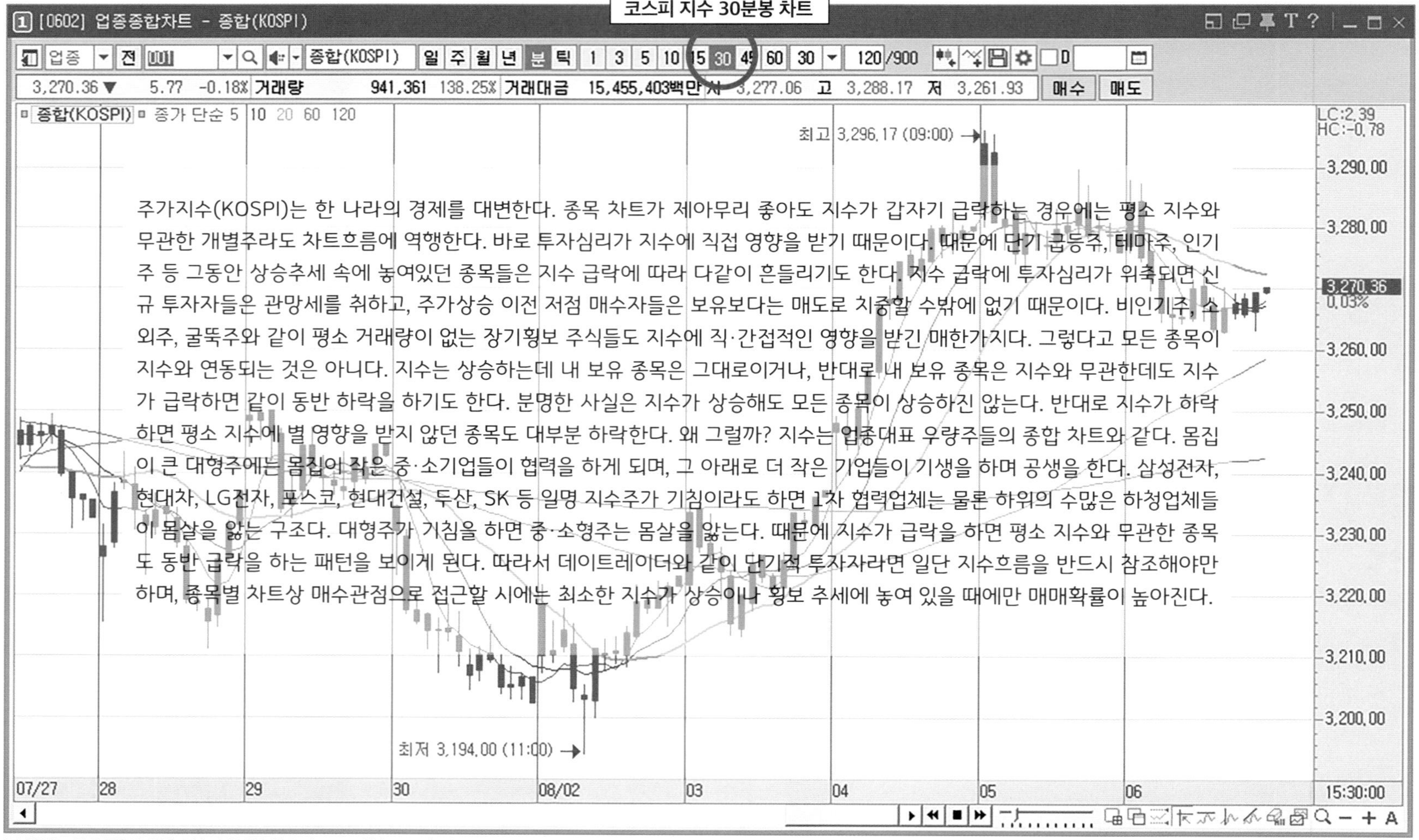

주가지수(KOSPI)는 한 나라의 경제를 대변한다. 종목 차트가 제아무리 좋아도 지수가 갑자기 급락하는 경우에는 평소 지수와 무관한 개별주라도 차트흐름에 역행한다. 바로 투자심리가 지수에 직접 영향을 받기 때문이다. 때문에 단기 급등주, 테마주, 인기주 등 그동안 상승추세 속에 놓여있던 종목들은 지수 급락에 따라 다같이 흔들리기도 한다. 지수 급락에 투자심리가 위축되면 신규 투자자들은 관망세를 취하고, 주가상승 이전 저점 매수자들은 보유보다는 매도로 치중할 수밖에 없기 때문이다. 비인기주, 소외주, 굴뚝주와 같이 평소 거래량이 없는 장기횡보 주식들도 지수에 직·간접적인 영향을 받긴 매한가지다. 그렇다고 모든 종목이 지수와 연동되는 것은 아니다. 지수는 상승하는데 내 보유 종목은 그대로이거나, 반대로 내 보유 종목은 지수와 무관한데도 지수가 급락하면 같이 동반 하락을 하기도 한다. 분명한 사실은 지수가 상승해도 모든 종목이 상승하진 않는다. 반대로 지수가 하락하면 평소 지수에 별 영향을 받지 않던 종목도 대부분 하락한다. 왜 그럴까? 지수는 업종대표 우량주들의 종합 차트와 같다. 몸집이 큰 대형주에는 몸집이 작은 중·소기업들이 협력을 하게 되며, 그 아래로 더 작은 기업들이 기생을 하며 공생을 한다. 삼성전자, 현대차, LG전자, 포스코, 현대건설, 두산, SK 등 일명 지수주가 기침이라도 하면 1차 협력업체는 물론 하위의 수많은 하청업체들이 몸살을 앓는 구조다. 대형주가 기침을 하면 중·소형주는 몸살을 앓는다. 때문에 지수가 급락을 하면 평소 지수와 무관한 종목도 동반 급락을 하는 패턴을 보이게 된다. 따라서 데이트레이더와 같이 단기적 투자자라면 일단 지수흐름을 반드시 참조해야만 하며, 종목별 차트상 매수관점으로 접근할 시에는 최소한 지수가 상승이나 횡보 추세에 놓여 있을 때에만 매매확률이 높아진다.

■ 예제는 코스피(KOSPI) 지수 30분봉 차트다. 코스피와 코스닥 지수가 서로 밀접한 관계에 있는 것은 사실이지만, 과거에 비해 그 연동성은 많이 줄어든 것 또한 사실이다. 전업투자자라면 종목차트와 마찬가지로 지수나 업종차트 또한 분봉, 일봉, 주봉, 월봉상 추세 예측과 대응이 서로 병행되어야 할 것이다.

데이트레이딩 매매 시간대

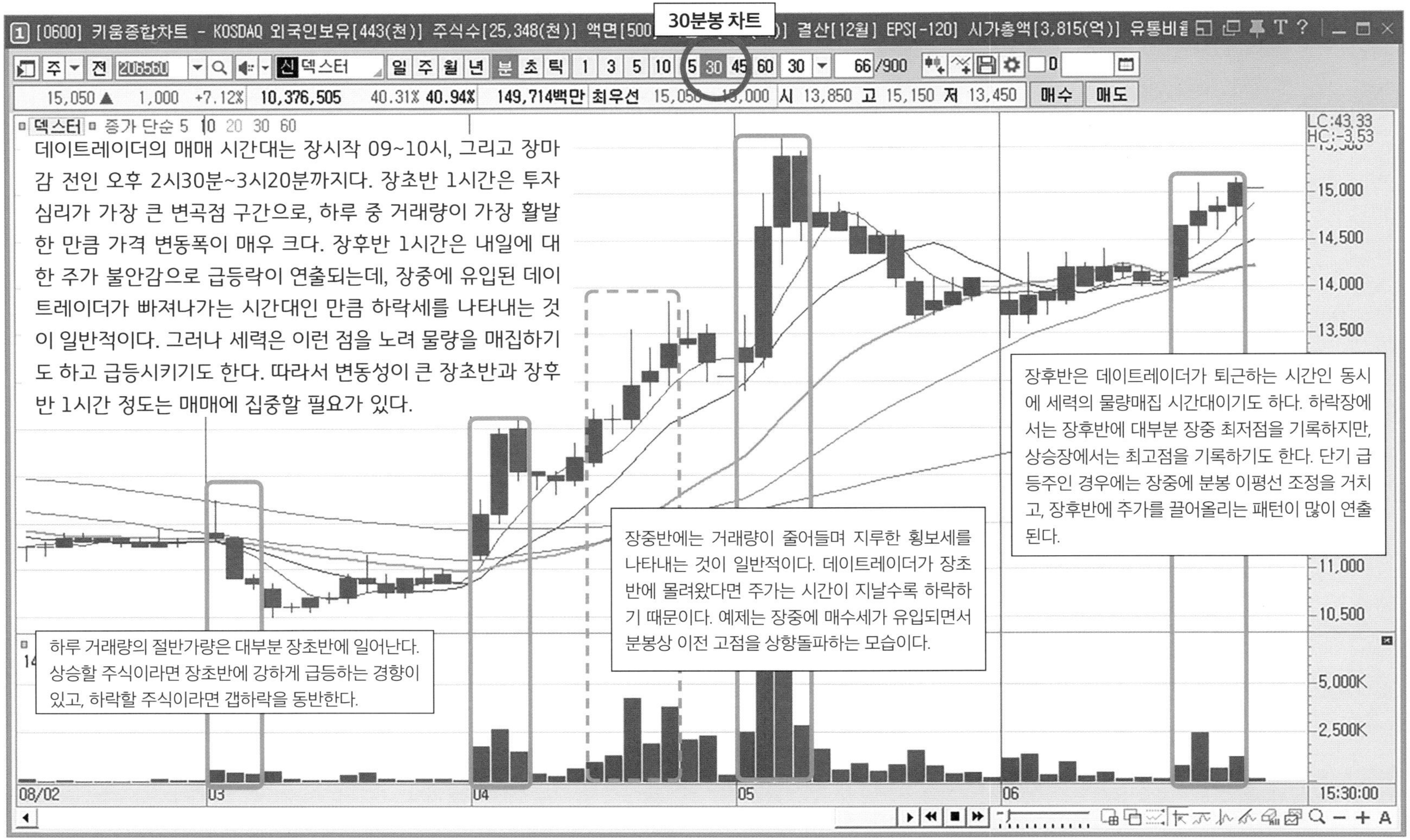
30분봉 차트
1 [0600] 키움종합차트 - KOSDAQ 외국인보유[443(천)] 주식수[25,348(천)] 액면[500 결산[12월] EPS[-120] 시가총액[3,815(억)] 유통비율
15,050 ▲ 1,000 +7.12% 10,376,505 40.31% 40.94% 149,714백만 최우선 15,050 시 13,850 고 15,150 저 13,450 매수 매도
덱스터 종가 단순 5 10 20 30 60
데이트레이더의 매매 시간대는 장시작 09~10시, 그리고 장마감 전인 오후 2시30분~3시20분까지다. 장초반 1시간은 투자심리가 가장 큰 변곡점 구간으로, 하루 중 거래량이 가장 활발한 만큼 가격 변동폭이 매우 크다. 장후반 1시간은 내일에 대한 주가 불안감으로 급등락이 연출되는데, 장중에 유입된 데이트레이더가 빠져나가는 시간대인 만큼 하락세를 나타내는 것이 일반적이다. 그러나 세력은 이런 점을 노려 물량을 매집하기도 하고 급등시키기도 한다. 따라서 변동성이 큰 장초반과 장후반 1시간 정도는 매매에 집중할 필요가 있다.
하루 거래량의 절반가량은 대부분 장초반에 일어난다. 상승할 주식이라면 장초반에 강하게 급등하는 경향이 있고, 하락할 주식이라면 갭하락을 동반한다.
장중반에는 거래량이 줄어들며 지루한 횡보세를 나타내는 것이 일반적이다. 데이트레이더가 장초반에 몰려왔다면 주가는 시간이 지날수록 하락하기 때문이다. 예제는 장중에 매수세가 유입되면서 분봉상 이전 고점을 상향돌파하는 모습이다.
장후반은 데이트레이더가 퇴근하는 시간인 동시에 세력의 물량매집 시간대이기도 하다. 하락장에서는 장후반에 대부분 장중 최저점을 기록하지만, 상승장에서는 최고점을 기록하기도 한다. 단기 급등주인 경우에는 장중에 분봉 이평선 조정을 거치고, 장후반에 주가를 끌어올리는 패턴이 많이 연출된다.
LC:43.33
HC:-3.53
15,000
14,500
14,000
13,500
11,000
10,500
5,000K
2,500K
08/02
03
04
05
06
15:30:00

■ 장시작 전 오전 동시호가(오전 8시30분~9시) 시간은 데이트레이더에게 매우 민감한 시간대다. 오전 동시호가 호가창에 대량의 허매수로 개인투자자들을 유인할 수도 있고, 갭상승으로 급등하거나 갭하락으로 급락하는 속임수도 보여주기 때문이다. 따라서 동시호가 매매는 개인들이 쉽게 달려들어서는 안 되며, 최소한 장 개시 후 5분 정도는 관망하는 것이 좋다.

데이트레이딩 이평선 설정

일봉상 이평선 기본설정은 5, 10, 20, 60, 120일선이다. 하지만 단기매매에 치중하는 데이트레이더라면 분봉이 아닌 일봉에서는 좀 더 세밀하게 이평선을 설정해 줄 필요가 있다. 보통 단기매매에 유리한 이평선은 3, 5, 10, 20일선이다. 여기에 20일선과 60일선의 중간값인 40일선을 추가해 주면 데이트레이더에 적합한 이평선 차트설정이 완성된다. 이 경우 주가의 단기 추세는 물론 중기추세 흐름을 이전보다 쉽게 관찰할 수 있는 장점이 있다.

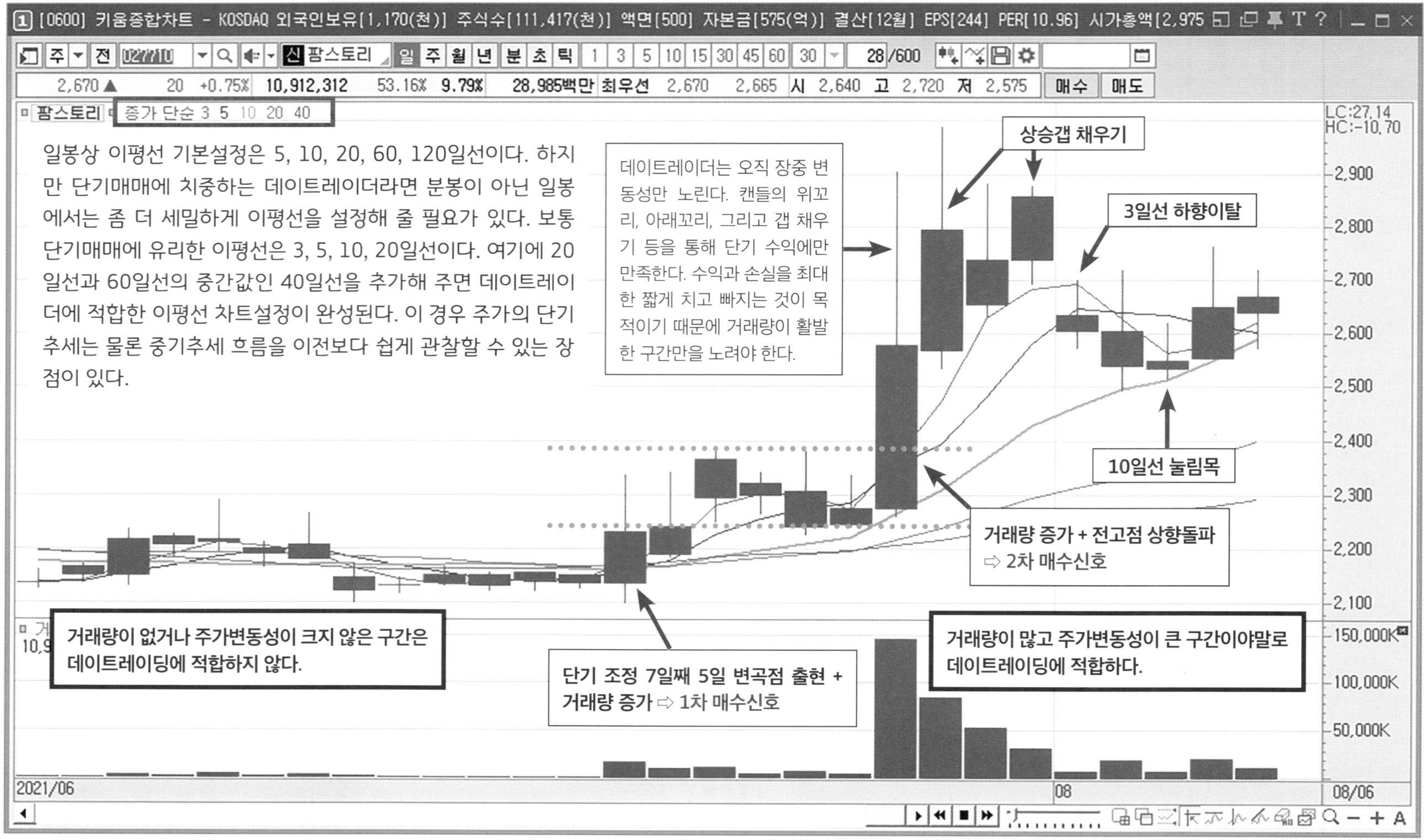
[0600] 키움종합차트 - KOSDAQ 외국인보유[1,170(천)] 주식수[111,417(천)] 액면[500] 자본금[575(억)] 결산[12월] EPS[244] PER[10.96] 시가총액[2,975
팜스토리
2,670 ▲ 20 +0.75% 10,912,312 53.16% 9.79% 28,985백만 최우선 2,670 2,665 시 2,640 고 2,720 저 2,575
매수 매도
종가 단순 3 5 10 20 40
데이트레이더는 오직 장중 변동성만 노린다. 캔들의 위꼬리, 아래꼬리, 그리고 갭 채우기 등을 통해 단기 수익에만 만족한다. 수익과 손실을 최대한 짧게 치고 빠지는 것이 목적이기 때문에 거래량이 활발한 구간만을 노려야 한다.
상승갭 채우기
3일선 하향이탈
10일선 눌림목
거래량 증가 + 전고점 상향돌파 ⇨ 2차 매수신호
단기 조정 7일째 5일 변곡점 출현 + 거래량 증가 ⇨ 1차 매수신호
거래량이 없거나 주가변동성이 크지 않은 구간은 데이트레이딩에 적합하지 않다.
거래량이 많고 주가변동성이 큰 구간이야말로 데이트레이딩에 적합하다.
LC:27.14
HC:-10.70
2,900
2,800
2,700
2,600
2,500
2,400
2,300
2,200
2,100
150,000K
100,000K
50,000K
2021/06
08
08/06

■ 데이트레이더는 거래량과 분차트를 기준으로 단기매매로 대응한다. 일봉상 3, 5, 10일선 혹은 사용자 임의로 2, 3, 5, 7, 10일선 등으로 단기 이평선을 보다 세밀하게 설정한다면 일봉을 통한 분봉 대응이 더욱 수월할 수 있다.

분봉 지지(저항)선, 추세, 거래량 등을 살펴라

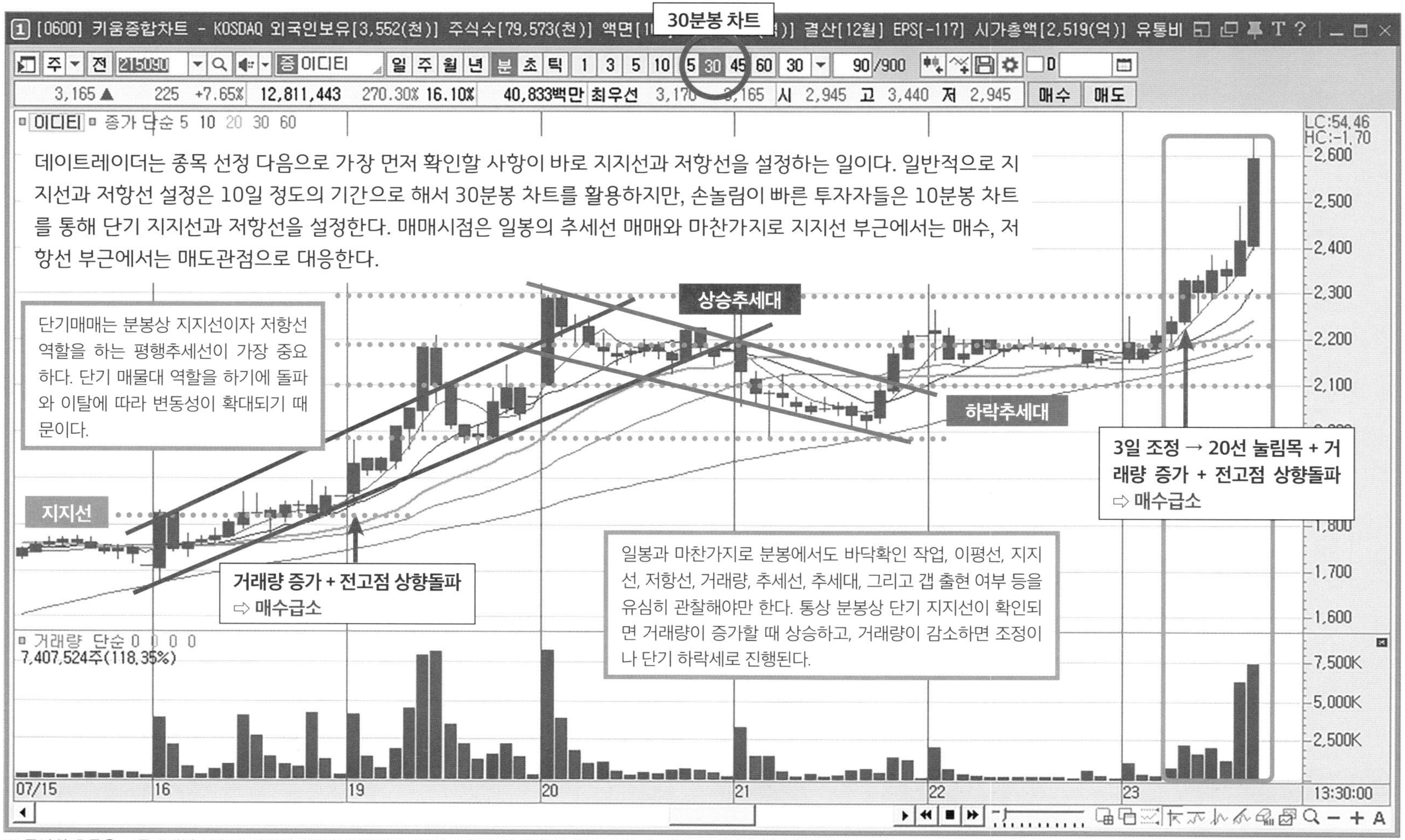
30분봉 차트
[0600] 키움종합차트 - KOSDAQ 외국인보유[3,552(천)] 주식수[79,573(천)] 액면
결산[12월] EPS[-117] 시가총액[2,519(억)] 유통비
3,165 ▲ 225 +7.65% 12,811,443 270.30% 16.10% 40,833백만 최우선 3,170 3,165 시 2,945 고 3,440 저 2,945
매수 매도
이디티 종가 단순 5 10 20 30 60
데이트레이더는 종목 선정 다음으로 가장 먼저 확인할 사항이 바로 지지선과 저항선을 설정하는 일이다. 일반적으로 지지선과 저항선 설정은 10일 정도의 기간으로 해서 30분봉 차트를 활용하지만, 손놀림이 빠른 투자자들은 10분봉 차트를 통해 단기 지지선과 저항선을 설정한다. 매매시점은 일봉의 추세선 매매와 마찬가지로 지지선 부근에서는 매수, 저항선 부근에서는 매도관점으로 대응한다.
단기매매는 분봉상 지지선이자 저항선 역할을 하는 평행추세선이 가장 중요하다. 단기 매물대 역할을 하기에 돌파와 이탈에 따라 변동성이 확대되기 때문이다.
상승추세대
하락추세대
지지선
거래량 증가 + 전고점 상향돌파 ⇨ 매수급소
3일 조정 → 20선 눌림목 + 거래량 증가 + 전고점 상향돌파 ⇨ 매수급소
일봉과 마찬가지로 분봉에서도 바닥확인 작업, 이평선, 지지선, 저항선, 거래량, 추세선, 추세대, 그리고 갭 출현 여부 등을 유심히 관찰해야만 한다. 통상 분봉상 단기 지지선이 확인되면 거래량이 증가할 때 상승하고, 거래량이 감소하면 조정이나 단기 하락세로 진행된다.
거래량 단순
7,407,524주(118.35%)
07/15 16 19 20 21 22 23
13:30:00

■ 주가의 흐름은 보통 3개의 선으로 지지와 저항을 판별한다. 먼저 추세의 위·아래 방향을 나타내는 상승추세선과 하락추세선, 매물대를 의미하는 평행추세선, 마지막으로 거래일수의 평균가격을 나타내는 이평선이다. 이 선들은 각각 지지선이자 저항선 역할을 하며, 주가 추세를 좌우하는 기준선이 된다.

데이트레이딩 분봉 차트의 맥 1

[0600] 키움종합차트 - KOSDAQ 외국인보유[1,319(천)] 주식수[70,671(천...] 배분금[7(억)] 결산[12월] EPS[61] PER[48.12] 시가총액[2,085(억...

5분봉 차트

5분봉에서 5선 변곡점 매수, 20선은 생명선

데이트레이딩 종목은 거래량이 활발하고 시장의 인기주일수록 좋다. 거래량이 많을수록 대응이 수월하며, 인기 테마주일수록 수급이 뒷받침되기 때문이다. 분차트는 설정방법은 투자자들마다 차이가 있을 수 있으나 대체로 처음에는 5분봉 차트를 세팅한 상태에서 주가 움직임을 주시하는 것이 좋다. 5분봉에서 5선 변곡점과 함께 20선이 생명선이다. 기본 매수급소는 거래량 증가와 함께 5선 변곡점이며, 또한 5선이 20선을 상향돌파할 때 매수시점이 된다. 반면에 5선과 10선 하향이탈과 5선의 20선을 깨고 내려올 때는 매도시점으로 대응한다.

20선 하향이탈 ⇨ 2차 매도급소

거래량 감소 + 10선 하향이탈 ⇨ 1차 매도급소

분봉 기간조정 → 거래량 증가 + 5선 변곡점 출현 + 분봉 골든크로스 ⇨ 매수급소

: 진정한 데이트레이더는 오늘만 있고 내일은 없는 당일 투자자다. 주가가 설령 내일 더 상승하더라도 주식을 보유하지 않는 원칙을 지켜야만 한다. 따라서 당일 작은 수익이라도 일단 챙겨야 하며, 당일 손실이라도 미련 없이 이 순절매를 감행하고 다시 내일을 맞이하는 자세가 필수다.

LC:20.20
HC:-6.36

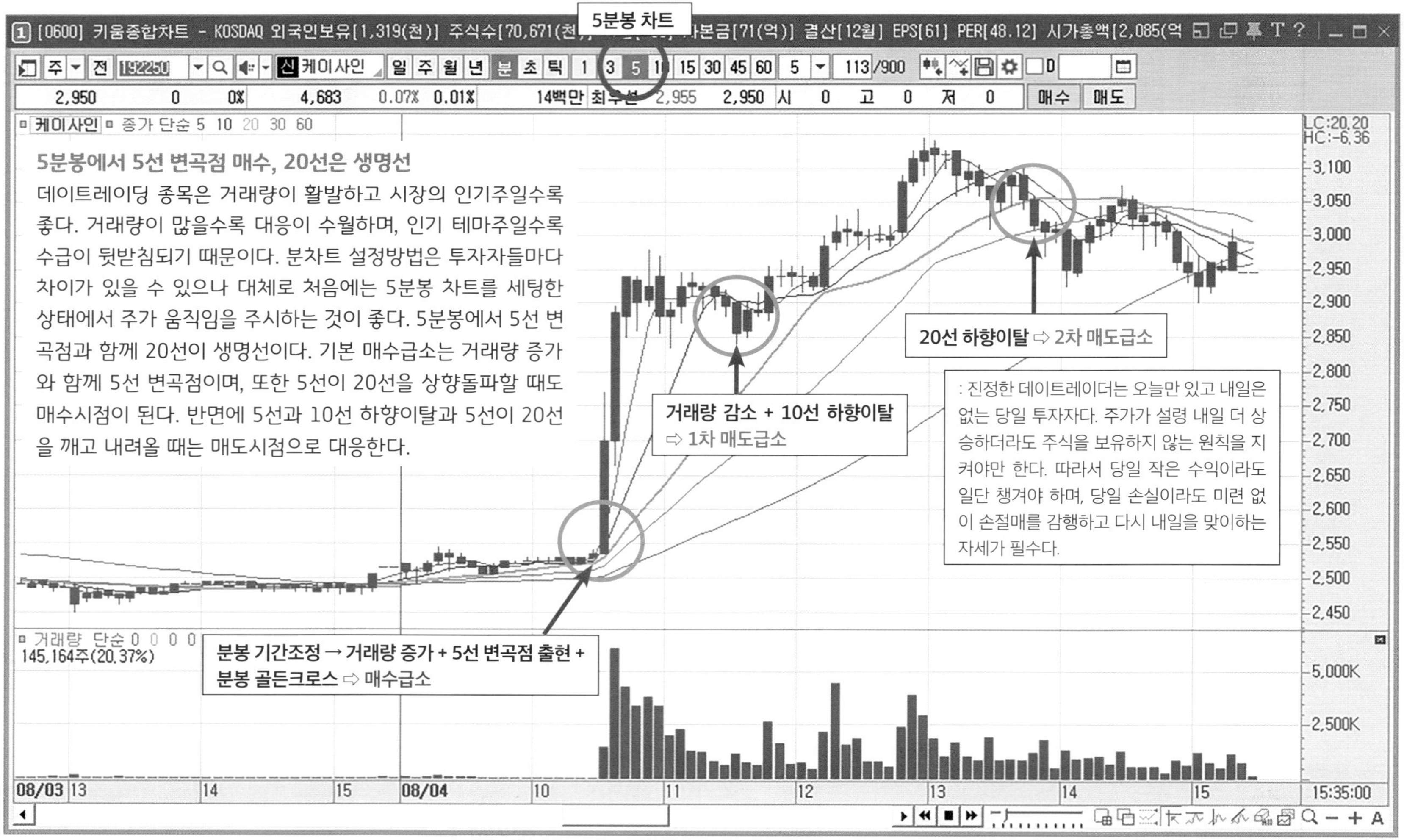

■ 일반적으로 5분봉 차트에서 5선 변곡점 탄생은 단타 매수시점이나 추세가 확인되기 전까지 공격적인 매수는 자제하는 것이 좋다. 분차트에서는 주가 변동폭이 일순간 변화하기 때문에 우선 일봉의 위치를 살핀 이후 분봉상 5선과 20선, 그리고 거래량 변화를 함께 주시하도록 한다.

데이트레이딩 분봉 차트의 맥 2

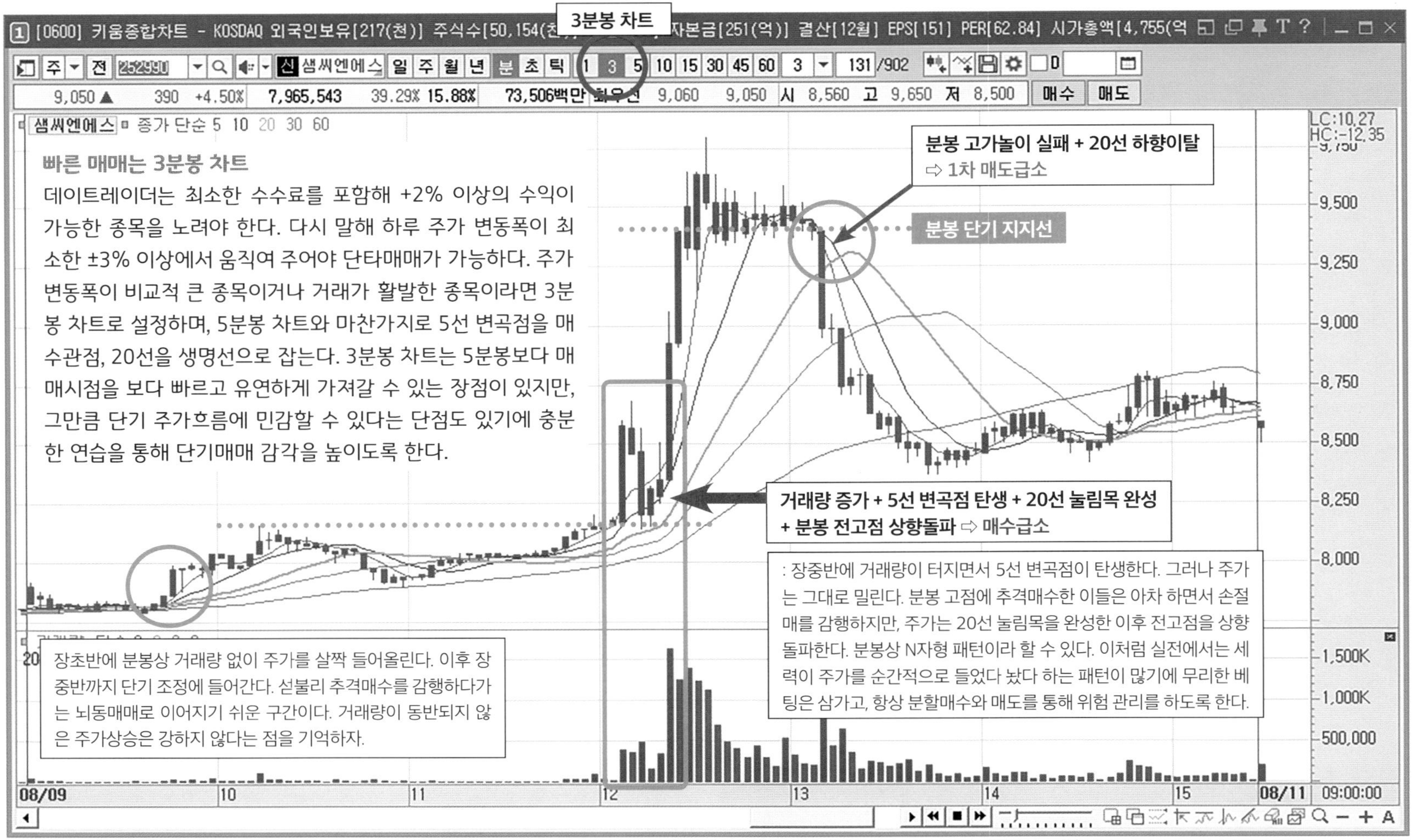
3분봉 차트
빠른 매매는 3분봉 차트
데이트레이더는 최소한 수수료를 포함해 +2% 이상의 수익이 가능한 종목을 노려야 한다. 다시 말해 하루 주가 변동폭이 최소한 ±3% 이상에서 움직여 주어야 단타매매가 가능하다. 주가 변동폭이 비교적 큰 종목이거나 거래가 활발한 종목이라면 3분봉 차트로 설정하며, 5분봉 차트와 마찬가지로 5선 변곡점을 매수관점, 20선을 생명선으로 잡는다. 3분봉 차트는 5분봉보다 매매시점을 보다 빠르고 유연하게 가져갈 수 있는 장점이 있지만, 그만큼 단기 주가흐름에 민감할 수 있다는 단점도 있기에 충분한 연습을 통해 단기매매 감각을 높이도록 한다.
분봉 고가놀이 실패 + 20선 하향이탈
⇨ 1차 매도급소
분봉 단기 지지선
거래량 증가 + 5선 변곡점 탄생 + 20선 눌림목 완성
+ 분봉 전고점 상향돌파 ⇨ 매수급소
: 장중반에 거래량이 터지면서 5선 변곡점이 탄생한다. 그러나 주가는 그대로 밀린다. 분봉 고점에 추격매수한 이들은 아차 하면서 손절매를 감행하지만, 주가는 20선 눌림목을 완성한 이후 전고점을 상향돌파한다. 분봉상 N자형 패턴이라 할 수 있다. 이처럼 실전에서는 세력이 주가를 순간적으로 들었다 놨다 하는 패턴이 많기에 무리한 베팅은 삼가고, 항상 분할매수와 매도를 통해 위험 관리를 하도록 한다.
장초반에 분봉상 거래량 없이 주가를 살짝 들어올린다. 이후 장중반까지 단기 조정에 들어간다. 섣불리 추격매수를 감행하다가는 뇌동매매로 이어지기 쉬운 구간이다. 거래량이 동반되지 않은 주가상승은 강하지 않다는 점을 기억하자.

■ 분차트를 3분 이하로 설정하는 것은 일반 데이트레이더 입장에서 대단히 무모한 방법이다. 전문 스켈퍼만이 3분 이하의 차트나 틱차트를 통해 순간 차익을 노리면서 발빠르게 여러 종목을 번갈아 가며 초단타 매매를 병행하는 것이다. 일반투자자들은 자기만의 확실한 데이트레이딩 매매기법 없이는 3분 이하의 분차트 설정은 되도록 자제하도록 한다.

데이트레이딩 분봉 차트의 맥 3

■ 스토캐스틱은 박스권이나 상투권에서의 분봉상 매도신호는 제법 신뢰가 높지만, 상승추세 초기의 매수시점에서는 오히려 매도신호를 보내곤 한다. 일봉에서는 나름대로 신뢰성을 가질 수 있어도 분봉에서는 흐름에 역행하는 신호를 보내는 경우가 많음에 유의하도록 한다.

스켈퍼(Scalper)는 1분봉에 목숨을 건다

1분봉 차트
[0600] 키움종합차트 - KOSDAQ 외국인보유[172(천)] 자본금[42(억)] 결산[12월] EPS[504] PER[15.59] 시가총액[660(억)]
7,750 ▲ 110 +1.44% 2,029,260 13.45% 24.17% 시 7,490 고 8,020 저 7,410
매수
매도
세진티에스 종가 단순 5 10 20 30 60
스켈퍼 입장에서 분봉상 10선이나 20선까지 기다릴 이유는 없다. +2% 이상 수익이 난 상태라면, 5선 이탈 조짐이 보일 때 무조건 매도하고 볼 일이다.
시초가 갭상승 짧게 치고 나오기
스켈퍼(Scalper)는 하루에도 수십 번 이상 초단타로 일관하는 데이트레이더를 지칭하는 말이다. 주로 1~3분봉 이내의 분차트나 혹은 선차트(특정 기간의 주가의 종가를 캔들이 아닌 직선으로만 연결한 차트)나 틱차트(시간 개념을 배제한 상태에서 거래 단위로만 작성된 차트) 위주로 빠른 매매를 주무기로 한다. 분차트상 5선이나 10선이 생명선이기 때문에 장중 변동성에 매우 민감하게 반응하는 투자자만이 구사하는 초단기 매매방법으로 경험이 적은 개인투자자에게는 적합하지 않다.
1분봉 매수급소
거래량 단순
16,770주(120.61%)
거래량 증가
스켈퍼는 하루 변동성이 비교적 큰 장초반(09:00~10:00), 장중반(11:30~12:30), 장후반(14:30~15:20) 시간대만 집중한다. 그리고 무엇보다 분봉상 거래량이 증가하는 구간만을 노려야 한다. 거래량이 감소하게 되면 상승 탄력이 줄어들 뿐만 아니라, 익절이나 손절시 물량을 받아줄 매수세가 없어 의도치 않게 큰 손실을 볼 가능성이 커진다.
08/09
09:30
10:00
10:30
11:00
11:30
11:40:00

■ 스켈퍼는 한두 종목이 아닌 여러 종목에 걸쳐 현재가매매, 분봉매매, 틱차트매매, 공시매매, 상·하한가매매, 갭매매, 박스권매매 등 모든 단기 매매기법을 활용해 오로지 2%대 수익만을 좇는 고수들이다. 경험이 많지 않은 개인투자자들은 쉽게 뇌동매매에 흔들리기 때문에 절대 초단타는 금물이다.

스윙트레이딩(Swing Trading) 분봉 차트의 맥 1

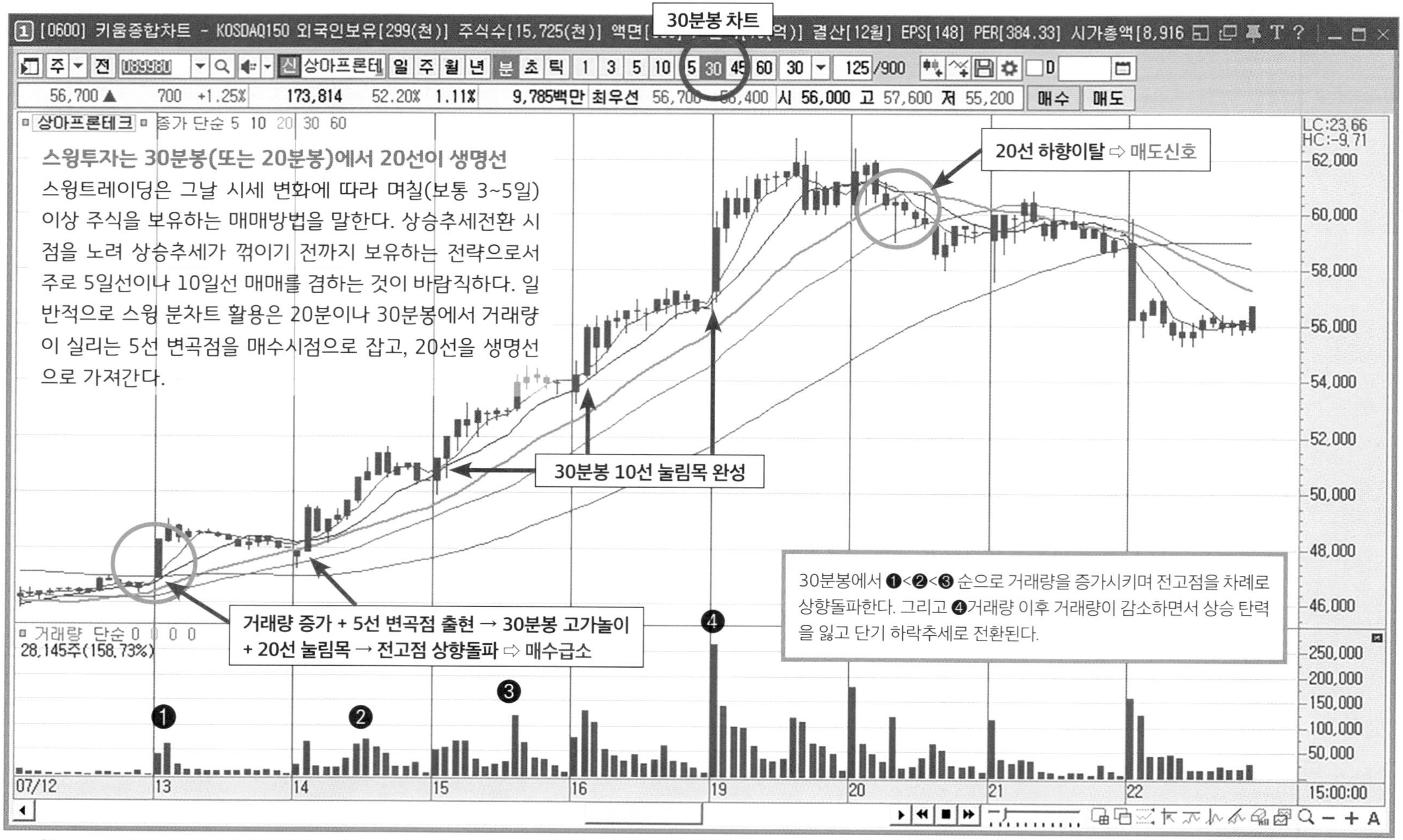

스윙투자는 30분봉(또는 20분봉)에서 20선이 생명선

스윙트레이딩은 그날 시세 변화에 따라 매칭(보통 3~5일) 이상 주식을 보유하는 매매방법을 말한다. 상승추세전환 시점을 노려 상승추세가 꺾이기 전까지 보유하는 전략으로서 주로 5일선이나 10일선 매매를 겸하는 것이 바람직하다. 일 반적으로 스윙 분차트를 활용은 20분이나 30분봉에서 거래량 이 실리는 5선 변곡점을 매수시점으로 잡고, 20선을 생명선 으로 가져간다.

■ 스윙투자는 단타의 장·단점과 중가투자의 장·단점을 서로 단점을 서로 보완한 투자방법이라 할 수 있다. 특히 단타매는 최근 더욱 변동성이 높아지는 시장에서 잦은 매매로 인한 수수료 부담과 급등 기대에 대한 고점 추격매수 혹은 급락 공포에 대한 저점 투매매도 등의 나동매매의 주범이 된다. 따라서 단타매매를 고집할 것이 아니라 스윙투자와 중가투자를 함께 병행하는 분산투자가 되어야 할 것이다.

■ 스윙투자는 단타의 장·단점과 중가투자의 장·단점을 서로 단점을 서로 개인투자자들에게 가장 적합한 투자방법으로 개인투자자들에게 가장 적합한 투자방법이다.

(차트 내 주석)

거래량 증가 + 5선 변곡점 출현 → 30분봉 고가놀이 + 20선 놀림목 → 전고점 상향돌파 ⇨ 매수급소

30분봉 10선 눌림목 완성

20선 하향이탈 ⇨ 매도신호

30분봉에서 ①<②<③ 순으로 거래량을 종가시키며 전고점을 상향돌파한다. 그리고 ④거래량 이후 거래량이 감소하면서 상승 탄력을 잃고 단기 하락추세로 전환된다.

스윙트레이딩 분봉 차트의 맥 2

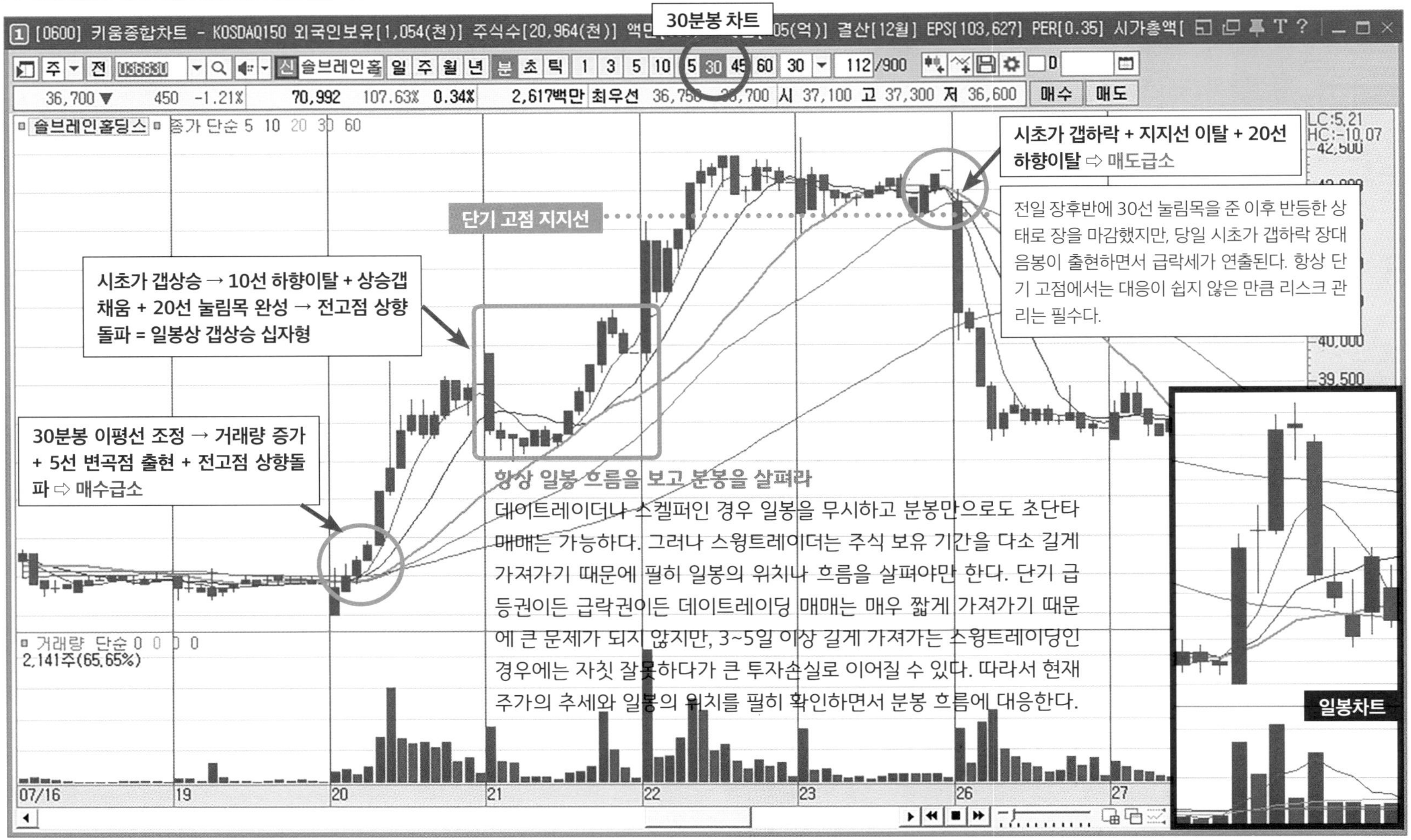
30분봉 차트
시초가 갭하락 + 지지선 이탈 + 20선 하향이탈 ⇨ 매도급소
전일 장후반에 30선 눌림목을 준 이후 반등한 상태로 장을 마감했지만, 당일 시초가 갭하락 장대음봉이 출현하면서 급락세가 연출된다. 항상 단기 고점에서는 대응이 쉽지 않은 만큼 리스크 관리는 필수다.
단기 고점 지지선
시초가 갭상승 → 10선 하향이탈 + 상승갭 채움 + 20선 눌림목 완성 → 전고점 상향돌파 = 일봉상 갭상승 십자형
30분봉 이평선 조정 → 거래량 증가 + 5선 변곡점 출현 + 전고점 상향돌파 ⇨ 매수급소
항상 일봉 흐름을 보고 분봉을 살펴라
데이트레이더나 스켈퍼인 경우 일봉을 무시하고 분봉만으로도 초단타 매매는 가능하다. 그러나 스윙트레이더는 주식 보유 기간을 다소 길게 가져가기 때문에 필히 일봉의 위치나 흐름을 살펴야만 한다. 단기 급등권이든 급락권이든 데이트레이딩 매매는 매우 짧게 가져가기 때문에 큰 문제가 되지 않지만, 3~5일 이상 길게 가져가는 스윙트레이딩인 경우에는 자칫 잘못하다가 큰 투자손실로 이어질 수 있다. 따라서 현재 주가의 추세와 일봉의 위치를 필히 확인하면서 분봉 흐름에 대응한다.
일봉차트

■ 초단타 매매든 스윙이나 중기투자든 간에 최소한의 기업분석과 아울러 현재 주가의 추세나 위치를 확인한 다음 투자하기 바란다. 초단기 투자도 일단 주가바닥을 확인해야만 보다 높은 승률이 보장되기 때문이다.

스윙트레이딩 분봉 차트의 맥 3

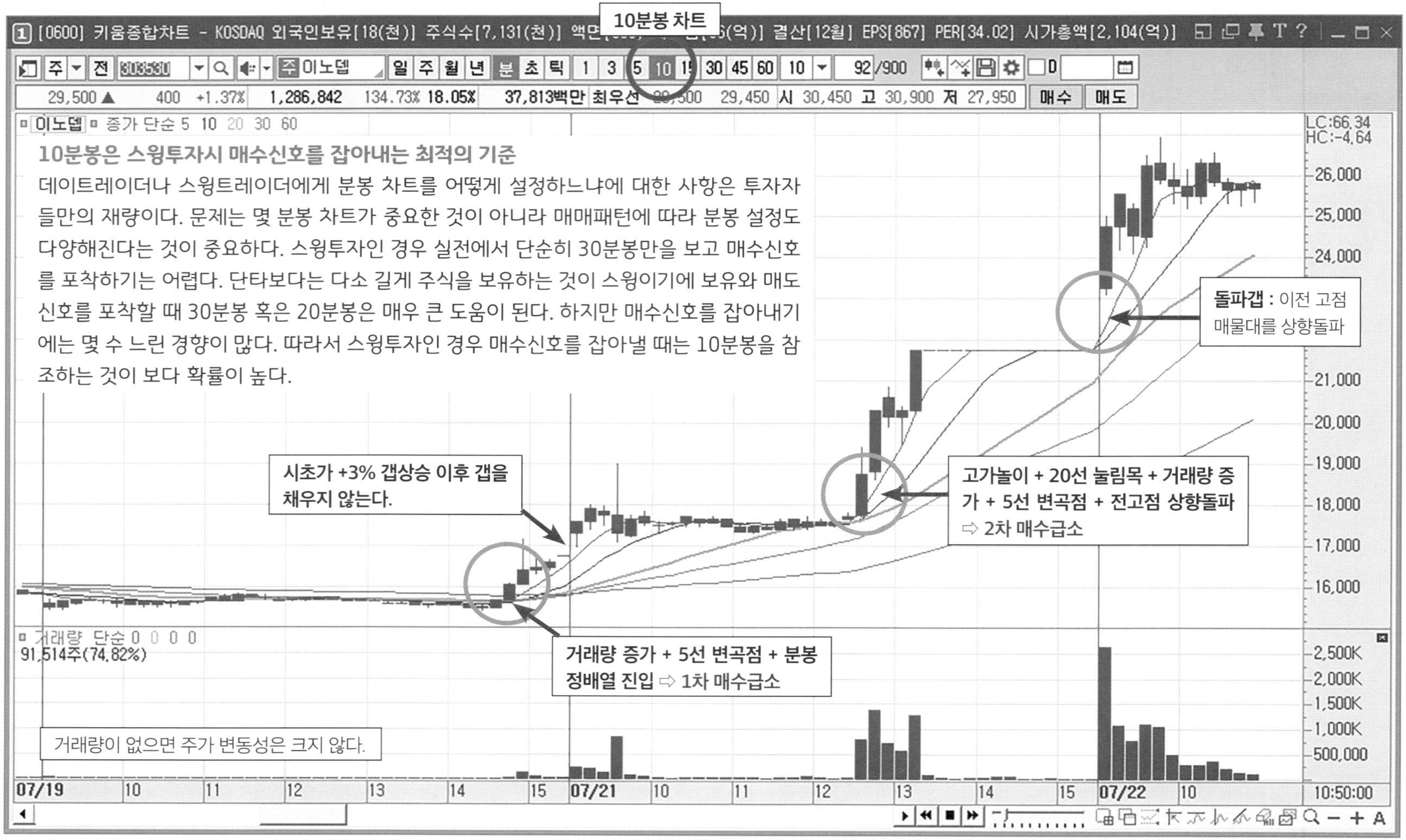
10분봉 차트
[0600] 키움종합차트 - KOSDAQ 외국인보유[18(천)] 주식수[7,131(천)] 결산[12월] EPS[867] PER[34.02] 시가총액[2,104(억)]
이노뎁
29,500 ▲ 400 +1.37% 1,286,842 134.73% 18.05% 37,813백만 시 30,450 고 30,900 저 27,950
매수 매도
10분봉은 스윙투자시 매수신호를 잡아내는 최적의 기준
데이트레이더나 스윙트레이더에게 분봉 차트를 어떻게 설정하느냐에 대한 사항은 투자자들만의 재량이다. 문제는 몇 분봉 차트가 중요한 것이 아니라 매매패턴에 따라 분봉 설정도 다양해진다는 것이 중요하다. 스윙투자인 경우 실전에서 단순히 30분봉만을 보고 매수신호를 포착하기는 어렵다. 단타보다는 다소 길게 주식을 보유하는 것이 스윙이기에 보유와 매도 신호를 포착할 때 30분봉 혹은 20분봉은 매우 큰 도움이 된다. 하지만 매수신호를 잡아내기에는 몇 수 느린 경향이 많다. 따라서 스윙투자인 경우 매수신호를 잡아낼 때는 10분봉을 참조하는 것이 보다 확률이 높다.
돌파갭 : 이전 고점 매물대를 상향돌파
시초가 +3% 갭상승 이후 갭을 채우지 않는다.
고가놀이 + 20선 눌림목 + 거래량 증가 + 5선 변곡점 + 전고점 상향돌파 ⇨ 2차 매수급소
거래량 증가 + 5선 변곡점 + 분봉 정배열 진입 ⇨ 1차 매수급소
거래량이 없으면 주가 변동성은 크지 않다.
91,514주(74.82%)
07/19
07/21
07/22
10:50:00

■ 데이트레이더나 스윙트레이더는 일단 바닥권에서 탈출해 상승세로 진입하는 주식을 노리는 것이 성공확률이 높다. 분차트를 너무 신뢰한 나머지 단기 100% 이상 급등한 주식을 뒤늦게 추격매수로 따라가는 것은 위험성이 크다. 그동안 주가상승 과정에서 세력이 물량을 전량 매도했을 가능성도 있기에 적은 거래량으로도 급격한 하락추세 반전이 일어날 수 있기 때문이다.

박스권(기간조정) 공략하기

데이트레이딩에 가장 적합한 종목이라면 수급이 원활한, 다시 말해 거래량이 활발하면서 주가 변동성이 큰 주식이라 할 수 있다. 차트상에서 거래량과 주가 변동성이 큰 시점은 크게 급등권과 급락권, 반등권, 그리고 박스권으로 분류할 수 있다. 이 중에서 리스크가 가장 적은 구간은 '박스권'이다. 왜냐하면 박스권은 더 이상 주가하락을 원치 않는 강한 하방경직성을 자랑하는 구간으로 매매 타이밍을 잡을 때 급등권이나 반등권보다 수월하기 때문이다. 급등권은 급락에 대한 리스크가 크고, 반등권 또한 하락추세가 지속될 가능성이 높다. 반면 박스권은 특정 지지선과 저항선 내에서 주가흐름이 진행되는 만큼 단기 대응이 수월하고, 일단 단기적으로 바닥권이기 때문에 박스권 상향돌파시 의외의 강한 상승세가 진행되어 스윙트레이더 입장에서도 큰 폭의 수익을 얻을 수 있다.

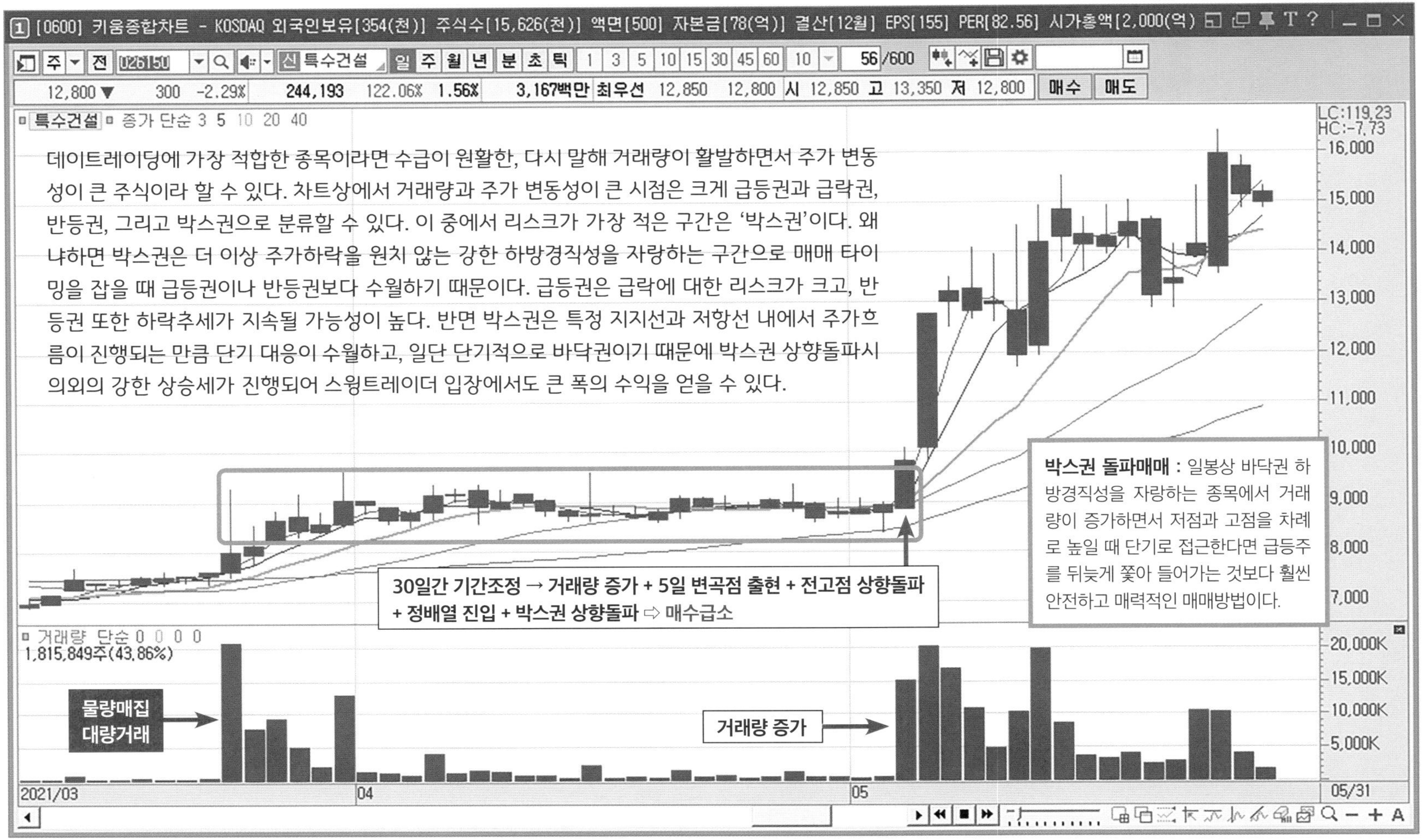
1 [0600] 키움종합차트 - KOSDAQ 외국인보유[354(천)] 주식수[15,626(천)] 액면[500] 자본금[78(억)] 결산[12월] EPS[155] PER[82.56] 시가총액[2,000(억)]
12,800 ▼ 300 -2.29% 244,193 122.06% 1.56% 3,167백만 최우선 12,850 12,800 시 12,850 고 13,350 저 12,800 매수 매도
특수건설 증가 단순 3 5 10 20 40
박스권 돌파매매 : 일봉상 바닥권 하방경직성을 자랑하는 종목에서 거래량이 증가하면서 저점과 고점을 차례로 높일 때 단기로 접근한다면 급등주를 뒤늦게 쫓아 들어가는 것보다 훨씬 안전하고 매력적인 매매방법이다.
30일간 기간조정 → 거래량 증가 + 5일 변곡점 출현 + 전고점 상향돌파
+ 정배열 진입 + 박스권 상향돌파 ⇨ 매수급소
거래량 단순 0 0 0 0
1,815,849주(43.86%)
물량매집
대량거래
거래량 증가
2021/03
04
05
05/31

■ 바닥권의 박스권 종목의 매수시점은 당연히 지지선 근처에서 거래량이 증가하는 시점이다. 이때는 주로 5일 변곡점이 탄생하기 때문에 5일선을 기준으로 단타매매 성공률이 매우 높은 구간이다. 설령 분봉상 추세이탈이 생겨도 강한 하방경직성을 자랑하는 만큼 투자심리상 반등 확률도 높은 구간이 바로 박스권 구간이다.

분봉 역배열 공략하기

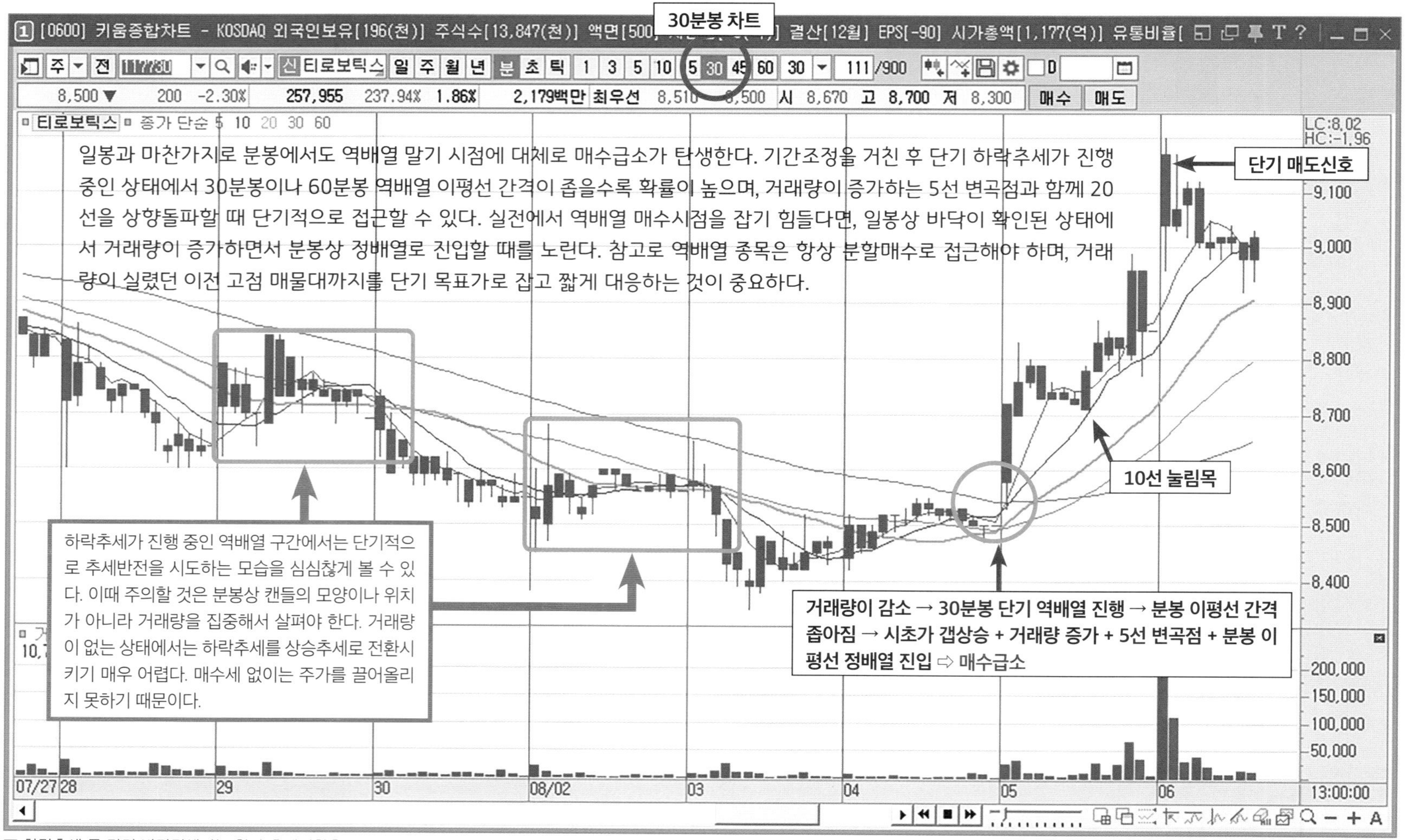
30분봉 차트
일봉과 마찬가지로 분봉에서도 역배열 말기 시점에 대체로 매수급소가 탄생한다. 기간조정을 거친 후 단기 하락추세가 진행 중인 상태에서 30분봉이나 60분봉 역배열 이평선 간격이 좁을수록 확률이 높으며, 거래량이 증가하는 5선 변곡점과 함께 20선을 상향돌파할 때 단기적으로 접근할 수 있다. 실전에서 역배열 매수시점을 잡기 힘들다면, 일봉상 바닥이 확인된 상태에서 거래량이 증가하면서 분봉상 정배열로 진입할 때를 노린다. 참고로 역배열 종목은 항상 분할매수로 접근해야 하며, 거래량이 실렸던 이전 고점 매물대까지를 단기 목표가로 잡고 짧게 대응하는 것이 중요하다.
하락추세가 진행 중인 역배열 구간에서는 단기적으로 추세반전을 시도하는 모습을 심심찮게 볼 수 있다. 이때 주의할 것은 분봉상 캔들의 모양이나 위치가 아니라 거래량을 집중해서 살펴야 한다. 거래량이 없는 상태에서는 하락추세를 상승추세로 전환시키기 매우 어렵다. 매수세 없이는 주가를 끌어올리지 못하기 때문이다.
거래량이 감소 → 30분봉 단기 역배열 진행 → 분봉 이평선 간격 좁아짐 → 시초가 갭상승 + 거래량 증가 + 5선 변곡점 + 분봉 이평선 정배열 진입 ⇨ 매수급소
10선 눌림목
단기 매도신호

■ 하락추세 중 단기 바닥권에서는 항상 추세전환을 시도하는 속임수 패턴이 많이 발생한다. 무턱대고 추격매수를 감행하기보다 분할매수로 접근하면서 향후 추세를 확인하며 대응하는 과정이 필요하다.

급등주 눌림목 예측하고 공략하기

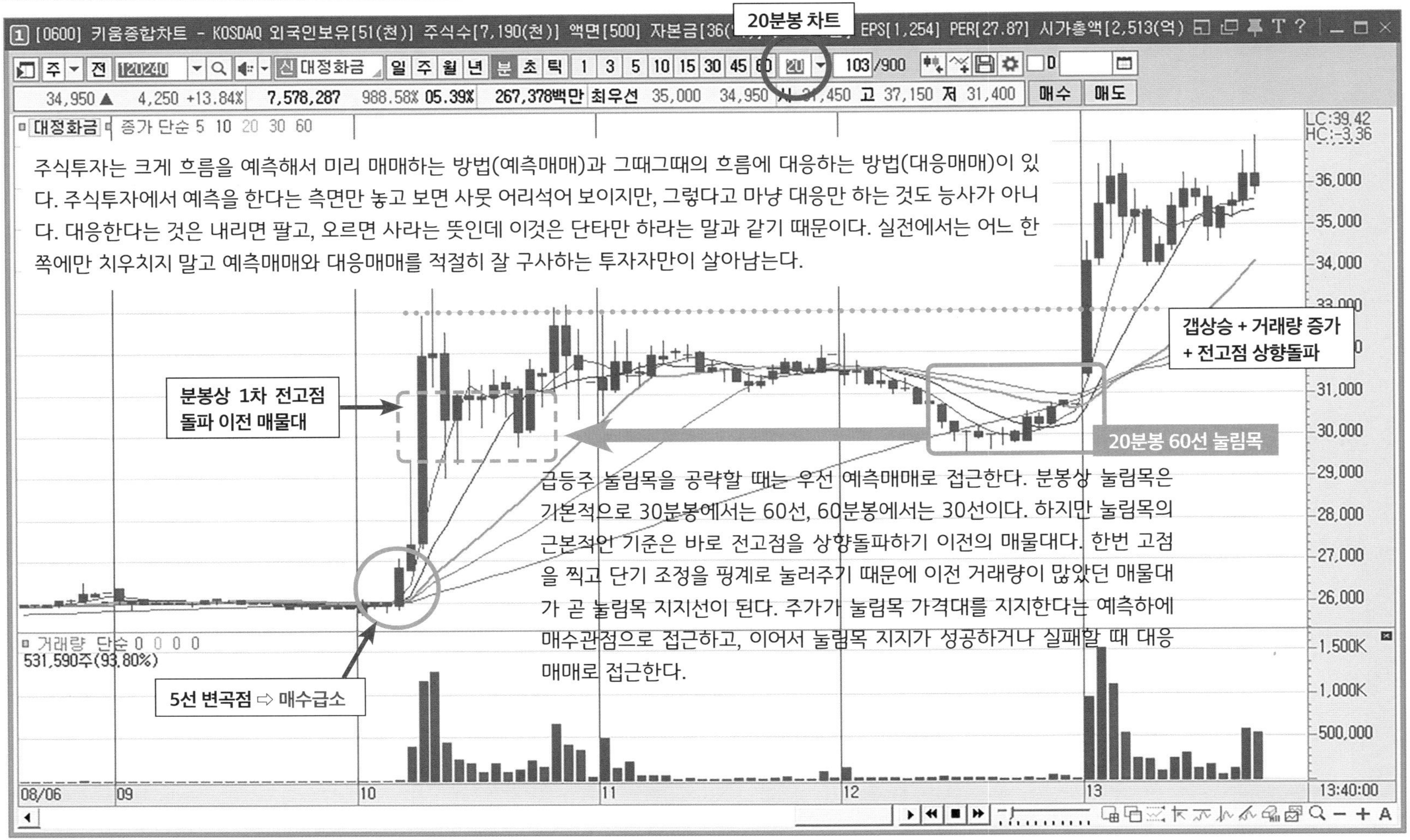
[0600] 키움종합차트 - KOSDAQ 외국인보유[51(천)] 주식수[7,190(천)] 액면[500] EPS[1,254] PER[27.87] 시가총액[2,513(억)]
20분봉 차트
34,950 ▲ 4,250 +13.84% 7,578,287 988.58% 05.39% 267,378백만 최우선 35,000 34,950 고 37,150 저 31,400
매수 매도
대정화금 종가 단순 5 10 20 30 60
주식투자는 크게 흐름을 예측해서 미리 매매하는 방법(예측매매)과 그때그때의 흐름에 대응하는 방법(대응매매)이 있다. 주식투자에서 예측을 한다는 측면만 놓고 보면 사뭇 어리석어 보이지만, 그렇다고 마냥 대응만 하는 것도 능사가 아니다. 대응한다는 것은 내리면 팔고, 오르면 사라는 뜻인데 이것은 단타만 하라는 말과 같기 때문이다. 실전에서는 어느 한 쪽에만 치우치지 말고 예측매매와 대응매매를 적절히 잘 구사하는 투자자만이 살아남는다.
분봉상 1차 전고점
돌파 이전 매물대
갭상승 + 거래량 증가
+ 전고점 상향돌파
20분봉 60선 눌림목
급등주 눌림목을 공략할 때는 우선 예측매매로 접근한다. 분봉상 눌림목은 기본적으로 30분봉에서는 60선, 60분봉에서는 30선이다. 하지만 눌림목의 근본적인 기준은 바로 전고점을 상향돌파하기 이전의 매물대다. 한번 고점을 찍고 단기 조정을 핑계로 눌러주기 때문에 이전 거래량이 많았던 매물대가 곧 눌림목 지지선이 된다. 주가가 눌림목 가격대를 지지한다는 예측하에 매수관점으로 접근하고, 이어서 눌림목 지지가 성공하거나 실패할 때 대응매매로 접근한다.
거래량 단순 0 0 0 0
531,590주(93.80%)
5선 변곡점 ⇨ 매수급소
LC:39.42
HC:-3.36
36,000
35,000
34,000
33,000
31,000
30,000
29,000
28,000
27,000
26,000
1,500K
1,000K
500,000
08/06
09
10
11
12
13
13:40:00

■ 단기 급등주를 일봉만을 보고 달려든다는 것은 그야말로 위험천만한 발상이다. 급등주는 일봉이 아니라 반드시 분봉으로 매매시점을 잡아야 한다. 30분봉은 최소한의 안전판 구실을 하며, 정확한 매매 판단을 위해서는 20분 혹은 10분봉을 통해 세력의 의도를 파악해야 한다.

상한가 단타 공략하기

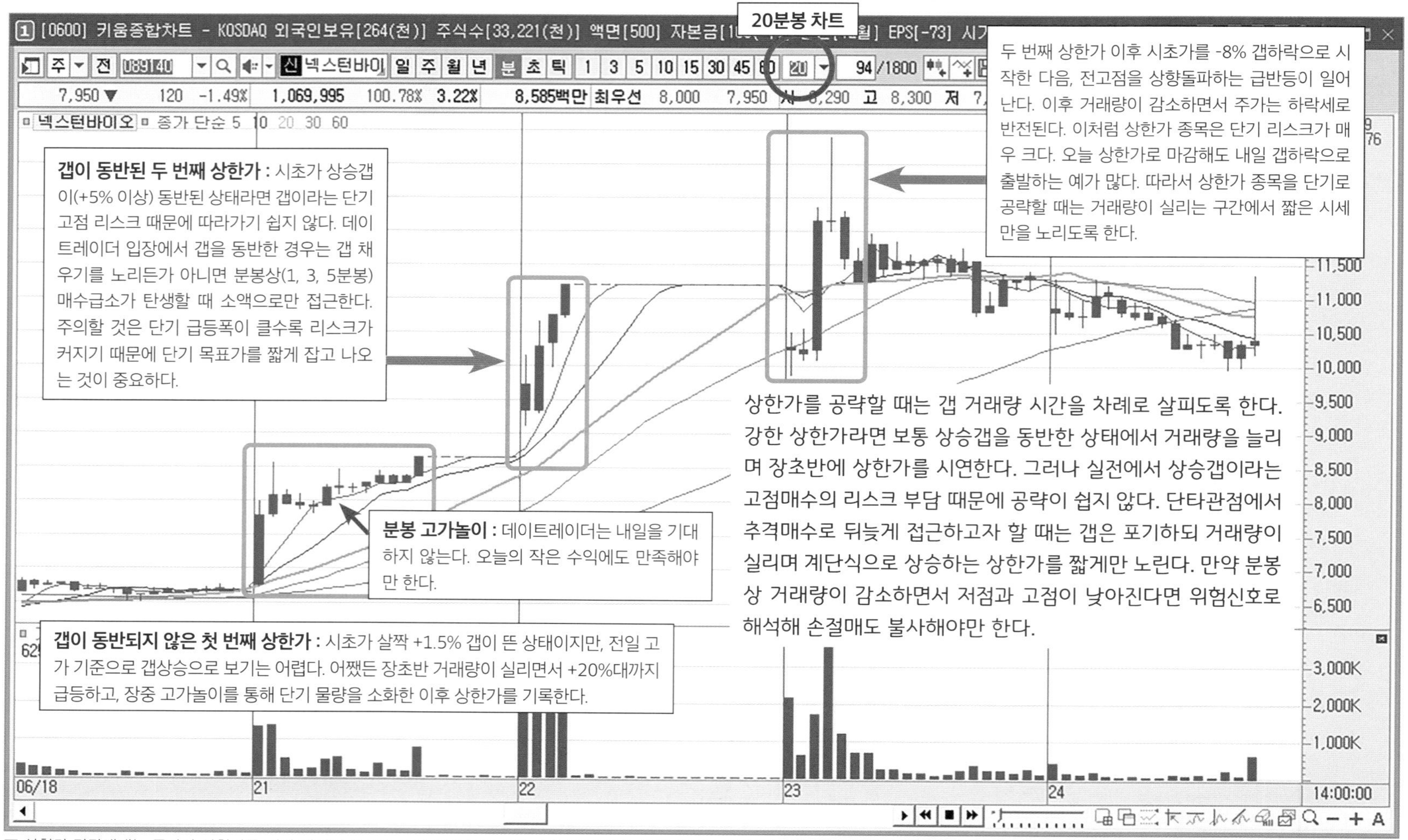
20분봉 차트
[0600] 키움종합차트 - KOSDAQ 외국인보유[264(천)] 주식수[33,221(천)] 액면[500] EPS[-73]
넥스턴바이오 종가 단순 5 10 20 30 60
7,950 ▼ 120 -1.49% 1,069,995 100.78% 3.22% 8,585백만 최우선 8,000 7,950 고 8,300
갭이 동반된 두 번째 상한가 : 시초가 상승갭이(+5% 이상) 동반된 상태라면 갭이라는 단기 고점 리스크 때문에 따라가기 쉽지 않다. 데이트레이더 입장에서 갭을 동반한 경우는 갭 채우기를 노리든가 아니면 분봉상(1, 3, 5분봉) 매수급소가 탄생할 때 소액으로만 접근한다. 주의할 것은 단기 급등폭이 클수록 리스크가 커지기 때문에 단기 목표가를 짧게 잡고 나오는 것이 중요하다.
두 번째 상한가 이후 시초가를 -8% 갭하락으로 시작한 다음, 전고점을 상향돌파하는 급반등이 일어난다. 이후 거래량이 감소하면서 주가는 하락세로 반전된다. 이처럼 상한가 종목은 단기 리스크가 매우 크다. 오늘 상한가로 마감해도 내일 갭하락으로 출발하는 예가 많다. 따라서 상한가 종목을 단기로 공략할 때는 거래량이 실리는 구간에서 짧은 시세만을 노리도록 한다.
분봉 고가놀이 : 데이트레이더는 내일을 기대하지 않는다. 오늘의 작은 수익에도 만족해야만 한다.
상한가를 공략할 때는 갭 거래량 시간을 차례로 살피도록 한다. 강한 상한가라면 보통 상승갭을 동반한 상태에서 거래량을 늘리며 장초반에 상한가를 시연한다. 그러나 실전에서 상승갭이라는 고점매수의 리스크 부담 때문에 공략이 쉽지 않다. 단타관점에서 추격매수로 뒤늦게 접근하고자 할 때는 갭은 포기하되 거래량이 실리며 계단식으로 상승하는 상한가를 짧게만 노린다. 만약 분봉상 거래량이 감소하면서 저점과 고점이 낮아진다면 위험신호로 해석해 손절매도 불사해야만 한다.
갭이 동반되지 않은 첫 번째 상한가 : 시초가 살짝 +1.5% 갭이 뜬 상태이지만, 전일 고가 기준으로 갭상승으로 보기는 어렵다. 어쨌든 장초반 거래량이 실리면서 +20%대까지 급등하고, 장중 고가놀이를 통해 단기 물량을 소화한 이후 상한가를 기록한다.
11,500
11,000
10,500
10,000
9,500
9,000
8,500
8,000
7,500
7,000
6,500
3,000K
2,000K
1,000K
06/18
21
22
23
24
14:00:00

■ 상한가 단타매매는 주가가 상한가를 찍기 이전에 매수해서 상한가에 매도하는 단타기법이다. 이와 반대로 하한가 단타매매는 주가가 하한가를 찍은 다음 하한가 대량거래가 터지면서 일시적으로 하한가가 풀렸을 때 짧게 치고 나오는 단타기법이다. 이때 하한가 대량거래는 대부분 물량털기가 목적이기 때문에, 하한가 종목에는 아예 접근하지 않는 것이 좋다.

상승음봉과 고가놀이 공략하기

30분봉 차트
[0600] 키움종합차트 - KOSDAQ 외국인보유[23(천)] 주식수[5,394(천)] 액면[500] 결산[12월] EPS[-530] 시가총액[2,252(억)] 유통비율[5
41,450 ▼ 1,350 -3.15% 60,122 52.33% 1.11% 2,528백만 최우선 시 43,200 고 43,200 저 40,100 매수 매도
바이브컴퍼니 종가 단순 5 10 20 30 60
주가가 바닥을 확인하고 이어 상승추세로 전환된 종목 중에서 상승음봉이나 고가놀이 종목만 노리는 것도 데이트레이더의 몫이다. 상승음봉은 상승추세로 진입하는 초기에 전일 양봉의 고점에서 종가로 마감되는 음봉이고, 고가놀이는 고점에서의 기간조정을 말한다. 단기로 공략할 시점은 상승음봉 출현 다음날을 노리며, 거래량 변화를 살피는 것과 동시에 분봉상 매수신호가 포착되는 시점을 공략한다. 고가놀이나 상승음봉의 저점을 단기 지지선으로 잡고 대응을 한다면 의외의 큰 수익도 가능하다.
30선 눌림목
30분봉 고가놀이
5일선 지지(60선 눌림목) → 갭상승 + 거래량 증가 + 전고점 상향돌파 ⇨ 눌림목 매수급소
상승음봉, 고가놀이, 눌림목 모두 단기 매물소화 + 이평선 이격 조정 + 물량매집 등을 동시에 목적으로 하며, 주가상승 중 잠시 쉬어가는 구간을 의미한다. 일봉에서는 3일, 5일이나 10일 및 20일선을, 30분봉에서는 20선이나 60선을 지지하면서 상승추세를 이어나간다.
거래량 증가 + 20선 눌림목 + 분봉 정배열 진입 ⇨ 매수급소
일봉차트
LC:26.91
HC:-3.39
40,000
39,000
37,000
36,000
35,000
34,000
07/01
05
06
07
08
09
12
13
14

■ 주가 횡보세에서 추세전환을 시도하는 장대양봉 다음날 출현하는 음봉 중 전일 양봉의 고점 부근에서 종가를 마감하는 음봉이 **상승음봉**이다. 단기매물을 소화한다는 측면에서, 분봉상 지지가 확인되면 상승추세를 이어갈 공산이 큰 캔들 패턴이다. 이와 반대로 하락추세전환을 시도하는 장대음봉 다음날 음봉의 저점 부근에서 종가를 마감하는 양봉은 **하락양봉**이다. 추세하락 중에 단기 기술적 반등에 속하는 캔들이라 할 수 있다.

분봉 삼중바닥 공략하기

■ 우량주든 테마주든 개별주든 일단 바닥이 확인만 된다면 리스크는 확실히 줄어든다. 단기적으로 더 이상의 주가하락을 원치 않는 세력의 의도를 나타내기 때문이다. 일봉은 물론 주봉이나 심지어 분봉상 3중바닥도 단기 매수관점으로 접근 가능한 구간이라 할 수 있다.

일반갭 공략하기

30분봉 차트
[0600] 키움종합차트 - KOSDAQ 외국인보유[6(천)] 주식수[4,641(천)] 액면[500] 결산[12월] EPS[492] PER[29.98] 시가총액[685(억)]
싸이버원 종가 단순 5 10 20 30 60
갭 채우기 기법은 갭은 반드시 채워진다는 것을 전제로 한다. 이 경우 단기에 갭을 채우지 않는 돌파갭이나 종간갭이 아니라 일반갭(=보통갭)을 말한다. 일반갭을 공략할 때는 가급적 단기 급등이나 급락보다 일반갭이 가장 많이 출현하는 기간조정구간, 즉 박스권을 노리는 것이 좋다. 차트상에서 갭은 시초가나 종가에 출현하기 때문에 장초반에 상승갭이나 하락갭 출현시 갭 채우기를 공략하는 단기매매도 데이트레이더의 대표적인 먹잇감이다.
상승갭 채우기
상승갭 채우기
하락갭 채우기
하락갭 채우기
상승갭 채우기
주가가 상승이나 보합추세가 아닌 급격한 하락추세가 진행되는 경우 손절매의 요령으로도 갭이 활용된다. 이를테면 하락추세 중 기술적 반등을 예상해 전일 종가를 공략했으나 부득이 시초가 갭하락으로 출발해 단기 손실이 불가피하다고 판단되면 장중 갭 채우기가 시도될 때를 노려 손실을 최소화하는 방법이다.
갭 채우기 공략법은 장초반에 갭상승 출현시 갭이 채워지는 것을 전제로 전일 종가부근에서 단기 매수로 접근하고(단기 상투권인 경우에는 관망), 보유주식이 있다면 갭상승에 매도해 갭 채우기를 노려 재매수하는 방법, 이와 반대로 하락갭 출현시에는 분할로 매수하되 전일 종가 아래 가격대에서는 매도로 대응하는 전략이다.
거래량 단순 0 0 0 0
4,407주(48.75%)
07/21 22 23 26 27 28 29 30
15:30:00

■ 갭은 반드시 채워진다는 논리는 주로 일반갭에서 적용되지만, 실전에서 100% 장담할 수 있는 패턴은 아니다. 이를테면 당일 갭 상승이나 갭 하락을 채우지 못한 채 장을 마감하고, 다음날 갭을 채우는 경우도 많기 때문이다.

갭 추격매수의 위험성

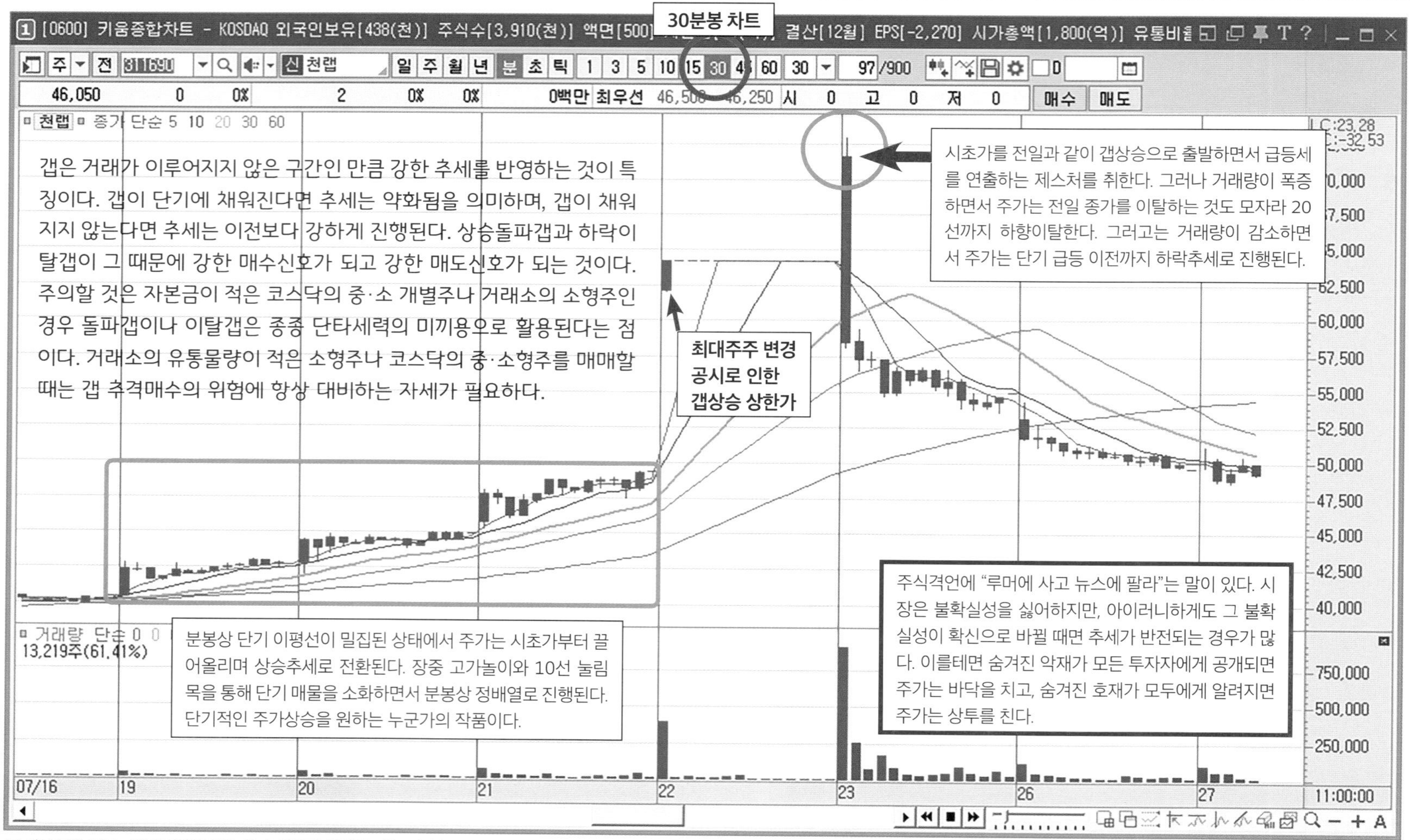
30분봉 차트
[0600] 키움종합차트 - KOSDAQ 외국인보유[438(천)] 주식수[3,910(천)] 액면[500] 결산[12월] EPS[-2,270] 시가총액[1,800(억)]
갭은 거래가 이루어지지 않은 구간인 만큼 강한 추세를 반영하는 것이 특징이다. 갭이 단기에 채워진다면 추세는 약화됨을 의미하며, 갭이 채워지지 않는다면 추세는 이전보다 강하게 진행된다. 상승돌파갭과 하락이탈갭이 그 때문에 강한 매수신호가 되고 강한 매도신호가 되는 것이다. 주의할 것은 자본금이 적은 코스닥의 중·소 개별주나 거래소의 소형주인 경우 돌파갭이나 이탈갭은 종종 단타세력의 미끼용으로 활용된다는 점이다. 거래소의 유통물량이 적은 소형주나 코스닥의 중·소형주를 매매할 때는 갭 추격매수의 위험에 항상 대비하는 자세가 필요하다.
최대주주 변경 공시로 인한 갭상승 상한가
시초가를 전일과 같이 갭상승으로 출발하면서 급등세를 연출하는 제스처를 취한다. 그러나 거래량이 폭증하면서 주가는 전일 종가를 이탈하는 것도 모자라 20선까지 하향이탈한다. 그러고는 거래량이 감소하면서 주가는 단기 급등 이전까지 하락추세로 진행된다.
분봉상 단기 이평선이 밀집된 상태에서 주가는 시초가부터 끌어올리며 상승추세로 전환된다. 장중 고가놀이와 10선 눌림목을 통해 단기 매물을 소화하면서 분봉상 정배열로 진행된다. 단기적인 주가상승을 원하는 누군가의 작품이다.
주식격언에 "루머에 사고 뉴스에 팔라"는 말이 있다. 시장은 불확실성을 싫어하지만, 아이러니하게도 그 불확실성이 확신으로 바뀔 때면 추세가 반전되는 경우가 많다. 이를테면 숨겨진 악재가 모든 투자자에게 공개되면 주가는 바닥을 치고, 숨겨진 호재가 모두에게 알려지면 주가는 상투를 친다.
07/16
19
20
21
22
23
26
27
11:00:00

■ 자본금이 적고, 유통물량이 적은 중·소형주를 거래할 때는 다 잃어도 생활에 지장이 없는 투자금으로만 매매하기 바란다. 특히 차트상 매수신호가 포착되더라도 무리하게 고점 추격매수는 자제하도록 하며, 리스크 관리를 해가며 분할로 매매하는 것이 안전을 위한 투자방법이다. 돈을 벌겠다는 투자보다는 최소한 잃지 않는 투자로 접근해야만 살아남는다.

단타세력의 단주 물레방아타법

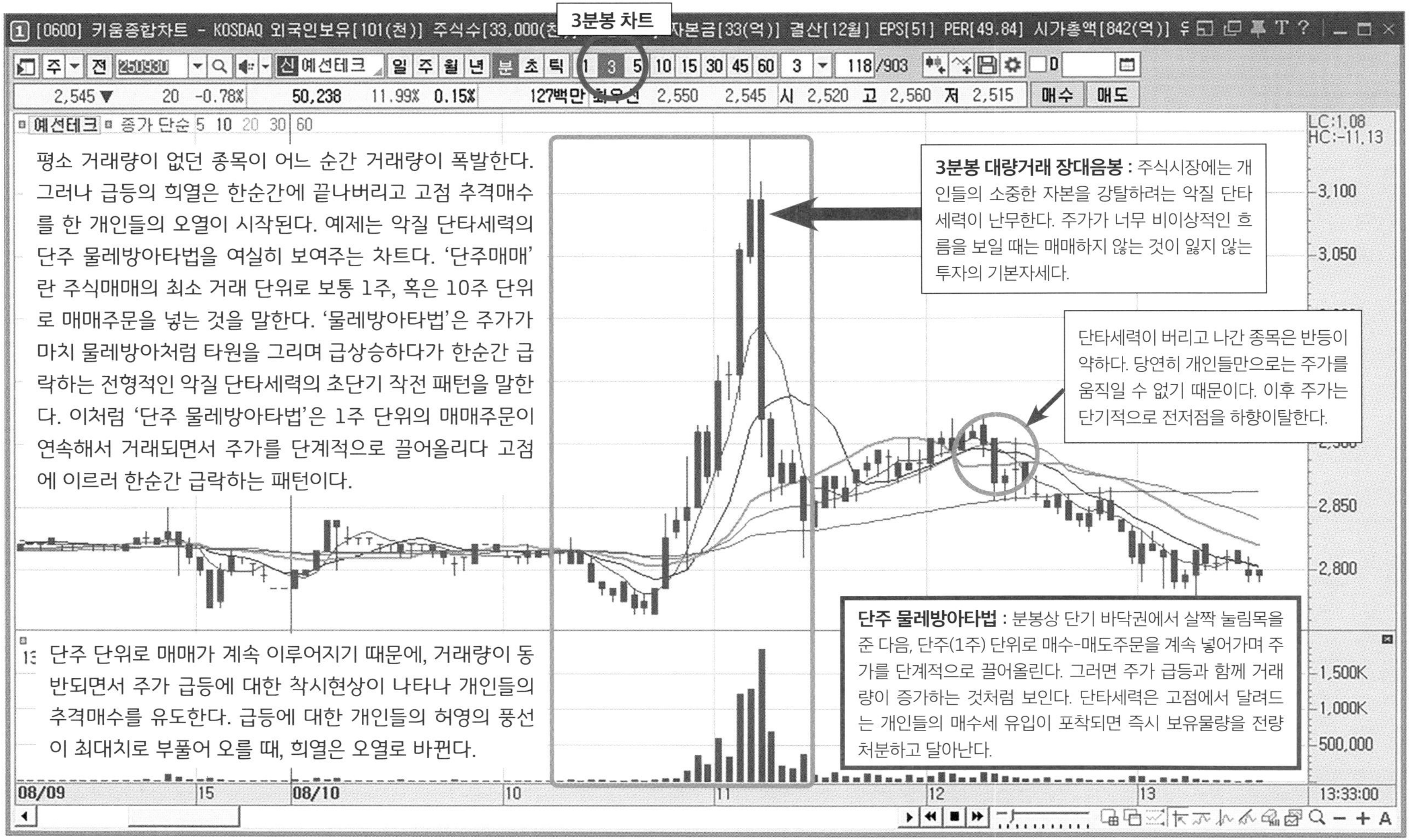
3분봉 차트
[0600] 키움종합차트 - KOSDAQ 외국인보유[101(천)] 주식수[33,000(천)] 자본금[33(억)] 결산[12월] EPS[51] PER[49.84] 시가총액[842(억)]
예선테크
2,545 ▼ 20 -0.78% 50,238 11.99% 0.15% 127백만 2,550 2,545 시 2,520 고 2,560 저 2,515
매수
매도
종가 단순 5 10 20 30 60
평소 거래량이 없던 종목이 어느 순간 거래량이 폭발한다. 그러나 급등의 희열은 한순간에 끝나버리고 고점 추격매수를 한 개인들의 오열이 시작된다. 예제는 악질 단타세력의 단주 물레방아타법을 여실히 보여주는 차트다. '단주매매'란 주식매매의 최소 거래 단위로 보통 1주, 혹은 10주 단위로 매매주문을 넣는 것을 말한다. '물레방아타법'은 주가가 마치 물레방아처럼 타원을 그리며 급상승하다가 한순간 급락하는 전형적인 악질 단타세력의 초단기 작전 패턴을 말한다. 이처럼 '단주 물레방아타법'은 1주 단위의 매매주문이 연속해서 거래되면서 주가를 단계적으로 끌어올리다 고점에 이르러 한순간 급락하는 패턴이다.
3분봉 대량거래 장대음봉 : 주식시장에는 개인들의 소중한 자본을 강탈하려는 악질 단타세력이 난무한다. 주가가 너무 비이상적인 흐름을 보일 때는 매매하지 않는 것이 잃지 않는 투자의 기본자세다.
단타세력이 버리고 나간 종목은 반등이 약하다. 당연히 개인들만으로는 주가를 움직일 수 없기 때문이다. 이후 주가는 단기적으로 전저점을 하향이탈한다.
단주 단위로 매매가 계속 이루어지기 때문에, 거래량이 동반되면서 주가 급등에 대한 착시현상이 나타나 개인들의 추격매수를 유도한다. 급등에 대한 개인들의 허영의 풍선이 최대치로 부풀어 오를 때, 희열은 오열로 바뀐다.
단주 물레방아타법 : 분봉상 단기 바닥권에서 살짝 눌림목을 준 다음, 단주(1주) 단위로 매수-매도주문을 계속 넣어가며 주가를 단계적으로 끌어올린다. 그러면 주가 급등과 함께 거래량이 증가하는 것처럼 보인다. 단타세력은 고점에서 달려드는 개인들의 매수세 유입이 포착되면 즉시 보유물량을 전량 처분하고 달아난다.
LC:1.08
HC:-11.13
3,100
3,050
2,850
2,800
1,500K
1,000K
500,000
08/09
15
08/10
10
11
12
13
13:33:00

■ 단주 물레방아타법은 주로 자본금이 적고 유통물량이 많지 않은 코스닥 중·소형주에 많이 발생한다. 대부분 단기적으로 차트 흐름이 양호한 상태에서 작전이 진행되기 때문에 단순히 일봉만을 보고 판단해서는 안 되며, 분봉과 함께 호가창을 통해 거래량도 필히 살펴야 한다.

리스크 최소화 원칙, <매수가 = 손절가>

[0600] 키움종합차트 - KOSDAQ150 외국인보유[7,937(천)] 주식수[74,674(천)] 액면[100] 자본금[75(억)] 결산[12월] EPS[1,380] PER[55.13] 시가총액[56
카카오게임즈 종가 단순 5 10 20 30 60
단기 상승추세 중 고가놀이를 예상해 분봉상 단기 저점에서 매수했다고 가정한다. 주가가 매수가보다 추가로 상승하면 수익실현하고, 주가가 매수가 아래로 하락할 조짐이 보이면 손절매 처리한다.
매수가 = 손절가
단기 고점 지지선
고가놀이
5선 변곡점
기술적 반등을 예상해 단기 눌림목 구간에서 저점 매수했을 경우, 추세 이탈 조짐이 보이면 과감히 매수가를 손절가로 잡고 끊어버린다.
거래량 단순 0 0 0 0
382,364주(221.47%)
105,000
102,500
100,000
97,500
95,000
92,500
90,000
87,500
85,000
82,500
3,000K
2,000K
1,000K
07/19
20
21
22
23
26
27
28
29
30
12:00:00

분차트를 자세히 관찰하다 보면 분봉을 들었다 놓는 단타세력이 활개를 치는 걸 심심찮게 찾아볼 수 있다. 이때 개인들은 흥분 상태에 빠져 분봉상 고점을 추격매수하다 호되게 당하는 예가 비일비재하다. 동호회나 카페 주도의 단타세력의 대표적인 작전 케이스로, 종목에 대해 무지한 채 그저 분차트만 보고 달려드는 불나방들에게 미끼를 던지는 셈이다. 단기매매에서 이런 위험을 최소화하려면 매수가를 손절가로 잡고 대응하는 방법이 가장 좋다. 손실을 봐도 수수료만 자르는 것이다. 너무 잦은 단기매매는 수수료와 세금 부담이 커질 수 있기에 가급적 추세전환 시점만 노려 단기 대응을 하기 바란다.

■ 일봉이든 분봉차트든 상승 초기에 잡았다면 언제든지 위험신호가 나올 때 수익실현을 하면 된다. 문제는 상승 중간에 리스크를 안고 진입하는 경우다. 완만한 상승추세라면 그나마 대응이 수월하지만, 단기 급등 중간에 고가놀이나 눌림목이 예상되는 구간에서 베팅할 때는 대응이 쉽지 않다. 이때 〈매수가 = 손절가〉 원칙을 정하고 대응한다면 위험부담을 최소화할 수 있다.

수익률 극대화 요령, <익절가 = 매수가>

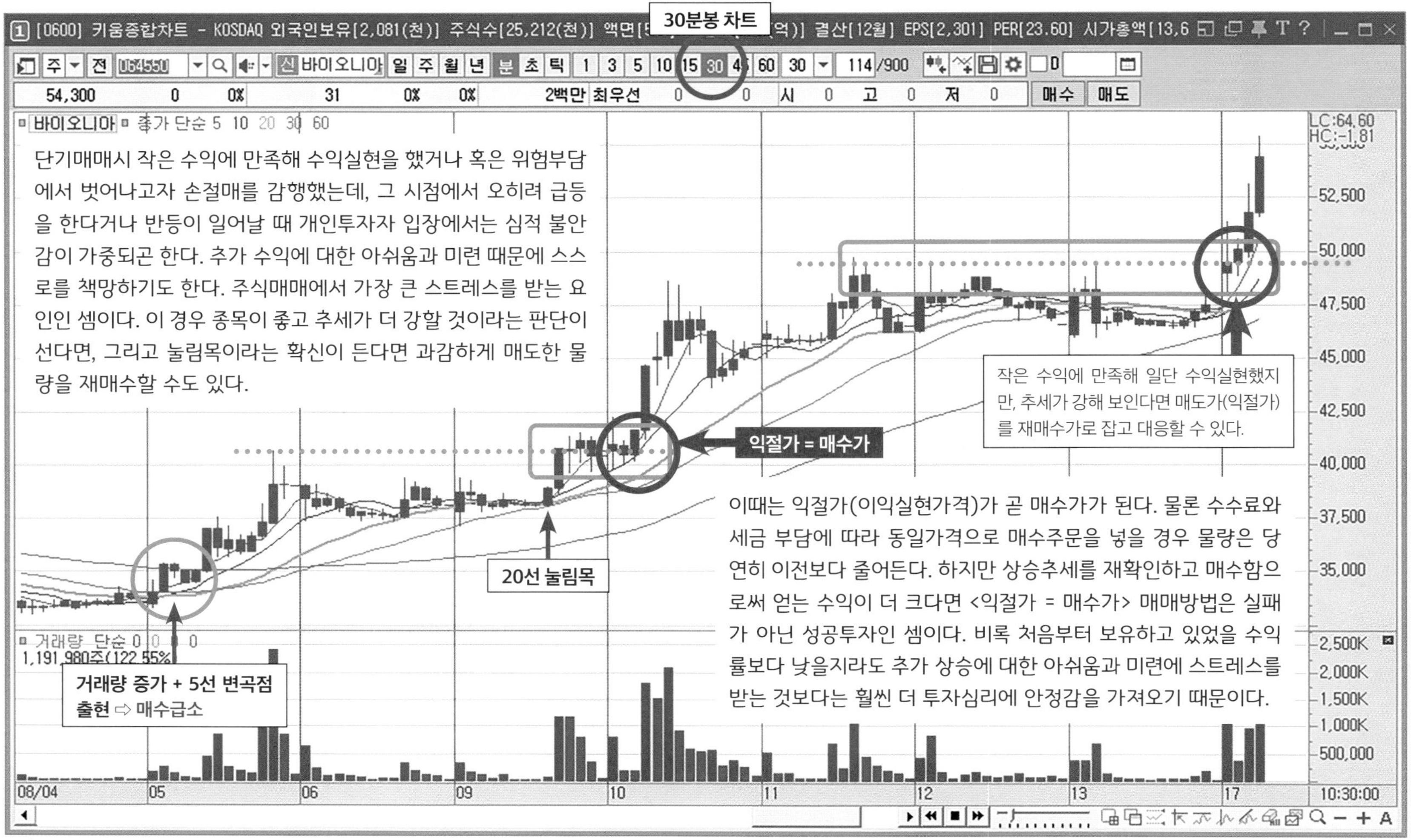
30분봉 차트
단기매매시 작은 수익에 만족해 수익실현을 했거나 혹은 위험부담에서 벗어나고자 손절매를 감행했는데, 그 시점에서 오히려 급등을 한다거나 반등이 일어날 때 개인투자자 입장에서는 심적 불안감이 가중되곤 한다. 추가 수익에 대한 아쉬움과 미련 때문에 스스로를 책망하기도 한다. 주식매매에서 가장 큰 스트레스를 받는 요인인 셈이다. 이 경우 종목이 좋고 추세가 더 강할 것이라는 판단이 선다면, 그리고 눌림목이라는 확신이 든다면 과감하게 매도한 물량을 재매수할 수도 있다.
작은 수익에 만족해 일단 수익실현했지만, 추세가 강해 보인다면 매도가(익절가)를 재매수가로 잡고 대응할 수 있다.
익절가 = 매수가
20선 눌림목
이때는 익절가(이익실현가격)가 곧 매수가가 된다. 물론 수수료와 세금 부담에 따라 동일가격으로 매수주문을 넣을 경우 물량은 당연히 이전보다 줄어든다. 하지만 상승추세를 재확인하고 매수함으로써 얻는 수익이 더 크다면 <익절가 = 매수가> 매매방법은 실패가 아닌 성공투자인 셈이다. 비록 처음부터 보유하고 있었을 수익률보다 낮을지라도 추가 상승에 대한 아쉬움과 미련에 스트레스를 받는 것보다는 훨씬 더 투자심리에 안정감을 가져오기 때문이다.
거래량 증가 + 5선 변곡점 출현 ⇨ 매수급소

■ 〈매수가 = 손절가〉는 초보 투자자들도 단기 대응이 가능한 방법이다. 그러나 〈익절가 = 매수가〉는 자칫 욕심으로 인한 추격매수의 원인이 될 수가 있다. 실전경험이 부족한 투자자들은 수익실현 가격에 다시 재매수로 진입할 경우에는 반드시 이전보다 적은 투자금으로 분할로 재진입하고, 이후에는 필히 〈매수가 = 손절가〉 전략으로 대응하도록 한다.

기업의 위기는 한순간에 찾아온다

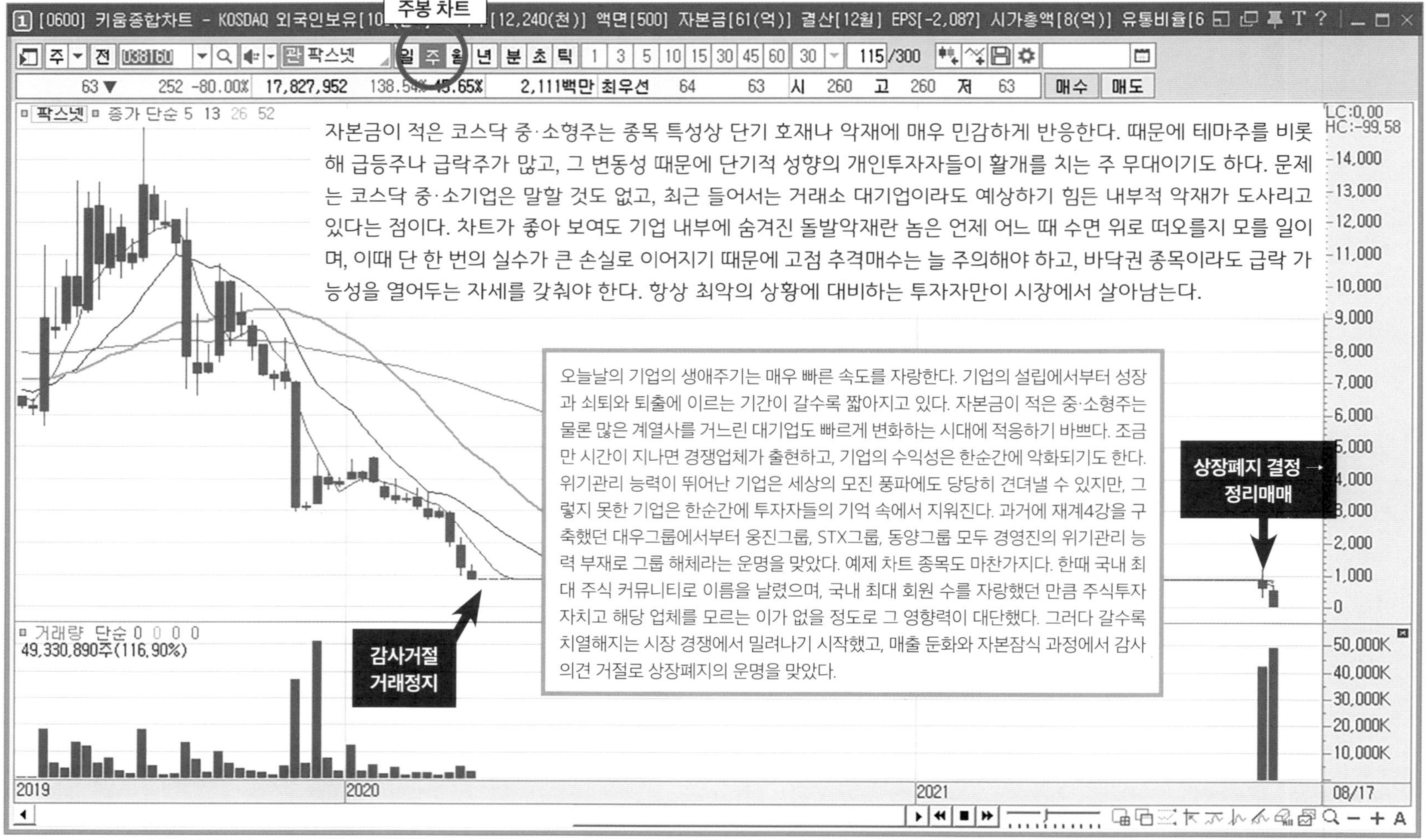

자본금이 적은 코스닥 중·소형주는 종목 특성상 단기 호재나 악재에 매우 민감하게 반응한다. 때문에 테마주를 비롯해 급등주나 급락주가 많고, 그 변동성 때문에 단기적 성향의 개인투자자들이 활개를 치는 주 무대이기도 하다. 문제는 코스닥 중·소기업은 말할 것도 없고, 최근 들어서는 거래소 대기업이라도 예상하기 힘든 내부적 악재가 도사리고 있다는 점이다. 차트가 좋아 보여도 기업 내부에 숨겨진 돌발악재란 놈은 언제 어느 때 수면 위로 떠오를지 모를 일이며, 이때 단 한 번의 실수가 큰 손실로 이어지기 때문에 고점 추격매수는 늘 주의해야 하고, 바닥권 종목이라도 급락 가능성을 열어두는 자세를 갖춰야 한다. 항상 최악의 상황에 대비하는 투자자만이 시장에서 살아남는다.

오늘날의 기업의 생애주기는 매우 빠른 속도를 자랑한다. 기업의 설립에서부터 성장과 쇠퇴와 퇴출에 이르는 기간이 갈수록 짧아지고 있다. 자본금이 적은 중·소형주는 물론 많은 계열사를 거느린 대기업도 빠르게 변화하는 시대에 적응하기 바쁘다. 조금만 시간이 지나면 경쟁업체가 출현하고, 기업의 수익성은 한순간에 악화되기도 한다. 위기관리 능력이 뛰어난 기업은 세상의 모진 풍파에도 당당히 견뎌낼 수 있지만, 그렇지 못한 기업은 한순간에 투자자들의 기억 속에서 지워진다. 과거에 재계4강을 구축했던 대우그룹에서부터 웅진그룹, STX그룹, 동양그룹 모두 경영진의 위기관리 능력 부재로 그룹 해체라는 운명을 맞았다. 예제 차트 종목도 마찬가지다. 한때 국내 최대 주식 커뮤니티로 이름을 날렸으며, 국내 최대 회원 수를 자랑했던 만큼 주식투자자치고 해당 업체를 모르는 이가 없을 정도로 그 영향력이 대단했다. 그러다 갈수록 치열해지는 시장 경쟁에서 밀려나기 시작했고, 매출 둔화와 자본잠식 과정에서 감사의견 거절로 상장폐지의 운명을 맞았다.

■ 재무가 부실한 기업의 내부적인 악재로는 실적 악화는 말할 것도 없고 분식회계, 배임·횡령, 부도, 감자, 증자, 가장납입, 대주주 주식담보대출에 따른 반대매매, 사채행사, 감사거절, 상장폐지 실질심사 강화에 따른 거래정지 등이 대표적이다. 데이트레이더의 주 활동 무대가 되면서도, 자본금이 적고 회사에 자금이 부족한 코스닥 중·소형주의 가장 큰 문제점인 셈이다.

공시와 뉴스에 웃고 울어도 정보는 비대칭적이다

주식시장에는 많은 정보가 넘쳐난다. 정치, 경제, 환율, 유가, 금리, 물가, 정책, 실적, 테마, 기술, 환경 등 기업의 직·간접적인 많은 정보의 홍수 속에서 투자자들은 저마다 투자의 기준을 찾으려 혈안이 되어 있다. 이 중에서 공시와 뉴스는 추격매매의 직접적인 영향을 미친다. 공시는 상장기업의 의무사항으로 투자자들에게 기업의 내용을 투명하게 공개하는 제도이고, 뉴스는 공시와 달리 언론 기자들의 추상적인 문맥 등으로 보는 시각에 따라 해석이 달라진다. 공시는 다소 객관적이지만 뉴스는 주관적이다. 때문에 심리적으로 불안할 수밖에 없는 투자자들은 공시보다는 뉴스에 민감하게 반응하게 되고, 그만큼 뇌동매매의 주원인이 된다. 뉴스는 참고만 하고, 공시는 냉정하게 분석하는 자세가 필요하다.

■ 일반적으로 주식은 **〈선호재 선악재〉**로 시장에 반영된다. 호재에 개인투자자들이 매수할 기회가 주어진다면 일단 의심해야만 하며, 악재는 항상 뉴스나 공시를 통해 시장에 공개되기 이전에 선반영된다. 정보는 항상 비대칭적이기 때문이다.

차트분석의 핵심, 캔들·거래량·이평선·추세선!

월봉 차트
[0600] 키움종합차트 - KOSPI200 외국인보유[28,...] ...수[137,935(천)] 액면[1,000] 자본금[1,379(억)] 결산[12월] EPS[3,717] PER[71.57] 시가총
셀트리온
266,000
매수
매도
셀트리온 종가 단순 5 10 20 60 120
차트분석에서 캔들은 주가변동, 거래량은 수급, 이평선은 평균가격, 추세선은 투자심리를 나타낸다. 추세선은 상승추세, 하락추세, 그리고 평행추세로 나눌 수 있다. 이 3가지 추세선 중 가장 중요한 선은 바로 지지와 저항을 나타내는 평행(횡보)추세선이다. 단기매매시 평행추세선은 매우 중요한 투자의 기준이 되는데, 평행추세는 세력의 주가관리 의지를 나타내며, 어떤 면에서 기간조정구간을 나타내기에 세력의 단기 평균단가를 의미한다고 볼 수 있다.
세력이 거래량을 동반해 캔들을 통해 이평선을 만들 때는 반드시 조정(가격조정, 기간조정)을 거쳐야만 한다. 이때 평행추세선을 기준으로 주가관리에 들어가는데, 단기 이익실현이나 혹은 손실실현의 매물을 소화시키는 동시에 이평선을 그려 추세전환 시점을 만드는 과정을 거친다. 주가가 한 단계 상승이나 하락을 시도하는 추세전환 시점은 보통 이평선을 한곳으로 수렴시켜야 강한 에너지가 발산하기 때문이다. 이것이 차트분석에서 캔들, 거래량, 이평선과 함께 추세(상승과 하락, 그리고 지지와 저항)가 중요한 이유다.
예측매매는 평행추세를 중시하며, 대응매매는 상방이나 하방추세를 중시한다. 예측과 대응이 함께 조화를 이루어야만 성공투자가 보장된다.
주가는 항상 이평선과 추세선을 기준으로 지지와 저항을 만들어 방향을 잡아나간다. 보통 추세전환 시점은 이평선과 추세선이 수렴한 다음 서로 충돌하는 과정에서 탄생하며, 그 원동력이 바로 거래량(수급)이다.
LC:1241.54
HC:-32.87
350,000
300,000
250,000
200,000
150,000
100,000
50,000
거래량 단순 0 0 0 0
8,891,915주(90.08%)
100,000K
50,000K
2010
2012
2013
2014
2015
2016
2017
2018
2019
2020
2021
08/02

■ 추세를 나타내는 기준선은 상승추세선, 하락추세선, 평행추세선 그리고 이평선으로 분류할 수 있다. 이 중에서 평행추세선은 **〈기간조정구간 = 매물대 = 지지선 = 저항선 = 세력의 주가관리 능력〉**을 동시에 나타낸다. 일봉은 물론 분봉, 주봉, 월봉에서도 이평선, 거래량과 함께 지지와 저항을 나타내는 평행추세선을 함께 주시한다면 주가의 흐름을 읽어내는 데 큰 도움이 될 것이다.

데이트레이딩 기본 원칙

❶ **장초반·장후반 1시간 동안 집중하기** (일반적으로 주가의 가격 변동폭이 큰 시간대는 장초반과 장후반이다. 장중에는 통상 거래량이 감소하는 특성이 있어 주가 변동폭이 그렇게 크지 않다.)

❷ **미수 금지** (빚을 내서 하는 투자는 뇌동매매의 원인이 되며, 투자심리를 불안하게 만든다.)

❸ **몰빵 금지** (미수와 신용과 올인은 깡통의 지름길이다.)

❹ **분산투자** (리스크 관리를 위해서는 투자금액을 장기·중기·단기로 분산해서 투자하고, 투자종목도 각기 다른 업종에 따라 분산투자해야 하며, 투자종목 수도 3종목 정도로 나눠서 투자하기 바란다. 데이트레이딩 관점에서 하루에 5종목 이상 매매를 강행한다면 집중력이 분산되어 뇌동매매의 원인이 된다.)

❺ **당일 매도** (데이트레이더의 기본원칙이다. 수익에 상관없이 보유주식은 당일 매도하고 내일에 대한 리스크에서 벗어나도록 한다.)

❻ **손절매는 칼같이** (데이트레이더는 냉정하고 기계적인 매매를 해야만 한다. 손절매의 기준을 확실히 정한 상태에서 예상과 빗나가는 주가흐름을 보일 때는 칼같이 끊고 다음 기회를 노린다.)

❼ **보초매매 금지** (내일 오를 것이라는 확신이 들더라도 오늘 미리 매수할 필요는 없다. 내일은 누구도 장담하지 못한다.)

❽ **한 번 사고판 종목, 당일 재매매 금지** ('미련'은 자신의 감정을 컨트롤하는 데 있어서 가장 해악을 끼치는 단어다.)

❾ **오전에 수익이 나면, 당일 매매 종료** (배가 부르면 휴식은 필수다. 더 큰 욕심은 자만을 부른다.)

❿ **슬럼프에 빠지면 1주일 이상 쉬어가기** (슬럼프는 고수·하수 가리지 않고 누구에게나 찾아온다. 쉬지 못하면 될 수가 없다.)

▷ 이 외에도 저마다 데이트레이더가 지켜야 할 일반적인 원칙들은 많다. 이를테면 수급이 활발한 인기주·테마주 공략하기, 매매횟수 한정하기, 물타기 금지, 투자는 타이밍 싸움인 만큼 때를 기다리는 인내심 기르기 등의 내용들이다. 수익을 꾸준히 내는 데이트레이더라면 저마다 융통성을 발휘해 위에 소개한 것과 같이 어디에서나 흔히 접할 수 있는 기본원칙들을 굳이 지킬 필요는 없다. 그러나 손실을 반복하는 데이트레이더라면 최소한 위에 소개한 기본원칙들을 모두 지켜본 경험이 있는지 스스로 자문하기 바란다.

PART 05

투자의 맥!

INVESTMENT

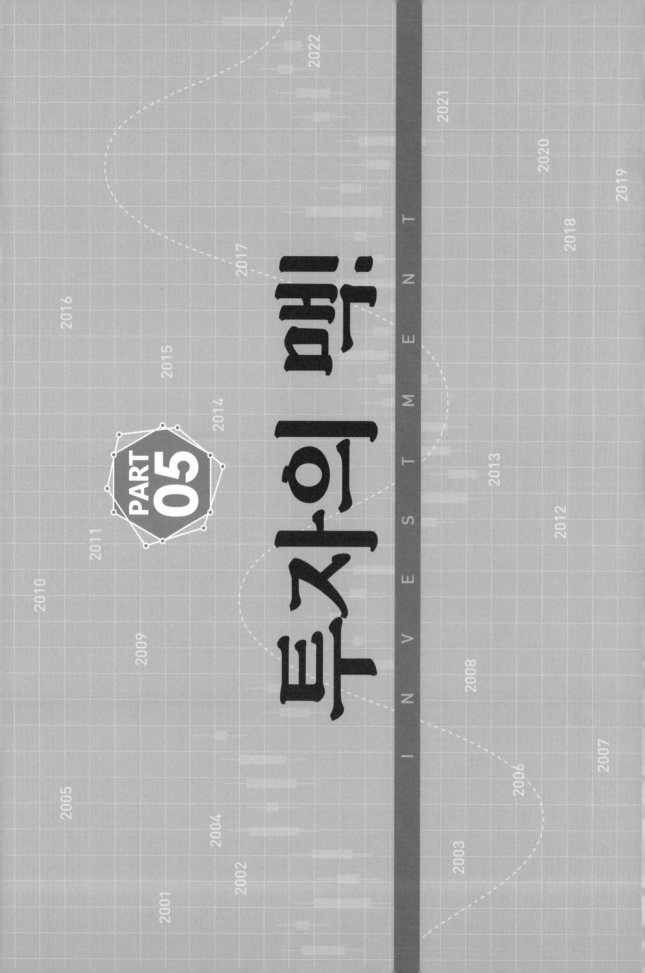

나 영업이익률, 자산 및 부채비율도 중요 분석 대상에 속하지만, 다른 무엇보다도 **영업이익, 매출채권, 재고자산** 이 세 가지 항목을 잘 주시해야만 한다. 재무제표에서 이익은 영업이익, 경상이익, 당기순이익으로 나눌 수 있다. 그러나 가장 중요한 것은 과연 해당 기업이 직접 상품이나 서비스 등을 판매해 영업이익을 낸 것이냐, 아니면 전환사채나 유상증자 등으로 마련된 자본을 가지고 사채를 이 등을 통해 이익을 낸 것이냐[영업외이익], 또는 보유 중이던 자회사나 부동산을 매각해 이익을 낸 것이냐[특별이익]를 우선 따지는 것이 가장 중요하다.

기업의 존속 이유는 '수익'이다. 수익을 내지 못하는 기업은 퇴출될 수밖에 없는 것이 냉혹한 자본주의 현실이다. 기업이 제대로 돌아가고 있는지를 판단하려면, 순수 영업이익 흑자를 기록하고 있느냐 아니면 매 분기마다 적자를 기록하는지를 확인하는 것이 가치분석에서 가장 중요하게 살펴볼 사항이다.

간혹 자본금이나 통화손실 평가를 등으로 분기 재무제표에 당기순이익이 적자가 나는 경우가 있다. 하지만 영업이익만큼은 흑자를 기록해야만 한다. 그다음에야 비로소 매출액 대비 영업이익률 본석을 통해 현재가치가 아닌 미래가치를 평가하는 작업을 할 수가 있는 것이다. 다시 한편 강조하지만 기업분석에서 특히 재무제표에서 가장 중요한 것 한 가지만 꼽으라면 단연 '영업이익'이다. 영업이익은 기업의 생존력[현재가치]과 경쟁력[미래가치]을 동시에 나타내기

가치분석의 핵심

가치분석은 기업에 대한 내적·외적 기본적인 분석을 말한다. 해당 기업이 돈을 잘 버는지 및 버는지를 나타내는 재무제표와 내부 경영자의 자질과 능력, 기술력, 시장점유율, 인지도, 그밖에 기업의 업종분석, 경제동향 등이 주요 분석 대상이 된다.

가치분석은 해외경제, 국내경제, 그리고 업종동향을 살피는 것도 중요하지만 일반적으로 기업의 재무제표를 근거로 기업의 가치를 산출한다. 재무제표에는 매출액, 영업이익, 당기순이익, 유보율, 자산과 부채 등의 수치가 기록되어 있으며, 이를 통해 PER[주가수익률], EPS[주당순이익], BPS[주당순자산], ROE[자기자본이익률] 등을 산출해 동종 기업과의 상대비교를 통해 저평가인지 고평가인지를 판단한다.

그러나 차트가 후행성인 것처럼 재무제표도 후행성이라는 것이 실전투자에 어려움을 준다. 특히 기업의 재무제표는 최소 3개월 이전의 기업 실적을 나타낸 영수증에 불과할뿐더러 분식회계와 같이 임의로 수치를 조작할 수 있는 단점도 안고 있다. 차트에는 실적이 나타나지 않는 것처럼 재무제표에는 수급이 나타나지 않는다. 때문에 단기적 성향이 짙은 개인투자자 입장에서 가치분석만으로는 한계를 느끼게 된다.

본문에서도 다뤘듯이 기업의 재무제표를 분석할 때는 매출액이

해당된다. **자본금 변동**이란 자본금의 증가 또는 감소를 뜻하는 것
으로 여기에는 사채발행, 유상증자, 유상감자, 가장납입, 자본과
자본잉여 등을 모두 포괄하는 기업의 재무 변동 사항을 의미한다.
경제분석이나 산업분석이나 기업분석 모두 가치분석 차원에서 중
요하게 다뤄야 할 사항들이다. 그러나 실전투자에서 정작 중요한
것은 재무제표의 단순한 숫자놀음이 아니라 자본금 변동 사항과
아울러 경영자CEO의 도덕성과 경영자질, 그리고 위기관리 능력을
분석하는 작업이라 할 수 있다.

때문이다.

다음으로 '매출채권'은 물건을 공짜로 주고 매출로 잡는 경우다.
쉽게 말해 자기 공장 물건을 대리점에 외상으로 넘품하고 이것을
매출로 처리하는 것이다. 한마디로 어음이라 할 수 있다. 다행히
외상으로 발판준 물건이 다 팔리면 좋은데, 만약 경기가 나빠지거
나 소비자가 외면해 매출로 잡은 물건이 반품되면 어떻게 될까. 어
음결제를 제때 못하면 부도를 맞는다. 따라서 부채비율과 함께 매
출채권이 꾸준히 증가하는 기업이라면 그만큼 부도위험이 높다는
것을 의미한다.

매출채권 이외에 '재고자산'은 기업이 앞으로 판매할 제품을 미
리 만들어 보관하는 경우나 반대로 반품된 제품을 자산으로 분류
한 것을 말한다. 이 역시 매출채권과 마찬가지로 급격히 증가한다
면 한편 의심해봐야 한다. 재고자산도 현재는 판매가 되지 않지만
앞으로 수익을 창출할 수 있다는 측면에서 자산인 일종인 것은 사
실이다. 그러나 지나치게 많은 재고자산은 제품이 많이 판매되지
않는다는 것을 못하고, 이를 해소하기 위해 향후 제품가격을 낮출
가능성이 크다는 것을 말한다. 이것은 곧 기업수익을 악화시키는
요인이 된다. 요약하자면 재무제표에서 순수 영업이익과 매출채권
과 재고자산 항목만 잘 주시한다면 최소한의 가치분석은 끝났다고
보면 된다.

추가적으로 덧붙이자면 자본금 변동에 대한 사항도 가치분석에

부채발행·사채발행

이윤추구의 목적에서 설립된 기업은 제품이나 상품, 서비스 등을 소비자에게 판매해 매출을 올리고 이익을 극대화하는 과정에서 규모를 키워나간다. 기업을 설립해 사업을 하려면 최소한의 사업밑천이 필요하다. 초기에는 2인 이상이 자본을 출자해 사단법인 기업형태인 '회사'를 설립한다.

회사는 크게 **합명회사**(공동경영), **합자회사**(복합경영, 출자경영), **유한회사**(출자경영), **주식회사**(주주경영) 등으로 나뉜다. 이 중에서 외부로부터 자본을 유지하기 가장 수월한 회사형태가 바로 '주식회사'다. 초기 자본금을 밑천으로 주식을 추가로 발행해 사업자금을 모으는데 가장 편리한 기업형태이기 때문이다.

주식회사는 상장회사와 비상장회사로 나뉜다. '상장회사'는 증권거래소에 상장된 회사를 말하고, '비상장회사'는 증권거래소에 상장되지 않은 장외시장에 등록된 회사를 말한다. 상장회사와 비상장회사의 가장 큰 차이는 상장회사인 증권거래소에 상장된 주식회사는 이자부담 없이 외국인이나 기관 등의 많은 투자자로부터 투자금을 조달할 수 있다는 것이 가장 큰 매력이기 때문이다.

따라서 이윤추구의 목적에서 설립된 모든 기업의 1단계 목표는 주식회사가 되어 증권시장에 상장되는 것이고, 2단계 목표는 증권시장에서 투자자로부터 많은 사업자금을 끌어모으는 것이며, 3단계 목표는 투자받은 자금을 활용해 회사를 성장 발전시키는 것이다.

공모자금, 사채발행, 유상증자

증권거래소에 상장된 회사는 비싼 이자비용 없이 투자자들로부터의 자금조달이 수월한데, 대표적인 자금조달 방법으로 '공모', '사채발행', '유상증자'가 있다.

장외에서 거래가 되는 비상장회사든 아니면 장외거래조차 안 되는 주식회사이든 증권거래소에 상장하려면 일정한 상장조건에 부합되어야 하며, 이런 상장심사절차를 무사히 통과한 주식회사는 공모를 통해 상장의 기쁨을 누리게 된다.

공모 Public Offering는 공개모집의 약자로 다수로 집중되었던 주식을 불특정다수 투자자들에게 새롭게 발행해서 벗어나 불특정다수 투자자들에게 주식(신주)을 발행해 장악하는 것을 못한다. 비상장회사는 주식 분포가 일부 소수에게 집중되어 있기 마련이다. 많은 투자자로부터의 투자금 유치환경이 매우 제한되어 있기 때문이다. 따라서 증권거래소는 기업의 정보를 투명하게 공개시키고, 소수에 집중된 주식을 투자자들에게 골고루 분산시켜 공정한 투자환경을 조성하게 한다. 이때 신규상장 기업은 공모를 통해 불특정다수에게 기존의 주식을 새로 발행하게 되고, 투자자들이 청약을 하면, 그 공모자금이 회사에 유입되어 사업자금으로 사용하게 된다. 이것이 상장회사가 누리는 첫 번째 자본조달 혜택이다.

두 번째 자본조달 방법으로는 **사채발행**이다. 일반 회사인 경우 사업자금이 부족해지면 금융권으로부터 대출을 받거나 대출심사에서 떨어지면 제2금융권이나 사채시장을 통해 고금리로 긴급 자금을 수혈하게 된다. 하지만 상장회사는 시중보다 매우 낮은 금리로 사채를 발행해 사업자금을 마련할 수 있으며, 자금 규모 또한 비상장회사와 비교할 수 없을 정도로 큰 액수를 자랑한다.

상장회사가 외국인이나 기관 혹은 일반 투자자들에게 발행하는 사채는 대표적으로 전환사채CB와 신주인수권부사채BW가 있다. **전환사채**Convertible Bond는 회사가 자금이 필요할 때 주식으로 전환할 수 있는 권리를 부여한 사채를 말한다. 발행방법이나 절차에 따라 사채의 종류가 다르지만, 핵심은 전환사채가 주식으로 전환될 때 현 주가와 전환가격 차이에 따라 발행주식수가 큰 차이를 보이는 데에 있다.

예를 들어 A라는 회사가 B에게 1년 만기 전환사채를 발행할 때, 만기보장 수익률 5%에 전환가격 1만 원이라 가정해 본다. 1년 동안 주가가 1만 원 밑으로 하락해 있다면 B는 만기까지 사채를 보유하고 있다가 회사로부터 5% 이자를 받으면 된다. 그런데 1년 동안 주가가 상승해 2만 원이 되면 B는 전환가격 1만 원짜리 사채를 주식으로 전환해 시세차익을 얻게 된다. 또한 전환사채 발행시 조건이 붙게 되는데, 이를테면 현 주가 1만 원에 전환가격이 1만 원이지만 주가가 하락해 5천 원이 되면 전환가격도 그만큼 낮게 수정되어 주식 전환시 발행주식수가 증가하게 된다. 다시 말해 A라는 회사는 단기에 사채발행만큼 자금을 수혈받는 대신 B에게 사채이자를 지급하든가 주식으로 갚아야만 한다. B는 주가가 내리든 말든 이자를 받든가 주식 전환으로 시세차익을 얻을 수 있다.

상장회사는 또한 신주인수권부사채BW를 발행해 사업자금을 마련하기도 한다. **신주인수권부사채**Bond with Warrant는 회사의 증자발행 신주를 우선적으로 받을 수 있는 권리를 가진 사채를 말한다. 전환사채는 사채를 주식으로 전환하면 권리가 없어지지만, 신주인수권부사채는 사채는 사채대로 효능을 발휘하면서 동시에 신주발행의 권리도 행사할 수 있는 사채다.

예를 들어 회사가 BW를 발행하고 추가로 사업자금이 필요해 유상증자를 할 경우 증자에 참여하는 다수의 투자자들보다 조금 유리한 조건으로 신주를 받을 수 있는 권리가 포함된 사채다. 회사가 증자를 안 하면 권리행사를 안 하고 이자만 받으면 되고, 증자를 할 경우에도 유리하면유증가보다 발행가가 현저히 낮아 시세차익이 기대되면 권리를 행사하고, 불리하면발행가보다 유증가가 높으면 신주발행 권리를 행사하지 않으면 된다.

사채 = 빚 = 부채

사채는 빚이고, 빚은 부채다. 언젠가는 갚아야만 한다. 사채를 발행한 회사는 반드시 채권자에게 돈으로 갚든 주식으로 갚든 빚을 갚아야 한다. 회사가 발행하는 전환사채CB나 신주인수권부사채BW 인수권자는 외국인, 기관, 은행, 증권회사, 보험사, 캐피탈, 사금융업체, 개인사채업자 등이다. 금융업자나 사채업자는 절대 손해 보는 장사를 하지 않는다. 주가가 상승하든 하락하든 항상 이윤을 남긴다. 주가가 급등하면 사채를 주식으로 전환해 큰 시세차익을 남기고, 주가가 하락하면 사채 행사가를 낮춰 더 많은 권리를 확보하거나 동시에 이자를 계속 받으면 되고, 최악으로 회사가 부도를 맞아 상장폐지가 되도 남은 자산을 청산해 나눠 가지면 된다.

그렇다면 그들의 이익의 반대급부에 해당하는 손해는 누가 볼까?

흔히 개인투자자들은 부실주나 관리주, 심지어 상장폐지 대상인 종목을 투자할 때 청산가치를 따지곤 한다. 사업전망도 없고, 매출은 줄고, 이익은 해마다 적자를 벗어나지 못하고, 부채비율도 높고, 쌓아놓은 이익금도 없지만, 보유한 땅이 있고 공장도 있고 건물도 있고 그밖에 매도 가능한 유가증권을 많이 보유하고 있어 최악으로 청산절차를 밟아도 주주들에게 조금은 피해보상을 해주지 않을까 하는 망상을 갖고 상장폐지 대상 기업의 주식을 장기투자하기도 한다.

채권자가 괜히 무서운 것이 아니다. 상장회사가 상장폐지되면 개인투자자들에게 돌아가는 것은 아무것도 없다. 회사가 청산절차를 밟게 되면 청산하고 남는 자산은 우선적으로 채권자들의 몫으로 돌아간다. 그렇게 모든 채권자들의 피해를 전부 보상한 다음, 그래도 자산이 남으면 그때서야 개인주주들에게 보상을 하게 된다.

회사입장에서는 개인투자자들에게 빚을 진 것유상증자과 금융기관이나 사채업자에게 빚을 진 것사채발행은 하늘과 땅 차이이다. 개인투자자들에게 욕을 먹는 것은 채권단으로부터 경매딱지를 받는 것과 비교가 되지 않는다.

주식투자를 할 때, 종목을 선정하고 매매할 때, 기업을 분석하고 차트를 분석할 때 최소한 빚이 많은 기업은 피하기 바란다. 빚이 자산이라는 개념은 일부 특권층에서나 통용되는 말이다. 빚은 언젠가는 반드시 갚아야 할 부채다.

자산대비 부채비율이 높은 기업, 사업 규모에 비해 전환사채CB나 신주인수권부사채BW를 과도하게 발행한 기업, 잦은 유상증자를 실시하는 기업, 투자자들에게 많은 빚을 지고 있는 기업, 카드 돌려막기와 같이 빚 돌려막기를 하는 기업유증→사채→감자→유증→사채은 투자에 신중에 신중을 기하기 바란다.

유상증자
무상증자

증자의 기본개념

상장회사의 세 번째 자금조달 방법으로 유상증자가 있다. 여기서 증자增資란 자본금을 늘리는 것으로 크게 유상증자와 무상증자로 나뉜다. **유상증자**는 쉽게 말해 투자자들에게 돈을 받고 주식을 새로 발행하는 것이고, **무상증자**는 투자자들에게 돈을 받지 않고 무상으로 주식을 나눠주는 것을 말한다.

자본금 = 발행주식수 × 액면가

유상(무상)증자 =〉자본금 증가 = 발행주식수 증가 × 액면가

유상증자의 목적

증자유상증자의 목적은 자금조달이며, 사용처에 따라 ①시설자금 ②운영자금 ③타법인 취득자금 ④기타자금으로 나눌 수 있다. 여기서 중요한 것은 기업이 증자 납입금을 가지고 신사업 진출, 기술도입, 시설증설과 같은 사업운영 전반에 사용하는지 아니면 타법인출자나 부채상환에 주로 사용하는지를 확인할 필요가 있다. 특히 타법인투자나 차입금 상환 비중이 절대적으로 높다면 향후이나 가인 지분투자나 차입금 상환으로 자금조달 수단으로 전략함을 우려가 크기 때문

장납입 가능성이 커지는 만큼 투자자들은 주의해야만 한다.

유상증자의 종류

유상증자는 증자 대상에 따라 일반배정, 주주배정, 제3자배정 이렇게 3가지 종류가 있다.

① 일반배정 유상증자

일반배정 유상증자는 일반 불특정다수 투자자에게 공개적으로 증자를 하는 방식을 말한다. 공모주 청약이 대표적인 일반배정 유상증에 해당한다. 일반배정 증자는 주주배정이나 무상증자와 달리 권리락이 없다. 여기서 **권리락**이란 증자를 받을 권리를 말하며, 보통 증자 확인일물에 따라 현 주가 대비 일정한 폭의 주가하락이 이루어진다고 해서 권리락이라 부른다.

일반배정 증자는 권리락이 없는 대신에 현 주가 시세로 증자를 하거나 현 시세보다 조금 높게 혹은 일정금액 할인된 상태에서 신주를 발행한다. 통상 일반배정 증자는 10억 미만의 일반소액공모 방식으로 증자를 실시하며, 사채발행이나 주주배정 증자와 달리 금융감독원에 유가증권신고서를 제출할 필요가 없고, 비교적 짧은 기간에 적은 비용으로 자금을 조달할 수 있는 장점이 있다.

하지만 투자자 보호 차원에서 일반배정 증자와 같은 소액공모는 일부 부실한 기업들의 자금조달 수단으로 전락할 우려가

② 주주배정 유상증자

주주배정 유상증자는 가장 일반적이고 널리 활용되는 증자방식으로 회사의 주주들을 대상으로 신주인수권을 주고, 주주들로부터 신주를 매입해 자본금(납입자본)을 늘리는 것을 말한다. 투자자들이 주주배정 유증에 참여하기 위해서는 우선 유증권리를 먼저 얻어야 한다. 유증권리는 신주를 인수할 권리를 말하며, 권리 획득에 따른 권리락이 발생한다.

증자에 참여하려면 주주배정 유상증자를 실시한 기업의 주식을 매수한 상태에서 → 신주인수권을 보유하면 → 권리락이 발생하고 이때 신주를 매입할 권리가 생긴다. → 유증권리를 행사하려면 정해진 유증금액에 맞춰 청약하면 되고 → 청약과 상관없이 신주를 매입할 금액만큼 계좌에 현금을 마련해 놓으면 자동으로 인출 → 신주상장일에 맞춰 자동으로 계좌에 신주가 입고된다.

주주배정 유증은 투자자 입장에서 시가보다 현 시세보다 할인된 금액으로 주식을 매입할 수 있고, 회사 입장에서는 투자자로부터 모든 증자 대금으로 신규사업을 벌이거나 시설을 확장하거나 부채를 상환함으로써 회사가치를 높일 수 있는 장점이 있다. 반면 신주발행에 따라 부실기업들의 일시적 생명연장의 역할을 하거나 유증 대금을 입금한 다음 도로 빼내는 가장납입도 성행하기 때문에 가능하면 일반배정 유상증자에는 참여하지 않는 것이 안전한 투자방법이다.

③ 제3자배정 유상증자

제3자배정 유상증자는 일반 불특정다수도 아니고 기존 주주를 대상으로 하는 것이 아닌 제3자를 대상으로 하는 증자방식을 말한다. 여기서 제3자는 대주주나 회사의 임원이 될 수도 있고, 회사와 특별한 관계에 놓여 있는 투자자이거나 외국인, 기관, 기타 사설금융업체나 사채업자가 될 수도 있다.

그뿐만 아니라 제3자배정 유상증자는 회사의 경영권 교체의 목적이나 인수·합병 및 우회상장의 목적으로도 활용된다. 제3자배정 증자의 최대 장점은 권리락이 없어 기존 투자자에게 전혀 손해를 끼치지 않고 회사에 자금유입이 가능하며, 동시에 일반배정이나 주주배정과 달리 일정기간(통상 1년) 보호예수에 묶여 있기 때문에 신주발행에 따른 물량부담이 거의 없다는 점이다. 때문에 제3자배정 유증은 시장에서 대부분 호재로 인식되어 단기 주가 급등의 대표적인 명분이 되기도 한다.

하지만 현재, 3자배정 유증이라는 호재가 과거와 같은 급등세를 모두 연출하지는 않는다. 이를테면 3자배정 유증 금액이 크지 않거나, 3자배정 유증 대상자에 사채업자가 끼어 있거나, 3자배정으로 ⋯에 투자자들의 각별한 주의가 필요하다. 그뿐만 아니라 자본잠식에 처한 부실기업들의 일시적 생명연장의 역할을 하거나 유증 대금을 입금한 다음 도로 빼내는 가장납입도 성행하기 때문에 가능하면 일반배정 유상증자에는 참여하지 않는 것이 안전한 투자방법이다.

경영권이나 지분을 인수하는 기업이 부실하거나, 3자배정 유증 공시가 나오는 시점에 이미 주가가 크게 급등한 상태라면 오히려 주가는 유증 공시와 함께 하루 반짝하고는 내리막길을 걷기도 한다.

제3자배정 유증에서 주의할 것은, 과거에는 보호예수가 없는 제3자배정은 99% 사채자금이었다. 현재는 규제 강화로 최소 6개월, 또는 1년간 보호예수에 묶이게 된다. 문제는 제3자배정 유증방식이 자본잠식에 빠졌거나 부도 징후가 나타나는 등 한계상황에 처한 기업들이 주식시장에서 선택할 수 있는 최후의 수단이라는 사실이다. 기업이 부실하다 보니 회사채 발행이나 주주배정 및 일반공모가 쉽지 않다. 이에 따라 부실한 기업은 사채업자를 끌어들여 제3자배정 유상증자를 참여케 하고, 자본잠식에서 벗어났다는 서류만 작성한 다음 납입자본을 다시 사채업자에게 되돌려 주는 가장납입도 서슴지 않게 된다.

무상증자의 개념과 목적

무상증자는 기업이 보유한 **잉여금**회계상 자기자본 중 자본금을 초과하고 남는 순익을 자본금으로 환원시키는 것을 말한다. 무상으로 주식을 나눠주는 것으로 회사의 자본총계자기자본 중에서 이익잉여금이나 자본잉여금 한도 내에서 증자를 실시한다. 여기서 **이익잉여금**이란 기업의 영업활동에 의해 생긴 순이익을 말하며, 주주에게 배당으로 지급하거나 자본으로 대체되지 않고 남은 순이익을 말한다. **자본잉여금**은 회사의 자본거래로 인한 순이익을 말하며, 주식발행초과금이나 자기주식처분이익 등이 해당된다.

무상증자는 잉여금 한도 내에서 주식을 무상으로 배분하는 만큼 **배당**기업의 이익 중 일부를 주주에게 분배하는 것의 성격을 가진다. 기업 입장에서 주주들에게 보상의 차원에서 현금배당을 실시하게 되면 자기자본은 증가하지 않고 회사의 보유자금이 외부로 유출되지만, 무상증자를 실시하면 현금을 주식으로 배분하기 때문에 자금 유출이 없다. 또한 기업 내부에 유보된 잉여금을 자본금으로 전환해 기업에 재투자할 수 있는 효과가 있다.

무상증자는 실질적으로 총자산에는 변화가 없다. 다만 회계상 주식수가 증가하는 만큼 자본금이 늘어나는 효과를 얻는다. 주주에게는 이익배당, 기업은 잉여금 재투자, 유통주식수 증가에 따른 거래량 활성화, 주식 분산 효과, 그리고 경영권 보호 차원의 목적에서 무상증자를 실시한다.

무상증자는 주주배정 유상증자와 같이 주주들에 대한 배당의 성격이 있기 때문에 권리락이 발생한다. 보통 무상증자는 1주당:0.5주 이내이지만 때론 1:1, 1:2, 심지어 1:3의 파격적인 무상증자도 실시한다. 이를테면 총주식수 200만주인 기업이 1:1 무상증자를 하면 주당 1주의 신주를 배분하기 때문에 총주식수가 400만주로 증가하는 방식이다. 이때 신주배정 기준일에 무증비율에 맞게 권리락이 발생한다. 따라서 무상증자를 한다 해도 실질적으로 기업의 총자산 가

대주주 주식담보매출 반대매매

지는 변하지 않으며, 시가총액 포함 큰 변동은 없고 권리락 이후 시가총액은 감소하지만 신주발행 후 이전 시가총액을 회복, 다만 무증 효과와 신주발행 이후 기업가치 변화에 따라 시가총액이 달라진다.

시장은 대체로 무상증자를 호재로 인식한다. 무상증자를 할 정도면 기업의 재무가 튼튼하다는 반증이고, 또한 유통주식수 증가에 따라 거래량이 활발해지기 때문에 투자자 입장에서 투자가치가 좋다 하다고 생각하기 때문이다.

유가증권신고서라 부른다.

상장기업이 자본을 조달할 때는 기본적으로 일반공모, 사채발행, 유상증자 이렇게 3가지 방식을 취한다. 그런데 이러한 유가증권 모집에는 일정한 절차가 필요하다. 상장기업 임의대로 자본조달을 위해 증자를 한다고 공시한다고 해서 다 되는 것이 아니다. 투자자 보호와 건전한 자금조달을 위해서 증권거래법에 의해 유가증권과 회사의 내용을 기재한 서류를 증권관리위원회에 제출하고 그 수리한 날부터 일정기간이 경과해야 증자를 실시할 수 있는데 이를 가리켜 **유가**

증권신고서라 부른다.

유가증권신고서에 기재해야 할 사항으로는 회사의 개황, 사업내용, 재무에 관한 사항, 발행 또는 매출요령, 조달자금의 사용목적, 감사인의 감사의견 등이 있다.

상장기업이 유가증권신고서를 제출해도 증권관리위원회에서 반려시키는 경우도 많다. 기업이 매우 부실하거나 기업이 제출한 서류가 허위로 기재되거나 객관적 자료가 부족한 경우 투자자 보호 차원에서 증자 승인을 보류하는 것이다. 기업은 다시 서류를 보완해 제출하고, 증권관리위원회는 다시 검토해 또 오류를 발견하면 다시 반려하기도 한다. 이것이 바로 유상증자가 연기되는 이유다.

적자가 누적되어 자본잠식에 빠지거나 일시적 유동성 부족에 빠져 긴급 자금이 필요한 상장기업은 유증심사 조건에 부합되지 않거나 유가증권신고서를 제출할 시간이 부족하다고 판단되면 사채업자를 낀 제3자배정 유증이나 은행권 직접대출, 사채시장에서 할인대출로 이어진다. 이 경우 담보물이 필요하고 기업의 자산이나 대주주 지분을 담보로 제공한다. 특히 유형자산을 담보로 할 때는 가치선정에 많은 시간이 소요되기 때문에 보통 대주주 지분을 담보로 잡고 대출을 받아 긴급 자금을 수혈하게 된다.

대주주의 주식을 담보로 대출받은 자본을 가지고 기업은 일시적 유동성 부족에서 빠져나오기도 하지만, 반대로 경영악화가 지속되어 대출금을 제때 상환하지 못하는 상황도 연출되곤 한다.

대출금 상환일이 다가오면 사채업자금융권는 대주주에게 연락을 하고, 대주주가 자금마련에 실패하면또는 주가가 담보비율 밑으로 하락하면 사채업자는 담보로 잡은 대주주 지분을 시장에 강제로 내다 팔게 된다. 이것이 개인투자자들이 중·소기업에 투자할 때 횡령·배임과 함께 가장 두려워하는 **대주주 주식담보대출 반대매매**다.

통상 대주주 주식담보대출은 할인율이 매우 높아 암묵적으로 현 시가 대비 50% 그 이하로 형성되는 것이 관례다. 예를 들면 현 주가 1만 원에 대주주 지분 100만주를 담보로 대출을 받을 때는 대출업자가 현 주가에서 50% 할인해 주당 5천 원에 100만주 도합 50억을 대출해주는 식이다. 사채업자 입장에서 최악의 경우 담보 주식을 시장에 매도할 때 단기 급락에 따른 충격을 감안해 자금을 대출해주기 때문이다.

대주주 주식담보 할인율도 문제지만 담보비율도 문제다. 상장사 대주주가 지분을 담보로 사채업자에게 자금을 대출받을 때는 담보비율을 정하게 된다. 이를테면 주가가 현 시세보다 20% 밑으로 하락하면 시장에 매도해도 된다는 식으로 계약을 하는 것이다. 주가가 담보비율 밑으로 하락하면 이때 사채업자는 가차 없이 담보주식을 시장에 매도해 버리게 된다. 대출금 상환자금을 마련해도 대주주 지분이 반대매매되는 억울한 상황이 연출되는 것이다. 때문에 대주주는 주가하락을 방어하고자담보비율 하락을 막고자 추가로 담보어음이나 당좌수표를 더 충당하는 악순환에 빠지기도 한다.

문제는 여기서 그치지 않는다. 사채업자 입장에서는 대주주 지분을 담보로 높은 이자수익을 올릴 수도 있고, 주가가 담보비율 밑으로 하락해도 시장에 지분을 팔아버릴 수 있다. 그런데 한술 더 떠서 사채업자는 대주주 지분을 담보로 자금을 빌려주자마자 담보주식을 시장에 내다 팔아 일부러 주가를 떨어뜨린다. 그러고는 다시 싼값에 주식을 사들인다. 이른바 대주주 지분을 담보로 시세조정주가조작을 하는 것이다.

문제는 또 있다. 대주주 지분을 담보로 잡은 사채업자가 다른 사채업자와 짜고 최대주주대주주를 교체해 버리기도 한다. 사채업자가 담보주식을 시장에 내다 팔게 되면 수급이 깨지면서 주가급락을 불러온다. 주가급락은 담보비율을 맞추지 못해 반대매매로 이어지고, 반대매매는 대주주 지분율 하락으로 이어져 결국에는 지분 5% 미만의 개인투자자가 최대주주로 변경되는 해프닝을 겪기도 한다.

악덕 사채업자기업사냥꾼인 경우에는 한발 더 나아가 아예 상장사를 통째로 집어삼키기도 한다. 속칭 **바지사장**경영에는 참여하지 않고 명의만 빌려주는 가짜사장을 내세워 회사의 자산을 모두 빼돌리고는 횡령이나 자본잠식 등의 이유를 들어 상장폐지를 시킨 다음 자신들의 흔적을 말끔히 지우는 것이다. 이 과정을 순서대로 나열하면 다음과 같다.

❶ **이자수익에 만족한다**(높은 수익률을 보장한다는 이면계약 작성).

↓

❷ **수익률이 낮으면 담보지분을 시장에 내다 팔아 차익을 챙긴다.**

↓

❸ **담보주식을 가지고 시세조정**(주가조작)**을 한다.**

↓

❹ **담보지분 반대매매**(또는 제3자배정 유상증자)**를 통해 자신의 사람**(바지사장)**을 대주주로 교체한다.**

↓

❺ **바지사장은 그럴듯한 명분으로 증자를 통해 자본금을 확충한다.**

↓

❻ **바지사장은 확충된 자본금을 횡령한다.**

↓

❼ **횡령한 자본은 사채업자의 손에 들어간다.**

↓

❽ **사채업자는 회사의 모든 자산을 다 빼먹고는 더 이상 빨아먹을 것이 없다고 판단되면 상장폐지를 통해 상장사를 공중분해시킨다.**

↓

❾ **횡령이나 가장납입 사건이 터지면 바지사장은 사채업자로부터 사례금을 받고 대신 감옥생활을 한다.**

↓

❿ **사채업자는 그렇게 수많은 개인투자자의 돈을 자신들의 호주머니에 집어넣고는 감쪽같이 흔적을 지우고 유유히 사라진다.**

눈뜨고 코 베어 가는 세상이다. 자본을 좇는 그들의 현란한 수법에 혀를 내두를 정도다. 그들은 수많은 개인투자자들이 피와 눈물과 땀으로 일구어낸 자본을 합법적으로 갈취하는 강탈자다. 법망을 교묘하게 피해가기 때문에 수많은 피해자들은 달리 호소할 방법이 없다. 그저 자신은 투자를 잘못했을 뿐이라고 스스로 위로할 뿐이다. 나의 눈물과 회한과 자본은 그들의 웃음과 쾌락과 욕망의 갈증을 채우는 수단으로 전락한 것이다.

상장폐지 전령사, 가장납입

상장기업의 대주주가 기업을 운영하다 보면 사업자금 부족에 늘 시달리곤 한다. 창업주가 초기 자본금을 가지고 회사를 설립해 소수 투자자로부터 자금을 유치받고, 꾸준한 실적을 바탕으로 주식회사로 전환시켜 증권거래소에 상장시킨다. 서비스나 제조업체라면 경기 변동에 민감하게 되고, 바이오 업체라면 연구 실적이 가시화될 때까지는 항상 자금부족에 시달리게 된다. 거래소에 상장한 이후에도 기업이 지속적으로 성장한다면 좋겠지만 세상사 그리 호락호락하지 않다.

사업은 자기자본만으로는 운영이 힘들다. 소비자에게 상품이나 서비스를 제공하려면 건물이 필요하고 인력이 필요하고 자본이 필요하다. 그래서 외부로부터 투자를 받고, 대출을 받고, 어음이나 사채를 발행하게 된다. 상장기업은 비상장기업에 비해 자금조달이 수월한 편이다. 대표적으로 일반공모, 유상증자, 사채발행을 통해 사업자금을 마련한다. 하지만 사업은 항상 변수가 생기게 마련이고, 그 변수라는 것은 세계경제, 경기변동, 환율, 금리, 유가, 인플레이션, 코로나바이러스, 경쟁업체 출현, 소비자 패턴 변화까지 매우 다양하고 복합적인 형태로 기업을 압박해 들어온다.

재무구조가 허약하고 제대로 된 실적을 내지 못하는 기업일수록 자금압박은 점점 심해진다. 공모자금은 이미 사용한 지 오래고, 유증자금은 고갈되고, 기업신용도는 하락해 사채발행도 쉽지 않게 된다. 상장유지를 위해서는 사업을 계속 진행할 수밖에 없고, 그러다 보면 어느새 유동성 부족에 빠지게 된다. 대주주는 마지막이라는 심정으로 기업의 자산이나 지분을 담보로 대출을 받아 일단 급한 불을 끄기도 한다. 매출은 갈수록 줄고, 적자는 누적되고, 자본은 잠식되며, 대출 이자비용조차 감당이 안 되면… 그렇게 버티고 버티다 마침내 기업은 상장폐지를 통해 소멸하게 된다.

이때 대주주가 할 수 있는 선택은 그리 많지 않다.

❶ 헐값에 회사를 매각하는 방법

❷ 감자를 통해 자본을 줄이는 방법

❸ 증자를 통해 자본을 늘리는 방법

❹ 횡령·배임으로 회사의 자산을 갈취하는 방법

❺ 사채업자나 조직폭력배 등의 작전세력을 동원해 시세조정이나 가장납입을 하는 방법

비록 현재는 어려워도 사업에 비전이 있고, 대주주가 진정 회사를 위한다면 어떻게든 회사를 살릴 것이다. 그러나 사업에 비전이 안 보이고, 회사 지분도 거의 없고, 상장유지는 힘들고, 모든 것을 다 포기하기에는 아직 미련이 남고, 더불어 개인적인 욕심도 생길 때….

인간은 극한의 환경에 처할 때면 비이성적인 행동을 하는 경향이 있다. 주변의 모든 것이 무너지면 스스로 생을 마감하거나 반대로 자신만 살려고 사기를 치고 도망간다.

대주주가 자신만의 이익을 위해 투자자들을 배신하고자 마음을 먹으면 ①작전세력과 연계해 주가조작을 하거나, ②횡령하는 것 둘 중 하나다. 헐값 경영권 매각도 최소한 기업에 어떤 가치가 있어야만 한다. 가치가 없다면 매각이 어렵고, 작전세력을 동원해 시세조정 정도 힘들다면… 그나마 회사에 남아 있는 자산을 빼돌리는 짓뿐이다. 그것이 횡령이고, 횡령은 가장납입의 단골 코스이며, 가장납입은 상장폐지 사유에 해당된다.

가장납입은 한마디로 증자 대금 빼돌리기다. 예를 들어 100억 원 상당의 유상증자를 실시하면서 사채업자로부터 100억 원을 빌려 회사의 주금납입 계좌에 입금한 뒤 유상증자 대금으로 입금된 100억 원을 수표로 인출해 다시 사채업자에게 반환하는 것이 바로 가장납입이다.

가장납입은 상장폐지 사유에 해당하는데, ①자본잠식에서 일단 벗어나고자 하는 경우 ②실질적 횡령의 목적으로 하는 경우로 나눌 수 있다. 횡령도 상장폐지 사유에 해당하지만, 단순히 자본잠식 해소를 위한 가장납입도 상장폐지 사유에 해당된다. 결과적으로 **가장납입 = 횡령 = 상장폐지 실질심사 대상**과 같은 것이다.

가장납입이나 횡령을 매매할 때 가장 주의해야 할 사항이 바로 '횡령'과 '가장납입' 그리고 앞서 언급한 '대주주 주식담보대출 반대매매'다. 재무상태가 부실하고 기업의 실적이 악화되는 상태라면 일반적으로 주가가 하락추세에서 벗어나기 힘든 상황이기에 개인투자자들은 손절매 등을 통해 대응이 가능하다. 최악으로 대주주 주식담보대출 반대매매가 진행되더라도 탐욕할 시간은 준다. 하지만 횡령과 가장납입은 손절매는 물론 탐욕시간도 주지 않는다.

횡령(가장납입) → 거래정지 → 상장폐지 실질심사 → 상장폐지

상장폐지 사유이기 때문에 거래소는 횡령이나 가장납입 상황이 포착되면 즉시 거래를 중단시킨다. 가장납입을 저지른 기업은 거래 정지와 함께 상장폐지 실질심사를 받게 되고, 운이 매우 좋은 경우를 제외하고는 대부분 상장폐지로 직행한다. 우진데이타, 톱보이, 투미비티, 다산리즈, 알에스넷… 이루 헤아릴 수 없는 많은 종목이 가장납입을 통한 횡령으로 상장폐지의 비운을 맞았다.

무엇보다 횡령이나 가장납입, 대주주 주식담보대출 반대매매는 기업 실적과 무관한 경우도 많아도 사실에 개인투자자들은 주의를 기울여야만 한다. 일반적으로는 부실한 기업에서 횡령이나 가장납입 개인투자자들이 자본금의 적은 중·소형주를 매매할 때 가장 주

입 가능성은 커진다. 당연하게도 악화되는 기업 환경이 대주주의 마음을 뒤흔들기 때문이다. 그렇지만 때론 재무구조가 양호한 종목에서도 횡령과 가장납입이 빈번히 출현한다. 이것은 곧 대주주의 경영능력과 함께 대주주의 도덕성이 얼마나 기업가치를 좌우할 수 있는지를 보여주는 단적인 예라 하겠다.

가장납입 예방하는 방법

일반적인 횡령이나 대주주 주식담보대출은 공시 대상에 포함되지 않기 때문에 개인투자자들이 미리 알아낼 방법은 없다. 공시를 통해 투자자들에게 알린 상태라면 사건은 이미 터진 상태이기 때문에 횡령시 거래정지, 대주주 주식담보물 반대매매 또한 이미 주가 급락이 진행된 상태일 것이다. 특히 대주주 주식담보대출은 기업의 신용 대출이 제한을 받을 때 대주주 개인적으로 보유주식을 담보로 대출을 받는 것이기 때문에 투자자 그 누구도 알아낼 수가 없다.

가장납입도 마찬가지다. 가장납입은 회계절차의 복잡성 때문에 증자에 참여한 개인투자자들이 알아내는 일은 거의 불가능하다. 그러나 몇 가지 의심되는 증후를 통해 주의를 기울일 수는 있다.

❶ 증자 직후 차입금 증감 여부

❷ 증자 직후 차입금 상환 여부

❸ 납입금과 차입금 변화 추이

❹ 납입금의 의심스런 타법인 출자나 계열사 지원

우선 '납입금'은 증자를 통해 유입된 자본을 말하고, '차입금'은 빌려온 자본 즉, 기업이 갚아야 할 부채를 말한다. 이를 정리해 보면 증자 직후에 차입금이 증가하거나 감소한 경우, 또는 차기결산연도에 차입금 상환이 이루어졌거나 납입금보다 차입금 액수가 큰 경우 일단 가장납입 가능성을 의심해야 한다. 또한 유증 납입금이 의심스런 타법인 지분출자나 부실 계열사에 지원되는 경우도 조심해야 한다. 유령 법인이나 부실 계열사를 통해 납입금을 빼돌리는 사례가 많기 때문이다.

유상증자의 빛과 그림자

상장기업이 거래소 시장에서 자본을 조달할 때 사용하는 대표적인 방법은 사채와 증자다. **사채**는 이자를 물어야 하고, 기업 신용도에 따라 이자비용이 달라지며, 담보가 필요하고, 언젠가는 돈으로 갚든 주식으로 갚든 갚아야만 하는 부채다. 반면 **증자**는 일단 이자비용이 없다. 또한 기업 신용도에 크게 영향을 받지 않는다. 더욱 중요한 것은 증자 납입금에 대한 상환 의무가 없다는 점이다. 다시 말해 남에게 빌린 돈은 갚아야 할 의무가 있지만 증자를 통해 조달한 자본에 대해서는 갚을 의무가 없다.

"갚지 않아도 되는 돈…" 이 얼마나 매력적이고 유혹적인가. 자본주의 사회에서 이런 치명적인 유혹에 안 넘어갈 이가 과연 누가 있을까. 갚을 필요도 없는 돈이라면 어느 누구라도 그 돈을 빌려 쓰고자 할 것이다. 그 때문에 일반 법인회사는 주식회사가 되려고 하고, 주식회사는 상장회사가 되려고 하며, 상장회사는 갚을 필요도 없는 돈을 빌리기 위해 유상증자를 실시하는 것이다.

법적으로 유상증자를 통해 납입된 자본금에 대해서 기업은 투자자들에게 갚을 의무는 없다. 다만 도덕적으로는 의무를 수행해야만 한다. 많은 개인투자자들로부터 거액의 투자금을 빌린 만큼 대주주는 기업가치를 높여 이를 다시 주주들에게 환원시켜야 할 것이다.

정치권에서 흔히 '동반성장'이라는 단어를 많이 사용한다. 양극화의 갈등을 넘어 대기업과 중·소기업이 함께 성장하자는 구호, 나아가 가계-기업-정부가 함께 성장하자는 뜻이다. 주식시장에서 동반성장이란 투자자와 기업가 모두 함께 수익을 얻는 것이다.

비유해서 기업은 자본을 빌렸기에 '채무자'이고, 투자자는 자본투자에 대한 권리가 있기에 '채권자'다. 채권자인 투자자는 크게 주식투자자개인와 채권투자자로 나눌 수 있으며, 여기서 채권투자자는 외국인이나 기관이나 금융 및 사채업자가 된다. 그렇다면 기업과 개인투자자와 채권투자자가 동반성장을 하려면 어떻게 해야 할까? 바로 기업이 성장하는 길밖에 없다. 기업은 개인투자자로부터 받은 유증대금과 채권투자자로부터 받은 사채자금을 잘 활용해 → 매출을 증가시키고 → 이익률을 높이며 → 부채를 낮추고 → 자산을 증가시켜 → 기업가치를 높여서 → 주가상승을 이끌어내면 된다. 이른바 기업과 개인과 채권투자자 모두 상생하는 동반성장이 이루어지는 것이다.

그런데 만약 기업이 성장이 아닌 퇴보를 한다면 그 피해는 고스란히 개인투자자들에게만 돌아간다. 기업이 망해도 대주주와 채권투자자는 망하지 않지만, 개인투자자들이 보유한 주식은 상장폐지로 휴지조각이 되기 때문이다.

유상증자는 통상 [단기악재 중기호재]로 인식된다. 이를테면 대표적인 주주배정 유상증자인 경우 단기적으로는 주가하락이 이루어진다. 왜냐하면 주주들만을 대상으로 하기 때문에 보유주식이 많은 투자자들은 유증비용에 맞게 부담을 느낀다. 증자 대금을 마련해야 하는 만큼 주식 보유 비중을 낮추려 할 것이다. 단기투자나 중기투자자 입장에서도 당장 기업이 돈이 필요할 정도로 재무상태가 부실하다는 인식을 주기 때문에 보유주식을 일부라도 일단 매도하려 할 것이다. 그밖에 유증 권리락에 대한 가격 부담과 일단 지켜보자는 관망세 분위기로 인해 매도세는 증가하고 매수세는 자취를 감추면서 단기적으로 주가하락을 겪게 된다.

이후 유상증자가 예정대로 성공을 거두고 나면, 이번에는 해당 기업에 대한 장밋빛 전망이 투자자들 사이에 오르내리기 시작한다. 유증 발표 이전에 주식을 보유한 투자자들은 단기 주가하락과 권리락에 대한 평가손이 큰 만큼 순절매는 자제할 것이고, 유증에 참여한 투자자들도 주가하락에 따른 순해는 인지 않을 것이며, 유증물이 시장에 출회된 이후라도 기업이 이전과 다른 비전을 보여주고 있다는 생각을 가진 투자자들이 많아져 매도세는 약화되고 매수세는 강화되면서 주가상승을 이끌어낸다. 바로 이런 반복되는 과정을 통해서 유상증자는 단기악재 중기호재로 인식된 것이다.

때문에 유상증자를 잘 마무리한 기업은 통상 유증가 대비 100% 그 이상의 시세를 안겨주곤 했었다. 하지만 이러한 유증 프리미엄

'유상증자'는 기업 입장에서 갚을 필요가 없는 돈을 개인투자자로부터 빌리는 것이다. 그런데 이러한 자본금 유입이 있어도 성장을 하지 못한다면? 나아가 실적이 날로 악화되는 상태에서 더 이상의 신규 자본 유입이 없다면? 사채발행이나 증자를 더는 하지 못하

▲ 일반배정 유상증자는 가급적 참여하지 않는 것이 좋다.

▲ 주주배정 유상증자는 단기악재, 중기적으로는 불확실하다.

▲ 제3자배정 유상증자는 대체로 호재로 인식되지만, 유증 참여 기업이 부실하거나 사채업자가 끼면 시세는 약하거나 없다.

▲ 무상증자는 기준일 이전까지는 대체로 호재로 인식되지만, 무증 발표 이전에 주가상승이 진행된 경우라면 대부분 악재로 작용한다.

이 어느새 차트를 감추기 시작한다. 그 시발점이 된 것이 바로 2008년 글로벌 금융위기다. 경기침체가 장기화되면서 → 소비가 활력을 잃고 → 기업들의 자금 압박은 심해지며 → 투자위축으로 인해 유상증자 성공률도 낮아지고 → 조식폭락배를 동원한 작전도 많아지며 → 영답이 증자를 통한 가장납입도 성행하고 → 개인투자자들의 투자성향도 수급보다는 가치에 좀 더 지중하는 경향을 보이면서 예전과 같은 주주배정 유상증자 프리미엄이 이제는 거의 사라진 상태다.

면? 회사의 남아 있는 자본을 거의 다 소진해 버리면? 결국은 상장 폐지 사유가 되는 '자본잠식'에 빠지게 된다.

자본잠식과 감자

기업은 사업을 일으켜, 고용을 창출하고, 이윤을 남겨야 하는 목적에서 설립된 이익집단이다. 매출은 늘려야 하고, 이익은 증가시켜야 하며, 부채는 줄여야 한다. 그것이 성장이고 기업가치를 높이는 일이고 주주가치를 증대시키는 일이다. 매출은 줄고, 이익은 적자이며, 부채가 증가한다면 기업의 존립 가치는 없어지는 것이고 시장에서 퇴출대상이 되는 것이다.

항상 그렇듯이 세상일이란 마음대로 움직여 주지 않는다. 항상 리스크에 노출되어 있으며, 늘 돌발변수가 존재한다. 경제가 침체되고, 소비가 위축되고, 투자가 감소하며, 경쟁업체가 출현한다. 상장기업은 초기자본금, 공모자금, 사채자금, 유증자금, 담보대출금 등의 자본을 바탕으로 사업을 진행한다. 우수한 기술력과 가격 경쟁력을 갖춘 상태라면 심한 경기변동에 큰 영향을 받지 않고 꾸준히 성장세를 이어나갈 것이지만, 경쟁력을 상실한 기업은 극심한 경기변동에 직격탄을 맞게 된다.

이때 보유자산이 많거나 유동성 자본이 풍부한 기업이라면 기존 사양사업을 과감히 정리하고 신규사업에 진출하거나 몸집을 줄이는 구조조정을 통해 혹독한 경기한파를 견뎌낸다. 자본이 그래서 중요한 것이고, 부채가 그래서 위험한 것이다.

자본잠식(資本蠶食)

자본잠식은 기업의 적자폭이 커지면서 기업의 자본을 잠식해 들어간 것을 말한다. 기업의 자본은 크게 납입자본과 잉여금[이익잉여금+자본잉여금]으로 구성된다. **납입자본**은 쉽게 말해 주주들의 증자를 통해 납입한 자본금을 말하고, **잉여금**은 누적된 이익금을 뜻한다. 기업 회사가 영업 부진으로 적자폭이 커지면 자기자본[자본금+잉여금]으로 순차 신이 감소하는 경우 그 감소분을 누적한 금액이 누적되어 우선 잉여금으로 **결손금**[기업의 영업활동으로 순차 신이 감소하는 경우 그 감소분을 누적한 금액]을 메워야 한다. 그런데 잉여금을 모두 까먹고 이어서 납입자본까지 잠식해 들어가면 결국 회사의 자본은 모두 바닥나게 되고, 이러한 상황을 '자본잠식'이라고 한다.

- 자산 = 부채 + 자본
- 자본 = 자산 – 부채
- 자본 = 자본금 + 납입자본 + 잉여금 + 기타자본

※ **자본금과 납입자본의 차이** : 주식회사가 거래소에 상장된 이후 증자를 통해서 자본금을 늘렸다면 이 금액이 납입자본이 된다. 다시 말해 상장 초기 자본금[자본금=발행주식 수×액면가]에서 추가로 증자를 한 경우 증가된 자본금액이 바로 납입자본이다. 따라서 상장된 이후 증자를 한 번도 하지 않았다면 [자본금=납입자본]이 된다.

자본잠식은 잠식비율에 따라 부분자본잠식과 완전자본잠식[자본전액잠식]으로 나뉜다. **부분자본잠식**은 자기자본이 자본금 규모보다 조금 작은 상황을 말하고, **완전자본잠식**[자본전액잠식]은 자기자본이 완전히 없어져 빗만 남은 상황을 말한다. 여기서 자본잠식률이 50% 이상이면 관리종목 사유가 되고, 자본금을 모두 까먹는 완전자본잠식에 빠지면 상장폐지 대상이 된다.

재무제표에서 [자산총계 – 부채총계 = 자본총계=자기자본]이 적자를 지속해 그 적자가 누적되면 자본금보다 자기자본[자본총계]이 더 적어지는 자본잠식에 들어간다.

예를 들면, 자본금 50억인 A기업이 수익을 잘 올려 잉여금이 100억이라면 자본총계[자본금 + 잉여금]는 150억이 된다. 그런데 1/4분기에 A기업이 -70억의 순손실을 기록한다. A기업은 자본금50억을 건들지 않은 상태에서 잉여금100억으로 순손실-70억을 메우게 되고, 이때의 자본총계는 [150억 – 70억 = 80억]이 된다. 자본금은 기업의 근본적인 밑천이자 주주들의 자본이기 때문에 반드시 지켜내야 하는 최후의 보루다. 잉여금은 자본금을 지키는 보호막 역할을 한다.

그로부터 3개월 뒤, 2/4분기에 A기업은 또다시 -50억의 순손실을 기록한다. 이제 남은 잉여금 30억으로는 순손실 -50억을 감당할 수 없게 된다. 그렇다고 최후의 보루인 자본금을 함부로 건드릴 수 없다. A기업은 할 수 없이 회계장부에 자본금 50억을 그대로 기입하고 대신 결손금 -20억을 표기한다.

이제 A기업의 자기자본[자본총계]은 [150억 – 70억 – 50억 = 30억]이 된다. 자본금50억보다 자기자본30억이 작은 자본잠식이 시작된 것이 된다.

다. 이렇게 해서 A기업은 **부분자본잠식**40%자본잠식에 들어간 것이고, 자본잠식비율이 50% 이상이 되면 관리종목 대상이 되며, 남은 자본금을 모두 까먹는 완전자본잠식자본전액잠식이 되면 즉시 상장폐지가 되어 정리매매 절차를 밟게 된다.

자산총계 – 부채총계 = (–)자본총계 => 상장폐지

기업은 자본잠식에 빠지면 상장폐지 사유에 해당하기에 상장유지를 위해 다음 4가지 중 하나를 선택하게 된다. 자본금을 늘리는 ①증자, 자본금을 줄이는 ②감자, ③자산재평가, 그리고 극단의 선택에 해당하는 ④분식회계가 있다.

❶ **증자** : 자본금을 늘려 자본잠식 비율을 낮추는 것.

❷ **감자** : 자본금을 줄여 기업의 손실금을 주주에게 전가시키는 것.

❸ **자산재평가** : 땅이나 건물과 같은 기업 자산을 재평가해 과거의 장부가격을 현재의 가격으로 재조정해 자본잠식 비율을 낮추는 것.

❹ **분식회계** : 회계장부를 조작해 자산이나 이익을 부풀리는 것.

자본잠식에 빠진 기업은 최대한 빠른 시일 안에 자본잠식에서 벗어나야만 한다. 자본잠식은 상장폐지 사유가 되기 때문에 투자자들은 보유주식을 매도하게 되고, 자금을 빌려줬던 은행이나 사채업자들 또한 자금회수에 들어가기 때문에 주가폭락은 불가피해진다. 이때 기업이 선택할 수 있는 수단은 많지 않다.

분식회계는 상장폐지 사유가 된다. 자산재평가는 보유자산이 많고 과거에 비해 가격이 상승한 경우에만 해당하고, 자산재평가 작업시간과 공정성 문제, 무엇보다 회계장부 수치만 변할 뿐 실제로 바뀐 것은 아무것도 없기 때문에 선택이 쉽지 않다. 그리고 처음부터 보유자산이 많고 평가가치가 높다면 그렇게 쉽게 자본잠식에 빠지지는 않을 것이다.

자본금을 늘리는 증자의 경우도 쉽지 않다. 무상증자는 잉여금이 있어야 하기 때문에 제외되어 일반배정, 주주배정, 제3자배정을 대상으로 유상증자를 해야 하는데 이미 자본잠식에 빠진상장폐지가 임박한 기업에 그 누가 선뜻 투자할까. 기업 신용도는 낮은 상태에서 주주배정 가능성은 거의 희박하고, 따라서 증자를 굳이 하겠다고 한다면 불특정다수 대상의 일반배정이나 특정소수 대상의 제3자배정뿐이다. 바로 이 과정에서 사채업자와 짜고 '가장납입'을 벌이는 것이다.

이제 자본잠식에 빠진 기업이 선택할 수 있는 것은 하나밖에 없다. 자본잠식에서 탈출하기 위한 가장 손쉬운 방법으로 자본금을 줄이는 '감자무상감자'를 단행하는 것이다.

유상감자, 무상감자

감자(減資)는 자본금을 줄이는 것이다. 기업이 감자를 실시하는 이유는 자본금을 줄임으로써 재무개선이 가능하기 때문이다. 감자는 주주들에게 보상을 하는 유상감자와 주주들에게 아무런 보상도 하지 않는 무상감자로 나뉜다.

유상감자(有償減資)는 자본금 감소에 따른 잔여잔이익을[감자차익] 주주들에게 환급하는 것으로 실질적으로 기업의 자산이 줄어들게 된다. 주로 기업 규모에 비해 자본금이 지나치게 많다고 판단될 때 유상감자를 실시하며, 자본감소에 따라 발행주식수가 줄어들게 된다.

무상감자(無償減資)는 자본금을 감소하지만 기업의 자산은 변하지 않는다. 대신 감자비율에 맞게 주주들의 보유주식이 감소하고, 감자차익을 주주가 아닌 기업의 손실금을 메우는 데 사용하기 때문에 주주들의 피해가 상당히 커진다. 대부분의 자본잠식에 빠진 기업들이 무상감자를 실시하는 이유가 바로 감자차익으로 손실금을 메워 자본잠식을 해소하기 때문이다.

앞서 언급했던 제로 다시 돌아가 간단히 설명하겠다. 자본금 50억에 자기자본 150억이었던 A기업은 2분기[1/4, 2/4 연속 적자][70억 + 50억 = 120억]를 내어 결손금 누적으로 자본금 50억에 자기자본 30억[150억 - 120억 = 30억]인 '부분자본잠식'에 빠졌다. 그로부터 3개월 뒤인 3/4분기에 축자는 고사하고 또다시 -20억 순손실을 내어 이제는 자기자본이 10억뿐인 거의 완전자본잠식에 가까워졌다. 관리종목으로 지정된 상태이며, 여차하면 3개월 이후에 상장폐지로 직행하게 된다. 이때 A기업은 살아남기[상장유지]를 위해 주주들의 희생을 요구한다. 80% 자본잠식[자본금 50억, 자기자본 10억]을 해소해야 하기 때문이다. 그러면서 10:1의 90% 감자를 단행한다.

먼저 10:1 90% 감자를 단행한다.

90%(10:1 감자는 보유주식 10주가 1주로 줄어드는 것으로 발행주식수가 줄어드는 만큼 자본금이 줄어들게 된다. 자본금은 '주주들의 자본'이기 때문에 50억 자본금을 5억으로 줄인다면 나머지 45억은 주주들에게 돌려주어야 한다[유상감자]. 그러나 이 45억을 주주들에게 돌려주지 않고 A기업의 손실을 메우는 데 사용하게 되면[무상감자]. 주주들의 보유주식은 10주에서 1주로 줄어들게 되지만 A기업은 주주들의 10주에서 1주로 줄인 감자차익 45억을 순식간에 반영시켜 자본잠식에서 벗어나게 된다. 즉, [자기자본 = 납입자본 + 잉여금] 여기에서 납입자본을 줄인 감자차익을 자본잉여금으로 돌린다. 그러면 줄어드는 자본금만큼 실질과 상쇄되는 효과가 나타나 인위적으로 자본잠식에서 벗어날 수가 있다.

자기자본(자본금+잉여금) 10억 < 자본금 50억 =) 80% 자본잠식
여기서 90%(10:1) 감자를 단행하면...
자기자본 10억 > 자본금 5억 =) 자본잠식 해결

A기업은 90% 감자를 단행해 자본잠식에 벗어나 잠시 한숨을 돌린다. 그러나 이미 만신창이가 된 재무제표는 A기업에게 또 다른 선택을 강요하게 만든다. 기업 내부에 유보된 현금잉여금도 없고 자본금도 없는 상태에서 부채가 조금이라도 증가한다면 바로 '완전자본잠식자본전액잠식'에 또 빠지게 된다. 당연히 사업자금이 또 필요해진 것이다.

기업 입장에서 사업자금도 필요하고 자본잠식의 위험에서 벗어나고자 하려면 어떻게 해야 할까? 당연히 자본금을 늘려야 한다. 어떻게? 바로 주식시장에서 **'갚지 않아도 되는 돈'**을 또 빌리면 된다. 기업 입장에서 갚을 필요가 없는 돈이라면? 바로 개인투자자들을 대상으로 하는 **유상증자**를 말한다.

그래서 대부분 부실한 기업은 유상증자 → 무상감자 → 유상증자 그리고 또다시 감자를 단행해 순간의 위기를 그때그때 모면하는 것이다. 이 과정에서 개인투자자들은 부실한 기업에 갚을 필요도 없다며 돈을 빌려주고유상증자 → 실적은 계속 나빠지고 → 주가는 급락하며 → 주식수는 감소하고감자 → 또다시 갚지 않아도 된다면서 돈을 빌려주고유상증자 그러면서 그동안 피땀 흘려 모은 자산을 모두 잃어버린다.

캔들차트의 맥

여러분은 차트분석을 할 때 어떤 캔들을 좋아하는가? 장대양봉? 망치형? 역망치형? 잠자리형? 그렇다면 왜 좋아하는가? 빨간색이니 오를 것 같아서? 이번에는 반대로 어떤 캔들을 싫어하는가? 장대음봉? 비석형? 교수형? 유성형? 왜 싫어하는가? 파란색이니까 내려갈 것 같아서?

과거의 경험에 비추어서 대략 확률적으로 맞기 때문에 상승형 캔들이니 하락형 캔들이니 하고 정의를 내리는 것이다. 그러나 이것은 어디까지나 보편적인 캔들 모형이지 절대적인 것이 아니다. 캔들은 특정 캔들만 좋아해서는 절대 안 된다. 예로 장대양봉 혹은 역망치양봉 캔들만을 좋아하는 투자자들이 많은데, 실전에서 오를 확률이 높은가, 아니면 내릴 확률이 높은가? 아마도 큰 차이가 없을 것이다. 문제는 현 주가의 추세가 상승추세인지 하락추세인지가 중요한 것이지 캔들의 색상이 중요한 것이 아니다.

상승추세에서는 양봉 캔들이 오를 확률이 높지만, 반대로 하락추세에서는 당일 양봉 캔들이라도 내일 하락 확률이 더 높다. 음봉도 마찬가지다. 상승추세에서는 당일 음봉이 내일 양봉의 확률을 더 높여주며, 하락추세에서는 당일 음봉이 당연히 더 무서울 수밖에 없만큼은 파악해 낼 수 있다.

액면 그대로 캔들만 믿고 매매를 한다면 100전 100패다. 주식투자는 공식화될 수 없다. 상승형 캔들, 하락형 캔들, 반전형 캔들 등 이것만 외운다고 투자에 성공하는 것은 아니다. 캔들도 중요한 매매기준이 되는 만큼 차트에 표시되는 겉모습이 아닌 기본 원리를 이해해야만 한다. 단순히 음봉은 매도, 위꼬리는 위험만이 아니다, 그렇다면 왜 그런가를 먼저 의심해야 한다. 왜 대량거래에 위꼬리 달린 장대음봉이 매도신호인지 그 이유를 진성으로 외우는 것이 아니라 확실히 이해해야만 주식시장에서 살아남는 기본 조건을 갖추는 것이다. 투자자들의 눈에 보이는 캔들은 허상이며, 속임수가 대부분이다. 이런 캔들의 이율배반적인 논리에 빠지지 않기 위해서는 바로 거래량 분석이 필요하다.

는 것이다. 따라서 장대양봉이나 역망치형이나 이런 캔들만 좋아하는 것은 상승추세에서나 가능하다는 얘기다. 캔들은 편식해서는 절대 안 된다. 캔들은 모두 좋아하고 사랑해야 하고 관심을 가져야 한다. 음봉이라고 싫어하고 배제하고 거리를 둔다면 그런 투자자는 주식시장에서 절대 살아남지 못한다.

여러분이 특정한 양봉을 좋아한다는 것은 경험상 오를 확률이 높아서 매수를 감행할 자신이 다른 캔들보다 높다는 것을 말한다. 그런 자신감이 한순간에 시장과 어긋나기라도 한다면 그 배신감으로 현 주무 말할 수 없을 것이다. 따라서 캔들분석에서는 일차적으로 현 주가가 상승추세인지 하락추세인지를 먼저 판단하는 것이 가장 중요하다.

여러분은 가끔 이런 얘기를 듣는다. 고수는 음봉을 좋아한다고 말이다. 그러나 음봉이라고 다 고수가 좋아해서 매수하는 것은 절대 아니다. 음봉도 나름대로 사정이 있으며, 그 사정을 파악하는 것이 바로 고수다. 당일 음봉이 출연해서 눈물을 머금고 손절을 감행했더니 다음날 보란 듯이 급등하고(눌림목), 오늘 양봉이라서 미수를 감행했더니(세력의 물량털기 속임수 양봉) 다음날 오히려 연속 하한가를 맞아 급기야 반대매매까지 나가는 것이 오늘날 주식시장의 현실이다.

여기서 중요한 점은, 캔들은 절대로 혼자가 아니라는 사실이다. 캔들의 이면에서는 그림자처럼 따라붙는 '거래량'이 숨어 있다. 즉, 거래량을 통해 음봉이 속임수인 경우와 양봉 속임수인 경우를 어느

거래량의 맥

거래량에 대한 오해와 진실

주식격언 중에 "수급은 모든 재료에 우선한다"라는 말이 있다. 무슨 뜻일까? 대다수 개인투자자들은 시장의 수급을 보지 않은 채 오로지 재료기업의 호재만 보고 주식을 매매하는 경향이 많다. 그 때문에 대부분 실패를 맛보는 것이다. 제아무리 재료가 좋은들 수급이 뒷받침 안 된다면 어떤 호재가 나온들 주가는 하락하게 되어 있다. 반대로 주식시장의 자금이 풍부하면 어떤 악재가 나와도 주가는 오히려 상승한다. 그것이 바로 수급은 모든 재료에 우선한다는 의미다.

그렇다면 '수급'이란 무엇을 뜻하는 것일까? 수요와 공급에 따른 에너지, 즉 **거래량**을 의미한다. 거래량 중에서도 매수세를 일컫는 말이기도 하다.

- 거래량 = **매수세 + 매도세**
- 거래 주체 : **외국인 + 기관 + 개인 + (대주주 + 세력)**
- 거래 방법 : **일반거래 + 자전거래 + 통정거래 + 대차거래 + 프로그램매매 + 시간외 대량매매 + 신용·미수 + 공매도 + 블록딜**

일반적으로 바닥권에서는 거래량이 증가하는 것이 좋고, 상투권에서는 거래량 증가가 나쁘다고 알고 있다. 그리고 거래량이 주가의 수급을 결정짓는 매우 중요한 역할을 한다고 인식하고 있다. 과연 그 이유가 무엇일까? 그 이유는 바로 거래량이 곧 **매수세**를 의미하기 때문이다. 그렇다면 왜 거래량이 매수세를 의미할까? 매도세를 의미하지는 않을까? 대량거래는 매수세도 많지만, 매도세도 그만큼 많기 때문이 아닐까? 고점이라도 매도할 투자자가 없다면 주가하락은 없지 않나? 그런데 왜 매수세만을 강조하는 것일까?

주식은 수학공식처럼 암기한다고 되는 것이 아니다. 주식에서 어떤 현상이 발생하면 그 이유가 있을 것이고, 그 원리를 이해해야만 비로소 주식시장에서 살아남는다. 주식에서 원리를 이해하지 못한 기계식 투자는 100% 실패할 수밖에 없다.

주가는 거래량이 결정한다고 했다. 단순하게 생각해서 거래량이 많다는증가한다는 것은 주식을 매수하는 투자자와 매도하는 투자자가 많다는 것을 말한다. 그런데 왜 매수세만을 강조하는 것일까?

주식은 언제나 현금화가 가능한, 곧 환금성이 매우 뛰어난 대표적인 투자상품이다. 그런데 주식을 보유한 투자자는 반드시 자신이 보유한 주식을 누군가에게다른 투자자에게 매도해야만 현금화가 가능하다는 단점을 안고 있다. 투자자들은 주식을 왜 매수할까? 바로 높은 가격에 매도하고자 주식을 매수하는 것이다. 그 가격 차이를 이용해 돈을 벌고자 하는 것일 뿐 그 이상도 그 이하도 아니다.

일단 매수한 주식을 매도하려면 반드시 매수세가 나타나야만 한다. 매수할 투자자가 없는데 어떻게 보유주식을 매도할 수 있을까. 순매도나 서로 매수하여만 소리가 낮으니 거래는 필이 상매방이 온 재해야만 성립한다. 바로 이런 이유 때문에 거래량이 증가한다는 것이 곧 매수세가 많아지는 것을 의미한다. 주식은 누군가 매수를 해야만 매도할 수 있기 때문이다. 개인투자자들이 가장 오해하기 쉬운 부분이 바로 여기에 있다. 거래량이 없는 상태에서는 매도하고자 하**는 투자자가 없다는 것이 아니라, 바로 매수하고자 하는 투자자가 없다는 것을 말한다.** 거래로 해석하지 않도록 한다. 결론적으로 거래량이 **증가한다는 것은 곧 매수세가 많아진다는 것을 뜻한다.**

상투권에서 거래량이 증가하는 것 또한 일매상통한 의미로 해석해야 한다. 일단 고가권이기 때문에 매수한 주식 보유자는 수익실현을 위해 너도나도 매도하고자 할 것이다. 그런데 매수하고자 하는 투자자가 지극히 적다면 당연히 주가는 거래량 없이 하락가로 곤두박질치겠지만, 비록 고가권이라 하더라도 높은 가격에 팔 수 있다는 신날같은 것들은 그 희망 하나 때문에 신규 매수세가 많이 유입될수록 상투권에서 거래량이 많아지는 것이다.

이제 고가권에서 주식을 매수한 투자자가 많은 상태에서[상투권], 만일 매도주체가 나타나지 않으면 어떻게 될까? 팔 사람은 많은데 살 사람이 많지 않다면 어떻게 될까? 수요와 공급의 법칙에서 수요 많은 쪽으로 공급량은 늘어나는 경우다. 자연히 주가는 하락한다. 주식을 매수할 신규 투자자가 나타나지 않으면 주식을 보유한 투

자자는 심리적으로 매우 불안해진다. 다행히 낮은 가격이라도 매수할 투자자가 나타난다. 여러분은 어떻게 하겠는가? 당연히 낮은 가격이라도 팔고 싶은 욕구를 느낄 것이다. 바로 이처럼 낮은 가격에 거래가 이루어지기 때문에 주가는 하락하는 것이다.

혹자는 "주식을 매도하지 않는다면 주가는 하락하지 않을 것 아니냐"라고 반문할 수도 있다. 물론 맞는 말이다. 그러나 **보유한 주식**은 **언젠가는 반드시 매도해야만 하는 운명을 안고 있다.** 예를 들어 주가 상투권에서 주식을 매수한 투자자가 엄청나게 많은 상태[대량거래를 통해 많은 투자자들이 손바뀜이 이루어진 상태]라고 가정해 보자. 그러면 자연히 매수세가 보이는 즉시 보유주식을 매도할 수밖에 없는 상황이 연출된다. 수익이 많이 난 이들은 낮은 가격이라도 매도할 것이고, 고점에서 주식매수한 이들은 손절매한답시고 당연히 매도할 것이며, 어쨌든 낮은 가격이라도 매수할 투자자가 나타나면 더 낮은 가격이라도 매도하고자 하는 심리가 커질 수밖에 없다. 이때가 바로 대상투를 찍고 주가[하락]이 시작되는 시점이다. 이런 과정을 거쳐 상투권에서 거래량이 증가하는 것이고, 매물벽이 두터워지는 것이며, 그 때문에 통상적으로 고점에서 이전 거래량을 상회하는 거래량 증가가 나타나지 않는 이상 하락추세가 지속되는 것이다. 거래량이 곧 매수세이기 때문이다.

다시 강조하지만, **거래량은 매도세를 말하는 것이 아니라 매수세를 뜻한다.** 주식을 매수할 투자자가 많아 서로 경쟁이 붙어 너도나도

높은 가격에 주식을 매수해야만 주가상승이 이루어진다. **낮은 가격에 주식을 산다고 주가가 오르는 것이 아니라, 누군가 높은 가격에 주식을 매수해 주어야 주가가 오르는 것이다.** 상승하던 주가는 그동안 높은 가격에 매수한 투자자가 많기 때문에 주식 보유자는 심리적으로 불안을 느끼게 되고, 이 때문에 낮은 가격이라도 매수세가 나타나는 즉시 보유주식을 매도하면서 주가는 그제야 상승을 멈추고 하락하는 것이다. 거래량에 따라서 주가의 가격이 결정되는 이유가 바로 여기에 있다.

거래량 증감 여부의 키포인트

거래량은 매수세의 힘을 나타낸다. 그러나 개인투자자가 주主가 되는 매수세인지, 세력이 주主가 되는 매수세인지가 중요한 키포인트다. 세력이 개입되는 거래량은 바닥권에서 거래량 증가 비율과 함께 짧고 강하게 상승하는 특성이 있다. 반면에 거래량 증가 비율과 시간이 오히려 길면 길수록 어떻게 될까? 바로 개인투자자들이 대거 몰려드는 환경이 만들어진다. 따라서 강한 세력이 주도하는 주식은 거래량을 줄이며 강하게 급등하는 특성을 보인다.

주가 변화에 따른 거래량 증감 여부에 대해 간략히 살펴보면 다음과 같다.

① **바닥권 거래량 횡보 :** 바닥권에서는 사자는 사람과 팔자는 사람이 자취를 감춘 거래량 공백 상태다. 거래량이 크게 줄거나 혹은 증가하지 않고 지속적으로 횡보세를 거듭한다는 것은 매수세가 유입되지 않는다는 것을 뜻하기 때문에 당분간 매력이 없는 주식이다. 거래량이 증가할 시점까지는 관망하는 것이 좋다.

② **바닥권 거래량 감소 :** 바닥권에서 거래량이 감소한다는 것은 아예 매수세가 종적을 감춘 것을 뜻한다. 주가가 더 이상 하락하지 않은 상태라면 조만간 거래량 바닥이 탄생할 가능성이 크다. 그러나 주가가 하락하면서 동시에 거래량이 감소한다면 세력의 인위적인 주가 누르기일 가능성도 있지만, 그보다는 추가 하락 가능성을 염두에 두어야 한다. 이전 주식 보유자의 실망매물이 출회될 공산이 크기 때문이다.

③ **바닥권 거래량 증가 :** 바닥권 거래량 증가는 거래량 최저점바닥을 기록한 후 평균 거래량의 3배 이상 거래량 급증 현상이 나타날 때를 말한다. 자취를 감추었던 매수세가 등장했다는 것에 큰 의미가 있다. 이 매수세가 단타 세력이든 혹은 강한 세력이든 일단 상승추세 반전을 시도하게 된다. 일반적으로 강한 세력이라면 거래량 바닥시점에서 거래량 증가 후 큰 거래량 없이 주가를 끌어올린다. 동호회 단타 작전과 같이 약한 세력이라면 일시적으로 주가가 상승반전하면서 거래량이 폭증한 이후 다시 주가는 하락

세로 돌변한다.

④ **바닥권 급락 중 거래량 증가** : 더 이상 떨어질 것 같지 않던 바닥권에서 급락하며 거래량이 증가한다. 해당 기업에 특별한 악재가 없는 한, 세력의 의도일 수도 있지만, 어쨌든 일시적인 불안심리로 수급이 깨진 현상을 말한다. 세력은 오히려 급락하는 주식을 저점에서 받아먹을 확률이 높다. 재무가 우량한 주식이라면 이후 거래량을 줄이며 상승반전을 시도하게 된다. 반대로 재무가 불량한 주식이라면 추가적인 폭락 가능성도 열어두어야 한다. 바닥권 급락주는 일단 관망하도록 하며, 급락추세가 진정되면서 단기 지지선이 확보될 때까지 기다리는 것이 좋다.

⑤ **바닥권 급락 중 거래량 감소** : 바닥권은 강한 하방경직성을 자랑하는 구간이다. 그런데 거래량이 없이 급락한다는 것은 세력의 인위적인 의도일 가능성과 비인기주식인 경우 더 이상 투자 매력이 없다는 두 가지 의미로 해석이 가능하다. 일단 급락 이전 주가 변화나 거래량 변화가 있었는지가 중요하다. 종목에 따라 다소 해석의 차이는 있지만, 매수보다는 매도관점이며, 급락을 마무리한 다음 이후 거래량 변화에 따라 매수시점을 저울질하는 것이 좋다.

⑥ **급등 중 거래량 증가 :** 주가가 장기 횡보세를 마무리한 다음 급등하기 시작하면서 오히려 거래량이 증가하는 경우가 있다. 이 경우는 매물소화 측면에서 바람직해 보이지만, 오히려 급락의 위험은 거래량이 적은 상태에서 급등하는 주식보다 더 큰 것이 일반적이다. 보통 세력이 연속해서 양봉을 만들어 억지로 끌어올리면서 거래량이 증가하는 경우인데, 개인투자자들이 반복적인 학습효과를 통해 따라오라고 유혹하는 패턴이 다반사다. 학습효과에 맛 들인 개인들이 대거 매수세에 동참할 때면 세력은 일시에 물량을 내던지곤 한다. 따라서 급등 중 거래량이 과도하게 증가하는 종목에서는 단타로만 접근하는 것이 좋다.

⑦ **급등 중 거래량 감소** : 세력의 강한 힘을 느끼게 해주는 것이 바로 급등 중 거래량이 감소하는 경우다. 이미 물량매집이 완료된 상태이기 때문에 개인들의 매수참여를 허락하지 않는 경우다. 이후 거래량이 터졌을 때는 매도관점이다.

⑧ **상투권 거래량 증가** : 고점에서 거래량 증가는 두 가지 목적이 있다. 이전 저가 매수자의 매도물량을 받으며 추가로 상승하려는 의도에서의 거래량 증가와 일반적으로 고점에서 팔아먹는 거래량 증가다. 고점에서 추가적인 상승을 위한 거래량 증가는 대체로 전고점대를 지지하면서 이전 고점을 상향돌파하는데, 흔히 눌림목이나 고가놀이 패턴이 여기에 해당한다. 반면에 전고점대를

지지하지 못하는 상태에서 거래량이 증가하면 세력이 물량을 던지는 과정으로 해석해 매도 포지션을 취해야 한다.

⑨ **상투권 거래량 감소** : 상투권에서는 대체로 거래량이 증가해야 정석이다. 왜냐하면 상투권은 그동안 주가를 끌어올렸던 세력이 대량의 보유물량을 개인들에게 매도하는 시점이기 때문에 거래량이 증가하는 패턴을 보인다. 그러나 상투권에서 오히려 거래량이 감소한다는 것은 세력이 일단 시장을 개인들에게 맡겨 놓는다고 해석하는 편이 좋다. 물론 그 이전 상투권 대량거래 시점에서 세력이 보유물량을 털었을 가능성도 염두에 두어야 한다. 이후 주가가 저점을 지지하는지 아니면 거래량이 다시 증가하는지 여부에 따라 상승추세를 이어가느냐 아니면 하락추세로 반전되느냐를 판단할 수 있다.

⑩ **상투권 급락 중 거래량 증가** : 주가가 급등한 이후 상투권을 찍고 급락하면서 거래량이 증가하는 경우는 대부분 그 주식에 대한 미래 기대치가 높다는 것을 말한다. 기대치가 높으니 급락을 해도 누군가 계속해서 매수하는 과정에서 거래량이 증가한다. 하지만 그 기대치가 허상일 경우에는 첩첩산중으로 매물대가 쌓이는 결과를 가져온다. 상투권 급락 중 거래량이 급증한 상태에서 저점을 차례로 낮춘다면 추가 상승 가능성은 매우 희박한 편이다. 따라서 단기 100% 이상 고점을 찍고 급락하는 주식이라면 거래량의 증가 여부와 관계없이 일단 빠져나오는 것이 좋다. 이후 저점 지지와 기간조정을 확인한 다음 그때 매수해도 늦지 않다.

⑪ **상투권 급락 중 거래량 감소** : 이미 상투권에서 대량거래와 함께 장대음봉이 출현한 상태라면 자연히 상투를 찍고 급락하면서 거래량은 감소하게 된다. 고점을 이미 확인한 상태이기 때문에 신규 매수세가 유입되지 않은 상태로 지속적인 투매매물로 거래량이 감소하는 것이다.

속임수 거래량

앞서 캔들도 속임수가 있으며, 이것은 거래량으로 파악하라고 했다. 그런데 거래량은 속임수가 없을까? 천만에 말씀이다. 거래량도 충분히 속일 수 있다. 고점에서 대량거래 후 급상승, 바닥권에서 점진적 거래량 증가 후 급락의 경우는 세력이 거래량을 역으로 이용하는 경우다. 그럼 거래량 속임수는 무엇으로 파악할까? 크게 분차트 활용방법과 보조지표를 활용하는 방법으로 나눌 수 있지만 이들 모두 함께 고려해야 거래량 속임수를 최대한 판별해 낼 수 있다.

무엇보다 속임수 거래량의 핵심은 바로 지지선과 저항선에 있다. 점진적으로 거래량이 증가하거나 반대로 거래량이 감소하거나 혹은 대량거래가 동반된 음봉이라도 이전 저점을 지지한다면 긍정적으로 해석한다. 반대로 조정권에서 거래량이 감소하거나 바닥권에서 거래량이 증가하는데 저점이 하향이탈하는 모습을 보인다면 일단 리스크 관리가 필요하다.

상투권에서는 거래량 증감 여부와 상관없이 일단 단기 지지선이 깨지면 위험관리를 해야만 한다. 바닥권에서도 매물대라든가 강한 하방경직을 자랑하는 지지선이 하향이탈되는 경우에는 일단 조심할 필요가 있다. 특히 바닥권 종목에서 개인들의 일시적 투매현상으로 지지선을 이탈한 다음 다시 주가를 회복시키기도 한다. 이 경우에는 반드시 지지선 이탈 이후 빠른 시간 안에 주가 회복이 이루어져야만 한다. 만약 적은 거래량으로 지지선 이탈이 일어난 이후에도 거래량이 증가하지 않고 지루하게 횡보세를 거듭한다면 필히 위험관리를 하기 바란다. 언젠가는 반등하겠지 하는 기대감으로 물타기를 한다거나 미수나 신용이라는 무리수를 둔다면 2차 급락으로 큰 투자실패를 가져올 수도 있기 때문이다.

- **대량거래를 동반하며 주가가 폭락하는 경우 :** 작전세력의 물량털기, 내부 악재 정보를 선취한 내부자의 매도(대주주 또는 기관 및 외국인), 대주주의 대여금에 대한 주식담보를 확보하고 있던 금융권이나 사채업자의 주식담보 반대매매 등이 원인이다.

거래량 매수급소

거래량은 매수세를 의미한다고 누차 강조했다. 그럼 거래량 매수급소는 과연 어떤 때를 말하는 것일까? 바로 거래량 바닥시점이 곧 매수급소가 탄생하는 시점이다. 장기하락의 대바닥점이 곧 거래량 바닥이 형성되며, 이 거래량 바닥시점이 이제 매수할 준비를 하는 시점이다. 단, 장기하락 중인 종목이라면 하락추세를 반드시 마무리하는 모습을 보여야 한다. 추세를 무시한 채 거래량만 살핀다면 오로지 캔들만 보고 매매하는 것과 크게 다를 바 없이 실패확률을 높이는 요인이다.

거래량 바닥은 단기적으로 20일, 중기적으로 60일 기간 중에서 거래량 최저점을 기록하는 때다. 바닥을 확인하려면 당연히 거래량 최저점을 갱신한 다음 날로부터 대략 3~4일 기간 동안 최근 주가의 저점을 지지하면서 거래량이 최저점 이상으로 증가할 때 비로소 거래량 바닥을 확인했다고 결론 내릴 수 있다. 이후 저점과 고점을 차례로 높이며 거래량이 증가하는 시점에서 매수급소가 탄생한다.

차트분석의 맥

차트분석의 기본 3대 요소는 캔들, 거래량, 이평선이다. 여기에 추세선과 보조지표, 심리지표를 포함해 주가를 예측하고 대응하는 분석방법이 바로 차트분석이다. 기술적 분석이라고 불리는 이 차트분석의 목적은 단 하나, 낮은 가격의 주식을 매수해 높은 가격에 매도함으로써 얻는 시세차익뿐이다.

차트분석에서 이러한 시세차익을 얻으려면 일단 최소한 하락추세를 마무리하거나 횡보하는 주식을 매수해야 한다. 강한 하방경직성을 자랑하는 주식을 매수하는 것이 1차 매수조건이며, 이어서 조금 높은 가격이라도 추가 상승 가능성이 많은 주식을 매수하는 것이 2차 매수조건에 속한다. 여기에는 추세가 상승세인 종목, 20일선이 우상향인 정배열 종목이 좋고, 또한 단기적으로 매물대를 지지해야만 추가적인 상승확률이 높다. 주가가 아래로 더 이상 하락하기보다 위로 상승할 가능성이 큰 주식을 찾아내는 것이 바로 차트분석의 핵심이다.

주가바닥을 확인하라!

- **거래량 바닥점을 찾아라!**(매도물량이 소진된 상태를 의미한다. 이 상태에서 자취를 감췄던 매수세가 조금만 유입된다면 상승확률이 높아진다.)
- **OBV, VR, MACD, 스토캐스틱 지표 활용!**(거래량 지표와 그밖에 보조지표를 활용해 매수 포지션을 잡는다.)
- **이중바닥, 삼중바닥 확인!**(거래량 바닥만으로는 주가바닥을 확인하기 어렵다. 이전 저점을 지지하는지, 또한 저점과 고점을 차례로 높이는지 여부를 반드시 확인하도록 한다.)
- **캔들을 거꾸로 뒤집어서 쌍봉(삼봉)이 발생하는 종목!**(고점을 두들겨서 돌파 못 하면 주가는 내려간다. 이것을 반대로 해석하면 밑에서 두세 번 두들기면 올라갈 가능성이 커진다.)

추세전환을 포착하라!

- **최소 장기간 하락추세 마무리 단계를 확인!**(하락추세저항선 상향돌파, 평행추세대 지지 여부를 확인한다.)
- **바닥을 다진 후 이평선 수렴!**(최소한 120일 저점 확인, 이후 60일과 40, 20일 순으로 저점을 확인한다.)
- **중·장기 이평선 상승추세전환!**
- **거래량 증감 여부 확인!**

■ 5일 변곡점을 노려라!

- **20일선은 수급선, 5일선은 심리선…** 20일선이 상승추세 속에서 거래량이 증가하는 종목이라면, 일단 수급과 심리가 호전된 상태를 의미하기 때문에 그만큼 상승확률이 높다.

- 20일선이 상승추세가 아니라도 최소한 가파른 하락추세를 마무리하는 모습을 보여야 한다. 또한 단기 역배열 상태라 하더라도, 거래량이 증가하면서 5일선이 살아나는 종목이라면 저점을 확인하면서 매수관점으로 접근이 가능하다.
- 5일 변곡점을 노릴 경우에는 저점과 고점을 차례로 높이는 주식일수록 상승확률이 높다.

지금까지의 내용을 간략히 종합해보면 통상적으로 1차 거래량 바닥을 다진 후 거래량이 증가하면서 2차로 주가가 5일선 위에 올라앉는 주식이 매수하기 가장 좋다는 결론이다. 이것은 차트분석의 핵심을 단 한 문장으로 요약한 말이다. 그러나 이처럼 한 문장으로 압축한 보편적인 매매기법도 개인투자자들에게 실전에서는 매우 힘든 매매방법에 속한다는 것이 문제다.

주가바닥을 미처 확인도 하지 않은 상태에서 일단 양봉이라면 하락추세 중이라도 과감히 매수에 가담한다. 눌림목 구간에서는 5일선이 이탈됐다고 잦은 손절매를 하고, 상투권에서 하락반전으로 진행된 상태에서 손절매가 아닌 물타기를 하고, 분산투자보다는 한 종목에 투자금 전액을 올인하는 버릇을 고치지 않는다면 당연히 투자손실은 불 보듯 뻔한 이치다.

주식은 확률 게임과도 같다. 상승확률이 높은 주식을 매수해야 보다 높은 가격에 매도할 수 있다. 그렇다면 상승확률이 높은 주식은 어떻게 찾아내야 할까? 일단 상승확률이 높은 주식을 매수하기 위해서는 무엇보다 차트상 상승확률이 높은 종목을 찾아내야 한다. 어떻게? 캔들, 거래량, 이평선, 보조지표, 심리지표를 최대한 활용할 줄 알아야 하며, 최소한의 기본분석과 그밖에 급변하는 시황에 신속히 대처하는 능력을 길러야만 한다.

설령 차트만을 보고 종목을 선정한다 해도 최소한 해당 기업이 어떤 사업을 하고 있으며, 기본적인 재무구조는 어떤지 살펴야만 한다. 오직 수급만을 보고 단기투자를 한다 해도 투자하려는 기업이 무슨 사업을 하는지도 모르는 채 무작정 차트 하나만을 보고 매매할 수는 없는 일이다. 나아가 차트의 단점을 보완하기 위해 업황이라든지 재무상태, 시가총액, 대주주 지분, 자회사, 사채, 증자, 테마, 기업뉴스와 공시 등을 살피면서 차트 움직임에 대응하는 것이 성공확률을 높이는 유일한 방법이다.

실전투자 1단계

경기흐름과 지수추세를 살펴라!

경기는 호황기와 불황기 사이에 회복기와 침체기가 공존을 하며 사이클을 형성한다. 경기를 무시한 투자는 숲이 아닌 나무만을 바라보는 경우다. 숲에 불이 나면 나무는 새까만 재로 변할 것이다. 봄이면 꽃이 필 것이고, 가을이면 열매를 맺을 것이다. 겨울이면 추울 것이고, 여름이면 더울 것이다. 경제와 금융의 사계절을 모르면 자본의 큰 흐름을 읽어낼 수가 없다. 하지만 주식시장은 경기에 6개월 정도 선행을 하는 특성이 있다. 따라서 여러 다양한 경제지표경제지표의 90%는 후행성를 분석하거나 언론 뉴스에만 의지한다면 남들보다 한 발 느린 투자를 하게 된다.

매우 복잡한 현 경제 상황을 간단히 살피려면 일단 지수차트를 참조하면 된다. 코스피지수가 바닥을 확인하고 5일선에 올라타거나 주봉이나 월봉상 상승추세로 진행된다면 경기는 앞으로 호황기를 맞이한다는 것을 암시하는 것이다.

종목차트에서는 일봉이 가장 중요하지만 지수차트에서는 주봉이 가장 핵심이다. 지수의 주봉과 일봉, 더불어 월봉을 함께 살핀다면 경기흐름을 한발 앞서 읽어낼 수 있다. 주식투자는 지수만 살펴도 절반은 먹고 들어가는 게임이다.

실전투자 2단계

투자스타일에 맞는 종목을 선정하라!

전업투자자라면 단타와 스윙을 병행할 것이며, 직장인들이라면 스윙이나 중·장기투자를 할 것이다. 투자기간이 짧으면 수급을 중시해야 하며차트분석, 자본이 많고 투자기간이 길면 가치를 중시해야 한다가치분석.

종목도 마찬가지다. 단기성향이 짙은 투자자라면 수급이 받쳐주는 중·소형주나 테마주를 집중적으로 공략해야 하며, 중·장기성향의 투자자라면 가치분석을 통해 재무가 안정된 우량주 위주로 종목을 선별해야 한다.

가치분석은 기업분석과 함께 업종분석에 중점을 두도록 한다. 이를테면 건설업종, 조선업종, 자동차업종, IT업종, 바이오업종, 게임업종, 금융업종 등 업종현황을 제대로 파악해야만 가치분석의 위력을 체험할 수 있기 때문이다. 업종분석을 소홀히 하고 그저 기업의 재무제표만 따진다면 큰 흐름을 읽지 못해 차트에만 의지하는 경우보다 실패할 확률이 높아진다.

차트에 중점을 둔다면 예측과 대응과 대비를 잘 조합해야 한다. 이론도 중요하지만, 실전은 전쟁이다. 이론과 실전의 갭은 오로지 경험을 통해서만 간격을 줄일 수 있다. 우량주든 부실주든 급등주든 소외주든 어떤 종목이든 되도록 많은 실전매매를 통해 스스로 자신에게 맞는 종목을 선별해내는 능력을 기르도록 한다.

투자는 안정성·수익성·환금성을 염두에 두는 것처럼 주식투자에서 종목을 선정하고 매매를 할 때는 투자금을 다 잃어도 생활에 지장을 주지 않는 금액으로만 대형주·우량주·테마주로 종목을 분산시켜야 한다. 이를테면 지수와 연동되는 대형우량주에 25%, 재무가 안정되고 기술이 뛰어난 중·소형주에 25%, 비록 리스크는 큰 편이지만 그 반대급부에 해당하는 높은 수익을 얻을 수 있는 급등테마주에 25%, 그리고 남은 투자금의 25%는 항상 현금으로 남겨두어 자칫 잃어버릴 수 있는 기회나 위기에 대비하도록 한다.

제아무리 저평가되었다고 생각하거나, 달콤한 내부자 정도를 얻었거나, 높은 승률을 자랑하는 전문가의 강력 추천주라 하더라도 한 종목에 올인한다면 작은 변동성에도 투자심리가 극대로 위축되어 뇌동매매로 이어지게 마련이다.

실전투자 3단계

최소한의 기업분석은 필수다!

데이트레이더는 가치를 무시하고 오로지 수급 하나만을 보고 매매할 수는 있다. 그러나 가치투자자만큼은 아니더라도 최소한의 기업분석은 필수다. 투자하고자 하는 기업이 어떤 사업을 하는지, 업종은 어떤지, 시장지배력은 있는지, 기술력은 있는지, 경쟁력은 갖췄는지, 실적은 양호한지, 시가총액이나 PER 기준으로 기업가치가 저평가인지 고평가인지 정도는 기본적으로 파악해야만 한다. 재무제표에서 매출액, 영업이익, 경상이익, 유보율, 부채비율, 단기차입금은 얼마고 자산은 어느 정도인지를 살피는 것도 투자에 도움이 되지만 최소한 영업이익이 흑자인지 적자인지만 알아도 투자가치가 있는 기업인지 아닌지를 알 수 있다.

앞서 강조했듯이 가치분석인 경제분석, 산업분석, 기업분석을 통틀어 가장 핵심적인 것 하나가 바로 **영업이익**이다. 코스닥 종목에 투자할 때 거래소 종목보다 위험이 큰 이유가 바로 대다수 코스닥 중·소형주가 영업적자에 허덕이기 때문이다. 그래서 감자를 하고 유증을 하고 높은 이자율의 사채를 발행하며, 분식회계나 가장납입을 일삼고, 배임·횡령을 하고, 실체가 없는 장밋빛 뉴스를 남발하며, 특정 세력과 서로 짜고치는 작전으로 경영권을 헐값에 매각하기도 하는 것이다. 영업적자가 일시적일 수는 있지만 해를 거듭해 분기마다 적자폭을 키운다면 투자대상에서 제외하는 것이 주식시장에서 오래도록 살아남는 비결이다.

기업분석에서 또 하나 중요한 것은 바로 대주주CEO다. 특히 자본금이 적은 코스닥 중·소형주인 경우 대주주의 영향력은 실로 막강해서 그들의 사업 운영 능력이 곧 기업가치를 좌우한다. 문제는 대주주의 경영 능력과 도덕성을 투자자들이 제대로 파악할 수 없다는데 그 심각성을 안고 있다. 이른바 **오너리스크**Owner risk인 경영권 분쟁, 배임·횡령, 과도한 사채발행, 무리한 신사업 추진, 사채업자와 끼고 벌이는 유증 가장납입, 대주주 주식담보대출에 따른 위험성, 껍데기 유령회사의 타법인 출자 등 오로지 대주주의 주관적이고 돌발적인 행동으로 개인투자자들이 큰 피해를 보는 경우가 다반사다.

제아무리 뛰어난 학식과 재능을 겸비한 대주주라도 사람이기에 실수를 할 수도 있고 욕심도 부릴 수 있다. 문제는 그와 같은 행동이 자본금이 적은 중·소형주인 경우에는 주가에 매우 예민하게 반응한다는 점이다. 거래소의 대형주들은 대주주의 영향력보다 채권단의 영향력이 막강하다. 횡령 금액도 자본금에 비해 그렇게 크지 않다. 그러나 코스닥 중·소형주는 자본금이 적은 만큼 횡령 금액이 자본금에 큰 영향을 미치기 때문에 이러한 대주주의 개인적인 리스크가 그대로 주가에 반영된다.

투자자 입장에서는 회사 내부자와 인맥이 닿지 않는 이상 대주주의 자질을 파악하기는 절대 불가능하다. 그러나 간접적으로 대주주의 사업 능력을 파악할 수는 있다. 물론 대주주 인물에 관련된 지난 기사 검색도 도움이 된다. 그보다는 대주주의 학력과 경력, 이사진 구성을 살피는 방법이다.

이를테면 제조업체인 경우 대주주가 대기업에 근무한 경력이 있다면100% 장담할 수는 없지만 그가 운영하는 사업은 대체로 망하지 않는다. 한국 특유의 인맥 형성으로 인해 한때 어려움에 빠질 수 있는 사업을 유지시켜 주는 예가 많기 때문이다. 특히 삼성과 같이 대한민국을 대표하는 초우량 기업에 몸담았다가 자력으로 회사를 창업한 경우, 여기에 기술력까지 겸비하고 있다면, 비록 코스닥 종목일지라도 중·장기적으로 매력적인 경우가 상당히 많다. 최소한 배임·횡령 등의 리스크가 상당히 줄어들기 때문이다.

물론 학력과 경력으로 사람 됨됨이를 판단해서는 안 될 것이다. 하지만 아무런 정보가 없는 개인투자자 입장에서 그나마 대주주의 학력과 경력이라도 살펴야 투자 리스크가 조금이라도 줄어든다. 대주주와 임원들에 대한 간략한 사항은 사업보고서를 참조한다.

다. 또한 1년 전에 보호예수가 된 제3자배정 증자물량이 시장에 출회되는 시점도 알 수 있으며, 전환사채나 신주인수권부사채를 발행했었다면 사채행사 시점도 파악이 가능할 것이다. 대주주를 비롯한 주요주주의 지분변동을 통해 기업의 내부 사정을 유추해 볼 수도 있을 것이며, 감사보고서와 결산보고서 제출기간인 2월에서 3월 중에는 코스닥 부실주 매매를 최대한 자제할 수 있을 것이다. 기업의 지난 과거 공시를 무시한 매매는 주가 흐름에 역행하기 쉽기 때문에 반드시 참고하도록 한다.

실전투자 4단계
공시와 뉴스를 분석하라!

기업의 공시나 뉴스는 투자자들이 그나마 해당 기업에 대한 정보를 알 수 있는 유일한 출구다. 공시는 다소 객관성을 유지하지만, 뉴스는 기자의 입맛과 기업의 입김이 작용해 대체로 주관성을 갖는다. 따라서 막연한 장밋빛 뉴스는 그리 신뢰할 편이 못 된다.

공시 내용에는 사업보고서와 매 분기보고서를 비롯해 예상실적, 수출계약, 증자(감자), 사채발행 및 사채행사, 지분변동, 경영권변동, 계열사변동, 사업목적변경, 타법인출자, 투자설명서, 장래사업계획, 감사보고서, 주주총회, 임시주총 등의 기업 내부적인 중요 사항들로 가득 채워져 있다. 주가에 변동성을 가져오는 중요한 요소들이라 할 수 있다. 공시는 차트를 만들기도 하고, 반대로 차트가 공시를 예견하기도 한다. 주가 급등과 급락 시점에서는 대부분 공시나 뉴스 내용에 따라 투자자들이 한쪽으로 몰리는 이치다.

주가의 주재를 살필 때도 최는 공시는 물로 과거 1년 그 이전의 공시도 반드시 살펴야만 한다. 예를 들어 1년 전에 신기술을 개발했다는 공시가 나온 상태라면 현시점에서는 당시 개발된 신기술이 상용화로 진행되어야만 한다. 과거에 주주배정이나 일반배정의 유상증자를 했었다면 증자에 관련된 투자보고서가 있었을 것이고, 따라서 회사가 증자 대금을 어떻게 사용했는지 알아볼 수도 있을 것이

엽을 미리 선점하려는 것이다. 매수세는 '수요'이며, 매도세는 '공급'이다. 가격은 매수세와 매도세가 서로 줄다리 함임을 보는 것이다. 주가는 매도세보다는 매수세가 강해야 상승을 한다. 공 수요가 많아진다면 가격은 상승하는 이치다. 수요는 수급이며, 수급은 거 래량이다. 차트에서 거래량이 증가하는 시점에서 저점과 고점을 높 이는 가격 상승을 보인다면 이것이 바로 매수세가 유입되는 신호다.

실전투자 5단계

주세와 거래량을 주시하라!

종목선정은 기본분석에 중점을 두고, 매매는 차트분석에 중점을 둔다. 물론 종목선정도 단순히 차트만 보고 선정할 수는 있지만 최 소한의 기본분석 없이는 매매확률이 낮아질 수밖에 없다. 처음에 차 트분석을 통해 종목을 선정했든 아니면 주위에서 언어들은 정보로 종목을 선정했든 일단 최소한의 기본분석을 끝냈으면 이제 차트를 통해 매매시점을 포착해야 한다.

복사는 두 가지 유형이 있다. 인파이터는 저돌적으로 파고들고, 아웃파이터는 치고 빠진다. 투자도 두 가지 매매유형이 있다. 우직 하게 기다리는 **예측매매**와 대응매매와 발빠르게 치고 빠지는 **대응매매**다. 예측 매매는 보초매매이며, 대응매매는 추격매매다. 향후 주가상승이 예 상되는 경우에는 수비를 한다는 각오로 저점에서 물량을 모아가는 중장기전을 치러야 하며, 현재 주가상승이 진행되는 경우에는 공 격을 한다는 각오로 주식매수와 주식매도를 통해 빠르게 대응해야 한다.

차트는 기본적으로 캔들, 이평선, 거래량으로 구성된다. **캔들은 가격을 말하고, 이평선은 추세를 나타내며, 거래량은 수급을 의미한 다. 주식에 투자한다는 것은 기회비용을 지불하는 것이다. 주가상 승이 유력한 종목을 찾아내는 것은 희소성, 차별화, 경쟁력 있는 기

실전투자 6단계

매수급소를 공략하라!

주가는 상승, 하락, 횡보 이렇게 세 방향으로 파동을 치며 움직인다. 그러나 시세차익은 상승과 하락의 출렁임에서만 얻을 수 있다. 주가 변동성이 확대될 때는 그 시기가 따로 있다.

❶ 기업 내부적 변화
❷ 업종 테마의 영향
❸ 지수와의 연관성

투자하고자 하는 기업이 실적은 크게 좋거나 나쁘지도 않은 그저 현상 유지만 하고, 경영권이나 지분변동도 없고, 또한 신기술이나 신제품이나 신사업을 진행하지도 않으며, 테마에도 별 영향을 받지 않는다면 주가는 지루한 횡보세를 중·장기적으로 이어간다. 다시 말해 재무제표만을 보고 경쟁기업과 비교해 저평가로 판단되거나, 자산가치가 제아무리 많더라도 변화를 추구하지 않거나, 테마나 지수 움직임에 아무런 영향도 받지 않는다면 주가는 별다른 거래량 변화 없이 매우 지루한 흐름을 보인다. 이런 종목을 시장에서는 '소외주'라고 부른다.

하지만 작전세력이 개입되거나 회사 내부적인 변화가 생기거나 테마에 편승하거나 지수에 영향을 크게 받는 종목이라면 주가 움직임은 상대적으로 커지게 된다. 이 타이밍을 노려야만 비로소 시세차익을 얻을 수가 있다. 그런데 대다수의 개인투자자들은 단지 재무가 우량해 보인다는 이유만으로 장기 소외주를 붙잡고 시간과 기회비용을 허비하거나, 어느 누군가 작전을 해주리라는 기대감에 부실주에 과감히 투자한다. 단기투자는 물론이거니와 장기투자를 해도 해당 기업에 긍정적인 변화가 보이는 타이밍을 노려 투자하기 바란다.

기업의 호재나 악재에 재빨리 대응하지 못한다면 호재를 예측하는 훈련을 해야 하며, 최악으로 악재에도 대비하는 매매가 되어야 한다. 테마 열풍에 동참하는 경우라면 선도주와 후발주를 주시해야 하며, 동시에 변동성이 큰 만큼 차트에 보다 집중하는 매매가 되어야 한다. 지수에 민감하게 반응하는 경우에는 해외지수와 국내지수를 살피며, 시장 전체의 수급 분위기를 파악해야 한다.

차트를 통해 매수급소를 노릴 때는 일반적으로 추세, 지지와 저항, 거래량, 그리고 일봉 및 분봉 변곡점을 노린다. 이를테면 바닥이 확인된 상태에서 거래량 증가 추세를 살피며 5일 변곡점분봉상에서는 10선이나 30선 변곡점을 공략하는 방법, 그 외에 이평선과 매물대와 추세매매 등이 있다.

상승추세 중인 종목을 추격할 때에도 단기 지지선을 설정한 다음 거래량 증가를 살피며 매수 타이밍을 공략한다. 실전에서는 일시적인 단기 지지선 이탈이 자주 생기는 만큼 이평선이나 이전에 형성된 단기 매물대를 기준으로 2차 지지선을 잡고 대응을 하되, 급격한 추세이탈이나 투심을 위축시키는 대형악재에도 항상 대비하는 자세를 가져야 할 것이다.

실전투자 7단계

나비처럼 날아서 벌처럼 쏴라!

1980년대 세계 복싱 마니아들을 열광하게 만든 4대천왕이 있었다. 레너드, 헌즈, 듀란, 헤글러가 그들이다. 이들은 저마다 최고의 실력을 뽐내며 복싱을 당시 세계 최고의 스포츠로 올려놓은 일등공신이었다. 슈거레이 레너드와 토마스 헌즈는 치고 빠지며 한방을 노리는 아웃파이터 스타일이었으며, 마빈 헤글러와 로베르토 듀란은 뛰어난 맷집을 바탕으로 저돌적으로 파고드는 인파이터 스타일이었다. 서로 물고 물리는 이들의 맞대결은 가히 환상적이었고, 이들의 경기를 보기 위해 비싼 암표도 마다하지 않았으며, 그들의 빅매치가 열릴 때면 세계 모든 사람들이 TV 앞에서 환호성을 질렀다.

처음에는 누가 더 우세한지 쉽게 판가름 나지 않았다. 서로 물고 물리며 복수와 복수를 거듭했기 때문이다. 그러다 한 선수가 상대전적에서 다른 세 선수에 조금 더 우위에 서게 된다. 그가 바로 '슈거레이 레너드Ray Charles Leonard'다. 레너드는 화려한 테크닉을 무기로 스피드, 기술, 파워에서 최고를 자랑하는 천재복서였다. 그의 현란함은 다른 라이벌 선수들을 압도했으며, 힘으로만 밀어붙였던 기존 복싱의 주류를 테크닉과 스피드로 승화시킨 장본인이기도 하다.

또 다른 천재복서로는 1960년대 말에서 1970년대 초의 '무하마드 알리Muhammad Ali'가 있다. 레너드가 미들급의 왕자였다면 알리는 헤비급의 황제였다. 그는 진정한 테크니컬이었으며, 비록 주먹의 강도는 다른 라이벌 선수보다 조금 약했지만 체력과 스피드만큼은 타 선수를 압도했다. 알리는 1964년 당시 챔피언이었던 상대 선수인 소니 리스턴에게 이렇게 말한다.

"나비처럼 날아서 벌처럼 쏘겠다."

마침내 알리는 리스턴을 이기고 헤비급 세계 챔피언에 등극한다.

나비처럼 날아서 벌처럼 쏘라는 알리의 유명한 말은 부드러움 속에서 날카롭게 상대를 공격하라는 의미로 이후 명언이 되어 오늘날까지 다양한 분야에 인용되고 있으며, 심지어 글로벌 기업의 행동지침으로도 활용되고 있다.

전설의 복서인 레너드와 알리는 단순한 주먹의 힘보다는 스피드와 테크닉과 부드러움이 상대방과의 경쟁에서 우위를 점한다는 것을 증명해 준 셈이다.

투자도 경쟁이다. 주식시장에서도 저돌적으로 밀어붙이는 공격형 투자자(한 종목에 모든 투자금을 쏟아붓거나 급등주에 공격적으로 추격매수하거나 부실주에 물타면서 장기투자로 버티는 투자)보다는 타이밍을 노려 치고 빠지는 현란한 테크닉을 구사하는 투자자(초단타매매가 아닌 숨고르기 끝에 매매 타이밍을 노리는 투자)가 비교적 오래 살아남는다.

변칙적인 복서가 상대방의 페이스를 잃게 만들듯이 투자도 정석보다는 변칙이 필요하다. 투자자 모두가 흥분하고 환호성을 지를 때는 멀리 피하고, 투자자 어느 하나 눈길을 주지 않을 때는 관심을 가져야 한다. 매수는 신중에 신중을 기하도록 하고, 매도는 신속해만 한다.

나비는 방향성을 점치기 힘들다. 벌은 강한 한방이 무기다. 상대방이 내 패를 읽지 못하도록 페인팅 모션을 취해야 하며, 상대방이 잠시 빈틈을 보일 때를 노려 카운터펀치를 날려야 한다.

투자의 세계는 피도 눈물도 없는 냉혹함을 자랑하는 곳이다. 상대를 죽이지 못하면 내가 살아남지 못한다. 모두가 좋다고 이구동성 떠드는 곳에 굳이 내가 달려들 필요는 없다. 달콤한 루머가 퍼지는 곳에 내 패를 보여준다면 내 패를 받아든 상대방은 나를 죽이려 들 것이다.

그러고 보면 주식시장은 참 변칙적인 것 같다. 지지선 이탈에 손절을 감행하니 나 잡아보란 듯이 약을 올리며 급등을 하고, 분봉상 추가 상승이 유력해 매수에 베팅했더니 다음날 갭하락을 맞고, 양봉매수 음봉매도가 최근에는 음봉매수 양봉매도 확률보다 낮아지고, 고점에서 모두가 흥분을 하기 시작하면 그 허영의 풍선은 마침내 허무하게 터져버린다.

투자의 세계에서는 어떤 공식이나 비법은 존재하지 않는다. 그러나 기본과 방법은 존재한다. 고수가 하수에게 매매기법을 가르치는 데는 1시간도 채 안 걸린다. 그러나 매매하는 중간에 일어나는 일을 가르치는 데는 10년도 부족한 법이다. 왜냐하면 경기 사이클 주기가 대략 대통령 임기인 5년과 유사하기 때문이며최근에는 과거에 비해 경기 순환 주기가 많이 짧아졌지만, 그 경기 사이클을 두 번 정도는 경험해야만 실전투자에서 남들과 당당히 경쟁할 수 있는 자격을 얻기 때문이다.

기본기가 튼튼한 이들만이 응용을 잘하고 변칙적으로 나비처럼 날아 상대를 제압한다. 기본기가 부실한 이들은 변칙적인 싸움은 할 수 있어도 상대를 제압하지는 못한다. 변칙도 기본기가 밑바탕에 깔려있어야 응용이 가능한 법이다.

도전하지 않으면 얻는 것은 아무것도 없으며, 두려워한다면 앞으로 나아갈 수 없다. 여러분은 많은 재테크 수단 중 주식투자를 선택한 것이다. 이어서 거래소에 상장된 수많은 기업 중 기회비용을 통해 투자대상을 선택할 차례다. 기본적인 가치분석을 통해서 매출과 영업이익이 증가하는 기업, 영업이익률이 탁월한 기업, 기술력이 뛰어난 기업, 시장지배력이 월등하거나 현금성 자산이 많거나 유망 계열사를 둔 기업, 또한 원천기술이나 특허를 보유한 기업이라면 그만큼 경쟁력을 갖춘 기업이기에 투자대상이 된다.

투자대상이 선정되면 이제 수요와 공급을 살펴야 한다. 차트에서는 거래량을 주시하고, 가격의 변화를 살피며, 추세를 읽어낸다. 동시에 가치 측면에서 모멘텀이 형성되는 시기를 포착한다. 기업 내부적 변화가 일어나는가, 업종테마에 영향을 받는가, 지수 연관성이 높은가를 공시와 뉴스를 통해 기업의 가치 변화를 살펴야 한다. 그러고는 맹수가 먹잇감을 노리듯 기다린다.

수급이 들어올 때, 수요가 몰리는 타이밍을 노려 매수관점으로 접근을 하고, 수급이 빠지는 시점에서 매도관점으로 대응한다. 예측을 하고 대응을 하며, 다시 예측을 하고 대응을 하면서 실전경험을 쌓아야 한다. 기본적 분석가치분석과 기술적 분석차트분석이라는 기본기를 튼튼히 다져놓은 투자자라면 나름대로 변칙적인 응용을 할 수도 있을 것이다. 역발상 투자가 실전에서도 널리 활용되는 이유다. 남들과 반대로 가는 길… 그곳에 숨겨진 보물이 있다.

투자는 재테크에만 해당하는 것은 아니다. 나에 대한 투자, 이웃에 대한 투자, 그리고 삶에 대한 투자. 평생 돈만을 보고 시간에 쫓겨 바쁘게 살아갈 것이냐, 아니면 시간의 여유를 즐기며 운동을 통해 건강을 얻고 여행을 통해 풍요한 마음을 얻을 것이냐는 여러분 선택의 몫이다.

배고픈 사자보다 빨리 뛰어라!

배고픈 사자

배고픈 사자는 먹잇감을 많이 노리지 않는다. 무리의 선두에서 뒤처지는 약한 놈만 몰따 집중 공략을 한다. 이어 배가 부르면 다음 사냥을 위해 체력을 비축하고자 휴식을 취한다. 배가 부르기 때문에 다른 먹잇감은 눈에 들어오지 않는다. 그러면서 살이 찌고 어른이 되며 지열한 정글에서 살아남는다.

주식시장이라는 정글에서 대부분 개인투자자들은 쉴 새 없이 사냥하기 바쁘다. 배가 고프도 배가 부르는 사냥감이 눈에 보이면 미친 듯이 눈에 불을 켜고 달려든다. 마치 먹어도 배가 고파 진 듯이 눈에 불을 켜고 달려든다. 마지막엔 자신의 살마저 뜯어 먹고 죽은 그리스 신화의 **에리식톤** Erysichthon과 같이. 자연히 체력이 남아날 리가 없다.

주식시장은 얼핏 포커나 화투판과 같다. 게임에 참여한 수많은 이들 중 마지막까지 살아남는 자 이외에는 다 죽는 놈들판이다. 저음에는 운이 좋든 실력이 좋든 수익을 내곤 하지만, 중·장기적으로 꾸준히 살아남는 이는 극소수에 불과하다. 왜냐하면 다들 에리식톤과 같이 욕망을 억누르지 못해 먹어도 먹어도 배가 고프기 때문이다.

주식시장에서 유일하게 돈을 버는 이는 장소를 제공해준 하우스 마담이거나 게임에 참가한 이들에게 투자금을 빌려주는 대신 고리를 뜯는 사채업자뿐이다. 그리고 수많은 게임에서 약잣값이 살아남 는 몇몇 고수들뿐이다. 사냥을 하려면 흥분을 가라앉히고 숨죽이고 기다릴 줄 알아야 한다.

주식시장이라는 정글 속에는 많은 먹잇감이 곳곳에 널려 있다. 배가 고프다고 이젓저것 노리며 뛰어다니다 보면 운이 열멸 에 잡은 먹잇감으로 약간의 허기를 달랠 수는 있지만, 결과적으로 체력이 고갈되어 또다시 밤낮으로 먹잇감을 노려야만 한다.

먹이를 노릴 때도 몸집이 작은 먹잇감보다 이왕이면 몸집이 큰 사 슴이나 산양을 노리는 것이 낫다. 조용히 숨죽이며 기다리다 보면 무리에서 뒤처지는 놈들이 보인다. 그 기회를 놓치지 않고 잡으면 된다. 그리고는 머리와 꼬리나 독수리나 하이에나에게 베어주고 몸 통만 먹으면 된다. 꼬리때때를 잡으려다 놓치고, 머리매상투까지 먹 으려다 토하는 법이다.

날씨

지수가 급락하면 투자심리가 상당히 위축되면서 매다수 투자자 들이 불안감과 공포감에 사로잡힌다. 투매가 일어나고 제아무리 차 트를 예쁘게 만들던 세력도 순접하기 바쁘다. 그토록 높은 확률을 자랑하던 수많은 매매기법과 패턴과 차트와 가지가 대부분 무시되 다. 최소한 지수가 급등이나 상승은 못하더래도 박스권 횡보라도 해오지 않기 때문이다. 그런데 경험이 부족한 대다수 개인투자자들은 상승장에서는 단기투자, 횡보장에서는 중기투자, 약세장에서는 장기투자로 임하고, 또한 급락장에서도 배가 고파 사냥을 해야 한다며 밖으로 나가 체력을 낭비하기 때문에 대다수 개인투자자들의 회복하기 힘든 지명상을 입고 시장을 떠나게 되는 것이다.

배고픈 사냥꾼이라도 전둣번개가 치는 날씨에는 사냥을 하지 않는다. 왜냐하면 사냥감이 보이지 않기 때문이다. 흐린 날에도 최소한의 운동량을 보일 뿐 최대한 잠을 줄인다. 그러다 날씨가 화창하게 갠 날이면 상쾌지수가 하늘을 찌르며 시각은 물론 후각과 청각까지 예민해진다. 곳곳에 널린 사냥감들도 모처럼의 따스한 햇살에 들판의 풀을 뜯거나 웅덩이에 고인 물에 목을 축인다. 바로 이때가 사냥꾼한테는 가장 좋은 기회가 되며, 사냥감한테는 가장 위험한 때다. 투자의 세계도 마찬가지다. 배부르고 행복하다고 느끼는 시점이 바로 사냥꾼에게 사냥을 당하는 시점이다.

사냥

개인에는 전략과 전술이 존재한다. 투자수익을 위한 목표전략가 정해졌다면 그 목표를 이루기 위한 여러 방법전술이 구사된다. 주식투자인 경우 접근방법에 따라 가치와 차트와 심리로 나눌 수가 있고, 투자기간에 따라 단기·중기·장기로 분류할 수가 있다.

개인적으로 투자금이 적고 오랜 투자 경험이 없는 대다수의 개인

아 차트나 가치에 기댈 수 있는 뿐이다.

지수가 급락하며 가랑비에 옷이 젖듯 지속해서 빠지는 본격적인 하락장에서 접으로는 평소 가치를 중시하던 중·장기 투자자들은 그야말로 손실폭이 기하급수적으로 늘어난다. 〈시간=수익〉이라는 공식이 이때부터는 〈시간=손실〉이라는 공식으로 바뀐다. 차트를 중시하던 투자자들도 장기투자와 같은 지속 보유로 인한 큰 손실은 아니더라도 뇌동매매로 인한 잦은 손절매로 제자리거나 나날이 좋아든다. 하락장에서 살아남는 이들은 반짝 테마나 우량주 낙폭 과대에 따른 장중 기술적 반등을 노리는 몇몇 고수들뿐이다.

지수를 100% 신뢰할 필요까지는 없지만, 반대로 지수를 완전히 무시한다면 엇박자 매매를 하게 된다. 예를 들어 지수 상승장에는 단기·중기·장기투자 모두 통한다. 박스권 횡보장에서는 장기투자는 힘든 대신에 단기·중기는 가능하다. 약세장일지라도 안전한 지수 하락장이라면 단기투자는 매력적이지만 중기·장기투자는 주식을 보유하는 기간이 늘수록 수익보다 손실 확률이 높아진다.

문제는 급락장이다. 급락장에서는 단기·중기·장기투자 모두 손실을 보는 공포의 장세로, 날씨로 비유하자면 태풍권에 들어 세찬 비바람과 전둣으로 세상이 암흑으로 뒤덮인 경우다. 모두가 공포에 질리고 모두가 숨을 곳을 찾아 몸을 사리기에 바쁘다. 따라서 사냥꾼이라면 당연히 사냥은 포기한 채 체력을 비축하며 날씨가 좋아지기를 기다려야만 하는 것이다. 먹잇감들이 저마다 은신처에 숨어서 나

투자자들은 단타매매보다 스윙이나 중기매매가 그나마 유리하다. 그리고 초장기매매는 절대 권하고 싶지 않은 무식한 투자방법이다. 특히 코스닥 종목에서 장기투자란 기술력과 자본력 부족에 늘 시달리는 중·소기업의 한계성 때문에 상당히 위험하다.

코스닥 중·소형주의 90%는 초보투자자가 접근하기에는 많은 위험성이 내포되어 있는 것이 현실이며, 오랜 투자경험과 자신만의 투자 노하우를 무장한 개인투자자만이 전투를 벌이는 곳인 만큼 코스닥 종목에서도 월등한 기술력을 보유하거나 재무구조가 우량한 기업, 그리고 업종대표주 이외는 장기투자는 절대 금물이다. 재차 강조하지만 **장기투자**란 경기경제 사이클 중 침체권에서 업종대표 우량주 중심으로 경기 순환을 타는 경우에만 해당되는 투자방법이다.

어느 누구는 미국의 다우지수 100년 초장기 차트를 놓고 장기투자를 강력히 권유하기도 한다. 물론 현재까지만 놓고 보면 초장기적으로 자본주의 특성상 발전을 하고 가치가 높아지는 것은 여러 데이터 분석으로 증명된 사실이다. 장기 인플레이션 효과로 자본의 가치는 과거에 비해 떨어졌지만, 그에 반해 사회 인프라는 남아 있기에 발전과 성장이라는 표현은 분명 옳은 것이다. 하지만 미국 100년 차트가 지속적인 우상향을 보였다고 장기투자가 항상 큰 수익을 보장하지는 않는다.

개인투자자들이 미국 다우지수를 참조할 때 하나 간과하기 쉬운 사실은 지수만 살필 줄 알지 지수를 구성하는 종목은 살피지 못한다. 다우지수는 우리나라의 코스피 지수와 같이 거래소에 상장된 모든 종목을 지표로 환산하는 것이 아닌 미국을 대표하는 초우량 30종목으로만 구성되며, 일부 종목이 부실로 퇴출당하면 다시 신규 우량 종목으로 교체하는 방식을 취한다.

1980년대 다우지수를 구성한 종목 중 현재까지 살아남은 종목은 약 40%에 불과하다. 다우지수에서 60%를 담당했던 초우량 기업들이 지금은 모두 퇴출당하고, 그 빈자리를 신규 우량 기업들로 교체한 상태다. 따라서 웬만한 경제침체에도 살아남을 30개의 초우량 기업들 위주로 지수를 구성하니 자연히 초장기 차트도 지속적인 우상향을 보인 것이다. 장기적인 성장의 그 과정에서 얼마나 많은 기업들이 도산했는지, 살아남은 1개의 기업을 위해 99개의 수많은 기업들의 눈물과 피가 제물로 바쳐졌는지를 상기한다면 장기투자의 위험성은 단기투자 못지않음을 깨달아야만 할 것이다.

가까운 일본의 니케이지수 과거 차트를 살펴보기 바란다. 한때 미국과 함께 세계경제의 양대산맥으로 불렸던 일본의 거품경제 시절의 니케이지수가 1989년 38,915포인트라는 사상 최고점을 기록한 지 30년이 넘도록 예전의 영광은 온데간데없이 오랜 기간 1만 포인트 정도를 유지했다. 그러다 2017년 2만 포인트를 갱신한 이후 조정을 받다가, 아이러니하게도 2019년 중국 우한시에서 발생한 코로나 바이러스 영향으로 초유동성 장세가 펼쳐지면서 2021년 2월에 3만자 등으로 투자가치의 엄청난 손실을 보게 되는 것이 오늘날 대다수 장기투자자들의 현실이다.

투자기간을 정했으면 종목에 접근하는 방법도 정해야 한다. 정보 투자, 심리투자 등 여러 방법이 있지만 대표적으로 가치와 차트 이 두 가지를 참조해 매매를 할 것이다. 어느 것이 더 투자에 도움이 된 다고 딱 잘라 말하기는 어렵지만, 단기적으로는 차트에 비중을 높이 고 중·장기적으로는 가치에 비중을 높이는 것이 정석이다.

가치투자를 선호하는 투자자들이 흔히 차트는 후행성이며 눈먼 장님이 코끼리를 만지듯 한 부분만을 보고 전체를 잘못 판단하는 우 를 범한다고들 한다. 이런 잣대로 들이댄다면 가치분석도 매한가지 다. 오히려 차트분석보다 더 후행성을 갖는 것이 가치분석이다. 왜 냐하면 재무제표란 최소 3개월 이전 과거의 지표이며, 또한 신용분 석이나 업종분석을 비롯해 고용률, 실업률, 소비자물가지수, 제조 업체고지수, 설비투자증감률, 소비자심리지수 등 각종 경제지수 모 두 지난 과거를 토대로 수치를 작성하기 때문이다.

비교적 경기에 선행하는 지표라 불리는 **경기선행지수**[경제통계 중 경기에 선행한다고 여겨지는 10개의 지표로 구성되어 있으며, 3개의 금융지표(종합주가지수 증가율, 금융기관 유동성증가율, 장기금리와 단기금리차)와 7개의 실물지표(구인구직 비율, 재고순환지표, 소비자 기대지수, 기계수주액 증가율, 자본재수입액 증가율, 건설 수주액 증가율, 순상품 교역조건)으로 구성되어 있다, 소비자지출, 재

포인트를 찍기에 이른다.

미국의 과거 다우지수만 놓고 단순 비교를 한다면 일본의 니케이 지수도 지속적인 성장 속에 고점을 벌써 갱신하고도 남았어야만 했 다. 설령 오늘날 일본 니케이 지수가 4만 포인트를 넘었다 하더라도 그 과정 속에 얼마나 많은 기업들이 중장기로 홀딩하는 극소수의 기 업에게 피와 땀을 받혀야 했을까.

1997년 IMF 시절, 삼성 현대 LG와 함께 재계 4강을 구축하며 막 강한 시장지배력을 자랑했던 대우그룹도 공중분해가 되었다. 한때 우량 대기업으로 칭송받던 웅진, STX, 동양그룹이 경영진의 위기관 리 능력 부족으로 철퇴를 맞았다. 현재는 삼성이 우리나라를 대표 하는 초우량 기업으로 전성기를 구가하고 있으나 앞으로의 삼성 그 누구도 장담하지 못한다. 5년, 10년 아니 그 이상의 초장기투자는 인 플레에 따른 자산가치 감소로 생각보다 큰 수익이 되지 못하며, 이 또한 살아남는 극소수의 초우량 기업에 한해서만 해당되는 말이다.

1년에서 5년 미만의 장기투자는 경기 순환을 잘 타면 큰 수익도 가능하다. 단, 앞서 강조했듯이 살아남는 기업 중에서 업종대표 우 량주에만 해당한다. 코스닥 종목에서도 거래소의 셀트리온이나 카 카오 같이 시장지배력과 기술력과 자본력이 월등한 기업만이 장기 적으로 큰 수익을 낼 수 있다. 실전에서 장기투자 수익률이 월등한 투자자는 1% 정도의 극소수다. 나머지 99% 수많은 투자자들은 실 적부진, 유동성 위기, 횡령·배임, 감자, 분식회계, 사채발행, 유상증

고순환지표 등도 실상은 과거에서 현재까지의 통계일 뿐이다. 이런 과거 경제지표를 차트에 표시해 추세를 살피며 경기동향을 파악하는 것이 바로 경제분석가들의 주 업무이며, 향후 경제를 저마다의 경험과 기준으로 예측하고 대응을 해나가는 것이다. 따라서 차트분석이 이미 지나간 강물에 손만 담근다는 식의 후행적 논리는 경제분석을 포함하는 가치분석도 자유롭지 못한 셈이다.

가치분석에서 정작 어려운 것은 현재의 수익가치나 자산가치가 아닌 미래가치를 산정하는 작업이다. 모든 투자의 속성이 과거나 현재가 아닌 미래가치를 선반영하기 때문이다.

차트분석이 결과론적이라면 가치분석도 결과론적이다. 과거의 결과를 놓고 현재를 분석하는 것은 차트나 가치나 똑같다. 문제는 미래를 예측하고 대응하는 능력이다. 똑같은 차트와 똑같은 가치를 놓고도 투자자들마다 해석이 다르니 자연히 차트와 가치의 오류가 발생한다.

누구는 5일선 위로 주가가 올라서니까 추격매수를 하고 다른 누구는 5일선 돌파 때는 매도, 5일선 이탈 때는 단기 저점을 살피며 매수로 접근한다. 똑같은 차트라도 누구는 투자하려는 회사가 어떤 업종에 속하는지도 모르고 그저 단편적인 기술적 분석으로만 해석하려 하고, 어느 누구는 캔들, 이평선, 거래량은 물론이거니와 보조지표, 추세, 패턴, 거래원, 공시, 뉴스, 증자또는 사채, 해외경제, 종합지수, 업종, 테마, 금리, 유가, 환율, 대주주, 시가총액, 유통물량, 영업마진율, 잠재적 부채전환사채나 신주인수권부사채 현황, 직원 면담 등 모든 요소를 고려하기도 한다.

재무제표 분석도 마찬가지고, 하루가 멀다 하고 쏟아지는 각종 경제지표도 매한가지다. 지표와 차트는 있는 그대로 과거의 객관적인 수치를 보여주지만통계상의 오류도 분명 존재하지만 그것을 해석하는 투자자는 저마다 다른 의견을 내놓고 다르게 행동하기 때문에 주가가 출렁이는 것이다. 달콤한 장밋빛 뉴스도 별다른 생각 없이 눈에 보여지는 액면을 그대로 믿는 대다수의 초보 투자자에게는 호재로 보이지만 다른 투자자에게는 악재로 비치는 것이다.

과거 주가흐름을 통해 추세를 읽어내는 노력은 차트분석이나 가치분석이나 큰 차이가 없다. 가치분석에도 많은 단점이 있듯이 분명 차트분석에도 많은 오류가 있는 것은 사실이다. 이를테면 차트를 제아무리 분석해 봐도 자산가치, 영업이익, 전환사채, 장래성, 시장분위기, 국내외 경기동향, 업종현황, 대주주의 품성 등 기업의 가치를 좌우하는 주요 변수들을 파악할 수 없다. 그런데 주가는? 호재나 악재에 미리 선반영하는 특성이 있다.

실적이 전년 대비 대폭 향상됐다는 공시에 주가는 오히려 내리막길을 걷는다. 대형 호재성 뉴스가 시장에 발표될 시점에는 대부분 이미 주가는 한 단계 레벨업된 상태다. 기업 내부적인 악재가 터질 때는 늘 그렇듯 주가는 미리 하락추세 속에 놓여 있는 상태가 비일비재하다. 이런 점에서 본다면 오히려 차트분석이 가치분석에 선행한다고 봐야만 한다.

정보의 비대칭성으로 놓고 봐도 가치보다는 차트에 더 후한 점수를 줄 정도다. 물론 중기적으로 가치투자가 더 큰 힘을 발휘할 때도 많다. 이것은 단기적 흐름에 너무 민감한 차트의 또 다른 단점이기도 하다. 하지만 가치투자 입장에서 차트를 완전히 무시할 수는 없지만최소한 현재 주가의 위치나 추세만은 파악해야 하기에 차트투자는 가치를 무시할 수도 있는 장점이 있다. 차트투자는 모든 정보를 배제한 채 때론 수급만으로 매매 포인트를 잡을 수도 있기 때문이다. 또한 가치분석과는 달리 매우 중요한 선행적 지표들이 차트 후행성의 단점을 보완하기도 한다. 그 대표적인 선행지표가 바로 '거래량'이다.

투자는 수급의 타이밍을 잡는 게임이다. 노동의 수요와 공급이 만나면 임금이 정해진다. 돈의 수요와 공급이 만나면 이자가 정해지고, 자본의 수요와 공급이 만나면 금리가 정해지며, 국내 통화와 외국 통화가 만나면 환율이 정해진다. 물건의 수요와 공급이 만나면 가격이 정해지고, 주식의 수요와 공급이 만나면 주가가 정해진다. 주식을 매도하는 자와 매수하는 자가 서로 충돌을 하며 합의를 보는 가격이 바로 '주가'다. 매수자와 매도자가 서로 충돌하는 총합계가 바로 **거래량**이다.

차트분석에서 거래량을 통해 주가흐름을 예측하는 방법으로는 일단 20일, 40일, 60일, 120일 정도의 기간설정에서 거래량이 최저점을 기록하는 이른바 **거래량 바닥**이 형성된 시점의 주가추세를 살핀다. 대부분은 거래량 바닥 시점의 주가추세는 하락추세 중이거나 아니면 횡보추세 속에 놓여있다. 이후 주가추세와 함께 거래량 증가추세가 이어지는지, 아니면 거래량이 지속적인 감소추세 속에 놓여 있는지만 확인하면 통상 단기 관점에서 주가바닥이 확인되곤 한다. 이후 거래량이 증가하는 시점이 곧 수급이 증가하는 시점이 되고, 이것은 가격을 결정하는 주요 원인이 된다. 또한 거래량 폭증, 이른바 '대량거래'가 발생한 경우에는 향후 주가가 크게 오르거나 반대로 크게 내린다는 수급의 예비 신호인 것이다. 그래서 "거래량은 주가에 선행한다"고 한다.

실질적으로 수요와 공급에서 가격을 결정하는 주체는 **수요**다. 물건을 사는 소비자 없이는 물건을 만들지 않는다. 반대로 제아무리 성능이 뛰어난 제품을 시장에 출시해도 소비자가 외면한다면 덤핑Dumping : 싼 가격에 상품 투매이나 끼워팔기용으로 전락해 가격은 폭락한다. 수요자가 있는 한 그 수요를 충족시키고자 하는 공급자가 뒤따르기 마련이다. 이때 수요가 많고 공급이 부족해지면 가격이 오르고, 반대로 공급이 많거나 수요가 줄면 가격은 내려간다. 가격이 오를 때는 사려고 하는 사람들이 경쟁할 때다. 이것이 바로 '거래량'이다. 차트분석의 핵심은 바로 가격을 결정하는 거래량과 그 추세를 확인하는 작업이다.

이론과 실전의 갭

주식투자 차트에만 갭Gap이 존재하는 것은 아니다. 이상과 현실 사이에서도 갭은 존재하며, 그 때문에 우리는 늘 갈등하고 아파하며 슬퍼한다. 어려서의 꿈이 어른이 되어서 현실로 이루어지기 위해서는 무수한 땀과 노력이 뒷받침되어야 한다. 그리고 그토록 꿈에 그리던 것을 손안에 넣었을 때도 또다시 내가 생각했던 것과는 많은 차이점이 있다는 것을 깨닫게 된다.

어렸을 때는 어른이 되면 무엇이든 다 할 수 있을 것만 같았다. 하지만 어른이 되었을 때는 무엇이든 다 하지 못하는 현실에 막혀 다시 어렸을 때를 동경하곤 한다. 세상이 다 내 것이 될 것만 같았지만, 세상은 오히려 더 무섭게 자신을 옭아매는 현실에 부딪히는 것이다.

투자에서 이론과 실전의 갭은 항상 대다수의 투자자들에게 많은 눈물을 강요한다. 가치투자나 차트투자나 현실은 늘 이론을 배반하고 쓴웃음으로 투자자들을 비웃는다.

투자는 종목이 좋고 나쁨을 떠나 자본주의 원칙에 충실한 상품이다. 매수자와 매도자와의 가격 쟁탈전은 수요와 공급의 법칙에 전적으로 의존한다. 그 오랜 투자의 역사는 나름대로 체계화되기 시작했는데, 주식투자에서는 투자자들의 수요와 공급의 법칙을 가치투자와 차트투자로 이론화하기에 이른다.

주식투자 교과서의 양대산맥이라 부르는 가치와 차트는 저마다의 영역을 구축하면서 투자의 수요와 공급의 원리를 이해하고 해석하려고 많은 노력을 기울였고 오늘날도 그 위력은 여전히 막강한 힘을 자랑한다. 하지만 이상과 현실의 갭이 의외로 커 보이는 것처럼 이론과 실전의 갭 또한 처음의 생각과는 많이 다름에 투자자들은 혼란을 겪는다.

투자자들 중에는 이론을 밥 먹듯 배신하는 실전을 감싸며, 신규 투자자들에게 처음부터 이론을 무시하고 실전으로만 임하라고 다그치기도 한다. 물론 이론과 실전은 많은 차이를 보이는 것이 사실이다. 그러나 가만히 살펴보면 차이를 보이긴 보이되 약 70% 정도는 얼추 이론대로 실전에서 진행되는 것을 확인하게 된다. 배신감을 보인다는 남은 약 30% 정도가 바로 이론과 실전의 갭인 셈이다. 개인적으로 강조하는데 30%만을 보고 70%를 무시하는 우를 범하지 않기 바란다. 이상과 현실의 그 갭을 인정하지 않고서는 사회인으로서 살아가기 힘들며, 이론과 실전의 그 갭을 인정하지 않고서는 투자실패는 당연한 결과로 이어진다. 이론과 실전의 그 갭을 줄이는 방법, 그것은 바로 '경험'과 '노하우'뿐이다.

차트의 중요성을 크게 인식하지 못하는 투자자들은 통상 코스닥 저가주·부실주·작전주·테마주에 투자한다. 또한 나무종목만 쳐다보고 숲지수은 무시하는 경우도 많다. 다시 말해 개별종목에 차트로 접근할 때는 지수급락은 반드시 피해야만 한다.

지수는 앞서 강조했듯이 날씨와 같다. 지수가 상승하거나 횡보하거나 혹은 최소한 완만한 하락세에 놓여 있다면 지수관련주라든가 혹은 지수와 무관한 개별주라도 가치나 차트를 보고 매매시점을 잡을 수가 있다. 하지만 지수가 급락할 때는 얘기가 달라진다. 제아무리 차트가 좋은 종목도 한순간에 무너져 내린다. 제아무리 가치가 저평가라고 울부짖어도 누구도 관심조차 기울이지 않는다.

숲지수에 불이 났는데 나무종목만 쳐다본다는 것만큼 어리석은 투자도 없을 것이다. 가치에 대한 불신감이 싹트는 것은 물론 차트에 대한 신뢰성을 잃고 배신감마저 느끼게 만드는 주된 요인이다. 그 외에도 지수와는 상관없이 상당한 부실을 내포하고 있는 주식이나 회사에 현금성 자산이 부족해 언제든지 사채나 유증을 발행하거나 심지어 대주주 주식을 담보로 사채를 빌리는 종목들에서 차트에 대한 배신감은 극에 달하게 만든다. 그뿐만 아니라 유통물량이나 자본금이 적은 코스닥 소형주 종목은 적은 투자금으로도 인위적인 차트를 만들 수 있기에 때로는 차트분석이 무의미한 경우도 많다.

차트분석을 하다 보면 지지선과 저항선이 순식간에 깨지는 현상은 비일비재하게 일어난다. 그러면서 다시 이전 지지선과 저항선을 구축하는 모습을 보면, 때론 지지선 하향이탈로 단기 손실을 본다 해도 조금만 참으면 원금을 회복하리라는 기대심리가 싹트곤 한다.

역발상 관점에서 많은 전문가들이 이구동성 손절가로 제시한 가격이 실상 단기 최저점인 경우가 많다. 그러면서 자신이 매수한 주식에 대해 의문을 품기보다 긍정적으로 생각하기 시작하고 막연한 기대와 희망을 버리지 못한다. 그러다 한 번 크게 당하는 것이다. 그래서 대다수의 개인투자자들이 9번 성공을 했어도 단 1번의 실패만으로도 회복할 수 없는 큰 투자손실을 입고 시장을 떠나는 것이다.

설령 몇몇 성급한 개인투자자의 일시적인 투매로 지지선 이탈현상이 일어나고, 다시 신규 매수세에 힘입어 회복하는 과정에서 손절이나 익절을 했다 하더라도, 설령 이후의 추세를 확인하고 다시 재매수하는 한이 있더라도 일단은 강한 지지선이 깨지면서 매도신호가 나오면 차트에 순응하는 것이 위험을 최대한 방어하는 유일한 길이다. 최소한 단기 손실은 입을 수 있지만 혹시나 모를 큰 손실의 위험에서는 벗어나기 때문이다.

가치분석이나 차트분석이나 기본적인 맥락은 같다. 또한 이론적으로도 대부분 정답이 될 수 있다. 하지만 해석방법에서 차이가 발생한다. 동일한 차트를 분석해도 각 투자자마다 해석이 다르기 때문에 이론과 실전의 갭이 발생하는 것이다. 가치투자의 갭, 그리고 차트투자의 갭을 우선 인정하고 나아가 많은 실전경험을 통해 그 갭을 줄여가는 투자자만이 피도 눈물도 없는 냉혹한 투자의 세계에서 살아남을 자격을 갖추게 된다.

응 관점에서만 접근하기 바라며, 큰 투자금으로 무리한 배팅은 절대 삼가도록 한다.

일반적으로 차트분석의 신뢰를 떨어뜨리는, 다시 말해 오랜 투자경험이 없는 대부분의 개인투자자들이 조심해야 할 종목들은 다음과 같다.

먼저 유동주식이 매우 적어 수급상 거래가 힘든 종목, 부실한 재무에 비해 유통물량이 과도한 감자 대상인 종목, 애초에 수익모델이 불투명해 과거부터 지금까지 감자와 유증을 해마다 반복하는 종목, 자산대비 부채비율이 높아 자본잠식이 우려되는 종목, 영업실적 부진과 매출채권 증가와 재고자산의 증가로 부도 위험성이 높은 종목, 대주주 지분이 적어 경영권 분쟁 가능성이 고평가된 종목, 시가총액이 실적에 비해 터무니없게 고평가된 종목, 실적은 없고 단순히 테마에만 편승하는 종목, 회사 내의 자금 부족으로 증자를 하지 않으면 기업 운영이 힘든 종목, 단기 급등급락폭이 과도한 종목, 대주주 지분 출회 종목, 과도한 사채발행으로 잠재부실이 큰 종목, 기업은 좋아 보이지만 차트가 엉망인 종목, 반대로 부실한 재무나 불확실한 영향 등으로 미루어 기업은 분명 나빠 보이는데 의외로 차트가 양호해 보이는 종목세력의 물량털기 대상, 차트가 지저분하게 움직이면서 급등과 급락을 수시로 반복하는 종목, 객관적 공시 대신 뜬구름 잡는 장밋빛

불안한 것 같은 종목은 투자하지 마라

코스닥 중·소형주는 시장지배력과 높은 기술력과 체별 양호한 재무를 갖는 종목에 한해서만 단타나 스윙 혹은 증가투자를 하기 바란다. 현행 자본통합법으로 인해 과거와 같은 편법 상장유지는 힘들어졌다. 그 때문에 상장폐지 시즌도 예전 3~5월에 집중된 것이 아닌 1년 내내 퇴출시즌인 셈이며, 또한 상장폐지 실질심사 강화에 따른 거래정지 종목 수도 예전보다 많아졌다.

특히 자본금이 작은 코스닥 종목은 대주주의 도덕성으로 인한 횡령·배임, 고의적 공시의무 위반, 주식담보대출에 따른 반대매매, 낮은 지분율통상 대주주 지분이 20% 이하인 경우에 따른 잦은 경영권 분쟁, 분식회계, 지속적인 실적부진에 따른 부채증가, 잦은 사채발행과 증자발행, 매출감소와 영업적자에 따른 부도, 자본잠식, 재무불량에 따른 자본금 감소감자, 무리한 신사업 주장에 따른 과도한 부채, 사채발행, 실속 없는 유상증자 가장납입, 실속 없는 장밋빛 언론플레이와 함께 대주주와 작전세력과의 머니게임의 온상이 되지 오래다.

증권제도의 변화도 코스닥 종목의 단타매매 위험성을 높이는 주요 원인이 된다. 이를테면 현행 강화된 '상장폐지 실질심사' 제도를 비롯해 향후 '금융거래세' 등의 새로운 증권제도가 도입되는 경우 순심은 순심대로 수익은 이전보다 많은 세금을 부과한다면 자연히 데이트레이더의 환경은 더욱 위축될 수밖에 없을 것이다. 때문에 예 변동성이 큰 코스닥 중·소형주는 인기 테마주 위주의 단기 스

언론뉴스로 가득 채우는 종목, 실체는 없고 거짓 정보와 루머만 무성한 종목 등 이런 종목의 주식들이 차트에 대한 신뢰를 저버리게 만들기 때문에 개인투자자들은 처음부터 관심을 두지 않는 것이 좋다. 그래도 단기매매 관점에서 투자를 하고 싶다면, 리스크와 함께 그 변동성이 상당한 만큼 다 잃어도 생활에 아무런 지장이 없는 매우 적은 투자금으로 마치 온라인 게임을 하듯 투기의 스릴을 경험하는 수준에서 만족하기 바란다.

내가 아닌 남의 관점으로 접근하라

매수하고픈 종목에 접근할 때는 절대 나 자신의 관점에서 바라보지 않도록 한다. 내가 좋아 보여서, 저평가일 것 같아서, 그리고 차트가 그냥 좋아서 감으로 매수하지 않아야 한다. 내가 아닌 남의 입장에서 바라보도록 한다. 남들이라면 과연 매수할 종목인가, 동호회나 카페에서 매수추천을 하지 않을까, 저평가인 것 같은데 왜 다른 투자자들은 선뜻 매수세에 가담하지 않을까 하는 의문을 항상 품고 의심을 하고 조심해야만 한다.

예를 하나 들어보겠다. 통상 유상증자일반, 주주배정는 '단기악재 중기호재'로 인식한다. 때문에 대부분 유상증자 공시가 나온 종목은 일단 기본적으로 -15%, 심하면 -30% 그 이상까지도 단기에 급락한다. 그렇다면 왜 유상증자가 단기적인 악재로 인식되어 급락할까?

분명 공시 내용대로라면 유증유상증자은 단순히 부채를 갚는 수준이 아닌 신사업 진출에 대한 자금 목적이다. 이 경우 자신이 보기에는 오히려 호재로 인식될 수 있다. 따라서 유상증자를 호재로 생각할 수 있다. 그래서 매수기회로 생각해 추가매수를 감행할 수도 있다. 그런데 왜 대다수 유상증자 종목의 주가가 단기에 급락할까?

정답은 나의 생각과 달리 다수의 다른 투자자는 보유주식을 매도하기 때문이다.

같은 뉴스와 같은 공시라도 투자자들은 저마다 다르게 해석한다. 앞서 유상증자인 경우도 호재로 생각하는 나의 입장과 달리 다른 투자자 입장은 그렇지 못하다. 유상증자가 일반배정인 경우에는 권리락이 없는 대신에 현재가보다 저렴한 가격에 일반투자자들에게 유증을 하지만, **주주배정 유상증자**인 경우에는 **권리락**신주를 받을 수 있는 권리로 유증비율에 따라 기준가가 낮게 책정이 존재한다. 유증을 받는 권리이기 때문에 당연히 보유주식수가 많은 투자자들은 일단 기업이 좋든 나쁘든 간에 보유주식을 줄일 수밖에 없다. 왜냐하면 기업이 좋다고 느낀다면 당연히 유증을 받고자 할 것이고, 그러면 유증대금을 마련해야만 하기 때문이다. 보유주식이 많으면 그만큼 부담이 배로 더 커지기 때문에 일단 보유주식을 전량 매도는 못할지라도 일부라도 매도할 것이다. 또한 단기로 들어왔던 데이트레이더 입장에서도 유증은 단기에 부담이 되니 매도에 치중할 수밖에 없다. 바로 이런 이유로 기존 주주를 대상으로 하는 주주배정 유상증자는 대부분 단기에 악재로 작용한다.

같은 원리로 일반배정 유상증자도 마찬가지다. **일반배정 유상증자**는 보통 현주가보다 할인된 가격에 불특정 투자자들을 대상으로 한다. 따라서 기존 주주에게는 유증 권리조차 없기에 단기 악재로 작용한다.

조심할 사항은 일반배정 유증은 실패확률이 높은 편이고, 설령 유증이 성공적으로 마무리되었어도 최근에는 유증가 이하로 주가가 형성되는 일도 다반사다. 이런 경우는 대부분 대주주와 사채업자와의 가장납입일 확률이 높다. 다시 말해 유증을 성공시키고자 사채업자를 끌어들여 유증대금이 회사에 입금되면 다시 사채업자에게 건네는 방식이다. 그러면 실제 회사에 유입되는 유증금액은 많지 않지만, 만약 회사가 자본잠식 우려가 있는 경우에는 유증으로 자본잠식에서 벗어나는 편법인 셈이다. 또한 자본잠식 대상이 아니더라도 대주주의 횡령·배임의 수단으로도 활용된다.

제3자배정 유상증자도 조심할 필요가 있다. 과거에는 3자배정 유증은 단기 급등의 단골 메뉴였다. 경영권 매각과 함께 1년 보호예수가 걸리고 유증가가 높을수록 개인투자자들은 안심하고 해당 주식을 묻지마로 덤벼들곤 했었다. 이런 패턴이 최근에는 역전되는 경향이 많아졌다. 물론 현재도 3자유증은 호재로 인식되지만, 과거와 같은 급등 시세는 고사하고, 오히려 유증공시와 함께 주가하락이 진행되는 예도 상당히 많다.

제3자배정 유증으로 경영권이나 지분을 인수하는 기업이 실체가 없거나 재무가 부실한 경우, 유증 참여 기업에 재무적 투자자라는 이름의 사채업자가 끼어 있는 경우, 무자본 M&A로 활용되는 경우, 유증납입을 연기하거나 아예 취소하는 경우. 또한 3자배정 유상증자에 참여하는 투자자들이 차명계좌를 이용해 미리 주식을 매집한 상태에서 작전으로 주가를 띄워 차익실현을 하면, 배정받은 주식이 비록 1년 보호예수가 걸려 현재 매도할 수 없더라도 이미 그 주식은 덤일 뿐이다.

결과가 있으면 그에 따른 원인이 있는 법이다. 주가가 상승하는 원인과 하락하는 원인은 분명히 있다. 일반적으로 주주배정 유상증자가 단기에 악재로 작용하는 그 원리를 아직도 이해하지 못한다면 지금 다시 앞 장을 곰곰이 되새겨보기 바란다.

투자란 컵에 물이 반쯤 있는 것을 보고, 조금 비약해서 표현하면, "물이 반이나 있네긍정적" 혹은 "물이 반밖에 없네부정적"라는 식의 마인드로 접근하는 대상이 아니다. 투자의 세계에서는 사회생활에서 하는 것과 같은 긍정적인 마인드는 통하지 않는다. 그렇다고 부정적인 마인드로만 접근하는 대상도 아니다. 안 된다고 부정만 한다나 자신의 관점이 아닌 다른 투자자(다수, 혹은 비록 소수에 속하나 주가를 관리할 수 있는 자금력을 지닌 특정 세력)의 관점에서 바라보도록 노력해야만 시장에서 살아남는다.

시대의 변화를 감지하고 적응하라

학창시절에 공부를 하든, 직장인으로 사회생활을 하든, 한 가정의 가장으로 결혼생활을 하든, 모든 이들에게 공통적으로 찾아오는 것이 하나 있다. 그것은 삶의 의욕을 떨어트리는 직접적인 원인이 되며, 하는 모든 일들이 잘 풀리지 않게 되면서 의욕상실·초조·불안을 동반한 각종 스트레스를 받게 되는 기간을 의미한다. 바로 **슬럼프**(Slump)에 빠지는 시기다.

주식투자자들에게도 슬럼프는 가끔씩 찾아오는 불청객이다. 오지 말라고 윽박질러도 제멋대로 찾아와 안방을 차지하며 사사건건 자신이 하는 일에 훼방을 놓는다. 성적은 떨어지고, 직장생활도 엉망이 되며, 결혼생활도 순탄치 않게 된다. 사는 주식마다 하락하고, 파는 주식마다 급등한다. 계좌잔고는 하루가 멀다고 바닥을 드러내며, 주식시장에서 예전과 같은 투자패턴은 더 이상 통하지 않게 된다. 과거에는 90% 확률을 자랑하던 자신만의 매매기법도 시간이 지날수록 70%, 60%, 심지어 절반에도 못 미치는 승률로 전락하기에 이른다. 도대체 무엇이 잘못된 것일까?

투자 슬럼프는 투자패턴이 변할 때 찾아온다. 투자패턴이 변한다면 주식투자를 처음부터 하지 않으면 된다.

실패를 두려워 도전하지 않으면 얻는 것은 아무것도 없다. 투자란 나의 관점이 아닌 남의 관점에서 바라보는 대상이다. 실물가격은 나 자신이 아닌 불특정다수가 생각하고 행하는 대로 움직이기 때문이다.

주식시장도 엄연히 수요와 공급의 법칙이 적용되는 실물시장이다. 내가 좋다고 생각하는 종목이 하락하고, 내가 나쁘다고 생각하는 종목이 상승하는 이유는 내가 아닌 다른 불특정다수가 나의 생각과는 반대로 움직이기 때문이다. 만약 나의 생각과 다른 투자자들의 생각이 서로 일치한다면 주가는 사는 자와 파는 자가 예측대로 움직일 것이다. 하지만 투자는 항상 사는 자와 파는 자가 서로 공존한다. 나 자신의 관점이 아닌 남의 관점, 개인이 아닌 세력의 관점에서 접근해야만 하는 이유다.

증권방송 전문가들이 회원들에게 그토록 입에 침이 마르도록 연일 강력 추천한, 가치가 매우 우량해 보이는 종목이 왜 급락을 하거나 긴 하락추세에서 벗어나지 못할까? 차트가 좋아 보이는 종목인데 왜 내가 매수하는 시점에서 단기 상투를 찍고 하락을 할까? 내가 매수하고픈 종목이 있다면 주식시장의 수많은 증권회사, 애널리스트, 증권전문가, 여의도 작전세력, 사채업자, 주식 관련 사이트나 동호회나 카페에서도 회원들에게 당당히 추천할 수 있는 종목인지를 우선 판단하는 노력이 필요하다. 종목을 매수하고 종목을 매도하는 시점을

는 것은 시장의 흐름이 변한다는 것이고, 나를 제외한 다른 불특정 다수 투자자들의 매매패턴이 변한다는 것을 의미한다.

예를 들어 과거 코스닥 가격제한폭이 ±12%였던 시절에는 작은 호재에도 연속 상한가 행진을 기록하곤 했었다. 그보다 앞선 IT버블 때는 신규 상장된 주식은 공통적으로 일단 2~3배는 기본으로 급등하던 때가 있었다. 그러던 것이 코스닥 가격제한폭이 거래소와 마찬가지로 ±30%로 확대된다. 자연히 연속 상한가 행진의 투자패턴은 자취를 감춘다. 과거에는 단기 급등의 대표적인 명분에 속했던 제3자배정 유상증자가 최근 들어 악재로 둔갑하기도 한다. 예전과 같은 매매방식으로는 투자수익을 올릴 수 없게 된 것이다.

투자패턴이 변할 때는 기본적으로 증권제도의 변화에서 출발한다. 증권제도의 변화는 정부의 금융정책에서 비롯되고, 정부의 정책은 세계 경제의 변화에서 찾게 된다.

투자패턴은 또한 경기순환기에 영향을 받는다. 불황기의 투자패턴과 활황기의 투자패턴이 똑같을 수는 없는 이치다.

다른 한편으론 시장의 변화에 맞물려 투자자들의 매매방식이 변하기도 한다. 이를테면 과거 차트에 의존하던 단기투자자들이 거듭되는 투자실패를 거울삼아 가치 위주로 전향하기도 하며, 반대로 가치투자 신봉자들이 대거 수급 위주의 단기매매로 이동하면서 시장 전체의 투자패턴도 바뀌는 것이다. 이런 과도기적 시장 변화 시점에 투자할 때 바로 투자 슬럼프가 찾아온다.

투자 슬럼프를 극복하기 위해서는 우선 단 며칠이라도 휴식을 취하면서 잠시나마 주식시장에서 멀리 여행을 떠나는 것이 좋다. 가까이서 시장에 참여하다 멀리서 시장을 바라보면 투자 시야가 넓어진다. 쉬는 것도 투자다.

그리고 과거의 투자 고집을 버리고 매매스타일을 보다 유연하게 가져가도록 한다. 점차 확률이 낮아지는 매매기법은 잠시 잊고 현재 시장의 흐름과 종목의 흐름에 맞춰 자신만의 새로운 매매기법을 만들어나가야 한다. 시대의 변화에 고집을 부리고 역행할 것이 아니라 순응하면서 스스로를 채찍질하며, 지난 실패를 반성하고 꾸준히 공부하는 자세가 필요하다.

빠른 시대 변화에 순응하지 못한 기업은 도태되지만, 변화에 적응하는 기업은 당당히 살아남는다. 빠르게 변화하는 투자패턴에 적응하면 과거와 같은 높은 투자수익을 올릴 수 있지만, 빠르게 변하는 투자환경에 적응하지 못하면 스스로 상장폐지 절차를 밟게 될 것이다.

배고픈 사자보다 빨리 뛰어라

여러분은 약육강식의 치열한 투자의 세계에서 사자가 되거나 사슴이 된다. 사냥꾼이 되지 못하면 사냥감이 될 수밖에 없다. 살아남으려면 자신이 비록 강한 사냥꾼의 사냥 대상이 되는 약한 사냥감일지라도, 나보다 더 약한 다른 사냥감을 잡아먹지는 못할망정 최소한 들판의 풀이라도 뜯고 웅덩이에 고인 썩은 물이라도 마셔야 생존을 한다.

거대한 자본력과 월등한 정보력으로 무장한 외국인, 기관, 세력을 게임에서는 못 이겨도 최소한 같은 레벨의 개인투자자들 사이에서는 경쟁을 해야 할 것이 아닌가. 그러기 위해서는 남들보다 많은 투자이론을 배우고, 실전경험을 쌓고, 노하우를 축적하고, 배가 부르면 휴식을 취하면서 만일에 대비해 항상 체력을 비축해 놓아야만 한다.

지식과 이론을 많이 알고 많은 경험을 했다고 해서 모든 투자자가 다 성공하는 것은 절대 아니다. 하지만 모든 성공한 투자자는 남들보다 많이 알고 경험했다는 사실을 잊지 않았으면 한다.

사자가 되지 못한다면 최소한 사슴 중에서도 체력이 강한 사슴이 되어야 한다. 배고픈 사자에게 먹히지 않으려면 최소한 늙고 허약하고 배고픈 사자보다는 빨리 뛰어야만 하지 않을까.